U0680326

巨人的对决
日德兰海战中的英德主力舰

CHALLENGERS OF
THE TRIDENTDREADNOUGHTS
IN BATTLE OF JUTLANDS

张宇翔 著

吉林文史出版社
JILINWENSHICHUBANSHE

版权所有，翻版必究

发现印装质量问题，请与承印厂联系退换

图书在版编目（CIP）数据

巨人的对决：日德兰海战中的英德主力舰 / 张宇翔
著 . -- 长春：吉林文史出版社，2018.10
ISBN 978-7-5472-5641-1

Ⅰ . ①巨… Ⅱ . ①张… Ⅲ . ①第一次世界大战战役 –
海战 – 主力舰 – 研究 Ⅳ . ① E194.4

中国版本图书馆 CIP 数据核字 (2018) 第 248163 号

JUREN DE DUIJUE: RIDELAN HAIZHAN ZHONG DE YING DE ZHULIJIAN

巨人的对决：日德兰海战中的英德主力舰

作者 / 张宇翔

策划制作 / 指文图书

责任编辑 / 吴枫

特约编辑 / 杨舒 黄晓诗

装帧设计 / 周杰

出版发行 / 吉林文史出版社

地址 / 长春市人民大街 4646 号

邮编 / 130021

电话 / 0431-86037503

传真 / 0431-86037589

印刷 / 重庆长虹印务有限公司

版次 / 2019 年 1 月第 1 版 2019 年 1 月第 1 次印刷

开本 / 787毫米×1092毫米 1/16

印张 / 27.5

字数 / 585千字

书号 / ISBN 978-7-5472-5641-1

定价 / 189.80元

前言

2016 年是日德兰大海战的 100 周年。100 年前的 1916 年 5 月 31 日下午,一场规模宏大的海战在遥远的北海上爆发,并以 "日德兰海战" 或 "斯卡克拉格海战" 的名称,成为人类海军史上最耀眼的篇章之一,也成为大舰巨炮时代最典型的代表。

光阴如梭,100 年弹指一挥间,曾经在大舰巨炮时代叱咤风云作为海军实力象征的战列舰,不但其地位在新的时代被航空母舰所取代,而且这一舰种本身也几近消亡。尽管如此,作为人类历史上第二大规模的海战、最大规模的战列线对决,日德兰海战仍然与战列舰这一舰种一道继续激发着军事研究人员和军事爱好者的热情与兴趣。

然而,和人类历史上许多大规模战役类似,日德兰大海战的故事长期被包裹在由传说、神话、误解和猜测所构成的迷雾中。当然,这种迷雾不可避免地源于海战环境下观测的困难,相关材料的佚失,不同记载下的矛盾,以及战斗中的伤亡,然而这种迷雾也源于战后一些人为的刻意修改和解读。对日德兰海战的不同解读,使得研究者们分成了 "杰里科派" 和 "贝蒂派",时至今日,两派之间的争论仍未完全消除。即使在相对更为严肃的舰只设计领域,对日德兰大海战的总结也并非总是正确的,甚至海战中所暴露出的一些舰船设计问题,直至 20 年后仍未解决。另一方面,日德兰大海战的影响在某些特定范围内是很有限的。例如,尽管此战中双方在人员和物资上的损失远超过一战中的任何一场海战,但是海战本身对交战双方海军的战略影响有限。

正是由于日德兰大海战异乎寻常的复杂和混乱,因此即使仅仅对海战进行全景式的描述,也无疑是一项极大的挑战。如果还要介绍此次海战的深远影响,那么其艰巨程度就更加令人望而生畏。但学者们并没有望而却步,比如约翰·坎贝尔(John Campbell)在《日德兰: 战斗分析》(Jutland: An analysis of the Fighting)一书做出的尝试就极为精彩。亚瑟·马德尔(Arthur Marder)在其五卷本巨著《从无畏舰到斯卡帕湾》(From the Dreadnought to Scapa Flow)的第二、第三卷中,不仅记叙了海战的过程,而且对海战的影响以及海战前后双方海军的状态进行了分析。此外,罗伯特·马西(Robert Massie)在《钢铁城堡》(Castles of Steel)一书中,在描述海战经历的过程中加入了很多珍贵的参战者回忆。20 世纪 70 年代末以来,以伦敦大学国王学院战争研究系的布莱恩·兰福特教授(Bryan Ranft)为代表的一系列学者,对 19 世纪末到 20 世纪初英国海军部与海军科技发展之间的关系进行了再研究,一批从技术视角审视日德兰海战的作品也先后问世。此外,大卫·布朗(David Brown)在《大舰队》(The Grand Fleet: Warship design and development 1906-1922)一书中,从技术角度介绍了海战对皇家海军舰只设计的影响。第一本详细介绍德国战巡的英文著作——2014 年出版的《德国一战战巡》(German Battlecruisers of World War One: Their Design, Construction and Operations)则给出了德方参战战巡的设计沿革和作战经历的细节。尽管以上作品更着重于海军科技相关方面的研究，但日德兰海战过程中的一些争议和谜团也因此得到重新解读。另外，还有相当数量的论文对海战的不同侧面具体细节进行了研究以上这一切作品都有助于读者对海战的进一步厘清。

相对而言，目前国内爱好者和公开出版物对日德兰大海战的关注点大多仍集中在海战过程本身，且部分论点仍较为陈旧，而对海战的背景、影响和技术的介绍则在一定程度上仍属空白。本书即试图在国内外前人研究的基础上，用更翔实的数据和资料对日德兰海战进行视角更广的解读。在本书写作过程中，得到了热心朋友的无私帮助：刘悦斌先生对本书的附图提供了极大的帮助，查攸吟先生、李剑春先生也提供了宝贵意见，笔者在此表示衷心感谢！

鉴于笔者水平有限，本书无论是在材料还是在观点上，都不可避免地存在一些谬误和缺陷，还望读者海涵。

CONTENTS 目录

走向"末日之战"的双方舰队

"为了证明自己存在的必要,
德国海军迟早要在海上发动某种类型的攻势。"

▲ 停泊在斯卡帕湾内的大舰队。最近者为"海王星"号,其余从左向右依次为"朱庇特"号、"皇权"号、"加拿大"号、"爱尔兰"号、"皇家橡树"号、"铁公爵"号、"猎户座"号、"马尔伯勒"号、"澳大利亚"号、"君王"号、"圣文森特"号和"新西兰"号。

日德兰：偶然中的必然

时间进入 1916 年 5 月，傲慢的第二帝国忧虑地发现自身处境并不乐观。施利芬提出的"旋转门"战略，在战前曾被大总参谋部和普鲁士军官团视若瑰宝，但在实战中不但没有带来预期中的西线速胜，反而铸就了凡尔登这个深不见底的血肉磨坊。显而易见的是，随着战争的拖延，局势将越来越不利于德国。雪上加霜的是，英国的远距离海上封锁战略也正在缓慢而稳定地发挥着作用，逐渐让第二帝国感到了脖颈上的压力。

鉴于水雷和鱼雷技术的发展，德国海军在战前认为英国海军无法维持长久以来惯用的港口封锁（close blockade）战略，在此基础上，德国海军进一步估计皇家海军不可能彻底放弃港口封锁战略，因此推断对手将交替执行港口封锁战略和远距离封锁战略。这样一来，德国公海舰队就会获得大量在熟悉海域发挥鱼雷艇和水雷优势的机会，从而与在主力舰数量上明显占优势的皇家海军周旋。对于公海舰队来说，这是一个非常理想的设想，他们希望在开战之初作为英国皇家海军主力和精华的大舰队就杀进赫尔戈兰湾。公海舰队在战前的全部作战计划，甚至包括部分造舰思路都基于这一设想。但显然，这一设想完全是一厢情愿。

实际上，由于地理上的限制，德国海军出入大西洋的航路只有两条，即狭窄的丹佛海峡以及苏格兰最北端与挪威之间的北海海域。一旦皇家海军能够实现对以上两条航路的封锁，德国海军便无异于瓮中之鳖。鉴于这一先天优势，在 1914 年战争爆发前，皇家海军最终确定的战略便是远距离封锁。通过保持大舰队的存在，阻止公海舰队突破封锁的冒险尝试，从而卡死两条航路，扼杀德国的海上货运。

这样一来，在双方各自制定了战略后，实战中便出现了一种尴尬的局面：战争之初，双方都在等待对方首先杀到本方海域求战。尽管双方的这一期望都落了空，但双方主力舰队不交战的状况对两国的影响却是截然不同的。

对英国而言，维持本国的海上运输，切断德国的海上运输，限制公海舰队的活动范围，便足以达成其最低的战略目标。当然英国上下从首相到普通民众都更希望皇家海军采用更主动的进攻性战略，以迫使公海舰队决战。这种期望主要源于民众对特拉法尔加式胜利的渴望，而并非战略本身的需求。至于纳尔逊在特拉法尔加海战之前，数年间欲求决战而不得的窘境则被民众有意无意地遗忘了。对特拉法尔加式胜利的渴望，自然演变成了政治上的缓慢而沉重的压力，这也是英国先后几任第一海务大臣下台的原因之一。但对正遭受封锁的德国而言，海上的僵局就犹如一个不断收紧的套索，这个套索将导致第二帝国呼吸困难甚至最终失去战斗力。这种战略上，当然也将体现在政治上的沉重压力，将迫使第二帝国去寻求一个打破英国海上封锁的途径。

于是，海上的窘态迫使公海舰队提出了打破英国封锁的战略要求，但如何实现这一战略要求却是摆在公海舰队总司令舍尔（Sheer）海军中将面前的一道难题。在北海上，与数量明显占据优势的大舰队进行正面对决显然是一种自杀行为。对公海舰队而言，与大舰队实力最接近的时刻大致是 1914 年 12 月公海舰队突袭斯卡伯格（Scarborough）前后，当时大舰队与公海舰队可集中的战列舰及战巡数量比分别为 22∶14 和 4∶4。然而随着战争的进行，双方主力舰在数量上的差距进一步拉大。在 1914 年 8 月至 1916 年 5 月间，大舰队共新增 14 艘主力舰，即 3 艘原本由外国向英国订购的战列舰"加拿大"号（Canada）、"阿金库特"号（Agincourt）和"爱尔兰"号（Erin），2 艘"铁公爵"级（Iron Duke）战列舰、5 艘"伊丽莎白女王"级战列舰（Queen Elizabeth）、3 艘"皇权"级战列舰（Royal Sovereign）以及战巡"虎"号（Tiger）。公海舰队则只增加了 4 艘"国王"级战列舰（König）、1 艘"巴伐利亚"级战列舰（Bayern）和 2 艘"德芙林格"级战巡（Derfflinger）。除去主力舰的损失和移籍，1916 年 5 月底，双方一线战列舰数量比已经变为 33：18，战巡比变为 9：6。除了数字本身之外，大舰队新增战列舰的质量也比原有的优秀得多。"伊丽莎白女王"级和"皇权"级战列舰装备着 15 英寸（381 毫米）主炮，其威力远非皇家海军原有战列舰的 13.5 英寸（342.9 毫米）和 12 英寸（304.8 毫米）主炮可比。

1916 年 1 月才上任的舍尔，面对日益严峻的实力对比问题，当时有两个方案可选择：

一、继续 1915 年一度兴旺、1916 年初曾再度发动的潜艇战，尤其是无限制潜艇战，以对英国海运造成严重打击，迫使英国求和。由于可能导致美国参战，因此这一方案遭到贝特曼·霍尔维格首相（Bethmann Hollweg）和外相戈特利布·冯·雅戈（Gottlieb von Jagow）的反对。1915 年 8 月 19 日，英籍"阿拉伯"号班轮（Arabic）被 U-24 号潜艇击沉，40 人遇难，其中 3 人为美国人。这一事件激起美国抗议，导致同年 8 月 30 日德国第一次放弃无限制潜艇战。1916 年 3 月 24 日，法籍轮船"苏塞克斯"号（Sussex）被 UB-29 号击伤，380 名乘客中多人死伤，包括若干美国人。受这一事件影响，4 月 20 日华盛顿向

▲ 德国首相贝特曼·霍尔维格。

▲ 帝国海军部国务秘书提尔比茨。

▲ 德国海军总参谋长冯·霍尔岑多夫上将。

▲ 德国外相戈特利布·冯·雅戈。

▲ 德皇威廉二世。

柏林发出最后通牒，威胁柏林方面如果不终止利用潜艇肆意攻击客运或货运船只的行为，华盛顿就将中断两国外交关系；4 月 24 日，德国被迫再次放弃无限制潜艇战。不过以上顾虑却完全不在德国陆海军将领的考虑范围内。1915 年 12 月 30 日，德国陆海两军领导人达成共识，认为从军事角度来说，没有任何理由反对重启无限制潜艇战。海军总参谋长冯·霍尔岑多夫上将（Von Holtzendorff）更是于 1916 年 1 月 7 日狂妄地对首相宣称："一旦在冬季结束后继续发动无限制潜艇战，六个月内，英国的抵抗便将被瓦解！"这一预测也得到了德国帝国海军部国务秘书提尔比茨（Tirpitz）的赞同。在他们的设想中，只要能在六个月内迫使英国求和，那么美国就算参战也无法及时向英国输血，德国自然也就能获得战争胜利。这显然是一厢情愿的想法，如果六个月不能解决英国问题，而美国又参战了呢？所以在无限制潜艇战这个问题上，被后世鉴定为有精神问题的德皇威廉二世反倒没有手下的军官们那般疯狂。

二、进行一系列消耗战，逐渐消磨大舰队的舰只，削弱其数量优势，最终达成一个较为理想的实力对比。具体构想是派出一支诱饵舰队进行佯动，诱出大舰队的部分主力舰只，同时让潜艇在大舰队海军基地附近设伏，从而攻击贸然出动的大舰队舰只。当然，更理想的情况是诱出大舰队的一个主力舰中队，并展开截击进而歼灭。在这个方案中，成功诱出大舰队部分舰只的几率很高。因为大舰队一直渴望重现特拉法尔加式胜利，希望至少能歼灭公海舰队的战巡，而其原因也不仅限于政治压力。突袭斯卡伯格之战和多格尔沙洲（Dogger Bank）之战中，大舰队的战巡舰队指挥官贝蒂中将（Beatty）曾有两次重创对手战巡的机会，但都由于"体制问题"而坐失战机。所以这次只要舍尔放出的诱饵足够诱惑，大舰队上钩的可能性极大。但另一方面，之后的潜艇伏击计划就多少有些一厢情愿，毕竟1916年5月时舍尔手头可以用于伏击的潜艇并不多。此外，此后的实战经验表明，潜艇伏击这一战术的效果并不太好。考虑到1916年时，英德双方的潜艇战术都不成熟，双方都有高估潜艇威力的倾向，因此舍尔对潜艇伏击寄予厚望倒也可以理解。

其实就舍尔本人而言，他也更倾向于无限制潜艇战战略，因此在1916年4月接到停止无限制潜艇战的命令时，舍尔明确表达了不满。但既然这一战略被威廉二世本人否定，那么他也只能根据第二方案制订计划。他的最终计划是由公海舰队的战巡、附属的轻巡以及驱逐舰充当诱饵，在黎明前后炮轰桑德兰（Sunderland），诱出大舰队一部。公海舰队主力则在弗兰伯勒角（Flamborough Head）和多格尔沙洲西南角之间的海域待机，伺机协同本方战巡歼灭被诱出的大舰队一部，大舰队的潜艇则将在斯卡帕湾周围设伏。此外，公海舰队还将出动飞艇参与作战，以防遭到整个大舰队的突袭。

不过由于公海舰队第3中队部分战列舰的冷凝器故障，5月13日舍尔发现这一计划只能推迟到5月17日至23日之间实施。这一拖延使得舍尔重新布置了计划中潜艇的用途。在新的计划中，10艘大型潜艇在大舰队向赫尔戈兰湾（Heligoland Bight）进攻或迎击公海舰队的攻击时，于必经的海域索敌求战。该海域以北纬57°20′、东经3°50′为中心，其一侧边界靠近挪威海岸，另一侧大致位于福斯河（The Forth）东北东方向约130海里处，海域宽度在100～120海里之间，这10艘潜艇将在5月17或18日至22日期间在这一海域巡逻。在预期中的海战爆发后，这些潜艇将前往英国海岸附近，静待返航的英国舰只并进行伏击。根据新的计划，9艘潜艇在5月17日至19日之间抵达计划海域，结果它们待到22日仍一无所获，便于23日前往英国海岸附近。其中U43号和U44号在彭特兰湾（Pentland Firth）以东设伏，另外7艘则在福斯河附近设伏，按伏击位置从北向南依次为U66号、U63号、U51号、U32号、U70号、U24号和U52号。在此期间，U47号于5月21日至22日夜间对桑德兰进行了侦察，随后于24日抵达彼得黑德（Peterhead）以东海域；U67号和U46号则于5月22日在泰尔斯海灵岛（Terschelling）西北海域设伏；各艇设伏位置均距离大舰队各基地入口处约80～90海里，设伏期间可在巡逻区域内自由移动。3 艘小型潜艇 UB21 号、UB22 号和 UB27 号则于 23 日分别抵达战位，前两艘位于亨伯河（Humber）以北不远处，后一艘则位于福斯河附近并伺机驶进该河。另有 3 艘大型布雷潜艇 U72 号、U74 号和 U75 号，按计划分别在福斯河、默里湾（Moray Firth）和奥克尼群岛（the Orkneys）附近布雷，其中 U72 号于 5 月 26 日返航，该艇发生漏油且未完成布雷。U74 号于 5 月 13 日出发，该艇在 5 月 27 日被 4 艘武装拖网渔船击沉，不确定该艇当时是否已经完成布雷。只有 U75 号完成布雷，并导致英军巡洋舰"汉普郡"号（Hampshire）于 6 月 5 日触雷沉没，搭乘该舰的基钦（Kitchener）纳元帅阵亡。

当 5 月 24 日公海舰队的参战潜艇已经就位时，公海舰队的出航却不得不再次延期。5 月 22 日，威廉港船坞报告，此前于 4 月 24 日触雷的战巡"塞德利兹"号（Seydlitz）维修完成，但 5 月 23 日至 24 日夜间的进水测试表明，该舰的舷侧鱼雷平台尚未完成水密，因此纵向和横向舱壁都需要接受进一步维修，维修估计将于 29 日完成。舍尔希望己方战巡能尽量完整地出战，因此公海舰队在 5 月 29 日之前无法出击。另一方面，除 U47 号外，已经抵达战位的各潜艇预计于 6 月 1 日夜间返航，而在此之前多艘潜艇就已经频繁遭遇英方的反潜巡逻，其中 U46 号和 UB27 号因故障分别于 5 月 30 日和 5 月 25 日返航，U47 号则将继续设伏 24 小时。在这一情况下，留给舍尔的时间已经不多了。

另外，由于天气原因，飞艇无法前出

为公海舰队提供预警。因此 5 月 30 日舍尔被迫放弃袭击桑德兰的构想，转而采用向斯卡格拉克海峡（Skagerrak）出击的方案。当日 15 时 40 分[1]，舍尔向公海舰队发出"31 Gg.2490"令，指示公海舰队全体将于 31 日实施斯卡格拉克作战。当天 10 时 04 分，布鲁日（Brugge）已经通告公海舰队全体出海潜艇，公海舰队将于 5 月 31 日和 6 月 1 日出航。

与此同时，大舰队总司令杰里科（Jellicoe）上将也在构思着自己的行动计划。他计划诱使公海舰队或其一部接受海战，行动时间为 6 月初，比舍尔的计划稍晚。该计划第一步是派出 2 个轻巡中队于 6 月 2 日黎明抵达斯卡角（Skaw），然后沿卡特加特海峡（Kattegat）一路南下，扫荡至大贝耳特海峡（The Great Belt）和松德海峡（The Sound）。一个战列舰中队将在斯卡格拉克海峡为上述轻巡中队提供支援，而大舰队的其余主力舰则准备截击任何敢于出击的德国重型舰只。为配合这一行动，布雷舰"阿布迪尔"号（Abdiel）将在瓦尔灯船（Vyl Lightship）西南方向布雷，而水机母舰"恩加丁"号（Engadine）将在轻巡及驱逐舰的护卫下攻击荷斯礁（Horns Reef）附近的飞艇。此外，3 艘英军潜艇将在瓦尔灯船以西海域设伏，另 2 艘则将在多格尔沙洲以东设伏。该计划的激进程度超过了大舰队此前实际操作的任何计划，不过计划并未付诸实施，因为德国人这一次先动手了。

抢先动手的舍尔并不清楚的是，当时英国海军部的密码破译机关"第 40 室"已经能破译大量公海舰队的无线电电报。[2]因此 28

---

[1] 本文时间均为格林威治时间。
[2] 注意该部门只负责破译电文，对电文进行解读并向大舰队提供情报则由海军部作战司负责。

日晚，舍尔指示在港各部于30日清晨7时做好准备以待出航的命令很快便被破译。这一命令开始被理解为公海舰队将发起一次以迎接飞艇回航为目的的小规模出击，但随着对公海舰队后续电报的破译，英国海军部意识到德国公海舰队将在5月31日至6月1日间有重大行动。30日17时，"31 Gg.2490"令被截获，尽管"第40室"无法破译这一命令的具体内容，但可以查明该电的收件方为公海舰队各单位，因此该令必然预示公海舰队将发起一次大规模行动。

根据以上情报，海军部于17时40分通报杰里科和贝蒂："公海舰队将于5月31日发起一次大规模行动，行动为期2天。"同时命令两人率领舰队在代号为"长40"的海域①以东集结，以待情况的进一步发展。出战的命令在大舰队中受到了广泛欢迎，因为待在斯卡帕湾委实无聊，而官兵们对与公海舰队一较高下期待已久。当晚10时30分，杰里科首先率领第1和第4战列舰中队、第3战巡中队、第2巡洋舰中队、第4轻巡中队、第12驱逐舰中队以及第11驱逐舰中队的一部，从斯卡帕湾起航前往指定海域集结。而当时德国公海舰队连战巡都尚未从亚德湾（Jade Bight）起航。

杰里科计划于5月31日14时前后抵达斯卡格拉克海峡附近北纬57°45′、东经4°15′位置，并与从克罗默蒂（Cromarty）出发的第2战列舰中队、第1巡洋舰中队、第11驱逐舰队大部汇合。届时，贝蒂率第1、第2战巡中队，第5战列舰中队，第1、

第2、第3轻巡中队，第13驱逐舰队以及第1、第9、第10驱逐舰队各1部，将位于北纬56°40′、东经5°位置附近，距离杰里科所部161°方位，两部之间距离约为69海里。

届时如果仍未发现公海舰队舰只，贝蒂将掉头与杰里科靠近直到取得目视接触，而杰里科则将率部向荷斯礁方向航行。预计此前因进行训练而前往斯卡帕湾的第3战巡中队，届时将回归贝蒂麾下。为弥补该中队离开期间贝蒂所部的战力，由"伊丽莎白女王"级战列舰构成的第5战列舰中队临时归贝蒂指挥，编队中该中队距离战巡编队5海里。

在杰里科的设定下，汇合时大舰队主力与贝蒂所部的距离为69海里，该距离下，贝蒂所部和杰里科所部之间无法保持目视接触，这一点也被此后的研究者所诟病。不过参考以往大舰队的计划，无论是海军部还是杰里科本人设定的距离②，69海里仅为平均水平。此外，由于担心德国公海舰队的出击仅是虚晃一枪，其实际目的是在诱出大舰队之后利用战巡袭击英国沿海，因此杰里科也无法将大舰队主力与贝蒂所部之间的距离设得较短。

5月31日凌晨1点，希佩尔海军中将（Hipper）率领公海舰队中编为第1侦察群的战巡率领公海舰队中编为第1侦察群的战巡、配属第2侦察群所部担任驱逐舰部队第2领舰的"雷根斯堡"号（Regensburg）轻巡，外加第2、第6和第9驱逐舰队的驱逐舰，首先从亚德湾起航。该部计划首先向北航行，直到离开丹麦海岸的目视距离，随后驶入斯卡拉格克海峡，在海峡内至挪威海岸附近海

---

① 该海域大约在阿伯丁（Aberden）以东100海里处。
② 最大值110海里，最小值36海里。

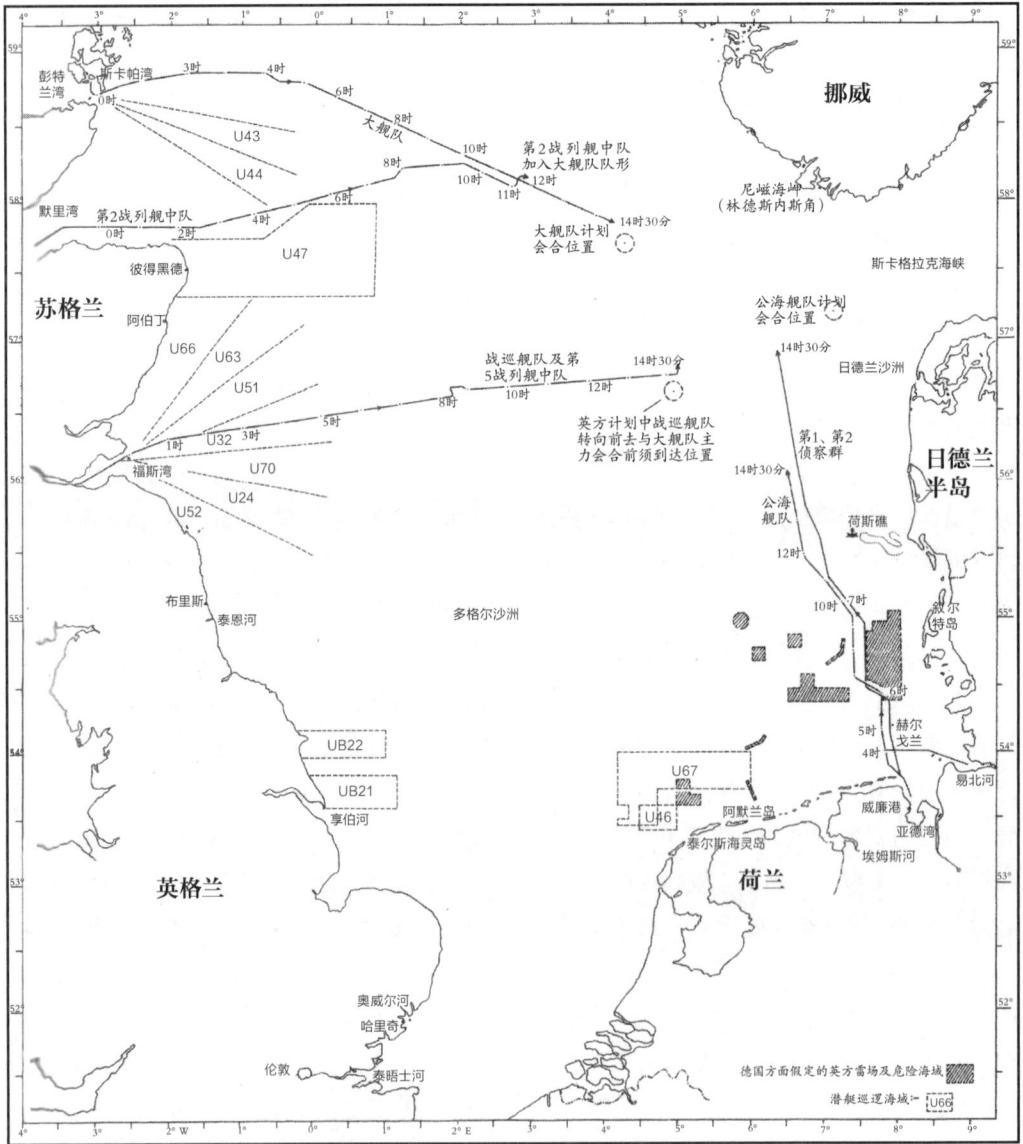

彭特兰湾 斯卡帕湾
大舰队
第2战列舰中队加入大舰队队形
挪威
尼嵯海岬（林德斯内斯角）
斯卡格拉克海峡
大舰队计划会合位置
默里湾 第2战列舰中队
彼得黑德
阿伯丁
苏格兰
公海舰队计划会合位置
日德兰沙洲
日德兰半岛
战巡舰队及第5战列舰中队
第1、第2侦察群
英方计划中战巡舰队转向前去与大舰队主力会合前须到达位置
公海舰队
荷斯礁
福斯湾
多格尔沙洲
布里斯 泰恩河
叙尔特岛
赫尔戈兰
UB22
UB21
享伯河
阿默兰岛
泰尔斯海灵岛
威廉港
亚德湾
埃姆斯河
英格兰
荷兰
奥威尔河
哈里奇
伦敦 泰晤士河
德国方面假定的英方雷场及危险海域
潜艇巡逻海域

▲ 1916 年 5 月 31 日 0 时至 12 时双方舰队动向。

域进行扫荡，直至 6 月 1 日晨。通常希佩尔的旗舰总是"塞德利兹"号，但由于该舰在出战前反复地在修理，中将担心它在战斗中无法发挥全部作战性能，因此这一次他选择了入役不久的"吕佐夫"号（Lützow）作为旗舰。

在舍尔的计划中，希佩尔所部将诱使大舰队出海，从而为己方埋伏的潜艇创造袭击的机会。如果希佩尔遭遇优势敌军，他应试图将对手引向公海舰队主力所在。公海舰队由舍尔亲率，辖第 1 和第 3 中队的战列舰、第 2 中队的前无畏舰、第 4 侦察群的轻巡，以及分别担任驱逐舰部队第 1 领舰的"罗斯托克"号（Rostock）和潜艇领舰的"汉堡"

（Hamburg）号轻巡，还有第 1、第 3、第 5
和第 7 驱逐舰队的驱逐舰。其中，战列舰将
于 5 月 31 日 2 时 15 分至 30 分间从亚德湾出
航，前无畏舰则于 1 时 45 分从易北河（Elbe）
出航。舍尔计划于 6 月 1 日 4 时前后抵达林
德内斯角（Linesnes）以南 45 海里处与希佩
尔所部汇合，视情形再决定下一步行动。在
原计划中，第 2 中队的前无畏舰本无须出战，
但在该中队官兵的一再请战下舍尔最终改变
了主意。事后来看这并不是一个明智的决定：
前无畏的航速普遍仅为 18 节，因此在编队时
必然会拖舰队主力的后腿。①舍尔显然清楚
这一差异可能会造成严重后果，当时距离多
格尔沙洲之战仅仅过去了 16 个月。该战中，
航速较慢的装巡"布吕歇尔"号（Blücher）
与以战巡为主力的希佩尔编队一同出战。由
于德制战巡最高速度为 26.5 ～ 27 节，而"布
吕歇尔"号当时最高航速仅为 23 节，因此战
斗中希佩尔不得不将编队航速限制在 23 节。
如不是英舰"狮"号负伤后，实际接替贝蒂
指挥的摩尔少将（Moore）犯了严重的指挥错
误，整个希佩尔编队都可能因此被重创乃至
歼灭。由于火力较差而防护水平又较为薄弱，
公海舰队内部认为第 2 中队的前无畏舰在与
无畏舰交战时最多只能支撑五分钟。有研究
显示，舍尔本人也很清楚在某些情况下这些
前无畏舰无疑是在进行"自杀"行为，但最
终舍尔还是带上了这些前无畏舰出航。

此外，双方的其他海上力量也进行了
不同程度的协同。德国方面，弗兰德斯舰队

（Flanders Flotilla）所辖的潜艇于 5 月 30 日
23 时前后从泽布吕赫（Zeebrugge）出发，执
行布雷和巡逻任务。英国方面，哈里奇舰队
（Harwich Force）所辖的轻巡、驱逐舰，以
及舍尔尼斯（Sheerness）舰队的第 3 战列舰
中队的 7 艘"英王爱德华七世"级前无畏舰
（King Edwards VII）和第 3 巡洋舰中队的 2
艘"汉普郡"级巡洋舰将按兵不动，直至
公海舰队的动向明确为止。哈里奇舰队以及
布莱斯舰队（Blyth Flotilla）所辖的潜艇则执
行巡逻任务，根据海军部 1914 年 11 月 14 日
给杰里科的解释，哈里奇舰队将在双方舰队
即将交战时参战，但显然 5 月 30 日海军部忘
了这一决定。当天 17 时 55 分，海军部通知
杰里科除非公海舰队动向明确，否则哈里奇
舰队、第 3 战列舰中队以及第 3 巡洋舰中队
都不会出航参战。18 时 20 分，哈里奇舰队
指挥官蒂里特准将（Tyrwhitt）受命准备在次
日昼间出发，这一命令于 22 时 35 分更改为
维持一小时备航状态。31 日凌晨 4 时 50 分，
急于求战的蒂里特向海军部发电，表示从前
晚之后就再没有收到进一步的命令，但海军
部依然要求他维持一小时备航状态。直至 6
月 1 日晨 2 时 52 分，海军部才下令哈里奇
舰队出发，而此时该舰队已经不可能赶上海
战了。

以上，就是人类历史上最大规模的主力
舰交锋——日德兰大海战的战前谋划与力量
动员。此战中，双方的作战序列如下：

①德制战列舰的航速约为21节。

表1 大舰队参战单位一览

舰型	所属中队	所属战队	舰名	备注
战列舰	第2战列舰中队（下辖第1、第2战列舰战队）	第1战列舰战队	英王乔治五世（King George V）	中队指挥官马丁·杰拉姆中将（Martyn Jerram）座舰，"英王乔治五世"级
			阿贾克斯（Ajax）	"英王乔治五世"级
			百夫长（Centurion）	"英王乔治五世"级
			爱尔兰	原为土耳其设计建造
		第2战列舰战队	猎户座（Orion）	分舰队指挥官莱韦森少将（Leveson）座舰，"猎户座"级
			君王（Monarch）	"猎户座"级
			征服者（Conqueror）	"猎户座"级
			朱庇特（Thunderer）	"猎户座"级
	第4战列舰中队（下辖第3、第4战列舰战队）	第3战列舰战队	铁公爵	杰里科旗舰*，"铁公爵"级
			皇家橡树（Royal Oak）	"皇权"级
			壮丽（Superb）	战队指挥官达夫少将（Duff）座舰，"柏勒罗丰"级
			加拿大号	原本由智利订购
		第4战列舰战队	本鲍（Benbow）	中队指挥官多文顿·斯特迪中将（Doveton Sturdee）座舰，"铁公爵"级
			柏勒罗（Bellerophon）	"柏勒罗丰"级
			鲁莽（Temeraire）	"柏勒罗丰"级
			前卫（Vanguard）	"圣文森特"级
	第1战列舰中队（下辖第5、第6战列舰战队）	第5战列舰战队	巨人（Colossus）	战队指挥官冈特少将（Gaunt）座舰，"巨人"级
			科林伍（Collingwood）	"圣文森特"级
			海王星（Neptune）	"海王星"级
			圣文森特（St Vincent）	"圣文森特"级
		第6战列舰战队	马尔伯勒（Marlborough）	中队指挥官塞西尔·伯尼中将（Cecil Burney）座舰，"铁公爵"级
	第1战列舰中队（下辖第5、第6战列舰战队）	第6战列舰战队	复仇（Revenge）	"皇权"级
			大力神（Agincourt）	"巨人"级
			阿金库特	原本由巴西订购

续表

战列舰	第5战列舰中队		巴勒姆（Barham）	中队指挥官伊万-托马斯少将（Evan-Thomas）座舰，"伊丽莎白女王"级
			刚勇（Valiant）	"伊丽莎白女王"级
			厌战（Warspite）	"伊丽莎白女王"级
			马来亚（Malaya）	"伊丽莎白女王"级
战巡	第1战巡中队		狮（Lion）	贝蒂旗舰，"狮"级
			皇家公主（Princess Royal）	中队指挥官布罗克少将（Brock）座舰，"狮"级
			玛丽女王（Queen Mary）	"玛丽女王"级
			虎	"虎"级
	第2战巡中队		新西兰(New Zealand)	中队指挥官帕克南少将（Pakenham）座舰，"不倦"级
			不倦（Indefatigable）	"不倦"级
	第3战巡中队		无敌（Invincible）	中队指挥官胡德少将（Hood）座舰，"无敌"级
			不屈（Inflexible）	"无敌"级
			不挠（Indomitable）	"无敌"级
装巡	第1巡洋舰中队		防守（Defence）	中队指挥官罗伯特·阿巴思诺特少将（Robert Arbuthnot）座舰，"牛头怪"级，该舰通常隶属哈里奇舰队
			武士（Warrior）	"武士"级
			爱丁堡公爵（Duke of Edinburgh）	"爱丁堡公爵"级
			黑王子（Black Prince）	"爱丁堡公爵"级
	第2巡洋舰中队		牛头怪（Minotaur）	中队指挥官希思少将（Heath）座舰，"牛头怪"级
			汉普郡	"德文郡"级（Devonshire）
			科克兰（Cochrane）	"武士"级
			香农（Shannon）	"牛头怪"级
轻巡	第1轻巡中队		加拉提亚（Galatea）	中队指挥官亚历山大-辛克莱尔准将（Alexander-Sinclair）座舰，"林仙"级（Arethusa）
			费顿（Phaeton）	"林仙"级
			多变（Inconstant）	"林仙"级
			科迪莉亚（Cordelia）	C级

续表

舰型	所属中队	所属战队	舰名	备注
轻巡	第2轻巡中队		南安普顿（Southampton）	中队指挥官古迪纳夫准将（Goodenough）座舰，"城"级
			伯明翰（Birmingham）	"城"级
			诺丁汉（Nottingham）	"城"级
			都柏林（Dublin）	"城"级
	第3轻巡中队		法尔茅斯（Falmouth）	中队指挥官纳皮尔少将（Napier）座舰，"城"级
			雅茅斯（Yarmouth）	"城"级
			伯肯黑德（Birkenhead）	"城"级
			格洛斯特（Gloucester）	"城"级
	第4轻巡中队		史诗女神（Calliope）	中队指挥官勒默叙里耶准将（Le Mesurier）座舰，C级
			康斯坦斯（Constance）	C级
			宴乐之神（Comus）	C级
			卡洛琳（Caroline）	C级
			保皇党人（Royalist）	"林仙"级
	配属第3战巡中队**		切斯特（Chester）	隶属第3轻巡中队，"城"级
			坎特伯雷（Canterbury）	隶属哈里奇舰队所辖第5轻巡中队，C级
	配属第1驱逐舰队		无惧（Fearless）	第1驱逐舰队指挥官罗珀上校（Roper）座舰，"积极"级
	配属第11驱逐舰队		卡斯托（Castor）	第11驱逐舰队指挥官霍克斯利准将（Hawksley）座舰，C级，由斯卡帕湾出发
	配属第13驱逐舰队		冠军（Champion）	第13驱逐舰队指挥官菲瑞上校（Farie）座舰，C级
	配属各战列舰中队**		积极（Active）	配属大舰队旗舰，"积极"级
			司战女神（Bellona）	配属第1战列舰中队，"博阿迪西亚"级
			博阿迪西亚（Boadicea）	配属第2战列舰中队，"博阿迪西亚"级
			布兰奇（Blanche）	配属第4战列舰中队，"布隆德"级（Blonder）

续表

舰型	所属中队	所属战队	舰名	备注
驱逐舰			橡树（Oak）	配属大舰队旗舰，I级
	第1驱逐舰队（部分），配属战巡舰队		冥河（Acheron）	I级驱逐舰
			瞪羚（Ariel）	I级驱逐舰
			进攻（Attack）	I级驱逐舰
			九头蛇（Hydra）	I级驱逐舰
			獾（Badger）	I级驱逐舰
			苍鹰（Goshawk）	I级驱逐舰
			守卫者（Defender）	I级驱逐舰
			蜥蜴（Lizard）	I级驱逐舰
			田凫（Lapwing）	I级驱逐舰
	第4驱逐舰队		蒂珀雷里（Tipperary）	驱逐舰队指挥官温特上校（Wintour）座舰，"福尔克努"级驱逐领舰
			布罗克（Broke）	"福尔克努"级驱逐领舰
			奥菲利娅（Ophelia）	M级（海军部设计）
			阿卡特斯（Achates）	K级驱逐舰
			鼠海豚（Porpoise）	K级驱逐舰
			急性子（Spitfire）	K级驱逐舰
			团结（Unity）	K级驱逐舰
			花环（Garland）	K级驱逐舰
			埋伏（Ambuscade）	K级驱逐舰
			热情（Ardent）	K级驱逐舰
			运气（Fortune）	K级驱逐舰
			食雀鹰（Sparrowhawk）	K级驱逐舰
			竞争（Contest）	K级驱逐舰
			鲨鱼（Shark）	K级驱逐舰
			阿卡斯塔（Acasta）	K级驱逐舰
			克里斯托弗（Christopher）	K级驱逐舰
			猫头鹰（Owl）	K级驱逐舰
			坚强（Hardy）	K级驱逐舰
			蠓（Midge）	K级驱逐舰

续表

舰型	所属中队	所属战队	舰名	备注
驱逐舰	第9驱逐舰队（部分）与第10驱逐舰队参战舰只合并后配属战巡舰队，统一由戈德史密斯（Goldsmith）中校指挥，该中队通常隶属哈里奇舰队		利迪亚德（Lydiard）	戈德史密斯（Goldsmith）中校座舰，L级
			自由（Liberty）	L级驱逐舰
			陆秧鸡（Landrail）	L级驱逐舰
			月桂树（Laurel）	L级驱逐舰
	第10驱逐舰队（部分）配属战巡舰队，与第9驱逐舰队参战部分合并，该中队通常隶属哈里奇舰队		莫尔森（Moorsom）	以下均为M级（海军部设计）
			莫里斯（Morris）	M级驱逐舰
			动荡（Turbulent）	"护身符"级（Talisman）
			泼妇（Termagant）	"护身符"级（Talisman）
	第11驱逐舰队		肯彭费尔特（Kempenfelt）	"神射手"级驱逐领舰，由克罗默蒂出发
			第11驱逐舰队	M级（海军部设计），由克罗默蒂出发
			神秘（Mystic）	M级（海军部设计），由克罗默蒂出发
			魔术（Magic）	M级（海军部设计），由克罗默蒂出发
			托管（Mandate）	M级（海军部设计），由克罗默蒂出发
			宠臣（Minion）	M级（海军部设计），由克罗默蒂出发
			尚武（Martial）	M级（海军部设计），由克罗默蒂出发
			米尔布鲁克（Milbrook）	M级（海军部设计），由克罗默蒂出发
			马恩（Marne）	M级（海军部设计），由斯卡帕湾出发
			礼貌（Manners）	M级（海军部设计），由斯卡帕湾出发
			迈克尔（Michael）	M级（海军部设计），由斯卡帕湾出发
			蒙斯（Mons）	M级（海军部设计），由斯卡帕湾出发
			晨星（Morning Star）	M级【亚罗（Yarrow）设计】
			芒西（Mounsey）	M级【亚罗（Yarrow）设计】
			月亮（Moon）	大舰队出航时该舰正执行巡逻任务，直至31日13时45分前后才加入编队

续表

舰型	所属中队	所属战队	舰名	备注
驱逐舰	第12驱逐舰队		福尔克努（Faulknor）	驱逐舰队指挥官斯特灵上校（Stirling）座舰，"福尔克努"级驱逐领舰
			神射手（Marksman）	"神射手"级驱逐领舰
			服从（Obedient）	M级（海军部设计）
			女祭司（Maenad）	M级（海军部设计）
			猫眼石（Opal）	M级（海军部设计）
			玛丽·罗斯（Mary Rose）	M级（海军部设计）
			奇迹（Marvel）	M级（海军部设计）
			威胁（Menace）	M级（海军部设计）
			内萨斯（Nessus）	M级（海军部设计）
			独角鲸（Narwhal）	M级（海军部设计）
			警觉（Mindful）	M级（海军部设计）
			突击（Onslaught）	M级（海军部设计）
			明斯特（Munster）	M级（海军部设计）
			无双（Nonsuch）	M级（海军部设计）
			贵族（Noble）	M级（海军部设计）
			恶作剧（Mischief）	M级（海军部设计）
	第13驱逐舰队，配属战巡舰队		内斯特（Nestor）	M级（海军部设计）
			游牧民（Nomad）	M级（海军部设计）
			纳伯勒（Narborough）	M级（海军部设计）
			顽固（Obdurate）	M级（海军部设计）
			爆竹（Petard）	M级（海军部设计）
			鹈鹕（Pelican）	M级（海军部设计）
			昂斯洛（Onslow）	M级（海军部设计）
			莫尔兹比（Moresby）	M级（海军部设计）
			尼卡特（Nicator）	M级（海军部设计）
			尼莉莎（Nerissa）	M级（亚罗设计）
水机母舰			恩加丁	
布雷舰			阿布迪尔	

★：旗舰本身并不隶属于第4战列舰中队编制，但在战斗中则引导第3战列舰战队作战。

★★：配属战巡中队和战列舰中队的轻巡主要用于在战列线各单位之间重复可视信号。

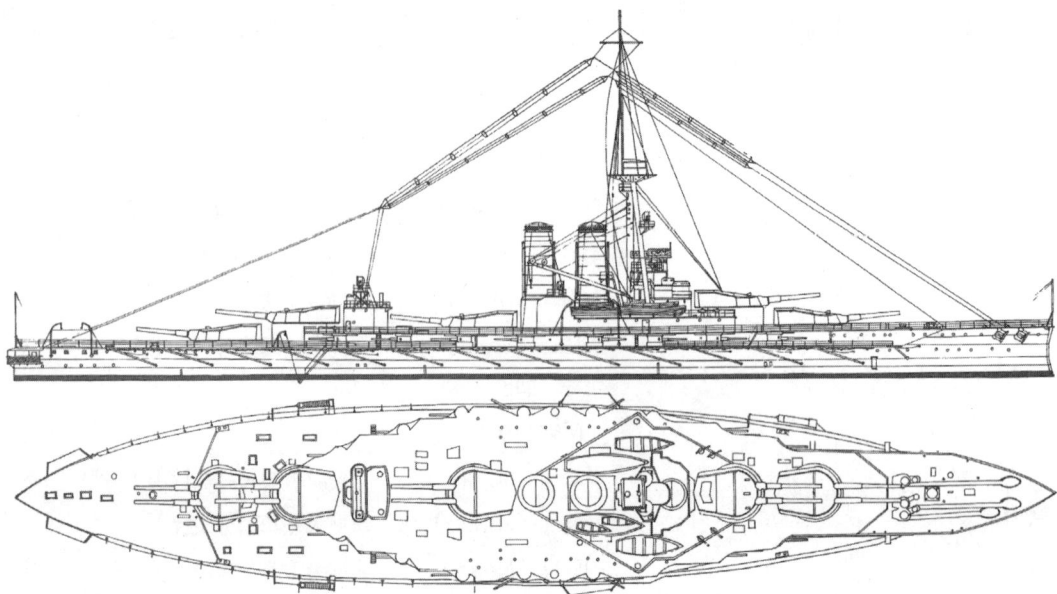

▲ "爱尔兰"号线图，1914年。

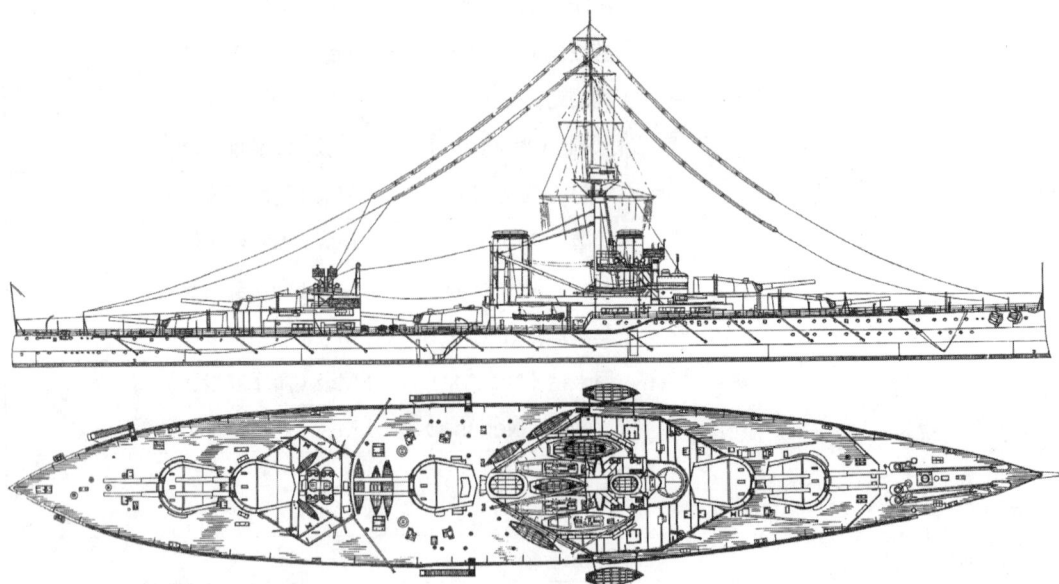

▲ "猎户座"号线图，1912年。

▲ 作为大舰队期间的"铁公爵"号,摄于战争初期。该级舰引入了6英寸(152.4毫米)炮廓炮,但这种炮不仅价格昂贵,而且还容易进水。

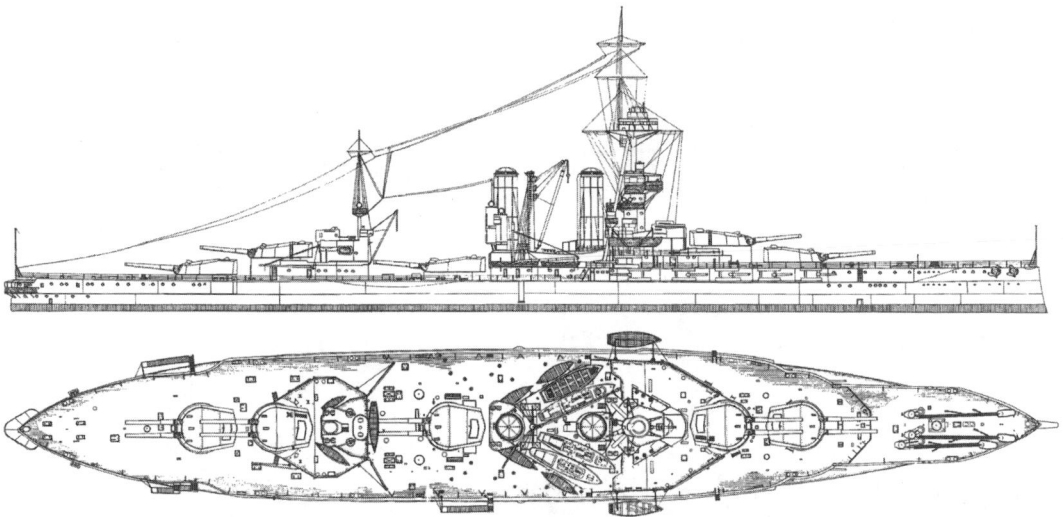

▲ "铁公爵"号线图,1918年。

▲ 试航中的"复仇"号（"皇权"级），摄于 1916 年 3 月 24 日。

▲ 1910 年大西洋舰队和本土舰队联合演习中的"柏勒罗丰"号，背景为"庄严"级前无畏舰。

▲ 完工后不久的"加拿大"号，摄于 1915 年。

▲ "前卫"号（"圣文森特"级），摄于 1914 年。

▲ 完工时的"海王星"号。

▲ 舾装中的"巴勒姆"号（"伊丽莎白女王"级）摄于 1915 年。

▲ "狮"号，摄于 1913 年前桅和前烟囱改建后。

▲ 刚加入皇家海军的"阿金库特"号，摄于 1914 年 7 月（该舰于同年 8 月更名为"阿金库特"号）。

▲ 完工时的"巨人"号。

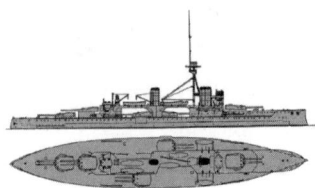

▲ "巨人"号线图，1910 年。

▲ "皇权"号线图,1916 年。

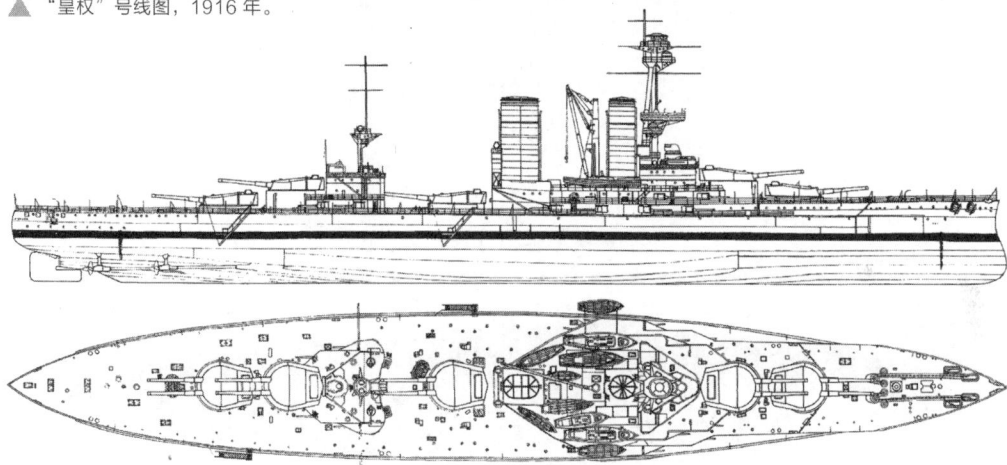

▲ "加拿大号"线图,1915 年。

▶ "柏勒罗丰"号线图,1909 年。

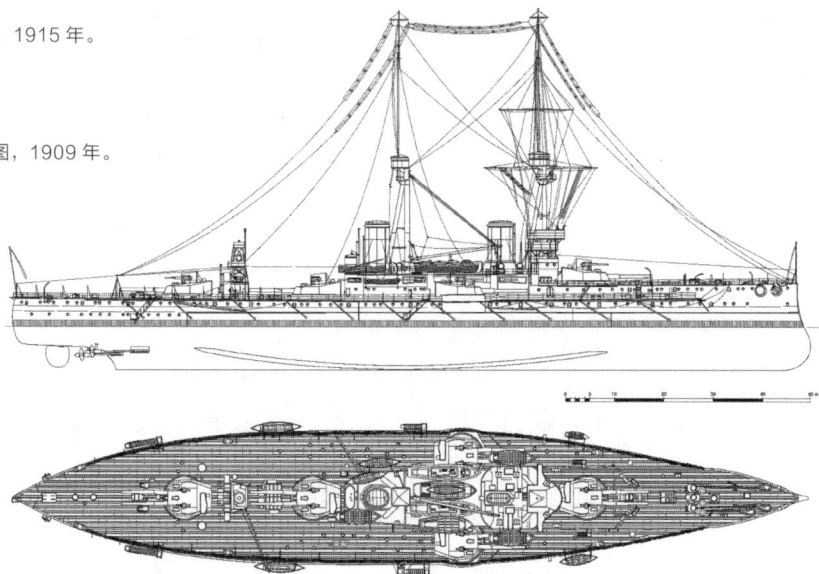

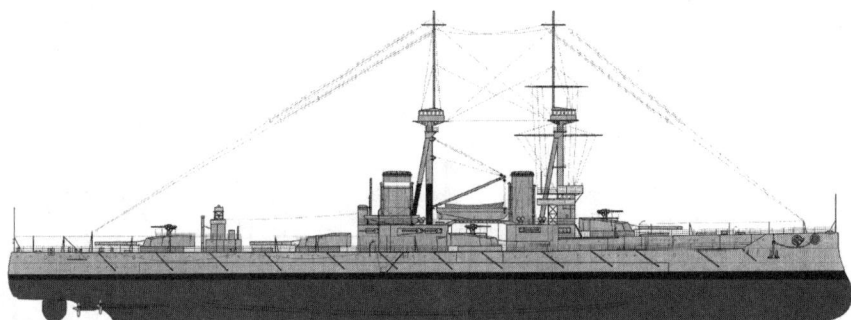

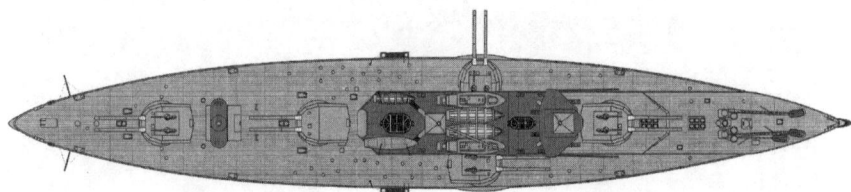

▲ "科林伍德"号（"圣文森特"级）线图，1910 年。

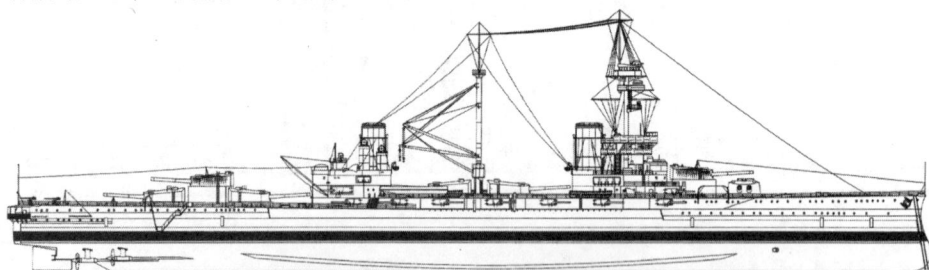

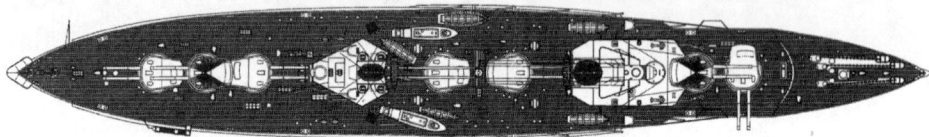

▲ "阿金库特"号线图，1918 年。

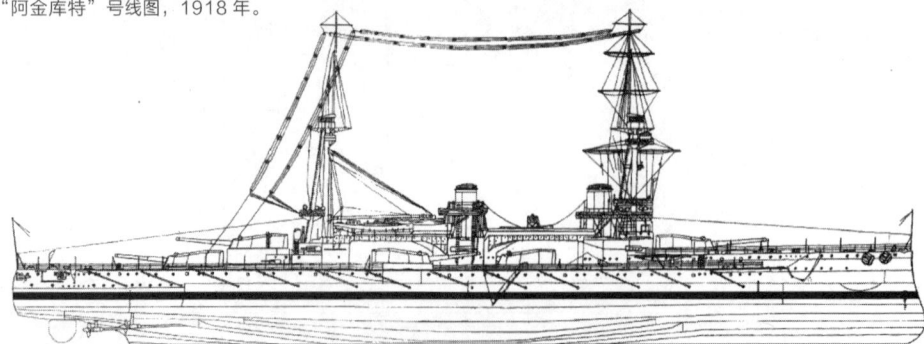

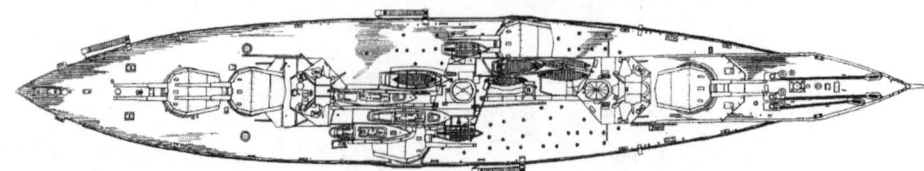

▲ "海王星"号线图，1911 年。

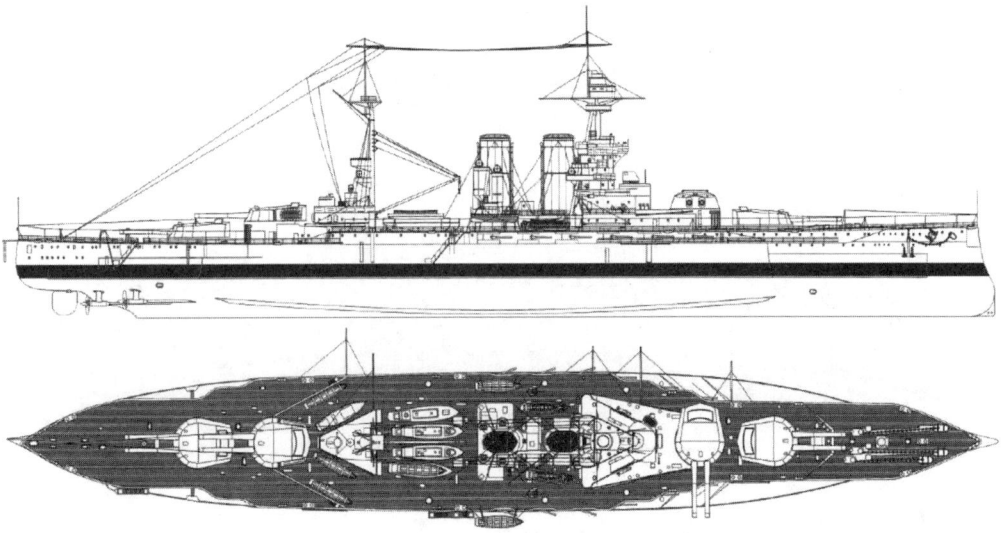

▲ "伊丽莎白女王"号线图，1918 年。

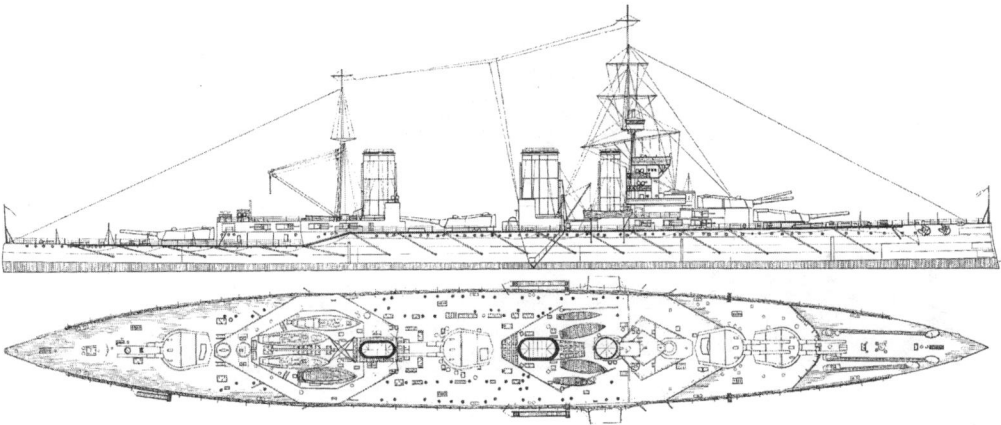

▲ "狮"号线图，1912 年。

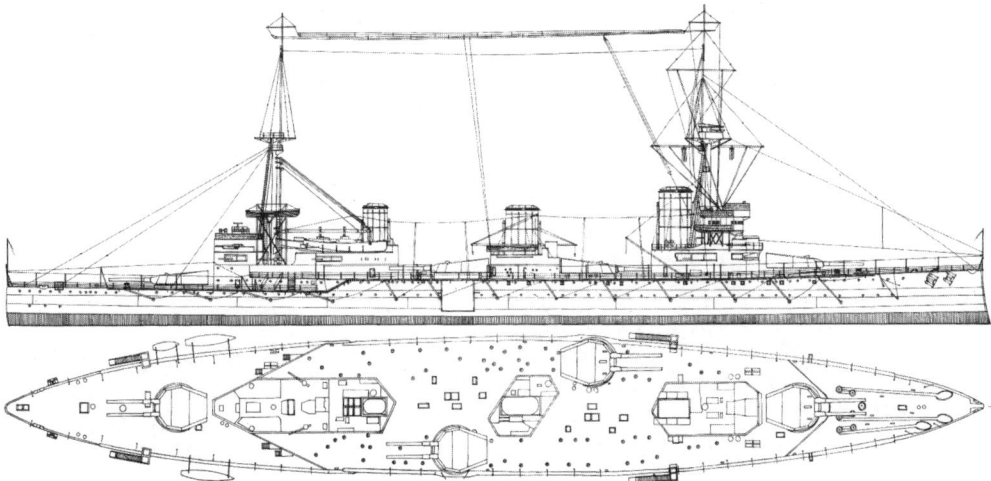

▲ "新西兰"号（"不倦"级）线图，1912 年。

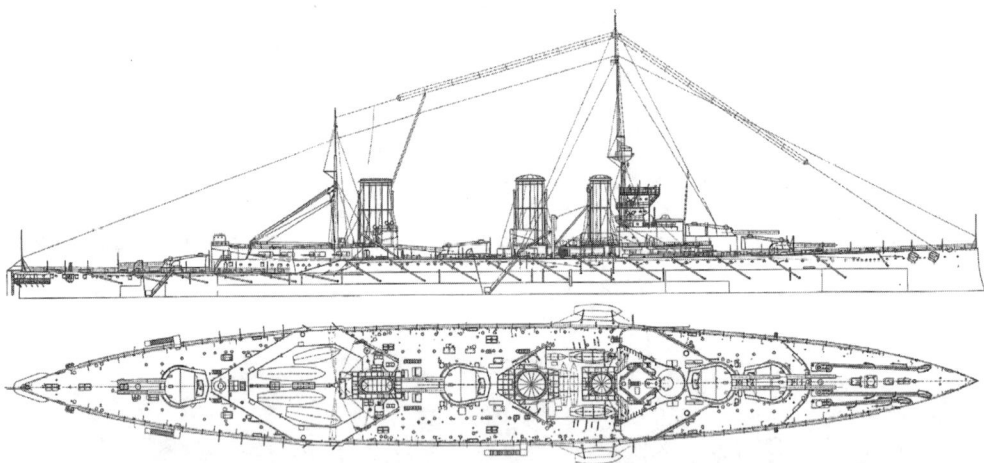

▲ "玛丽女王"号线图，1916 年。

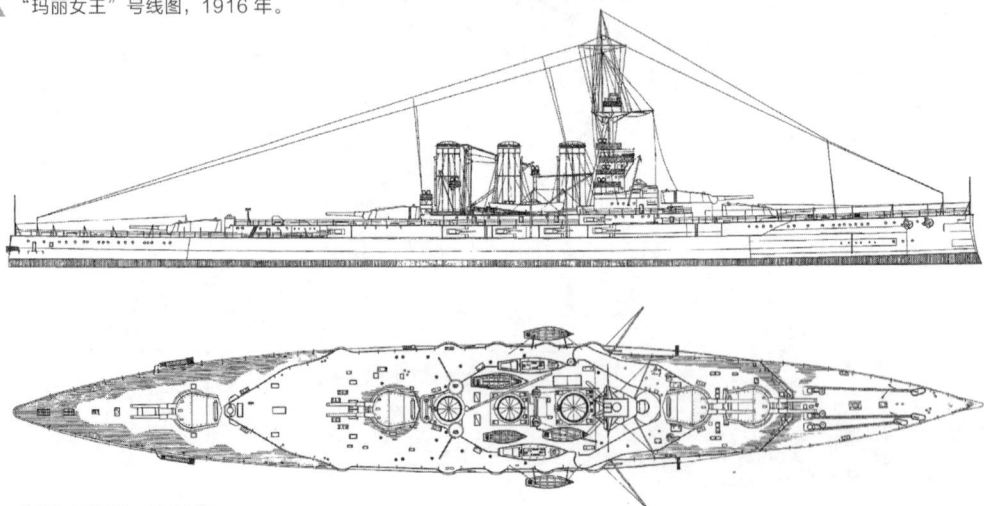

▲ "虎"号线图，1914 年。

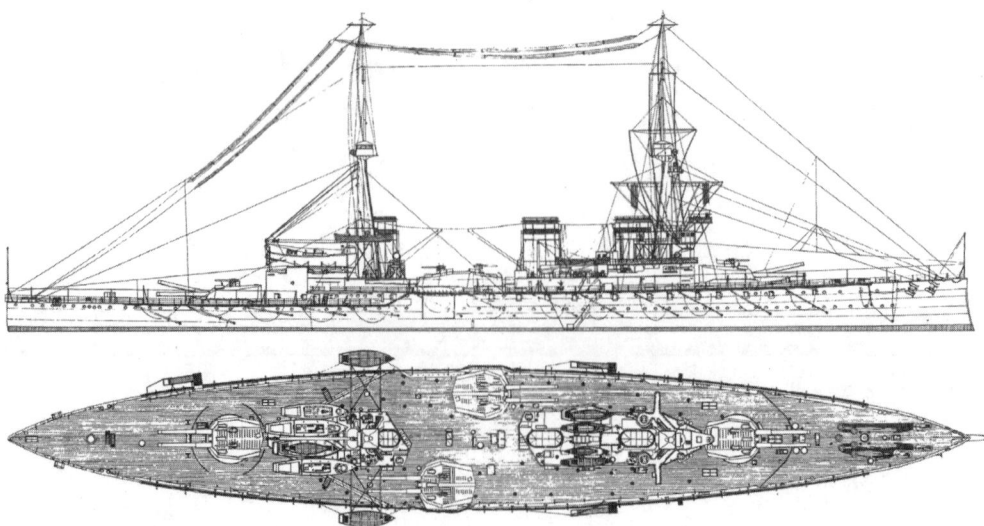

▲ "无敌"号线图，1914 年。

▲ "玛丽女王"号,摄于 1914 年。

▲ "虎"号,摄于 1916-1917 年间。

▲ "不倦"号,摄于 1913-1914 年间。

▲ "防守"号("牛头怪"级)。

▲ 驶入马耳他港中的"无敌"号,摄于 1913 年。

▲ "武士"号。

▲ "爱丁堡公爵"号。

▲ "加拉提亚"号("林仙"级)。

▲ "昂斯洛"号（M级）。

▲ "宴乐之神"号（C级）。

▲ "伯明翰"号（"城"级）。

▲ "无惧"号（"积极"级）。

▲ "守卫者"号（I级）。

▲ "急性子"号（K级）。

▲ "蒂珀雷里"号（"福尔克努"级）。

▲ "动荡"号（"护身符"级）。

▲ "恩加丁"号。

▲ "阿布迪尔"号。

表2 公海舰队参战单位一览

舰型	所属中队	所属战队	舰名	备注
战列舰	第3中队	第5战队	国王	中队指挥官贝恩克少将（Behncke）座舰，"国王"级
			大选帝侯（Grosser Kurfürst）	"国王"级
			边疆伯爵（Markgraf）	"国王"级
			王储（Kronprinz）	"国王"级
		第6战队	皇帝（Kaiser）	战队指挥官诺德曼少将（Nordmann）座舰，"皇帝"级
			路易波德摄政（Prinzregent Luitpold）	"皇帝"级
			皇后（Kaiserin）	"皇帝"级
	第1中队	第1战队	腓特烈大王（Friederich der Grosse）	舍尔旗舰*，"皇帝"级
			东弗里斯兰（Ostfriesland）	中队指挥官施密特（Schmidt）中将座舰，"赫尔戈兰"级
			图林根（Thüringen）	"赫尔戈兰"级
			赫尔戈兰（Helgoland）	"赫尔戈兰"级
			奥尔登堡（Oldenburg）	"赫尔戈兰"级
		第2战队	波兹南（Posen）	战队指挥官恩格尔哈特少将（Engelhardt）座舰，"拿骚"级
			莱茵兰（Rheinland）	"拿骚"级
			拿骚（Nassau）	"拿骚"级
			威斯特法伦（Westfalen）	"拿骚"级

续表

舰型	所属中队	所属战队	舰名	备注
前无畏舰	第2中队	第3战队	德意志（Deutschland）	战队指挥官毛弗少将（Mauve）座舰，"德意志"级
			波美拉尼亚（Pommern）	"德意志"级
			西里西亚（Schlesien）	"德意志"级
		第4战队	石勒苏益格-荷尔斯泰因（Schleswig-Holstein）	"德意志"级
			黑森（Hessen）	"布伦瑞克"级（Braunschweig）
			汉诺威（Hannover）	"德意志"级
战巡	第1侦察群		吕佐夫	希佩尔旗舰，"德芙林格"级
			德芙林格	"德芙林格"级
			塞德利兹（Seydlitz）	"塞德利兹"级
			毛奇（Moltke）	"毛奇"级
			冯·德·坦恩（Von der Tann）	"冯·德·坦恩"级
轻巡	第2侦察群，配属希佩尔编队		法兰克福（Frankfurt）	指挥官博迪克少将（Boedicker）座舰，"威斯巴登"级
			皮劳（Pillau）	"皮劳"级，原本由俄国订购
			埃尔宾（Elbing）	"皮劳"级，原本由俄国订购
			威斯巴登（Wiesbaden）	"威斯巴登"级
	第4侦察群		什切青（Stettin）	指挥官冯·鲁伊特准将（Von Reuter）"柯尼斯堡"级（Königsberg）
			慕尼黑（München）	"不莱梅"级
			弗劳恩洛布（Frauenlob）	"瞪羚"级（Gazelle）
			斯图加特（Stuttgart）	"柯尼斯堡"级
			汉堡（Hamburg）	潜艇领舰，鲍尔上校（Bauer）座舰，"不莱梅"级，配属第4侦察群
	驱逐舰部队第1领舰		罗斯托克	米切尔森准将（Michelsen）座舰，"卡尔斯鲁厄"级（Karlsruhe）
	逐舰部队第2领舰，配属希佩尔编队		雷根斯堡	海因里希准将（Heinrich）座舰，"格鲁琼兹"级（Graudenz）

续表

舰型	所属中队	所属战队	舰名	备注
驱逐舰	第1驱逐舰队★★	第1半驱逐舰队	G39	
			G40	
	第2驱逐舰队，配属希佩尔编队		B98	
		第3半驱逐舰队	G101	
			G102	
			B112	
			B97	
		第4半驱逐舰队	B109	
			B110	
			B111	
			G103	
			G104	
	第3驱逐舰队		S53	
		第5半驱逐舰队	V71	
			V73	
			G88	
		第6半驱逐舰队	S54	
			V48	
			G42	
	第5驱逐舰队		G11	
		第9半驱逐舰队	V2	
			V4	
			V6	
			V1	
			V3	
		第10半驱逐舰队	G8	
			G7	
			V5	
			G9	
			G10	

续表

舰型	所属中队	所属战队	舰名	备注
驱逐舰	第6驱逐舰队		G41	
		第11半驱逐舰队	V44	
			G87	
			G86	
		第12半驱逐舰队	V69	
			V45	
			V46	
			S50	
			G37	
	第7驱逐舰队		S24	
		第13半驱逐舰队	S15	
			S17	
			S20	
			S16	
			S18	
		第14半驱逐舰队★★★	S19	
			S23	
			V189	
	第9驱逐舰队，配属希佩尔编队		V28	
		第17半驱逐舰队	V27	
			V26	
			S36	
			S51	
			S52	
		第18半驱逐舰队	V30	
			S34	
			S33	
			V29	
			S35	

★：旗舰本身并不隶属于任一中队或战队编制。

★★：公海舰队的驱逐舰队一般下辖11艘驱逐舰，分为2个半驱逐舰队。

★★★：V186号因冷凝器泄露故障，于5月31日晨7时15分返回赫尔戈兰。

▲ "国王"号,右舷视角。

▲ 航行中的"波兹南"（"拿骚"级）号。

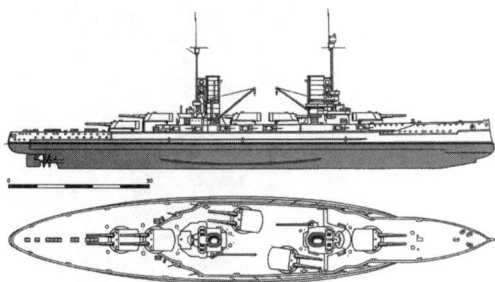

▲ "腓特烈大王"号（"皇帝"级）线图,1918年。

▲ "赫尔戈兰"号左舷前方视角。

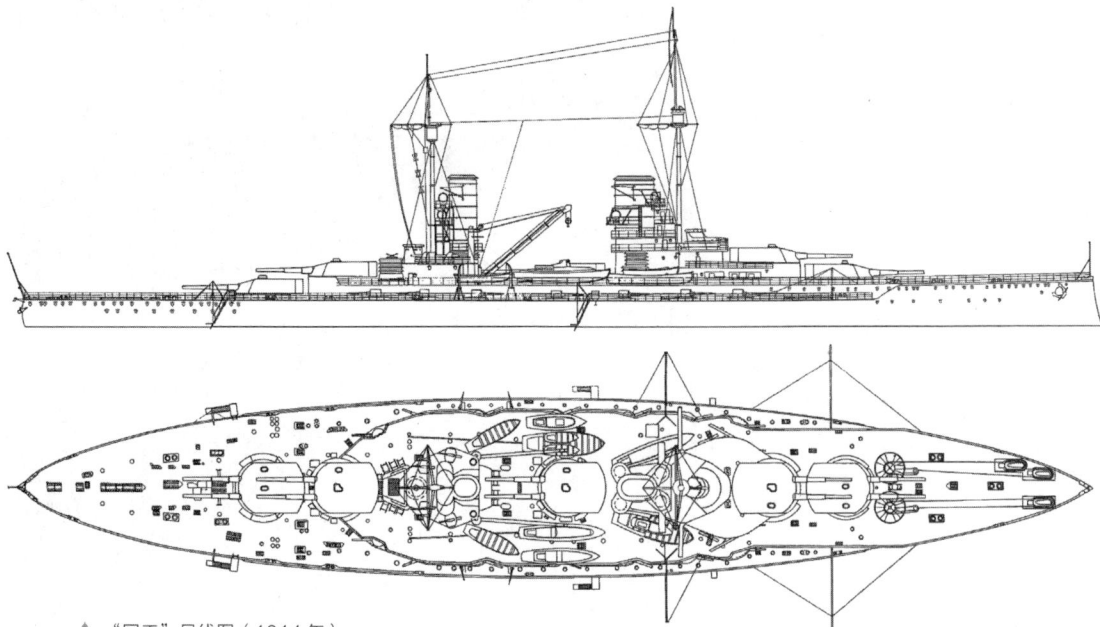

▲ "国王"号线图（1914年）。

1913~1914年间参与庆典的"皇帝"号。

▲ "布伦瑞克"号线图（1904年）。

▲ "德意志"号。

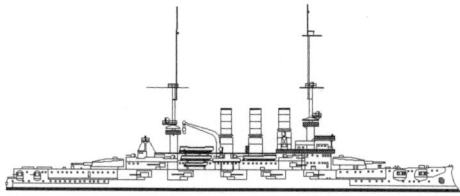

▲ "西里西亚"号（"德意志"级）线图（1908年）。

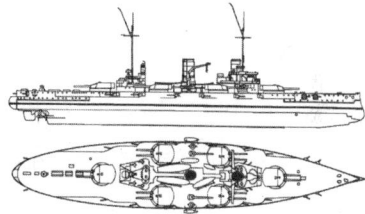

▲ "拿骚"级线图。

▲ "黑森"号（"布伦瑞克"级）。

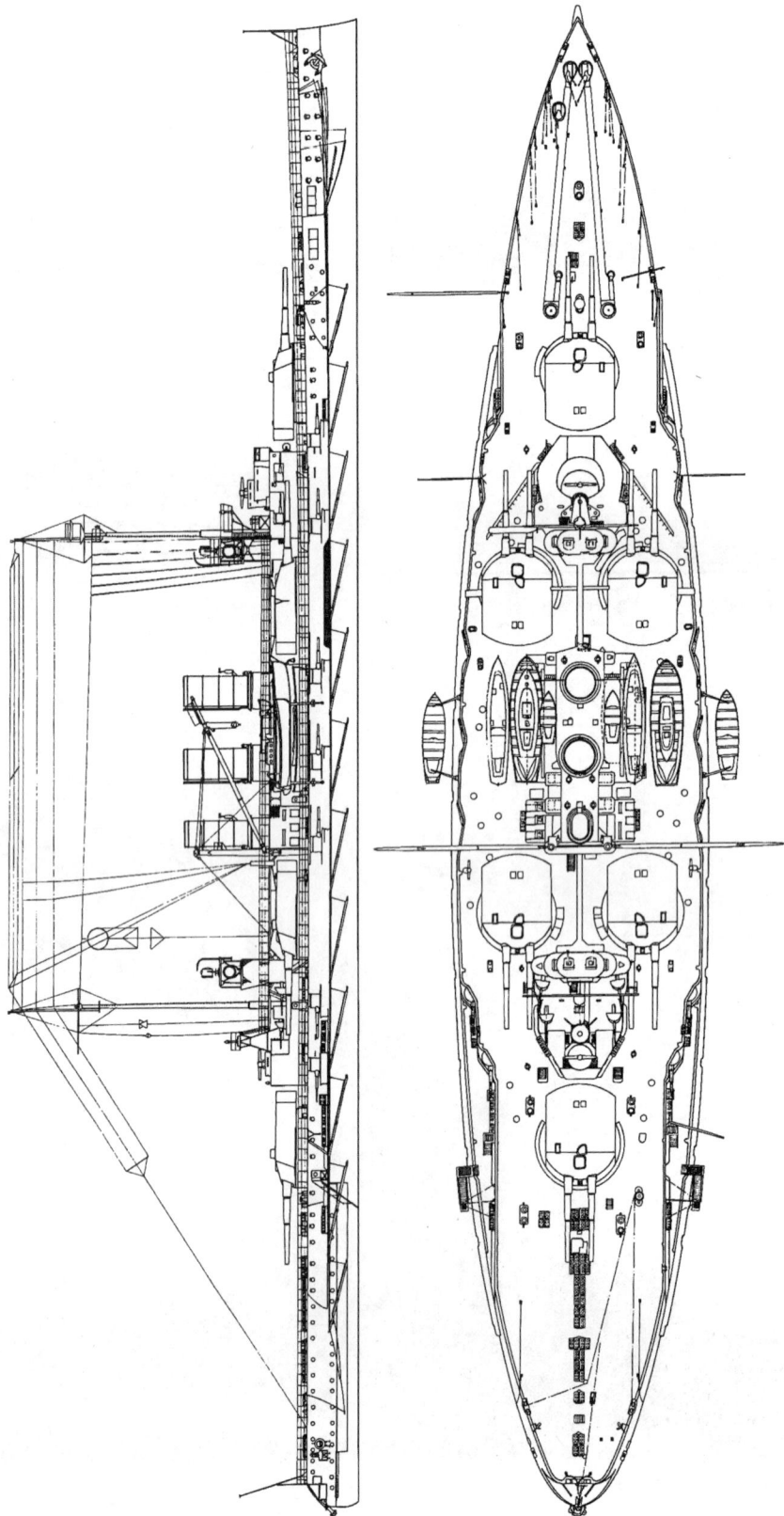

"赫尔戈兰"号线图，1911 年。

▲ "吕佐夫"号（"德弗林格"级）。

▼ "德芙林格"级线图（1914年）。

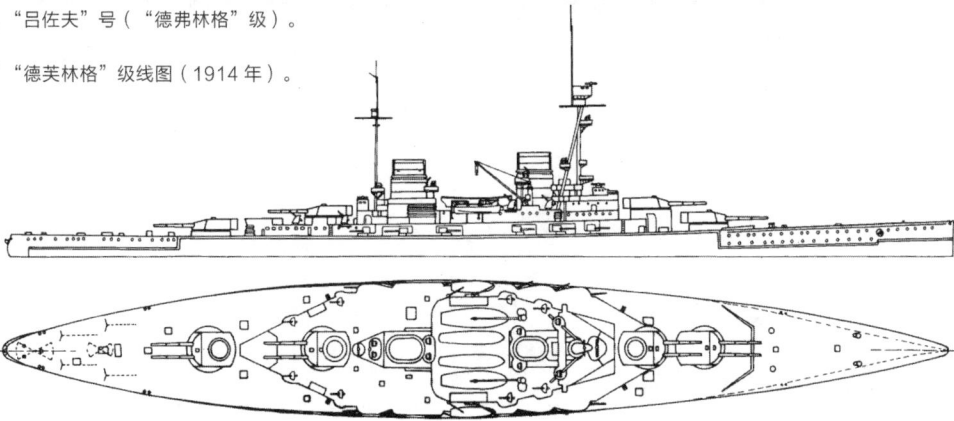

1.150毫米炮廓炮
2.80毫米炮（单装）
3.起重机
4.探照灯平台
5.桅杆
6.前指挥塔
7.后指挥塔
8.小艇

A-E：280毫米主炮炮塔

0 5 10 15 20 25 米

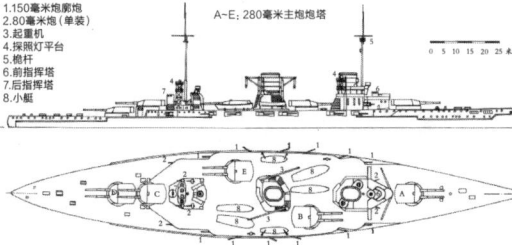

▲ "塞德利兹"号线图（1913年）。

▲ "塞德利兹"号。

▼ "毛奇"号。

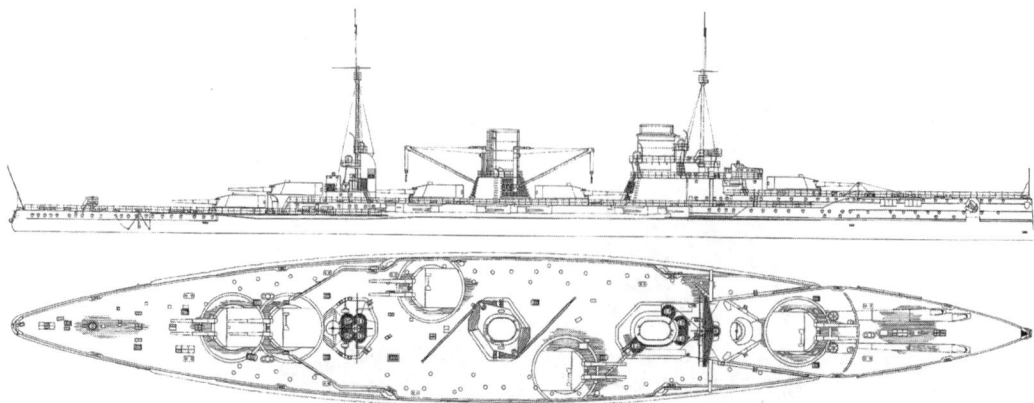

▲ "毛奇"号线图。

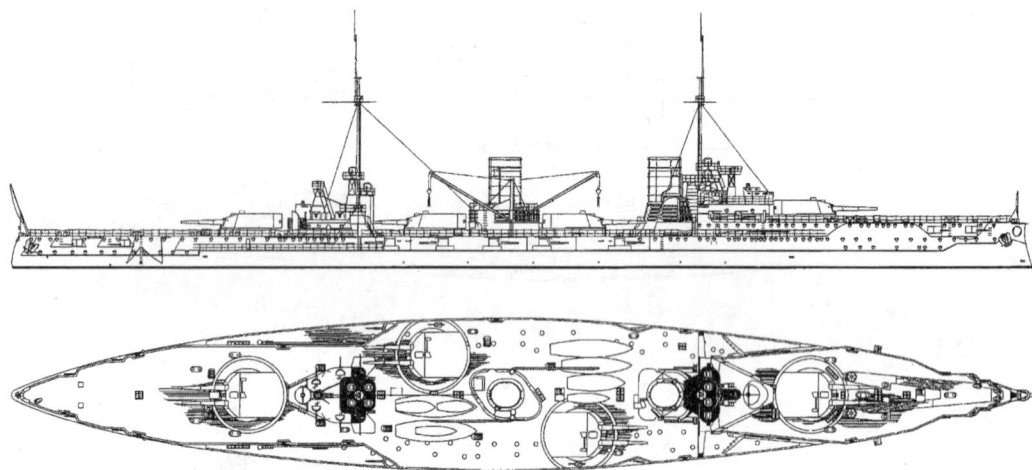

▲ "冯·德·坦恩"号线图。

▲ "法兰克福"号（"威斯巴登"级）。

▲ "皮劳"号。

"什切青"号（"柯尼斯堡"级）。

▲ "罗斯托克"号（"不莱梅"级）。

▲ "冯·德·坦恩"号，摄于1911年乔治五世加冕礼
阅舰式上。

▲ "弗劳恩洛布"号（"瞪羚"级）。

▲ "慕尼黑"号（"不莱梅"级）。

双方实力对比表

舰种	英（艘）	德（艘）
战列舰	28	16
战巡	9	5
前无畏舰	0	6
装巡	8	0
轻巡	26	11
驱逐舰	76	59

　　当然，决定海战结果的不仅仅是舰只的数目、质量，双方参战人员素质、情报，还有必不可少的运气，都会对海战结果造成重大影响。

舰只对比

主力舰

　　此战中，双方都有若干主力舰因各种原因未能出战。英国大舰队方面，"皇权"号战列舰于5月25日刚刚加入大舰队，还不适合立即参战。隶属第5战列舰中队的"伊丽莎白女王"号和隶属第4战列舰中队"印度皇帝"号（Emperor of India，"铁公爵"级）战列舰正在入坞修理。从战斗力上来看，这三艘战列舰[1]的缺阵对大舰队的影响较大。另外著名的"无畏"号（Dreadnought，"无畏"级）战列舰则正在进行改装，预计改装完成后加入作为大舰队预备队的第3战列舰中队，因此也错过了日德兰海战。隶属第2战巡中队的"澳大利亚"号（Australia，"不倦"级）战巡则因4月22日与"新西兰"号发生碰撞正在维修，也无缘参战斗。

德国公海舰队方面，装备380毫米主炮、隶属第3中队的"巴伐利亚"号（"巴伐利亚"级）新锐战列舰于3月19日刚刚服役，当时仍在波罗的海进行适航，仅在德国本土受到直接攻击时可用于作战。装备305毫米主炮，隶属第3中队的"阿尔伯特国王"号（König Albert，皇帝级）战列舰因冷凝器故障未能出战。此外，"普鲁士"号前无畏舰（Preussen，"布伦瑞克"级）则在松德海峡担任警戒波

▲ "英王乔治五世"号，摄于1913年。

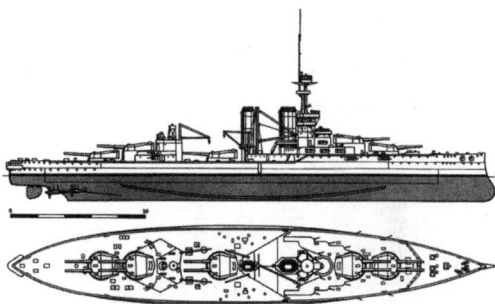

▲ "英王乔治五世"号线图，1913年。

▲ 试航中的"爱尔兰"号，摄于1914年。

▲ 从前向后依次为"猎户座"号、"君王"号、"征服者"号和"朱庇特"号，摄于1918年。

---

[1] 前两者装备15英寸（381毫米）主炮，后者装备13.5英寸（343毫米）主炮。

表3 大舰队战列舰性能简表

（1英寸=25.4毫米）

舰级	排水量（吨）	主炮（英寸）	主炮数量（门）	主装甲带①	上部装甲带②	炮塔基座装甲最大厚度（英寸）	炮塔正面装甲（英寸）	炮塔顶部装甲（英寸）	航节（节）
"皇权"级	28000	15	8	13	6★	10	13	4.25★★★	22
"伊丽莎白女王"级	29150	15	8	13~6	6	10	13	5★★★	23.5~24
"加拿大"号	28600	14	10	9~7	4.5	10	10	4~3	23~23.5
"阿金库特"号	28840	12	14	9~6	6★★	9	12	3~2	22
"爱尔兰"号	22780	13.5	10	12~9	8	10	11	4~3	21
"铁公爵"级	25820	13.5	10	12~9	8	10	11	4~3	21
"英王乔治五世"级	23000	13.5	10	12~9	8	10	11	4~3	21
"猎户座"级	22200	13.5	10	12~9	8	10	11	4~3	21
"巨人"级	20225	12	10	11~8	无	11,10	11	4~3	21
"海王星"级	19680	12	10	10~8	无	10,9	11	4~3	21
"圣文森特"级	19560	12	10	10~8	无	10,9	11	4	21
"柏勒罗丰"级	18800	12	10	10~8	无	10,9	11	3	20.5~21

★：装甲带未延伸至Y炮塔基座

★★：装甲带未延伸至舰艏至舰艉炮塔基座

★★★："皇权"级和"马来亚"号的炮塔顶部装甲其强度较"伊丽莎白女王"级其他各舰高。此外"马来亚"号的炮塔顶部装甲厚度为4.5英寸（114.3毫米）。

① 指舰艏炮塔基座之间，水线至中甲板高度部分的装甲带。
② 指中甲板至炮列甲板高度之间部分的装甲。

表4 战巡舰队战巡性能简表

（1英寸=25.4毫米）

	排水量（吨）	主炮（英寸）	主炮数量（门）	主装甲带	上部装甲带	炮塔基座装甲最大厚度（英寸）	炮塔正面装甲（英寸）	炮塔顶部装甲（英寸）	航速（节）
"虎"级	28430	13.5	8	9～5	6～5	9	9	3.25～2.5	28.5
"玛丽女王"级	26770	13.5	8	9～5	6～5	9	9	3.25～2.5	27.5
"狮"级	26270	13.5	8	9～5	6～5	9	9	3.25～2.5	27～27.5
"新西兰"号	18500	12	8	6～5	无	7	7	3	25.5～26
"不倦"号	18470	12	8	6～4	无	7	7	3	25.5
"无敌"级	17340	12	8	6	无	7	7	3	25～25.5

表5 公海舰队战列舰性能简表

（1英寸=25.4毫米）

战舰级别	排水量（吨）	主炮（英寸）	主炮数量（门）	主装甲带	上部装甲带	炮塔基座装甲最大厚度（英寸）	炮塔正面装甲（英寸）	炮塔顶部装甲（英寸）	航速（节）
"国王"级	25390	12	10	350	200	300	300	110~80	22
"皇帝"级	24330	12	10	350	200	300	300	110~80	21.5★
"赫尔戈兰"级	22440	12	12	300~170	170★★	300	300	100~70	20.5~21
"拿骚"级	18570	11	12	300~160	160★★	280, 250	280	90~60	19.5~20

★：“路易波德摄政王”号为21节。
★★：此处为炮塔前装甲厚度。

表6 公海舰队战巡性能简表

（1英寸=25.4毫米）

战舰	排水量（吨）	主炮（英寸）	主炮数量（门）	主装甲带	上部装甲带	炮塔基座装甲最大厚度（英寸）	炮塔正面装甲（英寸）	炮塔顶部装甲（英寸）	航速（节）
"德夫林格"级	26250	12	8	300	300~230	260	270	110~80	27
"塞德利兹"号	24600	11	10	300	300~230	230	250	100~70	26.5
"毛奇"号	22620	11	10	270	200	230, 200★★	230	90~60	26.5
"冯·德·坦恩"号	19070	11	8	250~150	150★	230, 200★★	230	90~60	26

★：此处为炮塔前装甲厚度，该装甲未延伸至舯部舰炮塔基座。
★★：首尾主炮塔的最大厚度是230毫米，舯部主炮塔是200毫米。

罗的海入口的任务。

双方战列舰及战巡的主要性能，参见表3～6。

在装甲防护方面，所有德制主力舰和部分英制主力舰的装甲带下缘①厚度均较薄，其主装甲带之前和之后部分装甲也较薄。德制主力舰除"巴伐利亚"级该部分装甲的厚度可达200毫米之外，"国王"级和"皇帝级"该部分最大厚度为180毫米，"赫尔戈兰"级和"拿骚"级为80毫米，战巡则为100～120毫米。英制主力舰该部分装甲厚度通常为4～6英寸（101.6～152.4毫米），但部分舰只则不超过2.5英寸（63.5毫米），如"圣文森特"级仅为2英寸（50.8毫米），"不倦"级、"海王星"级、"巨人"为2.5英寸（63.5毫米），"无敌"级Y炮塔之后位置更是没有设置任何装甲。由于实际排水量超出设计排水量，"伊丽莎白女王"级的主装甲带13英寸（330.2毫米）厚部分仅延伸至水线以上6英寸（152.4毫米）处，更高位置的装甲厚度则逐渐减少，其上缘位于水线以上5英尺（1.52米）处，厚度为6英寸（152.4毫米）。由于同样原因，"皇权"级的13英寸（330毫米）装甲带仅延伸至水线以上3.75英尺（1.14米）处。相较而言，德方"国王"级的350毫米装甲带一直延伸至水线以上1.2米处，"塞德利兹"号的300毫米装甲带则一直延伸至水线以上450毫米处；后者更高位置的装甲厚度逐渐变薄，其上缘位于水线以上2.5米处，厚度为150毫米。

双方大部分舰只的装甲甲板在船舯附近

的厚度均在25～50毫米左右，上部防护甲板的厚度则在19～50毫米之间，但在重点部位则会强化加厚。大部分舰只的装甲甲板在舰只两端部分较厚，尤其是转向机构上方部分。不过在"拿骚"级、"东弗里斯兰"级以及德制前无畏上，装甲甲板最厚部分位于船舯部位的倾斜部分，其厚度在58～75毫米之间。英方"无敌"号和"不倦"号则没有设计连续的上部防护甲板。

双方的150毫米或152毫米副炮均设在上甲板炮列甲板高度，并设有装甲保护，其厚度在150～170毫米之间。英制主力舰上的4英寸（101.6毫米）副炮则设在更高的甲板上，通常无防护。

总体而言，德制主力舰拥有更好的装甲防护，而英制主力舰则拥有口径更大的主炮。双方的战列舰单舰实力相当，但公海舰队的战巡更为出色；值得注意的是英制穿甲弹质量较差，发射药也不如德制产品安全；这两点将对海战结果产生重大影响。实际上英制穿甲弹的质量问题在多格尔沙洲之战中就已经凸显，但这一问题长期未能得到解决。

此外，德制主力舰还拥有较强的水下防护能力，其水下防护体系的设计得益于战前的一系列实验。除"拿骚"级之外，其他所有德制主力舰从舯炮塔基座延伸至舰炮塔基座，均设有厚度为25～50毫米的纵向防鱼雷舱壁。②反观英制主力舰，仅"伊丽莎白女王"级和"皇权"级设有类似的舱壁，③但战前并未进行大量实验以确定水下防护体系（参见附录1）。"爱尔兰"号、"海王星"号以及"圣

①战斗状况下应位于水线下较深处。
②"拿骚"级为20毫米。
③分别厚2英寸（50.8毫米）和1～1.5英寸（25.4～38.1毫米）。

文森特"级、"柏勒罗丰"级，从艏炮塔基座延伸至艉炮塔基座均设有厚度为一两英寸（25.4 ~ 50.8 毫米）的纵向舱壁，且除"爱尔兰"号外，其他各舰上在舷侧炮塔位置的舱壁，厚度均增至 3 英寸（76.2 毫米），但该舱壁在艏炮塔和艉炮塔附近的位置过于靠内，因此只能被认为是药库防护体系的一部分。其他英制主力舰均设有厚度为 1 ~ 3 英寸（25.4 ~ 76.2 毫米）不等的非连续舱壁，作为药库防护体系的一部分。在"铁公爵"级和"英王乔治五世"级上，类似舱壁还用于为中部引擎舱提供防护，但舷侧引擎舱则没有得到类似的防护。双方水下防护水平的差距在此前的战斗中就已经凸显。1916 年 4 月 24 日"塞德利茨"号撞上一枚装药为 300 磅（136 千克）湿火棉的英制水雷；而"戈本"号战列巡洋舰（Goeben）号在名义上转隶土耳其海军之后，于 1914 年 12 月 26 日在两分钟内连续撞上两枚装药为 220 磅（99.8 千克）TNT 炸药的俄制水雷。两个战例中，两舰均是重要部位中雷，"塞德利茨"号中雷位置为右舷舷侧鱼雷发射管后方，"戈本"号分别为右舷司令塔下方位置和左舷舷侧炮塔前方，但两舰均未被重创。反观皇家海军方面，1914 年 10 月 27 日，"鲁莽"号战列舰（Audacious，"英王乔治五世"级）在仅仅撞上了一枚装药为 180 磅（81.6 千克）湿火棉的水雷之后【中弹位置为后引擎舱舱壁前方 5~10 英尺（1.5~3 米）处】，便于 12 小时内倾覆。尽管该舰当时的水密性和损管水

平都较差，但理论上，类似威力的水雷本不可能造成一艘战列舰沉没。

此外，德制主力舰装甲甲板以下部分划分更细，损管和排水系统设置也更完整。通常而言，较高的定倾中心高度意味着更好的稳定性，但同时也意味着船只的舒适性较差。德制主力舰的定倾中心高度通常在 2.1 ~ 3.05 米之间，而英制主力舰的这一指标则通常为 1.52 ~ 1.83 米，最高则为约 2.1 米。但"无敌"级、"不倦"级[1]、"阿金库特"号和"皇权"级的定倾中心高度则仅为 1.22 米左右，其中"皇权"级在排水量为 28000 吨的条件下其定倾中心高度更是低至 0.85 米。

还有值得一提的是，德制主力舰使用的锅炉技术更为先进，因此功重比更高，引擎舱设计也更为紧凑。这一优势进而体现在所需的装甲和空间上，使得在相同排水量条件下，德制战巡的战斗力要明显优于英制战巡，类似的锅炉皇家海军直到"胡德"级才开始使用。

不过另一方面，除"伊丽莎白女王"级和"皇权"级仅以重油为燃料外[2]，其他英制主力舰均采用油煤混烧设计。反观德制主力舰，除"国王"级和"德芙林格"级的 4 个锅炉中有 3 个以重油作为燃料外，其他舰只均以煤为主要燃料，仅配有少量煤焦油。而恰恰是全燃油设计，使得"伊丽莎白女王"级在设计指标上远超同时代战舰，虽然其实际表现并未如设计指标那般惊人。

---

[1] 含"新西兰"号和"澳大利亚"号。
[2]"皇权"级在最初设计时仍使用煤为燃料，但在1914年10月再次出任第一海务大臣的费舍尔海军上将（John Fisher）的坚持下改为燃油。

▲ "皇权"级横截面（"皇权"号）。

▲ "伊丽莎白女王"级横截面（"伊丽莎白女王"号）。

▲ "铁公爵"号装甲分布图（1920 年）。

单位：英寸，1英寸=25.4毫米

艏楼甲板
上甲板
主甲板
中甲板
下甲板

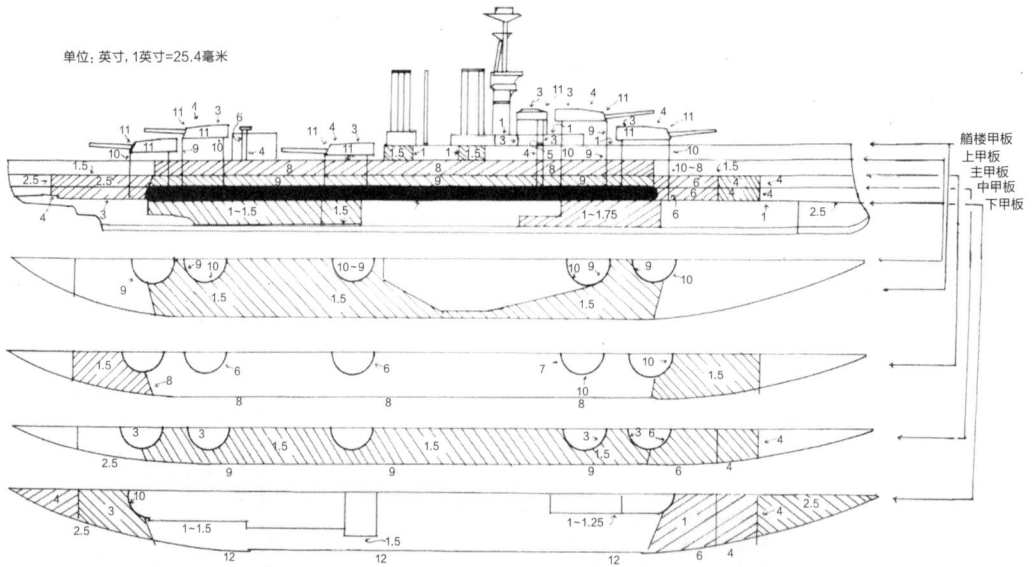

▲ "英王乔治五世"号装甲分布图（1919年）。

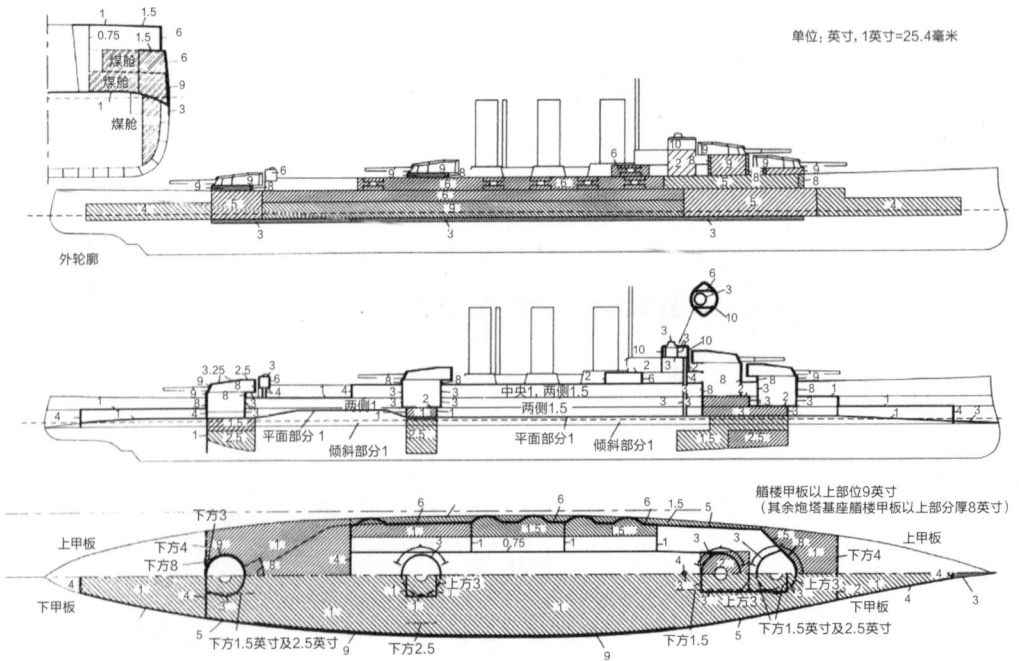

单位：英寸，1英寸=25.4毫米

煤舱
煤舱
煤舱

外轮廓

中央1，两侧1.5
两侧1.5
平面部分1
倾斜部分1
平面部分1
倾斜部分1

艏楼甲板以上部位9英寸
（其余炮塔基座艏楼甲板以上部分厚8英寸）

上甲板
下方3
下方4
下方8
下甲板

下方4
下甲板
上甲板

上方3
上方3

下方1.5英寸及2.5英寸
下方2.5
下方1.5
下方1.5英寸及2.5英寸

▲ "虎"号装甲分布图。

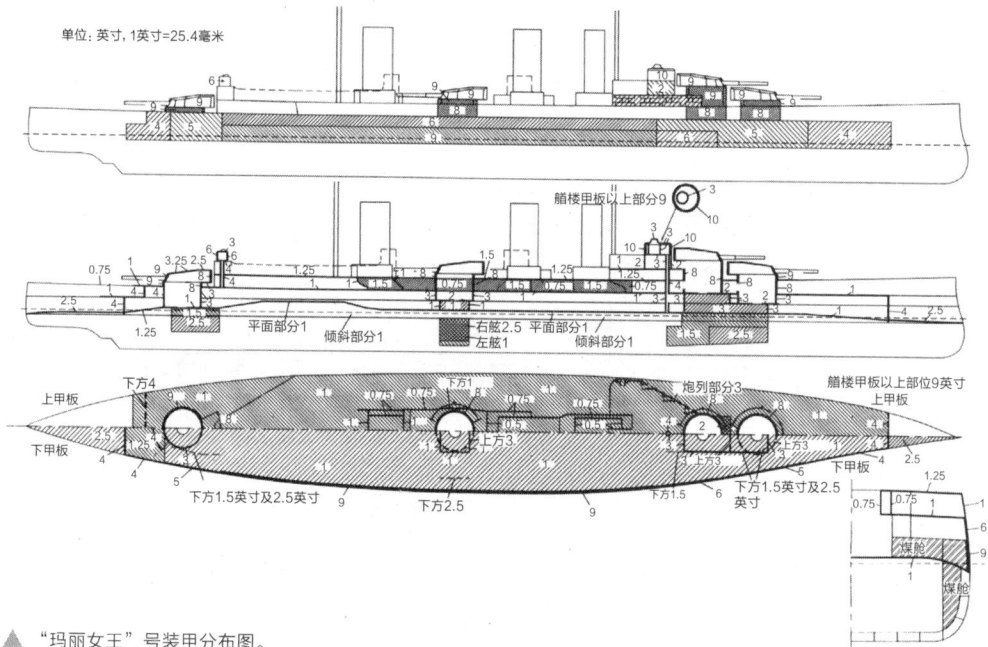

▲ "玛丽女王"号装甲分布图。

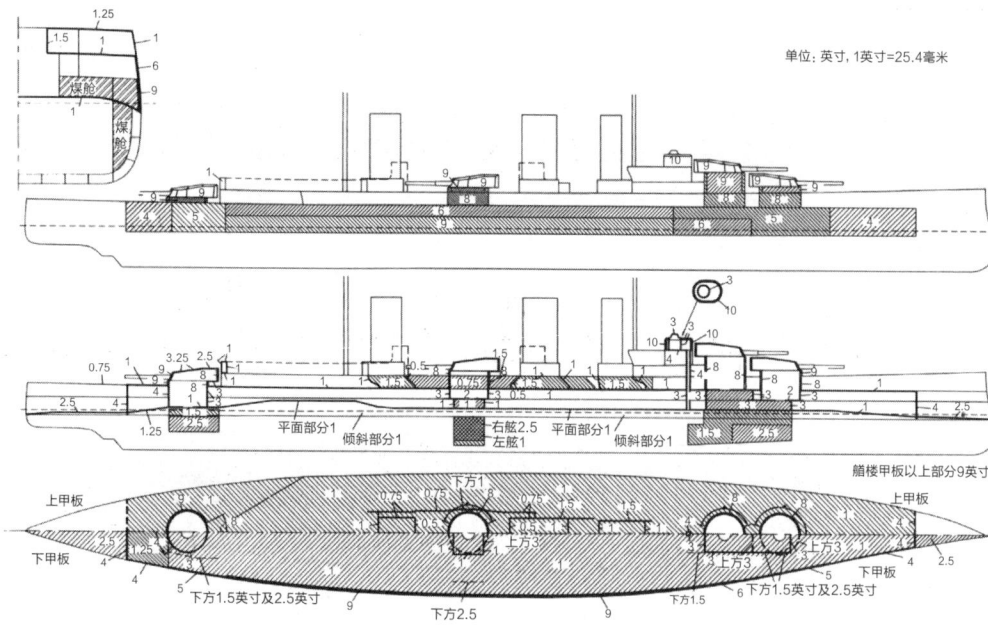

▲ "狮"级装甲分布图。

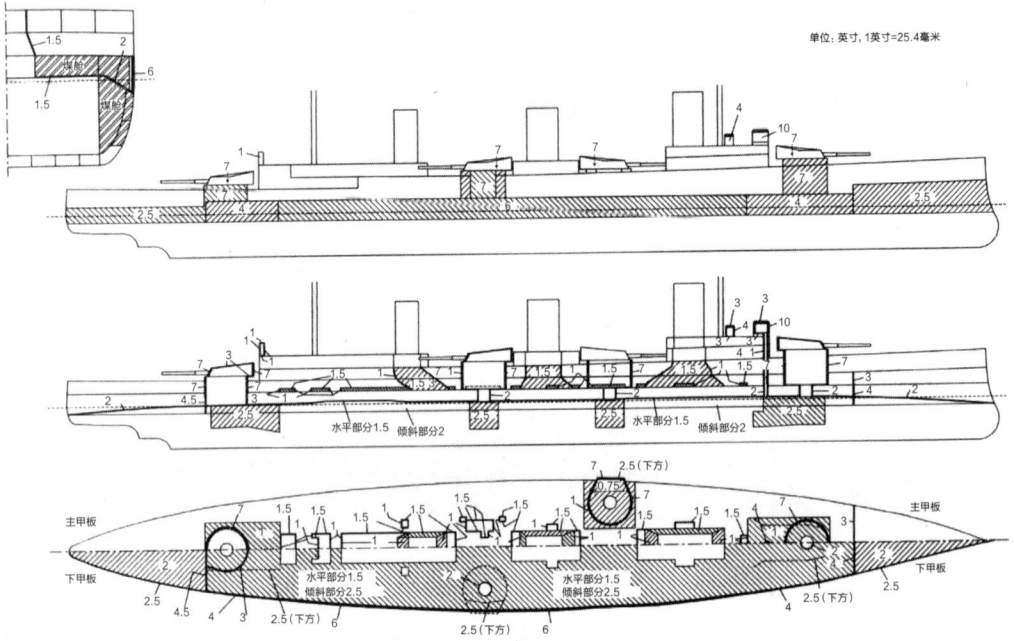

▲ "不倦"号装甲分布图。

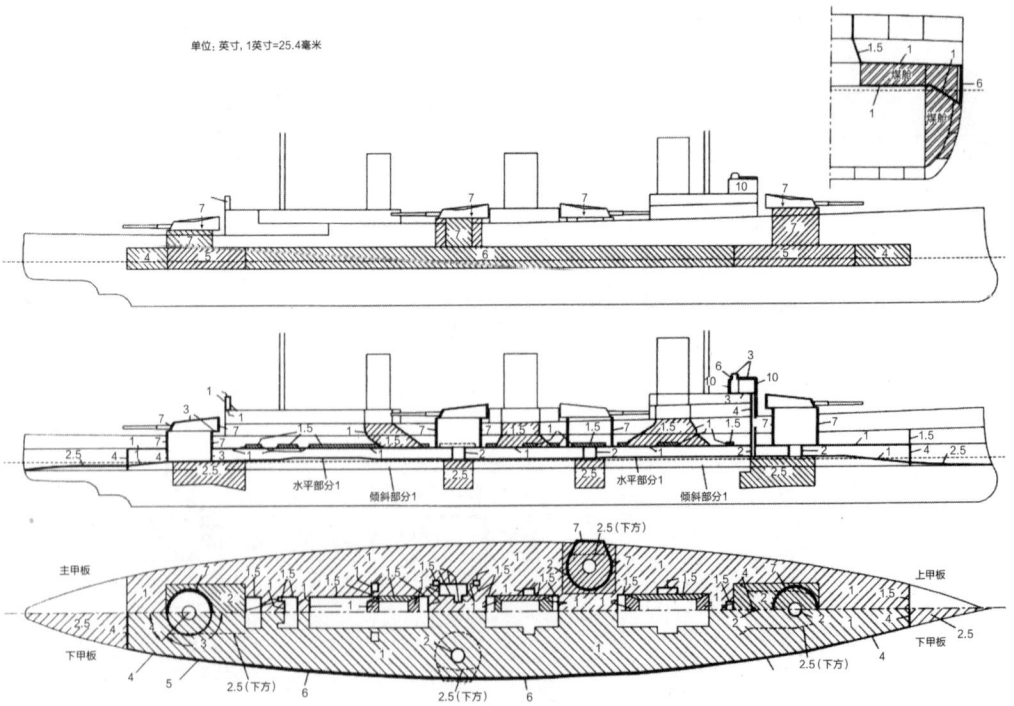

▲ "新西兰"号装甲分布图。

单位：英寸，1英寸=25.4毫米

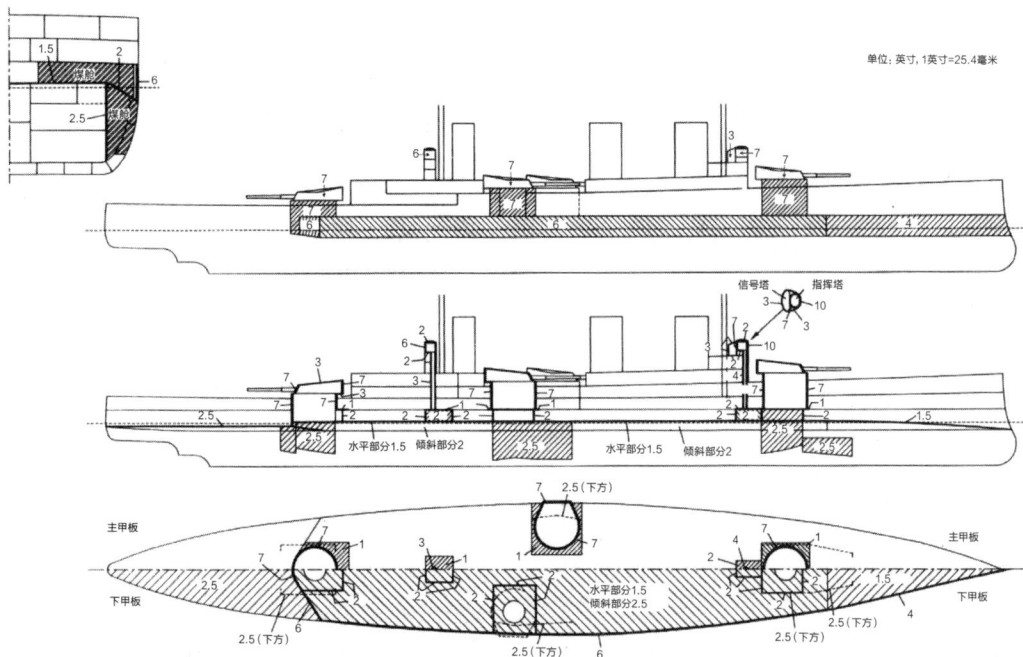

▲ "无敌"级装甲分布图。

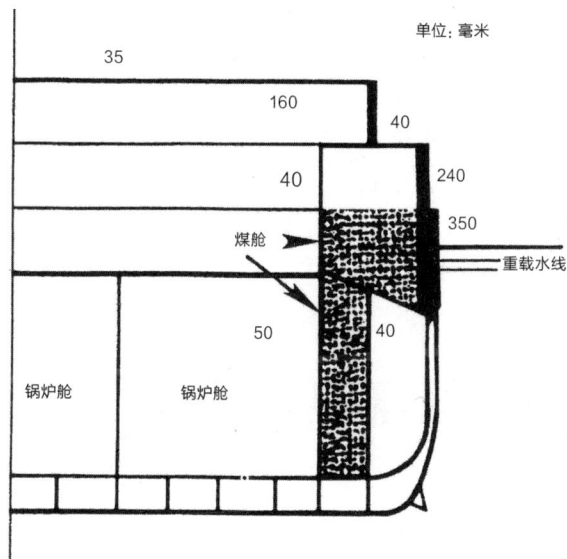

单位：毫米

▲ "巴伐利亚"级横截面（"巴登"号）。

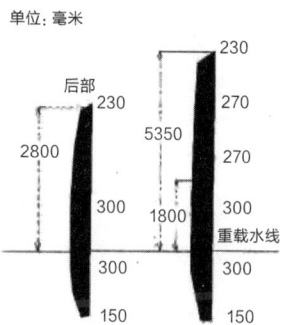

单位：毫米

▲ "德芙林格"号侧装甲带截面图。

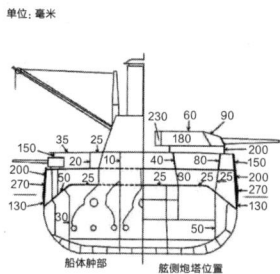

▲ "毛奇"号横截面。

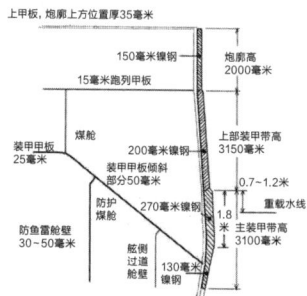

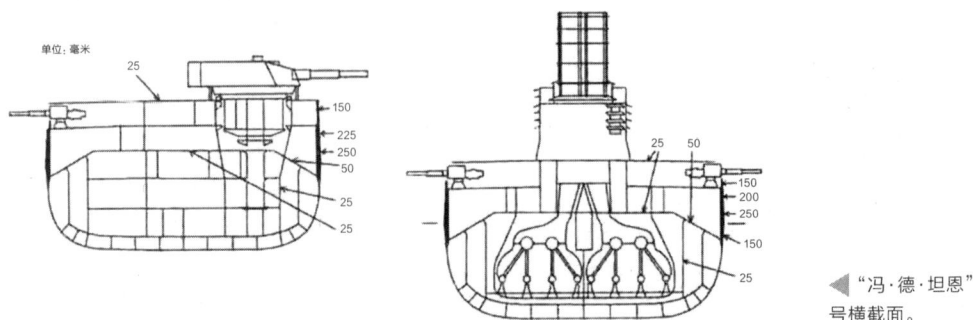

单位：毫米

▲ "冯·德·坦恩"号横截面。

巡洋舰

在巡洋舰方面，英国大舰队拥有明显的数量优势。除了有 8 艘装巡全速航行时会产生大量浓烟，已经不适合舰队作战，在轻巡方面大舰队几乎占有 2.5：1 的数量优势。不过配属战列舰的 4 艘轻巡和担任驱逐舰队领舰的"无惧"号轻巡都仅装备 4 英寸（101.6毫米）主炮，"无惧"号较慢的航速也不适宜充当领舰角色，这是英军轻巡的主要缺陷。

在德国公海舰队方面，第 4 侦察群全部 5 艘轻巡的航速按 1916 年的标准而言都较慢，它们和"罗斯托克"号、"雷根斯堡"号轻巡都仅装备 105 毫米主炮。与主力舰类似，双方都有部分轻巡未能参战。

在防护上，英制装巡的 9.2 英寸（234毫米）以及 7.5 英寸（190 毫米）主炮均设于炮塔中，炮塔装甲最大厚度为 8 英寸（203毫米）或 7.5 英寸（90 毫米），（6 英寸）152 毫米炮则由 6 英寸（152 毫米）炮廓或炮组装甲提供防护。英制轻巡则仅配有后端敞开的炮盾结构作为防护，炮盾的最大厚度不超过 3 英寸（76.2 毫米）。

另外，C 级、"林仙"级以及"切斯特"号仅以燃油为燃料。

实战中，双方的新式轻巡都表现出色，能经受相当程度的损伤而不损失战斗力，在遭受单次水雷或鱼雷命中后仍有较大概率幸存。

表7 大舰队装巡性能简表

(1英寸=25.4毫米)

舰级	排水量（吨）	主炮（英寸）	主炮数量（门）	最大装甲厚度（英寸）	航速（节）
"牛头怪"级	14600	9.2	4	6	22~22.5
		7.5	10		
"武士"级	13280	9.2	6	6	22~22.5
		7.5	4		
"爱丁堡公爵"级*	12600	9.2	6	6	22~22.5
		6	10		

续表

		7.5	4		
"德文郡"级	10100			6	22.5
		—	6		

★："爱丁堡公爵"号拆除了2门6英寸（152.4毫米）炮。

表8 大舰队轻巡性能简表

（1英寸=25.4毫米）

舰级	排水量（吨）	主炮（英寸）	主炮数量（门）	最大装甲厚度（英寸）	航速（节）
C级	3900~3970	6	2	3	27.5~28★
		4	8		
"林仙"级	3720	6	2	3	27.5~28
		4	6		
"切斯特"号	5190	5.5	10	3	26.5
"伯肯黑德"号	5240	5.5	10	3	25
"伯明翰"号"诺丁汉"号	5280	6	9	3	25.5
"南安普顿"号"都柏林"号	5290	6	8	3	25.5~26
"法尔茅斯"号"雅茅斯"号	5090	6	8	无	25.5
"格洛斯特"号	4850	6	2	无	25.5
		4	10		
"积极"级"博阿迪西亚"级"布隆德"级	3275~3440	4	10	无	25

★："冠军"号航速为28.5节。

表9 公海舰队轻巡性能简表

舰级	排水量（吨）	主炮（毫米）	主炮数量（门）	最大装甲厚度（毫米）	航速（节）
"威斯巴登"级	5100	150	8	60	27~27.5
"皮劳"级	4320	150	8	无	27~27.5
"格鲁琼兹"级	4830	105	12	60	27

续表

"卡尔斯鲁厄"级	4820	105	12	60	27
"什切青"号	3430	105	10	无	24~24.5
"斯图加特"号	3420	105	10	无	23
"不莱梅"级	3230	105	10	无	22
"瞪羚"级	2660	105	10	无	21

驱逐舰

在驱逐舰方面，大舰队的优势相对较弱。此外，由于海战前大舰队的驱逐舰队进行了重组，大量新驱逐舰加入，因此各驱逐舰队还需进一步磨合，并且出战的所有驱逐舰队均不满员。

贝蒂的战巡舰队共配属27艘驱逐舰，而希佩尔麾下则配属了30艘。对贝蒂来说，更不幸的是其27艘驱逐舰有13艘航速较慢，不适于与战巡协同作战。

公海舰队方面，第2驱逐舰队所辖各舰大致与英制驱逐领舰实力相当，而第5、第7驱逐舰队所辖各舰则较英制驱逐舰小，其第1、第3、第6、第7驱逐舰队不满员。除"福尔克努"级以及公海舰队第5、第7驱逐舰队的小型驱逐舰外，所有驱逐舰均只以燃油为燃料。公海舰队第5、第7驱逐舰队的小型驱逐舰则各携有15~20吨煤作为燃料。

表10 大舰队驱逐舰性能简表　　　　　　　　　(1英寸=25.4毫米，1磅≈0.45千克)

舰船级别	排水量（吨）	主炮（英寸）	主炮数量（门）	鱼雷发射管（英寸）	鱼雷发射管数量（部）	航速（节）
"神射手"级	1605	4	4	21	4	34
"福尔克努"级*	1694~1737	4	6	21	4	31~32
"护身符"级	1080~1098	4	5	21	4	32
M级，亚罗设计	883~898	4	3	21	4	35
M级，海军部设计	997~1042	4	3	21	4	34
L级	965~1000	4	3	21	2	29
K级	898~1000	4	3	21	2	27~30
I级	745~799	4 / 2门12磅炮	2	21	2	17~30

续表

	排水量	主炮	主炮数量	鱼雷发射管	鱼雷发射管	航速
"橡树"号	765	4 / 3 2门12磅炮		21	2	32

★：本级舰原为外国设计制造。

表11 公海舰队驱逐舰性能简表

（1英寸=25.4毫米）

	排水量（吨）	主炮（毫米）	主炮数量（门）	鱼雷发射管（毫米）	鱼雷发射管数量（部）	航速（节）
B97~98★ B109~112★	1352	105	4	500	6	35.5
G101~104★	1245	105	4	500	6	32
G41 G42★ G86—88	945	88	3	500	6	33.5
V48 S53~54 V69 V71 V73	904~909	88	3	500	6	33.5~34
V44~46	839	88	3	500	6	34.5
V26~30 S32~36 G37~40 S50~52	789~809	88	3	500	6	33.5~34
V1~6 G7~11 S15~20 S23~24	559~564	88	2	500	4	32~32.5
V189	655	88	2	500	4	32

★：原为外国订购。其中B109~112原为俄国订购，使用涡轮引擎；G101~104在满载状态下只能达到27节航速。
★★：该舰由于新安装的输油泵故障，在实战中最高航速仅为25节。

其他

大舰队方面，参战各驱逐舰上装备260部21英寸（533毫米）鱼雷发射管，不过除了I级和K级驱逐舰各携有一枚备用鱼雷外，其余所有参战驱逐舰均没有备用鱼雷以供重装填之用。主力舰方面，除40部18英寸（457

毫米）鱼雷发射管外，大舰队参战各舰共配有 84 部 533 毫米鱼雷发射管，各主力舰携带了最多 16 枚鱼雷（总计 364 枚鱼雷）。轻巡方面为 60 部 21 英寸（533 毫米）鱼雷发射管，各轻巡携带的鱼雷数目则通常在 5 ~ 10 枚之间（总计 180 枚鱼雷）。

公海舰队方面，驱逐舰为 326 部 500 毫米鱼雷发射管；主力舰则配有 4 部 600 毫米鱼雷发射管和 76 部 500 毫米鱼雷发射管；轻巡为 16 部 500 毫米鱼雷发射管。

尽管大舰队以及杰里科本人一直担心公海舰队在海战中利用水雷布设陷阱，但实际上在 1916 年 5 月 31 日出海的各舰中，仅英国大舰队的"阿布迪尔"号配备了水雷，德方并没有配备水雷。"阿布迪尔"号原属"神射手"级驱逐领舰，共携带 80 枚水雷，它的鱼雷发射管和 2 门 4 英寸（101.6 毫米）炮在改装中被拆除。

在日德兰海战中，英国方面还有一种新式舰船，那就是水机母舰。"恩加丁"号水机母舰排水量为 2550 吨，航速 22 节，由海峡班轮改装而成，在海战中配属贝蒂麾下。

该舰没有安装弹射器，因此需要将水上飞机吊出船体，置于海面，然后才能完成起飞，起飞过程耗时较长。大舰队麾下还有另一艘更大的水机母舰"坎帕尼亚"号（Campania），排水量 20570 吨，航速 21 节，由用于大西洋客运的客轮改装而成，日德兰战前不久才完成改装，其平时的泊位距离舰队主力约 5 海里。5 月 30 日 18 时 37 分，该舰通过信号灯得到命令，跟随配属第 4 战列舰中队的"布兰奇"号轻巡洋舰作为最后一艘舰艇出航。19 时 11 分该舰又奉命将锅炉满负荷运转，但因没有收到"21 时 30 分舰队出发"的命令，便一直留在港内。23 时 45 分，该舰舰长才意识到不对劲，于是立即起锚出航，于凌晨 0 点 15 分离开斯卡帕湾，此时该舰已经落后大舰队主力约 2 小时。由于杰里科误以为该舰无望赶上战列舰编队，而单独航行的水机母舰又容易成为潜艇的目标，因此 5 月 31 日凌晨 4 时 37 分他命令该舰返航。根据原计划，"坎帕尼亚"号在主力舰对战时的战位应处于战列线非交战侧，距离战列线约一海里，与旗舰"铁公爵"号之前的第三艘战列舰平行。

▼　"坎佩尼亚"号水机母舰。

"坎帕尼亚"号载有7架单座,3架双座水上飞机以及1部拖曳气球。根据该舰于5月15日得到的指令,拖曳气球主要用于执行近距离侦察以及观察敌方动向的任务,其次才用于定位敌方舰只;而水上飞机则用于在战场附近搜索敌潜艇及布雷舰,在可能的条件下将攻击敌飞艇。值得注意的是,该舰的主要任务中并没有为主力舰提供校射这一项,因此很难评估其拖曳气球在海战的能见度下,能对主力舰的作战提供什么程度的帮助。另一方面,水上飞机的联络和导航手段都还很原始,其在此前的演习中自身定位的误差可达20海里。因此即使该舰参战,其所载的水上飞机实际上可能只在6月1日执行攻击飞艇的任务,对海战的帮助不大。

人员

对于二战前的英国来说,制海权之于英国就如大地母亲之于提坦,只要制海权仍牢牢地掌握在皇家海军手中,英国就不可战胜;而一旦皇家海军失去制海权,英国就无法继续战争。曾任海军大臣的丘吉尔(Churchill)这样评价担任的大舰队指挥官的杰里科:"交战双方中,唯一能在一个下午就输掉这场战争的人。"当大舰队和公海舰队已经走上预料已久的"末日之战"的战场时,两国以及这场战争的命运,的确就掌握在双方指挥官的手中。

由于长期以来的体制问题,皇家海军认为战略问题是将官们的专利,而中下级军官则几乎没有机会和条件来学习、发展战略观和思考战术的问题。因此当中低级军官最终晋升至将级军衔时,除少数人外,大部分人都没有充分的战略甚至战术素养,这个缺点表现在指挥舰队作战缺乏战术主动性上。

如果说皇家海军受制于传统,那么德国海军则受制于缺乏传统。德国——普鲁士毕竟还是一个传统的大陆国家,陆军长期占据着其军备的主导地位。当德国海军在威廉二世皇帝的强力推动下爆炸性膨胀时,舰只和人员固然可以在短时间内编成,但海军的思想和传统的铸就却远非一日之功。海军本身在德国的战略中长期仅占据次要地位,而陆军的思想和传统也对海军有着难以磨灭的影响。皇家海军就观察到公海舰队有不愿意损失舰只的倾向,据信这是来源于德国陆军"绝不丢失一门大炮"的传统。在这种思想影响下,德国海军中下级军官比英国同行们更缺乏主动性,尤其是求战欲。这导致公海舰队水面舰艇,特别是主力舰不可避免地沦为"存在舰队",日德兰海战的结果仅仅是加速和催化了这一过程而已。战前英国驻柏林武官也观察到,德国海军军官尤其是在婚后更倾向于谋求岸上的职位,特别是坐在办公室里安稳的位置,这与皇家海军的军官团形成了鲜明的对比。不过就素质而言双方军官团的水平相当,虽然皇家海军的大部分将官都难称胜任,但德国海军方面也没有表现得更好。

但是,双方水兵的素质都堪称精良。战前的交流中,公海舰队水兵的素质甚至让皇家海军的军官都为之惊叹。有观点认为公海舰队的水兵更多地住在岸上而非舰上,但这并不符合实际。当然,由于大舰队更多地出海进行训练,而公海舰队的大部分训练都是在港内进行,因此大舰队的操舰水平和导航水平都要比对手出色。除此之外,皇家海军水兵的服役年限远比德国海军长;皇家海军水兵是在18岁进入现役,连续服役12年,此后再继续服役10年以获得退休金;而德国海军水兵通常仅服役3年;因此大舰队的骨干水兵数量远超公海舰队。

在官兵关系方面，大舰队也比公海舰队融洽。大舰队官兵可以在斯卡帕湾一起进行踢足球、打拳击之类的体育活动，而这种情况在威廉港是不可能出现的。当然，大舰队的官兵关系也只是相对更好。尽管自费舍尔上将首次出任第一海务大臣以来有一定程度的改善，但官兵关系仍是 1931 年因弗戈登（Invergordon）兵变的主要原因之一。

具体到双方的四位主要指挥官：杰里科、舍尔、贝蒂和希佩尔，就其能力来说都堪称一时之选。除舍尔之外，其余三人都是从开战起就任职，直到日德兰海战时。

1859 年出生的杰里科上将从 12 岁进入海军军校时起便脱颖而出，曾被誉为学校历史上最出色的学生。年轻的杰里科谦和而自信，他还在海军军校时，就在自己的笔记本上写有"海军上将约翰·杰里科爵士所有"字样。1913 年，杰里科出任本土舰队（大舰队的前身）的副指挥官。1914 年 7 月 31 日，鉴于当时紧张的欧洲局势，大舰队在原本土舰队基础上编成。8 月 4 日，杰里科正式出任大舰队指挥官，当晚 23 点（德国时间午夜），英国正式对德宣战。作为海军军械专家，杰

◀ 约翰·费舍尔舰队上将，20 世纪初皇家海军改革的缔造者。

里科专业素质出色，思维活跃，博闻强记。作为一名领袖，他拥有较强的执行力和缜密的思维，同时性格和善、平易近人，善于控制自我情绪、正直无私。此外，他还乐于征询他人意见，拥有激励下属的天赋，其一流的专业能力和出众的智慧得到整个舰队的认可。然而，杰里科出色的专业能力主要体现在他对转瞬即逝的机会有着敏锐的嗅觉，这使得他在日德兰海战中用了不到一分钟的时间，便决定了大舰队展开方式。尽管情报不充分而时间又非常紧迫，但是杰里科的决定即使在战后复盘时也被认为是最佳的选择。虽然其较矮的身材（5 英尺 6 英寸，约合 1.68 米）、不善言辞的特性和一丝不苟的军容，使其注定不能成为媒体和民众幻想中的海军军官偶像，但正如一位曾在大舰队服役的年轻军官所说，杰里科总能给人博学、明智和善解人意的第一印象，高傲的丘吉尔也对杰里科十分尊敬。此外，杰里科还拥有较强的组织能力；但另一方面，杰里科的同情心和对情义的看重也影响了他在人事上做出明智的选择。更为严重的是，杰里科事必躬亲的风格一方面导致他将大量精力消耗在不必要的细节工作上，这一点在日后出任第一海务大臣时更为严重；另一方面也导致舰队的指挥过于集中，限制了下级，尤其是各战列舰中队指挥官的主动性和权威。杰里科这种事必躬亲的风格早在他还是一名年轻的海军上尉时便已表露无遗，并引起了其上司的注意。公允地说，杰里科的这种风格并非出于野心或权力欲——虽然只是一名海军军官，杰里科当然有自己的野心，然而他的野心是在海军传统允许范围内——而是由于杰里科自信自己是当时皇家海军中最熟悉舰队和技术相关问题的军官，他事必躬亲的原因更多的是

害怕缺乏经验或相关知识的下属把事情搞砸了，毕竟大舰队是英国的生命线，作为大舰队的指挥官杰里科的责任重大。

杰里科年轻时曾作为"费舍尔帮"的一员，锐意推进皇家海军的现代化改革。讽刺的是，在1916年底接任第一海务大臣之后，他自己却又被海军中新的年轻一代，尤其是被称为"火鸡仔"的激进分子们视作顽固和守旧的象征。数年之后，当年的"火鸡仔"成员在反思早年经历时，才承认当时对杰里科上将的批判有失公平。

战巡舰队的指挥官、1871年出生大卫·贝蒂，在很多方面都和杰里科完全相反。从外貌上看，贝蒂正是媒体和民众所期待的偶像式海军军官：高大、时髦、帅气、干净，又带着些叛逆和玩世不恭，精力充沛，热衷于网球①、马球和赛马，是伦敦上流社会和狩猎圈的名人。贝蒂身着6粒纽扣（而非通常的8粒纽扣）紧身短上衣，歪戴海军帽的标志性形象广受英国民众喜爱。贝蒂火箭般的晋升速度更是犹如一段传奇：29岁晋升上校②，不到39岁又破例晋升少将③。1912年，丘吉尔任命当时尚处无业状态的贝蒂为海军大臣私人海军秘书；1913年春，贝蒂出任新成立的战巡中队指挥官。虽然杰里科在其职业生涯中也曾得到费舍尔等人的提拔和赏识，但是杰里科自身的素质和出色能力使得这种赏识很少为人所嫉，而贝蒂则不同。他在军校时的成绩仅能用平庸来形容，而过快的晋升也使他没有足够的时间进修从而成为海战理

▲ 杰里科。

论或海军技术专家。在反对者看来，贝蒂仅仅是凭借在恰当时候的突出表现和一定程度的社交关系④才身居高位。然而不可否认的是，贝蒂是天生的领导者和演说者，能迅速抓住问题的关键，行事干净利落，永远士气高昂、渴求胜利，其进攻精神在海军中享有盛名。虽然贝蒂既不是一个海战理论家，也不是炮术专家，但这种精神正是指挥战巡舰队所不可或缺的。贝蒂极度自信和独立，同时又善于和乐于接受同僚和下级的意见。与杰里科相似，贝蒂——至少在其出任第一海务大臣前——为人和善，他不愿意指责下属的错误，解除下属职务。据称这也出于不影响舰队士

---

① 曾在罗塞斯附近的家中连续打了65场单打，其间几乎没有休息。

② 1900年皇家海军上校的平均年龄为42岁。

③ 18世纪后期以来，仅31岁晋升准将的罗德尼（Rodney）和37岁晋升少将的奥古斯塔斯·凯佩尔（Augustus Keppe，1762年）晋升速度比贝蒂更快。

④ 应该承认的是，贝蒂的确有意营造社交关系。

气的考虑，但对下属的过分宽容则数次引发了严重的后果。除此之外，贝蒂的美籍妻子对贝蒂造成的影响也很难认为是正面的。围绕在贝蒂身边工作的军官们常常能感受到贝蒂身上沉重的压力，而这种压力很大程度上与其妻有关。

1913年5月，杰里科夫妇曾受邀前往柏林出席德皇威廉二世之女的婚礼。在此期间，

▲ 贝蒂（右）和英王乔治五世，1917年。

▲ 舍尔。

杰里科受邀参加了前德国海军驻华军官的年度餐会①，餐会上杰里科问道，谁是德国海军的希望之星，他得到的答案是：莱因哈特·舍尔。与两位前任相比，1916年1月出任公海舰队指挥官的舍尔明显更适合这一职位。与更像朝臣而非海军将领的冯·英格诺尔（Von Ingenohl）上将相比，舍尔的专业能力远超前者；与健康条件不佳的冯·波尔（Von Pohl）上将相比，舍尔不但精力充沛、身体健康，而且拥有上将所不具备的想象力和指挥能力。出生于1863年的舍尔性情急躁、要求严厉，并不是一个易于相处的人，他总希望参谋军官能做出一份所有细节都无比精确的计划，但自己在发布命令时又会把计划弄得一团糟，他的参谋长常常感到难以跟上他的节奏，其他同僚也常有被逼疯的感觉。战斗中，舍尔总能保持冷静与清醒，同时又能在短时间内下达指令。

1863年出生的希佩尔中将精力充沛，但较为冲动。在1913年出任第1侦察群指挥官之前，他长期担任侦察部队指挥官。与贝蒂相比，希佩尔的指挥经验更为丰富。作为侦察部队指挥官，希佩尔观察力敏锐，但不擅长海军理论——他本人非常厌恶文字工作。希佩尔待人热情，幽默感十足，操舰技术出色，很受部下欢迎。

最后，还要特别提一下杰里科和贝蒂麾下的各中队指挥官们。日德兰海战中，杰里科、舍尔、贝蒂和希佩尔四人是绝对的主角，但是英国中队一级的指挥官们也各有亮眼表现。

第1战列舰中队指挥官伯尼中将是杰里

---

① 1897年~1900年，杰里科受皇家海军中国舰队司令爱德华·西摩尔海军中将（Edward Seymour）之邀担任中将的旗舰舰长，其间结识了多位德国驻华海军军官，包括日后的德国海军总参谋长冯·霍尔岑多夫上将和威廉二世的弟弟普鲁士的亨利亲王。

▲ 希佩尔。

科的忠实追随者，他同时兼任大舰队副指挥官。出生于1858年的伯尼是一个老派的工头式人物，正统、古板、缺乏想象力和主动性，只会死板地执行明确的命令。作为一名战列舰中队指挥官，这些特性也许还不那么突出，但是作为大舰队副指挥官，这些特性就不能令同僚放心。杰里科私下曾承认过："伯尼在身体健康的时候表现倒是一流的，但遗憾的是他的身体常常不够健康。"大舰队上下更倾向于让杰里科的姻亲、1862年出生的参谋长马登（Madden）少将，担任副指挥官一职。另一方面，第4战列舰中队指挥官斯特迪中将虽然聪明博学，但却是个"刺儿头"。1859年出生的斯特迪在战时曾担任第一任海军作战参谋长，对海军战史有较深的研究，贝雷斯福德海军上将（Beresford）称其为"熟人中最聪明的一个"。斯特迪中将为人自负，自认为是海军中唯一的万事通，完全不在乎下级的想法和见解，这种近乎狂傲的自负在战争之初的若干次事件中暴露无遗。在赫尔戈兰湾海战（Battle of Heligoland Bight）中，杰里科的稳重和主动，加上贝蒂的决断和勇气，多少还掩盖了斯特迪在制定作战计划时

的草率和随意；但在克雷西号（Cressy）等三艘装巡时被公海舰队 U-9 号潜水艇击沉这一事件中，斯特迪的自行其是直接毫无意义地断送了1300余名皇家海军官兵的性命，而且在一定程度上导致了时任第一海务大臣的巴腾堡亲王（Prince Louis of Battenberg）下台。再次出任第一海务大臣的费舍尔对斯特迪的隐忍仅仅维持了一个月。在科克罗内尔海战（Battle of Coronel）以悲剧收场之后不久，原先就对斯特迪非常不满的费舍尔认为他不但对海战失败负有重要责任，而且其参谋长职务也干得一团糟，因此费舍尔上任之后的头几件事之一就是解除斯特迪的职务，将他赶得远远的。公允地说，尽管费舍尔的这一决定有其个人感情因素在内，但斯特迪的确不是一个称职的参谋长。讽刺的是斯特迪本人也并不喜欢参谋系统，他曾对自己的一名年轻参谋说"我的座右铭就是'去他妈的参谋'"。由于科克罗内尔（Battle of Coronel）海战的惨败，费舍尔组建了一支以"无敌"级战巡为核心的舰队，前往南大西洋追杀科克罗内尔海战的胜者——斯比舰队，斯特迪则被一脚踢去担任这支舰队的指挥官。然而斯特迪的好运出乎费舍尔的预料，一系列巧合使得斯特迪在正确的时间出现在正确的战场。在福克兰群岛海战（Battle of The Falklands）中，斯特迪在最理想的条件下获得了皇家海军在一战中的第一场大胜，但无论是费舍尔还是时任海军大臣的丘吉尔都对他的表现不满意。此战后，斯特迪于1915年1月转任第4战列舰中队指挥官。而作为一名战列舰中队指挥官斯特迪就十分称职，也更有利于其发挥战术水平，但在此任上他曾多次批评杰里科的指挥。公允地说，某些批评如舰队指挥过于集中等的确有其合理之处，不过这种做派显然

不招人喜欢。继任杰里科出任大舰队指挥官的贝蒂在 1917 年送斯特迪离任之后，曾私下对妻子表示："终于甩掉了这个麻烦。"

第 2 战列舰中队指挥官杰拉姆中将受人尊敬，专业水平出色，但缺乏想象力和创造力，也不是一个出色的领导。相对来说，综合素质最出色的是第 5 战列舰中队指挥官伊万－托马斯少将。1862 年出生的少将坦诚直率，为人谦逊，能力出众，但反应较慢，想象力也不够丰富。作为在战列线中作战的战列舰中队指挥官，最后两点也许并不重要，然而在日德兰海战前第 5 战列舰中队被临时配属给贝蒂，而少将显然不适应也不熟悉贝蒂惯用的"跟我来"式的指挥风格，这对海战进程造成了一定影响。

相比之下，贝蒂麾下的各战巡中队指挥官就要和谐得多，能力普遍也较出色。其中第 3 战列巡洋舰战队指挥官贺拉斯·胡德少将（Rt Hon Horace Hood）被认为拥有成为一名著名海军统帅所需一切素质，也被认为是皇家海军的希望之星。与此类似，配属贝蒂的各轻巡中队指挥官的素质也比杰里科麾下的各巡洋舰中队指挥官出色，尤其是第 1 轻巡中队指挥官亚历山大－辛

克莱尔准将和第 2 轻巡中队指挥官古迪纳夫准将，均被认为是非常出色的指挥官。

▲ 贺拉斯－胡德少将，时任第 3 战巡中队指挥官。

▲ 斯特迪中将，时任第 4 战列舰中队指挥官。

▲ 伯尼中将，时任第 1 战列舰中队指挥官。

▲ 查尔斯－马登少将，时任大舰队参谋长。

▲ 伊万－托马斯少将，时任第 5 战列舰队指挥官。

▲ 杰拉姆中将，时任第 2 战列舰中队指挥官。

▲ 布罗克少将，时任第 1 战巡中队指挥官。

▲ 帕克南少将，时任第 2 战巡中队指挥官。

▲ 亚历山大－辛克莱尔准将,时任第 1 轻巡中队指挥官。

▲ 古迪纳夫准将，时任第 2 轻巡中队指挥官。

试探

实际上，日德兰海战中双方的第一次接触和开火，都是由德国潜艇完成的。5 月 31 日晨，两艘德国潜艇发现了大舰队舰只。U32 号在凌晨 3 时 50 分前后发现了"加拉提亚"号和"费顿"号轻巡洋舰，并在 1000 码（914.4 米）距离上向前者发射了鱼雷。但这次攻击没有命中，而 U32 号也不得不紧急下潜以免被"费顿"号发现。在重新回到潜望镜深度之后，U32 号发现了第 2 战巡中队及为其护航的驱逐舰。该艇随即汇报发现了 2 艘战列舰、2 艘巡洋舰和若干驱逐舰，航向 122°。5 时 30 分，U66 号潜艇发现了第 1 巡洋舰中队的 1 艘装巡，接着又先后发现了"博阿迪西亚"号轻巡、第 11 驱逐舰队以及第 2 战列舰中队。由于驱逐舰接近，U66 号被迫下潜，虽然其未被发现，但也无法实施攻击。U66 号随后报告发现 8 艘战列舰以及为其护航的轻巡和驱逐舰，航向 32°。威廉港相关部门分别于 5 时 37 分和 6 时 48 分收到上述电。除两电外，公海舰队的无线电监听部门也向舍尔报告，2 艘大型战舰或 2 个大型战舰中队以及护航的驱逐舰已经从斯卡帕湾起航，然而上述三电并未得到舍尔的重视。舍尔认为，虽然这些情报可能说明英方已经收到有

关公海舰队动向的风声，但考虑到传递情报和大舰队各单位汇合所需的时间，根据情报表明的兵力构成，潜艇所报告的大舰队动向很难说和公海舰队的出动有关。尽管此后德国潜艇再也没有发现大舰队各舰，但英国"雅茅斯"号轻巡洋舰和"骚动"号驱逐舰分别于 8 时 19 分和 9 时 08 分报告发现潜望镜——两次都属误报，不过类似的误报在一战期间司空见惯。

舍尔可以依靠的另一侦查手段是飞艇。5 月 31 日晨，由于天气不佳，5 艘飞艇（L9、L14、L16、L21 和 L23 号）直到 11 时 30 分，才升空对斯卡格拉克海峡和弗兰伯勒角以东 80 海里之间的海域进行侦查，但天气再次阻碍了飞艇执行侦查任务。直至 14 时 30 分，所有飞艇仍距离大舰队舰只很远。当天上午，公海舰队的无线电监听部门截获了一份福斯湾的天气报告——类似报告只有在大舰队出海时才会发出，威廉港相关部门于 11 时 55 分收到了这一情报。

大舰队方面也没能收到关于公海舰进一步队动向的可靠情报。5 月 30 日 17 时 41 分，海军部无线电监听部门截获了一份电报，但由于该电使用了新的密码，因此直到 5 月 31 日下午 18 时 40 分才被破译。该电内容为

"公海舰队第3中队先头将于31日凌晨3时30分通过亚德湾战时灯船A"，此外第2中队将加入此次作战，其战位于第1中队后方。该电还指出，威廉港第3入口将负责调控德国湾内各舰的无线电通信，并使用舍尔在威廉港的呼号"DK"，舍尔自己将使用呼号"rä"。尽管破译这一电报花了很长时间，但30日晚间，"第40室"破译的两份情报已经显示公海舰队第2中队即将出海，且当晚21时舍尔的呼号已经转由威廉港使用。将呼号转移的目的在于掩饰舍尔率领公海舰队主力出海的行动，不过对于英国海军部的密码破译机关"第40室"而言，这种花招并不新鲜。在此前的战斗，如1916年4月24日袭击洛斯托夫特（Lowestoft）的战斗中，舍尔就使用过类似的手段，"第40室"早就知道呼号转移时便是舍尔即将出海时。然而这一次这种已经被识破的花招，居然因为海军部的体制问题奏效了。31日晨，海军部作战司总监托马斯·杰克逊少将（Thomas Jackson）前往"第40室"询问无线电呼号DK的无线电定位结果，后者理所当然地回答在威廉港。实际上少将想知道公海舰队主力是否已经出港，但他既没有明确表明实际意图，也没有在得到"第40室"关于DK呼号位置的回答后做出进一步询问，而是仅根据"第40室"的回答便得出公海舰队主力并未出航的结论。杰克逊少将于当日12时30分电告杰里科："无线电定位结果表明上午11时10分敌旗舰仍在亚德湾"。他还想当然地认为，公海舰队主力没有及时出航是由于德国飞艇受天气影响无法执行侦察任务的结果，造成这一错误

的原因是在负责破译电报的"第40室"与负责解读电报的作战司之间缺乏有效的合作。尽管从1914年起"第40室"积累了大量关于德国海军及其无线电通信的信息，但出于保密原因，"第40室"的存在及其功能即使在海军部内部也仅限于小部分人员知晓。与此同时，由于"第40室"的成员大多是平民而非军人，因此作战司并不看重他们的工作，杰克逊少将本人就曾亲口吐露过对"第40室"的成员工作的蔑视。这样一来，作战司发给杰里科的电报从未征求过"第40室"的意见，这份电报对此后日德兰海战的进展产生了严重的影响。杰里科因此相信公海舰队主力并未出航，从而估计没有必要急于与贝蒂回合。因此，大舰队主力在航行过程中便不时执行检查中立国船只的任务以防走漏动向。从各港口赶来的驱逐舰在与大舰队主力会合时，也没有使用耗油较高的高航速[①]，其目的是驱逐舰可以在海上停留两三天，以待公海舰队主力出现。为了维持驱逐舰的作战时间，杰里科在5月31日13时55分前后要求舰队维持较低的燃油消耗率，以备在必要时为驱逐舰补给燃油。这一系列"体制问题"导致在5月31日14时前后，大舰队主力的平均航速仅为15节，同时"铁公爵"号与预定的汇合地点的实际距离约为15.5海里。因此如果不受作战司错误情报的影响，大舰队主力可能会多赢得一两个小时的昼间作战时间。类似的，这封电报也使得贝蒂以为他最多将面对公海舰队的战巡及附属的轻巡和驱逐舰而已。接下来我们还将会看到，这封电报还对海战进程产生了更深远的影响。

① 由于战前燃油储备不足，大舰队曾面临非常窘迫的燃油储备问题。

第二章

战巡之间的揭幕战

海战第一阶段，5月31日15时48分至16时54分

"我们这些该死的船今天有问题。"

▲ 海战开始前摄于"冠军"号后甲板。

接战

5月31日下午14时，双方战巡舰队在互不知晓对方存在的情况下以近乎垂直的航向高速接近。希佩尔编队航速16节，航向347°。贝蒂编队航速则为19～19.5节，但由于采用Z字反潜路线航行，因此其平均速度约为18节，航向则为86°。

希佩尔麾下，第1侦察群排成单列，顺序依次为"吕佐夫"号、"德芙林格"号、"塞德利兹"号、"毛奇"号和"冯·德·坦恩"号。第9驱逐舰队为整个编队提供反潜保护，其余舰只则在"吕佐夫"号的32°～302°方向上呈圆弧形散开。

贝蒂麾下的各中队位置如下：第1、第2战巡中队和第5战列舰中队各自排成纵队，第1战巡中队的顺序为"狮"号、"皇家公主"号、"玛丽女王"号和"虎"号，第2战巡中队的顺序为"新西兰"号和"不倦"号，位于"狮"号55°方向，距离为3海里；第5战列舰战队的顺序为"巴勒姆"号、"刚勇"号、"厌战"号和"马来亚"号，位于"狮"号325°方向，距离为5海里。"冠军"号轻巡和第13驱逐舰队，以及"动荡"号、"泼妇"号驱逐舰为第1战巡中队提供反潜保护；第9和第10驱逐舰队的其余6艘驱逐舰为第2战巡中队提供反潜保护；为第5战列舰中队提供反潜保护的是"无惧"号和第1驱逐舰队。3支轻巡中队在"狮"号前方散开，第1轻巡中队最北，第2轻巡中队最南，3个中队各自的领舰呈一条直线，其中点位于"狮"号145°方向，距离8海里。

在希佩尔身后50海里处，舍尔率领的公海舰队主力正排成单列，取347°航向和14节航速前进。而贝蒂鉴于仍未发现公海舰队的踪迹，按照此前杰里科的命令，于13时51分下令各舰准备转向北与大舰队主力会合。这一命令于14时15分被执行，各舰转向358°航向，位于贝蒂编队末端的第5战列舰中队则奉命尝试联系大舰队主力中前出的轻巡。此时希佩尔编队大致位于贝蒂麾下的第1战巡中队以东约45海里，而贝蒂编队与希佩尔编队的轻巡之间最近距离仅为16海里。在当时双方的航速和航向下，双方将在15时15分前后互相发现，但丹麦籍货轮"弗约尔"号[1]改变了这一进程。

14时10分，英国第1轻巡中队旗舰"加拉提亚"号[2]发现了14海里外的"弗约尔"号，该舰遂与"费顿"号轻巡洋舰一道靠近货轮打算进行例行检查。两舰很快发现货轮已经被2艘德国驱逐舰逼停，附近海域还有更多的敌舰——这是公海舰队第2侦察群的西集群。14时20分，"加拉提亚"号升起了贝蒂和整个大舰队期待已久的信号旗："敌舰在望！"同时还通过无线电向贝蒂发报："紧急！东南东方向发现两艘巡洋舰，疑为敌舰，航向未知。"14时28分，"加拉提亚"号和"费顿"号首先向德国驱逐舰开火，而三分钟前收到情报的贝蒂已经利用信号旗通知麾下驱逐舰准备转向145°航向——目的是将战巡舰队置于敌舰返回威廉港的航线上。这个时候恰巧是皇家海军各舰准备用下午茶时间，在"马来亚"号上，一位膳务员刚把茶点摆放完毕，虎视眈眈的军官候补生们便不顾风度地一拥而上、狼吞虎咽，把食物尽可

---

[1] N J Fjord，1425吨，1917年4月5日被潜艇击沉。
[2] 该舰当时位于贝蒂编队最东端，距离"狮"号17海里。

5 月 31 日 14 时 45 分态势。

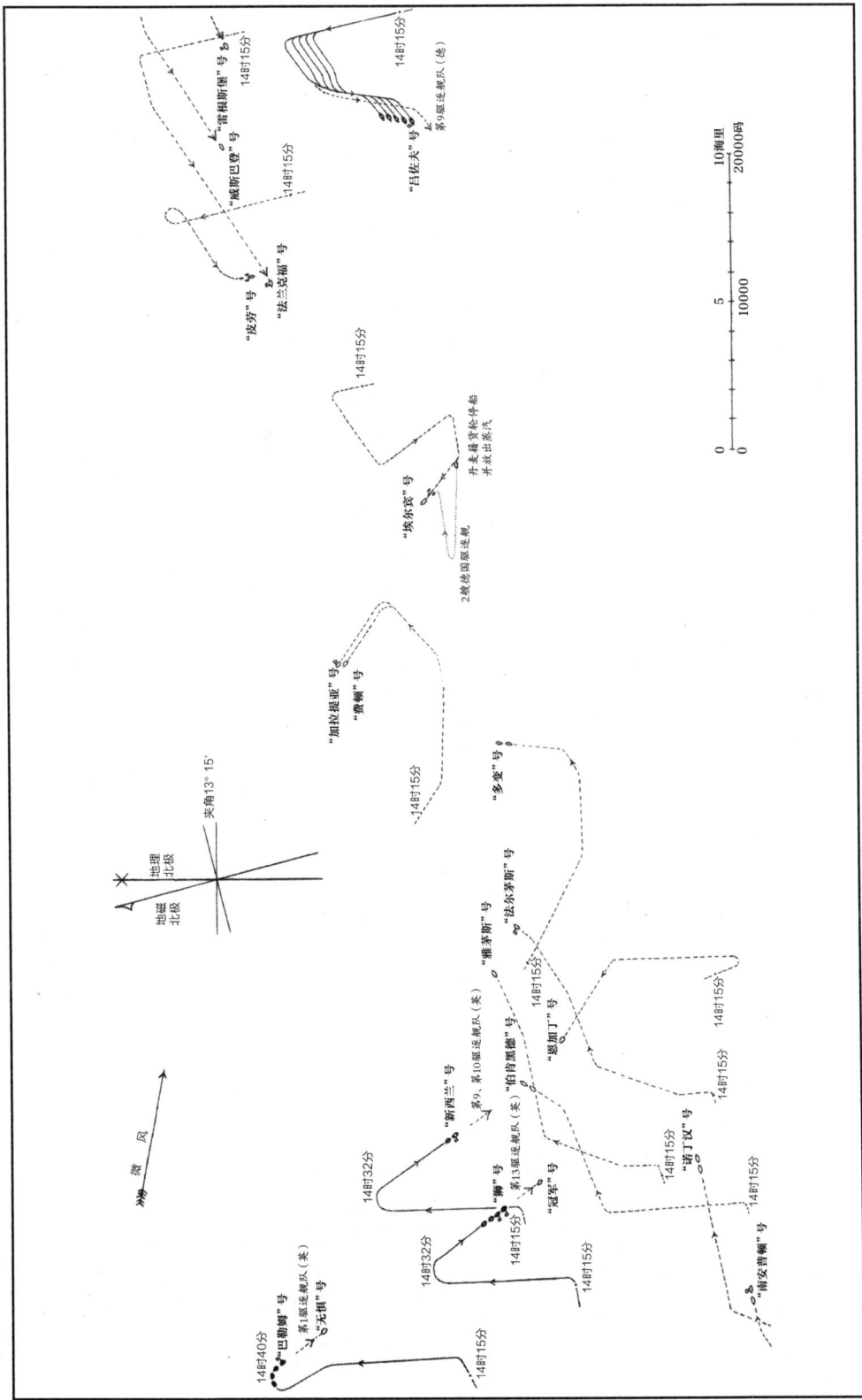

微风

地理北极

地磁北极

夹角13° 15′

"雷福斯堡"号　14时15分

"威斯巴登"号　14时15分

14时15分

第9驱逐舰队（德）

"吕佐夫"号　14时15分

"皮劳"号

"法兰克福"号

"埃尔宾"号

14时15分

丹麦籍货轮伴停船
并冒出蒸汽

2艘德国鱼雷艇

"加拉提亚"号

"费顿"号

14时15分

"多受"号

"法尔茅斯"号

"维茅斯"号

第9、第10驱逐舰队（英）

14时15分

"懊加丁汉"号

"诺丁汉"号

14时15分

14时15分

"伯肯黑德"号

"冠军"号

"诺森普顿"号

14时15分

"新西兰"号

14时32分

第13驱逐舰队（英）

14时15分

"狮"号

14时32分

14时15分

14时32分

"巴勒姆"号

第1驱逐舰队（美）

14时40分

"无畏"号

14时15分

0　　　　　　5　　　　　　10海里

0　　　10000　　　20000码

能塞进嘴里。在"厌战"号上，一位炮塔长以最快的速度冲进军官室，对舱内的食物进行了一通大肆搜刮之后又冲回了战位。在"巴勒姆"号上，一位军官候补生在前往战位前，向住舱内餐桌上投去遗憾的一瞥，暗自感叹不知何时才能享用餐桌上刚摆放整齐的茶点。与第5战列舰中队相比，"虎"号的表现似乎要文雅得多，该舰的随舰牧师午睡醒来后来到军官室，发现室内已经空无一人，但所有的茶杯和餐盘还留在餐桌上，显然所有军官是在用下午茶时仓促离开的。"南安普顿"号的一名军官则更为风雅，当时他正在该舰的吸烟室内午睡，被惊醒后立即冲回自己的住舱，带上了作战所需的铅笔和笔记本，套上尽可能多的衣物并翻出巧克力以备长期作战之需，最后还不忘带上自己的相机。

14时32分，贝蒂又通过信号旗发令，麾下各中队同时以领舰为首依次转向145°，同时提速至22节，第1和第2战巡战队迅速执行了这一命令。而第5战列舰中队则未能立即执行——伊万-托马斯少将和其部下都未能收到这一命令，于是该部继续执行14时15分358°航向的命令继续航行了几分钟，直到14时38分至39分之间才转向。这导致"狮"号和"巴勒姆"号之间的距离从4.5海里迅速拉大到了10海里，从而使得第5战列舰中队直到双方战巡交火了20分钟后才加入战斗，且开火距离达到了19000码（17373.6米）以上。

造成这一错误的原因是多方面的。首先，由于第5战列舰中队距离"狮"号较远，而当天的天气也不太好，加之贝蒂在利用信号旗发布命令后迅速将其降下（降下信号旗表示开始执行信号旗所示命令），而战巡在加速航行时又放出了大量的浓烟，因此"巴勒姆"号上无人看清贝蒂14时32分的命令。战后，贝蒂曾因将第5战列舰中队置于较远的位置上而被指责，但考虑到根据大舰队作战条令中对于第5战列舰中队的相关指令，认为贝蒂将其置于较后方的目的是便于其迅速加入

▲ "费顿"号轻巡洋舰。

战列线倒并非不可理解，虽然贝蒂本人否认这一解释。

其次，位于第1战巡中队编队末端的"虎"号奉命从5月31日4时28分起，向"巴勒姆"号通报贝蒂此后下达的命令。例如贝蒂14时25分通过信号旗向麾下驱逐舰发布的命令，就是由"虎"号战巡于14时30分通过信号灯向"巴勒姆"号传达的。尽管"巴勒姆"号的信号记录上可能并未明确显示收到命令，但由于"无惧"号是通过"巴勒姆"号转达才收到这一命令，因此可以确定第5战列舰队在14时34分之前已经收到这一命令，尽管这一推理仍无法说明伊万-托马斯少将本人是否收到贝蒂14时25分的命令。不幸的是，在第1战巡战队完成转向358°航向（贝蒂14时15分的命令）的机动后，第5战列舰中队实际位于第1战巡中队左舷前方，因此位于第1战巡中队编队末端的"虎"号也就成为编队中距离"巴勒姆"号最远的战巡，而距离"巴勒姆"最近的反而是"狮"号本身。在这一情况下，"虎"号也就认为自身不再承担向"巴勒姆"号通报命令的责任，而另一方面，"狮"号的信号官也没有主动利用信号灯向"巴勒姆"重复命令，尽管类似的重复在大舰队中已经是惯例。

再次，第5战列舰中队长期和大舰队主力一起行动，因此伊万-托马斯更习惯杰里科对麾下各部实施准确控制的指挥风格，而不熟悉贝蒂"跟我来"式的指挥风格。在第5战列舰战队临时配给贝蒂之后，贝蒂和伊万-托马斯之间不但没有进行什么交流，后者甚至没有得到贝蒂编写的战巡舰队作战条令。不过，大舰队作战条令中明确写有以下原则："原则上舰队指挥官所在的战队应该被视作舰队的集结点，整个舰队的机动应由指挥官所在战队来引导。其他舰艇应仔细观察该战队的机动并预判其意图……如果该战队实施机动前没有发出信号或信号未及传达至所有舰艇，其他战队也应效仿这一机动。"伊万-托马斯少将虽然一贯反对分散兵力的做法，但这一次却似乎是个例外。少将虽然声称他认为贝蒂希望他保持航向，从而可以形成对敌舰的交叉火力，但这个理由也不够充分。此前"巴勒姆"号已于14时25分收到"加拉提亚"号关于敌舰的情报，继续向北航向显然只会远离敌舰。"巴勒姆"号的舰长克莱格（Craig）在收到贝蒂14时25分向驱逐舰发布的命令时，就已经建议伊万-托马斯少将转向东，但他以中队本身的任务是"置于战巡以北5海里处，作为战巡舰队与大舰队之间联系中介"的理由拒绝了这些建议——这明显是对大舰队作战条令机械理解的结果。

当然，贝蒂的信号官西摩尔少校（Seymour）也应承担一定责任。根据皇家海军的惯例，指挥官并不亲自起草命令的具体内容，他只需将其意图告知信号官，由后者负责将指挥官的意图转化为具体的信号内容。考虑到贝蒂14时32分命令的意图在于转向并集中舰队，这一意图本可以通过更简洁的方式表述，但西摩尔的表现只能算是中庸。鉴于此前公海舰队在突袭斯卡伯格之战和多格尔沙洲之战中，西摩尔少校的失误造成贝蒂两次错失良机，少校这次的表现只能说并不意外。不过，他没有通过信号灯或无线电向第5战列舰战队重复命令，这一错误更为严重。

另一方面，在"加拉提亚"号报告接敌的同时，德国巡洋舰"埃尔宾"号也于14时27分向希佩尔和舍尔发报称发现敌战巡（实际为"加拉提亚"号和"费顿"号），但给出的位置却差了大概 15 海里，此后双方轻巡由此渐次投入交火。根据这一情报，希佩尔于 14 时 35 分命令转向 235° 航向，同时提速至 21 节并准备全速前进。此外，希佩尔还电告舍尔发现敌舰，敌舰位置则根据 B109 号驱逐舰的报告给出（这一位置与实际位置差距约为 10 海里）。14 时 43 分，希佩尔麾下的战巡降速至 18 节，第 9 驱逐舰队当时位于"吕佐夫"号左前方。此后该编队的航向逐渐转向北，至 15 时前后提速至 23 节。

14 时 35 分，英舰"加拉提亚"号发出了更多有关敌舰动向的情报。除了将此前电报中的"巡洋舰"修正为"驱逐舰"，并报告了一艘巡洋舰（"埃尔宾"号）的存在外，还报告称在 55° 方向发现大量浓烟，疑为敌舰队（实际上为赶来助战的德国轻巡，"狮"号和"铁公爵"号均收到了该电）。在贝蒂麾下的战巡转向的同时，"加拉提亚"号和"费顿"号逐渐陷入了苦战。两舰且战且退，试图将敌舰引向西北方向，同时与正赶来的"多变"号、"科迪莉亚"号以及第 3 轻巡中队汇合。大舰队第 1、第 3 轻巡中队则"向着炮声前进"，14 时 51 分，稍后投入战斗的"法兰克福"号轻巡向舍尔报告成发现 4 艘敌轻巡位于西北方向。与此同时，"加拉提亚"号报告称，14 时 35 分所发现的浓烟似乎是来自轻巡和驱逐舰外的另外 7 艘舰只。虽然这一情报有误（所称舰只应仍为敌轻巡和驱逐舰），但巧合的是希佩尔麾下的战巡在 14 时 59 分至 15 时 10 分之间恰恰沿 325° 航向前进。

尽管拥有更多的轻巡，但贝蒂并没有在侦察上占上风。第 1、第 3 轻巡中队向北与"加拉提亚"号靠拢，这个机动明显违反了大舰队作战令的相关内容：在与敌舰取得接触后，最重要的是保持接触，但应控制接敌舰只数量，以防在任何一点集中的舰只数量超过完成任务所需。固然两个轻巡舰队的机动可解释为将敌舰引向西北，从而使得贝蒂可以更顺利地完成将战巡置于敌舰与威廉港之间的机动，但这也导致贝蒂身边只剩第 2 轻巡中队可用。贝蒂虽然于 14 时 47 分命令水机母舰"恩加丁"号放出水上飞机进行侦察，但直到 15 时 08 分该舰搭载的一架舰载机【飞行员是航空中尉弗雷德里克·拉特兰（Frederick Rutland）】才升空。不幸的是，由于交战海域上空云高较低，因此该机也没能侦察到什么重要情报。由于供油管道故障，该机不得不于 15 时 47 分降落并被"恩加丁"号回收，此后"恩加丁"号也没有再放出水上飞机。

实际上，拉特兰发现了 3 艘德国轻巡，

▲ "多变"号轻巡洋舰。

▲ 停泊在斯卡帕湾中的"法兰克福"号。

即"埃尔宾"号、"法兰克福"号和"皮劳"号，但拉特兰的座机也被对手发现并遭到了3艘轻巡的射击。15时31分，拉特兰的观测员向"恩加丁"号报告发现敌轻巡和若干驱逐舰正向西北航行，但几乎与此同时，德舰转向东南。此后拉特兰的观测员曾四次向"恩加丁"号报告了敌舰这一新动向，其中三份被"恩加丁"号收到。鉴于大舰队条令禁止使用无线电进行舰只之间的通信，"恩加丁"号试图利用信号灯向贝蒂和伊万 – 托马斯传达情报，但显然这一尝试并未成功。在降落之后并等待被"恩加丁"号回收期间，拉特兰和其观测员也曾试图向附近的己方轻巡报告敌舰新动向，但不过是徒劳。

从14时45分至15时10分前后，贝蒂和希佩尔各自率领麾下的战巡一边向北转向，一边加速。15时10分，希佩尔所部航速提升至25节，航向302°。由轻巡领头，"雷根斯堡"号、4艘驱逐舰以及第9驱逐舰队位于"吕佐夫"号右舷。

15时13分，贝蒂麾下的第1、第2战巡中队航向32°，航速23节，而第5战列舰中队则正以22节航速匆匆赶来。15时15分第2战巡中队位于"狮"号右舷前方3海里处，第5战列舰中队则位于"狮"号左舷7海里处。

从海图上看，双方战巡正以近乎互相垂直的航向互相接近。15时15分，德舰"吕佐夫"号位于英舰"新西兰"号65°方位，距离18海里。15时22分，德舰"塞德利兹"号率先发现了15海里外英舰"新西兰"号和"不倦"号的三角桅，而"新西兰"号则于2分钟后发现了40°方位上飘着的五道浓烟。15时30分，英国"诺丁汉"号轻巡洋舰确认发现五艘德国战巡，此时贝蒂已经将航向转为77°并提速至25节。15时34分，贝蒂命令第2战巡中队在第1战巡中队之后就位，从而将麾下的6艘战巡组成一条单列。11分钟后，贝蒂又命令6艘战巡取100°航向，沿一条302°方位的直线展开，顺序依次为"狮"号、"皇家公主"号、"玛丽女王"号、"虎"号、"新西兰"号和"不倦"。除"狮"号和"皇家公主"号集火"吕佐夫"号外，其余各舰均向对方战线中对应舰只射击。在"吕佐夫"号上，希佩尔在确定了敌方共有6艘战巡之后决定接受交战。发现贝蒂转向之后，希佩尔于15时33分命令各舰向右转至122°航向，减速至18节，同时命令己方的轻巡回撤准备交战；15时45分希佩尔将航向转至145°，同时分配了各舰的射击目标。公海舰队第1侦察群各舰的位置依次为"吕佐夫"号、"德芙林格"号、"塞德利兹"号、"毛奇"号和"冯·德·坦恩"号。

▲ "雷根斯堡"号。

▲ "新西兰"号，摄于1915–1916年间。

5月31日15时15分态势。

"加拉提亚"号

"多变"号

"伯肯黑德"号

"法尔茅斯"号

地理北极

地磁北极

夹角13°15′

"无畏"号和第1驱逐舰队（英）

"巴勒姆"号

15时05分

14时45分

14时52分

14时52分

15时01分

14时45分

"恩加丁"号

14时45分"雅茅斯"号位置

水上飞机

14时45分"法尔茅斯"号位置

"冠军"号和第13驱逐舰队（英）

"蝴"号

14时52分

14时45分

15时01分

15时01分

第9驱逐舰队（英）

14时45分

"新西兰"号

"诺丁汉"号

"南安普顿"号

14时45分

14时45分

14时45分"黄蜂"号位置

14时45分"加拉提亚"号位置

14时45分

14时45分

"埃尔宾"号

"法兰克福"号

"威斯巴登"号

"雷根斯堡"号

第9驱逐舰队（德）

"吕佐夫"号

14时45分

14时45分

14时45分

14时45分

14时45分

微 风

10海里

5

0

20000码

10000

0

地理北极

此时，英国的第 5 战列舰中队仍位于"狮"号 291° 方向 7.5 海里开外。虽然伊万 – 托马斯先后命令其提速至 24 节和 24.5 节，但显然这两个速度都超出了"伊丽莎白女王"级战列舰的能力范围。而另一边，尽管希佩尔麾下的战巡在 15 时 35 分就已经发现仍在 17 海里外的第 5 战列舰中队，但他没有将其计算在内。

如果伊万 – 托马斯能及时响应贝蒂 14 时 32 分的转向令，并与贝蒂麾下的战巡一同南下，希佩尔将会做出何种反应将是一个有趣的问题。如果假设成真，海战第一阶段，双方参战主力舰数目比将达到 10：5，更不用提第 5 战列舰中队的 4 艘"伊丽莎白女王"级战列舰在火力和防护上对德制战巡的压倒性优势。这样一来，希佩尔是否会选择交战就是个值得思考的问题。尽管无论如何希佩尔都会将贝蒂所部引向公海舰队主力所在，而不知道敌方主力已经出航的贝蒂也无疑将继续追击下去，但是这样一来，也许贝蒂麾下的战巡便不会遭到历史中那么惨重的损失。

在双方战巡高速接近的同时，双方的主力舰队也正赶往战场。双方主力舰队都没有其他的侦查手段：德国 L23 号飞艇的位置甚至还在公海舰队主力之后，而英国的大舰队没有水机母舰，因此双方都只能依靠前出战巡的无线电报判断对方动向。

在双方轻巡互相发现之前，公海舰队的战列舰和前无畏舰排成一路纵队，第 3 中队一马当先，舰队旗舰"腓特烈大王"号紧随其后，再次则是第 1 和第 2 中队。在接到希佩尔的情报后，舍尔先后命令第 1、第 2 中队

靠近，将各舰之间距离缩短为 700 米，全体舰队进入临战状态。虽然航速提升至了 15 节，但航向仍保持 347°。

大舰队方面，各战列舰则以战队为单位组成 6 列纵队，按数字顺序从东向西一字排开。在接到"加拉提亚"号接敌的报告后，杰里科于 15 时下令全体舰队进入临战状态，后又下令各战列舰纵队之间的距离控制在 1 海里，转向 133° 航向并将速度增至 19 节。考虑到第 3 战巡中队当时的位置处于"铁公爵"号的左舷舰艉方向 25 海里处，随时可投入拦截敌舰队遁入斯卡格拉克海峡的去路，因此杰里科并没有立即命令该中队与贝蒂汇合，倒是胡德少将主动提速至 22 节，并将航向改为 141°。

这样在 15 时 45 分，英舰"国王"号距离德舰"吕佐夫"号 46 海里，而"铁公爵"号则距离"狮"号 53 海里。尽管杰里科麾下的大舰队主力航速要高于舍尔的公海舰队主力，但由于贝蒂和希佩尔都在向南航行，因此舍尔将更快地投入战斗。

随着杰里科下令全体舰队进入临战状态，大舰队各舰上正在享用下午茶的官兵纷纷扔下餐具赶赴战位。20 岁的阿尔伯特亲王[①]当时就在"科林伍德"号战列舰上服役，亲王两天前曾与在"无敌"号战巡上服役的朋友享受了一次欢宴，此时正生病卧床不起。在收到命令后，亲王坚持从病床上爬起奔赴他位于 A 炮塔的战位。"海王星"号前桅桅顶上的一名军官候补生回忆道："（在杰里科下令之前）很多舰只都飘着三四面旗帜而非惯例的一面圣乔治旗……（随着杰里科一声

---

① Prince Albert，英王乔治五世次子，日后的英王乔治六世，也即电影《国王的演说》（The King's Speech）的主角。

令下），一分钟内各舰所有的吊索上都升起了不同规格、质地的圣乔治旗。"

随着双方战巡的接近，双方军官都对对方舰只表达了赞赏。时任"德弗林格"号枪炮长的哈泽（Haze）少校曾写道："突然间，几艘巨舰出现在我的潜望镜的视野中，看看这些黑色的海上巨兽们啊！6艘舰桥高耸的巨兽排成两列向我们驶来，即使在这么远的距离上，它们看起来也如此强大有力……在我的潜望镜中，它们潜在的威力被放大了15倍……当这些黑灰色的巨兽向我们逐渐靠近时，它们看起来就如命运本身向我们靠近一般，这真是一副激动人心、庄严宏伟的景象！"

与此同时，"虎"号上的一名军官也赞叹道："敌人的战巡看上去堪称完美……尤其是敌舰队末端的舰只看起来尤为突出。"

当然，双方官兵都没有忘记战舰存在的目的。时任"冯·德·坦恩"号枪炮长的玛尔霍兹少校（Mahrholz）在报告中生动地描述了双方战巡快速接近过程中该舰上的气氛：

"（我们观察到）敌方两列纵队（即第1和第2战巡中队）正沿向心航线彼此接近，而在极远的距离上第三群敌舰出现了——后来我们才知道这是敌方第5战列舰中队的4艘'伊丽莎白女王'级战列舰，当时世界上最强大的战列舰。这样看来敌方实力甚至超过我方一倍，尽管如此，舰上所有人都热切地期待着尽快接敌。当然，所有人都感受到了巨大的压力，这种压力直到开火的命令下达前都一直在积聚，直到真正开火的瞬间才得以释放。我长时间坚守在我的战位上，操作着方向指示器、潜望镜，并指挥我的炮组及测距仪指向敌舰。在潜望镜中，敌舰被放大了15倍，我也因此能清楚地辨认敌舰。'各舰依次射击，左起对应敌舰！'装甲观察缝

中传来了信号员的喊声，我也相应地在潜望镜中进行目标确定……此前装填的命令已经下达至各炮塔，各炮塔成员也把穿甲弹塞进了炮膛，穿甲弹上大多写着一些对英国人不太友好的问候。双方距离拉近至16200米，我们终于等来了期待已久的命令：'开火！'

▲ 玛尔霍兹少校，时任"冯·德·坦恩"号的枪炮长。

▲ 日德兰海战中准备开火的"不倦"号，该舰在约半小时后殉爆了。

瞬间第一轮齐射的炮弹就已经冲出了炮口飞向敌舰，我们可以清楚地看到炮口焰，黄棕色的废气逐渐升上天空。在我的方向指示器潜望镜中，第16格刻度中央正位于敌舰的烟囱下方——当时我并不知道那就是'不倦'号，我仅仅认出了其舰种（根据该舰舰长战后的报告，他似乎将目标辨认为'玛丽女王'号）。"

15时48分，希佩尔麾下的战巡率先开火，15时48分30秒前后，"狮"号开始射击。人类历史上最大规模的主力舰对决就此开始。

向南狂奔

开始射击时，双方舰只的实际距离大致为16000码（14630.4米）。双方第一轮射击所采用的距离如下表所示：

表12　15时48分开始射击时各舰采用的估测距离

（1码≈0.91米）

舰名	距离（码）	目标	舰名	距离（码）	目标
狮	18500	吕佐夫	吕佐夫	16800	狮
皇家公主	16000	吕佐夫	德芙林格	16400	皇家公主
玛丽女王	17500*	塞德利兹	塞德利兹	16400	玛丽女王
虎	18500	毛奇	毛奇	15500	虎
新西兰	18100	毛奇	冯·德·坦恩	17700	不倦
不倦	不详	冯·德·坦恩			

★：数据来自该舰幸存者的回忆。

如上表所示，双方首轮射击的估测距离均大于实际距离，但贝蒂所部的误差明显要大得多。海战后某些观点认为贝蒂开火太晚，但即使仅考虑射程，他麾下的战巡也很难做到先敌开火。虽然4艘装备13.5英寸（343毫米）主炮的战巡最大射程可达到23500码（21488.4米），但"新西兰"号和"不倦"号的最大射程仅有18500码（16916.4米）左右。反观德制战巡，除"冯·德·坦恩"的射程达到22400码（20482.56米）之外，其余四艘的射程均在19000～21000码（17373.6～19202.4米）之间。因此，一旦贝蒂选择待敌舰进入"新西兰"号和"不倦"号的射程内再开火，那他就很难赶在希佩尔之前开火。何况由于"狮"号装备的9英尺（2.74米）测距仪的重大误差，贝蒂在开火时便以为当时双方距离为18500码（16916.4米）。由于测距误差，"新西兰"号和"不倦"号直到15时51分之后才开火，而"虎"号由于射击角度原因，开始只能使用其前部的A、B两个炮塔射击，而"狮"号最初的几轮齐射也仅使用了其前部的A、B炮塔。

另外，尽管贝蒂麾下的战巡占有数量上的优势，但由于火力分配上的失误，这一优势并未发挥出来。如前文所述，15时45分贝蒂分配了各舰的目标：除"狮"号和"皇家公主"号集火"吕佐夫"号外，其余各舰均向对方战线中剩余舰只实施依次一一对应射击。

但"玛丽女王"号并没有收到这一命令，因此该舰按例射击对手战线中的第三艘战舰（即"塞德利兹"号）。"虎"号同样未收到这一命令，因此该舰的目标是位于对手战线中的第四位的"毛奇"号。"新西兰"号和"不倦"号倒是正确地执行了贝蒂的命令。这样一来，在近 10 分钟内，没有一艘英军战巡向德军战巡"德芙林格"号射击，而后者也因此得以专注于射击本身。尽管有两艘德制战巡（"吕佐夫"号、"毛奇"号）各自遭到 2 艘英制战巡的集火，但由于分辨不同舰只炮弹落点上的困难，集火效率并不能简单地认为是两艘舰只的和。虽然这一错误最终被纠正，但为此付出的代价是异常惨重的。

交火之后双方的距离继续拉近，至 15 时 54 分前后，距离已经缩短至 13000 码（11887.2 米），于是"狮"号逐渐向右转向试图拉开距离。但希佩尔也做出了相应的转向，这些机动导致双方的航向逐渐转向南。由于贝蒂在西，希佩尔在东，当时的风向又为西北风，西边的天色更为晴朗，因此希佩尔编队的能见度要优于贝蒂编队。几分钟之内，德国战巡就获得了较为准确的目标距离，射击也变得精准起来。15 时 50 分至 51 分之间，"虎"号首先中弹（即该舰该阶段的 2 号中弹），但未造成严重破坏，而英国战巡直至 15 时 55 分才由"皇家公主"号首开纪录。截至 16 时 08 分，希佩尔麾下的战巡已经获得了 14 次命中，且拉平了双方的舰只数量，而贝蒂的战巡舰队仅取得了 3 次命中。

生死一线的"狮"号

首先遭受重创的是"狮"号。16 时，"吕佐夫"号在 16500 码（15087.6 米）距离上发射的一枚 305 毫米半穿甲弹命中了"狮"号

Q 炮塔的顶部。据估这枚炮弹的下落角（与水平面的夹角）约为 20°，炮弹命中了该炮塔左炮炮门右上角位置，这一位置恰为 9 英寸（228.6 毫米）炮塔正面装甲和 3.25 英寸（82.6 毫米）炮塔顶部装甲的结合部。受巨大冲击力的影响，一块 9 英寸（228.6 毫米）装甲板碎片崩落之后飞进了炮室。炮弹本身则在进入炮室后撞上了主炮轴环，然后发生了轻微的反弹，最终在距离弹着点 3 英尺（0.91 米）、左炮中线上方位置爆炸，炮室内的人员非死即伤。而受爆炸的影响，Q 炮塔的前顶部装甲被炸飞，然后底朝天地落在左舷距离炮塔约 12 英尺（3.66 米）处的甲板上。该炮塔正面中部装甲板也被炸飞，这片装甲板最终落在炮塔后方 15 英尺（4.57 米）处，接近船体边缘。该炮塔的左炮被爆炸损坏，但此后经过修理恢复运作。炮室内大量轻便装置被毁，其中包括炮塔左侧和中央的瞄准镜，以及左炮火控指挥仪接收器，但右侧瞄准镜和右炮火控指挥仪接收器完好无损。破片击穿了 3 道压力管道，但该炮塔的液压机构在经历了中弹引发的柯达无烟发射药起火后，仍可基本保持运转，仅悬臂起重机的闸瓦失灵。另外，爆炸导致炮室内起火，尽管消防人员认为他们从上方将其扑灭了，但实际上焖烧现象并未彻底排除。

中弹时该炮塔的右炮正处于装填状态，

▲ "狮"号 Q 炮塔中弹，1916 年 5 月 31 日。

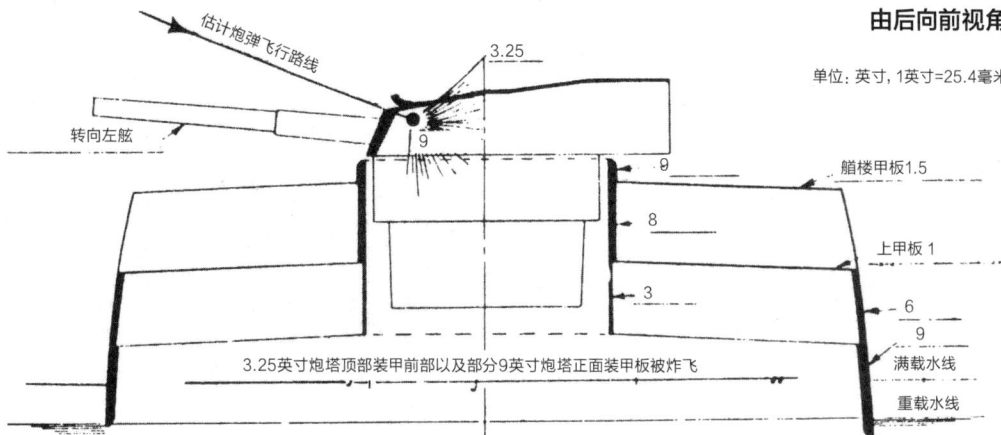

由后向前视角

单位：英寸，1英寸=25.4毫米

估计炮弹飞行路线

3.25

转向左舷

9

9

艉楼甲板1.5

8

上甲板 1

3

6
9

满载水线

重载水线

3.25英寸炮塔顶部装甲前部以及部分9英寸炮塔正面装甲甲板被炸飞

▲ "狮"号 16 时 Q 炮塔中弹示意图。

"狮"号船肿部分及Q炮塔横截面图（向后视角），图中所以炮塔装填机构其结构及布置与日德兰海战中该炮塔被命中时相同。

注释：
A：右炮跑尾巴（打开状态）
B：右炮扬弹机筒（图中大致位于操作室上方4英寸处）
C：扬弹机筒在操作室内位置（当时左炮扬弹机筒位于该位置并已加载炮弹）
D：弹药在转运入扬弹机筒前的待机位置（左右两炮待机位置当时均置有炮弹）
E：药库料斗在输弹舱内位置（当时左右炮的药斗均已装载发射药，此外左右炮的中央机筒也已下降到弹药库并完成装填）
F：药库内的发射药容器
G：药库门
H：药库通风板

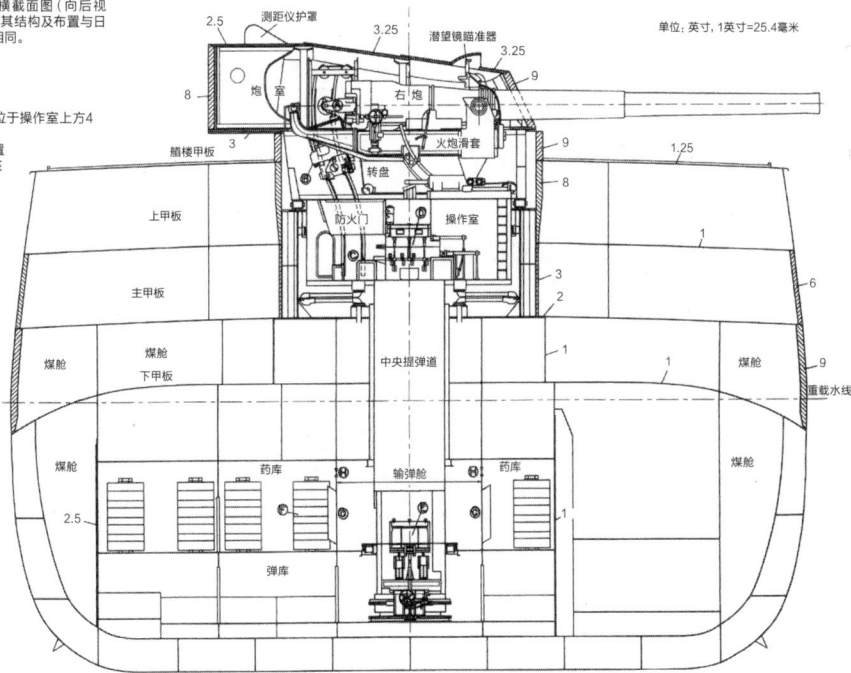

单位：英寸，1英寸=25.4毫米

2.5　测距仪护罩　3.25　潜望镜瞄准器
3.25

炮室　　右炮

8

艉楼甲板　　火炮滑套　　9

3　转盘　　1.25

防火门　　操作室

上甲板

主甲板　　3

煤舱　　2

煤舱　　药库舱　　下甲板　　中央提弹道　　1　　煤舱　　9

重载水线

煤舱　　药库　　1　　1

2.5　　输弹舱　　药库

弹库

▲ "狮"号 Q 炮塔截面图。

炮弹已被推进炮膛，推弹器已经复位。当该炮炮长阵亡时，他将扬弹机筒操纵杆放在了"低"位置上，使得装载发射药的右炮扬弹机筒下落至操作室上方 4 英尺（1.22 米）处。

同时，完成装载的左炮扬弹机筒也正处在操作室内。此外，炮塔结构内完成装载的部分还有两部药库料斗和下降到药库的两部中央机筒。在中弹约两三分钟后，"狮"号的首席炮手亚历山大·格兰特（Alexander Grant，当时军衔为士官长）来到 Q 炮塔弹药库，遇到了一位经由扬弹通道下到输弹舱的操作室成员，此人向格兰特介绍了炮塔内的状况。舰长随后下令关闭药库库门，向药库内注水。16 时 28 分，当格兰特来到主甲板上通往输弹舱的舱口附近时，他目击了一团烈焰突然从舱口窜出，直接吞没了舱口附近的几名消防人员。待烟雾稍稍消散，视线较为清晰时，格兰特就带着一群人下到药库操作间及附近舱室检查状况。映入他们眼帘的是一幅悲惨的景象：药库内几乎全部的乘员，弹库和输弹舱内的半数乘员，交换机平台的半数乘员，全部葬身于火海。弹库和输弹舱位于提弹井附近位置的涂装被熏黑且起泡，但幸未起火；交换机被熏黑，但仍可操作。根据该舰舰长查特菲尔德[①]的回忆，弹药库内的 70 余人几乎在瞬间被杀死。

事后调查发现，炮室和操作室之间的电线是这部分炮塔结构中唯一被焚毁而非仅仅起泡或被熏黑的部分，因此推测大火是经由电线从炮室向下蔓延至操作室。无论途径如何，可以确定是炮室内焖烧的火苗蔓延至操作室，引燃了操作室内的发射药。中弹时，共有 8 份发射药位于从操作室上方 4 英尺（1.22 米）处至输弹舱这部分炮塔结构中，这些发射药的燃烧异常剧烈。幸运的是燃烧引发的压力得以从 Q 炮塔顶部装甲缺失处及处于开启状态的输弹舱舱口释放，因此未能造成更加猛烈的爆炸。尽管如此，冲天的火苗依然几与"狮"号的桅顶同高，而 Q 炮塔的药库舱壁也在巨大的压力下向内扭曲收

▲ 查特菲尔德上校，时任"狮"号舰长。

缩——考虑到当时已经向药库内注水且可能已经注满，燃烧引发的压力可想而知。假如"狮"号的药库未能及时关闭，毫无疑问该舰将发生毁灭性的殉爆。

杰里科写于 1916 年 6 月 16 日的备忘录内除详细记录了"狮"号的此次中弹外，还提到了关于其他战巡及"厌战"号的损伤情况，该部分内容后来又被大舰队炮术及鱼雷部门引用，载于该部门第 15 号令关于日德兰海战经验教训的总结中。通常认为，是受了致命伤的 Q 炮塔炮塔长、海军陆战队的哈维（Francis John William Harvey）少校及时下令关闭药库并向药库内注水，从而拯救了"狮"号，这一英勇事迹也让他被授予了维多利亚十字勋章。按照通常的说法，哈维少校的双腿在此次中弹中被炸飞，他最终爬到一处传声管，下令输弹舱的乘员关闭药库并向药库注水，从而阻止了大火蔓延至药库。但根据

---

① Chatfield，1933 年出任第一海务大臣，1939 年又出任国防协调大臣。

当时在该舰上服役、曾参与救助哈维少校的陆战队军官琼斯（Jones）的回忆，少校当时被严重烧伤，但肢体尚全。而在杰里科的该备忘录中，关于哈维少校的相关内容仅为少校向舰桥报告Q炮塔无法使用。实际上，拯救"狮"号的命令是由舰长下达后传往火控中心的，并由火控中心的信使一等司炉威廉·杨①将这一命令传达至Q炮塔。鉴于多佛尔沙洲之战中，"狮"号曾因指令传达上的错误导致A炮塔注水，大舰队在此次海战后修改了大舰队炮术令，规定所有药库负责人在药库并未起火的情况下，接到注水指令时需查明上级下达注水指令的原因，并向负责军官报告药库情况。因此在此次指令传达过程中，火控中心曾要求Q炮塔重复注水指令，幸运的是注水指令执行得很及时。事后的实验表明，该药库当时装备的药库门在关闭状况下完全不隔火。与此同时，火苗可以经由排气板进入药库，不过当时由于药库已经注水，因此火苗并未对药库本身造成损害。鉴于药库的排气板安装在输弹舱内，因此在此次中弹过程中，如果药库内的气压因发射药自燃而骤然升高，巨大的压力将毫无疑问地流向输弹舱，由此进一步经由炮塔的固定和旋转结构上升直至提弹井。值得注意的是，在这一路线的反方向上并无任何隔火设施。

追溯来看，如果在下令向Q炮塔药库注水的同时，命令Q炮塔内所有人员撤出，炮塔乘员的伤亡人数将可能大大减小。此外，目前仍不清楚的是，炮塔里的人为何在关闭药库库门之前，没有将处在炮塔和药库之间的发射药送回药库，以免造成发射药起火。

▲ 哈维海军陆战队少校，时任"狮"号Q炮塔炮塔长。

▲ "狮"号A、B炮塔特写，摄于1915年1月多格尔沙洲之战后，该舰因战损而右倾。

"恩加丁"号水机母舰成员目睹了"狮"号的此次中弹。该舰的飞行上尉唐纳德（Donald）回忆道："当时我们都惊得捂住了眼睛不忍卒视，感叹着'上帝啊，"狮"

---

① William Yeo，此人亦有可能姓姚或尤，似为华人。

号完了！'不过很快大家便惊喜地发现'狮'号仍在战斗。后来'恩加丁'号靠近'狮'号时我们一起对后者3次欢呼致敬，而贝蒂则在'狮'号的舰桥上挥着帽子还礼。这可真是难忘的时刻。"

贝蒂看起来风度翩翩，不过他的心情却不见得好。就在"狮"号此次中弹之后不久，更致命的命中发生了。

"不倦"号的悲剧

16时02分至05分，位于贝蒂麾下战巡战列线末尾的"不倦"被连续命中。16时02分，一轮齐射命中该舰上甲板并爆炸，该舰随即踉跄着偏出战线，舰尾下沉。紧接着，该舰的A炮塔附近又被命中，遂于16时05分倾覆并发生了剧烈的爆炸。

第2战巡战队中队指挥官帕克南少将曾以观察员身份参与了对马海战，并目睹了"博罗季诺"号（Borodino）的殉爆。因此他可能是日德兰海战双方参战者中，唯一曾在此前目击过炮击引起大型舰只殉爆现象的人。他在战后的报告中称，16时02分至03分期间，先有两三发炮弹同时命中了姊妹舰"不倦"号上甲板边缘，弹着点几乎与X炮塔处于同一直线位置；中弹导致了小规模爆炸，并使得该舰偏离了战列线队形且舰尾开始下沉。紧接着另一次齐射命中了A炮塔位置，该舰随即严重左倾进而倾覆。海战中，少将的战位位于旗舰"新西兰"号的上层桥艛，不过并不清楚少将所描述的"不倦"号舰尾下沉的具体程度。"新西兰"号的航海长克雷顿中校（Creighton）的战位位于该舰的司令塔。他回忆称，当时同在司令塔的鱼雷官洛维特–卡梅伦（Lovett-Cameron）少校，在帕克南少将秘书的提醒下，注意到了"不倦"号的状况。

少校迅速跑到右舷侧，通过望远镜目睹了"不倦"号的最后时刻。根据两人的回忆，"不倦"号后部主桅附近位置首先中弹，并喷发出浓烈的烟雾，但两人并没有观察到火焰，洛维特–卡梅伦少校认为烟雾是"不倦"号携带的小艇引起的。当时"新西兰"号正在与编队一道进行左转，但"不倦"号并未随之转向，估计该舰的转向设施已经损坏。尽管如此，"不倦"号仍在"新西兰"号右舷后方，距离约为500码（457.2米），从"新西兰"号的司令塔上可以完整且清楚地观察到"不倦"号。随后，洛维特–卡梅伦少校在望远镜中目睹了"不倦"号又被齐射中的两发炮弹命中，中弹位置分别为艏楼和A炮塔，两枚炮弹都在接触后立即爆炸。此后的约30秒时间内，"不倦"号看上去并没有什么新的异常，未见火焰和新的冒烟点，仅在中弹位置附近有些许烟雾。突然间，"不倦"号从船体前部开始发生了剧烈的爆炸，爆炸以蔓延全舰的大火开始，继而浓密的黑烟将"不倦"号完全遮住，不断有物体从黑烟中喷出射向高空中。

命中该舰的两次齐射均来自"冯·德·坦

▲ 帕克南少将，时任第2战巡中队指挥官。

恩"号，射击距离约为15500～16000码（14173.2～14630.4米），通常认为第一次齐射导致了最终的爆炸，而两次齐射各有两枚炮弹命中。在十四五分钟左右的交战过程中，"冯·德·坦恩"号共向"不倦"号发射了52枚280毫米炮弹和38枚150毫米炮弹。该舰的枪炮长玛尔霍兹少校详细地回忆了击沉"不倦"号的经过：

随着第一轮齐射（"冯·德·坦恩"号于16时49分开火）的炮弹落下，远方的海面上涌起了4座巨大的水柱。我观察到炮弹落点大致位于敌舰的后部上层建筑方向，且落点过远，因此看来此次齐射的偏角设定基本正确。于是我下达了"拉近8，向左4，一轮齐射"的校射指令。在炮弹飞行的同时，我将测量结果转达至变距率仪，发现变距率仪的输出结果和指示器的结果吻合，我根据测量结果预计到此次齐射的落点将偏近。不出所料，我观察到4座巨大的水柱一度完全遮住了敌舰中部，毫无疑问4枚炮弹的落点都在水面上且偏近。于是我又下达了"拉远4，一轮齐射"的校射指令。这一次炮弹继续在敌舰附近落下，其中2枚偏近，1枚偏远。我没有观察到第4枚的落点，可能该炮弹命中了目标，而部下向我保证最后一轮齐射的4枚炮弹全部出膛了。通常来说穿甲弹会在敌舰船体内部爆炸，因此只有在敌舰内部被毁时才能观测到命中的明显后效。有鉴于此我并不倾向于观察到命中，而是严格坚持观察炮弹落点。主桅上我年轻的副手则报告取得一次命中，于是我向各炮下令："取得夹中！效力射！"齐射由此变得密集起来。我注意到敌舰的射击速度很低，可以明显观测到敌舰齐射时的炮口闪光，甚至可以在秒表的帮助下观察敌舰每一轮射击的落点。事实表明

敌舰的射击很差，很多炮弹都不知去向：这大概是因为他们的能见度较差，而我方舰只的涂装使得他们在有雾条件下难以观测到的原因……

反观我舰的射击则卓有成效，敌舰不时被我舰炮弹落点处的水柱完全遮住。由于我舰准确的炮火，敌舰停止了射击并试图利用之字形机动脱离我舰的炮火覆盖，但在我舰优秀的光学仪器下，敌舰的一举一动都无所遁形。尽管我舰已经获得夹中，但在注意到敌舰转向避开后，我决定将射击距离拉远100米。随着敌舰转而靠近，我又命令在射击距离拉近100米同时对偏角进行少许修正。当我舰的炮弹还在飞行时，我就已经下令向指示器输入新的位置，从而立即得出命中敌舰新位置所需的修正距离和偏角。如此敌舰在我舰开火14分钟后遭到了致命的打击。透过方向指示器的潜望镜，我观察到在一次齐射之后，敌舰的艉炮塔发生了猛烈的爆炸，冒出耀眼的火光，敌舰的碎片——可能是炮塔顶部装甲在殉爆释放的巨大压力下被击碎炸飞——则在空中划出一道道宽宽的拱形。我舰的下一轮齐射命中了敌舰前部，命中后不久，敌舰船体中冒出巨大的黑色烟柱，一直上升至桅杆高度的两倍，而敌舰也随之消失在烟尘中，我推测大概是敌舰的油槽被击中起火。为确保战果，我舰又对烟柱进行了一次齐射，不过鉴于敌舰已经消失在波浪之间，这次齐射的炮弹命中率不高。尽管辅助观察官十分肯定敌舰已经沉没，我仍没有完全放心——以往的经验让我明白在这么远的距离上观察员很容易犯错，而且人通常倾向于"看见"自己希望看见的东西。在烟尘散去，海面上再无敌舰的存在，另一名军官一再向我保证敌舰已沉没之后，我才确认战果并向指

挥官汇报。在甲板以下，敌舰殉爆的消息迅速流传开来，船员的欢呼声透过耳机传进我的耳朵里。

根据"冯·德·坦恩"号的记录，该舰的第3轮齐射就获得了夹中，并可能取得了一次命中。一般认为第4轮齐射确定取得了一次命中，该舰此后开始实施效力射。除第8轮齐射落点偏远外，效力射的所有射击都取得了夹中。第10轮齐射后，"不倦"号开始了之字形机动，第12轮齐射后"不倦"号的X炮塔发生了殉爆，第13轮齐射命中了"不倦"号的舰体中部。

当时位于"冯·德·坦恩"号左舷后部的B98号驱逐舰在16时02分观察到"不倦"号被连续命中两次。爆炸时"不倦"号腾起冲天的火焰，爆炸引发了两重浓密的烟幕，其高度远在"不倦"号桅杆高度之上，浓烟中不时喷射出猛烈的火苗，B97号驱逐舰的记录则显示该舰有3次连续的爆炸。位于"吕佐夫"号前方的V30号驱逐舰在16时02分观察到"不倦"号燃起了大火，2分钟后其升起了冲天的火焰。

"不倦"号的1019名乘员（57名军官，962名水兵）中，只有2人在该舰沉没3个多小时后（5月31日19时50分）被德国驱逐舰S16号救起得以生还。两名幸存者分别是二等水手艾略特（Elliott）和领班通信兵法尔默（Falmer），被救起时均已神志不清。"不倦"号殉爆时两人都位于桅顶位置，他们认为该舰被鱼雷命中并在4分钟内沉没。在海水中自救时，他们曾试图帮助索尔比舰长（Sowerby）求生，但舰长伤势过重，最终未能幸存。

《日德兰的战斗》（Fighting at Jutland）一书中记录了克雷顿中校的回忆详情，但他的回忆与卡尔内上校（W P Carne）当时拍摄的照片不符。卡尔内上校以军官候补生身份参加了日德兰海战，当时他的战位位于"新西兰"号后鱼雷控制站。作为证据的那张照片恰好拍摄于"不倦"号殉爆前不久，照片显示"不倦"号当时已经向左后方下沉，且整个舰体后部直到中烟囱附近部分都已经被淹没。无论该舰最终大爆炸的具体原因如何，其沉没必然发源于X号弹药库的殉爆，这可能是由于一发炮弹命中了X炮塔基座上甲板以下部分引发的。由于向后视野的限制，这次中弹显然不可能从"新西兰"号的司令塔中观测到。此外A炮塔附近的中弹也可能造成了殉爆。

"不倦"号的确切中弹数目已不可考。不过据推断，可能"冯·德·坦恩"号在较早时候发射的炮弹有1枚命中该舰，随后在最终的两次齐射中各命中2枚，共计5枚280毫米炮弹。

"不倦"号沉没之后，"新西兰"号将射击目标转向了"冯·德·坦恩"号【后者也将目标转向了"新西兰"号，在13450～17500码（12298.68～16002米）距离上对"新西兰"号射击了52枚炮弹】，而

▲ 沉没中的"不倦"号。

"皇家公主"号终于将目标转向了"德芙林格"号（这一转移发生在 16 时之后）。

由于"不倦"号位于英方战巡战列线的末端，加之战斗正酣，因此它的沉没并未立即被贝蒂麾下所有舰只注意到。在"狮"号上，一位军官在战斗中不经意地向后续舰只射击的壮观景象投去一瞥，就在这一瞥中，他惊讶地发现己方战列线中只剩下了 5 艘战巡，这才想到远处巨大的烟柱也许就是"不倦"号的残留。

第 5 战列舰中队的怒吼

击沉"不倦"号固然让希佩尔的心情好了起来，但这对于双方实力对比的影响着实有限。查特菲尔德日后的看法便颇具代表性："'不倦'号的沉没固然令人失望，但是鉴于它的火力和防护水平都远不如第 1 战巡中队的战舰，所以该舰的沉没算不上多严重的战术损失。"

希佩尔的好心情也并没有保持多久。16 时 06 分，姗姗来迟的第 5 战列舰中队终于赶到了战场，"伊丽莎白女王"级战列舰装备的 15 英寸（381 毫米）主炮开始了怒吼，第 5 战列舰中队的出现给公海舰队造成了巨大的心理压力。"德弗林格"号的枪炮长哈泽少校目睹了这 4 艘战列舰的出现，他在战后写道："在地方战巡战线后方又出现了 4 艘巨舰……我们很快就认出这是闻名遐迩的'伊丽莎白女王'级战列舰，它们曾是舰队中的热门话题。它们装备 8 门 15 英寸（381 毫米）巨炮，排水量高达 28000 吨，航速高达 25 节。它们发射的炮弹重量是我舰的两倍，其射程也惊人地远。"德国官方战史中曾经这样哀叹："如同九头蛇的脑袋一般，在我军取得第一个战果之后，英国海军竟然又冒出 4 艘更强

▲ 即将投入战斗的"厌战"号和"马来亚"号，摄于 5 月 31 日 14 时前后。

的主力舰取代了'不倦'号！" 尽管开火距离远达 19000 码（17373.6 米），且目标一直被烟雾所遮挡，但以射术精准闻名于大舰队的第 5 战列舰中队，还是很快就取得了命中。16 时 09 分，"巴勒姆"号首先获得了命中，该舰在 19000 码（17373.6 米）距离上发射的一枚 15 英寸（381 毫米）被帽尖头普通弹命中了"冯·德·坦恩"号（即该舰第 1 阶段的 1 号中弹）。受此次中弹影响，"冯·德·坦恩"号的船体如音叉般上下震动了五六个来回。此次命中的弹着点距离船尾 28 英尺（8.5 米）处的中甲板高度，较水线标记高出约 3 英尺（0.915 米），可能恰在实际水线位置下。中弹位置在该舰的后侧装甲带上 80 毫米上船体列板与 100 毫米下船体列板结合处，同时中弹位置也处于两块上船体列板结合处，距离两块下船体列板结合处 3 英尺（0.915 米）。炮弹在装甲表面爆炸，在装甲内侧产生的后效较轻。尽管如此，上船体列板上一块大小为 500 毫米 × 700 毫米的半圆形装甲块被震落，同时下船体列板角上也脱落了一块大小为 300 毫米 × 400 毫米的装甲块。另外，在下船体列板上距离装甲块脱落处 32 英尺（810 毫米）位置还出现了两处破裂。装甲板本身发生 800 毫米的位移，且出现最大深度为 800

毫米的内陷。船体列板内侧的船体板有 6 英尺（1.83 米）长，直至炮列甲板的部分都被摧毁，另有 5 英尺（1.52 米）长部向内位移。舱壁两侧的下部外侧船体板均受爆炸影响发生内陷，其支撑结构弯曲。在装甲带下方，船体板向内凹陷最深达 2 英尺（0.61 米），并产生了两道长度为 5.5 英尺（1.68 米）的裂痕。该舰的炮列甲板被装甲碎片击穿，并明显向上隆起，中甲板本身受损，设于该甲板的 88 毫米副炮下部支撑结构被从甲板上撕开，装甲甲板则在舷侧位置扭曲变形。包括右舷舵舱、禁闭室在内的若干设于装甲甲板上的舱室及中甲板上的部分舱室被淹，大量海水涌入了装甲甲板以下的舱室，其中该舰的船尾鱼雷平台被水灌了一半。

此外，中弹还导致该舰转向舵机过热，舵杆移动。不过该舰的转向机构并未完全失灵，在一段时间后恢复了正常运转。与此同时，后引擎舱的舱壁也可能被加固。限于海战中的情况，弹孔无法从船体外侧封闭，船员只能用阻漏垫堵住炮列甲板上的破孔。该舰在战斗开始前的吃水深度为前部 29 英尺（8.84 米）和后部 28 英尺 10 英寸（8.79 米），海战结束后则为前部 28 英尺 3 英寸（8.61 米）和后部 31 英尺 2 英寸（9.5 米），同时伴有 2° 向右的侧倾。这表明海战结束时其船体内共有约 1000 吨海水，其中因本次中弹造成的进水估计约为 600 吨。此次中弹未造成人员伤亡。除了这一次直接命中外，"冯·德·坦恩"号还不断被第 5 战列舰中队射出的炮弹造成的水柱包围，该舰不得不频繁地变换航向、航速以避免被继续命中。由于距离太远，该舰根本无法还击。随着距离的持续拉近，"巴勒姆"号和"刚勇"号一同向"毛奇"号射击，而"厌战"号则将炮口指向了"冯·德·坦恩"

号，此后位于第 5 战列舰中队战线末端的"马来亚"号也向"冯·德·坦恩"号发出了怒吼。

得到第 5 战列舰中队支援的贝蒂精神大振，他随即命令拉近与希佩尔的距离。16 时 12 分，贝蒂命令转向东南航向，而希佩尔则并未改变航向。受此影响，双方战巡之间的距离迅速拉近，随即双方战巡展开了"异常凶猛而坚定的交火"（贝蒂语）。16 时 15 分至 26 分，不但"毛奇"号被第 5 战列舰中队命中 4 次（即该舰该阶段的 2～5 号中弹），"虎"号也两次命中了"冯·德·坦恩"号（即该舰该阶段的 2、3 号中弹），"皇家公主"

▲ 日德兰海战后返回威廉港的"冯·德·坦恩"号，可见水线位置的弹孔（16 时 09 分的中弹）。

▲ "冯·德·坦恩"号 16 时 09 分被"巴勒姆"号命中舰艉部分。

炮列甲板

80毫米

纵视图

中甲板

100毫米

重载水线

装甲甲板

侧视图

炮列甲板

中甲板

重载水线

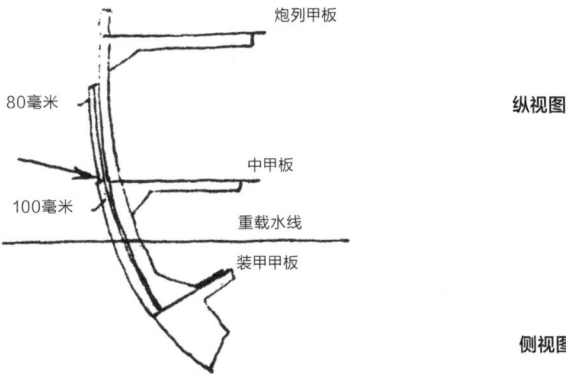

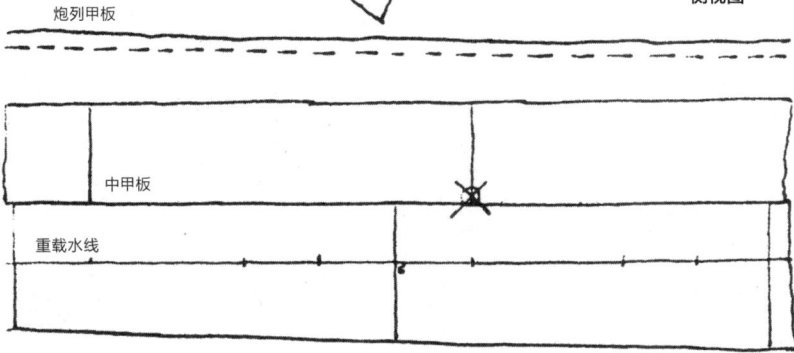

◀ "冯·德·坦恩"
号 16 时 09 分中
弹（该舰该阶段的
1 号中弹）示意图。

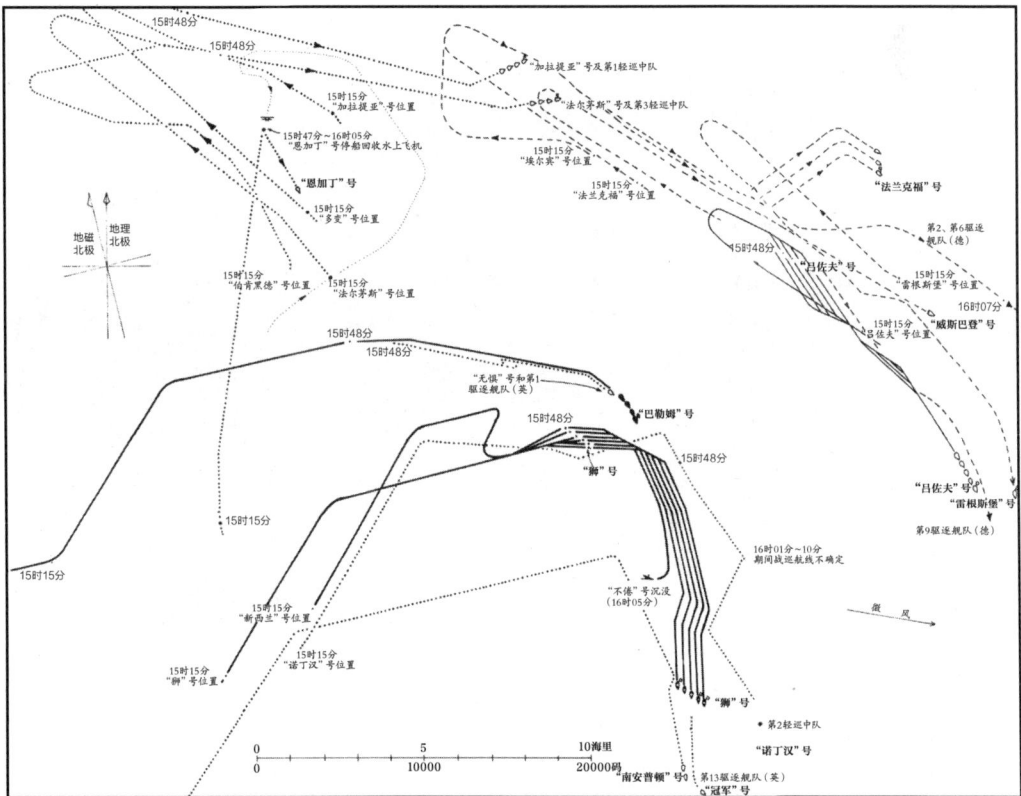

15时48分

15时48分

"加拉提亚"号及第1轻巡中队

15时15分
"加拉提亚"号位置

"法尔茅斯"号及第3轻巡中队

15时47分~16时05分
"恩加丁"号停船回收水上飞机

15时15分
"埃尔宾"号位置

"法兰克福"号

"恩加丁"号

15时15分
"法兰克福"号位置

第2、第6驱逐
舰队（德）

15时15分
"多变"号位置

"吕佐夫"号

15时48分

雷根斯堡"号位置

15时15分

"吕佐夫"号位置

16时07分
"威斯巴登"号

地磁
北极

地理
北极

15时15分
"伦肯黑德"号位置

15时15分
"法尔茅斯"号位置

15时48分

15时48分

"无惧"号和第1
驱逐舰队（英）

"巴勒姆"号

15时48分

15时15分

"狮"号

15时48分

"吕佐夫"号

"雷根斯堡"号

第9驱逐舰队（德）

16时01分~10分
期间战巡航线不确定

15时15分
"新西兰"号位置

"不倦"号沉没
（16时05分）

舰　风

15时15分
"狮"号位置

15时15分
"诺丁汉"号位置

"狮"号

● 第2轻巡中队

"诺丁汉"号

0　　　　　　5　　　　　　10海里

0　　　10000　　　20000码

"南安普顿"号

第13驱逐舰队（英）

"冠军"号

▲ 5 月 31 日 16 时 10 分态势。

号则两次命中"吕佐夫"号，"塞德利兹"号也被大舰队第 1 战巡中队击中[1]。当然希佩尔的反击也是凶狠的。不但"虎"号和"新西兰"号先后被命中[2]，"狮"号在 16 时 24 分前后 30 秒内被"吕佐夫"号命中 3 次[3]，连"巴勒姆"号也被命中[4]。

"新西兰"号是幸运的，在整场海战中，该舰仅被命中 1 次，此次中弹发生在 16 时 26 分，"冯·德·坦恩"号在 15000 码（13716 米）距离上发射了一枚 280 毫米炮弹，在上甲板以上 1 ~ 1.5 英尺（0.3 ~ 0.46 米）处命中了该舰 X 炮塔的 7 英寸（178 毫米）基座装甲。炮弹在基座外爆炸，造成基座装甲被撕下一部分，其呈圆台形，顶部直径为 11 英寸（280 毫米），底部直径为 30 英寸（762 毫米）。爆炸还造成炮塔的旋转机构轻微内陷，同时落在炮塔滚柱滚道上的弹片还在一段时间内

卡住了 X 炮塔，造成滚柱滚道的倾角略为改变。此外爆炸在上甲板上造成了一个 3 英尺 × 3 英尺（0.91 米 × 0.91 米）的破孔，还在 1 英寸（25.4 毫米）主甲板上造成了若干破孔，并在该甲板上引发了小规模火灾。总体而言，此次中弹造成的破坏并不严重，也没有人员

▲ "新西兰"号的吉祥物趴在一门 12 英寸（304.8 毫米）主炮炮口。

▲ "新西兰"号船员与丘吉尔及乔治五世国王合影。

---

① 即该舰该阶段的4号中弹。
② 即"虎"号该阶段的7号中弹，"新西兰"号仅被命中1次。
③ 即该舰该阶段的第7、8号中弹，另一次中弹位置不确定，"吕佐夫"号误将该舰认为"皇家公主"号。
④ 该舰该阶段全部3次中弹。

伤亡。在皇家海军内部，该舰的幸运倒是一桩传奇。战前不久，一位毛利族酋长访问了该舰（"新西兰"号的建造经费大部分由新西兰自治领筹措），并向当时的舰长赠送了毛利族传统的草裙。仪式上，酋长预言"新西兰"号将参加一场规模宏大的海战，但只要舰长穿着这条草裙，该舰就不会受损。一战爆发后舰长格林（Green）每次出海都带着这条草裙，日德兰海战时他也穿着这条草裙。酋长的祝福倒是见效了：在此前的战斗中该舰仅被弹片击伤过一次，而在日德兰该舰所受的损伤也较轻。

"虎"号也是幸运的，该舰在该阶段一共被命中14次，但无一对其造成致命结果，堪称日德兰海战中大舰队方面最幸运的舰只。然而并不是所有舰只都能如此幸运。在猛烈的炮火下，又一出悲剧上演了。

"玛丽女王"号的悲剧

在16时28分"狮"号Q炮塔燃起大火之前，该舰就已经冒出大量浓烟。由于该舰后方的"皇家公主"号被浓烟遮挡，此前向后者射击的"塞德利兹"号将射击目标转向了"玛丽女王"号。"德芙林格"号则在16时16分对"狮"号射击后，于16时17分20秒也将目标转向了"玛丽女王"号。16时21分"玛丽女王"号的Q炮塔被命中，该炮塔的右炮彻底损毁。16时26分该舰再次中了两枚弹，其中一枚造成了该舰前部弹药库的殉爆，直接将舰船折成了两截。殉爆造成的浓烟冲天而起，高度达2000英尺（610米），完全挡住了跟进的"虎"号和"新西兰"号。当时"德芙林格"号的射击距离为14400码（13167.36米），"塞德利兹"号的射击距离约为14750码（13487.4米）。"德芙林格"

号在16时23分45秒至26分10秒期间，共向"玛丽女王"号进行了6轮齐射，一般认为其中最后一次齐射造成了"玛丽女王"号的殉爆。"玛丽女王"号的1286名乘员中仅有20人生还，其中17人和1人分别被己方驱逐舰"月桂树"号（Laurel）和"爆竹"号（Petard）救起，其余2人被德国驱逐舰G8号救起。

与"不倦"号相比，"玛丽女王"号的数据更丰富一些。幸存者之一的斯托里（Storey）任军官候补生，当时他的战位位于该舰Q炮塔内部。他回忆称，从殉爆前10分钟起，他就听到了若干次该舰中弹的声音。16时21分，一枚大口径炮弹命中Q炮塔顶部倾斜装甲右炮右侧部分，导致Q炮塔的回转和俯仰结构被毁，且右炮彻底损毁。截至中弹时，该炮塔的2门主炮各自发射了17枚炮弹，左炮此后继续进行了3次射击，直至该舰前部发生了剧烈的殉爆。据估计，殉爆的地点位于B炮塔弹药库。爆炸引发的强烈冲击波撼动了Q炮塔，并导致该炮塔左炮在炮室外的部分折为两截，炮尾部分坠入操作室中，冲击波还导致炮塔的右炮从耳轴上脱落。斯托里试图从炮塔中逃出时，该炮的炮尾部分正向操作室坠落。在操作室内，部分柯达无烟发射药起火燃烧，引发的烟气导致

▲ 殉爆的"玛丽女王"号，同时"狮"号也被大口径炮弹造成的水柱环绕并冒出大量浓烟。

了炮室内多人死亡。当斯托里成功逃出炮塔并站在炮塔顶端时，他看到该舰从前桅部分断为两截，其船尾部分正迅速冒出水面。此后 X 炮塔弹药库也发生了殉爆，引发的冲击波将 Q 炮塔的幸存者们推进了水里。

从技术角度来看，Q 炮塔的左炮不太可能被殉爆产生的冲击波折断。不过有证据显示，当 B 炮塔弹药库殉爆时，另一发炮弹恰好命中了 Q 炮塔附近部分，这可能是导致 Q 炮塔左炮折断的原因。

另一名军官候补生劳埃德·欧文（Lloyd-Owen）则幸运地从 X 炮塔逃生，不过他的回忆没有枪炮军士弗朗西斯（Francis）的回忆完整。最初弗朗西斯并未听到任何关于中弹的声音，但此后他感受到了一次强烈的震动。他注意到大量的灰尘和碎片在 X 炮塔顶部附

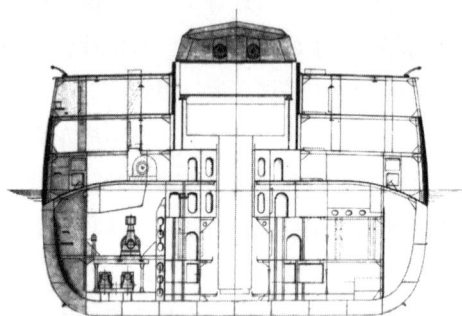

▲ "玛丽女王"号 Q 炮塔截面图。

▲ "玛丽女王"号的 X 炮塔，摄于 1913 年。

近的空中飞舞，认为这次震动来自该舰的后侧 4 英寸（101.6 毫米）炮组。此后，一名爬上 X 炮塔顶端清理该炮塔潜望镜镜头附近杂物的水兵重伤或阵亡了，欧文据此推论似乎 X 炮塔附近位置也被命中。这次命中发生之后不久，他又感到了一次震动，不过这次震动并未对 X 炮塔产生影响——这可能是 16 时 21 分 Q 炮塔中弹引起的震动。之后不久，一次大爆炸撼动了 X 炮塔，导致该炮塔的液压机构失灵。随即又发生了一次更大规模的爆炸，使得 X 炮塔的地板隆起，该炮塔的两炮都无法运作。弗朗西斯声称，炮塔的左炮从耳轴上脱落，劳埃德 - 欧文则声称该炮塔的两炮都从滑套上脱落。弗朗西斯从炮塔顶部的洞中向外望去，看到该舰的后侧 4 英寸（101.6 毫米）炮组已经变得面目全非、无法辨识，舰船已发生了严重左倾。收到从 X 炮塔内撤离的命令后，炮塔内的幸存者急忙跑了出来，但是由于海水已经经由扬弹通道漫上了操作室，操作室内的乘员无一逃生。逃出 X 炮塔后，弗朗西斯抵达该舰右侧跳进水里，幸运地死里逃生了。当他从"皇家公主"号游出一段距离后，又一次大爆炸发生了，周围空间中瞬间充满了飞舞的破片。

劳埃德·欧文声称从 X 炮塔逃出时，他估计该舰后半部正在起火燃烧，其倾侧已达 45°，舰艉部分也已经露出了水面；至于前半部则不知去向，且该舰的侧船板均已脱落。此后伴随着前部的爆炸声又发生了一次剧烈而突然的倾斜，导致欧文直接落入水中。入水的同时，他又听到了头顶上方传来了另一次爆炸声。

在"德弗林格"号的枪炮长哈斯少校笔下，"玛丽女王"号沉没的过程如下：

"与我方舰只相比，'玛丽女王'号的

射击速度略慢，但它几乎一直在进行全舷齐射。我能看到炮弹飞来，不得不承认它的射术相当不错，该舰每次齐射的8枚炮弹几乎总是一齐落下，但不是偏近就是偏远……可怜的'玛丽女王'号于16时26分迎来了终结：首先是一束耀眼的火苗从该舰前部喷出，继而首先在前部发生了爆炸，随后又在舰艉发生了剧烈的爆炸。黑色的残片飞入空中，随之该舰又发生了极为猛烈的爆炸。该舰的桅杆向内坍塌，巨大而浓密的黑色烟团从它所在的位置升起，笼罩了一切，然后越升越高，最终在海面上只留下了一团浓密的黑烟。烟柱底端面积并不大，但随着高度的上升烟柱也随之扩张，宛如一株巨大的松树。"

"虎"号的舰长佩利（Pelly）报告称他目击了一次齐射命中了"玛丽女王"号Q炮塔旁位置——这也是他第一次目击到该舰中弹。中弹立即引发了可怕的隆起并继之以浓密的烟幕。在"虎"号的舰桥上，一位军官回忆称目睹了"玛丽女王"号被击中的情景："（'玛丽女王'号）被夹中了：来自敌舰某次齐射的4枚炮弹中，有3枚命中了该舰……敌舰的下一轮齐射又获得了夹中，这一次又有2枚炮弹命中。当这次命中发生时，我观察到该舰舯部腾起了暗红色的火焰，随后就如同被挤压的蘑菇一般炸开了。我注意到该舰前部还有另一团暗红色的火焰，整舰似乎在向内坍塌。该舰的烟囱和桅杆向舰舯倒伏，各炮塔顶部装甲被炸上了数百英尺高空。"

由于当时"虎"号与"玛丽女王"号的距离仅有2链（约360米），因此尽管"虎"号进行了急转弯，但仍无法完全规避后者附近可怕的烟幕。当"虎"号从烟幕中穿过时，其甲板上落满了各种残片，而烟幕中完全没

有"玛丽女王"号存在的迹象。

第1战巡中队指挥官布罗克少将（其旗舰为"皇家公主"号）也报告称，他目击到一次以很陡的角度下落的齐射命中了"玛丽女王"号Q炮塔平行位置，这次齐射显然击穿了该舰的装甲甲板并引爆了弹药库。命中发生后，该舰燃起了耀眼的火光，随即便被起火的柯达无烟发射药所散发的烟雾笼罩。不过应注意的是，到报告本身可能会将"虎"号的状况与"玛丽女王"号的状况混为一谈，且从技术上说炮弹也不太可能击穿装甲甲板进而抵达弹药库。

"新西兰"号的航海长克雷顿中校声称他目击到一轮齐射命中了"玛丽女王"号的左舷，命中部位腾起了一些看起来像是煤烟的烟雾，但此后一段时间内该舰并无异样。随即该舰腾起了可怕的黄色火焰，船身前部位置冒出了非常厚重的黑烟，将"玛丽女王"号笼罩其中。紧跟其后的"虎"号紧急左转，但还是冲进了浓烟中一时失去了踪迹，"新西兰"号则向右急转，其左舷正横部分在不足50码（46米）的距离上擦过了"玛丽女王"号的残骸，当时浓烟已经消散了一些，可以看见"玛丽女王"号的船尾。"玛丽女王"后烟囱之后的舰体部分依然浮在水面上，可以看见其螺旋桨仍在旋转，但舰船的前半部已经彻底消失了。克雷顿中校并没有目击到火光或柯达无烟发射药的火焰，但是看到了幸存者们从X炮塔和后舱口中爬出。当"新西兰"号与"玛丽女王"号的残骸平行时，两者之间的距离仅为150码（137.16米）。此时伴随着翻滚，"玛丽女王"号的后半部残骸再次发生了爆炸。大量的纸张和其他物体被爆炸吹向空中，还没等"新西兰"号完全经过残骸，"玛丽女王"号就已经彻底从

水面消失了。

　　根据克雷顿中校的回忆，此时贝蒂发布的命令是"各战巡向左转 2 个罗经点"，这一命令显然意味着拉近与敌舰的距离。然而无论是官方报告还是海图，都没有记录这一命令或相应的机动。尽管如此，这一插曲依然成了有关贝蒂的传说的一部分。

　　当"爆竹"号救起枪炮军士弗朗西斯时，该舰乘员注意到海面中的油斑中露出"玛丽女王"号的部分龙骨，其露出水面的部分高约 1 英尺（0.3 米）。德国方面的官方记录显示，若干艘船只目击到"玛丽女王"号前部冒出耀眼的红色火光并伴随着浓烟，第一次爆炸之后，该舰中部又发生了更为猛烈的爆炸，随即又发生了剧烈的爆炸。该舰的桅杆和烟囱明显向内侧倒塌，浓烟一直冒向 600 ~ 800 米的空中，同时向两侧洒出大量的黑色残骸碎片，有时烟幕甚至完全遮住了其后的"虎"号和"新西兰"号。"塞德利兹"号报告称，观测到在"玛丽女王"号最终殉爆前，舰上就已经燃起了火苗，其他部分舰只也作了类似的报告，这被认为是炮弹起火的表现。"德芙林格"号的正式报告提到浓密的黑烟直窜上几百米的高度，但并没有随着火势有明显恶化。该舰的后射控室注意到 16 时 30 分"玛丽女王"号腾起烟幕的右侧发生了一次剧烈的爆炸，此次爆炸被认为是后者残骸上发生的最终爆炸。

　　根据以上记录，"玛丽女王"号最后时刻的时间线如下：

　　1 号：该舰于 16 时 15 分以前中弹若干次，其中包括后侧 4 英寸（101.6 毫米）炮组位置中弹一次，也可能包括 X 炮塔中弹一次。这些命中可能造成了后侧 4 英寸（101.6 毫米）炮组的严重损毁，"塞德利兹"号所观测到的炮弹起火也可能是由此造成。

　　2 号：约 16 时 21 分，一发炮弹命中 Q 炮塔右侧，造成该炮塔右炮故障。

　　3 号：16 时 26 分 A 炮塔或 B 炮塔本身或基座中弹，可能与此同时 Q 炮塔左炮炮管也被击中。发生在 A 炮塔或 B 炮塔的爆炸震动了全舰，各炮塔的液压机构失灵，随即两个炮塔弹药库殉爆。该舰的前部从前桅附近位置，船体因爆炸而被撕开，很可能完全损毁。Q 炮塔和 X 炮塔毁坏，Q 炮塔操作室内柯达无烟火药发射药起火。

　　4 号：该舰的后部严重侧倾，船尾部分露出水面且螺旋桨仍在转动。

　　5 号：伴随着倾斜加剧，另一次爆炸彻底摧毁了该舰的剩余部分。

　　战后的分析认为，德舰"塞德利兹"号在海战开始后的前半小时内命中了"玛丽女王"号 4 次，后者 16 时 21 分和 26 分的中弹被认为来自于"德芙林格"号。因而该舰的中弹数目估计如下：至 16 时 15 为止约为 4 枚 280 毫米炮弹，16 时 21 分为 1 枚 305 毫米炮弹，16 时 26 分约为 2 枚 12 寸（399.96 毫米）炮弹，合计共被命中 7 次。

　　在"玛丽女王"号沉没之前，尽管"狮"号的 Q 炮塔已经被重创，"不倦"号已经沉没，

▲ "玛丽女王"号的 A、B 炮塔，摄于 1914 年 7 月 14 日。

但贝蒂依然站在"狮"号无防护的舰桥上冷静地下达着命令，然而"玛丽女王"号的殉爆显然对目击了全过程的贝蒂造成了极大的震撼。随着"皇家公主"号被夹中继而一度消失在水柱中，"狮"号舰桥上一名惊慌失措的信号兵不由得脱口而出："'皇家公主'号也殉爆了先生！"震惊之下的贝蒂对"狮"号的舰长查特菲尔德说出了那句著名的评论："我们这些该死的船今天看起来有些不对劲。"

不过尚未赶到战场的大舰队主力并不知晓这一切。"铁公爵"号引擎舱的一名技工回忆道："当我们从一艘战巡的残骸边经过时，所有人都在欢呼——我们觉得那一定是德国舰只的残骸。"

舍尔的登场

尽管贝蒂蒙受了惨重的损失，但在远处皇家海军第5战列舰中队造成的强大压力下，希佩尔的处境也不容乐观。在贝蒂看来，此时己方仍有较大优势：公海舰队的战巡已经被自己逮个正着，其主力又不可能赶来支援，而自己又有第5战列舰中队压阵，自然是打算灭此朝食了。

16时09分，贝蒂首先命令麾下的驱逐舰向敌方发起进攻，这一攻势在16时15分左右发动。与此同时，希佩尔也下令麾下的驱逐舰在"雷根斯堡"号轻巡的带领下向贝蒂的战巡冲击，以减轻己方战巡所受的压力。双方的驱逐舰很快迎头撞在了一起，并迅速演化成了一场驱逐舰之间的混战。

在3000～7000码（2742～6398米）的距离上，由轻巡"冠军"号率领的12艘皇家海军驱逐舰与轻巡"雷根斯堡"号率领的15艘公海舰队驱逐舰展开激战，部分驱逐舰甚至在600码（548.4米）的距离上进行贴身肉搏。混战中，皇家海军方面共发射了20枚鱼雷，而公海舰队方面则发射了18枚鱼雷，最终双方各损失2艘驱逐舰，即英方的"内斯特"号和"游牧民"号，德方的V-27号和V-29号。其中"游牧民"号在混战中失去动力，"内斯特"号则因未能及时收到贝蒂的命令，在后续与德国战巡的交战中被击沉。V29号被"爆竹"号发射的一枚鱼雷命中船体后部，并因此沉没。

此外，由英国驱逐舰发射的一枚鱼雷于16时57分命中了"塞德利兹"号，具体命中的部位位于该舰艏炮塔基座前部下方，距1916年4月24日该舰触雷位置的后方不远。该舰的右舷装甲带以下部分的船壳板被打出了一个大小约为12米×4米的弹孔，而侧舷装甲板本身也发生内陷，其最大值约为9英寸（228.6毫米）。中弹处的50毫米防鱼雷舱壁扭曲变形却未被击穿，但造成了一定程度的漏水。部分船肋弯曲，铆钉脱落。此次中弹造成的主要进水发生在装甲甲板与防鱼雷舱壁结合处，以及装甲带与装甲甲板的接角处。鱼雷爆炸引发的水柱将该舰右舷侧最前端的150毫米炮廓炮的炮口抬高，进而造成该炮摇架卡死；同时该炮尾部猛撞向炮列甲板，其回旋设备严重受损，该炮从而无法在海战的后续进程中使用。位于中弹部位前方不远处的侧舷鱼雷平台虽然未直接受影响，舱室内的积水也被及时排出，但鱼雷火控中心内的所有电气设备均告失效，鱼雷仅能通过传声管口头传达指令实施手动发射。该舰右舷舱舱有长达91英尺（27.7米）的部分被淹，随着海战的进程，被淹部分的总长度又增加了20英尺（6.1米），该舰右舷的外侧防护煤舱则有长达83英尺（25.3米）的部分被淹。爆炸的冲击力摧毁了该舰前冷却机室及右舷

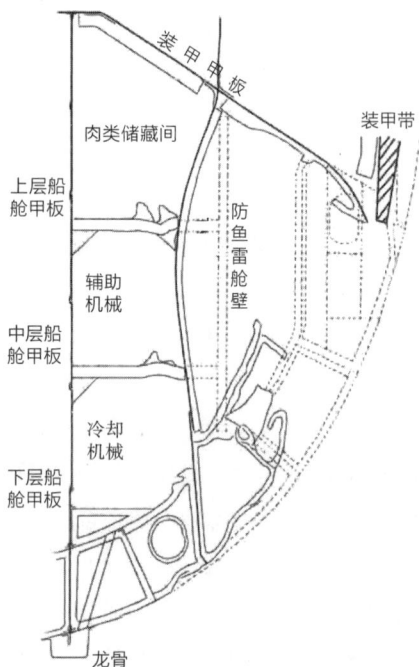

▲ 16 时 57 分命中"塞德利兹"号的鱼雷造成的破坏简图。

▲ "游牧民"号。

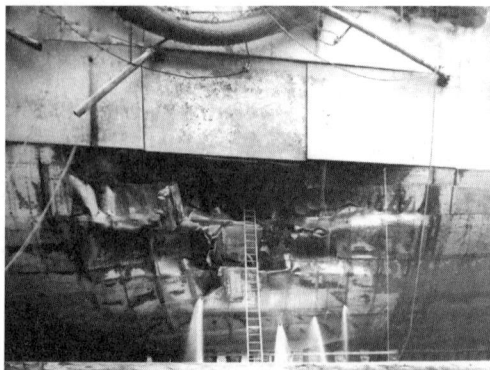

▲ "塞德利兹"号 16 时 57 分被鱼雷命中位置的照片。

▲ "塞德利兹"号 16 时 57 分被鱼雷命中位置的照片，摄于浮动船坞中。

▲ 日德兰海战中鱼雷对"塞德利兹"号造成的损伤。

前交换机室内的设备，海水通过未被击穿的防鱼雷舱壁渗入以上舱室及中层船舱甲板上的走廊。至当夜 21 时，随着该舰左舷前部下沉逐渐严重，此次鱼雷的命中及该舰该阶段2 号中弹（详见后文）的破坏导致整个前发电机舱被淹。进水逐渐通过在战斗中破损的传声管、通风设备及电缆密封压盖扩散开来，最终导致装甲甲板以下装甲盒前端至锅炉舱舱壁前端长达 64 英尺（19.5 米）范围内的所有舱室被淹。被鱼雷击中后一段时间内，"塞德利兹"号仅发生轻微侧倾，还能保持全速。

战后分析显示，1916 年 4 月 24 日中雷位置附近舷舱的修复情况并不令人满意，因此当舰体受到巨大震动时可能造成上述中雷位置再次破损。这使得以上舱室可能从海战一开始就已经发生渗水，而此次鱼雷命中很可能加剧了以上舱室的漏水情况。双方发射的其余36枚鱼雷均未命中。

受双方驱逐舰混战的影响，为躲避鱼雷，皇家海军第5战列舰中队向右进行了22.5°的转向，而希佩尔麾下的战巡则先后向左实施了3次转向，分别为56.25°、22.5°和22.5°，在16时36分希佩尔编队的航向已经大致转向正东了，从而拉开了与贝蒂编队的距离并暂时脱离战斗——几分钟后，希佩尔便会对这一决定感到后悔，因为舍尔率领的公海舰队主力即将出现在战场上。

舍尔于15时54分得知希佩尔已经和英制战巡交火，且后者正将贝蒂编队引向公海舰队主力。他随即命令公海舰队排成纵列，加速向西北方向航行，与希佩尔汇合。首先发现舍尔本队的是英国古迪纳夫准将的旗舰"南安普顿"号，该舰位于"狮"号前方两三海里处，担任侦察任务。16时30分，公海舰队主力出现在"南安普顿"号的东南方向，这也是战争开始近两年后，公海舰队的战列舰第一次出现在皇家海军舰只的视野中。日后成为中将的古迪纳夫事后这样回忆起当时的场景：16时30分前后，浓烟、桅杆和舰只先后出现在我们前方。阿瑟·彼得斯（Arthur Peters，时任古迪纳夫准将的信号官，后升任海军上将并获得爵士爵位）惊讶地说道："看那，先生，这可是一条轻巡一辈子里最重要的一天，整个公海舰队可都在您眼前了！"16艘战列舰在大量驱逐舰的环绕下展现在我们眼前。为了确保情报的准确性，我们在公海舰队周边继续游荡了几分钟。最终一贯冷静而高效的阿斯特里-拉什顿中校（E. A. Astley-Rushton）向我建议道："先

生，如果您打算利用电报报告敌情的话，您最好现在就发，不然我恐怕您再也没有机会发出任何电报了！"我又坚持了几分钟，于是中校自嘲自笑地说："这真是疯了。"事后看来我当时的回答倒也出人意料："哦，不，中校，无论我曾经或可能做过啥蠢事，今儿我可不会犯任何错误……"在发出情报之后，我们掉头就跑，而此时敌舰显然已经注意到了我们，此时我们和敌舰之间的距离仅有12000~13000码（10972.8~11887.2米）。

皇家海军第2轻巡中队在此次侦察中一直抵近至公海舰队12000码（10972.8米）距

▲ 古迪纳夫准将（肖像画），时任第2轻巡中队指挥官。

▲ "南安普顿"号。

离以内，从而获得了对方队形的完整信息。幸运的是，也许是公海舰队主力将该中队误认为友军，因此在这一次大胆的侦察过程中，该中队各舰均未遭到射击。16时30分，古迪纳夫准将发出了第一封电报，声称在西南方向发现一艘敌轻巡——该舰为"罗斯托克"号；3分钟后又以信号灯的形式发出"敌战列舰在东南"的情报。在此后的5分钟内，古迪纳夫准将以电报形式向贝蒂和杰里科发出了一份完整的情报："紧急。最优先。发现敌战列舰队位于122°方向，航向347°。"几乎同时，"冠军"号也发现了公海舰队战列舰队。遗憾的是，"南安普顿"号报告的方位误差较大（偏东13海里），虽然对于贝蒂来说这一误差已经不重要了——公海舰队主力已经出现在中将本人的视野内，然而这一误差仍干扰了杰里科的判断。

根据希佩尔所部的动向，贝蒂所部逐渐向左转向，截至16时32分，其航向为128°。在收到古迪纳夫准将16时33分的情报后，贝蒂立即向准将的中队靠拢。当他发现公海舰队的战列舰出现在12海里以外时，他随即于16时40分下令全体依次右转180°，与杰里科靠拢。此后几分钟内他又下令麾下驱逐舰撤出战斗，但这一通过信号旗发布的命令并未被所有驱逐舰收到，因此也导致了"内斯特"的沉没。该舰在被"雷根斯堡"号击中后失去动力，鉴于敌舰正迅速逼近，它拒绝了"爆竹"号的拖曳，并与公海舰队的战列舰英勇战斗至最终被击沉。

收到贝蒂16时40分的命令后，第1和第3轻巡中队及时撤出战斗并根据条令回到己方战巡前方的战位。尽管第2轻巡中队也收到了这一命令，但在古迪纳夫准将的指挥下，该中队并未立即后撤，而是继续以25

▲ 描绘"内斯特"号战斗场景的油画。

节的航速取东南航向靠近公海舰队主力，以求获得更为准确的敌舰组成及动向情报。此时公海舰队已经判明敌我，不下10艘公海舰队战列舰向该中队猛烈开火，该中队旗舰"南安普顿"号在枪林弹雨中曾几次被近失弹造成的水柱淋湿，但该舰依靠"跳弹坑"的方式实施机动并奇迹般地一直未被击中。该舰上的一名中尉回忆起当时的场景表示："每一刻我都觉得是我们在世上的最后一分钟……看来我们运气真不差……说实在的，本中队包括准将指挥官在内的所有人，都对我们能全身而退惊讶不已。"这种刺激的冒险让同中队的"诺丁汉"号上的一名中尉表示："那是我这辈子觉得最带感的时候。"当16时48分，古迪纳夫自觉已经获得满意的情报并下令撤退时，贝蒂的战巡已经位于西北方向约5海里开外。即使在撤出战斗之后，该中队仍是公海舰队主力舰的目标，280毫米舰炮的炮弹不断地在该中队附近落下。据"南安普顿"号的乘员估计，在约1小时的时间内，约有40枚大口径炮弹落在距离该舰不足75码（68.58米）的范围内。

这种近乎鲁莽的作战固然是一种勇敢，但似乎并不符合古迪纳夫准将往日的风格。准将很清楚，在主力舰队会战时，轻巡中队的首要职责是保持与敌主力的接触并报告敌动向，而一旦卷入与敌主力舰队的混战，这一任务便难以完成。因此事后有观点认为，准将在此战中的指挥，是出于对突袭斯卡伯格之战中脱离与敌舰接触的错误的赎罪之举①。根据"南安普顿"号船员的回忆，斯卡伯格之战后准将经常表示："下一次一旦看到德国舰只，我将保持追踪，直至敌我之间有一方沉没为止。"当贝蒂下令全体转向时，第5战列舰中队仍位于己方战巡战线末端的"新西兰"号以北约8海里处。在接到转向令后，鉴于敌舰正在高速逼近的现实，"新西兰"号主动稍稍提前了转向的时间。"巴勒姆"号既没有接到"南安普顿"号发出的关于大舰队主力出现的电报，也没有看到贝蒂下达的转向令——"巴勒姆"号与"狮"号的距离太远，而且西摩尔少校又一次掉了链子，没有命令"新西兰"号或其他舰只利用信号灯向"巴勒姆"号转达命令。伊万-托马斯少将尽管已经注意到己方战巡进行了转向，但彼时少将正对希佩尔的战巡杀得兴起，更不知道公海舰队主力已经出现在战场上，因此自然也没理由转向。

当时的情况是，希佩尔为了躲避第5战列舰中队以及贝蒂所部的火力于16时36分转向东，然后又在16时41分转向南东南。因此16时40分当贝蒂进行转向时，希佩尔麾下的战巡无法向贝蒂所部射击，只能眼睁睁地看着对手完成转向北撤。不过第5战列舰中队正高速与公海舰队主力接近。

当贝蒂完成转向，与第5战列舰中队开始接近时，贝蒂决定从后者的左舷穿过。尽管这一机动本身显示贝蒂无意利用友军作为掩护撤退的盾牌，但这样一来贝蒂所部不可避免地处于第5战列舰中队和希佩尔中队之间，势必导致第5战列舰中队中断射击。考虑到希佩尔麾下的战巡本来就不是"伊丽莎白女王"级战列舰的对手，这一中断并不明智。不仅如此，这一机动也并不利于第5战列舰中队自身的转向。

16时48分，当"狮"号率领战巡舰队从第5战列舰中队左舷前方向后者高速接近时，贝蒂命令第5战列舰中队各舰相继向右进行180°转向。出于若干原因，这一命令后来广受批评，其中两个原因和贝蒂直接相关。

首先，向右转向的机动使得贝蒂麾下的战巡与第5战列舰中队之间的距离拉大【约1600码（1463.04米）】，实际上第5战列舰中队进行了稍高于180°的转向，以便在己方战巡后方的战位与公海舰队舰只交火；其次各舰相继转向的机动，可能会为公海舰队提供一个较为固定的瞄准点，不过幸运的是公海舰队并未抓住这一机会。

但与第三个原因相比，上述两个原因都无足轻重。尽管16时48分"狮"号已经利用信号旗下令转向，而代表开始执行命令的降旗并未及时地进行（降旗的准确时间已经不可考，不同来源资料之间的差距较大。虽然没有明确资料支持，但仍有观点认为这一次又是西摩尔少校掉了链子），因此第5战列舰中队直到16时54分前后才开始转向，而理想的转向时间本应是双方旗舰交汇的16时51分。这意味着在3分钟内，第5战列舰中

① 此战中，第2轻巡中队本已经与配属希佩尔战巡的轻巡接触，但由于贝蒂的信号官西摩尔少校未能正确地将贝蒂的命令转化为合适的信号，导致古迪纳夫准将误解了贝蒂的意图，然后不情愿地脱离与敌舰接触。事后尽管贝蒂对准将的这一误解非常恼火，但并未对他施以处罚。亦有说法称，贝蒂在此战后的确提出解除古迪纳夫准将的职务，但是时任海军大臣的丘吉尔、时任第一海务大臣的费舍尔和杰里科均不赞成，贝蒂最后撤回了解除准将职务的提案。

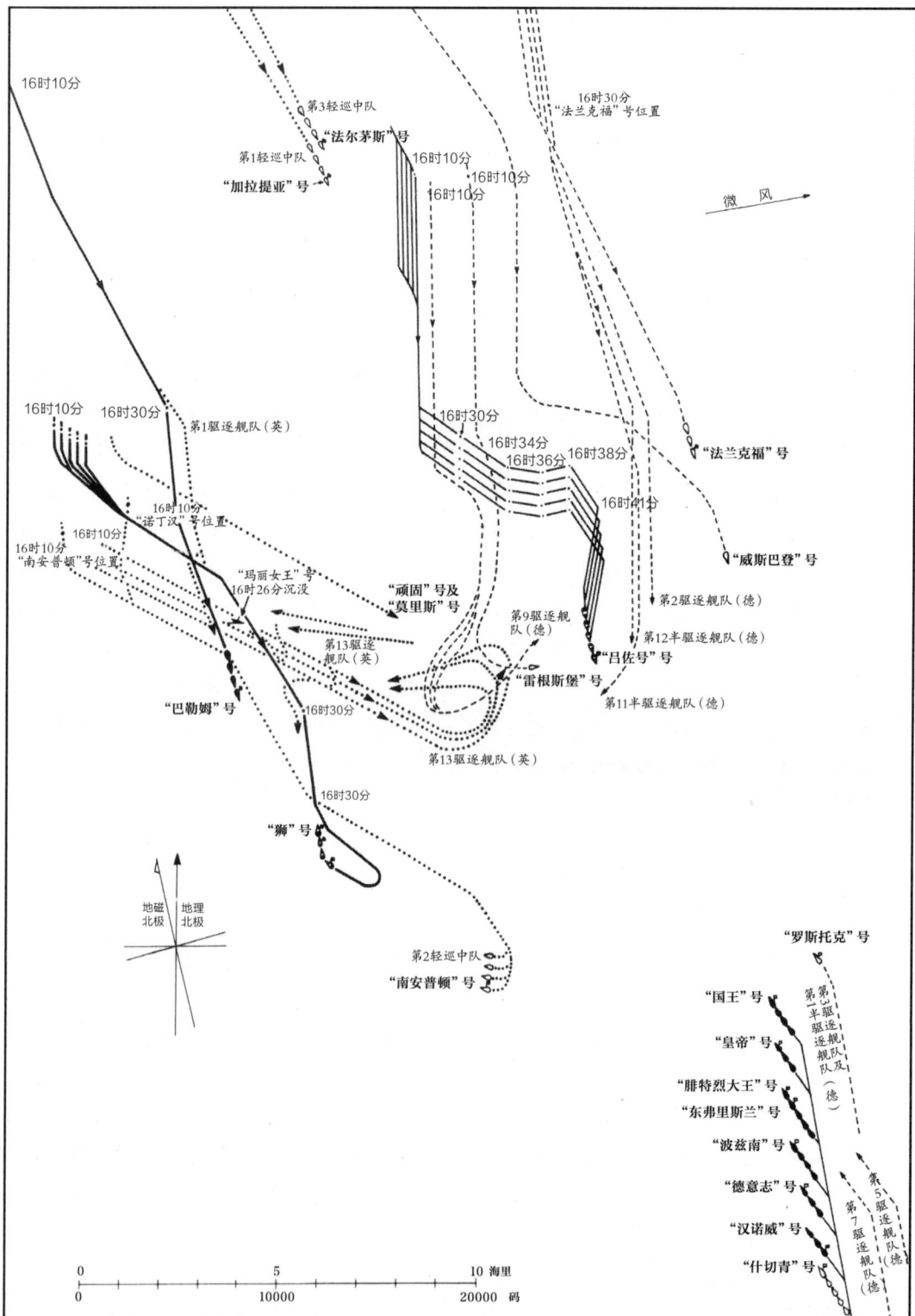

16时10分

第3轻巡中队

"法尔茅斯"号

16时30分
"法兰克福"号位置

第1轻巡中队

"加拉提亚"号

16时10分

16时10分

16时10分

微 风

16时10分

16时30分

第1驱逐舰队（英）

16时30分

16时34分

"法兰克福"号

16时36分 16时38分

"诺丁汉"号位置

16时10分

16时10分

"南安普顿"号位置

16时41分

"玛丽女王"号
16时26分沉没

"顽固"号及
"莫里斯"号

第9驱逐舰
队（德）

"威斯巴登"号

第2驱逐舰队（德）

第13驱逐
舰队（英）

"雷根斯堡"号

第12半驱逐舰队（德）

"吕佐号"

"巴勒姆"号

16时30分

第11半驱逐舰队（德）

第13驱逐舰队（英）

地磁
北极

地理
北极

"狮"号

16时30分

"罗斯托克"号

第2轻巡中队

"南安普顿"号

"国王"号

第
一
半
驱
逐
舰
队
反
（
德
）

第
二
半
驱
逐
舰
队

"皇帝"号

"腓特烈大王"号

"东弗里斯兰"号

"波兹南"号

"德意志"号

第
5
驱
逐
舰
队
德

第
7
驱
逐
舰
队
德

"汉诺威"号

"什切青"号

0		5		10 海里

0		10000		20000 码

▲ 5月31日16时50分前后态势。

队只能眼睁睁地以约每秒 20 码（18.29 米）的速度与公海舰队主力靠拢。当然，伊万 - 托马斯少将没有根据战场情况主动地提前进行转向也该受批评。在实施转向前，落在迎面而来的本方战巡周围的炮弹和正在水柱中左冲右突的第 2 轻巡中队，都无疑说明了公海舰队主力的出现，少将完全可以据此独立做出转向的决定。但是应该注意的是，二十世纪初的皇家海军高级将领中普遍缺乏主动精神，伊万 - 托马斯的表现应该说是当时的平均水平。

16 时 45 分，舍尔向麾下的战列舰分配了火力。16 时 48 分左右，公海舰队第 3 中队开始向贝蒂麾下的战巡射击，当时皇家海军第 5 战列舰中队尚未进入公海舰队主力的射程。于是，贝蒂的战巡舰队和第 5 战列舰中队的任务已经不再是歼灭希佩尔的第 1 侦察群，而是将希佩尔以及舍尔的公海舰队主力引向大舰队的主力。在经历了约一个小时的向南狂奔之后，现在英国舰只将向相反的方向进行另一次狂奔。

在贝蒂的战巡舰队和第 5 战列舰中队"向南狂奔"的同时，杰里科正率领着大舰队主力取 133° 航向赶往战场。15 时 55 分，杰里科收到贝蒂的电报称正在与敌舰交火，他遂于 16 时下令大舰队主力提速至 20 节——这已经是大舰队主力的最高航速。

中弹记录

除上文提到的中弹以外，下文还将记录 15 时 48 分至 16 时 54 分之间双方主力舰只的其他中弹情况。

英方

在这一阶段，由于"不倦"号和"玛丽女王"号在殉爆之后迅速沉没，因此两舰的中弹详

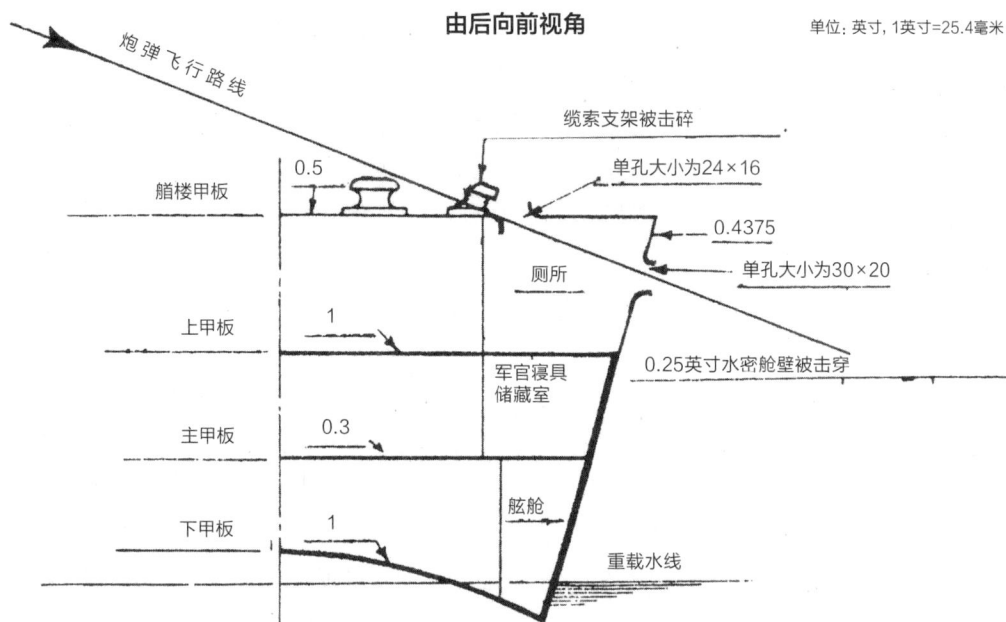

由后向前视角

单位: 英寸, 1英寸=25.4毫米

炮弹飞行路线

缆索支架被击碎

单孔大小为24×16

艉楼甲板　0.5

0.4375

厕所

单孔大小为30×20

上甲板　1

军官寝具储藏室

0.25英寸水密舱壁被击穿

主甲板　0.3

下甲板　1

舷舱

重载水线

▲ "狮"号在海战第 1 阶段 1 号中弹示意图。

情已不可考。不过从目击者的证词来看,炮室、操作室或围井内的柯达无烟发射药引起的火灾蔓延至弹药库导致的爆炸,是造成两舰沉没的罪魁祸首。

一、"狮"号

在海战的这一阶段可以确定"狮"号被305毫米半穿甲弹命中9次,全部来自"吕佐夫"号。除上文中描述的16时正Q炮塔中弹外,其他中弹情况如下:

1号:中弹位置为距离舰艏115英尺(35米)处,中弹处的右舷缆索支架被击碎。炮弹击穿了0.5英寸(12.7毫米)艏楼甲板及一层0.25英寸(6.35毫米)水密舱壁,最后击穿0.4375英寸(11.11毫米)船体侧面飞出,在船体侧面造成了一个30英寸×20英寸(762毫米×508毫米)的弹孔,但该炮弹未爆炸。

2号:炮弹击穿了前烟囱附近艏楼和上甲板之间的1英寸(25.4毫米)侧板,并在上甲板上造成了一处15英尺×2英尺(4.57米×0.61米)的凹陷。炮塔被上甲板弹起后击穿了通风设备的0.75英寸(19.05毫米)侧板,并经由1英寸(25.4毫米)艏楼甲板与通风设备侧板结合处穿出,随后在0.5英寸(12.7毫米)挡焰板上造成了一个7英尺×3英尺(2.13米×0.91米)的弹孔,最终在击穿挡焰板后飞出侧舷外。在穿越船体过程中该弹未爆炸,但有可能在飞出侧舷后空爆;该炮弹来自于舰体前侧,共击穿了总计厚度约为4.25英寸(108毫米)的钢板。在炮弹行进轨迹上的结构损伤被定义为"中等",但炮弹引发的火灾较难扑灭,尤其是航海长住舱内的火势(该住舱位于炮弹轨迹上)。火灾还造成了浓烟,其中部分被锅炉舱风扇吸入该舱室。

3号:炮弹也来自于舰体前侧,击穿了0.5英寸(12.7毫米)挡焰板和0.25英寸(6.35毫米)烟囱套,并在中烟囱基部的1.25英寸(31.75毫米)艏楼甲板上爆炸。该烟囱基部受损严重,烟囱套上弹孔大小为12英尺×15英尺(3.65米×4.57米),不过该舰的废气排放并未因此受明显影响。艏楼甲板在一块8英尺×20英寸(2.44米×0.51米)的范围内发生了最大值为10英寸的位移。炮弹还造成了火灾,使得B锅炉舱和D锅炉舱内浓烟滚滚。该舰的重型装甲格栅阻挡了许多弹片,但并未受损。

4号:炮弹在跳弹之后击穿了中烟囱的0.5英寸(12.7毫米)挡焰板,最终落在挡焰板和烟囱之间,并未爆炸。

5号:炮弹命中Q炮塔基座前沿位置的6英寸(152.4毫米)上部装甲带。炮弹来自于船体后侧,斜碰上了两块装甲板连接处,并可能于接触的同时爆炸。中弹部位的两块装甲板中的前板表面在直径12英寸(305毫米)范围内凹陷,伴随表面碎裂及向心裂痕,该板的上角凹陷达3英寸(76.2毫米)。后板的表面几乎无损伤,其上角的凹陷为1英寸(25.4毫米)。装甲板背后的船肋骨及侧板轻微变形。

6号:炮弹击穿了后部4英寸(101.6毫米)炮组控制室的天花板,并经由该控制室侧面的薄钢板穿出。炮弹未爆炸。

7号和8号:两枚从船体后方射来的炮弹,命中后4英寸(101.6毫米)炮组后方艏楼甲板与上甲板结合处的0.75英寸(19.05毫米)侧板,两弹的弹着点距离约为5~6英尺(1.52~1.83米)。两枚炮弹还击穿了右舷船体的0.75英寸(19.05毫米)侧板,并在距离命中位置24英尺(7.3米)处的1英寸(25.4毫米)上甲板表面或其上方爆炸。炮

由前向后视角

单位: 英寸, 1英寸=25.4毫米

烟囱套0.25, 其上弹孔大小为12×15

挡烟板0.5

炮弹飞行轨迹

弹孔大小为23×15

艏楼甲板在长96英寸、宽20英寸范围内, 出现最大10英寸下陷

住舱

0.125

装甲格栅部分受损

1.5

0.125

军官住舱

艏楼甲板1.25

上甲板 1

食堂

0.35

食堂

主甲板0.3

煤舱

0.35

煤舱

煤舱

0.35

煤舱

满载水线

重载水线

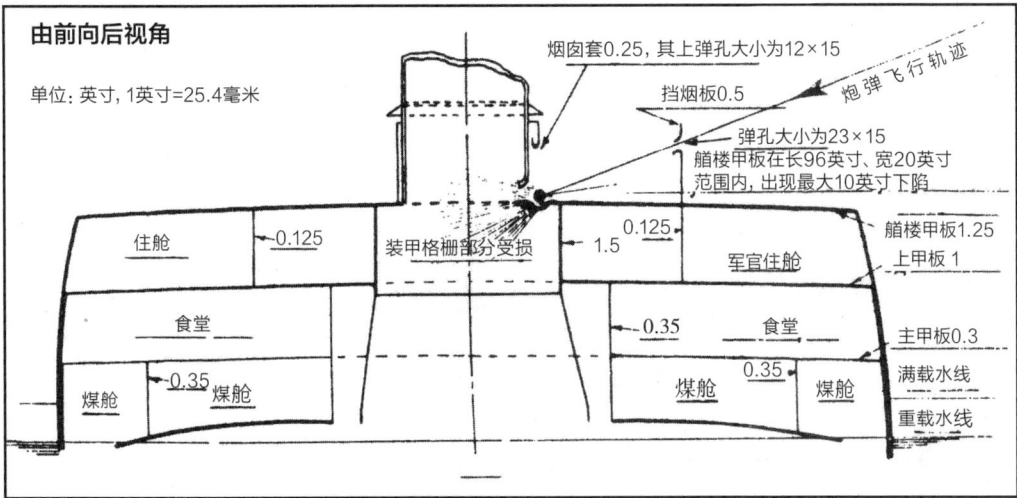

▲ "狮"号在海战第1阶段3号中弹示意图。

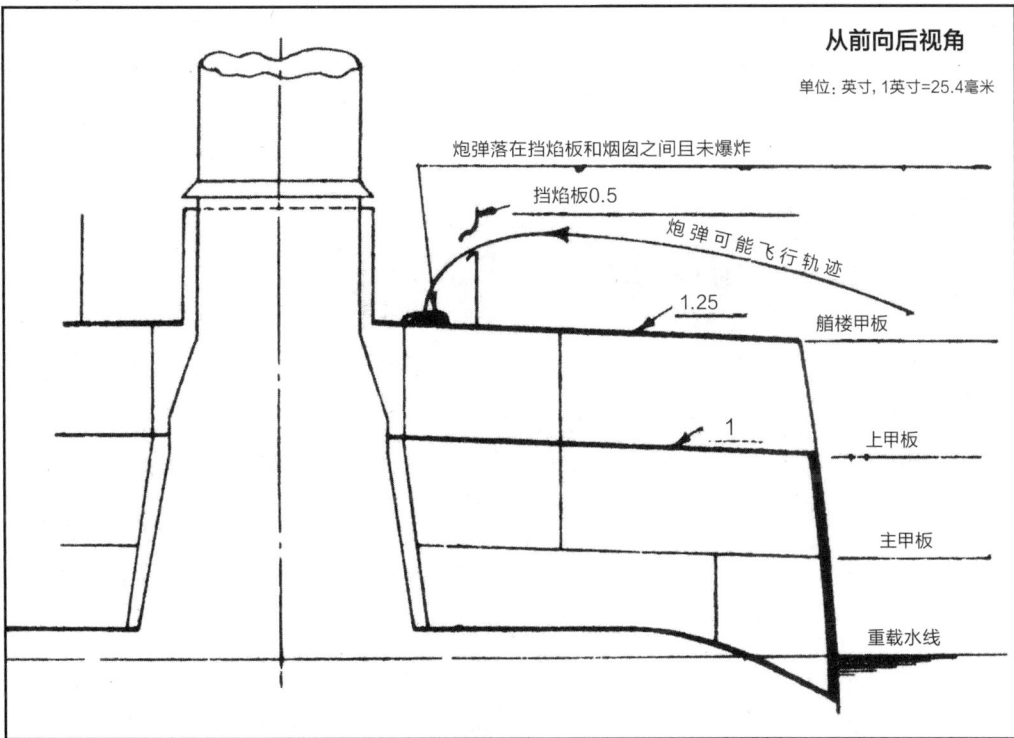

从前向后视角

单位: 英寸, 1英寸=25.4毫米

炮弹落在挡焰板和烟囱之间且未爆炸

挡焰板0.5

炮弹可能飞行轨迹

1.25

艏楼甲板

1

上甲板

主甲板

重载水线

▲ "狮"号在海战第1阶段4号中弹示意图。

弹造成 0.3125 英寸（7.94 毫米）主甲板损坏，造成了后 4 英寸（101.6 毫米）炮组成员大量伤亡，约有 19 人死、35 人伤。

以上 8 次中弹中，可以确定中弹时间的分别是发生在 15 时 51 分的 2 号中弹，发生在 15 时 52 分的 3 号中弹以及发生在 16 时 24 分的 7 号和 8 号中弹。其他 4 次中弹的具体时间无法确定，但是"狮"号先后在 16 时 01

由前向后视角

单位: 英寸, 1英寸=25.4毫米

大口径炮弹命中一块装甲板后缘以前18英寸位置, 该装甲板表面直径12英寸范围内下陷, 装甲板顶端内陷3英寸。中小口径炮弹命中该装甲板之后一块装甲板前缘, 后者顶端内陷1英寸。装甲板背后的船肋骨及侧板轻微变形。

艏楼甲板

上甲板 1

水兵浴室

6

舱壁隆起1.25
部分装甲铆钉飞入浴室

主甲板

煤舱 煤舱

9

下甲板 1

重载水线

▲ "狮"号在海战第1阶段5号中弹示意图。

由前向后视角

单位: 英寸, 1英寸=25.4毫米

艏楼甲板

炮弹飞行轨迹

弹孔大小为96×96

256号横向舱壁

上甲板 1

6

0.75

小卖部

小卖部储藏室 0.35

0.35 0.25

水手长储藏室

主甲板 0.3

0.25

主甲板及舱壁多处被击穿

0.35

0.35

满载水线

煤舱

煤舱

重载水线

▲ "狮"号在海战第1阶段7、8号中弹示意图。

分、16时01分30秒、16时03分和16时24分30秒的4次中弹。从以上记录可以看出, 除了命中Q炮塔的一次中弹外, 在海战这一阶段"狮"号的伤势远比在多佛尔沙洲之战中的伤势轻。此外, 中弹记录中305毫米半穿甲弹的未爆数目也值得注意。

二、"皇家公主"号

该舰的中弹记录不如"狮"号详细。该舰在战后的报告中提到整个战斗过程中其被

大口径炮弹共命中9次, 而在杰里科16日的备忘录中则提到其共被命中10次。值得注意的是, 杰里科的并未提及这10次命中是否都是大口径炮弹。在这9次或10次中弹中, 只有6次命中(3次来自左舷方向)有详细记录, 不过从照片上还能辨认出另外3次被305毫米炮弹命中该舰左舷部分的痕迹。因此可推测该舰在海战的这一阶段共被305毫米炮弹命中6次, 全部来自于"德芙林格"号。以

▲ "狮"号储备煤舱内场景，摄于1915年6月，从图中可看出，该舰在多格尔沙洲之战中所受损伤并未彻底修复。

下为各次中弹详情：

1号：中弹时间为15时58分。一枚炮弹命中B炮塔基座中线位置，弹着点略低于主甲板高度处的6英寸（152.4毫米）装甲带。炮弹的射击距离约为15500码（14173.2米），其以与接触面法线约25°～30°的夹角斜碰上装甲带并将后者击穿，造成了一个直径约为13英寸（330毫米）的弹孔，装甲板轻微位移。炮弹在击穿之后继续飞行了5英尺（1.52米）左右，最终在左舷前储备煤舱内爆炸。煤舱内的煤块并未被引燃，但灼热的破片造成主甲板上的包裹和一些装置起火。0.3125英寸（7.94毫米）主甲板被炸出了一个6英尺×5英尺（1.52米×1.83米）的破孔，此外炸点附近的燃煤输送道的舱壁有8.5英尺（2.59米）长的部分被炸飞。炸点附近的水密舱壁受损较重，左舷前储备煤舱有32英尺（9.75米）长部分被淹，A号上煤舱也被淹没了。在"皇家公主"号上，左舷前储备煤舱起着保护该舰前弹药库的作用，因此可以设想为

是该舱室成功地阻止了炮弹射入弹药库。除以上损坏外，炸弹附近的消防管道以及通往B号左舷弹药库的舷侧通海阀控制装置也被击毁。

2号：中弹时间与1号中弹相仿，炮弹在命中舰桥下方位置的6英寸（152.4毫米）装甲带时爆炸或解体。这两次命中造成亚尔古火控塔[①]旋转马达的保险丝损毁，导致该装置只能通过手动实施旋转，此外震动还使得测距仪发报机堵塞。破片同时切断了亚尔古火控塔与罗经平台以及指挥仪塔之间的传声管。

3号：中弹时间约为16时。炮弹击中艏楼与上甲板之间的0.5英寸（12.7毫米）左舷盖板，弹着点位于B炮塔后方，距离该炮塔中线12英尺（3.66米）。炮弹此后击穿了一道输煤道及两层薄舱壁，最终在距离弹着点22英尺（6.7米）处的1英寸（25.4毫米）上甲板表面爆炸。爆炸在上甲板上造成了一个5英尺×5英尺（1.52米×1.52米）大的破孔，并严重损坏了炸点附近的轻结构造成。受爆炸影响，B炮塔基座的8英寸（203.2毫米）装甲在距离炸点约8英尺（2.44米）的接头处内陷约1英寸（25.4毫米），不过上甲板以下部位的3英寸（76.2毫米）装甲未受影响。爆炸引发了小规模的起火，烟气进入了前急救站，使得该舱室不得不暂时清空，烟气还进一步蔓延至了火控中心及下司令塔。此次中弹共造成8人阵亡，38人受伤，大部分是由爆炸引发的火灾以及随之而来的烟气导致。

4号：中弹时间约在16时27分至16时32分之间。炮弹击中Q炮塔右炮炮口部分，弹开约10英尺（3.05米）后在空中爆炸，对

---

① 即安装在司令塔上方的亚尔古陀螺稳定测距仪支座，其上方装有可旋转的装甲护罩。

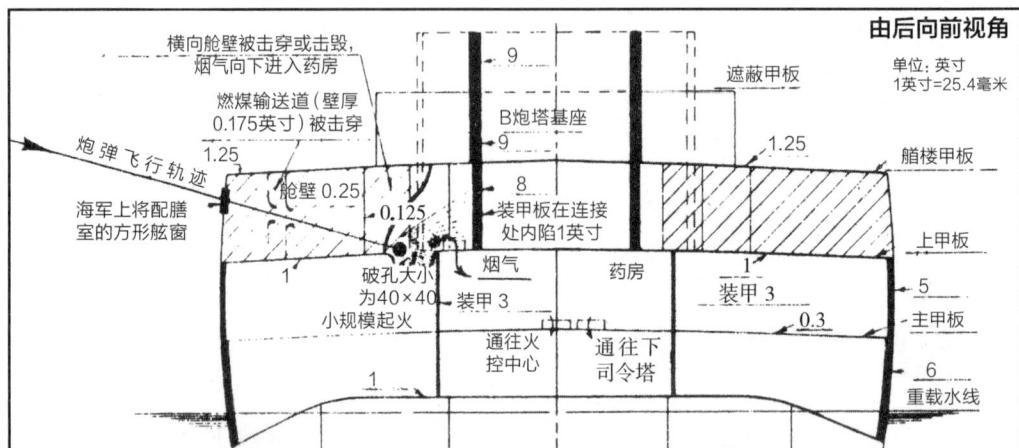

由后向前视角

单位：英寸
1英寸=25.4毫米

横向舱壁被击穿或击毁，
烟气向下进入药房

燃煤输送道（壁厚
0.175英寸）被击穿

炮弹飞行轨迹

海军上将配膳
室的方形舷窗

舱壁 0.25

9

B炮塔基座

9

8 装甲板在连接
处内陷1英寸

遮蔽甲板

1.25

艏楼甲板

1.25

上甲板

0.125

破孔大小
为40×40
装甲 3

烟气

药房

1 装甲 3

5 主甲板

小规模起火

1

通往火
控中心

通往下
司令塔

0.3

6 重载水线

▲ "皇家公主"号在海战第 1 阶段 1 号中弹示意图（15 时 58 分）。

艏楼甲板造成了轻微损伤。该炮内侧的 A 管有 2 英寸（50.8 毫米）长的部分损毁，同时右耳轴衬套被刮伤。尽管如此，该炮仍继续射击。

5 号：炮弹穿过了该舰的 2 号烟囱，但并未爆炸。

6 号：炮弹在前烟囱位置 6 英寸（152.4 毫米）装甲带与 9 英寸（228.6 毫米）装甲带交合处爆炸，估计为一次跳弹。

除上面提到的 6 次中弹之外，该舰的 A 炮塔还曾出现过严重故障。该炮塔左炮螺柱轴的曲柄齿轮在炮尾闭合时错位，导致炮尾在此后 11 小时里都无法开启。除此之外，该炮塔内一根扭曲变形的牵引器操作杆还造成了该炮塔右炮不发火。

三、"虎"号

该舰的 Q 炮塔和 X 炮塔几乎在 15 时 54 分同时中弹，这两次中弹的射击距离约为 13500 码（12344.4 米）。以下先简述这两次中弹。

Ⅰ 号：Q 炮塔中弹位置为 3.25 英寸（82.55 毫米）炮塔前顶部装甲靠近中央瞄准镜罩处，

弹线与装甲板的夹角约为 22° 。炮弹在与装甲板接触时爆炸，造成装甲板右侧尾部顶点处提升 2 英寸（50.8 毫米），而该装甲板大部分的紧固件破裂。中央瞄准镜罩被击飞，两侧的瞄准镜罩则被震动，其中右侧瞄准镜受震动影响被从固定件上扯下。炮弹虽然未能击穿顶部装甲板，但是在 3 英尺 3 英寸 × 4 英尺 8 英寸（0.99 米 ×1.42 米）的范围内造成了破孔，炮塔内 3 人阵亡、5 人受伤。其中一块弹片在转盘的中央大梁上造成了一个 9 英寸 ×3 英寸（228.6 毫米 ×76.2 毫米）的破孔。受此次中弹影响，炮塔的中央瞄准镜、右侧瞄准镜以及中央旋转装置毁坏，炮塔测距仪无法使用，左侧瞄准镜产生裂痕，射击电路中断。左炮气缸内外右滑道上的气栓均被爆炸产生的气浪和震动吹飞，导致该炮在复进时漏水。该炮塔的两部扬弹机筒都被卡住无而法运作，不过在拆除驱动防火门的凸导轨后，左侧扬弹机筒恢复运作，而右炮则在剩余的战斗时间内依靠备用输弹道运作。该炮塔的两门主炮在中弹后不久都恢复了运作。由于火控指挥仪相关机构并未受损，因此两炮可以依靠火控指挥仪实现俯仰及旋转，并根据该舰前主炮射击时的震动进行着发射击。

受该舰本阶段第 9 号中弹（详见下文）的影响，Q 炮塔的压缩空气供应失灵，使得柯达无烟发射药起火引起的烟气对该炮塔的运作造成了一定影响。在整个海战中，该炮塔共发射了 32 发炮弹，其中 2 发射击于中弹之前。与此同时，该舰的 B 炮塔一共发射了 109 发炮弹。

Ⅱ号：X 炮塔中弹位置为其 9 英寸（228.6 毫米）炮塔基座装甲与基座下部 3 英寸（76.2 毫米）装甲以及 1 英寸（25.4 毫米）上甲板结合处附近。此次中弹使得一块大小为 27 英寸 ×16 英寸（685.8 毫米 ×406.4 毫米）的 9 英寸（228.6 毫米）装甲板被震落，同时造成

3 英寸（76.2 毫米）的装甲板发生约 3 英寸（76.2 毫米）的内陷，与此装甲板毗连的 4 英寸（101.6 毫米）装甲板顶角部位也发生内陷。上甲板

▲ "虎"号在海战第 1 阶段 Q 炮塔中弹的弹孔照片（15 时 54 分）。

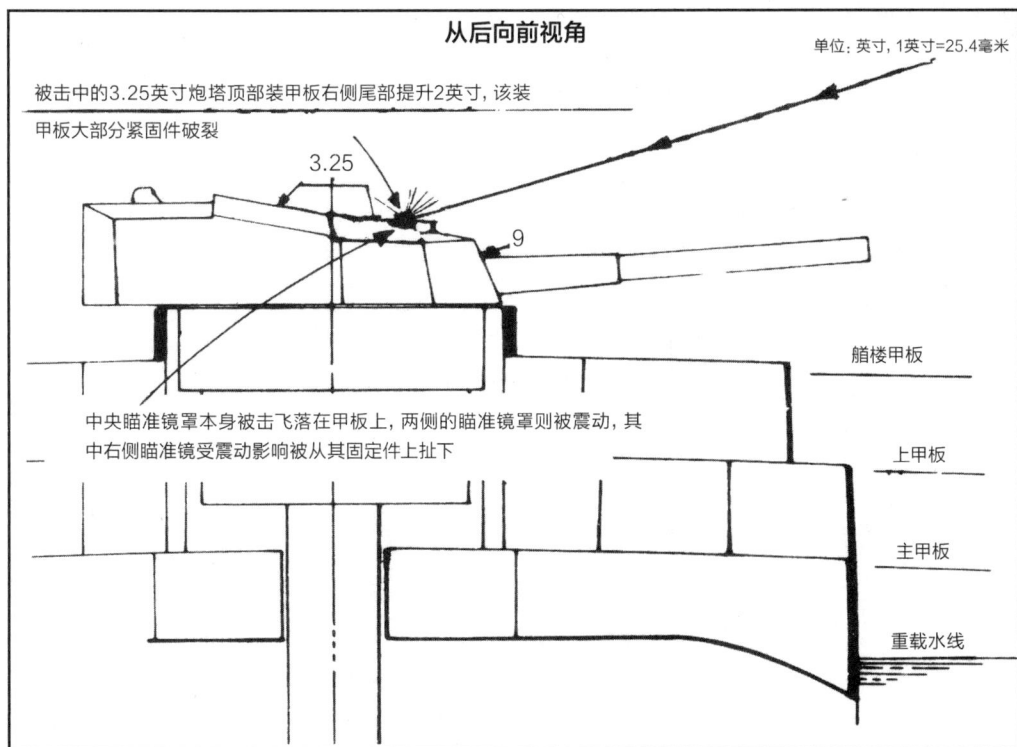

从后向前视角

单位: 英寸, 1英寸=25.4毫米

被击中的3.25英寸炮塔顶部装甲板右侧尾部提升2英寸, 该装甲板大部分紧固件破裂

3.25

9

中央瞄准镜罩本身被击飞落在甲板上, 两侧的瞄准镜罩则被震动, 其中右侧瞄准镜受震动影响被从其固定件上扯下

舰楼甲板

上甲板

主甲板

重载水线

▲ "虎"号在海战第 1 阶段 Q 炮塔中弹示意图（15 时 54 分）。

本身则出现破孔。炮弹经由炮塔护罩下缘以下3英尺（0.914米）处的回旋结构射入，但并未正常爆炸。在炮塔回旋盘内，该炮弹的发火药引燃，在造成了炮弹部分爆炸的同时还引发了部分类似火箭的效应。除尖端之外的炮弹主体与一大块装甲碎片，最终一同停在了炮塔中央两炮之间的下层地板上。炮塔乘员中只有中央表尺操作员被震动推到炮塔天花板上继而阵亡，其余人员毫发无伤。由于全员佩戴了防毒面具，因此也没有发生中毒。该炮塔的中央旋转轴被毁，一道防火门被卡住，左炮的俯仰控制阀铸造件破裂，海水由此渗入输弹舱，继而切断了火控指挥仪控制电路和主炮发射电路。中弹的7分钟后该炮塔恢复射击，两炮都可由独立控制俯仰，由火控指挥仪控制旋转的方式进行着发射击。该炮塔在战斗中共射击了75发炮弹，但考虑到18时11分发现该炮的实际指向与火控指挥仪的指向差了19°，并于之后进行了校准，因此发射的部分炮弹其落点可能偏离目标很远。

以上两次中弹导致"虎"号在海战的大部分时间中的实际实力最多不过相当于一艘3炮塔战舰。

除以上2次中弹外的另外12次中弹，

◀ "虎"号在海战第1阶段X炮塔基座中弹位置照片（15时54分）。

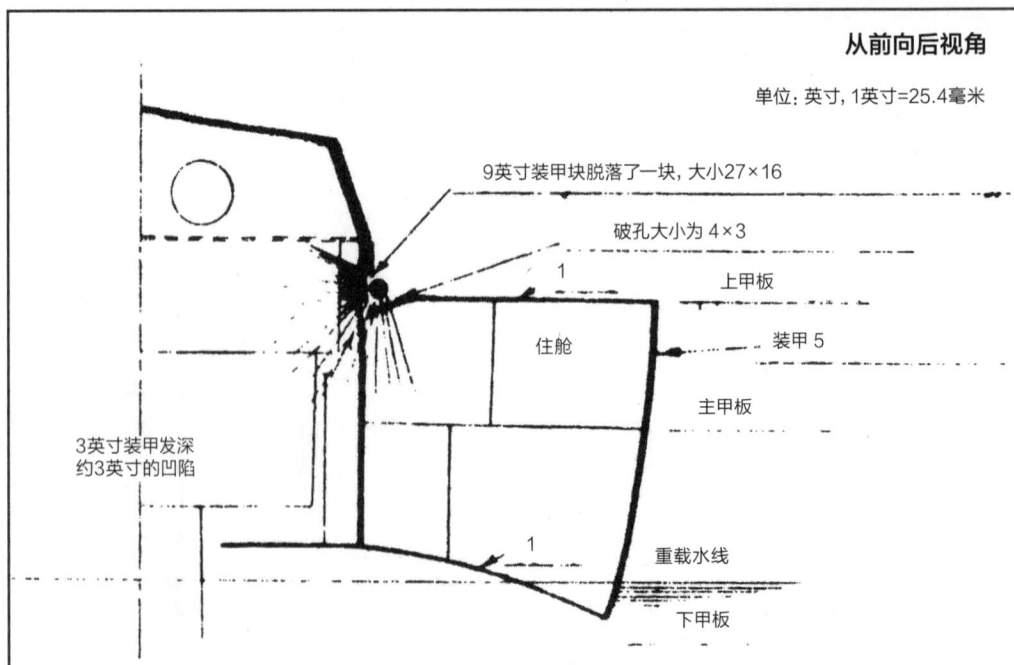

▲ "虎"号在海战第1阶段X炮塔基座中弹示意图（15时54分）。

具体情况简述如下，所有中弹均由 280 毫米炮弹造成：

1 号：中弹时间约为 16 时 05 分。炮弹命中距离左舷 10 英尺（3.05 米）、舰艏 107 英尺（32.6 米）处的 0.5 英寸（12.7 毫米）艉楼甲板，方向约为舰艏方向 50°，炮弹在距离命中位置 22 英尺（6.71 米）处爆炸。炸点附近轻结构严重损坏，消防管道损毁。破片在 0.25 英寸（6.35 毫米）上甲板上以及距离炸点 30 英尺（9.14 米）处的缆索柜顶部 0.4375 英寸（11.1 毫米）右舷侧板上造成大量破孔，上甲板 1 英寸（25.4 毫米）部分上造成了一个小破孔。

2 号：中弹时间约为 15 时 50 分至 51 分。炮弹击中右舷内侧的缆索支架并将其彻底击碎，其方向约为舰艏方向 60°，弹着点距离 1 号中弹约 8 英尺（2.44 米）。炮弹击穿 0.5 英寸（12.7 毫）米艉楼甲板后，在距离弹着点 8 英尺（2.44 米）处的医务室内爆炸。炸点附近轻结构遭受严重损坏，弹片还在 0.4375 英寸（11.1 毫米）右舷侧板上造成了大量破孔，并在 1 英寸（25.4 毫米）甲板上造成了一个 5 英尺 × 4 英尺（1.52 米 × 1.22 米）的破孔，但该舰的 0.375 英寸（9.5 毫米）主甲板则未被弹片击穿。

3 号：中弹时间约为 16 时 35 分。炮弹由 2 号中弹位置后方 14 英尺（4.27 米）处上甲板与艉楼甲板之间 0.4375 英寸（11.1 毫米）侧板上的天窗射入，其方向约为舰尾方向 25°，并在距离命中位置 17 英尺（5.18 米）处的 1 英寸（25.4 毫米）上甲板表面爆炸。弹片在上甲板造成了最大达 3 英尺 × 2.5 英尺（0.91 米 × 0.76 米）的破孔，但未能击穿该舰的 0.375 英寸（9.5 毫米）主甲板。爆炸对炸点附近的轻结构造成了相当损坏。

4 号：中弹时间约为 16 时 35 分。炮弹击穿了上甲板与艉楼甲板之间某天窗正下方的 0.4375 英寸（11.1 毫米）侧板，其方向约为舰艏方向几度。炮弹随后击中了 A 炮塔基座前部 1 英寸（25.4 毫米）上甲板上方 1.5 英尺（0.46 米）处的 8 英寸（203.2 毫米）装甲，距离最近的装甲板垂直接缝处的距离约为 1.5 英尺（0.46 米）。炮弹在装甲上造成了一个深约 2.5 英寸（63.5 毫米）的破孔，破孔周围有向心裂痕，还使得位于上甲板高度的 8 英寸（203.2 毫米）装甲下端与 4 英寸（101.6 毫米）装甲结合部内陷了约 6 英寸（152.4 毫米）。此次中弹对上甲板造成的具体伤害状况不详，不过炮塔本身并未受损，仅 A 炮塔输弹舱曾受爆炸引发的烟气影响。

5 号：中弹时间不详，估计在 4 号中弹发生后的几分钟内。炮弹从舰尾方向射来，在主甲板高度、A 炮塔基座后方 4 英尺（1.22 米）位置击穿了"虎"号的 5 英寸（127 毫米）侧甲，其弹孔大小为 13.5 英寸 × 12.25 英寸（343 毫米 × 311 毫米）。炮弹在距离命中位置 4 英尺（1.22 米）处爆炸，在 0.375 英寸（9.5 毫米）主甲板上造成了一个 10 英尺 × 4 英尺（3.05 米 × 1.22 米）的破孔，损毁了该层甲板上的生火长住舱以及下甲板上的面粉仓库。

6 号：中弹时间估计与 5 号中弹相同，炮弹从舰尾方向射来，造成艉楼甲板边缘司令塔位置处的 5 英寸（127 毫米）装甲凹陷。炮弹随后被弹飞。

7 号：中弹时间约为 16 时 20 分，炮弹从中烟囱穿过，其方向约为舰艏方向 17°，可能为一发跳弹。

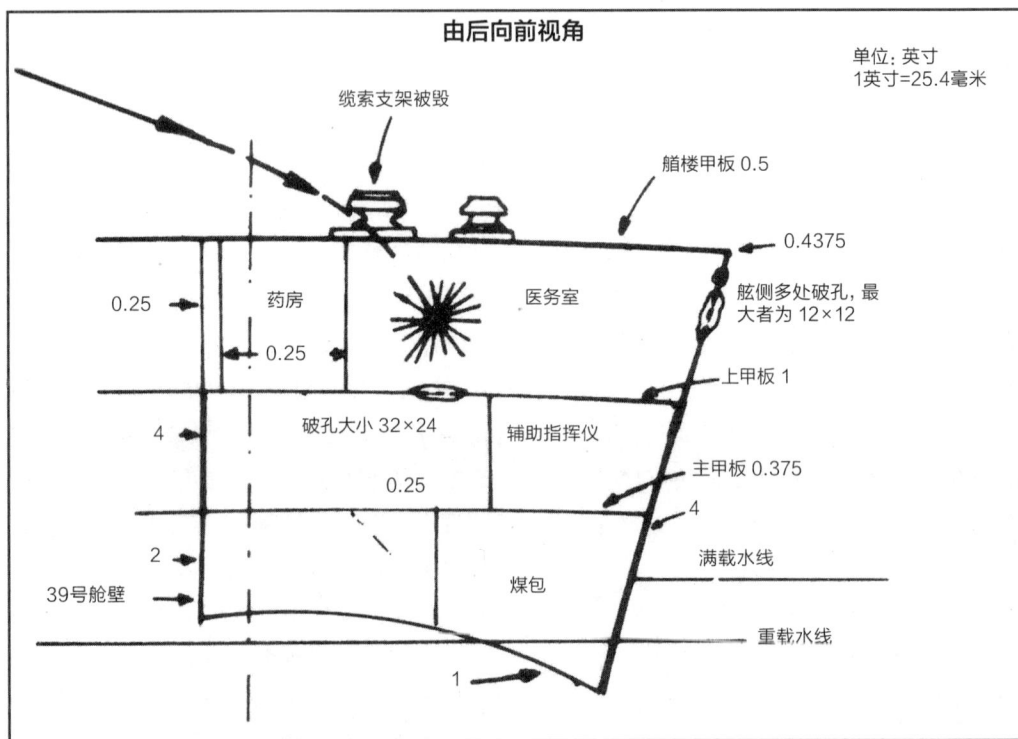

由后向前视角

单位：英寸
1英寸=25.4毫米

缆索支架被毁

艉楼甲板 0.5

0.4375

0.25

药房

医务室

0.25

舷侧多处破孔，最大者为 12×12

上甲板 1

4

破孔大小 32×24

辅助指挥仪

主甲板 0.375

0.25

4

2

满载水线

39号舱壁

煤包

重载水线

1

▲ "虎"号在海战第 1 阶段 2 号中弹示意图。

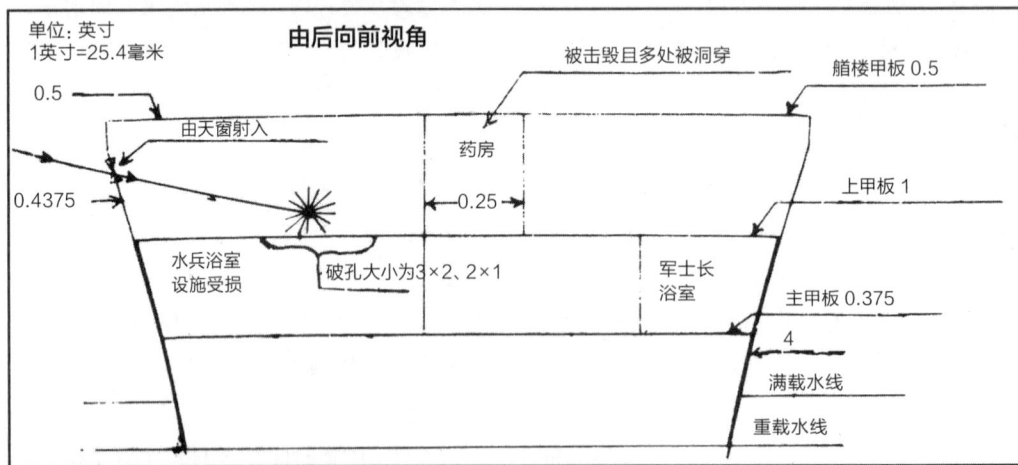

单位：英寸
1英寸=25.4毫米

由后向前视角

被击毁且多处被洞穿

艉楼甲板 0.5

0.5

由天窗射入

药房

上甲板 1

0.4375

0.25

水兵浴室设施受损

破孔大小为 3×2、2×1

军士长浴室

主甲板 0.375

4

满载水线

重载水线

▲ "虎"号在海战第 1 阶段 3 号中弹示意图。

8 号：中弹时间为 15 时 51 分，炮弹命中 2 号及 3 号烟囱之间右舷部分的遮蔽甲板，其方向约为左舷侧前方向 50°。炮弹在 0.375 英寸（9.52 毫米）遮蔽甲板上造成了一个约 7.5 英尺 × 3 英尺 ~ 2 英尺（2.29 米 × 0.914 米 ~ 0.61 米）的破孔，并在右舷艉楼甲板与遮蔽甲板之间的 0.5 英寸（12.7 毫米）侧板上造成了一个 7.5 英尺

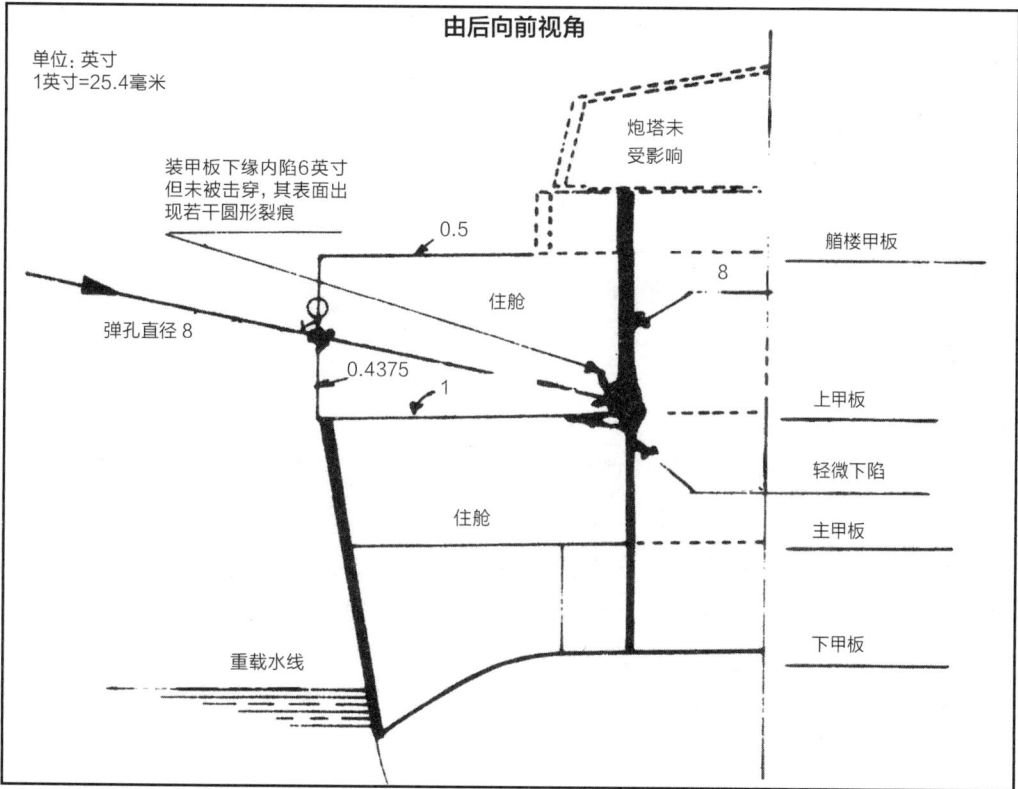

单位: 英寸
1英寸=25.4毫米

由后向前视角

装甲板下缘内陷6英寸
但未被击穿, 其表面出
现若干圆形裂痕

炮塔未
受影响

0.5

8

艉楼甲板

住舱

弹孔直径 8

0.4375

1

上甲板

轻微下陷

住舱

主甲板

重载水线

下甲板

▲ "虎"号在海战第 1 阶段 4 号中弹示意图。

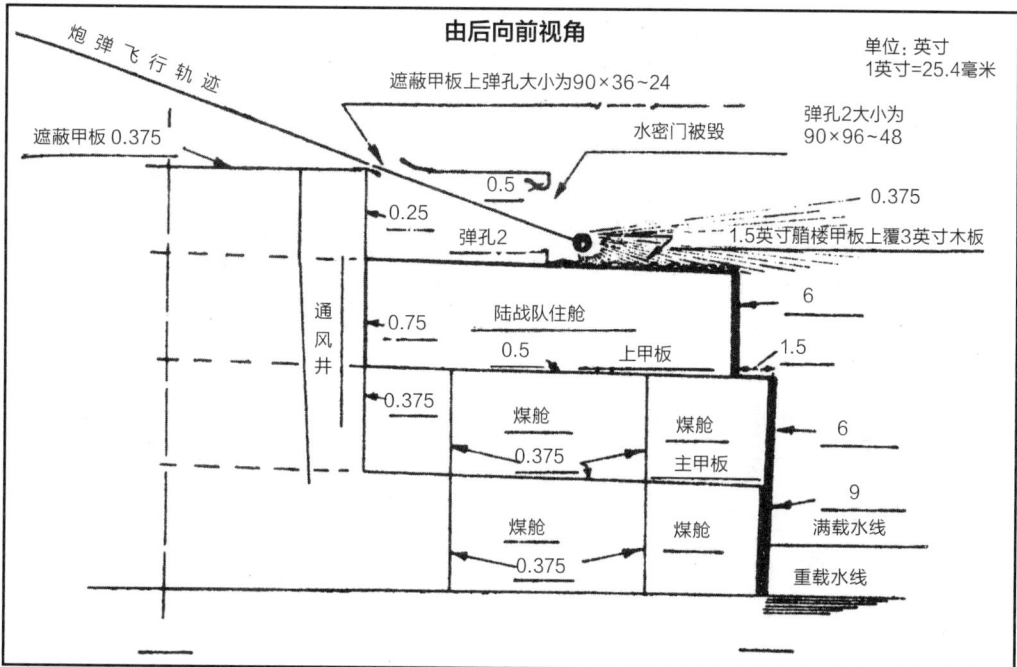

由后向前视角

单位: 英寸
1英寸=25.4毫米

炮弹飞行轨迹

遮蔽甲板上弹孔大小为90×36~24

水密门被毁

弹孔2大小为
90×96~48

遮蔽甲板 0.375

0.5

0.375

0.25

0.375

弹孔2

1.5英寸艉楼甲板上覆3英寸木板

6

通风井

0.75

陆战队住舱

0.5

上甲板

1.5

0.375

煤舱

煤舱

6

0.375

主甲板

煤舱

煤舱

9

0.375

满载水线

重载水线

▲ "虎"号在海战第 1 阶段 8 号中弹示意图。

×8 英尺～4 英尺（2.29 米 ×2.44 米～1.22米）的破孔。炮弹在距离命中位置 16 英尺（4.88 米）处的艏楼甲板上方爆炸。此处艏楼甲板的结构为 3 英寸（76.2 毫米）柚木板覆盖于 1.5 英寸（38.1 毫米）钢板之上，受爆炸影响，板材表面破损，不过其下的 1.5英寸（38.1 毫米）钢板仅产生锯齿状变形，并未被击穿；

9 号：中弹时间为 15 时 55 分，炮弹击穿了 Q 炮塔基座后缘后方 2 英尺（0.61米），上甲板下方位置的 6 英寸（152.4 毫米）侧甲。估计炮弹与接触面法线的夹角约为 5°～10°。炮弹在侧甲上造成了一个直径为 12.5 英寸（317.5 毫米）的弹孔，在装甲板边缘撕裂了宽约 6 英寸（152.4 毫米）的一部分。炮弹在击穿了一道 0.375 英寸（9.52 毫米）舱壁后，于距离弹着点 22英尺（6.7 米）处的第二道 0.375 英寸（9.52毫米）舱壁上爆炸，炸点距离后部 6 英寸（152.4 毫米）炮提弹机约 8 英尺（2.44 米）。当时在该提弹机接近顶部位置停放着两块 6英寸（152.4 毫米）炮发射药，发射药被引燃，但火苗并未沿提弹机蔓延至下方的弹药库。爆炸对炮弹行进轨迹上及炸点附近轻结构造成了严重损坏，炸点后侧一定距离处的轻结构以及船只中线部分也被爆炸影响。爆炸在 0.375 英寸（9.52 毫米）主甲板上造成了大量破孔，一片弹片击穿了 1 英寸（25.4 毫米）装甲甲板，造成了一个 10.5英寸 ×9 英寸（266.7 毫米 ×228.6 毫米）的弹孔，并击穿了 0.75 英寸（19 毫米）厚的主蒸汽管道。另一片弹片先后击穿了主

甲板、0.375 英寸（9.52 毫米）舱壁和 1 英寸（25.4 毫米）装甲甲板。横飞的弹片在消防管道上造成很多小破孔。此次中弹造成 12 人阵亡，若干人负伤或中毒。

这次中弹后，"虎"号向其后侧 6 英寸（152.4 毫米）炮药库实施了注水。在关闭该药库通风阀的尝试失败后，进水经由该弹药库的一根通风管道蔓延至 Q 炮塔左舷药库①。由于 Q 炮塔左舷药库装满了发射药，因此进水又进一步从通气板蔓延开来，导致后侧 6 英寸（152.4 毫米）炮弹库被淹，同时水还渗进了 Q 炮塔弹库内。就当时的情况看，并无向后侧 6 英寸（152.4 毫米）炮药库注水的必要，这一操作是由注水队的司炉军士在咨询了药库的负责水兵之后实施的。注意在此之前水已经由被弹片切断的消防管道，进入了该药库。

10 号：炮弹命中 9 号中弹位置后方约30 英尺（9.14 米）处的 6 英寸（152.4 毫米）侧装甲，使得中弹部位的装甲板出现了最大 3 英寸（76.2 毫米）的内陷，并造成了肋骨一定程度的变形。

11 号：炮弹命中了前引擎舱后方的 9英寸（228.6 毫米）侧甲。中弹部位的装甲板发生锯齿状的变形及最大 4 英寸（101.6毫米）的内陷，并造成装甲内侧的部分结构弯曲。10 号和 11 号中弹可能发生在 16时 20 分至 30 分之间，据称两弹都在接触时爆炸，但是显然装甲板以下的船身板并未向内鼓起——在 11 号中弹的条件下，这本是应该发生的。

12 号：此次中弹估计发生在海战最初

———————
① Q 炮塔药库主要位于右舷部分，左舷药库规模较小。

▲ “虎”号在海战第 1 阶段 9 号中弹弹孔照片，炮弹在 6 英寸（152.4 毫米）装甲上造成了一个直径 12.5 英寸（317.5 毫米）的弹孔。

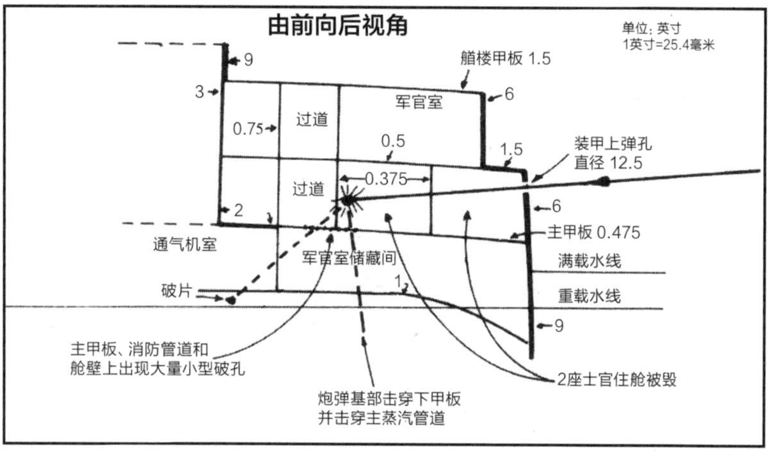

▲ “虎”号在海战第 1 阶段 9 号中弹示意图。

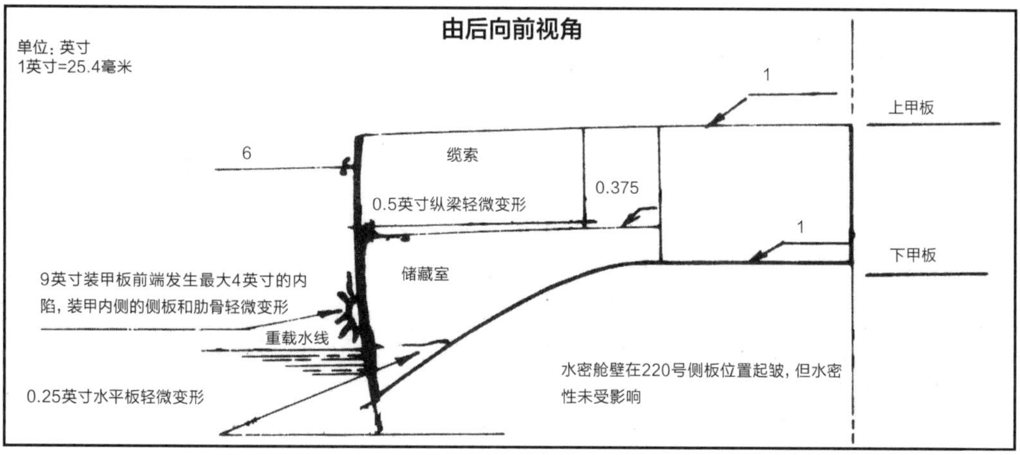

▲ “虎”号在海战第 1 阶段 11 号中弹示意图。

10 分钟内，是一发跳弹。炮弹命中了距离舰尾 35 英尺（10.67 米）的 4 英寸（101.6 毫米）水线装甲，装甲板在约 5 英尺 ×2 英尺（1.52 米 ×0.61 米）的区域内发生了最大约 6 英寸（152.4 毫米）的内陷，并造成装甲内侧的肋骨发生屈曲和变形。此次中弹还造成装甲甲板上方约 18 英尺（5.49 米）长的一部分舷舱被淹。

在“虎”号的全部 14 次中弹中，据信 3 号中弹来自“塞德利兹”号，其他则全部来自“毛奇”号。

三、“巴勒姆”号

该舰在海战这一阶段共中弹两次，均发生在 16 时 23 分。由“冯·德·坦恩”号在 17000 码（15544.8 米）距离上发射的一发 280 毫米炮弹，命中该舰水下部分的装甲带。中弹除造成“巴勒姆”号的中弹装甲板内移 0.75 英寸（19 毫米）外，未造成其他后果。另一发据估计来自于“吕佐夫”号的 305 毫米炮弹，命中“巴勒姆”号 0.5 寸（12.7 毫米）艏楼甲板边缘左舷舷侧引擎舱上方，与后司令塔平行的位置。炮弹

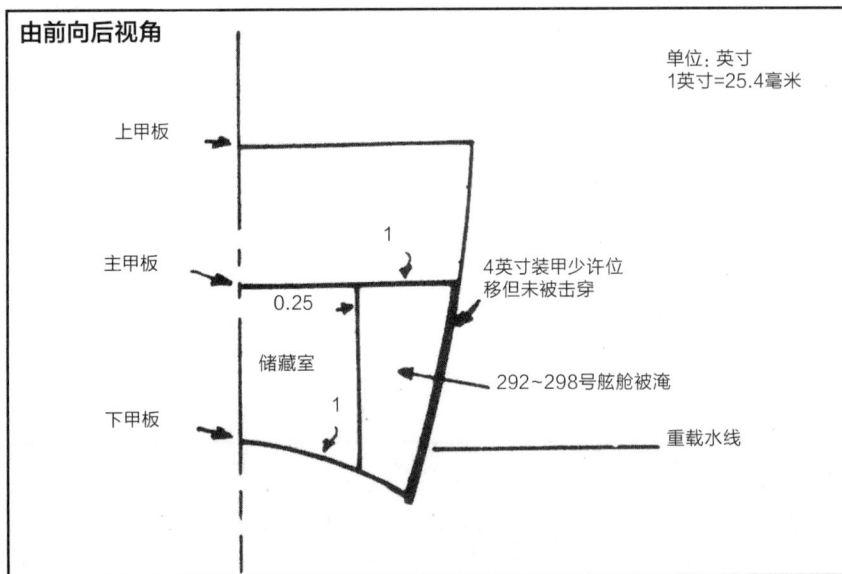

由前向后视角

单位: 英寸
1英寸=25.4毫米

上甲板

主甲板

1

4英寸装甲少许位
移但未被击穿

0.25

储藏室

292~298号舷舱被淹

下甲板

1

重载水线

◀ "虎"号在海
战第 1 阶段 12 号
中弹示意图。

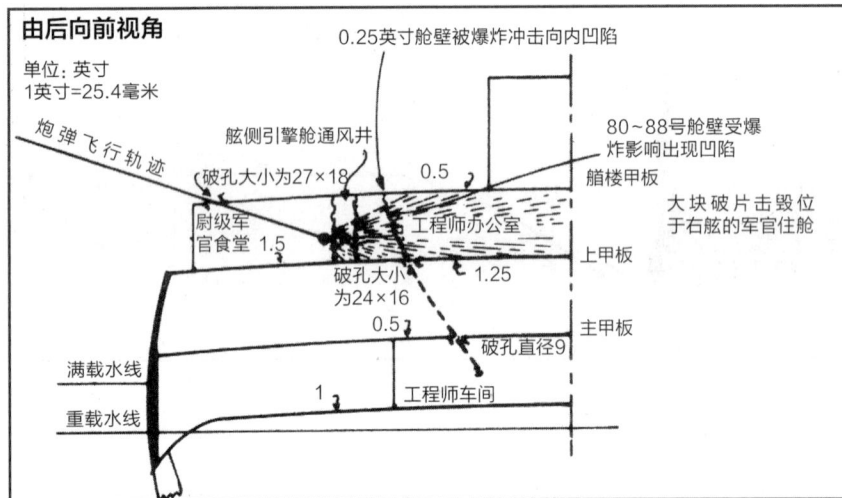

由后向前视角

0.25英寸舱壁被爆炸冲击向内凹陷

单位: 英寸
1英寸=25.4毫米

舷侧引擎舱通风井

80~88号舱壁受爆
炸影响出现凹陷

炮弹飞行轨迹

破孔大小为27×18

0.5

艏楼甲板

尉级军
官食堂 1.5

工程师办公室

大块破片击毁位
于右舷的军官住舱

破孔大小
为24×16

1.25

上甲板

0.5

破孔直径9

主甲板

满载水线

工程师车间

重载水线

1

◀ "巴勒姆"
号在海战第 1 阶
段被 305 毫米炮弹
命中示意图。

在进入尉级军官食堂，并继续飞行了约 14
英尺（4.27 米）后爆炸，对炸点附近轻结
构造成严重损坏。其中一块大型弹片击穿
了 1.25 英寸（31.75 毫米）上甲板，造成
该甲板在破孔位置急剧向下弯曲后又击穿
了 0.5 英寸（12.7 毫米）主甲板，最终在
距离炸点 20 英尺（6.1 米）处被 1 英寸（25.4
毫米）中甲板挡住。炮弹在尉级军官食堂
舱壁上造成了一个直径约 7 英尺（2.13 米）

的弹孔，并引发了火灾。受此次中弹影响，
通往舷侧引擎舱的通风管道被毁，该舰右
舷侧的一间住舱也被此次中弹造成的弹片
击毁。

四、其他

在第 5 战列舰战队"向南狂奔"的过
程中，该战队的其他舰只并未中弹。不过
当"马来亚"号 X 炮塔转向左舷方向时，

该炮塔的主机筒与输弹小车的联动出现问题，导致该炮塔右炮只能使用辅助提弹设备进行装填。

五、小结

从 15 时 48 分至 16 时 54 分，在此阶段内皇家海军各舰被 280 毫米和 305 毫米舰炮命中简要统计如下表：

舰名＼炮弹种类	305毫米	280毫米	总计（次）
狮	9	0	9
皇家公主	6	0	6
玛丽女王	3	4	7
虎	0	14	14
新西兰	0	1	1
不倦	0	5	5
巴勒姆	1	1	2
总计	19	25	44

以上 44 次命中中，据估计 10 次来自"吕佐夫"号，9 次来自"德芙林格"号，5 次来自"塞德利兹"号，13 次来自"毛奇"号，17 次来自"冯·德·坦恩"。此外在海战这一阶段"南安普顿"号巡洋舰也被一发重型炮弹命中，估计是来自"拿骚"号的一发 280 毫米炮弹。

在所有皇家海军舰只中，只有"虎"号有被公海舰队的 150 毫米副炮命中的记录，详情如下：

1 号：炮弹命中距离舰艏 58 英尺（17.7 米）主甲板以上位置的侧板。在"虎"号的记录上，此次命中被统计为一枚 150 毫米炮弹，但战后的示意图显示在这个区域出现了一个 10 英寸 × 10 英寸（254 毫米 × 254 毫米）的弹孔，同时侧板在约 5 英尺 × 3 英尺（1.52 米 × 0.91 米）

的范围内发生内陷，据此估计这次中弹应为一发 280 毫米炮弹命中。

2 号：船尾附近，上甲板上方 3 英尺（0.91 米）处的侧板被命中。

德方

一、"吕佐夫"号

该舰在海战这一阶段共被命中 4 次，全部为 13.5 英寸（343 毫米）弹【1250 磅（566.25 千克）轻弹】，但是该舰的各次中弹详情缺失。前两次命中发生在 16 时，炮弹命中 A 炮塔前方的艏楼，其中一枚落点位于起锚机附近；两枚炮弹共同在上甲板上撕开了一个大洞。这两次中弹的直接后果在当时并不严重，该舰的第 1 主炮塔（A 炮塔）一度左右来回摇晃，炮塔操作室内 3 人跌倒，但很快就恢复站立。

炮塔爆炸时产生的毒烟沿炮管进入药室，因此当炮尾打开时，炮塔内3人已中毒昏迷。随着海战的进行，"吕佐夫"号水下部分逐渐受创，该舰的前部吃水深度随之逐渐加深。在此情况下，这两次命中造成的弹孔就使得更多海水得以进入该舰内部，并在其装甲板以上部位蔓延。16时15分该舰再次被两枚炮弹命中，其中一枚在命中第1主炮塔和第2主炮塔（B炮塔）之间的25毫米艏楼甲板后爆炸，摧毁了前部急救站，导致该舱室内所有乘员非死即伤，另一枚命中主桅后方水线下的侧装甲带。此次中弹除造成该舰严重震动外并未造成其他后果。据估计前两次命中来自"狮"号，后两次命中来自"皇家公主"号。

二、"德芙林格"号

官方损伤报告显示该舰在海战这一阶段并未被大口径炮弹命中。

三、"塞德利兹"号

该舰的中弹记录较为详细。该舰在海战这一阶段共被命中5次，全部位于右舷侧，其中除3号中弹方向不明外其他均来自于侧舷10°范围以内。此外该舰在此阶段还被鱼雷命中一次。很难说究竟是第5战列舰战队中的哪一艘造成了该舰的首次中弹，但是可以确定其他4次中弹都来自"玛丽女王"号，而命中该舰的鱼雷则来自于"爆竹"号驱逐舰或"动荡"号驱逐舰。

根据中弹部位，该舰5次中弹的具体情况如下：

1号：中弹时间为16时50分，一枚15英寸（381毫米）炮弹击穿了该舰艏楼甲板右舷侧排水沟附近、舷侧鱼雷平台以上位置，在命中时爆炸。爆炸在艏楼甲板和上甲板分别造成了一个1.5米×1米和2米×4米的破孔，其中上甲板上的破孔距离中弹位置约3米。中弹造成该舰的侧板向外突出，同时弹片也在炮列甲板及一部分舱壁上造成了破孔。多道电线被破片摧毁。破片造成的损伤使得因中弹而引发的进水向该舰前段蔓延。

2号：中弹时间为15时55分，一枚13.5英寸（343毫米）1400磅（635千克）重弹从90°方位飞来，从右舷方向击穿了前桅前方炮列甲板上方5英尺（1.52米）处的侧板。炮弹在击穿了放煤槽之后在炮列甲板上爆炸，炸点紧靠20毫米纵向防破片舱壁外侧，距离其后的150毫米斜向炮廓舱壁6英尺（1.83米）。受爆炸的影响，该舰的上甲板向上隆起，20毫米炮列甲板则被撕开了一个约为3米×3米的破口。一大块来自炮弹被帽的破片贯穿船体，击穿了右舷侧的纵向舱壁，导致该舱壁几乎全毁。此次命中主要对炮列甲板上的住舱及轻结构造成了比较严重的损坏，此外爆炸还引发了火灾，对中甲板造成了一定破坏。爆炸造成的烟气，部分经由传声管进入该舰的控制室，使得右舷转换室和汽轮发电机室无法运转。此次中弹中，该舰的消防管道被击穿，由此造成的进水在消防管道关闭后被制止，而中弹对进水的影响不止于此。随着此后该舰前段进水的蔓延以及被鱼雷命中造成的损伤，这次命中造成的破坏甚至让海水得以蔓延至该舰A炮塔基座附近的中甲板处，并从那里经由破损的通风管道蔓延至装甲板以下的舱室。这导致当晚21时该舰的前发电机停转，同时控制室被淹。此后，进水由紧急逃生通道进一步蔓延至舷侧鱼雷平台内，甚至蔓延至该舰最前方的锅炉舱。进水还导致前部电器控制室发生故障。此次

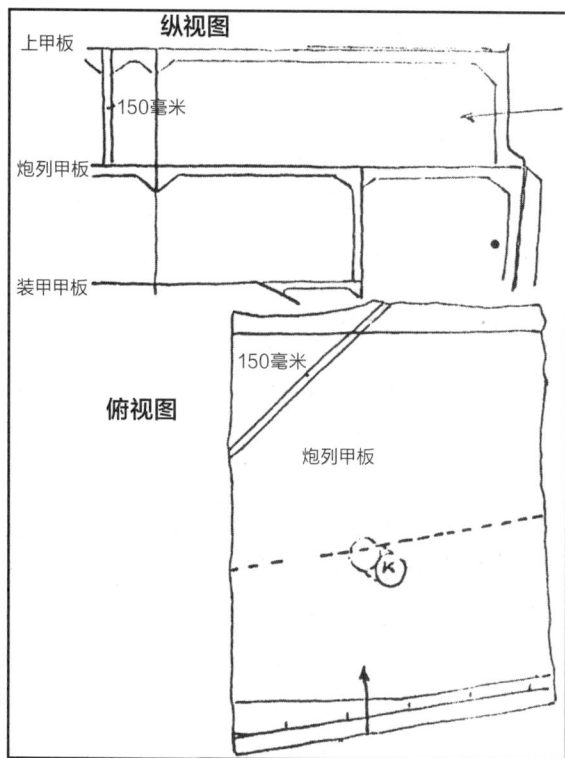

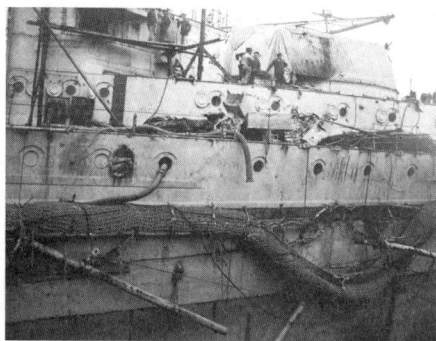

▲ "塞德利兹"号在海战第 1 阶段 2 号中弹位置照片。

▲ "塞德利兹"号在海战第 1 阶段 2 号中弹示意图。

▲ "塞德利兹"号在海战第 1 阶段 2 号中弹位置照片，摄于威廉港浮动船坞。照片还显示了 16 时 57 分命中该舰的鱼雷造成的破坏，受伤位置的主装甲带和上部装甲带装甲板已被移除。

中弹共造成 4 人阵亡，2 人重伤。炮弹的弹片证明此次命中的是一发被帽穿甲弹。

3 号：中弹时间估计在 16 时至 16 时 10 分之间，估计为一枚 13.5 英寸（343 毫米）炮弹，在右舷舷侧炮塔下方船体板附近的水下爆炸。船体板在装甲板以下部分约 40 英尺 × 15 英尺（12.2 米 × 4.57 米）的面积内发生凹陷，其内侧的肋骨弯曲，部分铆钉脱落。同时右舷舷舱长 11 米的部分被淹。

4 号：中弹时间为 16 时 17 分，一枚 13.5 英寸（343 毫米）1400 磅（635 千克）重弹击穿了该舰右舷最末 150 毫米炮炮廓位置后面的船壳板。炮弹随后击穿了该舰的 200 ~ 230 毫米右舷底系定板结合处（击穿位置厚度约为 210 毫米），最终在穿越 150 毫米横向炮列舱壁时爆炸。爆炸在 150 毫米舱壁上造成

了一个大洞，并从右舷底系定板上角处撕下了很大一块装甲，底系定板严重破裂。中弹位置大约在 25 毫米炮列甲板上方 0.5 米处，受此次中弹影响该甲板炮廓外侧部分被打出了一个面积约为 2 平方米的破孔。中弹引发的装甲碎片和弹片射入炮廓内，弹片甚至击穿了炮廓内 35 毫米天花板、20 毫米炮列甲板和 20 毫米纵向炮廓舱壁以及通向中部炮廓的防破片舱壁，造成了较为严重的破坏。破片不仅摧毁了炮廓附近的通风管道，还在炮廓炮后方横穿船体，在左舷侧板上造成了破孔，毁坏了 5 间住舱，同时引发了火灾。命中时，该舰右舷最末处的 150 毫米炮廓炮已经装填完成，中弹不仅导致该炮无法使用，且导致

单位：毫米

右舷舷侧炮塔基座

上甲板

150

炮列甲板

230

300

重载水线

150

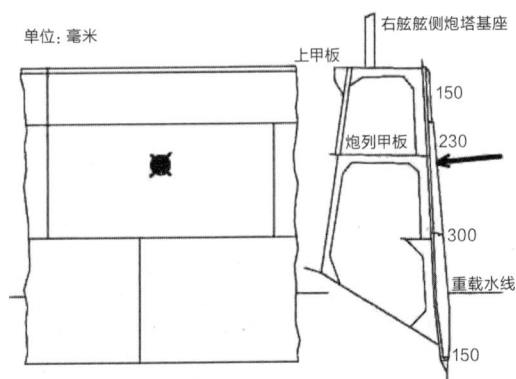

▲ "塞德利兹"号在海战第 1 阶段 3 号中弹示意图。

该炮的提弹机损坏，炮廓内的乘员除一人外全部当场阵亡。尽管该炮提弹道的防火盖被冲击力压往提弹井并严重变形，同时防火盖后的一个弹药筒也受到了冲击，但是并没有导致发射药着火。在该炮下方的药库内，乘员们感受到了压力，于是在提弹井的下方开口处放置了一个木盖以防止爆炸。在炮廓内，安置了弹底引信的备便弹被冲击力击碎，但并未爆炸。

在该舰右舷的高马力和低马力涡轮舱内，爆炸引发的烟气造成了较为严重的危险，乘员在一段时间内不得不从低马力涡轮舱撤离。和 2 号中弹一样，此次命中的估计也是一枚被帽穿甲弹，其射击距离估计为 18000 码（16459.2 米）。

另外，高速航行时带起的海水和近失弹掀起的水沫，使得海水从弹孔进入舰体直达煤舱。虽然便携式电动水泵维持了外侧煤仓内的水位，但右舷外侧煤仓的送煤系统被毁。

5 号：中弹时间为 15 时 57 分，一枚 13.5 英寸（343 毫米）1400 磅（635 千克）被帽穿甲弹命中了该舰后跨越射击炮塔[1]的 230 毫米基座装甲，命中位置大约在炮列甲板上方 2 米处，非常接近两块装甲板的垂直接缝处，不过中弹造成的 0.35 米 × 0.35 米弹孔则全部在其中一块装甲板上，与这块装甲板相连的装甲板受损但并未发生位移。另有一道外部通风井被毁。这次命中的射击距离估计约为 14500 ~ 15000 码（13258.8 ~ 13716 米）。命中时炮弹与接触面法线的夹角约为 33°，炮弹在穿透装甲板的过程中爆炸，引发的装甲碎片和弹片在炮塔环形支撑舱壁上造成了一个约 1.5 米 × 1.5 米的破孔，一块弹片进入了该炮塔的操作间内，导致炮塔的回转和俯仰机构，提弹机和弹药筒传输轨都无法运作。操作室内的两份主发射药和两份前发射药因中弹而被引燃，该炮塔和该舰后部随即被浓密的黄色烟云笼罩。起火后火苗随后进入炮室，当时炮室内左炮已经装填完毕，弹药筒装填托盘上正存放着两份主发射药和两份前发射药，不过未被引燃。火苗还向下蔓延至炮塔固定结构与回旋结构之间部分以及主提弹道位置，而存放在一个已经放下的弹药筒机筒内的主发射药仅仅被火焰熏黑，该发射药和同时存放在机筒内的前发射药都未起火，尽管后者的丝绸包裹被烤焦。在药库内，仅有两个存放前发射药的容器处于打开状态，而存放的发射药都并未起火，不过容器的纸质标签被部分烧毁。注意到在此次中弹中，只有两份主发射药和两份前发射药被引燃，而在多佛尔沙洲之战中，共有 62 份发射药被引燃。这一事实证明了，多佛尔沙洲之战后，公海舰队引进的新条例，尤其是绝对禁止在

---

[1] C 炮塔，该炮塔在多格尔沙洲之战中中弹并发生发射药起火，造成了较大伤亡，因而被其乘员们称为"死人"。

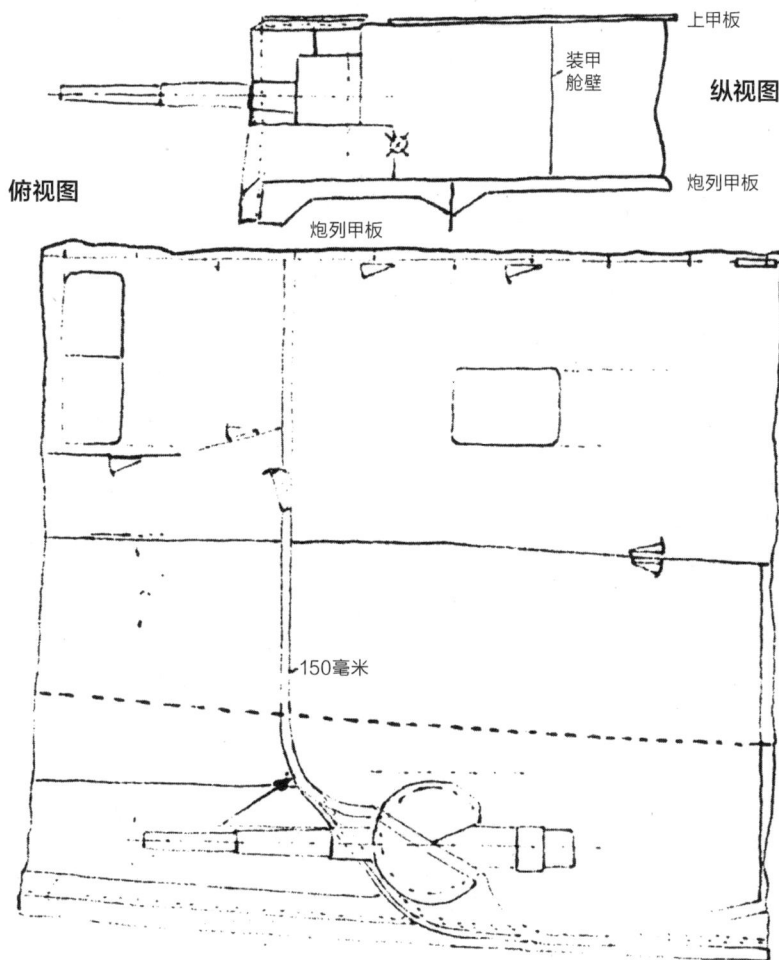

纵视图

俯视图

上甲板

装甲舱壁

炮列甲板

炮列甲板

150毫米

◀ "塞德利兹"号在海战第 1 阶段 4 号中弹示意图。

药库和主炮之间堆积发射药这一规定的价值。在防毒面具的保护下，药库和弹库内的乘员基本幸存（共计 10 人），但输弹舱内的乘员则几乎全部当场阵亡（唯一的幸存者在海战后来的进程中也伤重不治）。此外，操作间和交换机室内的乘员也全部阵亡。该炮塔的动力回转机构在此前的战斗中就已经损坏，因此在中弹时部分炮组成员正在操作间内手动操作回转机构。炮室内的乘员仅有 6 人幸运地从炮塔检修孔中逃出，但这些幸存者也被严重烧伤，其中 3 人此后伤重不治。弹头提升室内的乘员全部阵亡，其中部分被沿弹头提升井向下蔓延的火焰烧死，其余仍佩戴着防毒面具的乘员则阵亡在弹头提升室上方舱室内。操作间内被毁的部件包括：右侧旋转马达、横动机构动力组、手动回转机构、两部液压泵及蓄电池、两部液压马达、两部发射药提升轨及装填机械、左侧下部发射药提升井上半部分、通往炮塔的弹头提升井等。

中弹后，该炮塔的弹库操作人员等到弹库的火苗熄灭之后进入药库，对药库实施了注水作业，在确认火已熄灭之后停止了注水。药库内的水深约为 1 米，部分注水经由破损的传声管和通风管道进入了下

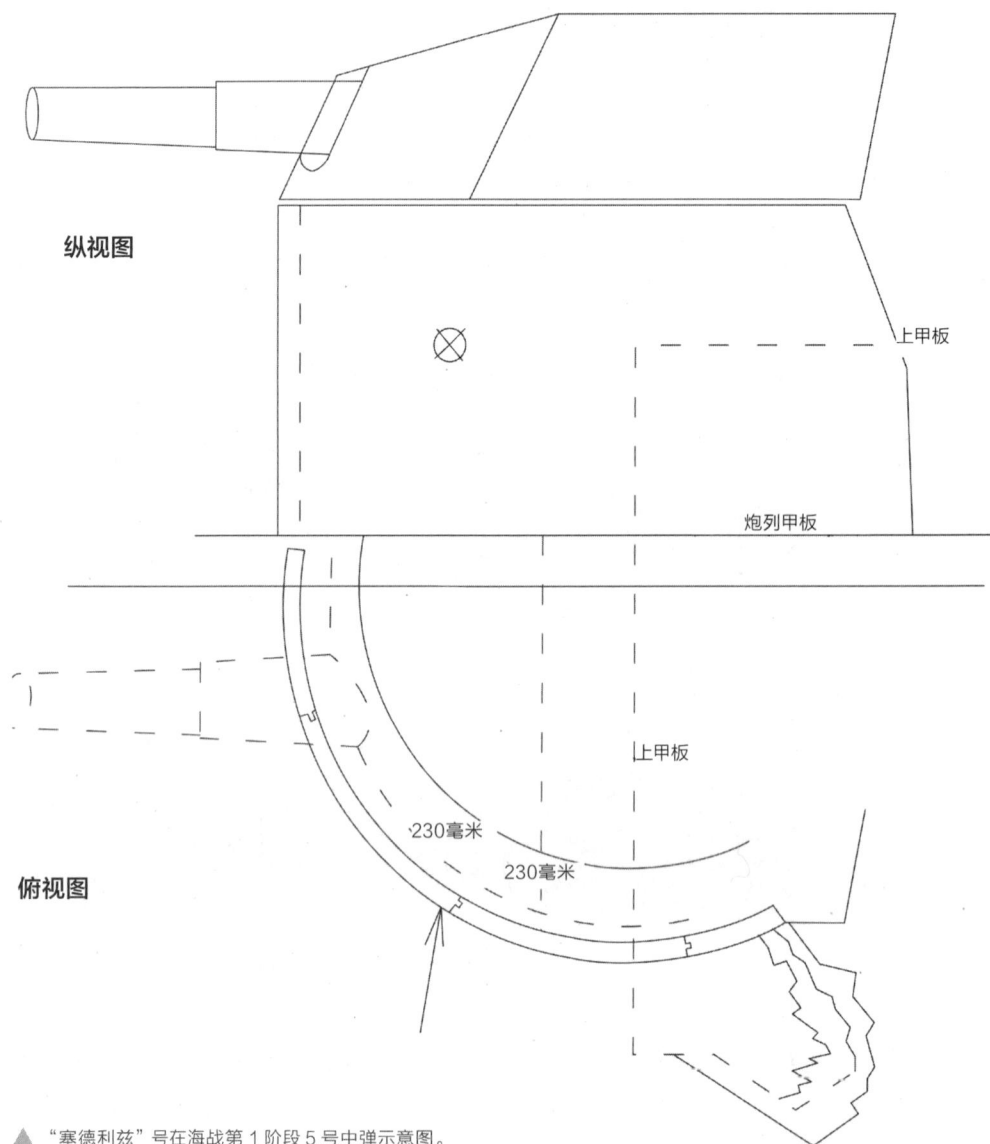

纵视图

上甲板

炮列甲板

俯视图

上甲板

230毫米

230毫米

▲ "塞德利兹"号在海战第 1 阶段 5 号中弹示意图。

方的泵房，造成该舰的后部水泵无法运作，注水还蔓延至该舰尾端炮塔的药库内。此次中弹后，该舰 C 炮塔在日德兰海战后面的战斗中均无法使用。

　　"塞德利兹"号的枪炮长弗尔斯特少校（Foerster）曾参加过多格尔沙洲之战，对这次海战中该舰两座舰艉炮塔几乎殉爆的经历记忆犹新。当时中弹后多亏船员不顾灼热的

▲ "塞德利兹"号在海战第 1 阶段 5 号中弹位置照片。

高温，用手扳开炮塔的注水阀操作轮及时完成注水，该舰才幸免于难（该船员双手严重灼伤，深可见骨，此外因吸入有毒气体导致肺部受伤）。15时57分的中弹让少校回忆起了那次恐怖的经历：

几乎在我舰开火的同时，我便看到了敌舰炮口的闪光，他们的"问候"不久后就落在我们附近的海面上。伴随着震耳欲聋的噪音，各舰射击时雷霆般的炮声以及炮弹在水中爆炸的轰鸣，战斗迅速白热化……我们很快就确定了目标"玛丽女王"号的距离：一轮齐射偏远，第二轮齐射偏近，于是我们立即展开了效力射。开火之后约10分钟，哈布勒（Habler）通过电话向我报告："C炮塔失去联络，烟气经由通往该炮塔的传声管进入火控中心。"这和我在多格尔沙洲之战中收到的报告如出一辙，当时也是发生在海战开始后不久。根据经验，我立刻明白发生了什么：发射药起火，炮塔无法运作。于是我快速地下达了命令："向C炮塔药库注水！"——把药库置于水面下，从而防止事故的进一步发展。

四、"毛奇"号

与"塞德利兹"号相比，"毛奇"号现存的受损记录较为单薄，但现存资料仍足以描述该舰在这一阶段的5次中弹的细节。

1号：中弹时间为16时02分或其后不久，一枚据推测来自"虎"号的炮弹在船体前部位置附近的水下爆炸。爆炸造成炸点附近的船体板内陷，并对该舰造成了剧烈的震动，使得该舰的双层船底有相当部分浸没至右舷部位。该舰纵倾平衡水柜之一底部的部分铆钉松动，造成了舰艏鱼雷平台的轻微的进水，引发3°的侧倾。通过反向注水，这一进水

很快就被解决。进水和反向注水造成船体内的海水总量约为1000吨，前部和后部的吃水均变为8米。

2号：中弹时间为16时16分，在18000码（16459.2米）距离上发射的一枚15英寸（381毫米）被帽穿甲弹。炮弹击穿了右舷5号150毫米炮廓炮下方、水线标记上方2.65米处的200毫米上部侧装甲带，在装甲板上造成了一个外侧直径约为550毫米、内侧直径39英寸（0.99米）的弹孔。弹孔所在装甲板后缘外凸1.25～2英寸（31.75～50.8毫米），其前缘则外凸0.375～1英寸（9.5～25.4毫米），而炮廓的150毫米装甲板则发生了最大值为0.375英寸（9.5毫米）的向外位移。炮弹在击穿后于外侧煤舱内爆炸，造成煤舱内4名司炉当即阵亡，另有一人因伤势过重而身亡。该煤舱底部的装甲甲板厚度分布如下：中甲板高度的装甲甲板厚25毫米，倾斜部分厚度为50毫米。该装甲甲板未被击穿，但煤舱通向中甲板通道的6毫米舱壁被弹片和装甲碎片撕开。受爆炸影响，8毫米炮列甲板凸起，并在炮尾位置被从下方击穿，此处的150毫米副炮提弹井也被弹片撕开。穿甲弹的弹体部分最终停在该提弹井内，并造成药库提弹机卡死。5号150毫米炮廓炮因炮闩卡死无法运作，同时炮列甲板被毁部分产生的残片也插进了炮身内。弹片撕破了炮廓内的2份备便发射药容器，造成发射药起火，导致炮廓内的12名炮组成员全部阵亡（其中10人当即阵亡），其中大部分头部或四肢骨折，并伴有严重的烧伤。与该炮相邻的4号炮廓也被烟气影响，该炮廓成员不得不暂时撤出。火苗还经由提弹井向下蔓延至药库，药库内乘员中有两人严重烧伤，另有一人吸入了大量毒烟并于两

天后去世。不过药库内乘员中也有两人毫发无伤，另有两人轻伤。火苗还通过被撕开的煤舱舱壁进入中甲板通道内，并在此处造成了一定伤亡。

此次中弹产生的烟气导致该舰的 4 号和 6 号 150 毫米炮廓炮在一段时间内无法运作，烟气散尽后渗水处被堵住。此次中弹造成的唯一进水出现在外侧煤舱底部装甲甲板斜面顶部位置，被淹部分长度约有 20 英尺（6.1 米）。当时煤舱内的具体储煤情况缺失，但是可以

确定的是"毛奇"号的外侧煤舱并未装满，尽管出于舷外部分防护的考虑，部分储煤曾被转移至该煤舱。

"毛奇"号舰长在日德兰海战后的报告中，根据此次中弹做出的推测颇为有趣。由于炮弹的弹体部分最终停在 150 毫米炮廓炮的提弹井内，因此该舰的乘员得以确定炮弹直径为 381 毫米。由于该舰当时正与装备 13.5 英寸（343 毫米）主炮的"虎"号交火，因此舰长的结论是原先的"虎"号早在多格尔沙洲之战时便已

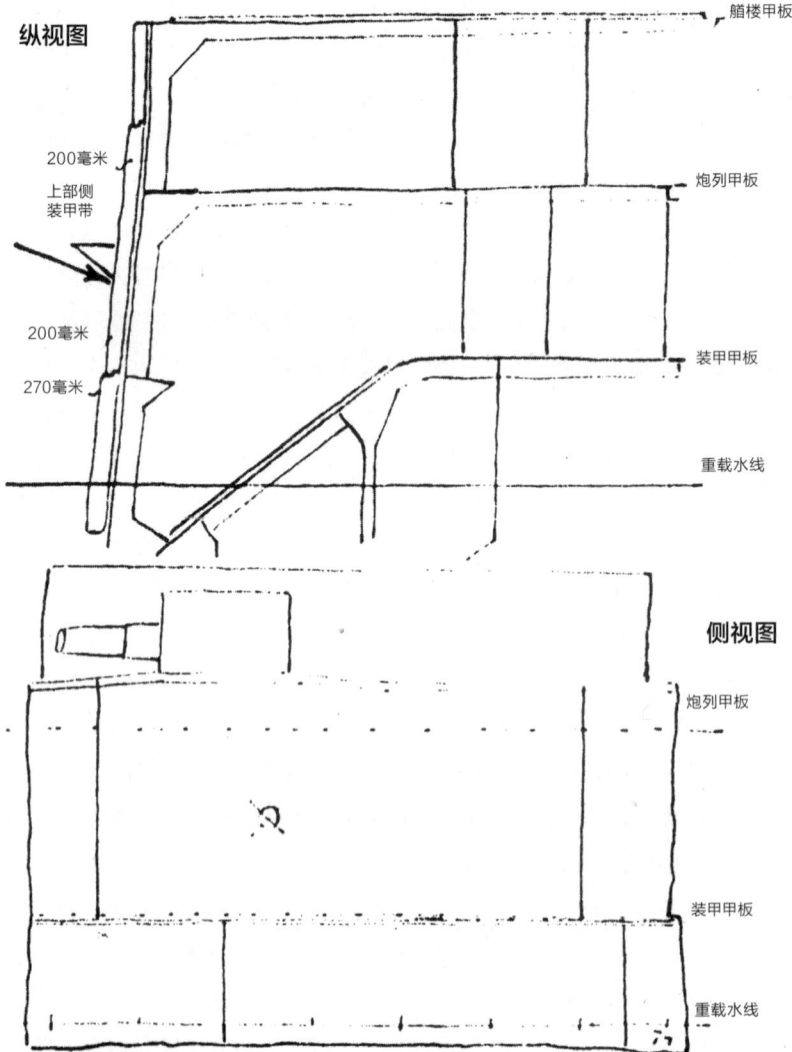

纵视图

艏楼甲板

200毫米
上部侧
装甲带

炮列甲板

200毫米

270毫米

装甲甲板

重载水线

侧视图

炮列甲板

装甲甲板

重载水线

"毛奇"号在海战第 1 阶段 2 号中弹示意图。

纵视图

侧视图

▲ "毛奇"号在海战第1阶段3号中弹位置照片，本照片体现了炮弹在左舷内侧爆炸后造成的效果，摄于"毛奇"号进入浮动船坞时。

▲ "毛奇"号在海战第1阶段3号中弹位置照片，摄于"毛奇"号进入浮动船坞后。

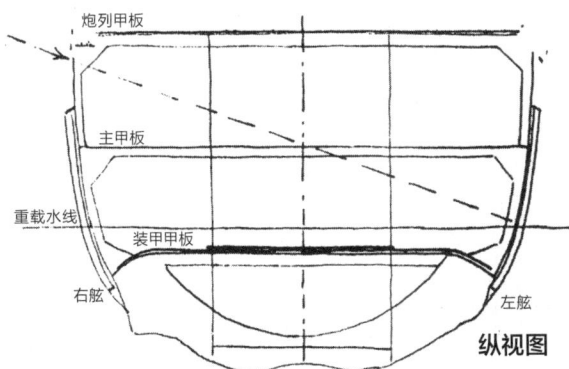

▲ "毛奇"号在海战第1阶段3号中弹示意图。

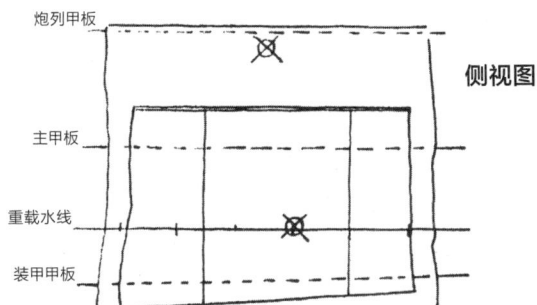

经被击沉，而自己现在正在交火的对手是一艘侧影和"虎"号类似，且装备了15英寸（381毫米）主炮的新战巡。这显然说明舰长完全没有注意到皇家海军第5战列舰中队的存在。奇怪的是，根据当事人的回忆和作战日记，在德方战巡战列线中分别位于"毛奇"号前后位置的"塞德利兹"号和"冯·德·坦恩"号均注意到了第5战列舰中队的参战。前者将第5战列舰中队的战舰误认为"英王乔治五世"级；后者正确判断舰型为"马来亚"型，但数目则误认为5艘。

3号：此次中弹与2号中弹几乎同时发生，也是一枚15英寸（381毫米）弹。炮弹命中距离舰尾50英尺（15.2米）处炮列甲板下方的右舷侧船体板，命中部分大致比重载水线高3.35米。炮弹在穿透了船体后从内侧撞上了左舷侧100毫米侧装甲带重载水线位置。炮弹似乎并未爆炸，但是造成一块装甲板脱落，并在舷内船体板上造成了一个约6英尺×5英尺（1.83米×1.52米）的弹孔。除弹孔外，船体板部分被毁，另外部分被撕开并弯曲。虽然此处的装甲甲板并未受损，但大量海水从舰尾位置渗入了该甲板上方的舱室中，被淹部分总长达120英尺（36.6米）。

4号：中弹时间为16时23分，此次中弹依然是一枚15英寸（381毫米）弹。炮弹在270毫米装甲带右舷2号150毫米炮廓炮位置之后不远处爆炸，炸点距离重载水线位置16英尺（4.88米），不过仍在实际水线下方。中弹造成一块体积为9英寸×12.5英寸×2.75英寸（228.6毫米×317.5毫米×69.8毫米）的装甲块从装甲板表面脱落，装甲带下缘的一块125毫米装甲板向内位移40毫米～200毫米，且在该装甲板上造成了深3

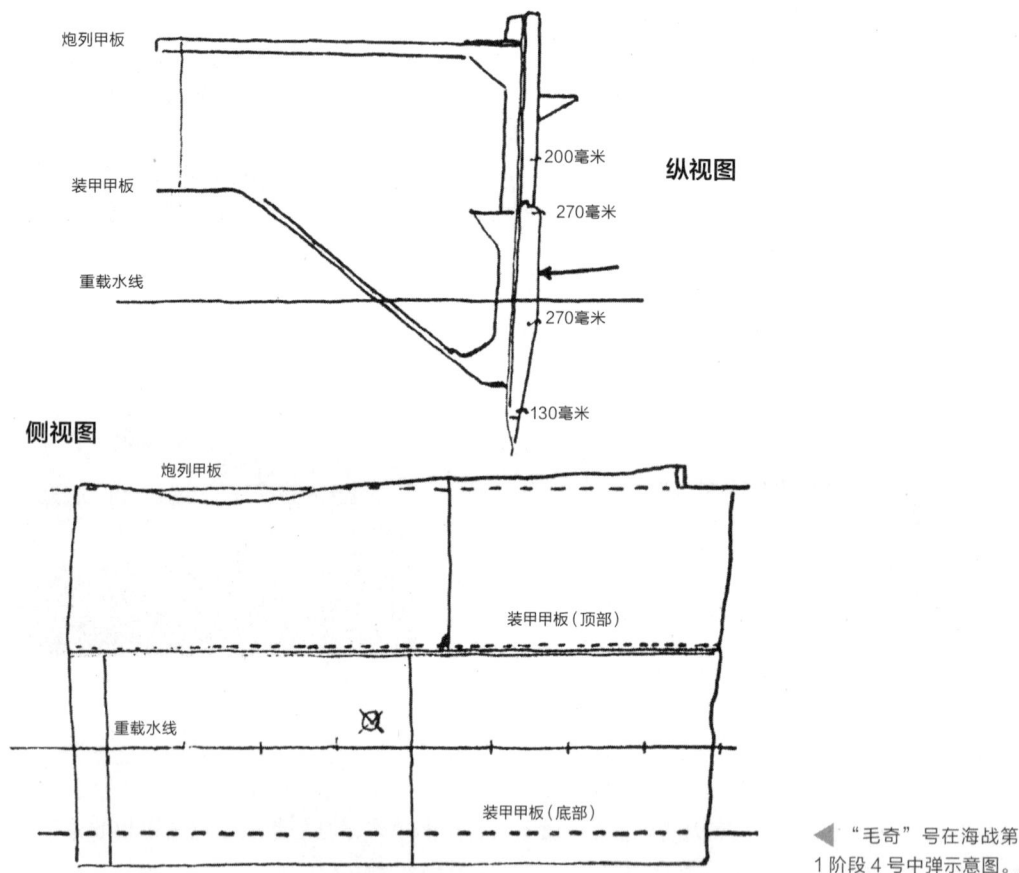

炮列甲板

装甲甲板

重载水线

200毫米

270毫米

270毫米

130毫米

纵视图

侧视图

炮列甲板

装甲甲板（顶部）

重载水线

装甲甲板（底部）

◀ "毛奇"号在海战第1阶段4号中弹示意图。

英寸（76.2毫米）的裂痕。炸点附近的船壳板长达36英尺（11米）的部分内陷最深达14英寸（355.6毫米），该部分最深处距离装甲带下缘8英尺（2.44米）。除内陷外，该部分船体板还在多处被撕裂，并被一块破片击穿，部分船肋接头弯曲。同时中弹位置附近的侧舱壁严重扭曲。受此次中弹影响，该舰右舷舷舱有长达71英尺（21.6米）的部分被淹，防护煤舱（当时为满载状态）内则有长达53英尺（16.1米）的部分被淹，而外侧煤舱则有32英尺（9.75米）长的部分被淹——该煤舱进水位置在中甲板高度的装甲甲板顶点上方。与右舷舷舱相连的双层船底亦有16英尺长（4.88米）被淹。除此之外，少量水

渗入了防护煤舱前方远达33英尺（10米）处，但进水此后被排干。少量海水一度通过安装于未在此次中弹中未受损的防鱼雷舱壁上的煤舱舱门，渗入该舰的3号和4号生火间，

▲ "毛奇"号在海战第1阶段4号中弹位置照片。

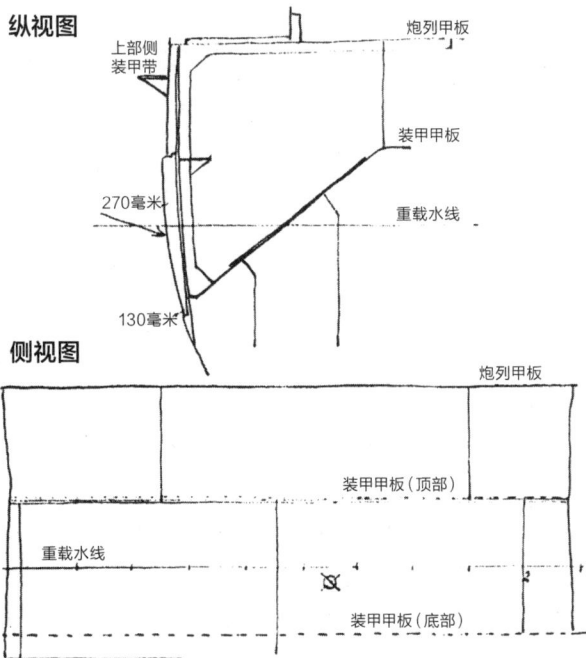

纵视图

上部侧装甲带

炮列甲板

装甲甲板

270毫米

重载水线

130毫米

侧视图

▲ "毛奇"号在海战第 1 阶段 5 号中弹位置照片，摄于 1916 年 6 月 7 日。

炮列甲板

装甲甲板（顶部）

重载水线

装甲甲板（底部）

▲ "毛奇"号在海战第 1 阶段 5 号中弹示意图。

▲ "毛奇"号在海战第 1 阶段 5 号中弹位置照片。

但经过维修人员的努力，舱门在中弹后恢复了水密。在实际水线上方，防雷网储藏间受损较重，防雷网本身虽未破损，但部分已落入水中。右舷 2 号 150 毫米炮廓炮一度被抬起，但不久即完成回位。受此次中弹影响，该舰方位指示器的机械部分无法运作。

5 号：中弹时间为 16 时 26 分，仍然是一枚 15 英寸（381 毫米）弹。炮弹在主桅之后不远处的右舷 270 毫米装甲带上爆炸，炸点位于重载水线下方 0.3 米处，距离装甲板后缘 28 英寸（711 毫米）。爆炸造成装甲板表面部分开裂，该装甲板（总长约 5 米）后缘内陷 0.3 米，其前缘则外凸 40 毫米；装甲板后侧的装甲板前缘内陷 160 毫米，后缘外凸 1.25 英寸（31.75 毫米）。这两块装甲板中央区域都产生了裂痕；中弹装甲板上方的装甲板则发生约 40 毫米的向内位移。炸点附近

倾斜的 26 英尺（7.92 米）长的装甲甲板则产生了最大 10 英寸（254 毫米）的内陷，中弹装甲板内侧的外船体板向内弯曲，装甲带以下的船体板则有 40 英尺（12.2 米）部分产生了最大 16 英寸（406 毫米）的内陷，并伴有撕裂痕。这部分船体板最深处距离装甲带下缘 5 英尺（1.52 米）。受此次中弹影响，该舰右舷舷舱有长达 75 英尺（22.9 米）被淹，防护煤舱内则有长达 63 英尺（19.2 米）被淹，而外侧煤舱则有 43 英尺（12.9 米）长的部分被淹——该煤舱进水位置同样在位于中甲板高度的装甲甲板顶点上方。防护煤舱被淹位置前后一段距离内都发生了少量进水，但进水同样很快就被排干。与 4 号中弹情况类似，防鱼雷舱壁未被损坏，阻止了进水蔓延至重要舱室。在实际水线上方，防雷网储藏间被撕裂达 33 英尺（10 米），但防雷网本身并未

破损。4 号中弹和 5 号中弹的发射距离估计在 15500 ～ 16500 码（14173.2 ～ 15087.6 米）之间。

以上中弹造成"毛奇"号向右倾斜约 3°，该舰通过向左舷舷舱内方向注水扶正了这一倾斜。加上反向注水的效果，该舰船体内的海水总重估计达 1000 吨，其后部吃水深度增加约 2 英尺 8 英寸（0.81 米），前部吃水深度则减少约 8 英寸（0.2 米）。尽管如此，直到海战结束，该舰仍能保持 25 节的航速。16 时 16 分命中该舰的 15 英寸（381 毫米）被帽穿甲弹据信来自"刚勇"号，但不确定命中该舰的其他 15 英寸（381 毫米）弹究竟是来自"刚勇"号还是"巴勒姆"号。

五、"冯·德·坦恩"号

该舰在这一阶段共中弹 3 次，其中第 1 次中弹已在上文描述，另外 2 次简述如下：

2 号：中弹时间为 16 时 20 分，为一枚来自"虎"号的 13.5 英寸（343 毫米）弹，炮弹命中该舰舰艏炮塔的 200 毫米基座装甲右侧，中弹位置距离基座上缘 230 毫米，距离水线约 9 米，大致位于中弹装甲板中央。炮弹与接触面的法线夹角约为 25°，射击距离约为 17000 码（15538 米）。炮弹在命中同时爆炸，在装甲板边缘造成了一个 0.9 米 ×0.55 米的弹孔，并在装甲板上相当大的面积内造成了向心裂痕以及直达舰楼甲板的深裂痕。虽然装甲板紧固件并未被破坏，但装甲板仍发生了一定程度的弯曲变形。8 毫米厚附 15 毫米加强的舰楼甲板在距离命中位置 1.1 米处被击出了一个 4.4 米 ×1 米大的破孔，同时 8 毫米上甲板也被破片击穿。该舰舰艏炮塔被严重震动，此外一大块装甲碎片飞进炮塔，其电力回旋设备被毁，导致炮塔被卡

死在右舷后方 30° 的位置，于此后的战斗中一直无法运作，此外该炮塔左炮的俯仰亦被卡死。此次中弹并未在炮塔内引发火灾，也没有产生多少有毒气体，但仍在第一时间对该炮塔的药库进行了注水作业。此外，中弹位置附近的某舱室内发生了小规模起火。此次中弹造成 6 人烧伤，2 人轻伤。

3 号：中弹时间为 16 时 23 分，同样为一发来自"虎"号的 13.5 英寸（343 毫米）炮弹。炮弹从右舷方向飞来，命中船体上甲

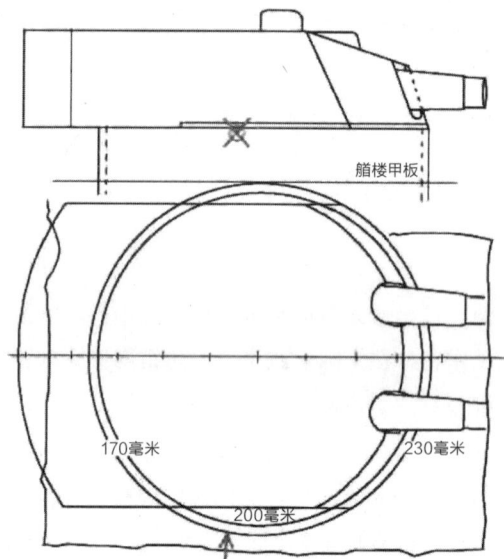

▲ "冯·德·坦恩"号在海战第 1 阶段 2 号中弹示意图。

▲ "冯·德·坦恩"号在海战第 1 阶段 2 号中弹位置照片。

板上方舰艉炮塔基座中线前方 3 英尺（0.91 米）处内陷的位置，中弹位置较水线高约 3 米。炮弹击穿了该处的侧板和 25 毫米炮列甲板之后，继续击穿了一道住舱舱壁和纵向煤舱舱壁，最终在炮列甲板下方 40 英寸（1 米）、装甲甲板上方 90 英寸（2.3 米）处、舰艉炮塔基座 30 毫米装甲（即炮塔基座的外层防护柱）前方爆炸。炮弹在船体侧板和中甲板上造成的弹孔大小分别约为 16 英寸 × 20 英寸（406 毫米 × 508 毫米）和 0.9 米 × 0.4 米，此外爆炸将炮列甲板撕开了一个大小为 1.9 米 × 1.6 米的破孔。装甲甲板倾斜部分（50 毫米）并未受损，但 25 毫米的装甲甲板水平部分被冲击波击弯及撕开两个小破孔。舰艉炮塔基座在中甲板和装甲甲板之间长约 12 英尺（3.66 米）的部分被弹片击穿，发生了位移，被推向主炮的支撑结构。支撑结构本身也受爆炸影响向内弯曲，部分地方被弹片击穿。大量弹片还飞进了炮塔手动回旋操作室内，造成一人阵亡。手动回旋操作室产生的破片导致该炮塔卡死。弹片还导致炮塔的动力回转和俯仰机构以及炮塔下部提弹机构的动力装置失效。该舰损管部门此后不得不出动爆破组，对卡住炮塔一部分扭曲的金属块实施爆破，虽然该部门使尽浑身解数，但该炮塔还是只能通过手动实施回旋。

炙热的破片还造成储存在该炮塔下方的练习靶标起火，产生了浓密的烟云，火灾延续了约一小时才被扑灭。浓烟与其他有毒气体经由破损的通风管道进入两座舵机舱。此外第二舵机舱的送风井被毁，另有一座通风泵被撕离基座。以上影响造成舵机舱内乘员撤离舱室达 20 分钟，但在此期间该舰仍能实施操舵。焖烧延续了数小时，产生的烟气笼罩了全舰。由于该炮塔药库的通海阀被埋在残骸之下，该药库无法在第一时间内实施注水。尽管如此，该炮塔内没有弹药起火，存放在炮列甲板与上甲板之间的工作室内、距离炮塔基座中弹处六七英尺（1.83 ~ 2.13 米）的 2 份主发射药和 2 份前发射药也没有受损。

此次爆炸的效果主要沿着炮弹行进方向展开，距离炸点 10 英尺（3.05 米）的一处横向舱壁相对而言受损轻微。基座附近约 6 英尺 × 5 英尺（1.83 米 × 1.52 米）范围内的 25 毫米炮列甲板隆起变形，而该处的 25 毫米装甲甲板则出现两个小破孔并向下凹陷。在 50 毫米装甲甲板倾斜部分同样出现两个小破孔，该部分装甲甲板本身略有弯曲。其他损伤包括右舷纵向舱壁有长约 8 英尺（2.44 米）的部分被毁，左舷纵向舱壁则有长 36 英尺（11 米）轻微弯曲。炮弹射入时扯松了部分防雷网，使其部分悬垂于舷侧。但船员及时地在防雷网卷入推进器前将其割断。该舰高速航行时通过弹孔进入船体的海水经由破损的管道渗漏，装甲甲板和上部平台甲板部分被淹。

此次中弹共造成 6 人死、14 人伤，其中 5 人当时位于炮塔外。舰艉炮塔直至当晚 20 时前无法运作，此后只能用人力实现回转、俯仰和下部提弹机构的运作。该炮塔的上部提弹机构仍可使用电力运转。

除了上述三次中弹造成的损伤外，该舰右舷舷侧炮塔内的 280 毫米主炮于 16 时 35 分过热，进而无法正常复进。这一故障直到当晚 19 时 30 分才排除，但仍会在此后射击时重现。该舰左舷舷侧炮塔的右炮于 16 时 50 分也发生了类似故障。受 2 号或 3 号中弹产生的振动影响，该舰的无线电接收装置发生故障，其中中天线和左舷大型天线的电线被毁，隔离器破损。受此影响该舰无法接收 5 号波段上的信号，而 0 号波段上的信号则由

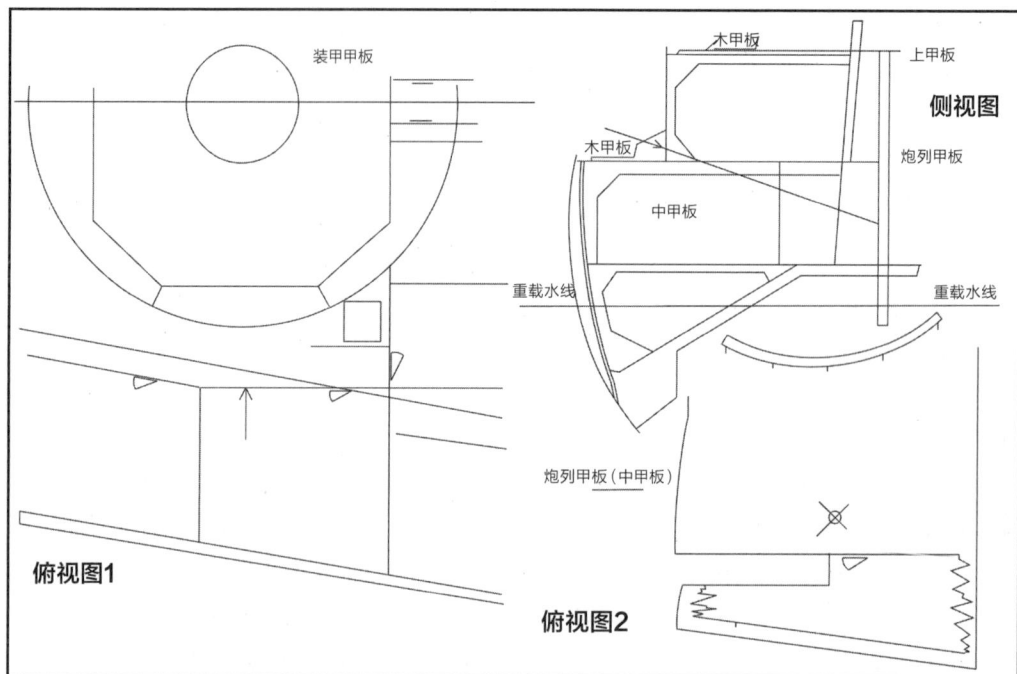

▲ "冯·德·坦恩"号在海战第 1 阶段 3 号中弹示意图。

于隔离器破损，或受大型天线上垂下的电线影响而无法清晰接收。

▲ "冯·德·坦恩"号在海战第 1 阶段 3 号中弹位置照片。

六、小结

从 15 时 48 分至 16 时 54 分，在这一阶段的海战中德国战巡被大口径炮弹命中的次数简要统计如下表：

▲ "冯·德·坦恩"号在海战第 1 阶段 3 号中弹对其轻结构造成了较大破坏，左上可见中弹在炮列甲板上造成的破孔，右中则显示该舰艉炮塔结构遭到的破坏。

（1英寸=25.4毫米，1磅≈0.45千克）

炮弹种类 舰名	15英寸弹	13.5英寸 1400磅弹	13.5英寸 1250磅弹	12寸弹	总计（次）
吕佐夫	0	0	4	0	4
德芙林格	0	0	0	0	0
塞德利兹	1	4	0	0	5
毛奇	4	1	0	0	5
冯·德·坦恩	1	2	0	0	3
总计（次）	6	7	4	0	17

以上命中中，13.5寸弹据信全部被帽穿甲弹，15寸弹则为被帽尖端普通弹和被帽穿甲弹。

值得注意的是，在海战这一阶段，仅"毛奇"号取得的命中次数（13次）就超出了英国全部战巡取得的命中次数（11次）。虽然德方在能见度上具有优势，但从皇家海军的角度而言，如此糟糕的炮术表现依然是难以接受的。"冯·德·坦恩"号的舰长在海战后的报告中就曾指出英方战巡的射击准头颇差，且各舰多少有些各自为战的意味；同时指出第5战列舰中队的射击不仅频率很高，而且落点很集中。

除了上述大口径炮弹命中记录外，皇家海军驱逐舰的4英寸（101.6毫米）炮也取得了部分命中，其中"德芙林格"号便被4英寸（101.6毫米）炮命中7次。其中一次炮弹在舰桥下方爆炸，对最上层的上层建筑甲板上造成了一个8英尺×4.5英尺（2.44米×1.37米）的破孔。"吕佐夫"号也可能在这一阶段被4英寸（101.6毫米）炮弹命中，但中弹详情缺失。此外，"塞德利兹"号的

右舷装甲带也曾被一发4英寸（101.6毫米）弹命中。

争议

后世对于日德兰海战中皇家海军的表现批评颇多，而贝蒂和杰里科的拥趸们也分别向对方做出了严厉的攻击。在长期的争论中，"向南狂奔"这一阶段中，贝蒂和伊万－托马斯的表现一直是主要议题之一。除了指挥上的争议之外，皇家海军在该阶段的表现还引发了其他方面（如火控系统）的争议，进而也引发了对皇家海军"体制问题"的批判。

海战结束之后，杰里科本人在第一时间内对于这一阶段的评价较为克制，但仍堪称严厉：

战巡对战阶段令人不满的事实是：5艘德制战巡在面对6艘英制战巡时，我方在开火20分钟后又得到了4艘"伊丽莎白女王"级战列舰的远距离支援的情况下，德方仍能击沉"玛丽女王"号和"不倦"号……这一结果无论如何都堪称令人难堪。

与后世的评论相比，杰里科的这一评

◀ 伊万－托马斯少将（肖像画），时任第5战列舰队指挥官。

价还是客气的。科雷利·巴奈特（Correlli Barnett）在《持剑者：一战中的最高指挥官》（The Swordbearers: Supreme Command in the First World War）一书中就写道："被决定性击败的贝蒂在舍尔面前抱头鼠窜。"在《布拉西年刊》（Brassey's Annual）1924 年刊载的一位匿名作者所写的文章则声称：

　　尽管弱势一方在舰队交战获得一定优势的例子在历史中并不鲜见，但还从来没有任何一个皇家海军中队在占据速度和火力优势的情况下，于仅仅 35 分钟内便被击败。

　　当然，上述两个评价有失偏颇。因为除了"虎"号之外，其他英制战巡都没有明显的速度优势。况且，在舍尔登场前，急于脱离战斗的是希佩尔而非贝蒂，无论是贝蒂的战巡，还是伊万－托马斯的第 5 战列舰中队，都在一种灭此朝食的心态下对希佩尔紧追不舍。而当舍尔登场之后，面对实力的巨大差距，贝蒂显然不可能选择与公海舰队主力硬拼，此时他的任务已经转为与舍尔保持接触，在将后者引向杰里科率领的大舰队主力的同时，持续向杰里科提供相关情报，并阻止大舰队主力在开火前被舍尔或希佩尔发现——至于这一

任务完成的质量如何，就另当别论了。

　　无论如何，贝蒂在这一阶段仅在数量上就被希佩尔打了 0∶2，皇家海军幸存战巡的受损程度也比对手更为严重。若非第 5 战列舰中队在"不倦"号殉爆之后投入战斗，双方的交换比可能会更为悬殊。在哈珀上校（John Harper）负责编写的日德兰海战官方报告中，对这一阶段交火结果的评估为贝蒂被"部分击败"。无论如何，应该承认希佩尔的战巡在这一阶段的表现更好。

　　就这一阶段中的表现，贝蒂所部受到的指责主要集中在他未能在投入交火前集结第 5 战列舰中队和英方战巡糟糕的炮术表现这两点上。前者在本章第已节已有较为详细的解读，这里仅需补充贝蒂及其支持者的观点：贝蒂自知拥有数量和火力优势（实际上海军部通报的情报显示希佩尔麾下有 6 艘战巡出战，因此很难说贝蒂自知拥有数量优势，不过考虑到贝蒂在第一时间认为遭遇的仅是敌方轻巡，因此这种开脱的说辞也是合理的），并担心集结带来的延误可能造成希佩尔溜掉。杰里科虽然在战后最初的报告中支持贝蒂，但此后也转而认为贝蒂应先行集结再投入交火。

　　就炮术方面，英德双方均承认第 5 战列舰中队的射术更为优良。希佩尔在战后的报告中就表示：

　　（在向南狂奔阶段）英国战巡对我方战巡并未造成严重破坏……但另一方面，"马来亚"级战列舰以及敌主力舰队的炮术堪称精良。

　　如本章第三节的统计所示，在这一阶段双方的命中数差距巨大（44∶17），造成这一结果的原因是多方面的：

　　1. 双方能见度条件差距明显。在整个"向

南狂奔"的过程中，德方的能见度一直较好。从整体上来看，贝蒂所部在西希佩尔所部在东，从希佩尔所部看来，贝蒂麾下战巡的背景是战场西部晴朗的天空，因此贝蒂麾下各舰的侧影均非常清晰，希佩尔所部从而得以更好地进行校射。由于战场东部的天空密布阴暗的灰云，并伴有水平线上的薄雾，因此贝蒂所部的射击条件先天就不如对手。贝蒂官方传记的作者当时也在"狮"号的舰桥上，他回忆称："当时的能见度极不可靠，这种天气在夏季的北海非常典型，不同程度的薄雾弥漫在海面，湿度之大，甚至连阳光也难以穿透。不幸的是，西方水平线倒是很清晰。"贝蒂和伊万-托马斯战后的报告也提到射击时目标非常模糊，托马斯还提到常常仅能观察到对手开火时的炮口闪光。对这一点，杰里科也给予了理解。事实上，若干德国战巡舰长（如"吕佐夫"号和"塞德利兹"号）在海战后的报告中，也推断这一阶段英国战巡糟糕的射击结果和较慢的射击速度都说明了英方的能见度条件较差。

2. 废气的影响。由于战场上当时的风向为西北西，考虑到贝蒂麾下的战巡排成一条西北-东南方向的斜线，其排出的烟气被风吹向双方舰队之间的海域，从而影响了己方的观瞄。与此相反，希佩尔麾下各舰排出的烟气则更快地被风吹散，不对己方射击构成妨碍。此外在交火之初，皇家海军第9驱逐舰队因急于投入位于战巡前方的战位并准备进行鱼雷攻击，因此加速从本方战巡的交火侧驶过，该驱逐舰队排出的浓烟几乎完全挡住了"皇家公主"号和"虎"号的视野。

3. 德制立体镜测距仪效果比英制双象重合测距仪性能更好。关于这一点在本书最后一章有更为详细的分析。同时需要注意到，"伊丽莎白女王"级战列舰装备的15英尺（4.57米）测距仪，性能要比英制战巡装备的9英尺（2.74米）测距仪更好，这也是第5战列舰中队射术更佳的因素之一。此外，由于皇家海军在战前对测距仪操作员的训练不足，其素质明显不如公海舰队的同行。德舰枪炮官使用的光学器材性能也非常出色，"德弗林格"号的枪炮长哈泽少校就曾对自己潜望镜的蔡司镜头大加赞赏："即使在远距离上，我也能清晰地观察到敌舰的细节，例如敌舰炮塔的动向，各炮管在射击后放平以便装填的动作。"前文中"冯·德·坦恩"号的炮长玛尔霍兹少校对击沉"不倦"号经过的描述也显示，在击沉后者的过程中他始终能清晰地观测到"不倦"号的机动。

4. 贝蒂麾下战巡的火力分配出现失误，这一点在本章第一节已经提及。

5. 英方使用的试射方式获得准确距离的速度较慢，因此也较难取得跨射。关于这一点在本书最后一章有更为详细的分析，不过也有近年来的某些研究发现这一观点未必成立，参见附录10。此外，贝蒂麾下的战巡舰队航速为25节，而希佩尔所部则为18节，因此从火控角度而言，德舰的射击平台更为稳定。

6. 贝蒂麾下的战巡舰队射术本就不如大舰队中的战列舰。杰里科在战后就曾私下评价过"根据战后的炮术训练记录，显然我方的大部分战巡射击水平都非常低"。这一评价可能稍有夸大，但无疑战巡的射击水平与战列舰相比差距明显。一方面，虽然战巡在实战中是在25节航速下进行射击，但在战前的演习和训练中，战巡的航速被限制在12节左右，这无疑是大大降低的射击难度。与此同时，演习和训练中射击距离也被限制在

9000 ~ 10000 码（8229.6 ~ 9144 米）上，这远低于日德兰海战中双方的实际交火距离。以上两点使得英方战巡在演习和训练中面对的射击难度远低于实战。另一方面，尽管贝蒂麾下聚集了大批经验丰富的枪炮官，但由于福斯湾较为狭窄，因此也无法进行常态的射击训练（驻扎在斯卡帕湾的大舰队主力则无此问题，因此战巡舰队各部需要轮流前往斯卡帕进行射击训练，海战前第 3 战巡中队即由此前往斯卡帕湾）。

7. 除此之外，传统观点认为皇家海军所使用的德雷尔火控台性能不如亚尔古火控台，前者仅因为"体制问题"而被海军部采用，而很多观点都认为前者抄袭了后者。不过 2005 年出版的《无畏舰炮术与日德兰海战》（Dreadnought Gunnery and the Battle of Jutland）一书对这一传统观点进行了反驳。使用了亚尔古射钟[①]的"玛丽女王"号，在"向南狂奔"阶段取得了较好的射击成绩（4 次命中，"狮"号、"皇家公主"号和"虎"号在这一阶段各取得 2 次命中），但与此同时，也使用德雷尔火控台的"伊丽莎白女王"级战列舰射击距离更远，但是其战绩却更为优秀。这固然和 15 英寸（381 毫米）主炮在远距离上散布较小[②]、15 英尺（4.57 米）测距仪性能更好、第 5 战列舰中队的射击平台更为稳定有关，但很难说从第 5 战列舰中队以及战巡舰队各自的视角出发，希佩尔所部的距离变化率有多大的区别。更何况，"冯·德·坦恩"号和"毛奇"号在被第 5 战列舰中队攻

击后，还采取了 Z 字形机动以规避后者的炮火，而希佩尔麾下的其他 3 艘战巡在与贝蒂麾下的战巡交火时并未采取这一机动。此外，根据参战者的回忆，第 5 战列舰中队的能见度条件也未见得比己方战巡好多少。在"厌战"号校射桅顶参战的一名军官候补生回忆道："虽然公海方向能见度极佳，灿烂的阳光洒在平静的海面上，但是东方的地平线则被海面的迷雾所笼罩，即使在望远镜中敌舰的动向也难以分辨。"

除了以上原因导致战巡舰队的射术较差外，还有一些原因导致了战巡舰队蒙受巨大损失而又未能对敌舰造成重要破坏。

（1）英制炮弹质量不佳；

（2）战巡各舰防火措施不到位。尤其是为弥补射术的不足，战巡舰队极端的追求射击速度，这导致战巡炮塔结构内存储了大量发射药，因此一旦炮塔结构中弹就容易引发发射药起火；

（3）英制战巡防护不足。

以上因素将在本书最后一章中进行更为详细的分析。贝蒂本人在 1918 年曾表示，英制炮弹质量不佳以及战巡防护不足，是造成"向南狂奔"阶段战果令人失望的主要原因。在这一点上倒不能完全说是推卸责任，但对于"防护不足导致'不倦'号和'玛丽女王'号沉没"这一指责，海军部建造部门显然有不同意见。

另一方面，从火控的角度来看，战巡舰队在这一阶段糟糕的射击结果也并不意外。

---

① "新西兰"号和"不倦"号装备的是较为原始的 Mk I 型德雷尔火控台，"狮"号和"皇家公主"号装备 Mk III 型德雷尔火控台，"虎"号则装备 Mk IV 型德雷尔火控台，"玛丽女王"号装备的 Mk III 型德雷尔火控台配置了 Mk IV 型亚尔古射表。

② 根据海军部的统计，在 12000 码（10972.8 米）距离上，15 英寸（381 毫米）、13.5 英寸（343 毫米）和 12 英寸（305 毫米）舰炮的散布分别为 200 码（182.88 米）、300 码（274.32 米）和 400 码（365.76 米）。

无论是德雷尔火控台还是亚尔古火控台，都需要先通过一段时间的测距和修正，进而得出较为准确的敌舰航向航速之后，才能较为准确地解算火控所需参数。这一过程中，保持较恒定和较低的距离变化率，对解算参数非常重要。当战舰转向时（无论敌我），距离变化率会急剧升高，因此从火控的角度来说这种机动非常不利。在交火之前，贝蒂既没有及时集结所部——除了第5战列舰中队外，第2战巡中队也未能及时加入战列线，也没有及时调整航向以避免自身烟气的干扰。贝蒂的机动直接导致其麾下的战巡没有在驶入敌舰射程之前就开火，而且在开火时其麾下的各舰仍在机动以图组成战列线。同时，过于频繁的转向也使得各舰没有足够的时间进行测距，完成对火控参数的测算。因此在"向南狂奔"阶段中，贝蒂麾下的战巡从一开始就失去了火控上的优势。而这一优势一旦失去就很难夺回，除非通过机动脱离交战，

然后在停火后重新接战。"不倦"号沉没后，双方战巡之间的距离一度拉开到20000码（18288米）以上，并因此被迫停火。在第5战列舰中队登场后，贝蒂再度拉近与希佩尔的距离并一度获得了火控上的优势，但这一优势很快就消失了。此外，考虑到本阶段贝蒂频繁的机动，在此条件下理论上德雷尔火控台要比亚尔古火控台的表现更为出色。从火控角度对贝蒂这一阶段指挥的评论详见附录10。

总之，尽管大舰队在"向南狂奔"阶段的表现在战后有众多争议的地方，但在1916年5月31日17时，无论是贝蒂还是伊万-托马斯显然都无心就日后别人或自己的责任多作指责或辩解，因为在公海舰队主力猛烈的炮火之下，安全撤退并将对手引向己方主力才是最重要的。现在，主动权已经掌握在了公海舰队手里。

贝蒂的诱敌

海战第 2 阶段，5 月 31 日 16 时 54 分至 18 时 15 分

"我们可算是逮着他们了！"

▲ 高速航行中的"虎"号、"皇家公主"号和"狮"号（由近至远），摄于 1917 年。

向北狂奔

16时52分，公海舰队第1侦察群所辖各舰先后完成了一次向右的180°转向，随即开始追杀正在向北撤退的贝蒂所部。尽管希佩尔在分配火力时将目标定为贝蒂的战巡，但德舰"德芙林格"号实际于16时55分向英舰"巴勒姆"号开火，而德舰"冯·德·坦恩"号也用仅剩的一门主炮向英舰"马来亚"号射击。德舰"吕佐夫"号、"塞德利兹"号和"毛奇"号的目标，分别为英舰"狮"号、"虎"号和"新西兰"号。德舰"毛奇"号和"塞德利兹"号17时10分前后停止向对方战巡射击，"吕佐夫"号则一直到17时27分才停止射击。由于射击距离在19000 ~ 20800码（17373.6 ~ 19019.52米）之间，因此这一阶段的射击命中率较低。16时59分，"吕佐夫"号发射的一枚305

毫米炮弹在稍高于"狮"号1.25英寸（31.75毫米）艏楼甲板处，命中0.5英寸（12.7毫米）上层建筑侧甲末端位置（该舰该阶段的1号中弹）。炮弹在击穿了这两层钢板后飞入该舰厨房，在刚刚越过船体中线时爆炸，炸点距离弹着点21英尺（6.4米）。1英寸（25.4毫米）上甲板不仅受爆炸的气浪冲击出现下陷，还被爆炸造成的破片击穿。爆炸还导致炸点周边的轻结构较重损坏，幸运的是，此处的加强装甲格栅阻止了破片进一步对下方的引擎舱造成破坏。受此次中弹的影响，该舰艏楼甲板上的4英寸（101.6毫米）火炮备便[①]发射药起火，由于在此前的战斗中该舰的消防管道已被切断，因此火难以被扑灭。此外，该舰右舷的4英寸（101.6毫米）副炮组中有两门副炮受此次中弹影响而无法运作，但具体情况不详。

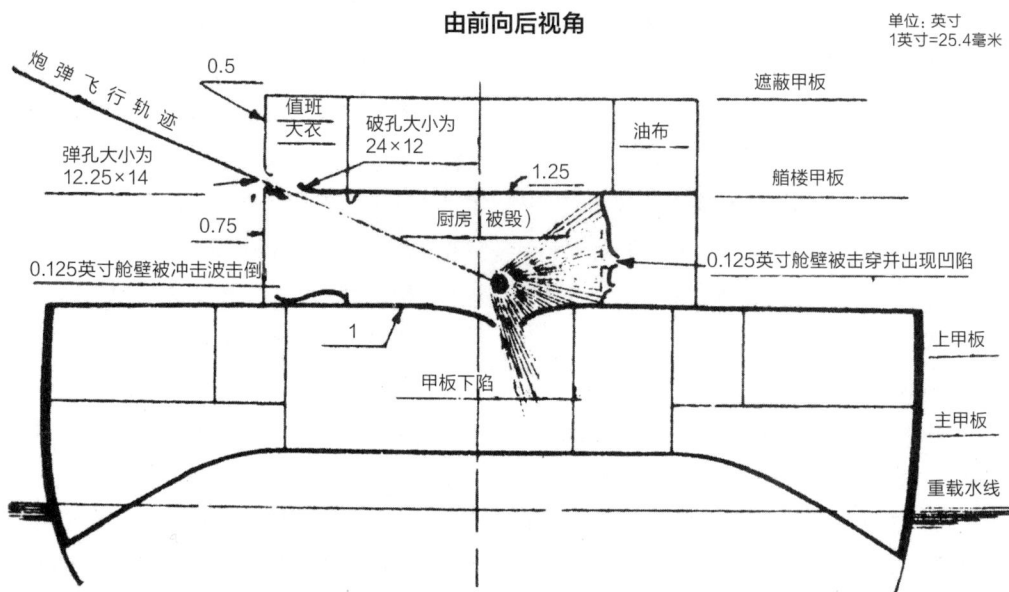

由前向后视角

单位：英寸
1英寸=25.4毫米

炮弹飞行轨迹
0.5
值班大衣
破孔大小为24×12
油布
遮蔽甲板
1.25
艏楼甲板
弹孔大小为12.25×14
厨房（被毁）
0.75
0.125英寸舱壁被击穿并出现凹陷
0.125英寸舱壁被冲击波击倒
1
上甲板
甲板下陷
主甲板
重载水线

▲ "狮"号海战第2阶段1号中弹示意图（16时59分）。

———————
① 军事术语，指待发状态，随时可以使用，意即都准备好了。

另一次中弹造成"狮"号 X 炮塔左舷弹药库的运作出现失误（该舰该阶段的 2 号和 3 号中弹）。除此之外"塞德利兹"号命中"虎"号一次，但未造成严重后果。

德国公海舰队第 3 中队的部分舰只，如"边疆伯爵"号、"路易波德摄政王"号和"皇后"号仍继续向贝蒂麾下的战巡射击，但此时贝蒂的战巡已经逃出了他们的射程。英方战巡因此获得了短暂的喘息之机，各舰乘员趁机执行扑灭火苗、清理残骸之类的工作，暂时没有任务的乘员也短暂离开战位活动一下腿脚。

尽管希佩尔在完成向北的转向后并未向贝蒂发起猛烈追击，不过考虑到当时该部更靠近皇家海军第 5 战列舰中队，因此这一举动仍是可以理解的。贝蒂则一路向北狂奔，直至与大舰队主力建立接触。

17 时左右，第 5 战列舰中队完成转向。在执行这一机动的过程中，位于队形末端的"马来亚"号倒是发挥了一定的主动精神，提前开始了转向。不过在转向过程中，该舰也遭到了公海舰队主力猛烈的射击。该舰的一位炮塔长曾回忆道："转向点异常热闹。我在猜想如果不是舰长主动提前开始转向的话，位于战线末端的我舰怕是不可能不受重创地完成这一机动。"

该中队航向起初为正北，但从 17 时 07 分起，伊万－托马斯少将指挥该中队逐渐向左转向，直至 17 时 17 分将航向定为 313° 方向。尽管 17 时 10 分少将下令提速至 25 节，但该中队的实际速度不会超过 24 节。

在 17 时 10 分前，公海舰队主力也在舍尔的命令下执行一连串转向，因此并未向第 5 战列舰中队射击，在此期间向该中队射击的仅有希佩尔麾下的战巡。"德芙林格"号从 16 时 55 分开始向"巴勒姆"号开火直到 17 时 10 分，在此期间"巴勒姆"共被命中 4 次，其中 16 时 58 分的中弹（该舰该阶段的 1 号中弹）堪称整场海战中最具威力的命中之一。这枚炮弹命中"巴勒姆"号 B 炮塔基座后缘，距离右舷 7 英尺（2.13 米）处的 1.25 英寸（31.75 毫米）上甲板，中弹处的上甲板在靠近右舷 2 号 6 英寸（152.4 毫米）炮廓炮处呈斜坡状，估计炮弹的下落角为 30° ~ 35°。与"德芙林格"号的射表对比，可以看出炮弹在命中前曾因某种原因导致其下落角增大大约 5° ~ 10°。炮弹在上甲板上造成了一个 2.5 英尺 ×1.5 英尺（0.76 米 ×0.46 米）的弹孔后，继续飞行了 15 英尺（4.57 米），然后在 0.375 英寸（9.52 毫米）主甲板上的药品库房内爆炸，直接摧毁舱室以及主甲板上的辅助无线电讯室。

爆炸除了对轻结构造成严重损坏外，还造成了明显的纵火效果。该舰右舷的 6 英寸（152.4 毫米）炮提弹道和待发上递装置，以及左舷的 6 英寸（152.4 毫米）炮提弹道，在主甲板和上甲板之间的部分均被弹片击出大量破孔。同时右舷提弹道在主甲板和中间板之间位置也出现大量破孔。爆炸引发的火苗经由待发上递装置窜入右舷 2 号 6 英寸（152.4 毫米）炮炮廓，引燃了炮廓内的发射药，迫使炮组成员退出战斗。火苗还经由管道向下窜入船舱甲板上的发电机舱，该舱室内所有乘员烧伤。此外，爆炸在主甲板上击出了一个 7 英尺 ×7 英尺（2.13 米 ×2.13 米）的破孔，弹头的一部分击穿中甲板后最后停在了下司令塔。位于下司令塔正下方的是 6 英寸（152.4 毫米）炮药库，该舱室顶端的 0.375 英寸（9.52 毫米）下甲板出现多处破孔，药库及其下方的 6 英寸（152.4 毫米）炮弹库被浓烟所充斥。

数块其他弹片还击穿了中甲板，使得该

单位：英寸
1英寸=25.4毫米

废气管道严重受损

艉楼甲板

破孔1大小
为84×84

上甲板

1.5

弹孔大小为30×18

破孔1

6英寸炮提弹机在主甲板和上
甲板之间部分严重受损

破孔2大小
为21×18

上甲板
药房

0.375

破孔2

药品
库房"

满载水线

破孔3大小
为18×15

中甲板

破孔3

1

煤舱

重载水线

药品库房内起火

下司
令塔

0.375

液压机械舱

下甲板

破孔大小
为15×12

6

药库

6

弹库

发电机舱

药库前段舱壁上的破孔大小为18×18

大块破片击穿中甲板

炮弹飞行轨迹

▲ "巴勒姆"号海战第2阶段1号中弹示意图（横截面图，16时58分）。

▲ "伊丽莎白女王"号左舷前方特写，摄于1922年，此时该级舰的船体基本与1916年相同，可见该级舰的上甲板在B炮塔基座后缘下方、炮廓前端呈斜坡状。

舰右舷前部液压泵因连接液压调节器的压力管道断裂而无法运转。好在该舰剩余的3部液压泵仍足够保持该舰全部4座主炮塔的运作。战后测量结果显示，下甲板6英寸（152.4毫米）炮药库顶端部分以及中甲板上的最大弹孔，其大小分别为15英寸×12英寸（381毫米×304.8毫米）和18英寸×15英寸（457.2毫米×381毫米）。

"冯·德·坦恩"号也曾用该舰仅剩的一门主炮在17时至17时13分期间向"马来

亚"开火。但17时15分，该舰仅剩的最后一个炮塔（左舷舷侧炮塔）也发生故障，无法正常复进。直至18时30分，该故障被临时修复（该舰的右舷舷侧炮塔此前也发生了类似故障，直至19时30分才被临时修复，但两次修复均不彻底，故障此后仍继续出现），该舰就只能依靠副炮进行射击。

尽管形势不利，但是第5战列舰中队英勇地维护了皇家海军百年不坠的荣誉。"巴勒姆"号和"刚勇"号继续向公海舰队战巡射击，而"厌战"号和"马来亚"号则向公海舰队主力编队最前端的4艘"国王"级战列舰开火。第5战列舰中队的15英寸（381毫米）主炮不断让公海舰队的对手感受着怒火："塞德利兹"号在此期间共被命中3次，其中17时06分的中弹（该舰该阶段的1号中弹）从280°方位飞来，在距离舰艏65~70英尺（19.8~21.3米）、船纵中线左侧6英尺（1.83米）处击穿艉楼甲板后，

单位：英寸
1英寸=25.4毫米

面粉仓库

指挥塔

提弹道

B炮塔

提弹道

通往下司令塔

提弹机旋转部分

辅助提弹设备

主甲板

舱壁以及士官办公室内设施彻底被毁

7.5英寸风扇被毁

提弹道多处被击穿

炮塔基座

火苗经该处管道蔓延导致炮列甲板上的发射药起火

舱壁严重凹陷且被洞穿排气管道受损严重

7英寸支柱被击穿

17.5英寸风扇被毁

发电机舱和液压机械舱逃生通道被毁

水密门失效

12.5英寸风扇被毁

因炮弹爆炸造成的弹孔大小约为84×84

通往食品储藏室

矮舱壁受损

备注：通风管道、电缆、消防管道等设施彻底被毁

阅览室

甲板被破片击穿

药房　提弹道

B炮塔

指挥塔

通往下司令塔

提弹机旋转部分

甲板被破片击穿

管道和舱壁被破片击穿

中甲板

设施被毁

炮塔基座

管道和舱壁被破片击穿

食品储藏室

药品库房（被毁且起火）

管道和舱壁被破片击穿

煤舱

甲板被大块破片击穿

工程师储藏室

电线主干通道

发电机舱排出的废气

通风天井受损

液压柜

空气压缩机舱

甲板被破片击穿

提弹道

此处发现的大型破片对甲板造成了破坏，部分设施受损。

提弹道

通往6英寸炮弹药库

下司令塔

交换机室

提弹机旋转部分

火控中心

下甲板

舱壁被破片击穿

液压机械舱

液压柜

火焰经该处管道像下蔓延，导致发电机舱内所有乘员被烧伤

3英寸高炮弹药库

液压机无法运转

液压柜

水密舱

水密舱

水密舱

▶ "巴勒姆"号海战第2阶段1号中弹示意图（相关甲板俯视图，16时58分）。

于上甲板上方距离右舷6英尺（1.83米）处爆炸。爆炸在上甲板和艏楼甲板之间的外层船壳板上打出了一个约3米×4米大小的弹孔，并吹飞了若干通往88毫米炮的舱门。上甲板上的破孔大小约为2米×2米，艏楼甲板在炸点上方隆起。弹片还击穿了上甲板、艏楼甲板、炮列甲板以及船壳板；其中此次中弹在该舰右舷船壳上造成的破孔是该舰此后严重进水的主要原因。在该舰航行时，大量的海水从船壳板上的弹孔中以及本阶段其他4枚15英寸（381毫米）弹造成的破孔中涌进船体，逐渐蔓延至前部装甲甲板以上位置的所有舱室，导致该舰前部吃水加深。至当晚21时，此次中弹在右舷造成的弹孔仅比当时的水线略高。随着该舰艏楼的持续下沉，海水得以通过艏楼上的破损处进入装甲盒舱壁之后的舱室，同时海水还逐渐经由电缆接头、传声管、通风管道和舱口渗入前部装甲甲板下方的舱室。17时10分，该舰的右舷舷侧炮塔又在19000码（17373.6米）距离上，被一枚15英寸（381毫米）弹命中（该舰该阶段的3号中弹）。弹着点位于炮塔正面右炮右侧位置，此处的250毫米装甲被击穿；炮弹在击穿过程中爆炸，且后效主要集中在炮塔外侧；此次中弹造成的弹孔大小为0.35米×0.25米，伴有向心的裂痕。炮塔外侧弹孔上方以及炮塔内侧弹孔下方的装甲板出现了一些散裂，尽管装甲板本身并未出现位移，但是当时正指向该舰右后方的该炮塔遭到了剧烈震动。装甲碎片、一大块弹片、桩箍和炮管套筒的碎片冲入炮塔内，击打了炮塔右炮的俯仰装置和摇架支架，导致该炮的俯仰及回转机构被毁，右摇架支架及炮耳也受损。不过通过与左炮实施耦合，该炮仍可移动。飞进炮塔内的弹片还造成了一人重伤，中弹

后这名伤员被临时安置在炮塔尾部的一张吊床上，稍后才送往医务室，但最终于中弹一小时后死亡。此外，中弹还造成了一例轻微烧伤和两例轻伤。

向两侧飞出的装甲板碎片则击中了测距仪的装甲盒，击穿了防浪板，还有部分落在了上甲板上。爆炸造成的大量黄色和白色气体涌入炮室，但由于炮室乘员均佩戴了防毒面罩，并临时撤离了炮塔3分钟以待气体消散，因此并未对炮室乘员造成伤害。总之，此次中弹未对该炮塔操作室造成影响。

另外，"大选帝侯"号和"边疆伯爵"号分别在17时09分和17时10分各被命中一次，但并未造成严重影响。

17时10分，公海舰队第3中队也开始向皇家海军第5战列舰中队射击。在后者艰难的北撤过程中，位于末尾的"马来亚"号和"厌战"号成了对手集火的目标，两舰在后撤的半个多小时内一直处于对手的弹雨中。该舰的某位炮塔长曾回忆道："转向后，我注意

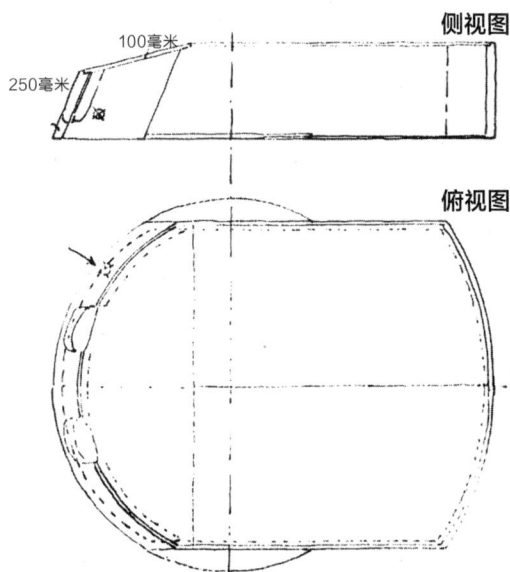

▲ "塞德利兹"号海战第2阶段3号中弹示意图（17时10分）。

到我方战巡正全速向北疾驰，我们已经落后他们大约 7000～8000 码（3.5～4 海里）。我意识到这样一来第 5 战列舰中队可就得对付整个公海舰队，双方主力舰数量比大概高达 4∶20。"根据"马来亚"号的日志，该舰遭受的火力密集程度一度达到每分钟有 6 次齐射落在该舰附近，最高甚至达连续 9 次齐射——当然其中部分可能是冲着"厌战"号去的。

于是，"马来亚"号在"向北狂奔"的过程中被德方的大口径炮弹命中了 7 次，其中最危险的一次发生在 17 时 30 分（该舰该阶段的 4 号中弹）。一枚口径不明的半穿甲弹以 20°～25°的落角，击穿了该舰右舷 3 号 6 英寸（152.4 毫米）炮廓炮附近、距离舷侧 6 英尺（1.83 米）处的艏楼甲板，弹孔大小为 5 英尺 × 4 英尺（1.52 米 × 1.22 米），炮弹在继续飞行了 7 英尺（2.13 米）后爆炸。此次爆炸严重损坏了右舷 3 号 6 英寸（152.4 毫米）炮廓炮，同时摧毁了该炮的炮架，导致该炮此后只能被更换。位于炮组内侧的食堂和小卖部被弹片摧毁，炸点附近的 2 英寸（50.8 毫米）上甲板在爆炸的冲击力下产生了几英寸的凹陷。弹头的一大块残片在被上甲板反弹后，击穿了 0.25 英寸（6.35 毫米）炮组后方舱壁，此后在距离炸点 30 英尺（9.14 米）处，被 2 英寸（50.8 毫米）船体中线舱壁拦下。由于在战斗中，该舰的每门 6 英寸（152.4 毫米）炮附近的小架子上，都有 12 份发射药储存在 3 个方形 W 容器中（每个容器存放 4 份发射药），所以弹片击穿了部分上述容器，并引燃了其中的发射药。火势还蔓延至了炮组内存放的其他 6 英寸（152.4 毫米）炮发射药筒，其中部分发射药仍存放在由黄铜软焊而成且不隔火的容器中。火灾导致整个右舷副炮炮组在一段时间内无法运作，炮组内全部电线被毁，造成了 102 人死伤。该舰 6 英寸（152.4 毫米）炮廓炮炮组的一名军官回忆道："当时我的战位附近一片混乱，大多数伤员都已被运走，但仍有部分死者的遗体留在原地……人肉烧焦后令人作呕的气味在此后几周内一直挥之不去。"

至当晚 19 时 25 分，该舰右舷副炮炮组中才有 2 门恢复运作。发射药引起的火灾还沿着 6 英寸（152.4 毫米）炮提弹道向下蔓延至 6 英寸（152.4 毫米）炮药库，此时恰有 10 个 6 英寸（152.4 毫米）炮发射药筒已被勾上待被提升。考虑到 6 英寸（152.4 毫米）炮的药库就位于其弹库上方，并通过两个用于传递的天窗与弹库相连，因此一旦上述发射药被引燃，该 6 英寸（152.4 毫米）炮药库必然会发生爆炸；而这一爆炸必将导致相邻的 15 英寸（381 毫米）炮药库发生连锁反应，进而造成该舰沉没。幸而弹库内的戴军士（Day）和领班水手沃森（Watson），以迅速的动作清除了发射药筒周围燔烧的碎片，这才使得该舰避免了沉没的命运。

除 6 英寸（152.4 毫米）炮弹库外，火苗和碎片还经由右舷通气管道进入了前锅炉舱，造成舱室内一人轻微烧伤，部分装置受损。此外，17 时 35 分该舰还被两枚炮弹命中（该舰该阶段的 5 号、6 号中弹），导致该舰的发生约 4°的侧倾。多亏该舰舰长命令将右侧燃油泵到左侧油舱扶正舰体，同时命右舷 6 英寸（152.4 毫米）副炮向海面齐射，掀起水幕以干扰德方瞄准，这才避免了更大的损失。

"厌战"号在这一阶段仅被命中 2 次，并未造成明显影响。该舰的副舰长记录了其从与贝蒂所部擦肩而过，并与公海舰队主力交火的过程：

突然，我发现我方战巡从约1.5海里开外向我中队高速靠近，我立即意识到他们进行了一次180°转向。我注意到我方战巡战列中少了"玛丽女王"号和"不倦"号，但我从未意识到这两艘战巡已经沉没。我还注意到"狮"号的X炮塔歪向一边，并指向我舰[1]，而该炮塔的炮管处于最大仰角。此外我们还注意到"狮"号左舷侧有若干中弹的痕迹……后来我们也进行了180°转向……并相应地旋转了我舰炮塔。几乎在我舰刚完成转向时，我舰右后方出现了一连串桅杆、烟囱以及几乎连成一条线的炮口火光，这显然是整个公海舰队主力……我感受到一两次

剧烈的震动，不过仍认为我舰在这一阶段尚未中弹……我清晰地注意到我舰的两次齐射命中了领头的德国战列舰。敌舰上腾起了黄色的火焰，直升过敌舰桅顶，敌舰前部发红，后部则宛如一个着火的干草堆。看来我们狠狠教训了对手。

▲ "法尔茅斯"号

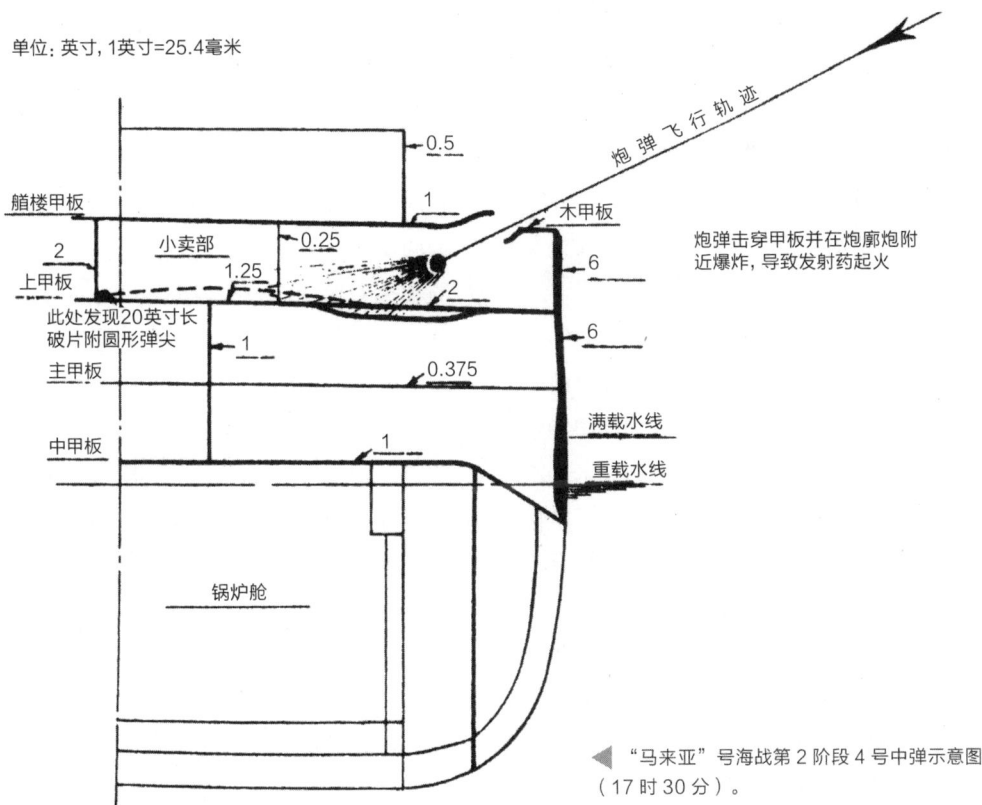

单位：英寸，1英寸=25.4毫米

炮弹飞行轨迹

0.5

艏楼甲板

1

木甲板

2

小卖部

0.25

炮弹击穿甲板并在炮廓炮附近爆炸，导致发射药起火

上甲板

1.25

2

6

此处发现20英寸长破片附圆形弹尖

1

6

主甲板

0.375

满载水线

中甲板

1

重载水线

锅炉舱

◀ "马来亚"号海战第2阶段4号中弹示意图（17时30分）。

[1] 此段描述颇为奇怪，现存记录均显示在此前的战斗中"狮"号的X炮塔并未中弹。17时08分，该舰X炮塔药库曾报告起火，但3分钟后即澄清这是一次误报，不过显然此事发生在"狮"号与第5战列舰中队擦肩而过之后。除此之外，大舰队主力的若干目击者此后也声称发现"狮"号的X炮塔不正常，似难以认为是口误或记忆偏差所致。尽管如此，参考摄于6月1日的"狮"号照片，此处所指的炮塔应为Q炮塔才是更为合理的解释。

对照德方中弹记录，该副舰长观测到的命中似未发生在公海舰队战列舰上。本阶段公海舰队各主力舰中弹中，"德弗林格"号17时09分的中弹与上述描述最为接近，但该舰后部并未起火。

而对"厌战"号来说，考验才刚刚开始。

17时33分，贝蒂麾下轻巡最前端的"法尔茅斯"号（位于"狮"号前方5海里）与位于大舰队主力最右端的"黑王子"号（位于"马尔伯勒"号以南11海里）互相发现。这使得贝蒂意识到自己正处于大舰队主力右翼远端，因此贝蒂决定右转，一方面将敌舰压往大舰队中央位置，另一方面也阻止希佩尔编队发现大舰队主力所在，同时也再次与希佩尔编队交火。此外根据大舰队的作战条令，舰队决战时战巡舰队的战位应位于战列线最前方。尽管贝蒂所部已经和大舰队主力建立了联系，但诡异的是，这一联系并没有将此前贝蒂麾下的轻巡汇报位置的误差及时纠正过来。

17时35分，在从北西北转向北东北之后，贝蒂发现希佩尔在9分钟前已经转向西北方向，因此双方的距离逐渐拉近。于是17时40分，贝蒂所部在17000码（15544.8米）距离上再次向希佩尔的第1侦察群开火，尽管当时能见度条件依然不够好。17时25分贝蒂也曾通报麾下各舰准备再次交火，但这次开火多少还是有些突然。据说某艘战巡（疑为"新西兰"号）的军需官趁着战斗间隙爬上甲板，想站在该舰前部上层建筑附近呼吸新鲜空气，结果该舰的P炮塔突然开火，猛烈的炮口风暴直接将军需官的裤子给扒了。

与此同时，正成为德舰集火目标的第5战列舰中队仍在继续有力的反击。除"冯·德·坦恩"号和"毛奇"号之外，其余3艘德制战巡在17时15分至55分之间也均被来自第5战列舰中队的炮弹命中。在这一阶段的交火中，太阳已经西沉，刺眼的阳光使得德舰的瞄准变得困难，这时能见度条件反而对英方有利。希佩尔事后曾回忆道："我当时面对的环境非常不利，夕阳西沉，但仍足够耀眼，严重阻碍我方视野。与此同时，我方还遭到了敌方猛烈的炮火射击。远处的水平线正逐渐被浓雾笼罩，我方只能直接对着太阳射击，我完全看不见敌舰——它们已藏身于浓密的烟雾之后。我方各舰的枪炮长也无法发现任何目标，而显然在敌舰看来我方各舰清晰可见。我别无选择，只得暂时撤出战斗。"

此外，双方在此前的机动中都出现了由于战巡速度过快，而与本方战列舰（对于贝蒂来说，是与第5战列舰中队）脱节的失误。这固然造成了第5战列舰中队成为集火对象，但同样使得希佩尔的第1侦察群也成为英方的集火对象。无力招架的希佩尔于17时47分开始向右转向以拉开距离，同时命令麾下的驱逐舰发动攻击。

右转的机动虽然使得希佩尔拉开了与贝蒂和伊万－托马斯的距离，但反而拉近了他与即将登场的对手之间的距离。贺拉斯·胡德少将麾下的第3战巡中队，以及配属的两艘轻巡和4艘驱逐舰从15时11分起就在全速赶往战场，16时05分杰里科也命令胡德立即前出支援贝蒂。该编队中首先接敌的是位于"无敌"号右舷方向6海里处的"切斯特"号轻巡，该舰于17时35分遭遇了为希佩尔提供护卫的公海舰队第2侦察群所辖的轻巡（"法兰克福"号、"埃尔宾"号、"皮劳"号和"威斯巴登"号）。

起初由于雾气的影响双方都未能确认敌

▲ 5 月 31 日 17 时 30 分前后态势图。

我，但很快德方首先确认了来舰是英国轻巡。而由于雾气中的对手看起来像是皇家海军第 1 轻巡中队的舰只，因此"切斯特"号不得不抵近以便进一步观测。当该舰在 6000 码

（5486.4 米）距离上终于发现对手是德国轻巡时，公海舰队第 2 侦察群所辖的 4 艘轻巡已经率先开火。在此后的 5 分钟内，"切斯特"号中弹 17 次，人员和设施均损失惨重，

4 门 6 英寸（152.4 毫米）主炮中有 3 门被毁。鉴于该舰服役尚未满月，射击训练尚不充分，因此即使在更有利的情况下，该舰也难以做出有效的反击。然而，4 艘德国轻巡的优势很快便丧失殆尽，而"切斯特"号也得以脱离战场。

双方轻巡混战的炮声和火光很快吸引了胡德少将的注意力，他随即于 17 时 40 分转向西北支援"切斯特"号，这当然是一场不成比例的战斗。"威斯巴登"号、"皮劳"号和"法兰克福"号先后中弹，其中"威斯巴登"号失去动力。密集的 12 英寸（304.8 毫米）落弹打得公海舰队第 2 侦察群哭爹喊娘，其连忙向希佩尔报告正在被大舰队主力攻击。当希佩尔于 17 时 56 分继续向东转向时，他也很快发现大口径炮弹在其所部各舰周围落下。这些来自第 3 战巡中队的炮弹让希佩尔大吃一惊：这些炮弹显然不可能来自贝蒂的战巡或伊万－托马斯的皇家海军第 5 战列舰中队，这一定是大舰队的其他部分！希佩尔误以为遭遇了大舰队主力，随即于 18 时 05 分转向西南试图与舍尔的公海舰队主力靠拢。

考虑到希佩尔对敌我兵力的判断，后撤的决定从战术上看是可取的，但从侦察的角度来看，这一决定无疑是个失误：他并没有实际与大舰队主力——哪怕是他认为的——

▲ "威斯巴登"号。

▲ "无敌"号，摄于 1951 年 1 月。

▲ 日德兰海战中伤痕累累的"切斯特"号轻巡洋舰。

发生目视接触，自然也无法带回相关情报。而胡德的第3战巡中队从17时50分开火时，目标其实是公海舰队第2侦察群的轻巡。

从海战的进程来看，第3战巡中队的出场对于战局发展造成了重大影响。该中队不但在事实上迫使希佩尔后撤，还使得此前遵照希佩尔17时51分的命令向贝蒂发动攻击的"雷根斯堡"号轻巡及31艘驱逐舰，转而向该中队发动攻击（此次攻击最终转化为与"坎特伯雷"号轻巡及隶属大舰队第4驱逐舰队的"奥菲利娅"号、"鲨鱼"号、"阿卡斯塔"号和"克里斯托弗"号4艘驱逐舰的混战，混战中德方舰只严重高估了对手的数目，仅发射了12枚鱼雷便转向后撤，混战中"鲨鱼"号驱逐舰被重创）。这一波折使得希佩尔麾下的驱逐舰未能及时发现大舰队主力，没能对后者的展开进行干扰。德国海军官方战史对第3战巡中队的作用做了如下描述：

如果不是该中队的介入，我方驱逐舰队此前已经开始的攻击本该向着贝蒂所部方向进行，并可能中止贝蒂所部正试图绕过我方战列线前端的机动，就如海战稍后阶段迫使敌方战列舰队停止机动一般。这样一来，已经展开的我方战巡和第3中队很可能对仍在实施展开的对手进行奇袭并完成抢T，而非如实战一般又因贝蒂的迂回机动陷入战术上无法忍受的窘境。

舍尔本人甚至认为，如果不是胡德少将准确而密集的火力，让己方误以为已经撞上大舰队主力，并引发了第3中队的转向，公海舰队主力本有机会直接杀入尚在展开中的大舰队主力中，从而可能取得非常辉煌的战果——注意，在17时46分至52分之间，公海舰队主力逐渐以第5战队为首形成了一条完整的战列线，从前向后依次是第5战队、第6战队、第1战队和第2战队。

以上想法的前提，自然是当公海舰队主力以及希佩尔杀到时，大舰队主力仍在执行展开机动。而事实上，大舰队直到于18时15才开始执行展开，至18时37分之后才完成展开机动。如果从海图上看，舍尔和德国海军官方战史的推测不无道理。这就引出了一个问题：为什么迟至18时15分杰里科才开始实施展开？

这一次责任又主要落在了贝蒂身上。尽管成功地将公海舰队主力引向了大舰队主力，但是在整个"向北狂奔"的过程中，贝蒂竟然一直没有向杰里科发回关于公海舰队主力的任何情报，导致杰里科在17时40分前所获关于公海舰队主力的最新情报，竟然还是古迪纳夫准将的第2轻巡中队于16时45分在枪林弹雨中发回的情报。遗憾的是，无论是古迪纳夫16时38分发出的情报，还是"冠军"号发回的情报，对于敌舰位置的报告均有较大误差（分别偏东13海里和偏北十四五海里），而此后"狮"号经"皇家公主"号于16时45分，以及"南安普顿"号于16时46分发回的情报，均直到17时左右才被"铁公爵"号收到，这造成杰里科在决定大舰队主力展开方式时遇到了极大困难（具体困难将在下一章详述）。杰里科事后指出：如果贝蒂能于17时40分前后在与敌战巡接近并进而交火的同时，向我报告敌战巡的位置，我在此后遇到的困难将极大地降低。但是在16时45分至18时之间，贝蒂没有发回任何报告，直至我本人向其发出紧急询问……贝蒂应该将向总指挥持续通报敌舰位置视为首要任务，这是我本人的条令中最着重强调的！

对于这一指责，贝蒂及其支持者的反驳

颇显得有推卸责任之嫌：当时还有大量的轻巡和我们一同行动，向总指挥汇报敌舰情报是他们的责任；贝蒂及其参谋正忙着指挥战巡舰队与强大得多的敌人交火，自然没空汇报——而类似思维在日德兰海战此后的过程中反复出现，后文将会再次提及类似"报告是别人的责任和我无关"的情况。贝蒂曾于17时27分命令第1和第3轻巡中队与希佩尔保持接触，在杰里科看来，如果这两个轻巡中队中的一个能建立与公海舰队主力的接触，另一个能保持与大舰队前卫巡洋舰的接触，那么也能大大减轻他此后在决定大舰队展开方式时遇到的困难。遗憾的是，这两个中队都没能按照杰里科希望的那样行动。尽管杰里科本人颁布的大舰队作战条令中强调了战巡、轻巡和装巡利用无线电持续汇报敌舰动向的重要性，但显然在"向北狂奔"的过程中相关条令被很多参战军官弃之脑后。

当然，最靠近公海舰队主力的第5战列舰中队也有责任——该中队也没发回相关情报。但如果贝蒂及其支持者的理由成立的话，该中队的理由则更加充分：比起贝蒂的战巡

伊万－托马斯（左）和贝蒂（右）。

舰队来，第5战列舰中队在"向北狂奔"阶段无疑要忙得多，至少贝蒂不用担心公海舰队主力的炮火。更何况，根据大舰队作战条令，第5战列舰中队本就不负有汇报敌位置和动向的责任，也更有理由认为己方的轻巡已经汇报了相关情报。如果说贝蒂是失职的话，那么伊万－托马斯则是缺乏主动性——如前所述，这一点在当时的皇家海军高级将领中并不鲜见。

在"向北狂奔"的过程中，贝蒂并没有下令麾下的驱逐舰进行攻击。不过18时05分，位于"狮"号右前方的"昂斯洛"号发现失去动力的德舰"威斯巴登"号正处于攻击贝蒂麾下战巡的有利位置，该舰遂主动向"威斯巴登"号发起攻击。"昂斯洛"号一直迫近到2000～4000码（1828.8～3657.6米）距离，一共发射了58枚4英寸（101.6毫米）炮弹。18时10分，一艘德国战巡出现在"昂斯洛"号视野中，该舰随即转而从该战巡左舷前方发动攻击。"昂斯洛"号首先在8000码（7315.2米）距离上发射了鱼雷（未命中），但由于先后被"吕佐夫"号发射的150毫米炮弹命中3次，其中2枚命中锅炉舱，导致该舰速度大减。在后撤途中，"昂斯洛"号还曾在3500码（3200.4米）距离上向"威斯巴登"号发射了一枚鱼雷，其瞄准点大致为后者的司令塔附近，这枚鱼雷命中该舰后部。然而"昂斯洛"号并没有时间庆祝，因为公海舰队第3中队已经杀到了。虽然速度大减，但该舰仍然在转向后撤之前于8000码（7315.2米）距离上对"王储"号战列舰发射了鱼雷。幸运的是，当时公海舰队第3中队的注意力并没有集中在这艘小小的驱逐舰上。尽管如此，该舰仍被"罗斯托克"号发射的105毫米炮弹命中两次，还一度遭到"国王"号战

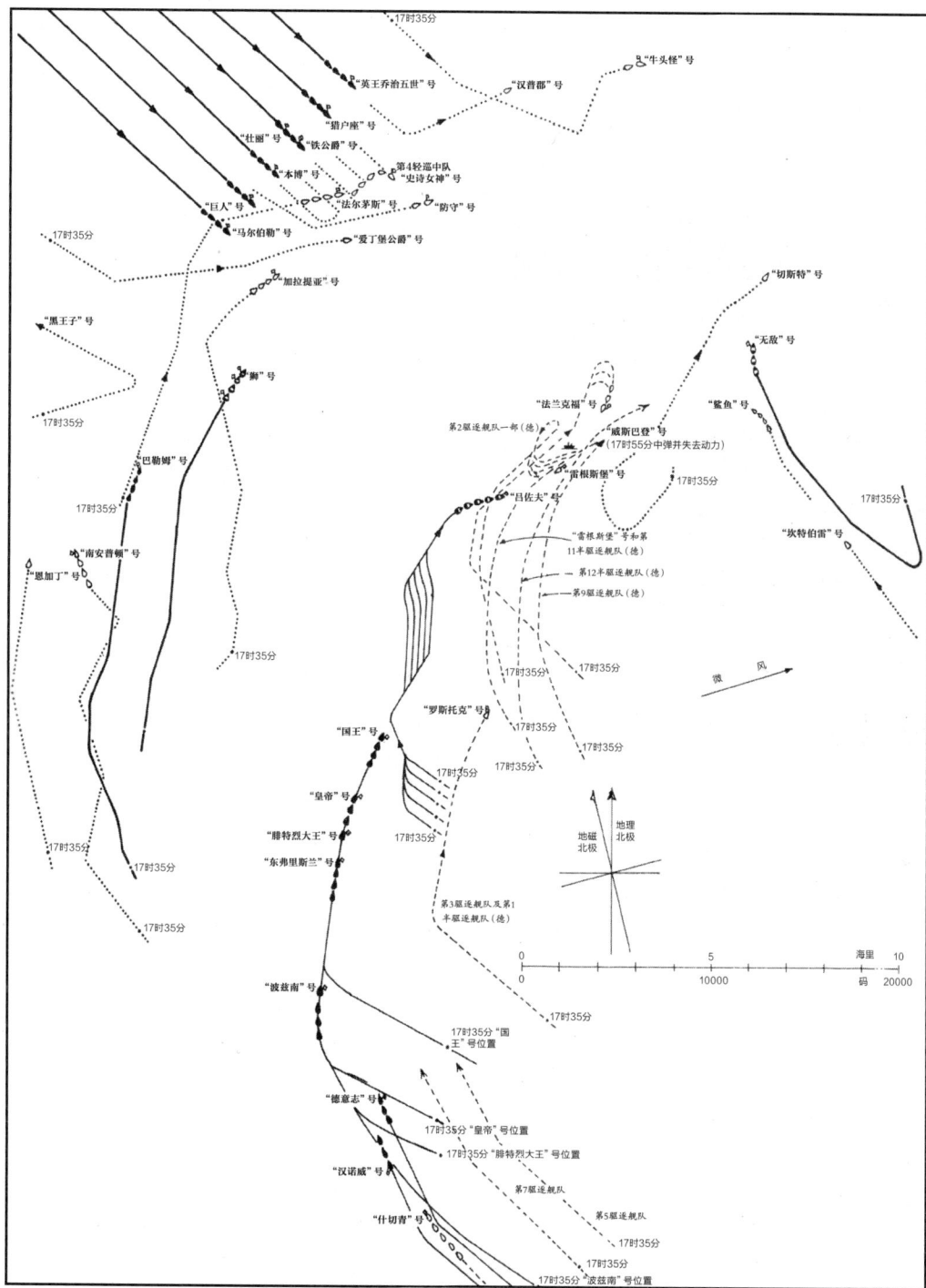

▲ 5月31日18时前后态势。

列舰150毫米副炮的射击。该舰幸运地回到
本方战列，并最终在"守卫者"号的拖曳下

返回母港。25年后，正是已经升任临时海军
上将衔的"昂斯洛"号的舰长——约翰·托

▲ 约翰·托维，日德兰海战时任"昂斯洛"号舰长，照片摄于1940年12月本土舰队旗舰"纳尔逊"号上，此时他刚出任本土舰队总指挥官不久。

◀ 瓦尔特·考恩，时任"皇家公主"号舰长。

维（John Tovey）——将作为本土舰队总指挥官，指挥本土舰队在北海展开疯狂的搜索，最终将德国的"俾斯麦"号战列舰送入海底。

除此之外，英国"阿卡斯塔"号驱逐舰也主动对德国战巡发动了攻击。该舰在4500码（4114.8米）距离上从右舷方向对"吕佐夫"号发射了鱼雷，继而毫不意外地遭到"吕佐夫"号和"德芙林格"号的集火。尽管身中两枚150毫米炮弹，但"阿卡斯塔"号最终成功逃脱。

17时56分，战巡舰队终于与大舰队主力建立了目视联系。对于战巡和第5战列舰中队来说，这一消息无疑是极大的鼓舞：经历了2小时的血战，付出了巨大的代价和伤亡之后，他们终于把公海舰队主力带到了大舰队主力的炮口下，之后的一切就要看大舰队的战列舰的了！贝蒂官方传记的作者这样描述了当时战巡舰队和第5战列舰中队的心情：在经历了艰苦的战斗之后，我们终于找到了公海舰队并将他们带了回来，就像把大量的羊群赶进屠宰场一样。

"皇家公主"号的舰长瓦尔特·考恩（Walter Cowan）事后回忆起当时的感受时这样描述：当大舰队主力出现在我们的视野中，而敌舰已经处于大舰队主力射程内时，我们每个人都兴奋得想把帽子扔到空中，看起来我们可算是逮着他们了！

然而战巡舰队和第5战列舰中队的官兵们不会知道，此时杰里科正面临着大舰队总指挥官任内最重要也最艰难的决定……

中弹记录

杰里科的决定将留在下章介绍。这里我们先介绍一下，除上文提到的中弹以外，16时54分至18时15分之间，双方主力舰只的其他中弹情况。

英方

一、"狮"号

该舰在16时59分至17时02分之间连续被"吕佐夫"号的305毫米炮弹命中三次，此后在18时04分被第四次命中。上文中已对16时59分的第一次中弹进行详述，以下是另外三次中弹的详细情况：

2号和3号：中弹时间为17时01分和17时02分。其中一发炮弹从左舷后侧上甲板部位命中该舰医务室的天窗。炮弹击穿1英寸（25.4毫米）上甲板之后又飞行了13英尺（3.96米），在左舷4英寸（101.6毫米）侧甲内侧爆炸，具体爆点位于一块4英寸（101.6毫米）装甲板的下缘附近。爆炸造成装甲板出现幅度为3英寸（76.2毫米）的弯曲，且伴有贯穿表面的星形裂纹，其下端凸出约 6 英寸（152.4 毫米）。该舰的医务室彻底损毁，炸点附近的轻结构遭严重损坏，作为舱室底面的 0.25 英寸（6.35 毫米）主甲板则被弹片打成了筛子。一块较大的弹片在反弹之后击穿了该舰 0.25 英寸（6.35 毫米）的中线舱壁。伴随着爆炸，烟气经由医务室向下蔓延。受此影响，X 炮塔左舷药库一度错误地报告起火。虽然当时该药库内的烟气来源颇为可疑，但舰长还是下达了一旦确定该药库着火就进行注水作业的命令。这道命令在传达时发生了错误，导致在注水作业停止前，药库内共计有 6 个发射药容器损坏。另一发炮弹击穿了主桅，但并未爆炸。尽管如此，此次中弹仍使得主桅面临着倒塌的危险。

4 号：中弹时间为 18 时 05 分，不过有关此次中弹的现存资料不够丰富。可以确定的是炮弹击穿了 A 炮塔基座前方不远处的右舷船体板，随后在左舷位置爆炸。爆炸造成了小规模起火，此外左舷船体板也被弹片击穿。根据该舰的损管笔记，在战斗中唯一一次需要使用支柱进行维修的地方便是堵住 A 炮塔大厅内的弹孔——显然

是此次中弹造成的。

二、"虎"号

该舰于 16 时 58 分被"塞德利兹"号发射的一发 280 毫米炮弹击中。此次中弹可能是一发跳弹，炮弹从后方射来，从接近顶部的位置击穿了后烟囱，没有造成严重后果。除此之外，在这一阶段该舰 A 炮塔右炮的阀门以及复进断流阀的控制柱塞断裂，使得该炮在射击了 27 发之后无法继续运作，对这一故障的临时维修直到战斗结束后才完成。故障还造成了相当量的水渗入操作室。

三、"巴勒姆"号

在第 5 战列舰战队参战的 5 艘战列舰中，只有"刚勇"号在这一阶段没有中弹。

"巴勒姆"号在这一阶段共被"德芙林格"号发射的 305 毫米炮弹击中 4 次，除最后一发可能为穿甲弹外，其余均为半穿甲弹。上文中已对 16 时 58 分的第一次中弹进行了详述，其他三次中弹的详情简述如下：

2 号：中弹时间为 17 时 01 分。炮弹击穿了主桅后方 14 英尺（4.27 米）处的 0.625 英寸（15.88 毫米）上层建筑侧板，并在继续

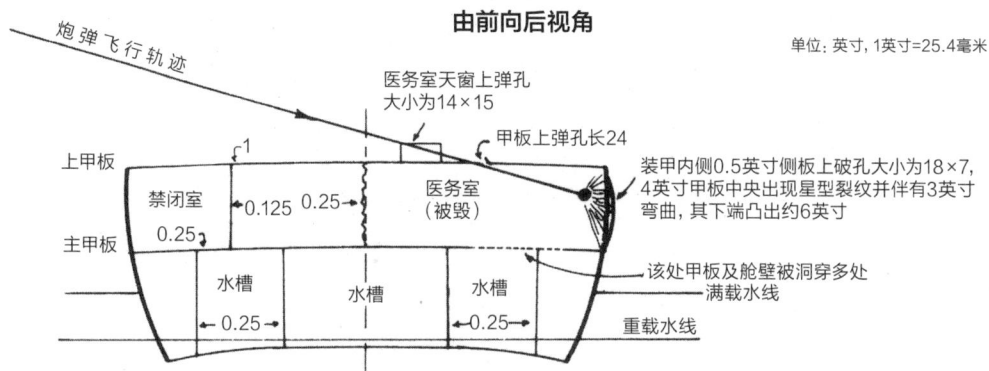

▲ "狮"号在海战第 2 阶段 2 号或 3 号中弹示意图（17 时 01 分或 17 时 02 分）。

飞行了 10 英尺（3.05 米）后于遮蔽甲板和艏楼甲板之间爆炸。爆炸造成轻结构严重损坏，切断了主无线电设备的馈电线，导致该设备无法使用。除了在艏楼甲板上造成大量破孔外，弹片还击穿了 1.25 英寸（31.75 毫米）上甲板。一块较大的弹片甚至击穿了两层薄舱壁和 0.5 英寸（12.7 毫米）艏楼甲板，在继续击穿了一道 0.25 英寸（6.35 毫米）舱壁后被上甲板向上反弹，最终穿过 0.5 英寸（12.7 毫

米）侧板后飞出船体以外。从炸点位置起算，其飞行距离超过 50 英尺（15.24 米）。

3 号：中弹时间为 17 时 09 分。炮弹击穿了上甲板下方的 0.5 英寸（12.7 毫米）后侧板，飞行 6 英尺（1.83 米）后撞上 1.25 英寸（31.75 毫米）主甲板爆炸，并在主甲板上击出了一个 7 英尺 × 3.5 英尺（2.13 米 × 1.07 米）的破孔。爆炸除对轻结构造成了严重损坏外，还对主甲板和 0.375 英寸（9.52 毫米）中甲板

▲ "巴勒姆"号在海战第 2 阶段 2 号中弹示意图（17 时 01 分）。

▲ "巴勒姆"号在海战第 2 阶段 3 号中弹示意图（17 时 09 分）。

造成了较大破坏。此外弹片还在0.5英寸（12.7毫米）上甲板接近中线位置，以及左舷住舱的0.25英寸（6.35毫米）舱壁上造成若干破孔，并在住舱内引发了火灾。一块较大的弹片在击穿了被爆炸破坏的主甲板后，继续击穿了0.25英寸（6.35毫米）舱壁和中甲板【中甲板上破孔大小为7英尺×2.5英尺（2.13米×0.76米）】，接着被一根直径7.5英寸（190.5毫米）的立柱反弹，此后又沿水平方向继续飞行并击穿了另一道0.25英寸（6.35毫米）舱壁，最后落在下甲板上，距离炸点40英尺（12.2米）。

4号：中弹时间为17时10分，炮弹击中了B炮塔基座前方4英尺（1.22米）处，距离船艏9英尺（2.74米）位置的1.25英寸（31.75毫米）上甲板，该甲板在中弹部位附近构成了右舷1号6英寸（152.4毫米）炮廓炮旁的斜坡。炮弹在击穿该甲板后继续飞行了14英尺（4.27米），在靠近0.375英寸（9.52毫米）主甲板位置处爆炸。上甲板上的弹孔大小为3.5英尺×1.75英尺（1.07米×0.53米），主甲

板上的破孔面积为7平方英尺（0.65平方米）。爆炸对轻结构造成了严重损坏，并造成炸点下方的食品储藏室损毁，但未引发火灾。1英寸（25.4毫米）中甲板受爆炸影响出现起皱现象，但并未被弹片击穿。很多弹片击中了主甲板上方距离炸点4.5英尺（1.37米）处的4英寸（101.6毫米）炮塔基座装甲，该装甲未被损坏。虽然此次中弹位置与前述发生于16时58分的本阶段1号中弹位置相近，但两者的区别非常明显。

四、"厌战"号

该舰在这一阶段共被命中两次，其中第一次确定来自于"塞德利兹"号的280毫米主炮，第二次则可能同样来自"塞德利兹"号，两次中弹都发生在17时27分后不久。

1号：炮弹击穿了Y炮塔基座后方4英尺（1.22米）处的后侧6英寸（152.4毫米）侧甲，造成了一个与炮弹直径相仿的弹孔，弹着点较主甲板水平部分高约3英尺（0.91米）。炮弹在击穿该装甲后立即爆炸，炸点

▲ "巴勒姆"号在海战第2阶段4号中弹示意图（17时10分）。

位于一间住舱内，对该舱室造成了损坏，但并未影响该舰的作战。爆炸还造成一处水密舱壁弯曲变形，导致进水从铆钉孔中渗漏。该舰的2.5英寸（63.5毫米）中甲板在这次中弹并未受损，炸点附近的1.25英寸（31.75毫米）主甲板也没有肉眼可见的伤痕。

2号：炮弹在接近顶部的部位击穿了该舰的前烟囱，此次中弹其他情况不详。该舰的主任医官曾命令用预制的纱布对烧伤官兵实施包扎，据称这些纱布在战前曾用苦味酸制备（此说法存疑）。无论如何，这种治疗方式的效果很差。苦味酸极大地加剧了伤者的痛苦，伤者甚至自行扯下了纱布。尽管如此，苦味酸的苦果并未就此减轻，甚至注射吗啡也未能明显减轻伤员的痛苦。

五、"马来亚"号

该舰在这一阶段共被击中7次，其中1次中弹时间不详。上文中已对17时30分的4号中弹进行详述，其他6次中弹的详情按时间顺序简述如下：

1号：中弹时间为17时20分。炮弹命中水面后在水中滑行了16～18英尺（4.88～5.49米）然后爆炸，炸点位于A炮塔基座中线之后8英尺（2.44米）处的舷侧装甲支撑材上方，8英寸（203.2毫米）的主装甲带下缘。炸点附近的装甲板轻微向内位移，其下的1英寸（25.4毫米）船体板发生内陷，但总体而言损伤并不严重。紧靠装甲下方的舷舱有80英尺（24.4米）长被淹，同时在中甲板上出现了一些进水，此外爆炸还造成该舰左舷前部鱼雷管的横杠卡死。爆炸使得该舰受到严重震动。

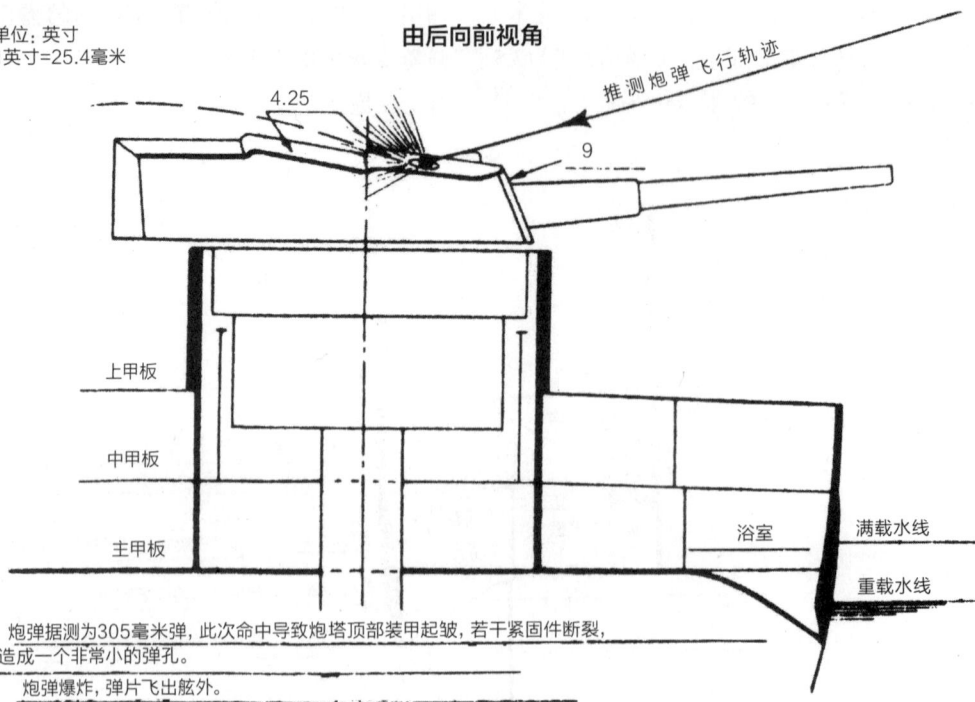

单位：英寸
1英寸=25.4毫米

由后向前视角

推测炮弹飞行轨迹

4.25

9

上甲板

中甲板

主甲板

浴室

满载水线

重载水线

炮弹据测为305毫米弹，此次命中导致炮塔顶部装甲起皱，若干紧固件断裂，并造成一个非常小的弹孔。

炮弹爆炸，弹片飞出舷外。

▲ "马来亚"号在海战第2阶段2号中弹示意图（17时27分）。

2号：中弹时间为17时27分，炮弹命中了X炮塔4.25英寸（108毫米）前部顶甲并立即爆炸，弹道与该装甲表面之间的夹角约为20°。受爆炸影响，该装甲起皱并表面出现一些裂痕，但仅有一个破孔，不过爆炸造成的剪切力导致该炮塔的数个紧固螺栓断裂。受其影响，炮塔顶甲上移并与炮塔侧墙脱离；此外该炮塔的测距仪也无法使用。不过由于爆炸发生在炮塔以外，且弹片均飞出舷外，此次中弹仅对该炮塔造成以上损伤。

3号：中弹时间为17时30分。炮弹击中了该舰的下吊杆支架，对上层建筑右前部造成了一定破坏。

5号和6号：中弹时间均为17时35分。两枚炮弹命中位置几乎相同，均为前锅炉舱平行位置、右舷侧重载水线下10英尺（3.05米）处，装甲支撑材下方部位。其中一枚在与1英寸（25.4毫米）船体板碰撞后不久便爆炸，在该舰的0.375英寸（9.5毫米）内侧船底上造成了若干破孔，同时造成装甲支撑材以及附近的若干钢板变形。一些较大块的弹片继续飞行，撞上了两道1英寸（25.4毫米）防鱼雷舱壁但未能击穿，然后落在了外侧油槽底部，其中部分弹片最终位置距离弹着点18英尺（5.49米）。受爆炸影响，防鱼雷舱壁内陷但未被击穿，其内侧的0.4375英寸（11.1毫米）舱壁轻微变形。另一枚炮弹并未爆炸，在击穿了该舰的双层船底后飞出船体，在船底上留下了一个大洞。受这两次中弹影响，该舰的舷舱有50英尺（15.2米长）的部分被淹，其外侧油槽则有35英尺（10.67米）长的部分被淹，一段时间后内侧油槽也被淹了一部分。此外在中甲板上也发生了进水。以上进水导致该舰的侧倾达到约4°，通过将燃油从右舷油槽抽到左舷油槽的办法，这一侧倾被逐渐扶正。当晚18时，海水渗入该舰右舷内侧油槽，导致水与燃油混

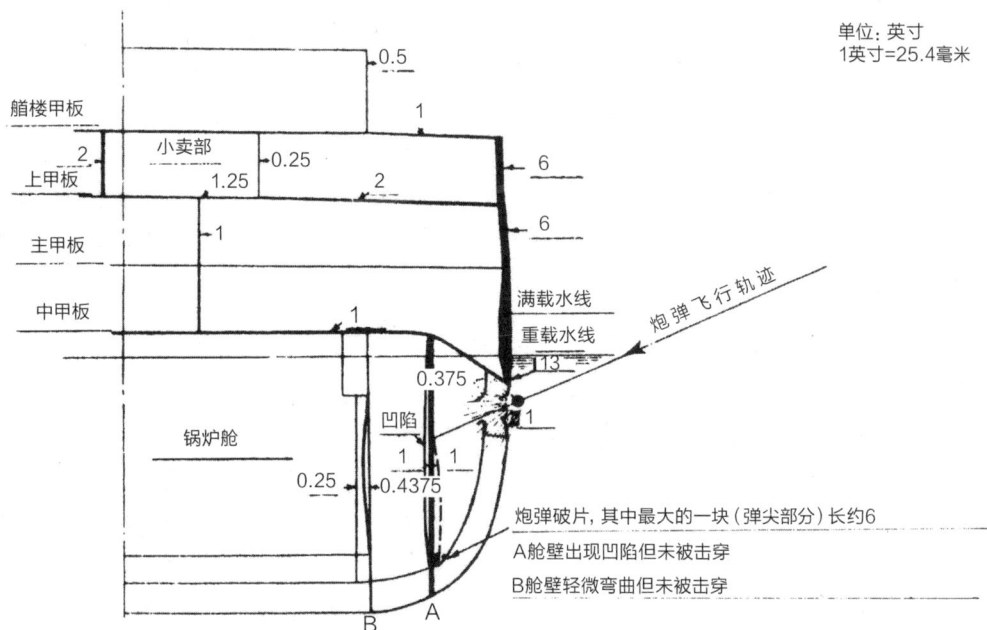

▲ "马来亚"号在海战第2阶段5号中弹示意图（17时35分）。

合，从而引起该舰前锅炉舱的部分燃烧器熄火。这一意外使得该舰右舷内侧油槽被迫被关闭，仅由左舷油槽供油。随着燃油逐渐渗入该前生火间，该舰前锅炉舱的燃烧器于6月1日20时被迫关闭。由于侧倾以及该舰的液压排气系统中缺乏断流阀及单向阀设备，该舰的左舷液压泵无法获得足够的水，而海水则得以流入该舰左舷供油罐。

7号：中弹时间不详。炮弹命中了AB炮塔基座中间主甲板上方位置的6寸（152.4毫米）侧甲，此次中弹被描述为一次斜碰，炮弹在命中的同时爆炸。爆炸导致装甲轻

微内移，装甲板表面破损并出现裂痕。

以上7次中弹全部来自德国战列舰，但无法确认具体来自于哪一艘。除以上中弹之外，该舰X炮塔的主机筒与输弹小车依然不能正常联动，不过在该阶段这一故障仅在炮塔转向右舷方向时影响左炮。

六、小结

从16时54分至18时15分，命中皇家海军各舰的280毫米和305毫米炮弹数量估计如下：

舰名　　炮弹种类	305毫米	280毫米	总计（枚）
狮	4	0	4
虎	0	1	1
巴勒姆	4	0	4
厌战	0	2	2
马来亚	7	0	7
总计	15	3	18

在全部18次命中中，公海舰队第3中队取得了7次命中，"吕佐夫"号和"德芙林格"号各取得4次命中，"塞德利兹"号则取得了3次命中。从中弹分布来看，显然第5战列舰中队在这一阶段承受了公海舰队更多的火力；考虑到在这一阶段中该中队的机动，这一结果也在意料之中。

德方

一、"吕佐夫"号

该阶段该舰共被命中5次，前四次均为

15英寸（381毫米）弹，除第4次来自"刚勇"号外，其他3次均来自"巴勒姆"号；最后一次为13.5英寸（343毫米）1250磅（562.5千克）轻弹。具体情况如下：

1号：中弹时间17时13分，炮弹命中水线以下、1号150毫米副炮前方不远处的装甲带，在装甲表面破碎。受此次中弹影响，该舰发生剧烈震动，但最初仅有两个外侧舷舱被淹，进水总量估计为85吨。当晚18时前，该舰左舷1号150毫米炮药库被淹并被放弃。进水还蔓延至右舷1号150毫米炮药库，以

及左舷防护煤舱，并可能蔓延至其他舱室中；其中右舷1号150毫米炮药库的进水此后被排干。不确定造成18时进水的具体原因，但估计消防软管被切断是原因之一。

2号和3号：中弹时间为17时25分。两枚炮弹命中该舰烟囱之间的上层建筑甲板，随后又击穿了炮廓内侧厚度为25毫米的炮组顶部甲板。上层建筑甲板被打出了一个大洞，并受到了一定程度的损伤。由于无线电讯室及其周围部分在此次中弹中被彻底摧毁，该舰的主无线电设备和备用无线电设备此后均无法使用。该舰的150毫米炮似乎均未受严重影响，仅右舷6号炮只能使用人力进行提弹操作，而右舷3号炮则一度停止运作。

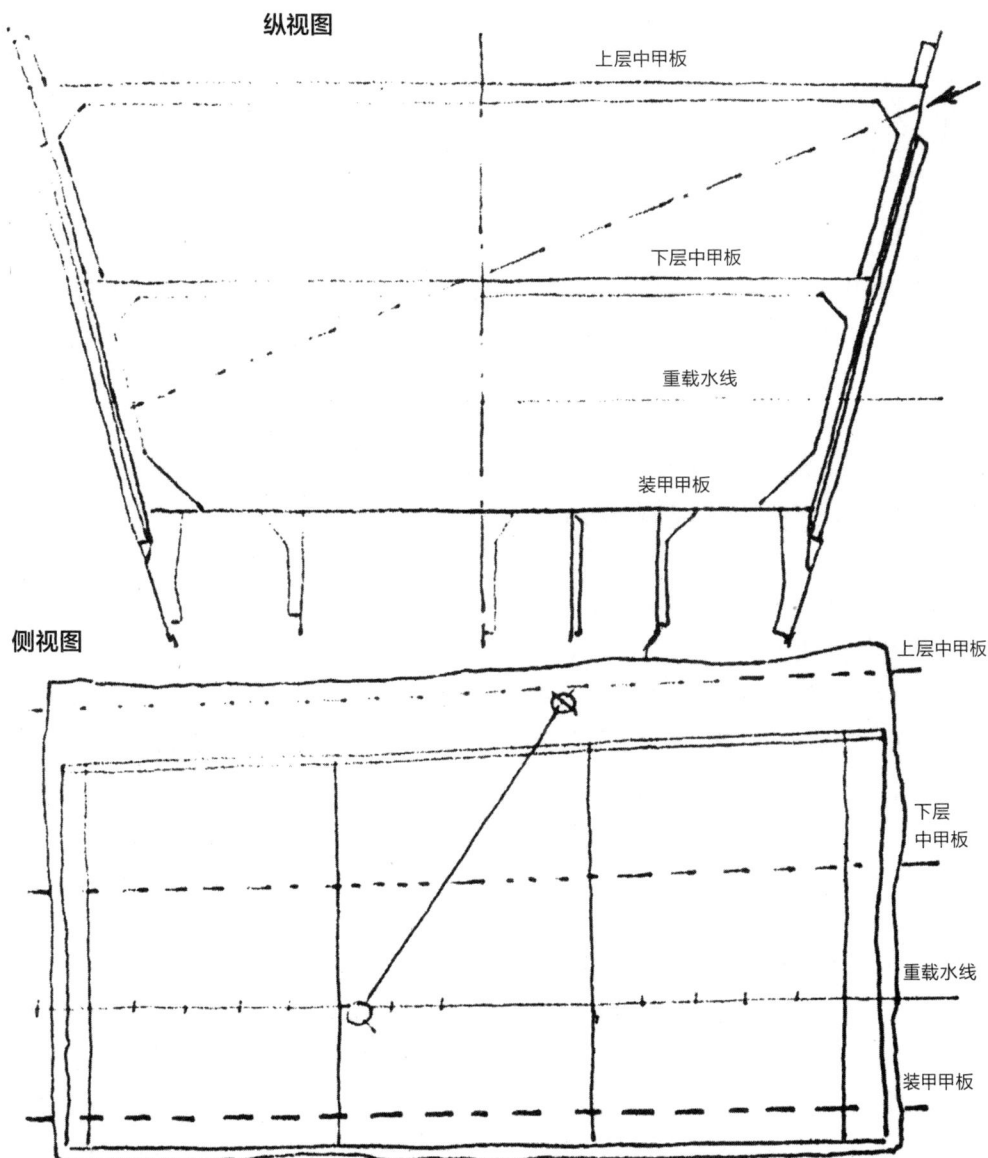

纵视图

上层中甲板

下层中甲板

重载水线

装甲甲板

侧视图

上层中甲板

下层中甲板

重载水线

装甲甲板

▲ "德弗林格"号在海战第2阶段1号中弹示意图（17时19分）。

第 4 号：中弹时间为 17 时 30 分。炮弹估计命中了该舰左舷边缘 4 号与 5 号 150 毫米炮之间的炮组顶部甲板。炮弹可能在 30 毫米装甲甲板上方爆炸，该甲板轻微受损，爆炸对炸点下方位置的火控中心造成了剧烈震动，导致安放在该舱室内的传输设备暂时无法使用。爆炸造成的烟气进入火控中心，同时该舰的火控也在一段较短时间内中断。

5 号：中弹时间为 17 时 45 分，炮弹命中了司令塔下方的上层建筑左侧面，对该舰的左舷前部 150 毫米副炮组位置内侧造成轻微损坏。此发炮弹估计来自"皇家公主"号。

二、"德芙林格"号

该阶段该舰共中弹 3 次，全部为 15 英寸（381 毫米）弹。

1 号：中弹时间为 17 时 19 分，来自左舷侧前方。炮弹击穿了该舰第 1 主炮塔（A 炮塔）基座前方 68 英尺（20.7 米）处的船体板，弹着点较重载水线高约 3.6 米。炮弹在左舷下层中甲板上爆炸，对下层中甲板上的士官住舱造成了毁灭性的破坏。受爆炸影响，该舰的上层中甲板上出现了一个大小为 16 英尺 ×16 英尺（4.88 米 ×4.88 米）的破孔，其下层中甲板在类似位置出现被撕毁和开裂的现象，炸点附近的一道横向舱壁上也出现了巨大的破孔。除此之外该舰艉楼上也出现了若干破孔，弹片还在重载水线位置击打了该舰右舷 100 毫米装甲内侧，造成其中一块装甲板位移 0.625 英寸（15.88 毫米）。上下中甲板除自身受损外，各自安装的若干设备也被毁，上层中甲板上的小卖部和下层中甲板上的技术士官住舱内发生了火灾。火灾及随之产生的烟气造成了相当大的影响，导致该舰前部被浓烟覆盖。在使用前锅炉舱内的强排

涡轮鼓风机排烟后，浓烟被清除，乘员从而得以抵达起火点。高速航行时，海水经由此次中弹造成的弹孔进入船体，并蔓延至下层中甲板和装甲甲板上的舱室内。受此次中弹影响，最终各个舱室内进水总量约达 1400 吨，不过这一进水量可能也受该舰 17 时 55 分的 2 号和 3 号中弹的影响。装甲甲板上舰艏起锚机引擎的蒸汽管道被弹片摧毁。

2 号和 3 号：中弹时间为 17 时 55 分，很可能为一次 15 英寸（381 毫米）炮齐射中的 2 发炮弹。炮弹击中该舰锚链筒前方水线附近的左舷 100 毫米装甲板，造成从舰艏位置起第 4 和第 5 块装甲板脱落，这两块装甲板覆盖范围大小为 17 英尺（5.18 米）长、约 21 英尺（6.4 米）深；第 3 和第 6 块装甲板弯曲变形，部分与船体脱离。第 4 和第 5 块装甲板上所有螺栓都随装甲板断裂，第 3 和第 6 块装甲板上的部分螺栓出现破损，还有部分螺栓被从侧船板上拔出。侧船板从龙骨到上层中甲板部分严重内陷，在脱落装甲板部分尤为严重。在此区域内水线位置附近还出现了一道较宽的纵向裂缝，其两端则存在较宽的垂直向裂缝。在水线上方最严重的破坏出现在该区域前方，此处第 3 块装甲板后半部上方的船体板被扯下。中弹还造成该舰上层和下层中甲板均严重变形，上甲板出现扭曲，但此次中弹并未对船体内部造成破坏，船体板也未被破片击穿。中弹造成的震动较为强烈，平放在舰艏鱼雷发射平台内的一枚鱼雷被抛起约 0.5 米，鱼雷当时位于发射管后方备便位置且未被固定。舰艏鱼雷发射管舱门的驱动联杆弯曲变形，无法移动。仅由此次中弹造成的进水在最初阶段约为 250 吨，集中在舰艏部位，被淹舱室包括舰艏鱼雷调整室、舰艏蓄水室、木匠储藏室和乘员住舱。应注意，

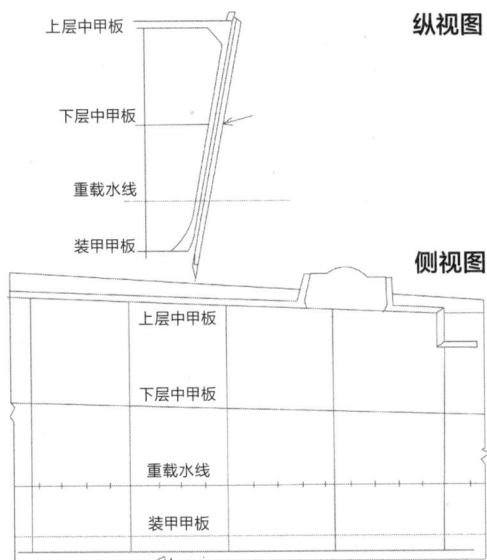

▲ "德弗林格"号在海战第 2 阶段 2 号及 3 号中弹示意图（17 时 55 分）。

▲ "德弗林格"号在海战第 2 阶段 2 号及 3 号中弹（17 时 55 分）位置照片。

17 时 19 分的中弹（该阶段的 1 号中弹）在上述舱室造成的进水量无法确定。当晚 19 时 30 分，该舰舰艉鱼雷蓄水室被淹，此后该舱室后方位于舰艉鱼雷平台下方的纵倾平衡水柜逐渐被注满，两处进水总量估计为 300 吨。不过舰艉鱼雷平台当时仍无积水，尽管其发射管已无法使用。

战斗结束后，统计该舰船体内进水总量为 3350 吨，其中 1020 吨位于该舰的后方 2

号炮塔弹药库内，该弹药库在战斗中发生了严重的发射药起火并实施了注水作业。大火熄灭后，出于防止前部吃水过深的考虑，弹药库内的积水没有被排出。海战当夜该舰出现了向左 2° 的侧倾，因此该舰于 6 月 1 日凌晨 5 时 25 分向右侧后部舷舱 130 英尺长的部分进行了反向注水，进水体积占相关舱室总空间的约 80%。此次反向注水总计约 206 吨，这也包含了在上述进水总量中。战前该舰的平均吃水深度为 30 英尺 8 英寸（9.35 米），海战中弹药、油料和淡水的消耗估计在理想状况下将吃水深度缩小了 7 英尺（2.13 米）。但受上述进水的影响，该舰在战后的吃水深度为前部 37 英尺 11 英寸（11.6 米）和后部 27 英尺 8 英寸（8.43 米）。

三、"塞德利兹"号

该舰在这一阶段共被命中 6 次，全部为 15 英寸（381 毫米）弹。除最后 1 枚外，其余 5 枚炮弹均从该舰左舷前方 10° 处射来。其中 17 时 06 分的 1 号中弹和 17 时 10 分的 3 号中弹在上文中已经详述，其余 4 次中弹的详情按时间顺序简述如下：

2 号：中弹时间为 17 时 08 分。炮弹从 200° 方位射来，在 1 号中弹处后约 20 英尺（6.1 米）的左舷位置，击穿了艏楼甲板并立即爆炸。爆炸对艏楼上造成了一个 6 英尺 ×6 英尺（1.83 米 ×1.83 米）的破孔，并在炸点下方的上甲板上造成了一个 20 英尺 ×23 英尺（6.1 米 ×7.01 米）的破孔。爆炸造成了严重的破坏，弹片不仅击穿了炮列甲板和鱼雷平放围井，还摧毁了前部鱼雷绞盘和提升设备。此次命中造成的破片损伤使得因 1 号中弹引发的进水而在船身前部扩散。

4 号：中弹时间为 17 时 55 分。一枚 15

英寸（381 毫米）被帽穿甲弹从 260° 方位飞来，击穿了侧舷鱼雷平台前段上方位置的 120 毫米侧装甲上沿，造成了大小为 0.7 米 ×0.4 米的弹孔。炮弹此后擦过一根横向甲板支架并将其摧毁，然后在一座绞盘卷筒上爆炸，导致该卷筒弯折几达 90°（亦有观点认为鉴于引信和弹底螺旋完好，该弹实际并未爆炸，仅发生破裂）。靠近船体位置的炮列甲板和上甲板均被撕开大小约为 5 米 ×7 米的大洞，两层甲板之间的舱壁损毁，炮列甲板还被装甲板的碎片击穿。

炮弹爆炸时其尖端横穿船体，在右舷炮列甲板和中甲板之间位置击穿了船壳板，同时导致一块装甲板上沿外移约 1.5 英寸（38.1 毫米），装甲板本身几乎被洞穿。其他较大

的弹片也射向装甲板内侧的右舷船体板，右舷侧的中甲板也被击穿。海水经由发生位移的装甲板进入锚链舱，截至当晚 21 时甲板已处于该舰的实际水线位置；甲板和舱壁的破损也使得海水扩散至船体前部。

5 号：中弹时间同为 17 时 55 分。炮弹命中了该舰左舷锚机鼓并当即爆炸，在艏楼甲板上造成了破孔，同时在炸点下方的上甲板上造成了一个约 2 米 ×4 米的破孔。弹片击穿了炮列甲板、左舷位于上甲板高度的船壳板以及一道横向舱壁，并造成炮列甲板严重受损。甲板的破损为进水提供了蔓延向其他舱室的新通道，被影响的舱室包括舰艉绞盘机舱，此处的卷扬机最终被放弃。

6 号：中弹时间不详，炮弹口径、中弹

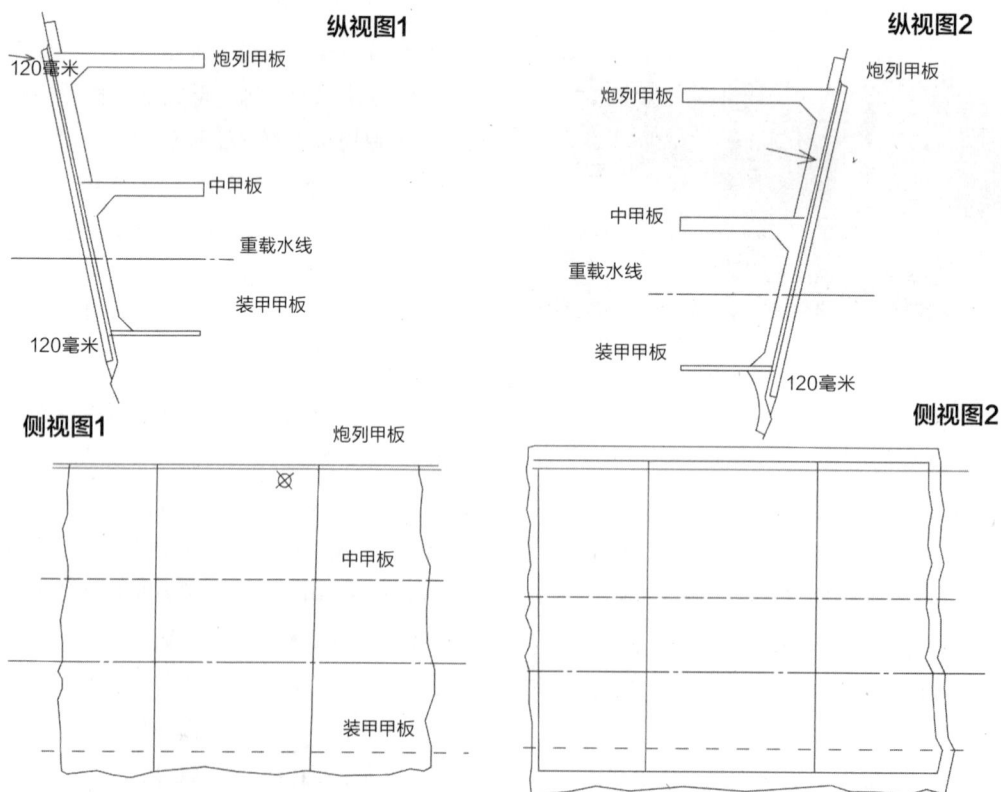

▲ "塞德利兹"号在海战第 2 阶段 4 号中弹示意图（17 时 55 分）。

来向不详，其在船体附近前桅位置的水中爆炸。无被帽的炮弹尖端击穿了装甲带下方0.5米处的船壳板，最终停在了舷舱中。该处舷舱有20英尺（6.1米）长部分被淹。

部分资料中记录了该舰的另一次中弹，此次中弹位置位于上述该舰本阶段6号中弹上方，炮弹命中上部装甲带（该处装甲的实

际厚度约为240毫米）上沿下方0.75米处。此次中弹除弹片对防雷网以及1号、2号150毫米炮廓炮炮管造成轻微损伤外，未造成其他损伤。此次中弹可能并非来自大口径火炮。

根据该舰的战时日志，17时57分在艉楼曾发生过起火。此外18时03分该舰注意到由于水已经漫过装甲甲板高度，该舰前部已不再具备任何浮力，虽然此时进水还没有对装甲甲板以下的前部舱室造成重大影响。日志记录到，5分钟后该舰开始缓慢地向右侧倾。

四、"冯·德·坦恩"号

该舰在这一阶段未被命中，但其仅存可用的一座炮塔（左舷侧）在17时15分发生故障，该炮塔的主炮无法在后座之后复进，其右炮从16时50分起就出现这一故障。这一故障

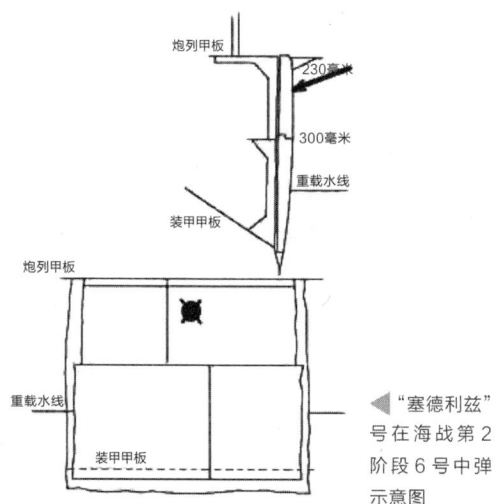

◀ "塞德利兹"号在海战第2阶段6号中弹示意图

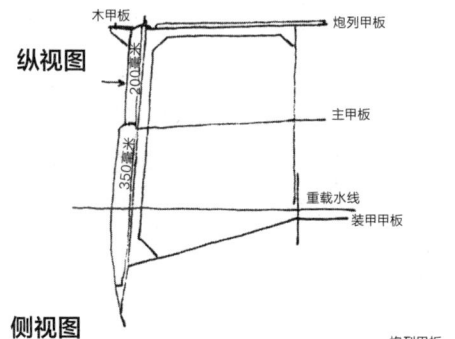

▲ "国王"号在海战第2阶段被1枚6英寸弹击中200毫米装甲位置示意图。

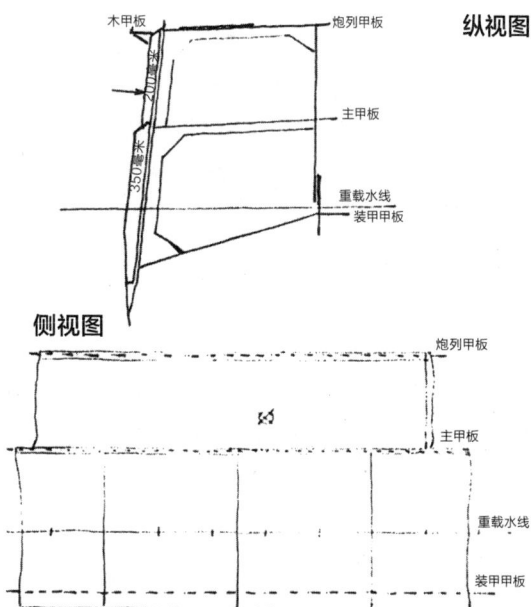

▲ "国王"号在海战第2阶段被另1枚6英寸弹击中200毫米装甲位置示意图。

在18时30分被排除，尽管该故障仍可能发生。在此期间，该舰只能使用副炮射击

五、"国王"号

该舰在这一阶段于18时03分被一发15英寸（381毫米）近失弹的弹片击中。弹片在舰艏左侧的舷顶列板上造成了一个约20英寸×8英寸（508毫米×203.2毫米）的弹孔，随后飞出舷外，未造成进一步损伤。根据该舰记录，在这一阶段还曾两次被破片命中。皇家海军第2轻巡洋舰战队的6英寸（152.4毫米）炮曾4次命中该舰的侧装甲带，其中2枚命中200毫米部分，另外两枚命中350毫米部分，中弹位置位于后烟囱和X炮塔基座之间。这4次中弹均未造成明显影响。

六、"大选帝侯"号

17时09分，一枚15英寸（381毫米）弹击中距离该舰船体30～60英尺处（9.14～18.3米）处的水面，但不确定此后该弹是发生了爆炸还是跳弹，不过前者可能性更大。该弹的弹片明显击打了距离舰艏25.9米处的150毫米侧甲，但未造成明显效果。其他细节不详。

七、"边疆伯爵"号

该舰共被15英寸（381毫米）弹命中3次，但只有17时10分的一次中弹记录了时间。炮弹命中该舰后侧重载水线位置的两块200毫米装甲板结合处，弹着点距离船尾77英尺（23.5米）。炮弹爆炸并未对船体内造成任何影响，但装甲板本身被击穿，且其上沿内凹2.75英寸（69.85毫米），两块装甲板上都出现了较大块的装甲块脱

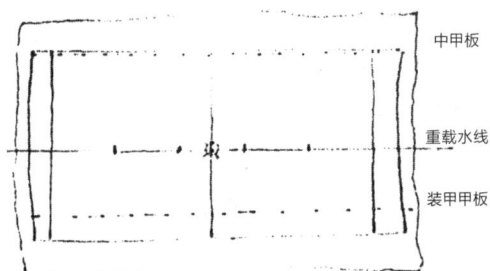

侧视图

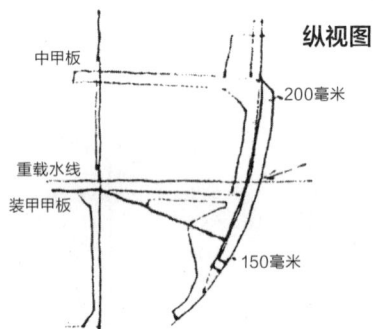

纵视图

▲ "边疆伯爵"号在海战第2阶段被1枚15英寸弹击中200毫米装甲位置示意图（17时10分）。

落现象。装甲板内侧水下部分有25英尺（7.62米）长的船体板发生凹陷，凹陷部位最深处距离装甲甲板斜面最低处8英尺（2.44米），船体板结合处发生扭曲。装甲甲板本身并未受损，但中甲板发生弯曲。一块装甲破片先后击穿了两层纵向舱壁、中甲板和右舷船体板，总计厚度为1.5英寸（38.1毫米），这还不包括一道住舱舱壁。装甲甲板上的一间舱室被淹，中甲板上的军官室和装甲甲板上的其他一些舱室损毁，此外在装甲甲板以下位置还出现了一些进水现象。此次命中造成约400吨海水涌入该舰船体内。

此外两次中弹中，一次炮弹从顶端部位穿过了该舰右舷吊杆柱但并未爆炸；另一次炮弹从距离水面60英尺（18.3米）处击穿了该舰前桅，同样并未爆炸。当时该舰装备有一根较细的杆状前桅，但该前桅

并未倾倒。

18时前，该舰仍能保持26节的最高航速，但受进水的影响，在通常维持26节航速所需的涡轮转速下，19时08分其实际航速只有23节。此后，由于该舰的锅炉从凌晨2时起就未曾清理，燃烧室内又逐渐出现渣块，再考虑到司炉体力逐渐透支，只

能抽调其他船员增援，且该舰的辅助燃油系统又逐渐彻底无法运转，其最高速度显然只会进一步降低。

八、小结

公海舰队主力舰在16时54分至18时15分的中弹情况简要统计如下：

（1英寸＝25.4毫米，1磅≈0.45千克）

炮弹种类 舰名	15英寸弹	13.5英寸1250磅轻弹	总计（枚）
吕佐夫	4	1	5
德芙林格	3	0	3
塞德利兹	6	0	6
国王	1	0	1
大选敌侯	1	0	1
边疆伯爵	3	0	3
总计	18	1	19

除了以上命中之外，公海舰队第2侦察群的巡洋舰还被来自皇家海军第3战列巡洋舰中队的12英寸（305毫米）弹命中约3次，其中"皮劳"号中弹1次，"威斯巴登"号中弹2次。如今已难以考证18次15英寸（381毫米）弹命中分别来自于皇家海军第5战列舰中队的哪一艘，但击中公海舰队第1侦察群的炮弹估计来自"巴勒姆"号和"刚勇"号，命中其余舰只的炮弹则估计来自"厌战"号和"马来亚"号。

对比这一阶段的双方中弹记录，可以看出皇家海军第5战列舰战队的参战极大地提高了英方的命中次数。虽然英方失误使得该战列舰中队一度陷入极端危险的境地，但是

仅该战列舰中队在此阶段获得的命中次数就与整个公海舰队打平了。

争议

贝蒂在这一阶段的指挥至少有两项值得讨论。首先，从17时之后直至17时33分与大舰队主力建立接触之前，贝蒂既没有保持与公海舰队主力甚至希佩尔的第1侦察群的接触，也没有减速尝试与第5战列舰中队汇合（在这一时间段，战巡舰队的最低速度达24节，贝蒂应该很清楚"伊丽莎白女王"级战列舰很难达到这一速度），导致第5战列舰中队在大约半小时内几乎一直单打独斗，甚至需要同时对付公海舰队第1侦察群的战

巡和第 3 中队的战列舰。17 时 10 分在脱离与希佩尔的接触之后，贝蒂曾将战巡编队的航速从 25 节降为 24 节，不过这显然不足以缩短与第 5 战列舰中队的距离。其次，在与大舰队主力建立联系后，贝蒂改变航向再次与希佩尔的第 1 侦察群拉近距离。在此后的交火中，战巡们的表现依然不够理想。

另一方面，公海舰队的指挥也远非无可挑剔。首先，"向北狂奔"阶段的战果无疑与双方的实力对比不匹配。尽管第 5 战列舰中队遭到了公海舰队占据绝对优势的兵力的夹击，但是 4 艘"伊丽莎白女王"级战列舰依然保持着几乎完整的作战能力，该中队顽强而犀利的还击也给围攻的公海舰队各舰造成了相当的损失，希佩尔第 1 侦察群的战巡所受损失尤其惨重。

其次，舍尔的追击本身就是值得商榷的。一方面，他没有命令第 3 中队独立以最高速度追击皇家海军第 5 战列舰中队，这导致公海舰队的追击速度被己方第 2 中队的前无畏舰所拖累。在这种情况下，一旦第 5 战列舰中队脱离公海舰队主力的射程，后者就很难再有追上的机会。另一方面，先前的战斗已经清晰地表明，只要第 5 战列舰中队仍然维持对贝蒂的支援，希佩尔所部就没有机会击败贝蒂。在这种情况下，舍尔完全可以满足已取得的战果见好就收。然而舍尔一意孤行的追击，最终使得公海舰队在毫无防备的情况下一头撞上严阵以待的大舰队主力。舍尔固然能够认为自己本有机会杀进尚未完成展开的大舰队主力之中，但同样也应该注意到如果杰里科能够更早地接到关于公海舰队主力的相关情报，那么大舰队主力本应更早地完成展开。事实上如果其他条件不变，仅仅将双方遭遇的时间提前一小时，使得海战能在昼间进行更长的时间，那么大舰队主力也有相当的机会对公海舰队造成更沉重的打击。

根据"塞德利兹"号枪炮长的回忆，17 时 25 分前后德国方面的能见度也开始变差，从该舰看去，英方舰只的身影逐渐消失在慢慢变黑的天空中，仅在英方开火时可以从炮口火光观察到英舰，尽管当时双方的距离并不远。虽然该舰观察到大口径炮弹（该舰推测来自第 5 战列舰中队）落下，但却无法还击。此外，近失弹造成的巨大水柱不时覆盖全舰，这也进一步影响该舰的观瞄；能见度的下降和激烈的战况无疑也会影响希佩尔的判断。

第四章

杰里科的第一次抢占 T 字横头

海战第 3 阶段，5 月 31 日 18 时 15 分至 19 时

"向东南东实施等速展开机动！"

▲ 正在登上"铁公爵"号舰桥的杰里科。

杰里科的艰难抉择

如前一章所述，在"向北狂奔"的过程中，杰里科并没有收到关于公海舰队主力的进一步情报。16时17分，他曾向伊万-托马斯少将致电询问第5战列舰中队是否仍与贝蒂所部同行，伊万-托马斯的回答仅仅是正在与敌舰交战，这显然不能说明任何问题。16时47分，杰里科向大舰队主力通报了敌战列舰正在向北赶来的消息，整个舰队随之士气高昂。搭乘"大力神"号战列舰的沙俄海军武官观察到"所有人都散发着狂热而兴奋的情绪"。16时51分，杰里科致电海军部："紧急！舰队交战即将展开。"这一电报自然在海军部也引起了巨大的轰动，海军部随即向各港口、各船坞下令，准备接受受损舰只，同时命令拖船准备出海帮助受伤舰只返航。海军大臣贝尔福也赶到了海军部海图室观摩海战进展，在场人士回忆称一贯冷静的大臣此时也表现得异常激动。

贝尔福及其随从的出现，给海军总参谋长亨利·奥利弗少将造成了极大的困扰。贝尔福虽然并未像前任海军大臣丘吉尔那般直接参与指挥决策，但却表现得像是个激动的旁观者。奥利弗少将回忆称："整个下午和晚间一些时候，贝尔福和他的海军助理以及私人秘书一直待在海图室……每当我试图去找某幅海图的时候，总有人挡着我的路，他们之间的谈话也总是分散我的注意力。最后我实在是无法继续忍受，于是便走到贝尔福面前，主动和大臣握手并道了晚安，大臣平静地向我道了晚安然后就带着他的随从们离开了，至少他并未表示被冒犯。"

蒂里特准将麾下的哈里奇舰队则在匆忙加煤，以备随时出发前往支援或接替大舰队燃料不足的轻巡和驱逐舰。官兵们的兴奋和激动杰里科自然感同身受，但是此时杰里科正面临着巨大的难题。在16时38分~17时40分之间，杰里科一共只收到6份关于公海舰队主力动向的电报，其中来关于己方舰队的最后一份电报还是来自于第2轻巡中队。各份电报内容如下：

第一份电报由"南安普顿"号于16时38分发出，报告敌战列舰队约位于122°方位，航向247°，"南安普顿"号自身位于北纬56°34′，东经6°20′。实际上舍尔的公海舰队主力航向为325°，而这份电报最大的误差是"南安普顿"自身的定位偏东13海里。

第二份电报由"冠军"号发出，时间大致与"南安普顿"号发出的第一份报告相当，不过与那一份电报相比，"铁公爵"号收到这份电报的时间晚了6分钟。该舰称敌战列舰队位于122°方位，航向为55°，"冠军"号自身位置为北纬56°51′，东经5°46′。除了估计公海舰队航向上的巨大误差外，该舰的自身定位偏北约十四五海里。

第三份电报由"狮"号经由"皇家公主"号于16时45分转发，直到17时05分~10分之间才被大舰队部分舰只收到，且"铁公爵"号显然不在其中。该电报由"本鲍"号转交，其内容为：发现26~30艘战列舰，可能为敌舰，位于145°方位，航向122°。虽然电报中战列舰的数量有误差，但对于杰里科来说，这已说明了公海舰队所有的战列舰包括前无畏舰都已倾巢而出。这自然与海军部上午11时的情报存在明显的矛盾。

第四份电报由"南安普顿"号于16时46分发出，该电估计在"狮"号16时45分的电报之后才被大舰队主力收到。其内容为敌战列舰队航向347°，排成单列，前锋为"皇帝"级战列舰，中心位于77°方位；两翼及前方均有驱逐舰护航；敌战巡正从北方向敌战列舰队会合。"南安普顿"号自身位于北纬56°29′，东经6°14′。实际上舍尔的公海舰队主力航向仍为325°，其中心位置也较汇报的77°偏南。此外，这一次该舰汇报的位置较其实际位置偏东南9海里至10海里。

第五份电报由"南安普顿"号于17时发出，不过奇怪的是大舰队收到该电反而在第四份电报之前。该电声称敌舰位于77°方位10海里至11海里以外，航向347°。"南安普顿"号自身位于北纬56°33′，东经6°0′。这一报告所显示的公海舰队主力位置较实际位置偏东约六七海里，当时公海舰队第5战队实际航向为325°，第6战队则为302°。需要注意的是"南安普顿"号对于自身位置的估测非常诡异，先后三份电报中汇报位置与实际位置的误差并不统一，如果根据汇报位置计算该舰的速度，其结果将完全超出该舰的能力。

最后一份情报来自海军部。舍尔16时09分发给希佩尔的电报被海军部截获，该电中舍尔给出的自身位置为北纬56°27′，东经6°18′，航向302°，航速15节——这一位置舍与舍尔实际位置的误差不足4海里。尽管该情报显示舍尔的位置要比本方巡洋舰汇报的位置偏西，但杰里科显然并没有采信这一情报——毕竟11时10分海军部的情报还信誓旦旦"公海舰队主力没出发"。

如上所述，整个下午杰里科收到的关于敌舰队的情报都较为零散，其内容也不够可靠。此外，天气也不利于杰里科做出正确的决定。整个下午，大舰队主力一直在雾气中航行，有时甚至连附近的己方舰只在雾中都不甚清晰。

17时35分杰里科本人估计公海舰队主

力舰队前锋位于"铁公爵"号前方43海里，其速度为20节。实际上"国王"号与"铁公爵"号距离仅有29海里，且位于"铁公爵"号右舷29°方位。

17时33分"法尔茅斯"号与"黑王子"号建立目视联系，17时36分"法尔茅斯"号用信号灯报告双方战巡正在190°方位交战——这一位置比"狮"号和"巴勒姆"号的位置都偏西。从此，"铁公爵"号才继续收到关于敌方舰只的进一步情报。

17时40分"黑王子"号报告敌战巡位于5海里外、167°方位，其自身位置为北纬56°59′，东经5°24′——报告位置比该舰的实际位置偏西南7海里。"铁公爵"号在收到该情报时抹去了"敌"这个词：不过这一修改并无影响，因为事后看来该情报所指的战巡本应是贝蒂所部。诡异的是虽然"铁公爵"号已经意识到"黑王子"号报告的自身位置有误，但并未纠正这一错误。"防守"号、"南安普顿"号以及其他舰只在17时40分~45分期间，先后发回了一些电报，海军部也于17时45分发来了截获的舍尔于16时31分发给希佩尔的电报，但以上情报都不能让杰里科确定敌战列舰队的位置。

此外，第1和第3轻巡中队至此都没有向"铁公爵"号发回任何情报。随着战局的发展，杰里科逐渐意识到了敌战列舰队应该比预想的更近，其位置也更偏西。虽然他已经能听到双方交火舰只的隆隆炮声，但这一信息只能提供炮战发生的大概方位。况且，此时从"铁公爵"号上能观测到的交火，实际发生在皇家海军第3战巡中队和公海舰队第2侦察群之间，而杰里科本人并不清楚这一情况。在他看来，这一交火位置也可能指示着公海舰队主力的方位。"我希望能有人告诉我谁在射击，向谁射击。"杰里科曾如此喃喃自语。

17时56分，贝蒂终于与大舰队主力最右端的"马尔伯勒"号战列舰建立了目视接触，4分钟后"狮"号进入了"铁公爵"号的视野，此时巨大的水柱仍不时在"狮"号附近的海面升起。在"本鲍"号战列舰上，一位军官候补生对战巡们出现时的壮观场面赞叹不已，然而杰里科却没时间感叹。18时01分杰里科通过信号灯向贝蒂询问敌战列舰队的位置，此时根据掌握的态势，杰里科已经可以确定敌舰将出现在大舰队主力右舷方向。5分钟后贝蒂用信号灯回复"敌战巡位于122°方位"（此时贝蒂位于"马尔伯勒"号以南2海里）。这一回答显然不能让杰里科满意，尽管实际上此时贝蒂也不清楚敌战列舰队的所在。因此18时10分杰里科再次用信号灯重复询问，这一次贝蒂总算是看见了公海舰队主力的前锋，并于18时14分回报"敌战列舰队位于190°方位"——注意这一次贝蒂依然没有通报敌舰的距离和估计航速。实际上在"狮"号发现公海舰队主力的前锋之前，后者已经被伊万－托马斯发现。少将于18时10分发报称敌战列舰队位于145°方位，然而由于"巴勒姆"号尚未进入"铁公爵"号的视野，且"巴勒姆"号的无线电设备已经损坏，因此只能由"刚勇"号转发电报，所以这一电报实际发出的时间很可能在"狮"号发现公海舰队主力的前锋之后。

直到此刻，大舰队主力仍以战队为单位排成正面宽5海里的6路纵队，从东向西依次为第1至第6战队。与此同时，双方主力舰队正以约28节的速度高速接近。考虑到在当时的能见度下，"狮"号的视距仅为5海里左右，因而杰里科在收到贝蒂18时14分的报告后，只能估计公海舰队战列舰队与"狮"号的距离为5海里（实际约为7海里），且可能随时从迷雾中冲出现在"马尔伯勒"号的侧舷。战后在给贝蒂的信中，杰里科回忆道：

除了能见度较差外，我当时最大的困难便是确认"狮"号、第2轻巡中队和"铁公爵"号的位置。当我发现你（指贝蒂）和敌主力舰队出现在完全出乎我意料的位置后，我便难以决定展开方式。我本以为我们需要向正前方开火，但却发现实际却可能要向侧后方开火，因此对我来说，猜测敌舰队的具体位置异常重要。实际上，我直到展开完成后才得知敌舰的具体位置……即使在遇敌时我也没弄清具体情况：敌主力舰队到底是位于正前方，侧方抑或是侧后方。当然"马尔伯勒"号上能看得更清楚一些，不过情报无论是从你还是从"马尔伯勒"号传递过来都需要一定时间，因此我失去了最宝贵的几分钟时间。"铁公爵"号和"狮"号对敌舰位置的推测存在复杂的差异。尽管这一差别无法避免，但依然使得我非常困惑。

在重压之下，杰里科下意识地加紧了对大舰队主力的掌控，甚至向单独舰只下达了具体的航行指令。当然，这无益于解决最大的问题：敌舰在哪儿？航向如何？

情报依然不够明确，但是已经没有时间让杰里科犹豫了。整个展开机动估计需要15至20分钟，如果不能尽快行动，大舰队主力可能面临在实施展开机动的同时与敌舰交火的窘境，在这一情况下，很多舰只的主炮将因射界被友舰阻挡而无法射击。根据先前的情报，公海舰队主力已经排成了纵列，在向舷侧射击时射界不会受阻。与此同时，杰里科还必须做出正确的决定，以免大舰队主力落入被敌方抢T的窘境。除此之外，一旦大舰队开始实施展开机动，就根本无法取消机动并实施另一次展开。杰里科自己事后曾回忆道：决定的关键在于向右展开构成战列线抑或向左展开构成战列线，我的第一反应是向右展开，这样我方可以最快投入交火。但随着事态的发展，从炮声以及"狮"号和"巴勒姆"号的情报判断，很明显公海舰队主力已经就在附近，因此向右展开有明显缺点。

根据杰里科的分析，向右展开的缺点主要有三个：1. 将本方整个战列舰队的侧翼暴露给公海舰队，从而有可能遭到公海舰队主力前方的敌驱逐舰的密集攻击；2. 在向右展开机动时，位于战列线前段的将是第3战列舰中队，这样一来该中队可能成为敌集火目标。该中队下属的第5战列舰战队所辖舰只均较为老旧，火力和防护水平均较差。考虑到各战队均需大约4分钟才能完成展开，因此一旦该战队成为敌方集火目标，后续战队也无法及时提供支援；3. 由于敌舰距离很近，因此展开后战列线前端可能与公海舰队尾端平行。为不浪费火力，大舰队战列线前段可能将因此被迫实施向东转向拉近与对手的距离，由此大舰队这一部分的位置将大致面对对手战列舰的中央。为了避免被对手抢占T字横头，大舰队战列线前段还将被迫实施进一步的左转。后续各战队也将被迫实施同样机动，即除了左转90°以实施展开外，还需进行进一步转向，总转向可能高达135°。这可能致使本方战列线在被对方集火的同时，又有一半左右的主炮射界被阻挡。

另一方面，向左展开则有两个明显的优点。首先，这一机动显然有利于大舰队战列线完成抢占T字横头的机动；其次，由于当时向南和向西能见度更好，因此向左展开从而将大舰队战列线置于公海舰队战列线东北方之后，大舰队能获便得能见度上的明显优势。此外，向左展开也有利于将大舰队主力置于对手可能的撤退路径上。当然，向左展开不可避免地拉开双方之间的距离【约4000码（3657.6米）】，同时延迟了交火时间（约10分钟）。但是考虑到杰里科需要争取时间完成展开，这一缺陷也就不那么重要了。

对于重压之下的杰里科来说，留给他的时间已经不多。后世的批评者——包括温斯顿·丘吉尔这种半瓶子醋——可以有大把的时间考虑当时的情况，甚至可以得益于公海舰队方面的情报，在没有"战争迷雾"的情况下进行分析，并据此批评杰里科的表现，但是这一切对于当时的杰里科来说都太过奢侈。所有批评者中第3战列舰中队的指挥官斯特迪中将也许是一个例外，他曾回忆道："……当收到向左展开的命令时，第1战列舰中队指挥官伯尼中将本应自动选择更激进的展开方式。我曾希望他这么干，而且如果他这么干了，我也会跟着干。我倒不是说他应该这么干，不过如果我在他的位置，我肯定会这么干。" 这种自作主张的行为对于自命不凡的斯特迪来说的确不稀奇，但是对于伯尼来说就太勉强了。批评者的意见主要集中在大舰队应该向右展开，也有观点——例如丘吉尔——认为大舰队应该以"铁公爵"号所在的第4战列舰中队（展开前位于中央两列）为前导展开。丘吉尔在这里又体现了半吊子本色：虽然战前的本土舰队（大舰队前身之一）中倒是的确演练过类似机动，但是自从杰里科担任大舰队指挥官以来，他既没有在大舰队作战条令中提到过类似机动——相反大舰队作战条令明显说明杰里科希望在战列线中央位置进行指挥，也没有对这一机动进行任何演练。更何况，实施这一机动需要更复杂的调度和信号，而这未必是杰里科在1916年5月31日那个雾气沉沉的下午愿意看到的。贝蒂此后出任大舰队指挥官倒是演练过类似机动，不过这当然又是后话了。杰里科本人认为这一机动尽管可能将双方距离拉近4000码（3657.6米），但对战斗结果不见得会有重大影响，毕竟海战结果不仅仅取决于一方的抉择。在他看来，几何学上最完美的方案是实施一种大舰队已经多次演练的不等速展开（位于一翼的纵队前出担任前卫，其余纵队以该纵队尾迹某点为目标集中，抵达该点后再转向延续形成战列线），但是考虑到实施这一机动耗时较长，且在展开过程中各战队的射界会彼此阻挡，因此杰里科在实战中没有采取这一机动。

除了时间与距离之外，另一点需要考虑的因素是能见度。传统观点认为18时前后能见度大约只有12000～14000码（10972.8～12801.6米），很多海域甚至只有2000（1828.8米）码，但第5战列舰中队的"刚勇"号的记录显示18时17分左右"能见度很好，视距约19000码（17373.6米）"。不过综合考虑，除了位于大舰队战列线末端的若干战舰可能享受较好的能见度之外，总体而言大舰队战列线的能见度条件不佳，视距大约为12000码（10972.8米）。尽管仍较德方优越，但是后来大舰队参战的战列舰在整个交火过程中并没有观察到完整的公海舰队战列线，大部分舰只在任一时刻最多只能观察到3艘敌方战列舰，自然也无法确定敌舰在其战列线中的位置。

之后的6月1日晨，杰里科曾询问"铁公爵"号的枪炮长在海战中曾向哪艘敌舰射击，在得到"位于敌战列线前段的'国王'号"这一回复后，杰里科进而追问道："你确定不是（我们的）'不屈'号么？"这至少反映了两个方面的问题：首先，至少在"铁公爵"号上，能见度条件非常有限，以至于杰里科本人都无法准确辨认对方战舰；其次，大舰队各部之间的相对位置不够明确，不过这一问题在仅能通过目测决定相对位置的前雷达时代难以避免，也是指挥大舰队作战的主要难点之一。

德国方面的官方战史对于杰里科实战中的展开机动倒是颇为赞赏，并认为如果大舰队向右展开，其结果将对公海舰队方面有利。1925年德国方面关于日德兰海战的官方战史出版后，皇家海军设在朴次茅斯的战术学校曾根据当时的能见度情况，对海战过程进行了若干次复盘。1933–1934年期间杰里科本人也曾参加过若干次这样的复盘，但无论是杰里科还是参加或观摩复盘的其他军官，似乎都同意杰里科的决定是当时情况下的最佳选择，而杰里科当时做出这一选择只用了不到一分钟。

时任"铁公爵"号舰长、皇家海军一战时广泛使用的火控设备发明者之一、杰里科心目中"当时最好的炮术专家"德雷尔海军上校（即德雷尔火控台的发明者之一，日后晋升为海军上将）在回忆录中描述了当时的场景。当时他就站在"铁公爵"号磁罗经前方的操控平台上：我听到信号员回报贝蒂对杰里科反复询问的回答详情……随后我便听到了总指挥官独特的脚步声——他在鞋跟上加装了钢条。他很快就爬上了安置罗经的平台，然后默默地盯着磁罗经看了大约20秒。在此期间，我一直注视着他饱经风霜而又渴求战斗的脸庞，猜测他会如何决定……他和任何时候一样冷静和沉稳。20秒后他抬起头来打破了短暂的沉默，转向站在我身后不远

▲ 5月31日18时30分前后态势。

处的舰队信号官 A.R. 伍兹（Woods）中校，用干脆而明确的声音下令："升起信号，向东南实施等速展开机动。"

伍兹建议道："长官，您是否希望再向左转一个罗经点？那样各舰将会明确以左翼纵队为基准。"这个问题其实并不重要，考虑到杰里科在下达展开命令时的习惯，也没有必要。

杰里科立即答道："很好。升起信号：向东南东方向实施等速展开机动。"

伍兹随后隔着舰桥栏杆上向信号水手长下令："升起向东南东实施等速展开机动的信号！"（Hoist equal-speed Charlie London，Charlie London 指代东南东方向）这一命令同时又通过无线电发布出去。

为了加快机动的整体速度，在某些舰只还在回复信号时，杰里科已经如平常演练时一样向我命令道："德雷尔，实施展开。"我随即短按了两次汽笛，发出向左展开的信号，同时命令舵轮向左打。相邻纵队的指挥官在观察到这一机动后也做出了相应的反应，每舰都短鸣了两下汽笛然后打左满舵。人类历史上最出色一次海战机动就此开始。信号旗实际于 18 时 15 分降下，此时我们还没有看到德国舰只，但显然他们已经很近了。

就这样，人类历史上最庞大的一条战列线就此逐步成型。第 2 战列舰中队指挥官杰拉姆中将搭乘的"英王乔治五世"号战列舰所在的第 1 战队成为整个舰队的先导，其余舰只紧随其后，该战队几乎没有改变航向。

德雷尔上校，时任"铁公爵"号舰长，德雷尔火控台的发明者之一。

与此同时，其余战队均在先导舰的带领下向左转向，形成一条单独的战线，随后再紧跟第 1 战队后方从而形成战列线。随着亲眼看见公海舰队主力出现在预料的方位，杰里科终于长舒了一口气，他转向身边的德雷尔海军上校："德雷尔，我想现在你该去司令塔了，那是你的战位。"

不过，这一机动在实际操作中也遇到了一些难以避免的问题。根据大舰队作战条令，战巡舰队在战列线对决时的战位应位于战列线最前端，因此贝蒂此时只能选择从双方舰队主力之间的海域高速穿过以抵达规定战位，这一方面造成了大量的烟雾从而进一步降低了能见度，另一方面也迫使杰里科于 18 时 26 分将舰队速度从 17 节降至 14 节。18 时 33 分贝蒂抵达战位，杰里科才再次提速。这不但导致展开速度变慢，也导致在战列线末端出现了一定程度的拥塞。

18 时 37 分，大舰队的战列线终于完成。然而在此之前，血腥的交火又爆发了，皇家海军再次付出了惨重的代价。

"防守"号和"武士"号的悲剧

胡德少将率领第 3 战巡中队向公海舰队第 2 侦察群的轻巡开火之后不久，后者很快发现自己不是对手，随即开始转向撤退。交火中，公海舰队"威斯巴登"号轻巡洋舰被重创并失去动力，成为死靶的该舰迅速成了皇家海军多艘舰只的目标。除了托维指挥的"昂斯洛"号外，赶来打死靶的还有英国装甲巡洋舰"武士"号和"防守"号，此前两舰从 17 时 47 分起就与公海舰队第 2 侦察群交火了，但对公海舰队第 2 侦察群的几轮射击落点均偏近。两舰此后将火力转向了失去动力的"威斯

巴登"号,射击距离为 8000 ~ 9000 码
(7315.2 ~ 8229.6 米)。此次打死靶的行
动效果明显,第二轮射击就取得了命中。
同属皇家海军第 1 巡洋舰中队的"爱丁堡
公爵"号装巡[①]观察到当时"威斯巴登"号
的后部燃起了大火,中部也被大口径炮弹击
中了两次,但首炮仍在断断续续的射击。搭
乘"防守"号的第 1 巡洋舰中队指挥官阿巴
思诺特少将,随后率领"防守"号和"武士"
号两舰取 190° 航向直奔"威斯巴登"号而去,
立功心切的它们于 18 时 15 分直接从自家战
巡的航向上抢道而过,迫使"狮"号急转舵,
在 200 码(182.88 米)距离上避开了"武士"
号的船尾。"皇家公主"号的舰长瓦尔特·考
恩目睹了一艘装巡直冲向公海舰队主力,他
随即声称"我赌那一定是阿巴思诺特"。尽
管从 18 时 13 分起两艘装巡就开始被大口径
舰炮夹中,但两舰官兵并未想到未来等待着
他们的是什么。当时向它们开火的是"国王"
号的 305 毫米炮,而"塞德利兹"号也用 150
毫米炮进行了相当长时间的射击。当"防守"

号和"武士"号接近到 5500 码(5029.2 米)
距离上时,公海舰队主力舰只从南方冒了出
来——此时公海舰队的战列舰正以"国王"
号为首以 32° 航向逼近大舰队。此前 18 时
10 分希佩尔下令右转重新构成战线,公海舰
队第 1 侦察群的战巡们也正以 21° 的航向接
近"威斯巴登"号。18 时 16 分,本已在"国王"
号和"塞德利兹"号火力笼罩之下的"防守"号,

▲ "皇帝"号。

▲ "边疆伯爵"号。

▲ "王储"号。

[①] 该舰从18时08分起也向"威斯巴登"号开火,但由于己方战巡的接近,就没跟着"防守"号和"武士"号一起去打死靶;该巡洋舰中队的最后一艘装巡"黑王子"号,在17时42分向左转了135°之后动向就不再明确。

又被"吕佐夫"号在 8000 码（7315.2 米）距离上发现，后者迅速进行了 5 轮 305 毫米炮齐射并获得 3 次夹中，同时发射了一条鱼雷。随后"国王"号的 150 毫米副炮也加入了射击。在 18 时 14 分至 17 分之间，"大选帝侯"号、"边疆伯爵"号、"王储"号、"皇帝"号先后对"防守"号进行了射击，之后"皇后"号也加入了射击行列。当"武士"号赶到时，映入眼帘的是由公海舰队的 305 毫米炮弹和 150 毫米炮弹射击造成的一片火海。从"刚勇"号上看去，笼罩在"防守"号周边的是一条宽达 1000 ~ 1500 码（914.4 ~ 1371.6 米）的危险地带。

18 时 19 分，见势不妙的"防守"号在实施右转时后部中弹。火焰先从该舰的后 9.2 英寸（234 毫米）炮塔内喷涌而出，接着又从 7.5 英寸（190.5 毫米）炮塔内喷出，并向船体前部蔓延，直到前部 9.2 英寸（234 毫米）炮塔发生了爆炸。30 秒内，该舰就在殉爆中沉没了，包括阿巴斯诺特少将在内，全舰 903 名船员无一生还。

厄斯本中校（Usborne）在"巨人"号战列舰上，清楚地看到了"防守"号沉没的过程。根据他的描述该舰后部中弹，并造成后 9.2 英寸（234 毫米）炮药库爆炸。火焰经运弹通道蔓延至该舰的 7.5 英寸（190.5 毫米）炮弹药库，紧接着蔓延至前 9.2 英寸（234 毫米）炮药库，导致了后者的爆炸，最终造成了该舰的沉没。

德国"吕佐夫"号的枪炮长帕申少校（Paschen）回忆了"防守"号的沉没经过：

……这时发生了一些意外。一艘舰只自右向左从我潜望镜的视野中划过，其景象清晰而巨大。第一眼我就认出这是一艘老式英制装巡，并下达了必要的指令。有人拽住我的胳膊提醒道："别开火，那是'罗斯托克'

号！"但我完全不为所动，我清晰地看到了来舰舰艏楼和舰艇的炮塔。于是我继续下达了命令："准备开火！敌装巡，4 烟囱，舰艏在左，位置左 30 方位。测距！距离 7600 米，齐射！"我舰在很短时间内实施了 5 次齐射，其中 3 次形成跨射，此后该舰的命运几乎与此前已经沉没的敌战巡一样，它就在双方舰队的注视下殉爆了——"防守"号当时就在敌舰队的视野内，尽管我们一直看不见敌舰队。

一般认为"防守"号是被"吕佐夫"号击沉，但"边疆伯爵"号和"皇帝"号均声称达成命中，"皇后"号也声称可能取得命中。"大选帝侯"号则声称该舰对"防守"号进行的 2 次 305 毫米主炮齐射，均在近距离上获得命中，但并未造成该舰的沉没。各德舰对"防守"号的射击情况简要如下：

"吕佐夫"号：仅以 305 毫米主炮射击，未使用 150 毫米副炮；

"皇帝"号：其可以指向"防守"号的 305 毫米主炮炮塔进行了 10 次齐射，此外该舰在整场海战中共发射了 41 枚 150 毫米炮弹，可能部分用于向"防守"号射击；

"王储"号：其 305 毫米主炮进行了 2 次齐射，未使用 150 毫米副炮；

"边疆伯爵"号：使用 305 毫米主炮和 150 毫米副炮进行射击；

▲ "皇后"号

"大选帝侯"号：以150毫米副炮开始射击，使用305毫米主炮进行了2次齐射；

"皇后"号：以150毫米副炮开始射击，使用305毫米主炮进行了1次齐射；

在"防守"号沉没之后，大部分德舰将目标转向了远方的皇家海军战巡和第5战列舰中队，但"边疆伯爵"号仍用150毫米副炮向"武士"号射击。就"刚勇"号的观察而言，德舰对"武士"号的射击效果很差，大多数炮弹的落点比该舰的位置远出2000码（1828.8米）左右。18时23分至35分之间，"皇帝"号以305毫米主炮在12000～9000码（10972.8～8229.6米）的距离上向"武士"进行了18轮齐射，炮弹大部分都过远，直接落在了皇家海军第5战列舰战队附近。18时35分，随着"武士"号被"厌战"号遮住，德方舰只对"武士"号的射击终于告一段落。根据"武士"号的报告，整个过程中该舰共被约15枚大口径炮弹和6枚较小口径炮弹命中（德国方面的官方记录则为7枚大口径炮弹和3枚中口径炮弹），船上曾燃起了大火，但幸运的是引擎仍维持运转，直至该舰脱离危险后才因引擎舱被淹而停转。次日凌晨，因海况变差舰船无法继续被拖曳，该舰官兵被迫弃舰。

在该舰记录的15次大口径炮弹命中之中，最严重的一次位于水线上引擎舱后舱壁前方位置。炮弹在击穿了该舰的6英寸（152.4毫米）侧甲之后，又先后击穿了左舷后方储备煤舱、保护引擎舱上部的2英寸（50.8毫米）纵向舱壁、0.75英寸（19.05毫米）装甲甲板，接着进入了左舷引擎舱。炮弹在击穿中线舱壁的过程中爆炸，击毁了一道蒸汽管。一块较大的弹片向下反弹，在右舷引擎舱后端位置的舷舱或双层船底上撕开了一个洞，导致该舰的两个引擎舱迅速被淹。尽管引擎舱的前舱壁仅轻微漏水，但由于后舱壁受损变形，

后方装甲甲板下方包括9.2英寸（234毫米）炮药库、7.5英寸（190.5毫米）炮药库以及两座发电机室在内的若干舱室逐渐被淹，幸好进水没有继续向后蔓延。另一枚炮弹命中位置与此次命中相近，不过位于水线以上6英尺（1.83米）处。炮弹在6英寸（152.4毫米）装甲上造成一个12英寸（305毫米）弹孔后横穿船体，击穿了右舷后方9.2英寸（234毫米）炮塔支撑结构，击中并导致右舷侧甲凹陷之后，被弹回炮塔支撑结构中。虽然这枚炮弹始终未爆炸，但它造成了电路熔断并进而引发了大火。第三枚炮弹击穿了该舰的上层建筑，并在右舷后方9.2英寸（234毫米）炮塔附近爆炸，导致该炮塔被碎片卡死，但这一故障稍后被排除。由于液压系统故障，该舰的其他炮塔仅能以人力运转。

其他大口径炮弹还在该舰的上甲板上造成了3个大洞。一枚炮弹命中右舷后方9.2英寸（234毫米）炮塔前方位置，在其1英寸（25.4毫米）上甲板上造成了一个6英尺（1.83米）宽的破孔，并附有一条2～5英尺（0.61～1.52米）宽的长裂缝。炮弹还对主甲板造成了严重破坏，弹片飞进了4号锅炉舱。另一枚炮弹在右舷后侧3磅（口径约为47毫米）炮组后半部位置的上甲板上造成了一个15英尺×10英尺（4.57米×3.05米）的大洞，第三枚炮弹则在该舰的后方隔板舱壁、上甲板和1英寸（25.4毫米）主甲板上造成了破孔，上甲板上的破孔大小约为10英尺×4英尺×2英尺（3.05米×1.22米×0.61米）（来自于原文）。这3次命中当时并没有造成严重后果，但当次日晨海况变差时，大量的海水由这些弹孔进入处于拖曳状态的船体，结果导致该舰最终沉没。

根据该舰的报告，其他9次305毫米炮弹命中情况简要如下：1号命中左舷锅炉给

水槽位置的6英寸（152.4毫米）侧甲；2号命中右舷前部的4英寸（101.6毫米）侧甲；3～6号命中前部船体板；7号在艉楼甲板上爆炸，并对舰桥右侧造成破坏；8号击穿了舰桥左侧；9号则击穿了该舰的前烟囱。

除此之外还有6次明显的150毫米炮弹命中。1～4号命中前部船体板；5号命中该舰的前炮塔，但并未造成明显效果；6号击穿了右舷后方9.2英寸（233毫米）炮塔前部的1英寸（50.8毫米）上甲板后，在主甲板上爆炸。其中，5号和6号命中发生在上一阶段与公海舰队第2侦察群的交火过程中（17时43分起）。

造成两舰悲剧的阿巴思诺特少将无疑是勇敢的，但与其说"勇敢"，不如说"鲁莽"更为恰当。少将原计划率领第1巡洋舰中队的全部4艘装巡前去攻击，但受大舰队展开机动的影响，"爱丁堡伯爵"号和"黑王子"号无法及时参与攻击，"黑王子"号从此失去与大舰队主力的联系。此外，从"狮"号前方穿越的机动，不但迫使正在与公海舰队第1侦察群交火的"狮"号转向中止了交火，同时两艘装巡高速航行时排出的黑烟也遮挡了本方战巡的视线。其实少将完全可以选择从本方战巡尾部穿过，这样一来也可以获得更多的空间。固然少将的机动可以解释为遵照大舰队作战条令，试图维持与公海舰队主力的接触。不过由于能见度较差，少将完全无法得知对手的主力舰与自己的距离。更为重要的是，少将这一机动实际上也干扰了大舰队主力展开的机动。

其实在日德兰海战之前不久，少将与"狮"号的舰长查特菲尔德散步时，曾声称一旦发生战列线对决，他的战位将位于战列线末端。他不会转向本方战列线非交战侧寻求庇护，而将直冲向双方战列线之间。在这一情况下，

由于公海舰队主力的火力将集中在大舰队主力舰上，因此他不太可能成为集火对象。然而不幸的是，在攻击"威斯巴登"号的行动中，由于能见度太差，大部分其他英方舰只都未能出现在敌方的视野内，两艘装巡也就理所当然地成了德舰集火的目标。少将这一求战心切的心理，可能是出于自己在对公海舰队突袭斯卡伯勒一战中的表现的愧疚。在那次海战中，时任"猎户座"号战列舰舰长的德雷尔发现了公海舰队的轻巡并反复请求开火，但是搭乘"猎户座"号、时任第2战列舰中队副指挥官的阿巴思诺特少将拒绝了这一请求，理由是需要得到上级的批准。结果，此战中希佩尔率领的公海舰队战巡及配属舰只最终安然逃脱，对此阿巴思诺特少将始终难以释怀。公允地说，对两舰的悲剧，少将当然负有责任，但如前所述，皇家海军第2轻巡中队指挥官古迪纳夫准将也有类似的心态。

"武士"号的逃生无疑是幸运的，这也多亏了第5战列舰中队吸引了公海舰队主力的火力。当然，这样一来第5战列舰中队就成了公海舰队主力的集火目标。

传奇的开端

当伊万－托马斯于18时06分发现"马尔伯勒"号时，他误以为大舰队战列线已经展开，且以"马尔伯勒"号率领的第1战列舰中队为先导。根据大舰队作战条令，战列线对决时，第5战列舰中队的位置应位于战列线先导舰交战侧前方1.5海里处。因此少将决定右转以便在"马尔伯勒"号以东位置进入战位，注意后者当时的航向仍为东南。在接近的过程中少将发现判断有误，大舰队正在向左展开。由于在此情况下，如果刻板遵循大舰队作战条令，在战列线前段进入战位，将不可避免地阻

碍本方战列线的射界，少将只得选择在战列线末端进入战位。此后的战斗中，第5战列舰中队一直位于这一位置。而为了进入这一战位，该中队不得不于18时18分实施大幅度的左转，从而暴露在了公海舰队主力的炮火下。这次转向的详情已经缺失，但伊万－托马斯回忆称这是一次未通过信号下令，各舰同时进行的180°转向（亦有一份时间为18时18分的信号显示命令该中队各舰相继实施180°转向），不过此次转向的实际幅度可能只有90°。

18时19分，当"厌战"号转向北时，该舰发现距离"马来亚"号过近，因此转为左舵20°，以图拉开与"马来亚"号的距离。在执行这一操作时该舰转向机构卡死，仅以毫厘之差避过"刚勇"号的船尾。由于转向机构始终未能正常运转，因此一切试图将该舰转向左舷的努力非但未能奏效，反而导致其身不由己地以逐渐放缓的速度向公海舰队战列线漂去，然后受到了对方异常"火爆"的欢迎。尽管此后爱德华·菲尔波茨（Edward Phillpotts）舰长下令全速前进，但"厌战"号仍继续右转。在完成了几乎一圈半的转向之后，该舰恢复了控制，当时其航向几乎指

向正北。上述过程中，该舰的15英寸（381毫米）主炮依然持续向公海舰队主力射击。

根据德国方面的官方战史，18时17分起"皇后"号首先向"厌战"号开火，并获得一次命中，对后者的操舵系统造成了破坏，但似乎这并不是"厌战"号转向机构卡死的原因。"皇后"号的报告声称，该舰在对皇家海军第5战列舰中队的一艘战列舰实施了3分钟左右的射击后，转而向"防守"号射击。不过考虑到"皇后"号的射击对象是右起第4艘战列舰，因此其实际射击对象很可能是"马来亚"号。当"厌战"号身不由己地向公海舰队主力漂去时，它成了对手视野内唯一的一艘主力舰，从而迅速成了若干公海舰队主力舰的集火目标。"腓特烈大王"号于18时20分开火，"国王"号于2分钟后开始射击，18时24分"赫尔戈兰"号加入集火，最后"东弗里斯兰"号和"图林根"号也于18时25分开火。除了用305毫米主炮射击外，"腓特烈大王"号、"国王"号和"图林根"号还用150毫米副炮进行了射击。参与对"厌战"号集火的各公海舰队战列舰的详细统计如下：

（1码≈0.91米）

舰名	射击距离（码）	消耗弹药		停火时间	备注
		类型	数量（枚）		
国王	12000	–		18：26	由于"厌战"号的方位转为该舰后方，该舰因此停止射击，声称达成跨射
图林根	11800~10600	305毫米	21	18：30~18：31	该舰此后转而向"马来亚"号射击
		150毫米	37		
腓特烈大王	12500~9600	–		18：34	由于"厌战"号从视野中消失，该舰停止射击

续表

赫尔戈兰	15300~12000	–	18∶25~18∶26	由于"厌战"号不时被烟雾笼罩，该舰的射击频率较低，声称达成跨射
拿骚	15300	–	18∶33（或18∶35）	由于本方战线的机动，很快停止射击
奥尔登堡	17500~14200	–	–	该舰的记录时间不可靠，且射击距离与其他舰只不符，由于"厌战"号的侧影不够清晰，该舰的射击并不连贯，声称取得一次跨射
东弗里斯兰	15000~10800	–	18∶45	由于"厌战"号消失在烟雾中，因此该舰在随公海舰队战线机动之后仅进行了2次射击，声称第3、第4轮齐射获得命中

▲ "图林根"号。

▲ "国王"号。

▲ "赫尔戈兰"号。

▲ 射击中的"图林根"号。

▲ "拿骚"号。

▲ "奥尔登堡"号，摄于挪威。

▲ "东弗里斯兰"号。

在 18 时 15 分至 19 时之间，"厌战"号共被大口径炮弹命中 13 次，由于中弹时间不甚详细，因此以下按照中弹部位从前向后逐一描述如下：

1 号：炮弹从左舷后方射来，其落弹角为 5° ～ 10°。炮弹经 A 炮塔基座前方的开口击穿了 1.25 英寸（31.75 毫米）上甲板，在医务室上方的上甲板上击出了一个 6 英尺 × 5 英尺（1.83 米 × 1.52 米）的破孔，接着在横穿船体时被 1.25 英寸（31.75 毫米）主甲板向上弹飞，击穿 0.625 英寸（15.88 毫米）右舷船体板后飞出。整个过程中炮弹未爆炸，炮弹在其飞行路线上造成了一定程度的破坏，医务室内的化学品起火。

2 号：炮弹从右舷方向的开口处击穿上甲板，其他细节不详。

3 号：炮弹从右舷方向射来，其落弹角为 5° ～ 10°。炮弹击中上甲板下方，1 号 6 英寸（152.4 毫米）炮前方不远处的 6 英寸（152.4 毫米）侧甲，与装甲板表面法线之间夹角约为 10° ～ 12°。炮弹击穿了该装甲板，留下了一个平滑的 12 英寸（304.8 毫米）弹孔，在继续飞行了 6 英尺（1.83 米）后爆炸。中弹处的船肋骨未被损坏，但爆炸对炸点周围的轻结构造成了一定破坏。炸点附近的 1.25 英寸（31.75 毫米）上甲板出现两处破孔，其下方的 0.375 英寸（9.5 毫米）主甲板出现多处破孔。一块较大的弹片击穿了主甲板，另一块停在了距离炸点 30 英尺（9.14 米）处的药库注水作业操作间。爆炸产生的冲击波和弹片被一条横穿船体的过道导向了左舷侧，摧毁了侧壁厚度为 0.25 英寸（6.35 毫米）的

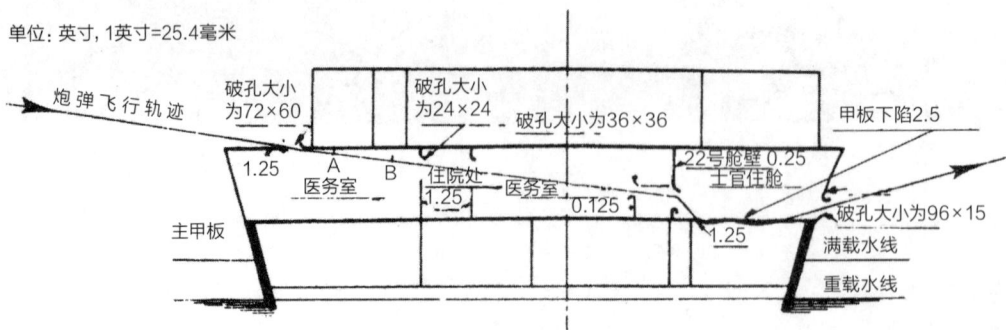

▲ "厌战"号海战第 3 阶段 1 号中弹示意图。

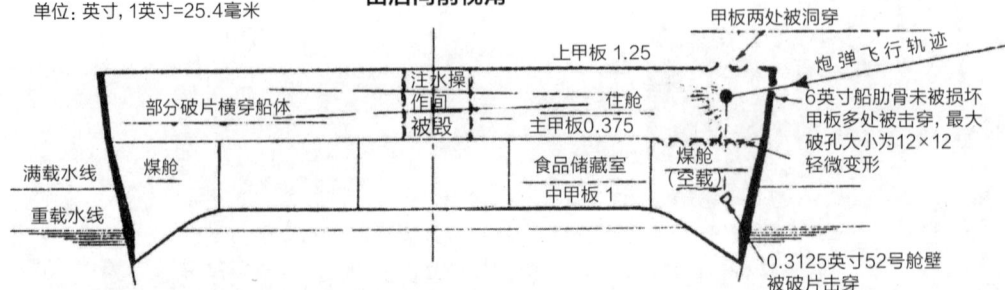

▲ "厌战"号海战第 3 阶段 3 号中弹示意图。

最前部药库注水作业操作间及周边的所有通风井，切断了周边的传声管和火控电缆。

4 号：炮弹从右舷后方射来，在遮蔽甲板边缘形成跳弹或被向上反弹。炮弹在前部上层建筑中击穿了总厚度为 1.3125 英寸（33.33 毫米）的钢板，并在距离中弹位置 40 英尺（12.2 米）处的夜间防御负责军官的战位爆炸，将该舱室彻底摧毁，同时在遮蔽甲板上方的 0.3125 英寸（7.94 毫米）甲板上造成了一个 8 英尺 ×4 英尺（2.44 米 ×1.22 米）的破孔。炮弹对其飞行路线及炸点周边的轻结构造成了一定破坏，并引发了火灾。此次火灾使电线的铅套部分融化，形成的熔铅造成了一定麻烦。

5 号：炮弹可能从左舷后方射来，其落弹角为 10° ~ 15°。炮弹命中了后烟囱基部艏楼甲板上一处储藏间的 0.25 英寸（6.35 毫米）舱门，随后又击穿了一道 1.5 英寸（38.1 毫米）隔板以及两层烟囱侧板，然后被装甲格栅弹飞，于距离中弹位置 32 英尺（9.75 米）处的烟囱远侧壁附近爆炸。受爆炸影响，两块装甲格栅被掀翻，其余格栅发生了严重变形但未开裂。尽管烟囱的一部分被击飞，但

该舰的排气并未受影响。爆炸在 1 英寸（25.4 毫米）艏楼甲板和 1.5 英寸（38.1 毫米）烟囱隔板上造成了破孔，弹片还在艏楼甲板下方击穿了烟囱隔板的附加部分，并在击穿了 0.25 英寸（6.35 毫米）后部舱壁进入该舰的 6 英寸（152.4 毫米）炮组。

6 号：炮弹从右舷后方射来，其落弹角为 5° ~ 10°。炮弹首先击穿了艏楼甲板上一处储藏间的 0.25 英寸（6.35 毫米）厚侧壁，接着先后击穿了一道 1.5 英寸（38.1 毫米）隔板、四层后烟囱侧板以及第二道 1.5 英寸（38.1 毫米）隔板。此后炮弹击中了 1 英寸（25.4 毫米）艏楼甲板并造成甲板凹陷，然后又击穿了左舷的一道锅炉舱通风器，接着被装甲格栅反弹，继续击穿了艏楼甲板和遮蔽甲板之间的一道 0.25 英寸（6.35 毫米）垂直钢板，最后击穿 0.5 英寸（12.7 毫米）遮蔽甲板并造成了一个 8 英尺 ×3 英尺（2.44 米 ×0.914 米）的破孔后飞出船体。整个过程中炮弹击穿的钢板总厚度约为 5 英寸（127 毫米），但并未爆炸。

该舰的副舰长在该舰脱离战场后检查了其受损的情况。据他回忆，曾发现一些肉块

由后向前视角

单位: 英寸, 1英寸=25.4毫米

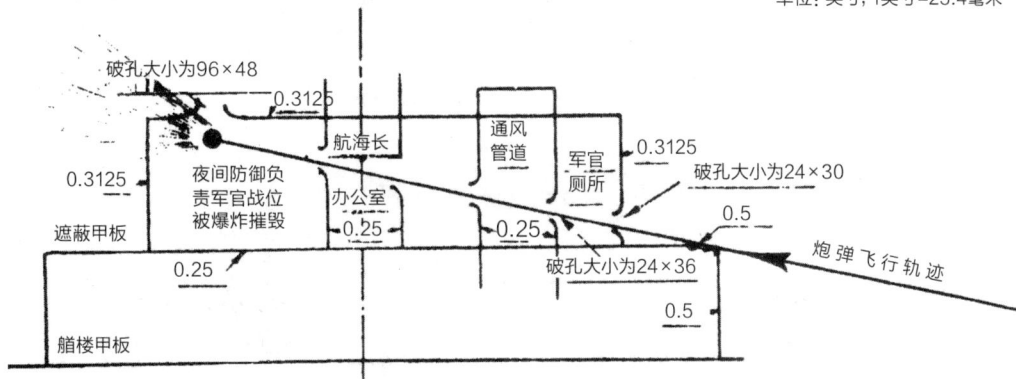

▲ "厌战"号海战第 3 阶段 4 号中弹示意图。

嵌入 B 锅炉舱上方的装甲格栅内，副舰长的第一反应自然以为是死伤乘员的遗骸，但此后发现其是来自储藏间内的一整只冻羊。炮弹在击穿储藏间时将羊带出，此后在被装甲格栅反弹时羊肉就留在了格栅上。据推测，这是由 4 号或 5 号中弹造成的。附近的舱室内，副舰长发现了 3 名司炉的遗体，其中 1 名脑袋被击飞，另 1 名被弹片打得粉碎。在副舰长看来，尽管这一场面堪称触目惊心，但其恐怖程度仍远逊于葬身火海者的遗体。

7 号：炮弹从左舷射来，其落弹角为 15°～20°。炮弹击中了主起重机，击穿了舰载中型交通艇并在 1 英寸（25.4 毫米）艏楼甲板上右舷侧的 6 英寸（152.4 毫米）炮内侧爆炸。大部分弹片越过船舷落入大海，在 6 英寸（152.4 毫米）炮防盾和炮身上造成了大量破孔和凹陷。爆炸还在艏楼甲板上造成了一个破孔，在炮组舱壁后方的 0.5 英寸（12.7 毫米）侧板上造成了一个 4 英尺 ×3 英尺（1.22

米 ×0.914 米）的破孔。受此次爆炸影响，通往炮组的装甲舱门卡死。此次中弹最严重的后效由爆炸引起的火苗以及灼热的破片，造成上述产物通过艏楼甲板上的一个小洞进入 6 英寸（152.4 毫米）炮组后部，引燃了那里的若干发射药。但幸运的是，这一次火焰并没有如"马来亚"号的火灾那样扩散开来。

战后调查表明，一块弹片点燃了一份正从容器中取出，准备进行装填的发射药，容器中的另外 3 份发射药以及其他 4 个容器中的发射药也被引燃。右舷后侧 6 英寸（152.4 毫米）炮的炮组乘员全部被严重烧伤，其后一门 6 英寸（152.4 毫米）炮的炮组乘员一部分人被严重烧伤。

8 号：炮弹从左舷方向射来，其落弹角为 5°～10°。炮弹击穿了主甲板下方主桅前方 23 英尺（7 米）处主装甲带上部变薄的部分，具体中弹部位为一块装甲板的右上角。炮线与装甲板表面法线成 5°～10°角，造

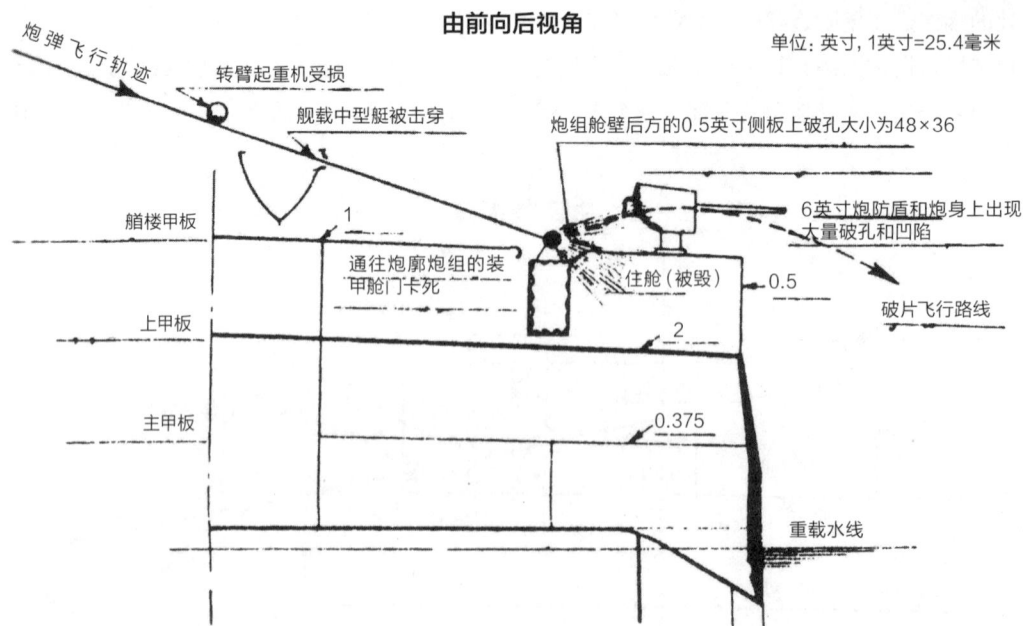

▲ "厌战"号海战第 3 阶段 7 号中弹示意图。

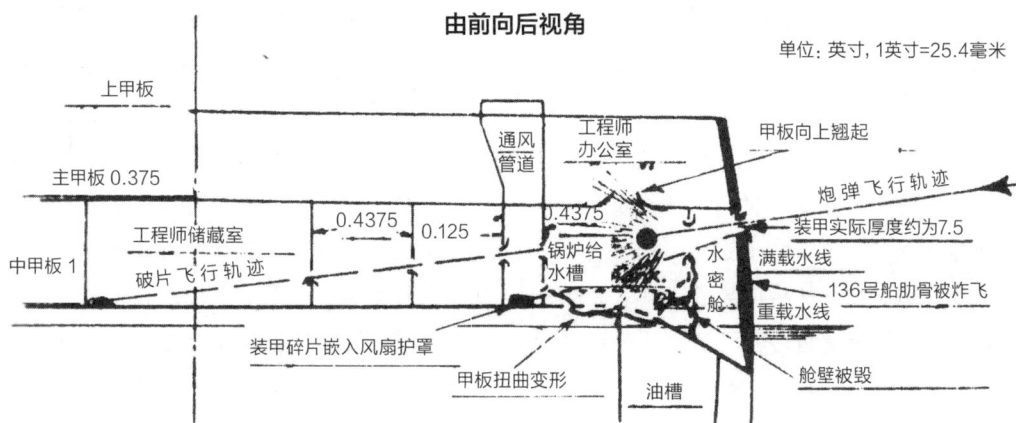

▲ "厌战"号海战第 3 阶段 8 号中弹示意图。

成一块 2 英尺 × 1.5 英尺（0.61 米 × 0.457 米）的装甲块脱落，其后一块装甲板表面则有一大片薄层脱落。弹孔上缘处装甲厚度为 6 英寸（152.4 毫米），下缘处为 9 英寸（228.6 毫米）。炮弹在距离中弹位置 12 英尺（3.66 米）处的左舷锅炉给水槽上半部内爆炸，在炸点上方的 0.375 英寸（9.5 毫米）主甲板上造成了一个大洞，而其下方的给水槽轻型底板则被打得粉碎，更下方的 1 英寸（25.4 毫米）中甲板，在左舷舷侧引擎舱以及相邻的油槽上方的倾斜部分顶点附近位置严重扭曲变形。构成给水槽外缘的 0.3125 英寸（7.94 毫米）舱壁损毁，给水槽前方及内侧的舱壁均被击穿，海水通过其内侧舱壁进入左舷舷侧引擎舱的风扇平台，进一步由通风井上的破孔涌入引擎舱，该破孔此后被堵住。损管人员此后向给水槽中投放了 400 具吊床以堵住装甲带上的弹孔，终于封住了由水槽涌入的进水。这枚炮弹造成的大部分弹片面积较大，其中一块在先后击穿了给水槽内侧的 0.4375 英寸（11.11 毫米）舱壁、1.125 英寸（28.58 毫米）和 0.4375 英寸（11.11 毫米）钢板后，停在了中甲板上距离炸点 40 英尺（12.2 米）处。部

分装甲带的碎片击穿了给水槽的内侧舱壁，最终嵌入了引擎舱风扇的护罩内。

此次命中的情况，极好地说明了"伊丽莎白女王"级战列舰的 13 英寸（330 毫米）装甲带没有达到主甲板高度的后果。

9 号：炮弹从右舷后方射来。此次中弹的完整细节不详，但可以确定的是炮弹击穿了后上层建筑末端，然后击中了通往鱼雷控制塔的 4 英寸（101.6 毫米）厚的通讯管后侧。炮弹将该通讯管切开了一半，在爆炸前将其旋转了 30° 或 60°，弹片在后上层建筑右侧板上造成了很多破孔。

10 号：炮弹可能从左舷前方射来，其落弹角为 5° ~ 10°。炮弹击中了上层甲板以上 4 英尺（1.22 米）处 X 炮塔基座前方 5 英尺（1.52 米）处的 6 英寸（152.4 毫米）侧装甲，炮线与装甲板表面法线之间的夹角为 15° ~ 20°。炮弹在侧甲上留下了一个直径为 12 英寸（304.8 毫米）的弹孔，在击穿后断为两截，但并未爆炸。其中较大的一块先后击穿了厚度在 0.25 ~ 2 英寸（6.35 ~ 50.8 毫米）之间的几道舱壁以及中央引擎舱的通风井，随后击中了 X 炮塔的 4 英寸（101.6 毫米）

基座装甲，最终击穿了 0.375 英寸（9.5 毫米）主甲板后，停在了右舷的工程师车间内。受其影响，X 炮塔 4 英寸（101.6 毫米）基座装甲表面出现剥离现象，其最大深度达 2.25 英寸（57.15 毫米）。炮弹的另一部分同样击穿了厚度在 0.25 ~ 2 英寸（6.35 ~ 50.8 毫米）之间的几道舱壁，然后击穿了通风扇平台上方的主甲板，最终也停在了工程师车间内。另一块据估计从 6 英寸（152.4 毫米）装甲板上脱落的碟形装甲，也落在了该舱室。受此次中弹影响，主甲板严重受损。此后当海水冲上主甲板时，海水通风扇平台上方的大洞进入平台，并从这里进入中央引擎舱。

尽管炮弹未爆炸，但此次中弹仍造成了较为严重的破坏。据称，由于通往舵机舱的舱壁破损，有研究人员据此认为此次中弹还导致了 18 时 19 分该舰转向机构卡死的故障。但是从炮弹飞行方向来看，此次命中发生在该舰转向机构故障之后。

11 号：炮弹从左舷侧射来，其落弹角为 15° ~ 20°。炮弹击中了 X 炮塔和 Y 炮塔基座中线位置处，距离上甲板边缘 20 英尺（6.1 米）的 1.25 英寸（31.75 毫米）上甲板。炮弹在上甲板上造成了一个 7.5 英尺 × 1 英尺 8 英寸（2.29 米 × 0.51 米）的破孔，并在上甲板和中甲板之间、距离中弹位置 10 英尺（3.05 米）处爆炸，对距离炸点 16 英尺范围内的轻钢结构造成了严重破坏。炸点靠近主甲板药库注水作业操作间的 0.25 英寸（6.35 毫米）侧壁，该操作间被爆炸彻底损毁，其远侧壁的 2 英寸（50.8 毫米）纵向舱壁上一道 2 英寸（50.8 毫米）厚的舱门被从固定在舱壁上的铰链上扯下。炸点下方的 0.625 英寸（15.88 毫米）主甲板出现多处破孔，此外炮弹的弹底拴在先后击穿了主甲板和 1 英寸（25.4 毫米）

中甲板后，停在距离炸点 20 英尺（6.1 米）、中甲板下方约 3.5 英尺（1.07 米）的 X 炮塔药库冷却器上。该舰的液压排气系统主管道在此处被击穿，注意液压系统也在此处与液压柜相连。主甲板上若干通风井在此次中弹过程中被击穿，同时消防管道也遭破损。消防主泵持续将水泵上主甲板，造成的积水流入了 Y 冷却室，致使水位上涨，导致消防主泵的启动器烧坏，X 消防主泵的启动器也因从液压系统渗入的水而被烧坏。

12 号：炮弹从左舷前方射来，落弹角为 5° ~ 10°。炮弹击中了上甲板下方与 Y 炮塔基座平行位置的 1.5 英寸（38.1 毫米）侧板。炮弹随后飞入了舰长卧室，接着先后击穿了厚度为 3 ~ 0.25 英寸（76.2 ~ 6.35 毫米）的几道舱壁以及一根 7 英寸（177.8 毫米）中线支柱，最终在距离中弹位置 40 英尺（12.2 米）的 1.25 英寸（31.75 毫米）主甲板上方爆炸，在主甲板上造成了一个 4.5 英尺 × 3 英尺（1.37 米 × 0.76 米）的破孔。炸点附近 30 英尺（9.14 米）范围内的轻结构都遭到严重破坏，其附近的一道 0.25 英寸（6.35 毫米）舱壁被气浪掀飞。在海军舰队副官日间舱室的右舷侧，一道 0.375 英寸（15.88 毫米）舱壁被击出多个破孔，该舱室的 0.5 英寸（12.7 毫米）侧板上在 7 英尺 × 3 英尺（2.13 米 × 0.762 米）范围内出现爆裂，其框架扭曲开裂。通向舵机室的逃生井严重受损，导致海水灌入该逃生井，并经由井底的滑门渗入舵机室，造成该舱室积水达 4 英尺（1.22 米）深。

13 号：炮弹从右舷射来，击中船尾中甲板与主甲板之间海军上将昼间住舱下方的船体板，弹着点位于重载水线位置以上 0.75 英寸（19.05 毫米）处。炮弹可能在穿透船体板同时爆炸，在船体板上造成了一个 4 英尺 × 3

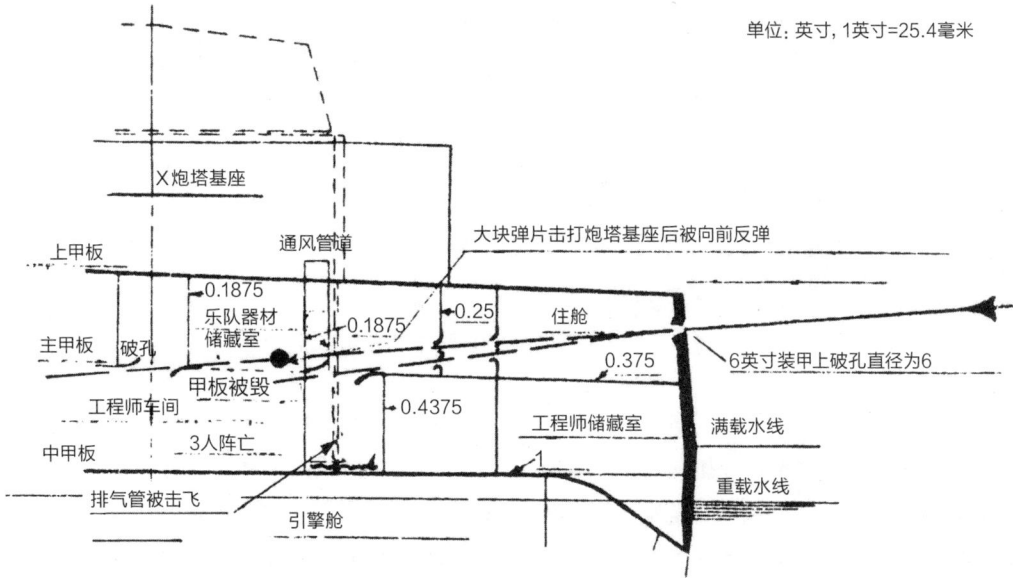

单位: 英寸, 1英寸=25.4毫米

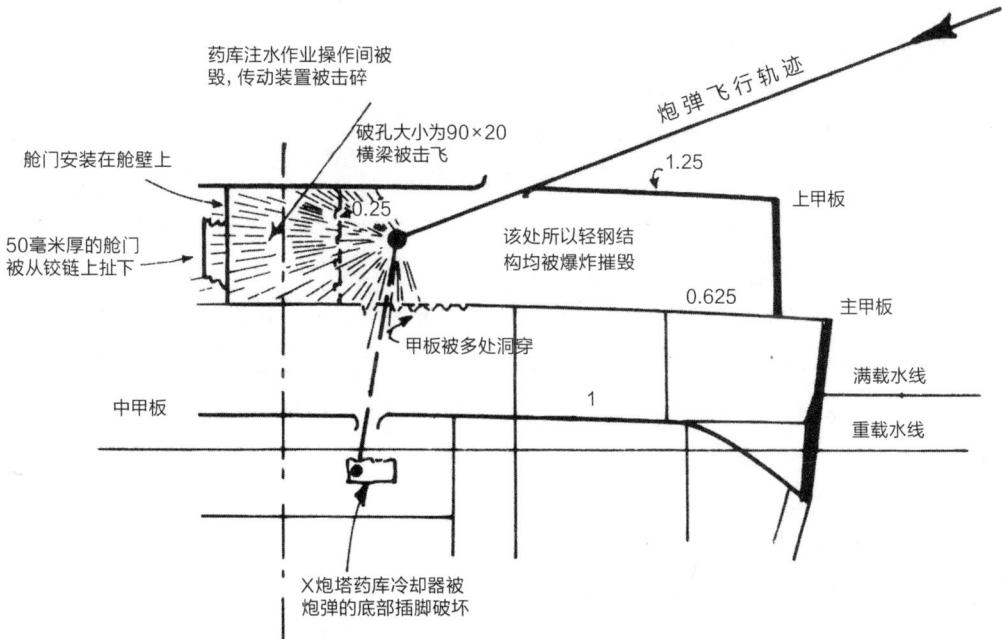

X炮塔基座

上甲板

通风管道

大块弹片击打炮塔基座后被向前反弹

0.1875

乐队器材
储藏室

0.1875

0.25

住舱

主甲板

破孔

0.375

6英寸装甲上破孔直径为6

甲板被毁

0.4375

工程师储藏室

满载水线

工程师车间

中甲板

3人阵亡

1

重载水线

排气管被击飞

引擎舱

▲ "厌战"号海战第3阶段10号中弹示意图。

由前向后视角

单位: 英寸
1英寸=25.4毫米

药库注水作业操作间被
毁, 传动装置被击碎

破孔大小为90×20
横梁被击飞

炮弹飞行轨迹

1.25

舱门安装在舱壁上

0.25

上甲板

该处所以轻钢结
构均被爆炸摧毁

50毫米厚的舱门
被从铰链上扯下

0.625

主甲板

甲板被多处洞穿

满载水线

中甲板

1

重载水线

X炮塔药库冷却器被
炮弹的底部插脚破坏

▲ "厌战"号海战第3阶段11号中弹示意图

英尺 (1.22米 ×0.914米) 的破孔, 并对炸点
附近的轻结构以及其他设施造成了一定破坏。

船体板边缘向船艉柱方向开裂约20英尺 (6.1
米), 炸点上方包括海军上将昼间住舱在内

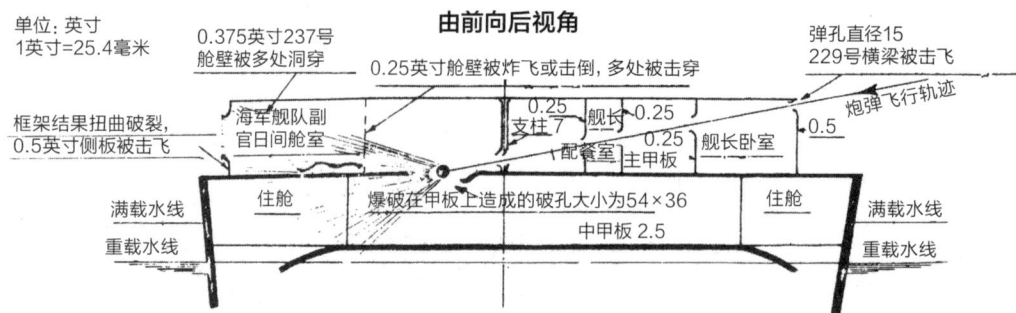

▲ "厌战"号海战第 3 阶段 12 号中弹示意图。

的若干舱室部分被淹，同时炸点上方的 0.3125 英寸（7.93 毫米）的主甲板扭曲变形。具有明显被帽结构的炮弹尖端，在击穿了厚度为 4 ～ 0.1875 英寸（101.6 ～ 4.76 毫米）的若干道舱壁后最终停在一间邻近舱室内。据信，炮弹肩部曾击中了船体侧面。

在 1916 年 6 月 16 日的备忘录中，杰里科给出了一份关于"厌战"号损伤的初步报告。该报告称有五六枚炮弹击中了该舰 Y 炮塔后方，海水从 Y 炮塔进入，流向主甲板和中甲板之间的船尾部分，从而使得船体后部下沉，该部位的水线高度比主甲板高约 3 英尺（0.9144 米）。整个海战过程中，可被确认为击中了 Y 炮塔后方位置的中弹，仅为本阶段上述的 12 号和 13 号中弹以及此前的一次中弹（第二阶段该舰的 1 号中弹），无法确定是否真的存在两三次其他命中发生在这一区域。即使其他命中真的存在，也很难确定究竟是由大口径炮弹还是 150 毫米炮弹造成。对于严重破损的舰只而言，最初估计的中弹数量，通常较仔细检查之后得出的数量要高。该报告在提到该舰其他位置的中弹次数时，声称存在"相当数量无研究价值的中弹"。这包括此前一阶段击穿前烟囱的中弹（第二阶段该舰的 2 号中弹）、本阶段上述的 6 号和 7 号中弹，以及 3 次或以上 150 毫米炮

弹造成的中弹。现在无法确认是否还有其他大口径炮弹造成的命中，但这一可能出现的概率很低。

本阶段 13 次确认的大口径炮弹命中无法按照时间顺序排列，但是根据"厌战"号副舰长沃尔温上校（Walwyn）的回忆录《战斗在日德兰》中的记载，3 号和 13 号中弹较其他中弹发生得早。就这 13 次中弹而言，也无法确定各自来自于公海舰队哪一艘战舰。"东弗里斯兰"号在其报告中声称曾在第三轮和第四轮齐射中命中"厌战"号，因此部分命中可能来自该舰。此外，"拿骚"号似乎不可能取得命中。全部 13 次命中都被认为来自于 305 毫米弹。

除了大口径炮弹命中记录外，"厌战"还留下了几次 150 毫米炮中弹记录。其中最重要的一次，炮弹命中了 Y 炮塔左炮距离炮口 6 英尺（1.83 米）处。此次命中造成该炮炮管弯曲，口径减为 14.75 英寸（375.65 毫米），使得其无法运作。该炮最终在被从舰上拆除后，完成了修复。另一次命中曾一度被认为是一发 203 毫米炮弹造成的。该炮弹命中了 X 炮塔的左侧 11 英寸（280 毫米）装甲，但在炮塔内部的船员却没有任何感觉。沃尔温上校在回忆录中还记录了其他 3 次 150 毫米弹命中记录，分别落在左舷 6 英寸（152.4 毫米）

炮火控防护罩后方、击穿主桅和击穿军官室。另外，可能还有其他未被记录的150毫米炮命中。

船体内的进水导致该舰的定倾中心高度由6.5英尺（1.98米）降至4.5英尺（1.37米）。在完成一些临时维修工程和对部分舱壁实施加固之前，为避免引擎舱被淹的危险，该舰不适宜以超过16节的速度航行。上述的8号中弹是造成这一结果的主要原因。

当晚19时前不久，"厌战"号从尾部再次加入第5战列舰中队的战列线，此时该中队的战位位于第6战列舰战队后方。但"厌战"号很快发现无法进行准确的转向，于是在与"马来亚"号仍距离半海里以上时，便向西北方向撤出战斗，显然转向机构的故障是使该舰撤出战斗的主要原因。该舰转向机构最初发生故障时，左舷舵机仍在运转，但由于推力轴在该舰推力轴承中，以及供推力轴和蜗杆轴自由端旋转的右舷舵机离合器衬套内的发热（右舷舵机当时未运转），该舵机转速逐渐放缓。当"厌战"号发现该舰不响应舵轮操作后，舵手进一步旋转舵轮，但转速变慢的舵机阻止了差动阀对舵轮的响应，从而造成舵轮旋转困难。当时，该舰的上下司令塔一定使用了很大的力量，试图旋转舵轮，但这反而导致了转向机构暂时卡死，同时造成了上下司令塔内舵轮之间的控制轴扭曲变形，连接液压操舵装置与差动阀的杠杆弯曲。通过临时向舵机推力轴供水进行冷却，该舰的左舷舵机恢复正常运转，但仍无法通过上下司令塔内的舵机控制转向。由于该舰的舵机舱部分被淹，在"厌战"号撤出战斗后，其乘员直接在舵机处进行操舵。

有观点认为"厌战"号在保持高速航行的同时，持续使用舵机而造成舵机的高负载，

加之上述本阶段10号中弹详情中提到的舱壁扭曲变形，共同导致了舵机过热。不过如上文所述，本阶段10号中弹与舵机舱的舱壁受损并无关系。不过扭曲亦有可能由其他近失弹对船体造成的剧烈震动导致。此次故障与1916年5月4日"刚勇"号发生的故障类似，当时"刚勇"号的转向机构在30°左舵位置上卡死约3分钟，

"厌战"号的日德兰海战经历，就此进入尾声。当"厌战"号带着150多个弹孔，最终于6月1日下午驶入福斯湾时，没有人会想到该舰在近30年后还会经历更为惨重的创伤但依然不沉。一位永不屈服的"老兵"30多年的征战传奇才刚刚开始。

"无敌"号的悲剧

击退了公海舰队第2侦察群之后，胡德少将率领的第3战巡中队又发现了希佩尔的公海舰队第1侦察群。少将随后转向取与第1侦察群平行航向，并于18时20分前后在约9000码（8229.6米）距离上向其开火。第3战巡中队的火力异常准确而凶狠，其密集程度一度使得"毛奇"号认为他们在和8～10艘"马来亚"级（此处来自原文）或"铁公爵"级战列舰作战。在此后的10分钟内，该中队一直被雾气所掩护，以致公海舰队第1侦察群只能观察到其开火时的火光。从18时19分至34分之间，"吕佐夫"号共被"无敌"号和"不屈"号命中8次，其中4次（该舰本阶段的3号～6号中弹）击中位于该舰水线以下的侧舷鱼雷平台和舰艏鱼雷平台，导致约1500吨海水灌入"吕佐夫"号的船体，造成该舰舰艏18时37分已沉入水面以下。由于受损过重，该舰于18时45分前后取223°航向脱离战场。最终护送"吕佐夫"

号脱离战场的驱逐舰包括 G37 号、G38 号、G40 号、S33 号、S34 号、V30 号和 V45 号。在脱离战场的过程中"吕佐夫"号依然遭到大舰队主力的关注。希佩尔及其参谋人员【其参谋长即为日后出任第三帝国海军总司令的雷德尔海军元帅（Raeder）。根据雷德尔的回忆，希佩尔开始并不愿离开旗舰，但在雷德尔的反复要求并指出希佩尔的职责所在后，希佩尔最终决定离舰。在离舰前，希佩尔和"吕佐夫"号的哈德舰长（Harder）握手致意，并表示："我还会回来的。我不会忘记你们。"】于 18 时 56 分搭乘 G39 号驱逐舰试图由"吕佐夫"号换乘至"塞德利兹"号，但 19 时前后"塞德利兹"号的状况也不好。该舰的无线电设备已被击毁，且该舰前部的实际水线位置已经达到了中甲板高度。"塞德利兹"号虽仅被"不屈"号命中一次，但这次中弹造成的剧烈震动导致该舰的上层舵机联轴器脱落，因此此后一段时间内该舰只能从舵机室进行转向。公海舰队战巡编队一度转由"德芙林格"号的舰长哈尔托赫（Hortog）指挥。此时"德芙林格"号已被"不挠"号命中 3 次，该舰的前桅信号升降索、全部信号灯以及主无线电天线均无法使用，但烟囱信号索以及战斗信号桁仍可运作。19 时 05 分，公海舰队所有剩余战巡均受命跟随"德芙林格"号行动。上文中已经提及"冯·德·坦恩"号的所有炮塔都出现不同程度的故障，其无线电接收装置也因天线受损而无法正常运作。因此公海舰队第 1 侦察群中只有"毛奇"号的战斗力相对完整，并最终被希佩尔选为座舰，不过希佩尔直到 21 时 50 分才登上该舰继续指挥。

据当时统计，在 8 分钟内，"无敌"号对"吕佐夫"号进行了不下 15 次齐射，并取得多次命中。胡德少将本人对所部的射术显然非常满意，在"无敌"号火控站指挥作战的枪炮长丹罗伊特中校（Dannreuther），记得少将曾经通过传声管向他表示："你的射击很棒，打得越快越好，每一发都很有效。"第 3 战巡中队猛烈的打击给友舰和敌舰均留下了深刻的印象。"虎"号上一位军官就回忆道："第 3 战巡中队的炮术堪称惊人，该中队的 3 艘战巡射击异常密集而迅速，我们观测到希佩尔所部的战巡被反复命中。""吕佐夫"号的枪炮长帕申少校曾回忆到：敌战巡（指第 3 战巡中队）占据了我们全部的注意力。当我们转向东时，他们位于我舰左舷方向约 13000 米开外，且我舰很难观察到他们，他们的射击让此前的战斗简直如一场儿戏。更令我感到无可奈何的是敌舰始终藏在烟雾中，因此我下令后部司令塔实施指挥。几乎与此同时，一串冰雹般的炮弹命中我舰左舷前后部。我只能看到敌舰开火时红色的火光，完全观察不到敌舰的影子。

然而"无敌"号的号运气很快就耗尽了。18 时 30 分，掩护第 3 战巡中队的雾气突然散开，以烟囱和发射药引发的浓烟作为背景的"无敌"号直接暴露在敌舰视野之内。"吕佐夫"号随即右转舵，由自身的后部火控室实施指挥，于 10900 码（9966.96 米）距离上向"无敌"号进行了三次齐射。第一轮齐射超出目标 400 码（365.76 米），第二轮齐射就形成了跨射，而当第三轮齐射落下时，"无敌"号上冒出了清晰可见的红色火光，随后该舰便发生了剧烈的殉爆。在"无敌"号现身前，"德芙林格"号曾以 30 秒的间隔向该舰方向进行了 5 次齐射，全部偏近。当"无敌"号现身后，"德芙林格"号又在 1 分半钟内，于 9600 ~ 9800 码（8778.24 ~ 8961.12 米）距离上向该舰进行了3次齐射，并声称第3次齐射造成了前者的殉爆。从当时的战场形势看，"德芙林格"号至少在部分时间内比"吕佐夫"号更接近"无敌"号，差距可能高达1200米，但德国官方战史将"无敌"号的沉没归结于"吕佐夫"号。在用主炮向"无敌"号射击的同时，"德芙林格"号还用150毫米副炮对该舰进行了射击，这显然无助于其主炮的火控作业，"德芙林格"号战后的报告中认为此时击沉的是一艘"伊丽莎白女王"级战列舰。

帕申少校回忆了击沉"无敌"号的全过程：当我舰转向南时，突然间一艘英制"无敌"级战巡清晰地从烟雾中冒了出来，正位于我舰左舷后方，轮廓清晰，距离也不远。"可算是逮到你小子了！"我恨恨地想着，闪电般地下达了指令。但与此同时，一个巨大的黑色物体移进了我的潜望镜和敌舰之间，受我舰海军上将舰桥位置的影响，我的潜望镜最大转角约为10°。"后部火控塔能否进行测距？"我问道，很快得到了满意的回复："遵命！距离10000米！"我继续下令："由后部火控塔实施指挥！"博德上尉（Bode）很快下达了简洁的指令，15秒后，除第2主炮塔（B炮塔）外，我舰的全体主炮便再次发出了怒吼，这无疑令我舰全体成员都感到满意。我通过耳机监听了我舰这次射击的全过程，包括博德下达的指令和火控中心的指令，然后又通过自己的潜望镜观测到了敌舰。"落点远！拉近4，齐射！夹中！齐射！"随着我舰炮弹飞行时间指示器的轰鸣，敌舰周围腾起了巨大的水柱，随后明显的红黑色火焰再次在我舰的目标上腾起。

对"无敌"号完成致命一击是一枚于18时32分命中了该舰的Q炮塔的炮弹。炮弹击穿装甲后在炮塔内部爆炸，直接炸飞了炮塔

的顶部装甲。爆炸产生的火苗迅速进入该炮塔药库内，随之引发的殉爆将"无敌"号折成了两段，这一过程大致仅耗时10～15秒。被折为两段后，该舰的舰艏和舰艉部分仍在水面上漂浮了一段时间。落水的船员向"不挠"号和"不屈"号呼救，仍在战斗中的皇家海军各舰通常不会停船搭救落水者，不过贝蒂在18时40分命令了"獾"号驱逐舰前去执行搜救任务。在全舰1032名乘员中，仅有6人被救起，其余全部阵亡。该舰的枪炮长丹罗伊特中校（瓦格纳的教子）是幸存者之一，他声称自己在该舰的前火控桅楼位置，目睹了炮弹命中Q炮塔并在炮塔内爆炸的场景。此次爆炸发生后船舯部位紧接着又发生了一次巨大的爆炸，这标志着Q炮塔药库殉爆。Q炮塔乘员中只有一名严重烧伤者幸存，命中时他位于炮塔测距仪位置。《战斗在日德兰》一书中的一张照片显示，由A炮塔药库产生的火苗从前桅附近的艏楼喷出，这说明A炮塔药库也发生了殉爆或爆燃，也可能是Q炮塔药库的殉爆引发的。考虑到P、Q两炮塔的药库紧邻，几乎可以肯定Q炮塔药库的殉爆也导致了P炮塔药库的殉爆。1991年展示的一段视频图像显示，该舰的X炮塔弹药库也发生了低速爆炸。

"不屈"号报告，称部分残骸被爆炸造成的气浪掀起到400英尺（121.92米）高度。当爆炸产生的浓烟散去时，可见"无敌"号的舰艏和舰尾各有约70英尺（21.336米）高的部分露出水面，两部分之间距离约50码（45.72米）。该舰的船尾部分在一小时后被皇家海军"加拉提亚"号轻巡洋舰（Galatea）击沉，但其舰艏部分直至6月1日下午14时30分仍漂浮在水面上。"德芙林格"号的记录显示，与"玛丽女王"号的情况类似，在

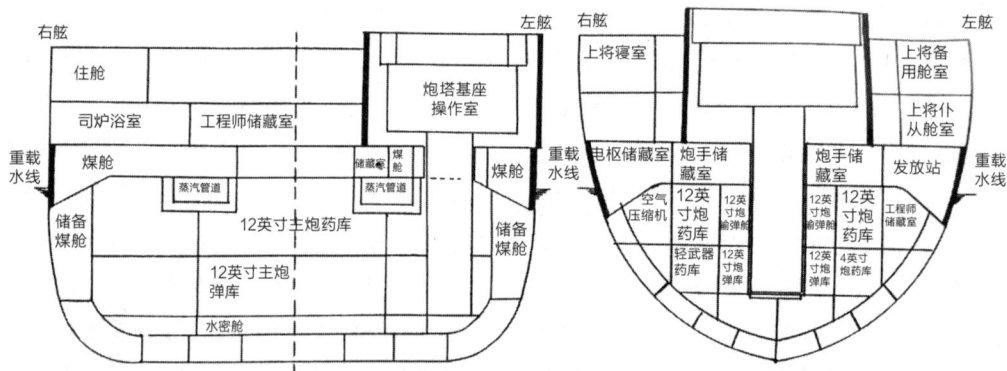

▲ "不屈"号的截面图。左图为 Q 炮塔部分，该舰的姊妹舰"无敌"号即在海战中因 Q 炮塔中弹导致的殉爆沉没。

▲ "无敌"号殉爆的场景。

爆炸产生的浓烟上升到几百码高空的同时，并没有观察到火势在"无敌"号上发展的明显迹象。毫无疑问的是，"无敌"号炮塔内的柯达无烟发射药起火燃烧并蔓延至下方的药库，是造成该舰沉没的原因。

虽然在 Q 炮塔中弹之前该舰已经被命中若干次，但有关这些命中的信息非常有限。丹罗伊特中校报告称该舰曾被大口径炮弹命中若干次，但未受明显破坏。"不挠"号则注意到"无敌"号曾被一次齐射夹中，且在殉爆前一分钟其船体后方曾被命中。德国方面估计该舰共被 5 发 12 英寸（304.8 毫米）炮弹命中，目前没有证据反对这一推测。

从硬件上来说，"无敌"号的沉没也许并不重要，毕竟作为世界上第一艘战巡，在 1916 年日德兰海战时该舰已稍显落后，其性能大致和"不倦"号相当。但是对于皇家海军而言，被认为是希望之星的贺拉斯·胡德少将的阵亡，无疑是重大的损失。

1918 年 8 月 22 日，星期天。下午 13 时 05 分，少将的遗孀在一艘主力舰舰艏砸开了一瓶香槟，皇家海军最新的主力舰由此沿着滑道缓缓滑入了克莱德河（Clyde）接受舾装——这就是皇家海军历史上最大的一艘主

1918年8月22日下水时的"胡德"号

力舰,在整个20和30年代中世界上最强大的主力舰,一代名舰"胡德"号战列巡洋舰。

"无敌"号殉爆之后,"不挠"号的舰长肯尼迪上校(Kennedy)接过了第3战巡中队的指挥权。尽管炮弹一度不断在"不挠"号和"不屈"号周围落下,但两舰幸运地没有被命中。而在即将完成的大舰队战列线上,受能见度影响,皇家海军的官兵们只能观测到一艘主力舰殉爆,他们理所当然地推断那是一艘德国战舰,并为此疯狂欢呼。第4战列舰中队的指挥官达夫少将在战后曾回忆起一个悲惨的插曲:

当我方战列舰队以全速通过时,我们注意到先前战沉舰只(包括"无敌"号)上幸存的官兵仍在水中挣扎求生,其中部分人已经受了伤。但当我们出现时,他们都向我们欢呼和招手,然后其中很多人就被我方的战列舰直接碾过,毫无意外地被淹死。当时我们既没有时间也没有空间进行规避,只有部分幸存者被小型舰只救起。

达夫少将的座舰"壮丽"号于19时前后经过了"无敌"号的残骸,以上回忆显然发生在那时前后。不过丹罗伊特中校倒是认为这些在很大程度上出自少将自己的臆想,他的观点

是"无敌"号殉爆后船员行囊、吊床之类杂物散落在海面上,从战列舰甲板高度看去这些杂物很容易被当成人体。

当"铁公爵"号经过时,杰里科曾亲自询问:"这是我方舰只的残骸吗?"对此仍在执行搜救任务的"獾"号回答称"是的,这是'无敌'号。"——这也是杰里科在海战中第一次得知己方主力舰损失,他仍不知道"不倦"号和"玛丽女王"号在约2小时前已经沉没。

当公海舰队方面正在为又消灭了一艘英国战巡而兴奋时,他们不知道大舰队主力已经即将完成展开。人类历史上最庞大的一条战列线即将发出复仇的怒火,而等待公海舰队的将是一次极为狼狈的机动。

大舰队主力的第一次抢占 T 字横头

早在大舰队战列线完成之前,"马尔伯勒"号便于18时17分前后在13000码(11887.2米)距离上向敌舰开火,第5战列舰中队在此前后也从大约相同距离上开始射击。尽管遭到了大舰队的射击,但是公海舰队主力仍没有想到在他们前方7海里之外的是什么。就在"厌战"号从公海舰队的集火中逃脱后不久,公海舰队第5战队指挥官贝恩克少将看见了一副足以令他魂飞魄散的场景:一大群大舰队战列舰就在他眼前实施转向机动,而密集的弹雨紧接着就落在了该战队附近。18时37分,大舰队战列线终于完成,28艘英国战列舰形成了一条长达5.7海里的弓形战列线。由于视距仅有12000码(10972.8米)左右,因此战列线前段和中部的各舰最多只能同时看到三四艘敌舰。这种情况下统一分配射击目标显然不现实,因此从18时30分开始部分战列舰便向着能看到的任何目标射击。

冲在公海舰队战列线最前端的"国王"号首当其冲，劈头盖脸地挨了一顿暴打，站在舰桥上的贝恩克少将也被击伤。该舰在18时35分前后（注意这是该舰的时间，比"铁公爵"号的时间线稍早）一共被13.5英寸（343毫米）炮弹命中8次，其中7次来自"铁公爵"号发射的被帽尖端普通弹，8次中弹中的4号和5号中弹造成了较为严重的破坏。一枚炮弹（4号中弹）击穿了150毫米副炮组前方的侧船板，弹着点位于炮列甲板上方2英尺

（0.61米）处。炮弹随后在距离下缘8～14英寸（203.2～355.6毫米）处击穿了170毫米前斜向炮组舱壁，其弹线与装甲表面法线之间的夹角约为45°，最后在炮列甲板上爆炸。炮弹在炮组舱壁外侧造成的弹孔大小约为40英寸×28英寸（1016毫米×711.2毫米），在其内侧造成的弹孔大小约为55英寸×35英寸（1397毫米×889毫米）。厚度为20～30毫米的炮列甲板在左舷1号炮廓舷内侧约60平方英尺（5.57平方米）范围内有

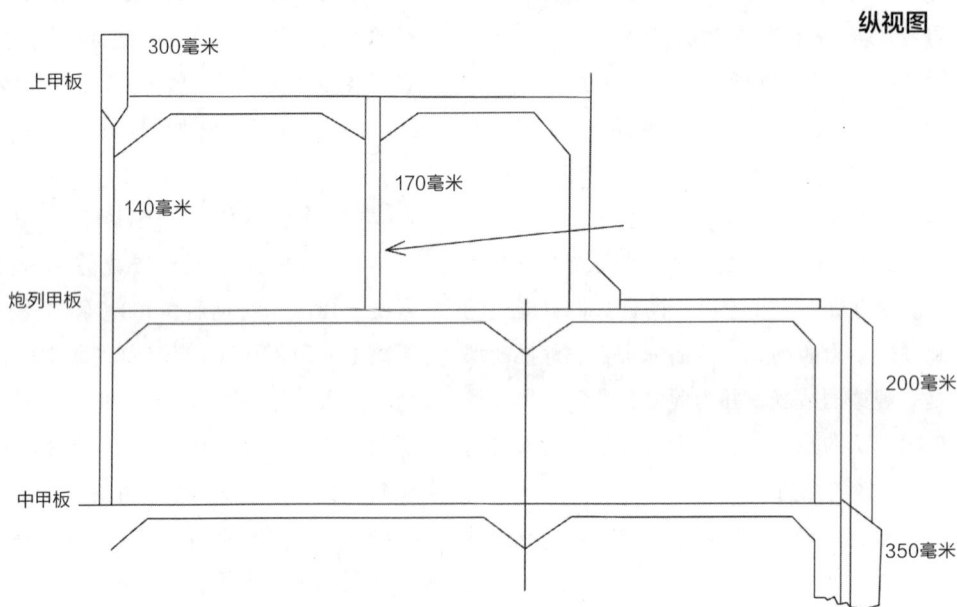

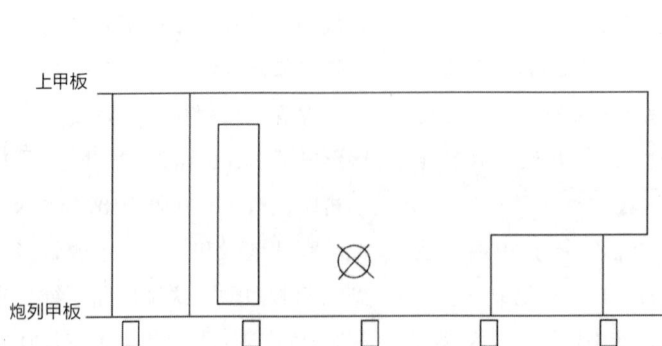

▲ "国王"号海战第3阶段4号中弹示意图（18时35分前后）。

多处破孔，并向下位移。中甲板在约 30 英尺（9.14 米）范围内出现最大 22 英寸（560 毫米）的下陷，同时 30 毫米上甲板在 55 英尺（16.76 米）范围内出现最大 15 英寸（381 毫米）的上凸。在左舷 1 号炮廓内，有两三份发射药被引燃，在位于上层船舱甲板上的 12 号药库内，亦有若干份位于提弹机内的发射药起火。提弹机自身损毁，在其机械结构内发现了炮弹的弹底部分。发射药起火引发的烟气造成了若干伤亡。1 号 150 毫米炮廓炮轻微受损，但其观测设备和所有电缆均被摧毁，炮组成员全体阵亡。另有两三枚 150 毫米炮弹下落至中甲板，但中甲板并未受损。15 毫米炮廓纵向防破片舱壁多处破孔，部分装甲碎片甚至飞进了食堂和海图室。

另一枚炮弹（5 号中弹）命中了该舰重载水线位置以下 5.5 英尺（1.68 米）处的装甲带下沿，弹着点位于 B 炮塔基座后半部附近位置，造成了一个直径 14.5 英寸（368.3 毫米）的弹孔，弹孔一半位于 180 毫米装甲板上，另一半则位于舷侧装甲支撑材上。炮弹在击穿装甲后又贯穿了一间舱舱，随后在贯穿距离命中位置 6.5 英尺（1.98 米）的一道纵向舷侧舱壁时爆炸，在该舱壁上造成了面积为 25 平方英尺（2.32 平方米）的破孔，彻底摧毁了距离该舱壁 5 英尺（1.52 米）的一道横向舷侧舱壁。爆炸时造成的大量弹片击穿了宽度为 2 米的防护煤舱（当时为满载状态），并在距离舷侧 13 英尺（3.96 米）、上下船舱甲板之间的一道 50 毫米防鱼雷舱壁上约 27 平方英尺（2.5 平方米）的范围内造成大量破孔。此外，炮弹还在该舱壁上造成了从破孔处向上延伸的 3 条较大裂缝，在破孔以上位置造成了最深为 9 英寸（228.6 毫米）的内陷。紧靠该舱壁内侧、位于下层船舱甲板上的 14

号药库彻底损毁。与其他装备副炮的德国主力舰一样，"国王"号的副炮并无独立的药库，因此发射药容器、150 毫米炮弹和发射药均被埋在从防护煤舱落入药库的煤堆之下，部分发射药容器则被弹片以及防鱼雷舱壁的破片摧毁。尽管 150 毫米炮弹并未破损，但事后发现一枚 150 毫米高爆弹的保险已被解除。药库内共有约 15 份发射药被引燃，但由于海水迅速从舷侧的破孔涌入船体，起火并未造成进一步的灾难。达成此次命中的炮弹其基部以及部分碎片，在药库内靠近防鱼雷舱壁的煤堆中找到，而弹头部分则出现在更里侧五六英尺（1.52～1.83 米）处。上层船舱甲板上的 12 号药库也在此次中弹中受损，并被经由防鱼雷舱壁上的裂缝渗入的海水浸没，部分弹片和防鱼雷舱壁的破片也飞入了该药库。除此之外，舷舱和防护煤舱约有 60 英尺（18.3 米）长的部分被淹。受此次中弹影响，估计共有 494 吨海水涌入船体，造成该舰左倾 3°47′。尽管这一侧倾在该舰向右舷舷舱反向注水 362 吨后被扶正，但海水仍在继续经由左舷涌入船体。

由于此次中弹引发药库起火，同时可能考虑到 4 号和 6 号中弹引发的起火，该舰舰长下令向整个前部药库群实施注水。受经由溢水管蔓延的火焰和气体影响，其他药库的注水系统未能迅速与 12 号和 14 号药库的注水系统隔离，导致该舰 B 炮塔部分药库被淹，所幸 A 炮塔药库除一间水深达 20 英寸（508 毫米）外其余保持干燥。最后，除 12 号和 14 号药库外，另有 5 间药库舱室被水注满，此外 B 炮塔弹舱有 2 间舱室的积水也处于半满状态。大部分受影响弹药库舱室内的积水，直到海战结束后才被排干。

此次中弹还导致 B 炮塔的子罗经出现故

障，通往 A 炮塔和 B 炮塔的电缆虽然被淹没，但其功能未受影响。除以上直接影响外，经电缆密封套和通风井发生的渗水还导致了部分储存室和过道被淹，部分进水还经由裂缝和消防管道渗入该舰的控制室和火控中心。这两舱室还受到了发射药起火造成的烟气的影响。

战前"国王"号的吃水深度为前部 30 英尺 2 英寸（9.2 米）、后部 29 英尺 2 英寸（8.89 米），战后则分别为 32 英尺 10 英寸（10 米）和 29 英尺 1 英寸（8.86 米），并伴有 3° 的左倾。这和 5 月 31 日 23 时 51 分，该舰报告的进水 1630 吨（大部分由此次中弹造成）相符。造成此次中弹的 13.5 英寸（343 毫米）被帽尖端普通弹，其残片在海战结束后接受了成分分析，结果表明其中含碳 0.78%，含铬 4.16%，镍含量仅为 0.06%，完全不含钼或锌成分。此次中弹中被击穿的 50 毫米防鱼雷舱壁由低镍合金钢板构成，较脆且存在缺陷。

公海舰队第 5 中队末端的"边疆伯爵"号在 18 时 35 分前后也被命中，炮弹可能来自"猎户座"号，命中该舰左舷 6 号炮廓的 170 毫米装甲并爆炸，炸点位于炮列甲板上方 5 英尺（1.52 米）、炮轴前方 9 英尺至 10 英尺（2.74 ~ 3.05 米）处。爆炸主要对炮廓外侧造成了影响，但装甲本身则被破片击穿且内移 1.25 英寸（31.75 毫米）。炮廓外侧的 30 毫米炮列甲板有 8 英尺（2.44 米）长的部分被爆炸撕开，中甲板则有 5 英尺（1.52 米）长的部分被撕开。此次中弹的破坏主要由装甲碎片造成，导致炮廓炮以及战时信号站无法运作。4 块碎片击穿了 15 毫米左舷及右舷炮廓纵向舱壁，其中一块甚至在 10 毫米右舷船壳板上造成了破孔。右舷 6 号炮廓的提弹机无法运作，该炮廓内一人阵亡。在左舷 6

号炮廓内，除 2 人重伤外，其余乘员全部阵亡。18 时 33 分该舰后部还被一枚近失弹剧烈震撼，这可能是导致该舰左舷推进器主轴扭曲的原因，故障造成推进器的轴承过热，进而导致左舷引擎被迫停转。

由于缺乏目标，已经失去动力的"威斯巴登"号便成了可怜的集火对象。"铁公爵"号的枪炮长回忆道：在我舰开始向"威斯巴登"射击之前，无人敢向该舰射击。大多数人都觉得向一艘正在沉没中的可怜舰只继续射击，未免有失风度。不过我还是向德雷尔舰长请示射击该舰，舰长回答说他得请示总指挥官，片刻之后杰里科批准了射击。我倒是挺乐意开火，至少这能让我们不那么无聊。接着整个大舰队战列线在从"威斯巴登"号附近经过时，逐一向该舰射击，给了该舰一顿好揍。在沉没之前，"威斯巴登"号大概发射了一枚鱼雷。

据估计，皇家海军共向"威斯巴登"发射了至少 300 枚 12 ~ 15 英寸（304.8 ~ 381 毫米）口径主炮炮弹，各舰共计声称取得 10 ~ 12 次命中："皇家橡树"号 1 次，"壮丽"号 2 次，"鲁莽"号两三次，"前卫"号 1 次，此外还有其他舰船声称共命中了五六次。由于多艘主力舰都向"威斯巴登"号进行了多次齐射，彼此之间毫无组织可言，其精度也很不明确，因此也可能多艘舰只声称的是同一次命中，同时也可能出现一两次命中未被观测到的情况。尽管在接受大舰队主力的"洗礼"之前，该舰被皇家海军第 3 战巡战队和第 1 巡洋舰战队命中多次，而且被"昂斯洛"号驱逐舰发射的鱼雷命中 1 次，但"威斯巴登"号并未受致命伤，并能在 18 时 43 分前后发射鱼雷。综合以上情况，估计在此期间命中该舰的大口径炮弹总数最多不超过 10 枚。"威

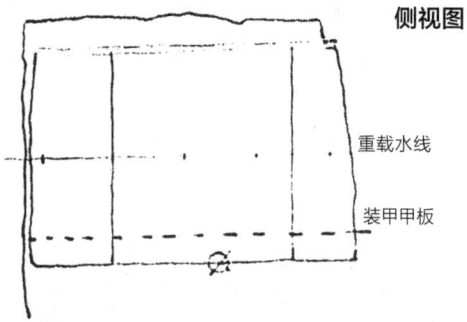

侧视图

纵视图

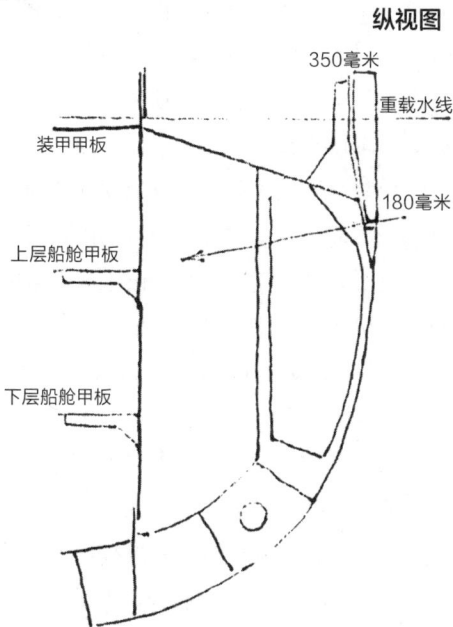

▲ "国王"号海战第3阶段5号中弹示意图（18时35分前后）。

斯巴登"号发射的鱼雷于18时57分命中了"马尔伯勒"号，尽管并未严重影响后者的战斗力。

除了"厌战"号被命中13次以及"马尔伯勒"号被鱼雷命中外，大舰队其余26艘大舰队主力舰在这一阶段均未被命中。由于能见度的关系，公海舰队主力根本看不清大舰队的战列线，只能看见东北方向炫目的炮口风暴，因此这一结果大体来说倒不令人惊讶。不过对于大舰队战列线尾部的各舰来说，情况就多少有些意外。由于在展开过程中的减速，大舰队战列线尾端出现了一定程度的拥塞，尤其是在所谓"风暴角"（Windy Corner，这一位置大致是"马尔伯勒"号在展开过程中的转向点，第5战列舰中队当时也在附近）附近。此外，各轻巡中队试图进入各自战位的机动也加剧了这一海域的混乱。"加拉提亚"号就曾从"阿金库特"号舰艏附近驶过，而与此同时后者正在进行齐射。"加拉提亚"号的一名军官回忆称："（'阿金库特'号）就在我舰头顶进行了一次齐射，炮口风暴直接把我舰提出了水面。我也不知道'阿金库特'号上有多少门主炮开火，但

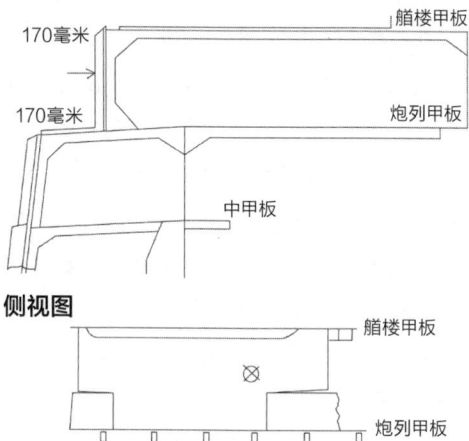

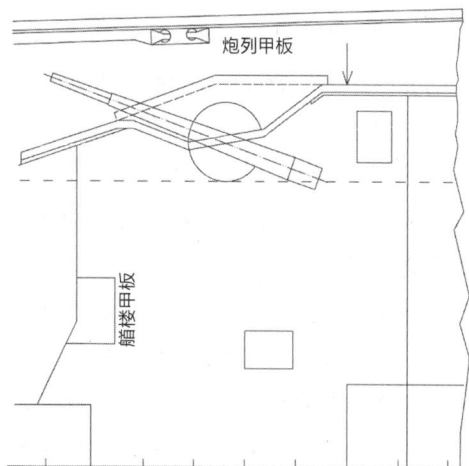

▲ "边疆伯爵"号海战第3阶段中弹示意图（18时35分前后）。

是我觉得我的脑袋都差点被炮口风暴吹飞了！"尽管遭到了公海舰队炮火的密集覆盖，但是除了"厌战"号之外，仅有两艘驱逐舰可能被命中。"马来亚"号上的一名军官回忆到：如通常发生的一样，在我方战列线末端出现了拥塞。第5战列舰中队、第1、第2轻巡中队以及1个驱逐舰队，一起挤在一块较小的海域内，而敌舰正在向该海域集火。轻巡和驱逐舰在弹雨中疯狂地转向，同时还得规避同样在进行各种机动的友舰……这一场景超出了我所能想象的任何海战场景。事后想来，我总是惊异于舰船在这一阶段竟然既没几艘被击中，也没有发生碰撞事故。这大概是我方操舰技术良好和头脑清醒的最佳佐证……

舍尔的第一次规避

18时25分，就在第5战队逐渐驶入大舰队主力的弹雨的同时，公海舰队第5驱逐舰队向舍尔通报了眼前大舰队主力的具体数量：被该驱逐舰队搭救起的"游牧民"号幸存者，坦白称60艘大型舰只、包括20艘战列舰在内的大舰队主力就在附近。尽管如此，舍尔并未预料到大舰队主力会如此突然地出现。因此当公海舰队第5战队陷入一片火海时，舍尔本人也被惊呆了：大舰队主力不但已经赶到了战场，并且已经展开了战列线，甚至抢占了T字横头，而与此同时己方战列线编队最前方的第5战队已经不由自主地向右转向以图规避炮火。

德国官方战史在描述这一阶段的战况时写道："突然之间，我方舰队前方的海面上出现了一条由重型舰只组成的冗长战线，这条战线从西北延伸至东北，向我方喷射着炮火，一轮又一轮齐射几乎毫无间隔地落下。

由于敌方所有敌舰几乎都被烟雾所笼罩，因此在如此猛烈的炮火下，我方舰队根本无从还击。"

对于舍尔来说，此时的情况相当不利：他距离己方基地约150海里，敌舰又占据着数量优势（"厌战"号不计在内，大舰队27艘无畏舰对公海舰队22艘无畏舰与前无畏），同时由于本方第2中队的拖累，他在速度上也不如对手。如果立即转向返回基地，将不可避免的导致较慢舰只的损失，而如果其他舰只对较慢舰只保持支援的话，则又会导致公海舰队全体陷入危险。将敌舰继续向东赶显然不可能，而本方战列线的前段在对手的集火之下队形也逐渐紊乱，由于能见度的限制又无法还击。此时风向也发生了转变，公海舰队喷出的烟气被风吹向双方战列线之间，这进一步妨碍了德方的观瞄。

在这种情况下，舍尔当然不会选择与对手形成平行战列线交火。他唯一的选择只有在昼间余下的近两小时（海战战场当天日落时间为20时19分）里，拉开与对手的距离，然后再试图利用夜幕逃脱。18时33分，舍尔下令全体同时向右转180°，然后在相反方向上重新组成战列线。尽管舍尔从未指望过在敌舰炮火下实施这一机动，但公海舰队各舰还是默契地几乎同时开始了转向。与此同时，舍尔还下令第3驱逐舰队实施鱼雷攻击，并释放烟幕掩护本方主力的机动。180°转向的机动大概于18时45分完成，重新形成的公海舰队战列线航向西南，逐渐拉开与大舰队战列线之间的距离。18时42分，公海舰队主力从视野中消失，大舰队各战列舰停止了射击。

由于迷雾和西南风的影响，大舰队方面的大多数舰只很难发现公海舰队的转向。不过战列线中央和尾端的4艘战列舰以及第3轻巡中队的旗舰"法尔茅斯"号，倒是观察到了敌先头舰只的转向，但这些舰只并未向"铁公爵"号汇报这一情报——理论上来说，这一情报的确无法推断出敌舰队全员转向。杰里科自己还有另一种推断，战后在总结日德兰海战中英方的错误时他曾提到："第4战列舰中队伯尼中将在报告中曾明确提到，清晰地观察到敌舰于18时40分转向，但大概是认为我也能看到这一动向，因此没有向我报告。"——注意这不是第一次也不是最后一次现地军官认为自己观察到的敌情也能被杰里科观察到。不幸的是，杰里科本人无法观察到敌舰的动向。在整场海战中，杰里科同时能观察到的敌舰最多不超过3艘：18时30分他观察到"国王"号以及一两艘其他敌舰。"铁公爵"号的舰长德雷尔上校倒是观察到了"国王"号的转向，但他专注于观察各舰的射击，同时也认为杰里科是观察到了这一动向的，因此没有报告。"铁公爵"号的火控中心记录敌舰曾于18时37分进行一次较大的转向，起初德雷尔认为公海舰队主力的消失纯粹是因为海面上的雾更浓了，但几分钟后他便意识到情况不对。

杰里科此前最为苦恼的问题便是，一旦对手回避交战，如何机动才能迫使对手交战，现在他便面临这一困境。显然不可能让各战队立即独立实施转向，因为这可能导致他的舰队直接面对敌主力舰队的鱼雷攻击，同时可能将敌驱逐舰队直接置于本方舰队前方。各战队相继转向也不可取，这将导致本方舰队直接冲入密布敌舰的海域。杰里科本人错误地认为公海舰队主力舰均携有大量水雷以便设伏或在撤退时敷设，这无疑使得相继转向的机动看起来更不可取。第三种选择是直接转向西，从而保持本方舰队仍位于对手北侧。这将导致敌舰位于左舷方位而非正前方，因此也不能显著降低敌主力舰队鱼雷攻击的危险。唯一在几何学上可能采取阻止敌舰撤退的机动是将舰队分割，但协调这一机动需要良好的能见度，显然在当天18时这也不现实。如果不能实施良好的协同，那么独立运作的大舰队各部就有被舍尔集中主力单独吃掉的危险。杰里科本人对这一问题的结论是，只有足够的速度优势和足够的时间才能挫败敌方回避作战的企图。在这些条件都不具备的情况下，杰里科最终选择实施战略机动，试图将舍尔拦在和其位于威廉港的基地之间，从而迫使舍尔再次接战。当然，舍尔可能西撤了，但是那又如何呢，舍尔总要返回威廉港的。

18时44分，杰里科下令各战队向右转过一个罗经点，将航向设为东南。18时55分，杰里科认为已经向东航行了足够远，足以拦截舍尔的撤退路线，于是再次下令各舰向右转过4个罗经点，将航向转为正南。此时大舰队主力舰队形已经不再是一条完整的战列线，而是6条由各战队形成的梯队。19时05分，大舰队航向转向西南南，但随着在西北方向上观察到敌驱逐舰，以及"英王乔治五世"号汇报前方发现了潜艇，杰里科又将航向转向正南。

贝蒂在18时30分之后的表现受到很多指责，尤其是未能保持与敌舰的接触。查特菲尔德对此非常愤怒："我们怎么知道在把敌主力舰队带到我方主力炮口之后，我们的总指挥又这么快地失去了和敌舰的接触？当敌主力舰队撤退时，和他们保持接触根本不是战巡舰队的责任！"贝蒂自己则认为："战列线对战的情况发生后，战巡的主要责任是在大舰队战列线前方进入战位，从而帮助本方战列线获得对敌方战列线前段——假设为敌方战巡——的火力优势。至于侦察，那是我方轻巡的责任。"事实上18时50分前后，"不屈"号和"不挠"号曾右转，试图重新与公海舰队主力接触，但贝蒂很快命令两舰在本方战巡战线尾部就位。18时54分"狮"号带领"皇家公主"号、"虎"号和"新西兰"号，相继在海上转了一个整圈，耗时约15分钟。战后，贝蒂在出任第一海务大臣后，禁止在官方海图上将"狮"号这15分钟的航线标注为一个整圆，他坚持认为战巡仅仅是先进行了一次右转然后又进行了一次左转（即S形机动），并声称："（360°的转向）完全毫无道理，也并没有发生……世上所有的证据都不能改变我舰并没有右转一整圈的事实。我舰仅仅是先右转180°，随后又左转180°而已。我方的目的是转过90°从而与我方战列舰队建立接触，但由于罗经故障，我们转向幅度过大。要是我们真转了360°，又怎么可能没和我方战巡战线末端的舰只相撞呢？"不过贝蒂显然撒了谎。贝蒂倒是的确命令查特菲尔德右转180°，以便和大舰队主力获得接触（这一理由本身倒是很正当），但由于查特菲尔德本人急于去视察据报发生在主甲板上的一次起火（实际发生在上甲板上的航海长住舱，由第一阶段的2号中弹引起），因此他请求贝蒂的参谋长本廷克上校（R.W.Bentinck）代为指挥10分钟，随后该舰便完成了一次360°转向。至于进行360°转向的具体原因并不明确，有观点认为是罗经故障。

贝蒂传记的作者也记录到在与大舰队主力建立目视接触后，"狮"号的航海长倒是说了一句"我们还在转向"，但并没有给出进一步的解释。无论如何，"新西兰"号的航海长声称的确跟随"狮"号进行了一次360°转向。贝蒂不承认转了一整圈，也许是怕被人认为这一机动看上去很业余，但他自己提出的S型机动也未见得高明到哪儿去。贝蒂传记的作者认为这是因为贝蒂自己当时并没有意识到进行了这一机动，因此事后选择了一种自认为保全面子的方式进行解释。

轻巡在这一阶段的表现也不够好。尽管第1轻巡中队勇敢地攻击公海舰队第1侦察群，但纳皮尔少将并没有向贝蒂报告重要敌情："无敌"号殉爆之后德国战巡便向西撤退脱离战斗。18时45分左右，"狮"号通过信号灯询问敌战巡的动向，少将这才回复："最近一次接触在18时20分（来自原文），其航向转向257°，与第3战巡中队交战。"而这一回复直到19时才报告至杰里科，且已经简化为"敌舰在西。"在与敌舰失去接触后，仅位于战列线末尾的第2轻巡中队于18时43分主动向南推进索敌，并再次遭到了公海舰队的集火。19时古迪纳夫准将撤出战斗，向贝蒂和杰里科报告敌舰位于100°方位，航向190°。这次报告提及的自身位置与实际位置相差大约4海里，不过鉴于该中队处在第1战列舰中队的目视范围内（可能也在"铁公爵"号的目视范围内），因此这倒不是很大的问题。实际上该中队报告的是"德芙林格"号的方位，而敌舰航向也不准确——当时公海舰队主力正在转向。无论如何，该情报的确警示着敌主力舰队正在卷土重来，双方即将再次接触。

大舰队官兵的士气在双方主力的第一次接触后依然高昂。在短暂的战场间歇中，大舰队主力的部分乘员趁机暂时离开战位，抓紧时间亲眼看看海战的场景。阿尔伯特亲王就曾爬到"科林伍德"号的A炮塔顶上，暂

（地图标注）

18时45分

18时30分 "马尔伯勒"号位置　18时45分　18时30分 "铁公爵"号位置　"巴勒姆"号

18时50分 "厌战"号位置　18时30分 "巴勒姆"号位置　18时30分 "英王乔治五世"号位置　"多变"号

18时30分 "马尔伯勒"号　"巨人"号　"无敌"号（18时33分沉没）　18时45分　"汉普郡"号

"防守"号　"南安普顿"号　"本艘"号　"铁公爵"号　"牛头怪"号

地理北极　地磁北极

第3驱逐舰队（德）　"威斯巴登"号　18时35分　18时35分

"猎户座"号　"英王乔治五世"号　18时45分

18时30分　"史诗女神"号　"爱丁堡公爵"号　"狮"号

18时30分　"不屈"号　"法尔茅斯"号　"新西伯雷"号

18时30分

"国王"号

"皇帝"号　"罗斯托克"号　18时30分

"腓特烈大王"号　"德芙林格"号

"东弗里斯兰"号

"波兹南"号　18时30分

"威斯特法伦"号　"雷根斯堡"号

"汉诺威"号　"德意志"号　"吕佐夫"号　18时30分

18时30分　"法兰克福"号

第7驱逐舰队　第3驱逐舰队

0　5　海里　10　10000　码　20000

▲ 5月31日19时前后态势。

◀ 纳皮尔少将，时任第3轻巡中队指挥官。

时摆脱了炮塔内浓厚的发射药烟气。他曾在海战间隙中写给其兄威尔士亲王[1]的一封信中称："我们已经忘却了对危险的恐惧以及其他念头，唯一的念头便是尽一切所能向敌人送去死亡。"

中弹记录

除上文详述的中弹以外，下文将记录18时15分至19时之间双方主力舰只的其他中弹情况。

英方

一、"不屈"号（Inflexible）

该舰在这一阶段中曾屡次被夹中，但一直未被命中，不过其Q炮塔右炮的A管在此前曾在校准时出现过长达30英尺（9.144米）的裂痕，这一裂痕在射击过程中显然会进一步延伸。

二、"皇家公主"号

两枚305毫米炮弹于18时22分从舰后

---

① 即日后的英王爱德华八世，1936年逊位后成为温莎公爵。

侧击中该舰。分别简述如下：

1号：炮弹斜碰上X炮塔的9英寸（228.6毫米）基座装甲前部，弹着点位于1英寸（25.4毫米）上甲板以上2英尺（0.61米）处。炮弹击穿了上甲板后爆炸，炸点距离弹着点约8英尺（2.44米）。中弹造成9英寸（228.6毫米）装甲上脱落了一块大小约6英尺×20英寸（1.83米×0.51米）的装甲块，中弹装甲板表面出现向心裂纹。装甲块经转盘由左炮左侧飞入炮室，最终在击中了炮弹箱内一枚尚未安装引信的榴霰弹后，停在了炮塔尾部的平台上。左炮的所有炮组成员均当场阵亡，该炮的炮尾机构受损，左侧压力管线被毁，但火炮本身仍可运作。由于9英寸（228.6毫米）炮塔基座的装甲发生位移和扭曲，造成炮塔回转机构卡死，导致炮塔无法运作。在与炮塔基座碰撞的过程中，炮弹还切断了装甲与上甲板之间的若干紧固件，同时彻底摧毁了装甲板的楔子。9英寸（228.6毫米）装甲板有一端上升了9英寸（228.6毫米），另一端则上升了5.5英寸（139.7毫米）。装甲之后的框架结构被折断，上甲板上与该9英寸（228.6毫米）装甲板相连的8英寸（203.2毫米）装甲下部出现裂痕，其上角则出现缺口。炮塔基座9英寸（228.6毫米）装甲板以下与上甲板相连的3英寸（76.2毫米）装甲变形，且掉落一块3英尺×1英尺（0.914米0.305米）的装甲碎片。炮弹在上甲板上撕开了一个9英尺×2英尺（2.74米×0.61米）的破口，此外爆炸还严重损坏了两道0.25英寸（6.35毫米）舱壁，对周边的轻结构造成一定程度破坏。X炮塔药库的通风管道及制冷设备的管道也被弹片切开。

2号：炮弹击穿了主甲板下方、X炮塔基座稍前位置的6英寸（152.4毫米）侧甲。炮线与装甲板法线之间的夹角估计为15°～20°。侧甲上的弹孔大小为12英寸×12英寸（304.8毫米×304.8毫米），且侧甲表面出现大量向心裂痕。炮弹在撕裂了右舷后方的备用煤舱上方舷侧与通风机室之间长达17英尺（5.18米）的0.375～0.3125英寸（9.52～7.94毫米）主甲板后向上反弹，严重破坏了两座冷凝器室的保护套，最终在距离弹着点52英尺处（15.85米）的1英寸（25.4毫米）上甲板下方左舷位置爆炸。受爆炸影响，上甲板本身被击出一个6英尺×6英尺（1.83米×1.83米）的破孔，左舷储备煤舱上方的主甲板则被击穿多处。该舰后4英寸（101.6毫米）炮群的炮组成员及急救队成员中多人死伤。爆炸产生的火焰还点燃了主甲板上的若干发射药，导致两舷后引擎舱充满了浓密的烟气。部分烟气还渗入右舷前引擎舱，不过火势被控制之后，引擎舱内的浓烟逐渐消散。

以上2次命中共造成11人死、31人伤，据推测两枚炮弹均来自于"边疆伯爵"号在13000码（11887.2米）距离上进行的一次齐射。

三、"狮"号

该舰在此阶段未中弹，但18时28分当该舰向公海舰队第3战列舰战队开火时，该舰的A炮塔左炮的链式推弹机失灵，这也是该阶段皇家海军方面唯一比较重大的火炮故障。

18时54分，当该舰按照贝蒂的命令转向180°时，由于陀螺罗经出现故障，结果实际上转了个约360°的弯。后续的其他皇家海军战列巡洋舰不明就里，也跟着该舰进行了同样的机动。这样在约19时04分时，"狮"号又回到了转向前的167°航向上。关于此次"狮"号的电罗经故障，现存的唯一资料是

单位: 英寸
1英寸=25.4毫米

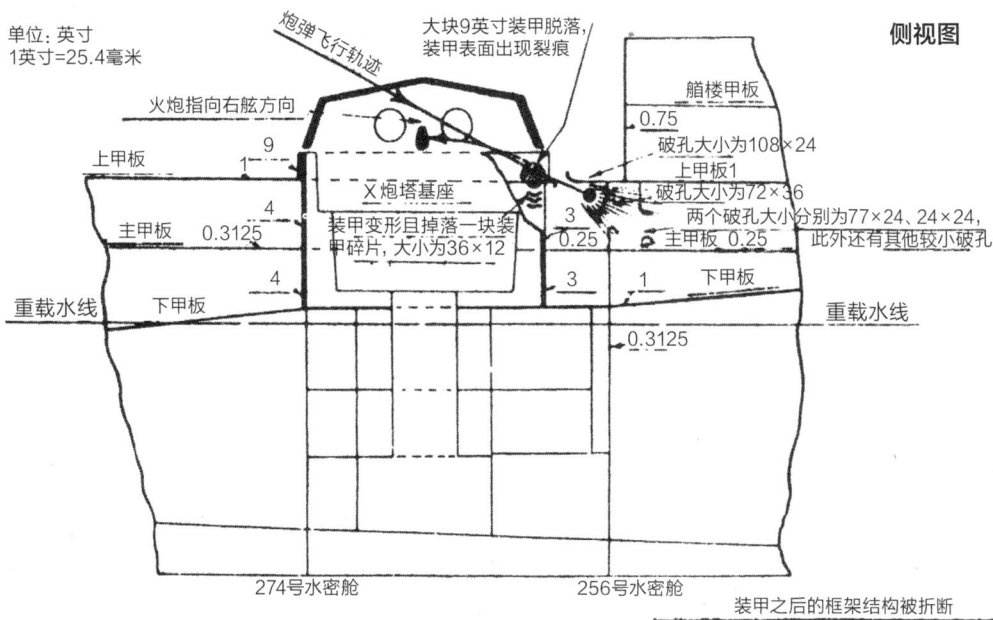

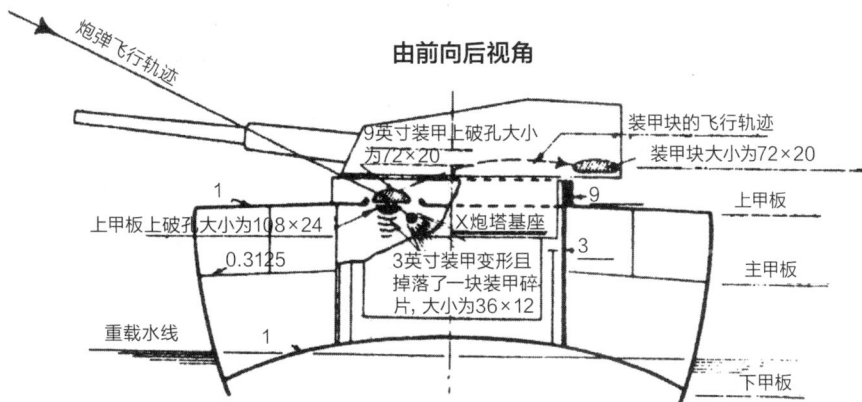

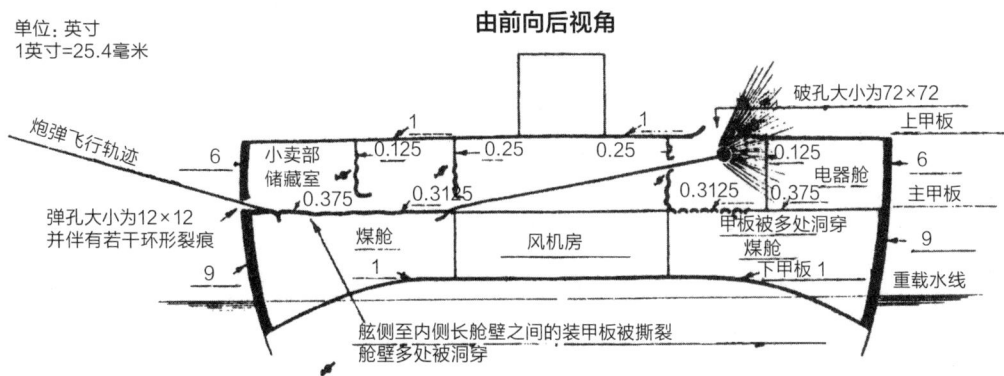

炮弹飞行轨迹

大块9英寸装甲脱落,
装甲表面出现裂痕

侧视图

火炮指向右舷方向

舰楼甲板

0.75

破孔大小为108×24

9

上甲板1

1

破孔大小为72×36

上甲板

两个破孔大小分别为77×24、24×24,
此外还有其他较小破孔

4

X炮塔基座

3

0.3125

主甲板

装甲变形且掉落一块装
甲碎片,大小为36×12

0.25

主甲板 0.25

4

下甲板

3

1

下甲板

重载水线

下甲板

重载水线

0.3125

274号水密舱

256号水密舱

装甲之后的框架结构被折断

炮弹飞行轨迹

由前向后视角

9英寸装甲上破孔大小
为72×20

装甲块的飞行轨迹

装甲块大小为72×20

1

9

上甲板

上甲板上破孔大小为108×24

X炮塔基座

3

0.3125

3英寸装甲变形且
掉落了一块装甲碎
片,大小为36×12

主甲板

重载水线

1

下甲板

▲ "皇家公主"号海战第3阶段1号中弹示意图(18时22分)。

单位: 英寸
1英寸=25.4毫米

由前向后视角

破孔大小为72×72

1

1

上甲板

炮弹飞行轨迹

6

小卖部
储藏室

0.125

0.25

0.25

0.125

电器舱

6

主甲板

弹孔大小为12×12
并伴有若干环形裂痕

0.375

0.3125

0.3125

0.375

9

煤舱

风机房

甲板被多处洞穿
煤舱

9

下甲板1

重载水线

舷侧至内侧长舱壁之间的装甲板被撕裂
舱壁多处被洞穿

▲ "皇家公主"号海战第3阶段2号中弹示意图(18时22分)。

皇家海军鱼雷学校 1916 年的年度报告。报告显示在日德兰海战时该舰装备有两部斯佩里型陀螺罗经，罗经安置在与下司令塔相连的一间舱室内。在该位置附近发生的一次爆炸（时间不明，现存资料未提及此次爆炸的原因）导致两部罗经均无法使用，舱室内全部灯光熄灭。不过由于下司令塔内的磁罗经备可以利用蓄电池驱动辅助照明设备，因此该舰只是在几分钟内无法实施转向。经过修理，一部陀螺罗经次日可以投入使用。

四、"虎"号

该舰在此阶段未被大口径炮弹命中，但被一发 150 毫米炮弹击穿右舷 X 炮塔基座之后位置的船体板。

五、"马尔伯勒"号

该舰 18 时 57 分通过无线电报告被水雷或鱼雷命中，并在 1 分钟后确认为鱼雷命中。鱼雷命中该舰重载水线位置以下 25 英尺（7.62米）处右舷柴油发电机舱位置，该舱室位于 B 炮塔后方弹库后方的 6 英寸（152.4 毫米）炮药库外侧。中雷处的船体板厚度为 0.75 英寸（19.05 毫米），船体板上部厚度为 0.625英寸（15.88 毫米），下部则为 0.875 英寸（22.23毫米）。爆点附近的船体板长 28 英尺（8.53米）、最大宽度约 14 英尺（4.27 米）的部分损毁，同时被摧毁的还有爆点附近的船体纵向及横向肋骨、舭龙骨和侧舱壁。爆炸造成船体侧面及船底部分出现深陷，并在装甲带下缘至平板龙骨板之间约 70 英尺（21.34 米）的长度上出现扭曲变形。位于中雷位置的右舷柴油发电机舱被爆炸摧毁，并和其上层的液压机室一道当即被海水填满，此外前锅炉舱的右舷纵向舱壁也出现扭曲并伴有进水，

通过舱壁以及舱壁上破裂的水密门外框渗进的海水蔓延至后下层煤舱。除此之外，锅炉舱前部的横舱壁也出现扭曲变形。

进水首先造成该舰的前锅炉舱内水位上涨，导致 10 分钟内有 4 座锅炉熄火。随着水位的进一步上涨，另外 2 座锅炉也陆续熄火。尽管如此，该舰并未出现蒸汽漏气迹象。通过消防泵、舱底泵、蒸汽喷射器以及安装在船底用于排除灰尘和污垢的除灰泵的紧张运作，截至当晚 19 时 30 分，水位已经下降至船底板高度。此后随着除灰泵以每小时 425吨的速度排水，水位一直保持在这个高度。在日德兰海战时，"铁公爵"级战列舰拥有大舰队中最强大的锅炉泵；其中"本鲍"号和"印度皇帝"号每座锅炉舱由于安装了两部除尘泵，其抽排能力达每小时 1100 吨；而"铁公爵"号和"马尔伯勒"号则各为每小时 675吨；其他各舰的抽排能力均为每小时 520 吨以下。

该舰向右舷的侧倾一直未超过 7°～8°，同时该舰也没有进行反向注水扶正操作，仅仅是把其他锅炉的所有燃煤和燃油均从右舷舱室取出。其中燃煤从右舷上部外侧煤舱转入下层煤舱，而燃油则从右舷油槽泵出转入左舷应急油槽。由于侧倾而该舰液压排气系统又缺乏单向阀设备，因此所有炮塔的点火发生器都被浸没。除此之外，受侧倾影响，该舰的 13.5 英寸（343 毫米）炮弹也从主机筒中滚出，滑入炮塔内的待机位置。

此次中雷仅造成局部损伤，这主要应归功于保护 B 炮塔药库和 6 英寸（152.4 毫米）炮药库的 1 英寸（25.4 毫米）舱壁。B 炮塔药库和弹库内均未出现进水，但在 6 英寸（152.4 毫米）炮药库和弹库内则均出现轻微漏水。由于鱼雷战斗部装药较多【440 磅（198

千克）六硝基二苯胺与TNT混合物】且炸点位置较深，因此其破坏力较在1914年上半年对"胡德"号前无畏舰进行的鱼雷实验要大得多①。在该舰的修复过程中，涉及的舱室数目超过了40个。尽管鱼雷造成的损伤比战前预计的更为严重，但该舰仍能保持17节航速，直至午夜时才需在舱壁和甲板必要处进行加固。

命中"马尔伯勒"号的鱼雷由"威斯巴登"号发射。

"狮"号的A炮塔右炮在发射了5枚

炮弹后因出现故障而无法运作，故障由一次炸膛引起，但膛线所受损伤相对较轻，当时该舰正在发射一枚被帽穿甲弹。该炮的内侧A管在炮管中点位置附近发生四处开裂，此外套筒上裂纹延伸达15英尺（4.57米），且一大块套筒破片脱落。

六、小结

皇家海军主力舰在18时15分至19时的中弹情况简要统计如下：

舰名　　炮弹种类	305毫米	280毫米	命中数总计（次）
无敌	5	0	5
皇家公主	2	0	2
厌战	13	0	13
总计	20	0	20

在以上20次命中中，5次来自公海舰队第1侦察群，2次来自"边疆伯爵"号，其他13次则来自公海舰队战列舰第1中队及舍尔的旗舰"腓特烈大王"号。

除此之外，皇家海军的其他舰只估计还被305毫米炮弹命中24次，其中"防守"号7次、"武士"号15次，"奇迹"号1次，"守卫者"号1次，后两舰均为驱逐舰。

"复仇"号在18时57分前后被一枚鱼雷命中，但鱼雷没有爆炸。

德方

一、"吕佐夫"号

该舰在这一阶段约被大口径炮弹命中10次，其中2次发生在18时19分左右，来自"狮"号。另外8次发生在18时26分至34分之间，来自"无敌"号和"不屈"号。中弹详情如下：

1号：中弹时间为18时19分，炮弹命中侧装甲之前较远、高于侧装甲顶端高度处或上甲板（艏楼部分）边缘处。

2号：中弹时间为18时19分，炮弹击穿25毫米炮组顶部甲板（上甲板）以及150毫米炮廓炮之间的左舷前部装甲门，然后在B炮塔基座后方爆炸。爆炸引起储存在炸点处的损管材料剧烈燃烧，导致两舷炮廓之间的空间一度充满浓烟，但未对火控塔、前部

① 此次试验中鱼雷战斗部装药为280磅（127千克）湿火棉，中雷深度为水线下12英尺（3.66米），详见附录1。

炮廓造成影响。

3 号和 4 号：炮弹命中水线下部位，并在侧舷鱼雷平台内或该舱室附近爆炸。其中一枚命中侧甲以下部位，另一枚命中侧装甲前段下部的 100 毫米装甲带。与参加日德兰海战的所有德国主力舰一样，"吕佐夫"号的防鱼雷舱壁也没有延伸到 A 炮塔基座以前。此外由于该舰装备了 600 毫米鱼雷，因此其侧舷鱼雷平台也较大，足以容纳 354 吨海水。受此次中弹影响，侧舷鱼雷平台立即被海水充满，进水经由受损变形的舱壁、通风管道以及传声管迅速蔓延至该舱室前后的其他舱室。根据该舰漏水情况的报告，部分舱室的通风井没有配备断流阀，而在配备了断流阀的管道中，断流阀安装的位置和舱壁之间的距离又不合理，此外侧舷鱼雷平台前端舱壁上的舱门也完全不防水。以上缺陷导致进水在侧舷鱼雷平台前部的舱室中蔓延得更快。据估计，中弹后立即涌入船体的海水总量约为 1000 吨。

5 号和 6 号：炮弹命中水线下方舰艉鱼雷平台附近位置，中弹位置位于舰艉装甲以下，导致该舱室附近范围内所有装甲甲板以下的舱室被淹，总计新增进水约 500 吨，这个进水量同时也受 3 号和 4 号中弹的影响。据估计受 3 号和 4 号中弹影响，该舰前部的所有鱼雷设施全部被淹，可共容纳 740 吨的海水（含侧舷鱼雷平台）。舰楼内部装甲甲板以下部分全部进水。

受以上中弹以及此前 17 时 13 分中弹（海战第 2 阶段 1 号中弹）的影响，该舰内部的进水总量一度达到 2000 吨以上，使得前部的吃水深度增加了近 8 英尺（2.44 米）。该舰因此被迫将速度逐步降至 3 节，以缓解侧舷鱼雷平台后端 30 毫米舱壁所承受的压力。当时这面舱壁虽漏水严重，但并未被摧毁。即使采取了措施，进水仍不断地向侧舷鱼雷平台后方的舱室蔓延，最终进入该舰的前部锅炉舱。由于操作杆卡死，该舰的两部前部主漏水泵均无法运作，而且前部右舷漏水泵室很快也被淹，前部吃水迅速加深至 12 米。

尽管该舰中部的水泵保持运转，但由于本应将严重受损舱室中的积水导向水泵的排水系统未能全效运转，因此无法阻止进水蔓延至更大范围内。

7 号：炮弹命中 16 时中弹部位前方的舰楼甲板，在该甲板上造成了较大破孔。这也导致更多的海水灌入该舰装甲甲板以上部位，造成前部吃水深度进一步增加。

8 号：炮弹击穿了左舷 4 号 150 毫米炮廓炮下方的 150 毫米装甲带下缘后，嵌入该舰装甲甲板倾斜部分但并未爆炸，气压造成 4 号 150 毫米炮损坏且无法运作。

9 号：炮弹在 3 号或 4 号 150 毫米炮廓炮附近位置，击中该舰侧甲并立即解体或爆炸，导致部分装甲板内陷，同时造成 4 号 150 毫米炮廓炮永久性卡死。此次中弹造成的震动，导致该舰的左舷 150 毫米火控设备暂时失灵。

10 号：炮弹在 5 号 150 毫米炮廓炮下方的防雷网支架处爆炸。

二、"德芙林格"号

该舰在这一阶段被"不挠"号的 12 英寸（304.8 毫米）弹命中 3 次。

1 号：中弹时间约为 18 时 26 分。炮弹在该舰左舷 1 号 150 毫米炮廓炮附近的水中爆炸，爆炸导致炸点下方长约 40 英尺（12.2 米）的船体板起皱凸出，其上方的舷侧装甲支撑材凸出的长度则稍短。受此次中弹影响，该舰的舷舱以及一座防护煤舱开始出现漏水，漏水部位总长度为 48 英尺（14.63 米）。此外弹片还击打了该舰水线以上部位的装甲带。

2 号：中弹时间约为 18 时 30 分，为一枚被帽穿甲弹。炮弹命中了该舰左舷 300 毫米装甲带上中甲板高度两块装甲板的垂直连接处，弹着点较水线标志高 3.5 英尺（1.07 米），其后方 8 英尺（2.44 米）处为该舰两座后部炮塔基座中线位置。炮弹在命中同时爆炸，导致弹着点处的两块装甲板内移 40 毫米，并造成 650 毫米 ×300 毫米范围内的装甲板表面剥落，此外两块装甲板还发生轻微弯曲。30 毫米装甲甲板在 4.5 米范围内起皱，中甲板在纵桁附近也出现起皱，不过这也可能是此后命中该位置后方装甲板连接处的一枚炮弹造成的。此次中弹对炮列甲板未造成影响。该舰的防雷网有长约 10 米的部分被毁，长度约为 2 米的船体板则出现最深 60 毫米的内陷，受影响的船体板最深位置达装甲带以下 5 英尺（1.52 米），此次内陷进而导致左舷舷舱有 25 英尺（7.62 米）长的部分被淹。

3 号：中弹时间约为 18 时 30 分，同样为一发被帽穿甲弹。炮弹命中了后甲板以下 1 米处、最尾端炮塔基座后方的左舷 260 毫米装甲带，并在命中时破裂。中弹处的装甲板内陷约 10 毫米，受冲击力影响其上沿内倾 40 毫米。中甲板发生弯曲，而在装甲带下方，左舷最外侧轴隧处的船体板发生轻微内陷，附近的纵向及横向加强角钢也发生内移，部分铆钉松动并导致进水蔓延。该舰的防雷网及防雷网储藏间有长 40 英尺（12.2 米）部分受损，因此部分防雷网在该舰的左舷舷侧推进器上方位置垂入海水，导致其引擎不得不停机 2 分钟，以便安置防雷网。

三、"塞德利兹"号

该舰于 18 时 34 分被"不挠"号发射的一枚 12 英寸（304.8 毫米）被帽穿甲弹命中。炮弹从左舷方向飞来，以斜碰态势击中跨越射击式炮塔基座后端重载水线位置处的 300 毫米主装甲带，并在命中时破裂。受冲击力影响，弹着点处的装甲板内陷 2 英寸（50.8 毫米），并发生约 30 毫米的位移，导致部分海水渗入该舰外侧煤舱，被淹部分总长度为 14 英尺（4.27 米）。除此之外，此次中弹仅对防雷网及相关设施造成轻微破坏。此次中弹对"塞德利兹"号造成了剧烈震动，上层舵机联轴器脱落，此后一段时间内只能从舵机室进行转向。

公海舰队暂时撤退之后，该舰于 18 时

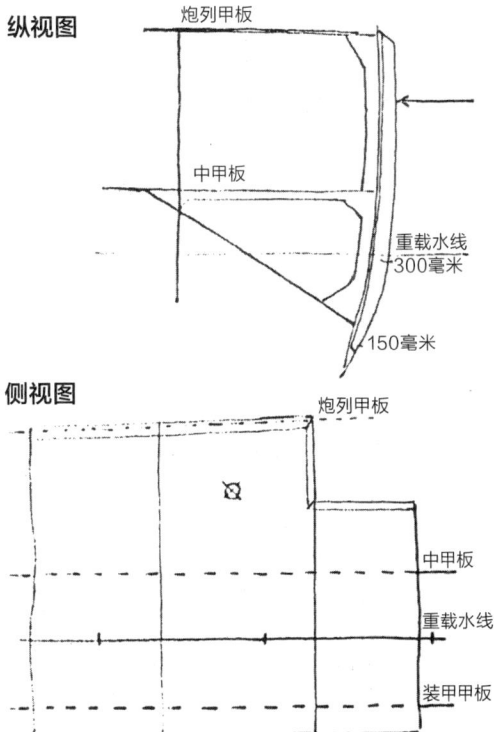

▲ "德弗林格"号海战第 3 阶段 3 号中弹示意图（18 时 30 分）。

44 分对各炮塔进行了调查，记录显示此时艏炮塔右炮的下部提弹设备只能利用手动操作，原因不详。

四、"国王"号

此阶段公海舰队的其余战巡并未被大口径炮弹命中，不过在战列舰中"国王"号中弹 8 次。其中 7 次来自"铁公爵"号战列舰发射的 13.5 英寸（343 毫米）被帽尖端普通弹，另外 1 次则来自"君王"号战列舰发射的 13.5 英寸（343 毫米）被帽穿甲弹。根据"国王"号的记载，所有中弹均发生在 18 时 35 分左右，注意该舰的时间线比"铁公爵"

号的稍早。由于具体中弹时间顺序不甚明确（仅能估计 4 ~ 6 号，可能包括 1 号在内若干次中弹连续发生），因此以下按中弹位置从前往后的顺序逐个进行描述。所有中弹都自该舰左舷前方 0° ~ 20° 范围内飞来。

1 号：炮弹击穿了该舰左舷侧的绞盘，并在艏楼甲板上 A 炮塔基座以前接近中线位置处爆炸。破片在艏楼甲板上约 30 平方英尺（2.79 平方米）范围内造成大量破孔，舰船右舷侧的绞盘无法运作。破片还对该舰炮列甲板右舷侧的舱室和设施造成较大破坏，击穿该甲板并造成小规模起火。

2 号：炮弹命中 A 炮塔正面右侧装甲板

纵视图

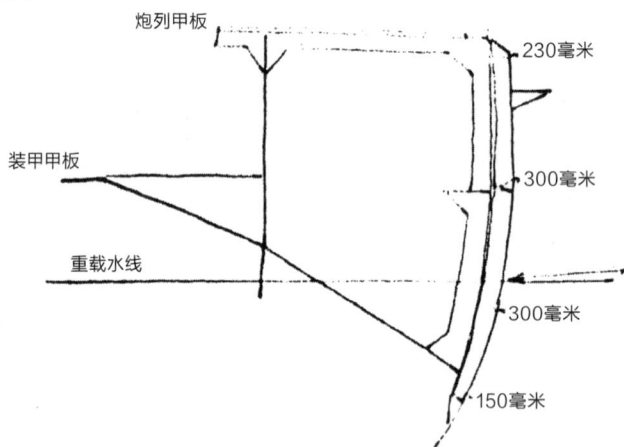

侧视图

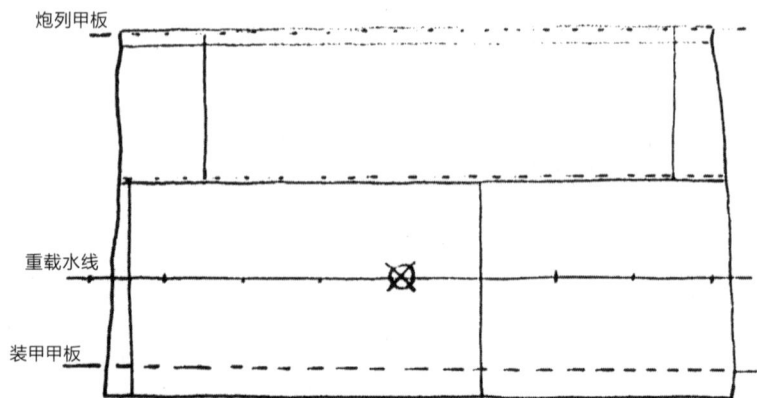

"塞德利兹"号海战第 3 阶段 3 号中弹示意图（18 时 34 分）。

纵视图

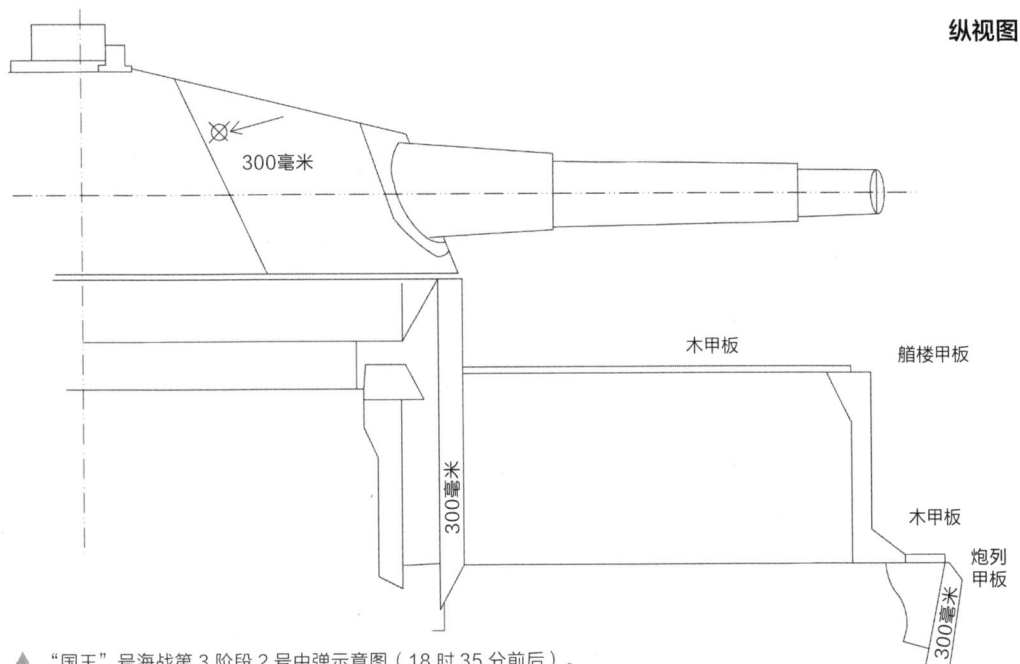

▲ "国王"号海战第 3 阶段 2 号中弹示意图（18 时 35 分前后）。

的右缘，当时该炮塔正转向左舷方向。炮弹在命中后擦飞，并在该舰艏楼甲板右舷侧爆炸。弹片在艏楼甲板上造成大量破孔，其中最大的一个破孔有 3.25 英尺 ×2 英尺（1.07米 ×0.61 米）大。该舰的 300 毫米炮塔正面装甲发生不超过 0.25 英寸（6.35 毫米）的轻微位移和内陷。

　　3 号：炮弹击穿艏楼甲板以下 2.5 英尺（0.76 米）处、上部装甲带前缘（位于 A 炮塔基座前方）前方的船壳板，随后击中 6.75英寸（170 毫米）上部装甲带横向装甲舱壁外缘，在被弹飞后于距离左舷约 3 英尺（0.914米）的中甲板上爆炸。装甲舱壁外缘的紧固件脱落，舱壁本身内移 4.25 英尺（1.3 米），其表面出现裂痕并脱落一块体积为 47 英寸×13 英寸 ×2 英寸（1.19 米 ×0.33 米 ×0.05米）的装甲块。中甲板在右舷纵向舱壁和甲板舷侧纵板之间部分约 180 平方英尺（16.72

平方米）的范围内下陷，在更靠船体内侧、约 10 平方英尺（0.93 平方米）的范围内出现破孔。横向装甲舱壁前方的炮列甲板向上隆起，隆起最高处达 12 英寸（304.8 毫米），且隆起部分一直蔓延至距离装甲舱壁较远处。30 毫米装甲甲板在紧靠舱壁后的位置开裂，中甲板上的左舷纵向舱壁在约 40 平方英尺（3.72 平方米）的范围内出现多处破孔。部分破片甚至在中甲板以下横穿船体，造成卷扬机室多处破孔，并造成起锚机无法运转。中弹还造成中甲板上的舱室和设施多处破损，并引发小规模起火。此外，重载水线位置以上 10.5 英尺（3.2 米）处的破孔引发了进水。

　　6 号：此次中弹是由"君王"号发射的 1 枚 13.5 英寸（343 毫米）被帽穿甲弹造成。炮弹击中炮列甲板上方左舷 1 号 150毫米炮廓末端的 170 毫米炮廓侧甲并立即爆炸。爆炸在装甲上造成的弹孔约呈矩形，

纵视图

170毫米

炮列甲板

中甲板

重载水线

俯视图

170毫米

中甲板

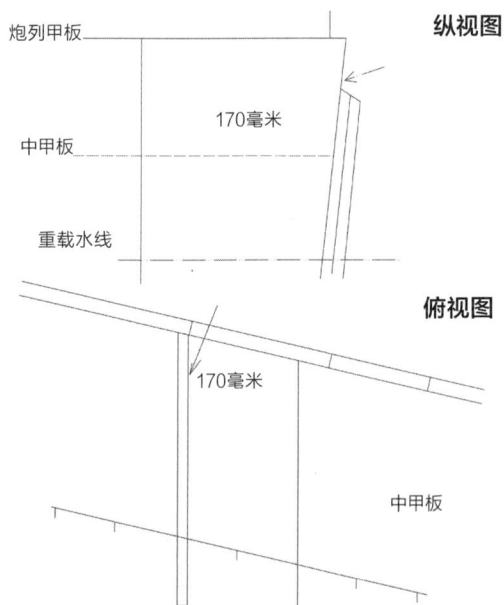

▲ "国王"号海战第 3 阶段 3 号中弹示意图（18 时 35 分前后）。

其外侧大小为 28 英寸 ×16 英寸（711.2 毫米 ×406.4 毫米），内侧则约为 38 英寸 ×26 英寸（965.2 毫米 ×660.4 毫米）。爆炸主要对炸点下方部位产生影响，炮廓装甲外侧的 30 毫米炮列甲板在约 10 平方英尺（0.93 平方米）范围内多处破孔，同时受此次中弹以及 4 号中弹的共同影响，炮廓附近范围内的炮列甲板发生下陷。炮列甲板下方、炸点内侧 5.25 英尺（1.6 米）处没有 30 毫米纵向防破片舱壁，受中弹影响该舱壁出现由炮列甲板指向中甲板最深达 11 英寸（279.4 毫米）的弯曲，但未被击穿。该舱壁外侧的中甲板则多处被破片击穿，并伴有最大 2 英尺（0.61 米）的弯曲。此外中甲板与防破片舱壁连接处出现长达 23 英尺（7 米）的撕裂痕，30 毫米艏楼甲板则轻微上凸。装甲破片还击穿了保护前烟囱上风井的 15 毫米炮廓纵向舱壁，由于

送风道受损以及爆炸气体的影响，该舰的全部 3 座燃油锅炉一度全部停转。其中右舷和船舯锅炉此后逐渐恢复运转，但分别直至当晚 20 时 35 分和 20 时 50 分才恢复全功率运转，而左舷锅炉则一直停转。

此次中弹和 4 号中弹的后效难以明确区分，但显然此次中弹对左舷 1 号和 2 号炮廓都造成了破坏。装甲碎片在左舷 1 号和 2 号炮廓之间的 20 毫米横向舱壁上造成破孔，2 号炮廓内两三份 150 毫米炮廓炮发射药以及若干份存放在通向 14 号药库（位于下层甲板）的提弹机内的发射药被引燃，但炮廓内的 150 毫米炮弹并未破损。150 毫米炮廓炮则仅轻微受损，但其观测设备和所有电缆均被摧毁，在 1 号和 2 号炮廓之间舱壁位置进入 2 号炮廓的提弹机受损且无法使用。对 2 号炮廓炮的炮组成员来说，幸运的是受 4 号中弹造成的烟气的影响，当本次中弹发生时他们刚好已经从炮廓中撤出，因此未受伤。

除以上后效之外，中弹还在士官浴室和前部急救站内造成了火灾，同时由于急救站内消防管道被切断，装甲甲板上出现了进水。受烟气影响，该舰的左舷战时信号站一度停止运作。4 号和 6 号中弹共造成 36 人阵亡，其中四分之三由 4 号中弹造成，此外 5 号中弹造成 4 人阵亡。

7 号：炮弹命中司令塔天花板右侧靠近边缘部分，被弹飞后在距离该舰约 40 码（36.58 米）处爆炸。170 毫米司令塔天花板出现最深 0.6 英寸（15.24 毫米）的凹陷，一道约 20 英寸（508 毫米）长的狭窄裂缝。司令塔配置的右舷鱼雷潜望镜被摧毁，此外破片还切断了夜间信号设施及夜间识别信号位的电缆。司令塔雨水槽的一块碎片

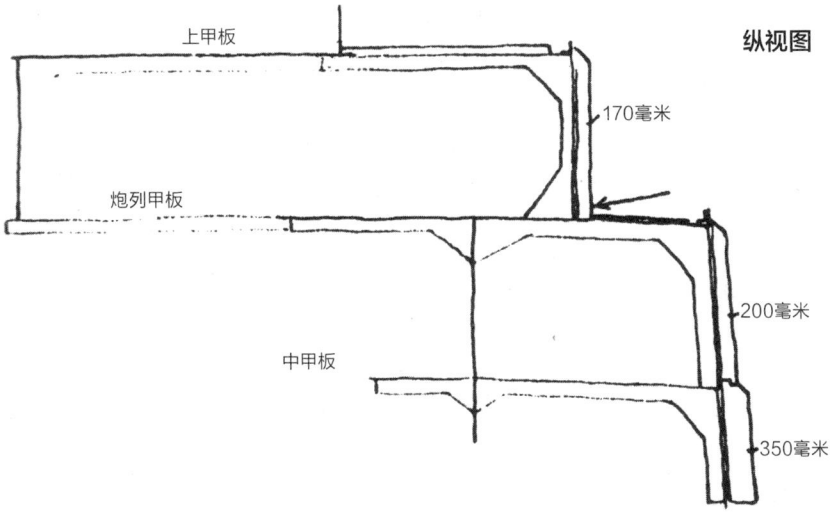

纵视图

上甲板

170毫米

炮列甲板

200毫米

中甲板

350毫米

中甲板

侧视图

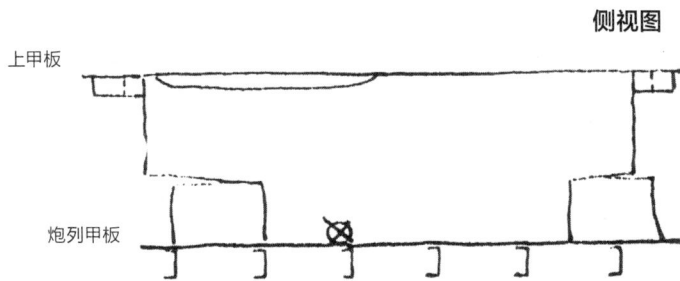

上甲板

炮列甲板

◀ "国王"号
海战第3阶段
6号中弹截面
图和侧视图（18
时35分前后）。

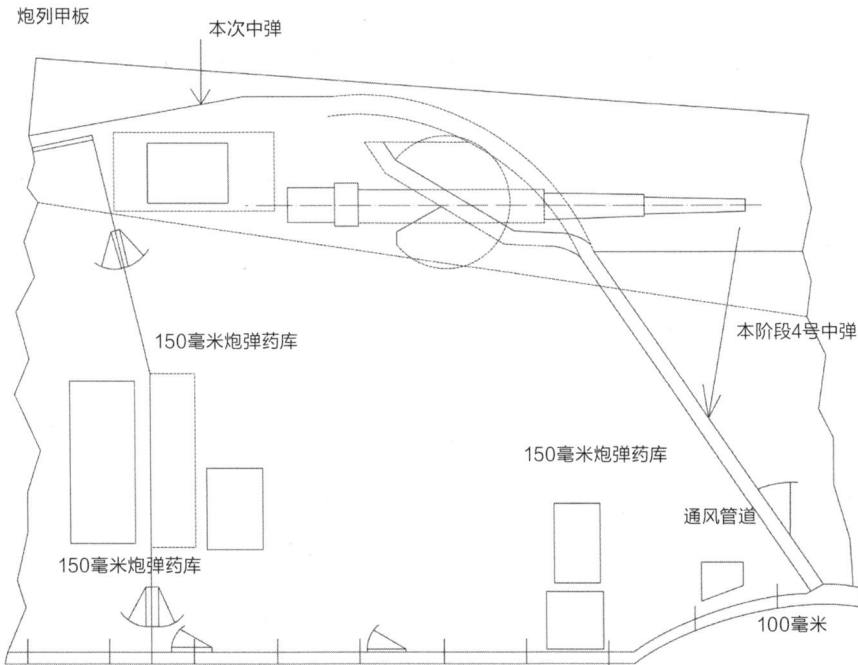

炮列甲板

本次中弹

本阶段4号中弹

150毫米炮弹药库

150毫米炮弹药库

通风管道

150毫米炮弹药库

100毫米

◀ "国王"号
海战第3阶段
3号中弹俯视
图（18时35
分前后）。

俯视图

离顶部约 13 英尺（3.96 米）处击穿后烟囱但并未爆炸，中弹造成该舰右舷后方的上层探照灯无法运作。

除以上中弹之外，公海舰队其他战列舰在这一阶段并未被大口径炮弹命中。"法尔茅斯"号和"雅茅斯"号两艘轻巡洋舰的 6 英寸（152.4 毫米）炮，曾数次命中"吕佐夫"号，但细节不详。命中"德芙林格"号的两枚 6 英寸（152.4 毫米）弹可能也来自这两艘轻巡洋舰，其中一枚击穿了该舰上层建筑甲板上位于两座烟囱之间的减摇水舱，在准尉住舱内爆炸；另一枚则击穿了该舰的后烟囱顶端。此外第 3 轻巡洋舰战队也可能命中了"塞德利兹"号一次，此枚炮弹在该舰的上装甲带上爆炸。

170毫米

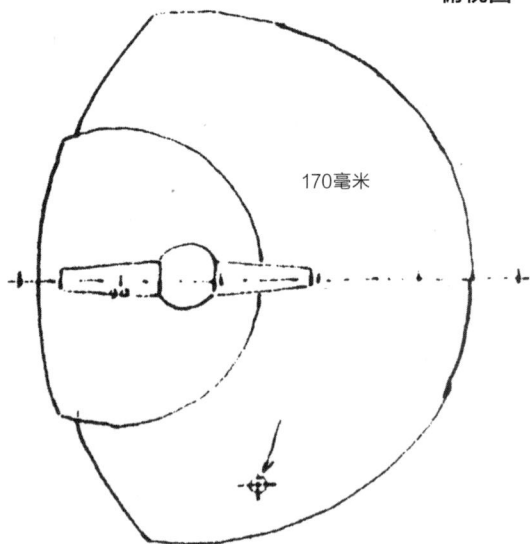

▲ "国王"号海战第 3 阶段 7 号中弹俯视图（18 时 35 分前后）。

导致对当时位于司令塔上层的贝恩克少将负轻伤。

8 号：此次中弹为一次跳弹，炮弹在距

五、小结

公海舰队主力舰在 18 时 15 分至 19 时的中弹情况简要统计如下：

（1英寸=25.4毫米，1磅≈0.45千克）

炮弹种类 舰名	13.5英寸1400磅重弹	13.5英寸1250磅轻弹	12英寸弹	总计 （次）
吕佐夫	0	2	8	10
德芙林格	0	0	3	3
塞德利兹	0	0	1	1
国王	7	1	0	8
边疆伯爵	0	1	0	1
总计	7	4	12	23

以上命中之中，9 次由战列舰取得，2 次由贝蒂麾下的战巡取得，其他 12 次则由第 3 战巡中队取得。

争议

除了对于大舰队展开方式本身的争议外，还有人批评杰里科，认为应在实施展开机动的同时，命令第 5 战列舰中队自行攻击公海舰队战列线的非交战侧。丘吉尔在回忆录中的批评就是这种观点的典型："他（指杰里科）在外翼过于谨慎的展开，让迫使敌舰队交战更为必要。为此他只需命令4艘'伊丽莎白女王'级战列舰……单独攻击敌方的非交战侧。"这又是半壶水响叮当，不看海图瞎指挥。即使杰里科打算让各战队独立攻击，他也很难让麾下的某个战队攻击他完全无法看见的目标，协同上的困难本身就阻碍了这一选择。此外第5战列舰中队也已经一直处于公海舰队的交战侧，难道指望该中队兜一个大圈到公海舰队主力的东南方向吗？更何况即使第5战列舰中队能够实施这一机动，但在该中队就位前公海舰队主力肯定已经掉头向西，此时该中队又将面对怎样的命运？杰里科自己就曾直白地表示："丘吉尔先生在涉足实际的海军战术时，可能不会取得什么成功。"

进一步的批评则认为，在舍尔下令全体同时进行180°转向撤退时，杰里科应指挥麾下的6个战队分别转向，至少对公海舰队战列线末端舰只实施两侧的平行追击，同时令战巡和第5战列舰中队追击敌战列线前段和中部，这样至少公海舰队第2中队的前无畏舰会遭到惨重打击。这种批评相对来说有点道理，毕竟从大舰队作战条令来看，杰里科的指挥相对保守和僵化，给各个战队/中队指挥官的自由度不够高。但是，首先杰里科并没有及时得知敌舰实施了转向，也不知道敌舰向何方向转向。在这种情况下，贸然分兵显然会面临被舍尔集中兵力各个击破的危险。

第五章

舍尔卷土重来

海战第4阶段，5月31日19时至19时45分

"海战不能就此结束。"

▲ 日德兰海战中即将开火的"大力神"号（右，燃煤），左为"复仇"号（燃油）。

大舰队的第二次抢占 T 字横头

18 时 55 分，舍尔再次下令全体向右舷转 180°。几分钟后，公海舰队主力舰再次组成一条战列线，开始向东航行，此时他们位于大舰队战列线以西 10 海里的位置。

舍尔的这一决定非常令人费解，因为这一机动将不可避免地导致其战列线前段或战巡暴露在大舰队的集火之下。对此决定，哪怕是舍尔本人，也没有给出一个合理的解释。战后给威廉二世的报告中，舍尔对此解释的核心部分内容如下：

当时时间还比较早，不适宜采用"夜间巡航队形"。敌仍有可能迫使我方在天黑前再次作战，剥夺我方主动性，并切断我方返回德国湾的航线。

只有一种做法可以避免这一后果：不计后果地主动向敌进攻并寻求交战，同时利用手头所有的驱逐舰进行攻击。

这一机动必将出其不意，从而打乱对手当天余下的作战计划。如果我方的攻击足够强力，也有利于我方夜间的撤退。

舍尔还曾提到他打算救援正在被围攻的"威斯巴登"号，至少救下该舰的船员。不过奥匈帝国驻柏林海军武官则记录了舍尔关于此次机动的解释：实际上，我当时并没有明确的目标……我只是认为应该去救助可怜的'威斯巴登'号，况且我也不清楚当时的战场态势：（在第一次规避后）我没有收到有关战况的电报。当我注意到敌舰的压迫已经消失，而我方舰只仍基本完好时，我决定回头。我觉得海战不能就此结束，必须再次寻求与敌方的接触。然后我想我应该将我方战巡尽可能完整地投入战场……事情就这么发生了，就如同处女说自己突然有了孩子一般。

德国海军的官方战史则宣称，舍尔的这一机动与纳尔逊在特拉法尔加海战中的机动类似，并引用了纳尔逊自己对特拉尔法加海战中所采用战术的解释做注脚，不过他们显然无视了纳尔逊本人的另一句话："这将引发一场混战，恰如我所希望的。"

无论如何，德国官方的解释相当可疑。首先，这一战术在纳尔逊时代还行得通，但在无畏舰时代则几乎无异于自杀。其次，即使舍尔的确是想效法前人，他也不应将战巡置于战列线前段成为对手集火的目标——考虑到战巡的装甲和火力都较弱，在此情况下战巡显然无法支撑很久。舍尔自己在给威廉二世的报告中也承认"和平时期……如果我实施这一机动，别人将断定我毫无指挥舰队的能力。"最后，从舍尔的实战表现来看，他完全说不上"不计后果"。

不过舍尔暗示的一点倒可能是事实：此时公海舰队的战巡虽然已经蒙受了较重的打击，但其战列舰（除了"国王"号之外）大致较为完好，加上"威斯巴登"号正陷入苦战，舍尔觉得"海战不能就此结束"倒也无可厚非，毕竟如果就此撤退可能对士气非常不利，何况此前公海舰队已经获得了较为辉煌的战果，掉头向东的机动至少看起来是主动求战。尽管舍尔的真实目的更可能是试图从大舰队战列线的后部（北方）绕过对手，随后在夜色的掩护下通过斯卡格拉克海峡返回母港。不过，这样一来他显然应该向北或向西继续航行一段时间，确保大舰队战列线已经足够偏南。

无论舍尔的实际目的如何，实战中这一机动并没有达到对大舰队战列线的奇袭，反倒是公海舰队战列线又一次遭到了奇袭。19 时 10 分左右，皇家海军第 1 战列舰中队的两个战队，在约 10000 码（9144 米）距离上首先发现德舰出现在西南方向，并立即开火。从 19 时 15 分开始，大舰队战列线上所有能开火的舰只都从 11000 ~ 14000 码（10058.4 ~ 12801.6 米）距离上向公海舰队战列线倾泻着炮弹，公海舰队的战巡和第 5 战队的战列舰首当其冲，成了集火的目标。19 时 15 分之后不久，贝蒂的战巡也加入战斗，不过其射击距离远达 15000 ~ 19800 码（13716 ~ 18105.12 米）。同样由于能见度过差，公海舰队再次无法实施有效的还击。在公海舰队枪炮官们的视野中，除了海平线上几乎不停闪耀的炮口闪光外，他们什么也看不清。固然公海舰队各舰可以尝试对着远方的炮口闪光射击，但由于根本无法观测到炮弹落点，因此校射也就无从谈起。从 19 时至 19 时 45 分之间，大舰队方面的主力舰仅有"巨人"号被命中 2 次，而公海舰队的主力舰则一共被命中 37 次。在密集的弹雨下，公海舰队的部分舰只渐渐挤作一团，先头的部分战列舰甚至已经超越了己方战巡的位置。在此情况下各舰舰长不得不各自下令转向或减速甚至倒车：公海舰队主力的战线正在逐渐瓦解。

讽刺的是，在整场海战中公海舰队主力对大舰队战列舰乘员造成的唯一伤亡便发生在这一阶段。一枚近失弹在距离"巨人"号 30 英尺（9.14 米）处的海水中爆炸，"巨人"号无防护的部分共有约 20 处被破片击穿。该舰前桅楼内有 2 人负伤，4 英寸（101.6 毫米）副炮炮位上另有 3 人负伤，其中伤势最重者右臂被弹片割开，最终伤者整个右臂接受了截肢手术。

再次面临尴尬局面的舍尔不得不再次选择撤退，但这一次付出的代价要重得多。19 时 13 分，舍尔首先命令己方的战巡向对手发动决死突击，电文如下："同时转向敌舰，

进攻，尽一切可能获得决定性的战果。"尽管一分钟后舍尔又下令"攻击敌战列线前段"，但这一命令并未改变此次攻击的性质。1916 年 5 月 10 日舍尔颁布的战术条令中就曾明确指出"攻击敌战列线前段"这一命令，其实际含义是指发动不计后果的攻击。根据"德芙林格"号的记录，该舰先于 19 时 14 分收到舍尔的第二电，然后才于 19 时 18 分收到了第一电，该舰随即利用信号旗向其余战巡转达。不过实际上所有 4 艘战巡（"吕佐夫"号已经撤出战斗，但仍在该阶段被命中 5 次。为该舰护航的驱逐舰放出烟幕对该舰实施掩护，19 时 40 分大舰队终于停止了对该舰的射击）早在 19 时 13 分便已经开始右转。19 时 15 分当"德芙林格"号下令提速至 23 节时，其航向为 167°。在实施这一机动过程中，战巡付出了惨重的代价，"德芙林格"号被命中 14 次，其中命中该舰两座后炮塔的 1、2 号中弹引发了发射药火灾，该舰舰长被迫下令向两座炮塔的弹药库注水，造成两炮塔无法使用。"塞德利兹"号被命中 4 次，"冯·德·坦恩"号被命中 1 次。"德弗林格"号的枪炮长哈泽（Haze）曾这样回忆当时的场景：

"我们就这样冲进了一片火海，与敌舰的距离从 12000 码（10972.8 米）迅速缩短至 8000 码（7315.2 米）……敌舰的齐射一轮接一轮地落在我们周围，我舰也被反复命中……一枚 15 英寸（381 毫米）炮弹击中了我舰的 C 炮塔，并在炮塔内爆炸（该舰该阶段的 2 号中弹）。该炮塔的炮塔长双腿俱断，大部分炮组乘员阵亡。火焰向下蔓延至操作室乃至输弹舱，该炮塔内的 78 名乘员中有 73 人阵亡。另一枚 15 英寸（381 毫米）炮弹击中了我舰的 D 炮塔（该舰该阶段的 1 号中弹），同样的惨剧再次上演。除了一名被爆炸的气

浪扔出炮塔外的成员外，整个炮塔内的 80
名乘员全部当场阵亡（作者注：此处描述的
两次中弹伤亡人数与后文统计略有出入，可
能是回忆时的偏差）。巨大的火焰从两座后
部主炮塔中喷涌而出，并伴有浓密的黄色烟
雾……随着一声巨响，我舰又发生了一次剧
烈的爆炸，随之全舰一片漆黑……整个司令
塔似乎都被扔上空中……有毒的黄绿烟雾通
过小孔渗入我所在的火控中心。我立即高喊
'戴上防毒面具！'舱室内的所有人立即执
行了这一命令……我们几乎看不见分布在远
方巨大的半圆弧线上的敌舰，只能分辨出敌
舰开火时炮口喷出的巨大火焰。"

　　尽管如此，公海舰队的战巡成功地帮助
本方的战列舰吸引了火力，避免了公海舰队
的战列舰蒙受更大的损失。

　　其次，舍尔于 19 时 15 分下令本方的驱
逐舰发动攻击并施放烟幕，掩护公海舰队主
力撤退。

　　最后，19 时 18 分舍尔又下令公海舰队
各战列舰同时向右转 180° ——这也是海战中
舍尔第三次发布各舰同时转过 180° 的命令。
最前端的公海舰队第 3 中队由于各舰之间距
离较近且遭到集火，因此在执行时遇到了一
定困难。舍尔的座舰"腓特烈大王"号为了
让第 3 中队有更多的空间实施机动，曾一度
实施了左转。搭乘"东弗里斯兰"号的公海
舰队副指挥官施密特中将则立即调头，压根
没有等待后续舰只。总体来说，这次 180° 转
向较为顺利，但远不如公海舰队在这个下午
的第一次 180° 转向整齐有序。各舰的机动之
间仍遇到了一些麻烦，尤其是第 3 中队的"皇
帝"级战列舰。

　　舍尔的驱逐舰在此前的战斗中已经消耗
了 50 枚鱼雷（各舰共携带 296 枚），此外为"吕

▲ 伤痕累累的"德芙林格"号。

▲ "腓特烈大王"号，摄于 1917 年前后。

佐夫"号提供护航的 6 艘驱逐舰上还携有 22
枚鱼雷。实战中仅第 6 和第 9 驱逐舰队的 13
艘驱逐舰抢占了较好的战位，并发射了所携
58 枚鱼雷中的 31 枚，其中仅 21 枚抵达大舰
队战列线，无一命中。为此 1 艘驱逐舰（S35
号）被击沉，另有 2 艘被重创。此后第 3 和
第 5 驱逐舰队的 17 艘驱逐舰对大舰队战线尾
部发动攻击，但被皇家海军第 12 驱逐舰队逐
回，因此一共只发射了 1 枚鱼雷（共携有 67
枚）。公海舰队第 2 驱逐舰队在准备发动攻
击时收到了取消攻击的命令，而第 7 驱逐舰
队则未参与攻击。

　　为应付敌驱逐舰的攻击，杰里科首先于
19 时 22 分命令第 4 轻巡中队加速迎击敌驱逐
舰，同时最靠近敌驱逐舰的皇家海军第 11 驱
逐舰队指挥官霍克斯利准将，根据大舰队作

战条令的规定自动投入了同一作战。其次杰里科又命令各战队分别左转 22.5°（即远离对手方向）实施规避，各战列舰的舰长也各自执行了独立的机动以躲避鱼雷。

杰里科的第二个命令固然使得各舰较为轻易地躲开了公海舰队的鱼雷攻击，但也招致了极大的批评。尽管大舰队作战条令早已明确规定，在遭遇鱼雷攻击时应采取向远离对手方向转向的机动进行规避。值得注意的是，贝蒂本人也参与了这一批评：贝蒂似乎忘了自己此前的表现，而在未来的争论中类似的事情将一再发生。在多格尔沙洲之战中，贝蒂声称在重伤的"狮"号上发现了一座潜望镜出现在前方海面，尽管当时舰桥上其他人均未看到这一所谓的潜望镜，但贝蒂仍命令麾下执行向远离对手方向转向的机动。实际上当时并无潜艇出没在交战海域附近，不过误认潜望镜在实战中非常常见，尤其对于新手而言。1942 年 1 月末哈尔西率领第 17 特混舰队前往奇袭吉尔伯托群岛的途中，该舰队乘员就屡次报告发现潜望镜。为规避这些所谓的潜艇整个舰队消耗了大量的时间和燃料，哈尔西因此不得不亲自下令，舰队乘员今后只有在十分确定的情况下再行报告。

考虑到公海舰队驱逐舰发动攻击的位置大致靠近大舰队战列线中央，因此大舰队战列线的前段和中部并不会受到太大威胁，完全可以考虑转向靠近对手的方向。而考虑到当时的能见度条件，拉开与敌方的距离不利于保持与敌舰接触并进行打击。在这类争论中自然也少不了丘吉尔这位半瓶子醋的高谈阔论，虽然这一次相对来说有点道理，但更多的是一种事后诸葛亮式的后见之明。

杰里科为自己辩解的要点如下：

1. 当时大舰队各舰之间距离较近，且处于敌鱼雷有效射程内。

2. 他估计舍尔将动用所有的驱逐舰进行鱼雷攻击。尽管对手实际只发射了 22 条鱼雷，但杰里科当时不可能预测对手的行动。

3. 敌驱逐舰可能从不同方位实施协同攻击，这样一来如果采取向靠近对手方向转向的规避机动的话，就可能陷入更大的危险。（实战中公海舰队第 2 驱逐舰队由于大舰队消失在迷雾中而放弃攻击，但如果杰里科采取向靠近对手方向转向的规避机动，该驱逐舰队显然会发动第二轮攻击。第 5 驱逐舰队可能继续发起攻击，而第 7 驱逐舰队则可能发动第三波攻击。在此情况下大舰队可能要面临 152 枚鱼雷的攻击。）

4. 大舰队作战条令早已阐明在遭遇鱼雷攻击时应采取向远离对手方向转向的机动进行规避，这一规定虽然并未在舰队内广受欢迎，但仍被舰队各级指挥官接受（斯特迪中将大概是唯一的例外）。拉开距离可以明显降低鱼雷的命中率，而此前在斯卡帕湾进行的鱼雷射击演习，也让杰里科有足够的理由怀疑在较近距离上麾下各舰成功规避鱼雷的概率。由于无法在斯卡帕湾内演练相关规避机动，因此就舰队整体而言，向远离对手方向转向和向靠近对手方向转向，这两种规避机动哪一种更为有利，仅仅是一种纯理论的研究而已。

5. 当杰里科采取规避机动的时候，他并不知道舍尔在进行第 3 次 180° 转向以脱离接触。由于被公海舰队驱逐舰施放的烟幕所遮挡，再加上迷雾和天色的影响，"铁公爵"号完全无法观察到敌舰的动向。和大舰队第一次抢占 T 字横头时一样，杰里科又一次认为敌舰并未撤退，而仅仅是被迷雾所遮挡。19 时 32 分杰里科警告第 4 轻巡战队不要过于靠近敌舰队，便表明了他的这一想法。还是和大舰队第一次抢占 T 字横头时一样，战列线末端的 4 艘战列舰（"刚勇"号、"马来亚"号、"圣文森特"号和"复仇"号）观测到了敌舰的转向，但均未向杰里科报告。与此同时，除第 4 轻巡中队正在与敌驱逐舰交火之外，杰里科的其他轻巡中队的位置既不利于及时赶到对敌驱逐舰队实施拦阻，也不利于观察敌舰队的动向。第 2 轻巡中队曾于 19 时 30 分发现敌战列舰队转向南偏西航向，但并未向杰里科报告。

更为重要的是，执行向靠近对手方向转向的机动，在当时看来无疑可能导致部分战列舰中雷受伤乃至沉没，这一点甚至杰里科的批评者也不否认，不过他们认为在可能获得的战果面前，这点损失"微不足道"。然而这一机动真的能获得很大战果吗？杰里科固然并不知晓对手的动向，而他的对手在如此不利的情况下也不会选择继续作战。无论如何，实战中舍尔并未打算继续交火，而距离日落已经不足一小时。在这种情况下，即使杰里科选择向对手方向转向，能获得多少

战果也是颇为可疑的。考虑到只要大舰队能维持足够的数量优势，英国在战略上就足以立于不败之地，杰里科又何必去为了缥缈的战果而拿皇家海军的战略优势去冒险，去迎合某些人对于虚名的渴望？更何况根据英国媒体日后的表现来看，这一虚名即使真的存在，也不太可能归功于杰里科。

杰里科本人对这一机动的反思如下：即

▲ "圣文森特"号，摄于 1912 年。

▲ "路易波德摄政王"号。

▲ "威斯特法伦"号。

▲ 5月31日19时25分态势。

使我能知晓舍尔的撤退，同时决定无视敌鱼雷的威胁，我方也很难在天黑之前再次与敌方接触。由于迷雾和烟幕的影响，我方开始机动的时间必然要晚于敌方。但如果能通过追击迫使对手更加远离其母港的话，我方第二天再度迫使敌进行交战的可能性将会大大增加。

公海舰队驱逐舰的攻击最终让舍尔得以成功逃脱。19时27分，舍尔下令将航向转为212°并将速度设为17节。此时"威斯特法伦"号成了第1中队以及"腓特烈大王"号的先导，第3中队的航向则为257°，19时30分该中队的先导为"路易波德摄政王"号，该舰当时位于"腓特烈大王"号100°方位2海里以外。第2中队在此前向东的航行中跟在"威斯特法伦"号后方航行，该中队和其他战列舰一同执行了180°转向，19时30分该中队位于"威斯特法伦"号右前方。

19时35分，大舰队各主力舰停止了射击。19时36分，杰里科再次下令组成战列线，同时将航向转向西南。至19时42分，第1战列舰战队航向为235°，第2和第3战列舰战队的航向分别为241°和212°，第4战列舰战队正在跟进，贝蒂的战巡舰队则以18节速度取209°航向。19时45分，"狮"号大致位于"铁公爵"号223°方位外6海里处。19时30分贝蒂曾报告敌舰位于291°方位，距离为10海里至11海里。被发现的是公海舰队第1侦察群的战巡，报告的方位大致正确，但距离则较实际距离远了约2海里。此外"狮"号于19时30分给出的自身位置有误，但由于当时该舰和"铁公爵"号的相对位置大致清晰，因此影响不大。

贝蒂在战后的报告中声称，战巡舰队于19时45分失去了敌舰的踪迹，但战巡舰队

的炮术报告则显示该舰队于19时25分停火。大舰队各部又暂时失去了与敌舰的接触，第二次抢占T字横头就这样结束了。

中弹记录

19时至19时45分之间双方主力舰只的中弹情况如下：

英方

此阶段皇家海军主力舰中仅有"巨人"号战列舰被击中，2枚炮弹均来"塞德利兹"号的一次齐射，时间是19时16分。其中一枚在击中该舰左舷信号甲板上的测深仪后飞出船体以外；另一枚炮弹由右舷侧前烟囱后方射入前部上层建筑，继续飞行24英尺（7.32米）后在下层炮列甲板左线位置爆炸，其效果主要限于炸点附近。4个各自盛放着6份4英寸（101.6毫米）炮发射药的"R"容器被弹片引燃，但容器的盖子如设计时预想的一般，在容器内气压尚未明显升高时就已经被吹飞，因此燃烧并未发展为爆炸。起火在几分钟内被扑灭，周边的其他容器也未被引燃【注意容器之间的最小距离为8英尺（2.44米）】。破片还击中了4枚4英寸（101.6毫米）高爆弹，其中2枚被切为两半，1枚高爆弹内的立德炸药发生焖烧；第5枚4英寸（101.6毫米）高爆弹落入了锅炉舱的通风扇平台但并未损坏。受此次中弹影响，左舷一门4英寸（101.6毫米）副炮和P炮塔测距仪轻微受损，此外A锅炉舱位于炸点下方的下降管也受到影响。

在此阶段皇家海军主力舰唯一一次较为严重的故障则发生在"狮"号上，时间约为19时30分或稍早。由于在X炮塔内的待机位置错误地试图进行双重装填，一枚炮弹掉

落，砸在该炮塔右主机筒的顶板上，造成该主机筒无法正常工作。虽然故障后来被排除，但是该主机筒只能用于运送炮弹，而发射药仅能通过辅助提弹设备进行装填。

德方

一、"吕佐夫"号

该舰在19时15分至18分共被命中5次，炮弹来自"君王"号或"猎户座"号，发射距离约为18500码（16916.4米），其中2枚来自左舷方向，另外3枚来自右舷方向。

1号：炮弹在炮门外不远处命中第1主炮塔右炮炮管，并在炮门外不远处爆炸。该炮炮塔以外的套筒上半部分整个被击飞，弹片被270毫米炮塔正面装甲以及炮门罩反弹，部分较小破片飞入炮塔内部，摧毁了该炮塔的右侧瞄准镜，造成2人负伤，该炮的后部箍环也被扯下。虽然该炮的俯仰机构并未受损，但该炮被卡死且彻底无法使用。受炮塔中央防破片舱壁的保护，该炮塔左炮未受影响。

2号：炮弹经由第3主炮塔（C炮塔）基座后方的炮廓炮组顶部甲板（上甲板）飞入船体【亦有材料认为从第3主炮塔和第4主炮塔（D炮塔）之间飞入船体】，并在25毫米炮列甲板上或其下方爆炸，在该舰的后部急救站内造成了重大伤亡，切断了通往第4主炮塔的动力电缆（该电缆在炸点附近位于装甲甲板上方）。受此影响，第4主炮塔只能使用人力操作，因而其实战价值几乎为零。不过在该舰沉没前，该炮塔的动力已经恢复。尽管30毫米装甲甲板被破片撕毁，但其下方的弹药储藏空间并未受到影响。

在经受了这两次中弹之后，该舰一度实施右转，因此此后的3枚炮弹全部来自右舷方向。

当时在该舰上服役的贝伦斯（Behrens）上士回忆到：我们接到报告称，一枚大口径炮弹从上方击穿了后部急救站并在该舱室内爆炸，受伤的梅耶（Meyer）下士向我报告了这一情况。他看起来好像没受重伤，向我报告完后便坐下来抽烟。实际上一片弹片已经对他造成了重伤，14天后他便牺牲了。

这一报告让我意识到，我舰所有的医生和经过训练的医务人员已经非死即伤【当时共有4名医生及医师，其中2名在16时15分前后的中弹（参见该舰海战第一阶段的中弹）中阵亡，另有1名负伤】。我想起此前我还曾见到4名医生围绕着舰长，但如今两座急救站都已经被毁，不但伤员得不到医务人员的救治，而且我舰的大部分药物和医疗器械也毁于战火。无奈之下，我舰只能简单地把重伤员安置在中甲板上。

3号：炮弹击中第2炮塔（B炮塔）基座下方的右舷侧装甲带，这导致右舷1号150毫米药库因被海水注满而被迫放弃。除此之外此次中弹还直接或间接地引发了其他进水。

4号：炮弹击中第2炮塔基座250毫米侧围后下部，当时该炮塔仍指向左舷前方，基座侧围后下部被击穿，弹孔面积约为0.25平方米。弹片并未飞入炮塔内部，但装甲碎片并未被阻止，一块装甲板残片甚至落入了炮塔的右弹药筒装填托盘，另有一块落在右炮的摇架附近。由于该炮塔的右炮上部提弹机以及装填机构和俯仰泵被此次中弹摧毁，其最终无法运作。中弹发生时，该炮塔右炮弹药筒上部提弹机内，正存放着一份重76磅（34.2千克）的305毫米主炮前发射药，前发射药起火燃烧。但在防火门的保护下，其正下方的一份主发射药【201磅（90.45千克）】并未起火，防火门也阻止了火势蔓延至该炮塔操作室。

中弹炮塔的炮塔长因吸入发射药燃烧产生的有毒烟气而阵亡。烟气经由传声管渗入该舰的火控中心,尽管中弹时站立于右炮后方的炮塔乘员全部阵亡,但部分炮组成员还是幸存了下来,其中部分被烧伤。由于烟气弥漫,该炮塔暂时无法使用,于半小时后其火炮恢复运转,不过该炮俯仰泵中的甘油经由破损的管道渗出,导致海水进入该泵。"吕佐夫"号的炮塔均配备25毫米纵向防破片舱壁,该隔舱在这种类似的中弹的情况下,能对炮塔左侧起一定保护作用。输弹舱中右侧液压泵被毁。

5号:炮弹命中右舷4号炮廓的150毫米炮廓装甲并立即爆炸,但炮廓中的150毫米副炮仍可使用。中弹造成炮廓装甲内陷,同时浓密的黑烟经由堵塞的传声管渗入了150毫米副炮火控中心。

部分资料还显示,该舰在19时07分被一枚大口径炮弹命中左舷炮廓,导致左舷战斗信号站无法运转并引发火灾,信号站内的信号员全部阵亡。此外19时15分至30分,另有一枚大口径炮弹命中主桅观测平台上方位置。当主桅上部折断跌落时,后司令塔中听到了震耳欲聋的碰撞声。

二、"德芙林格"号

该舰在此阶段被大口径炮弹命中达14次,详情如下:

1号:中弹时间为19时14分,炮弹是由"复仇"号战列舰发射的一枚15英尺(381毫米)被帽穿甲弹。炮弹命中了第4主炮塔(D炮塔)的顶部装甲,弹着点距离右炮轴3英尺(0.914米),靠近炮塔110毫米倾斜装甲(该装甲与水平面夹角约为15°)和80毫米水平装甲结合部。受此次中弹影响,倾斜装甲在弹着点附近出现长约55英寸(1.4米)的严重凹陷,并伴有两条较长的裂缝。炮弹造成了一个约与其口径相当的弹孔,大部分位于倾斜装甲上。水平装甲边缘则被撕下约0.45米×0.67米的装甲板。中弹时该炮塔正指向左舷后方37°方位,受中弹影响炮塔不由自主地转向左舷前方位极限角度。

炮弹在炮塔内部距离弹着点4英尺(1.22米)的右侧弹药筒装填托盘的位置爆炸,造成该托盘上的一份前发射药和一份主发射药,以及右弹药筒上部提升机井内操作室高度上的一份前发射药和一份主发射药起火,引发的毒烟和火苗随即充斥了炮塔内部。火焰迅速蔓延至操作室下方的药库输弹舱,引燃了两部弹药筒下部提弹机内提弹托盘上,分别放置的各一份前发射药和主发射药。被引燃的还有3份正送往提弹机的主发射药,9份仍存放在打开的弹药库容器中的前发射药。因此此次中弹共造成7分主发射药和13份前发射药被引燃。在炮室内,得益于与"吕佐夫"号同样的防破片舱壁的保护,左炮的2份主发射药和2份前发射药并被引燃,尽管2份前发射药的双层丝绸包装表面被烧焦。类似的,在药库输弹舱内,2份装在打开的容器中的前发射药的包装也被烧焦,但其本身并未起火。

受发射药燃烧引起的烟气和火焰影响,炮塔内75名乘员(包括6名从88毫米炮炮组抽调来的替补乘员)中,除2人经由废弃弹药筒容器抛口逃出外,其余人全部当场阵亡,侥幸逃出的2人中,其中1人后来因伤势过重而死。大量烟气经由传声筒渗入右舷火控中心,其乘员被迫撤出8分钟,此外烟气还对舵机室的部分舱室造成影响。该炮塔的弹药库均实施了注水作业，不过该舰的损管记录显示，这一作业并未及时完成。在下述的 3 号中弹引发的向后跨越射击炮塔（C 炮塔）弹药库注水作业完成后，向舰尾炮塔（D 炮塔）弹药库注水的作业才宣告完成。

此次中弹的后效相对较轻。中弹炮塔右炮提弹系统被毁。炮塔内部，炮塔顶部的支撑结构被撕裂，铆钉断裂。在炮室内，测距仪和右弹药筒提升机轴被摧毁，右炮的附属配件则被弹片严重破坏，但右炮炮管和左炮仅轻微受损。炮塔内的 25 毫米防破片舱壁未被击穿，炮塔尾部装甲也未受损。除左炮弹药筒上部提弹机外，工作室和所有提弹机的输弹舱均出现扭曲和破裂，但除弹片造成的损伤外，所有电缆和电气设备均可继续适用。药库内的木制品被轻微烧焦。

2 号：中弹时间为 19 时 16 分或 17 分，炮弹同样由"复仇"号发射，从左舷后方 41° 方向飞来，击中了第 3 主炮塔（C 炮塔）基座固定装甲上沿以上 18 英寸（457.2 毫米）处，距离基座上端 0.5 米。弹着点位于两炮位置之间，与右炮较近。以炮塔中心为圆心，

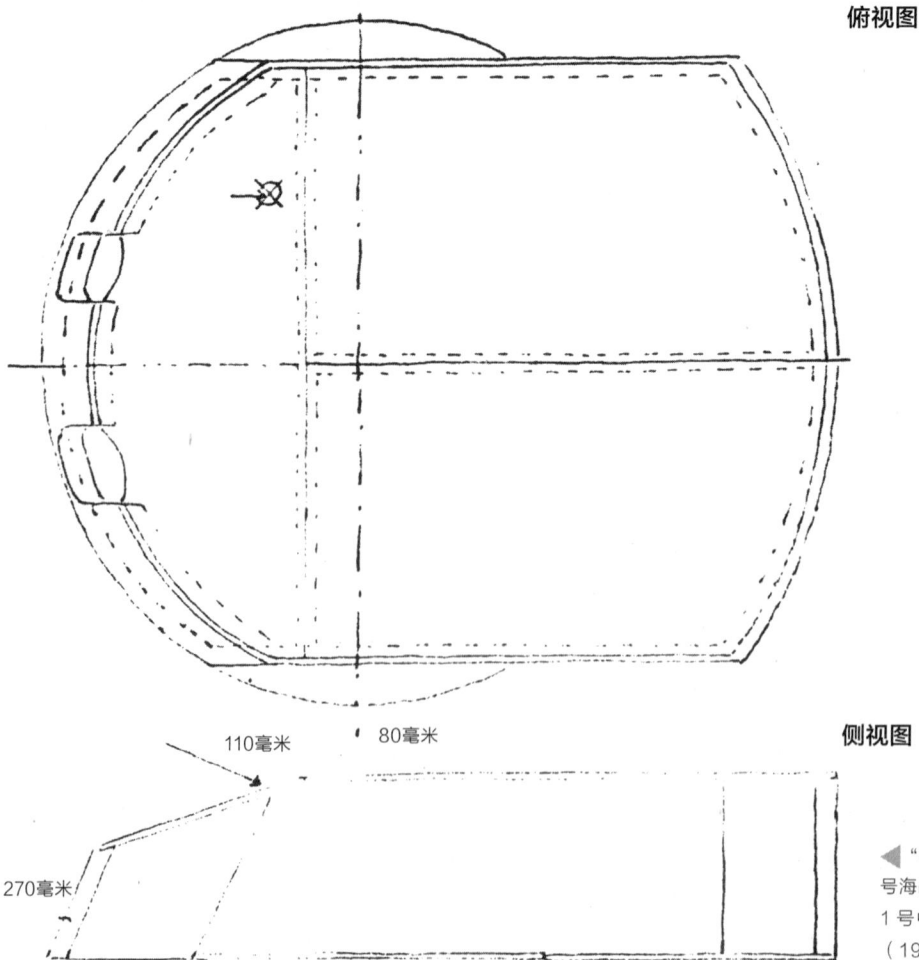

俯视图

侧视图

110毫米

80毫米

270毫米

◀ "德弗林格"号海战第 4 阶段 1 号中弹示意图（1914分）。

弹着点和圆心的连线在横向直径逆时针方向
33°。炮弹击穿了 260 毫米装甲，然后在转
盘上部、两炮之间炮塔长平台下方爆炸。受
其影响，右侧弹药筒装填托盘上的一份前发
射药和一份主发射药起火。起火的还有两部
弹药筒上部提弹机的扬弹机筒内（当时扬弹
机筒处于操作室内）以及操作室内左右传送
带存放上的各一份前发射药和一份主发射药。
火焰向下蔓延至该炮塔内位于交换室以及弹
库输弹舱下方的药库输弹舱，进而导致两部
弹药筒下部提弹机的扬弹机筒内（当时位于
提弹机下部）存放的各一份前发射药和主发

▲ "德芙林格"号海战第 4 阶段 1 号（19 时 14 分）和
2 号中弹（19 时 16 分或 17 分）位置照片，分别位于第
4 主炮塔（D 炮塔或舰炮塔）顶部和第 3 主炮塔（C 炮塔
或后跨越射击炮塔）基座，摄于威廉港浮动船坞。

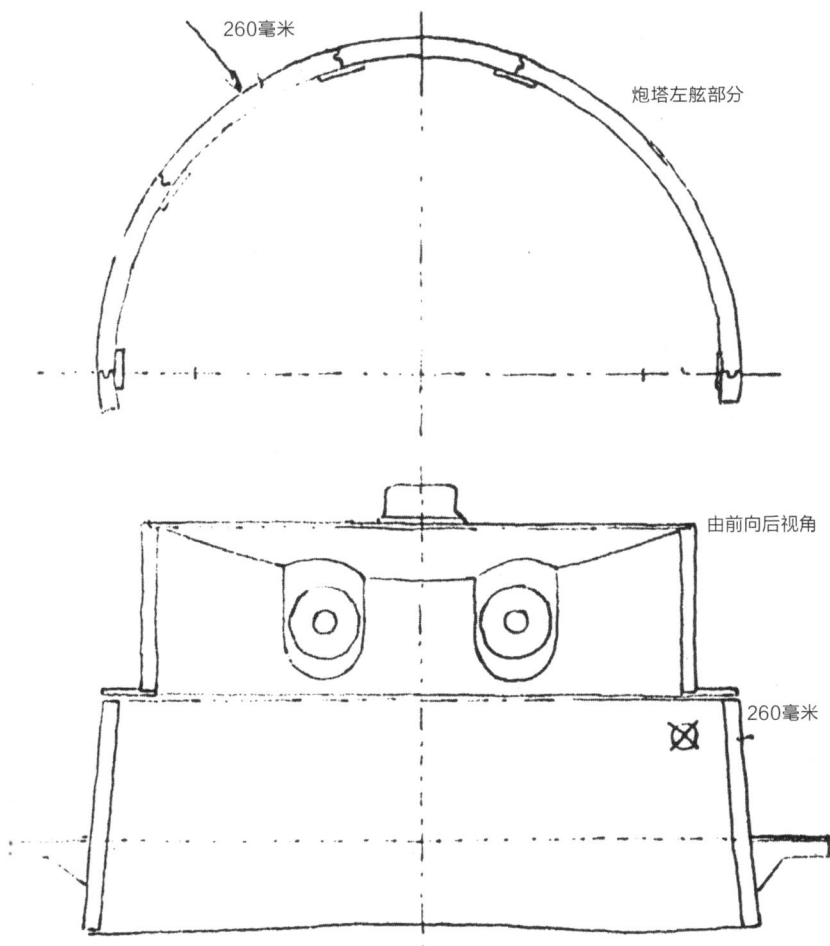

俯视图

炮塔左舷部分

260毫米

纵视图

由前向后视角

260毫米

◀ "德弗林格"号海
战第 4 阶段 2 号中弹
示意图（19 时 16 分
或 17 分）。注意此图
上部俯视图为炮塔舷
部分，内圈缺口不代表
炮管；下部纵视图为由
前向后视角，炮管指
向船尾，实战中命中
时炮管指向左舷后方。

射药也被引燃。因此此次中弹共造成7份主发射药和7份前发射药起火。与1号中弹相似，得益于炮塔内纵向方破片舱壁的保护，左弹药筒装填托盘上的一份前发射药和一份主发射药并未起火。此外，药库输弹舱中两份已经从药库容器中取出的主发射药和两份存放在打开容器中的前发射药也未起火。

炮塔成员中，6人（左炮位置5人，右炮位置1人）经由左侧出入口或废弃弹药筒容器抛口逃生，其余68人全部阵亡。受爆炸和起火的发射药所造成的烟气影响的舱室，包括全部4座引擎舱、2座涡轮发电机舱以及一系列其他舱室。但在这些大部分舱室内，乘员都在佩戴了防毒面具后继续工作，仅中甲板上部分舱室内乘员被迫撤出若干分钟，火焰还在中甲板上左舷部分引发了起火。乘员受命对该炮塔的药库和弹库均实施了注水作业，这一操作使得配电盘于一小时后因渗水而发生短路，进而造成一部涡轮发电机暂时无法运转。

值得注意的是，此次中弹是整场日德兰海战中唯一一例英制炮弹击穿重型装甲，并在其后方爆炸的战例。中弹处装甲板上的弹孔其外侧大小为460毫米×430毫米，同时还出现了从弹孔外缘向外延伸十七八英寸（431.8～457.2毫米）的裂缝。装甲板硬化表面破裂并脱落，其中距离最远的装甲块脱落发生在距离弹孔边缘13.5英寸（343毫米）处。尽管如此，装甲板本身并未发生位移，同时其紧固件仅发生轻微松动。在炮塔内部，由于炸点位于两部摇架支架之间，因此支架的侧板被击穿。右炮的回转机构齿轮、弹药筒滑道以及弹药筒待机托盘均被摧毁，弹片还对其他所有设施都造成了破坏。操作室内的两部弹药筒提升机以及传送带均基本被摧毁，电缆和其他电气设备也受较大破坏，部

分木制品轻度烧焦。提弹机在输弹舱内的部分发生严重扭曲变形撕裂，同时该处的木制品也被轻微烧焦。

导致以上两次中弹后效中大量发射药起火的原因之一，是在中弹时，两炮塔内主炮与药库之间均有超量的发射药正处于输送状态。

3号：中弹时间不明，炮弹仍由"复仇"号发射，命中艉甲板下方距离船尾48英尺（14.63米）处的左舷船体板后立即爆炸。受其影响，左舷纵向舱壁被击穿，部分住舱受损，该弹的被帽则停在右舷船舷处的舰长住舱内。

4号：中弹时间不明，炮弹仍由"复仇"号发射，命中艉甲板下缘距离船尾58英尺（17.68米）处的船体板，在击穿船体板后继续飞行了几米，然后爆炸。爆炸在中甲板和艉甲板上各造成了直径约5米的破孔，并损毁了一部分左舷纵向舱壁。炮弹基部先后击穿了3道纵向舱壁和1道横向舱壁（4道舱壁中最厚的有10毫米）、约10道轻质住舱舱壁以及16毫米右舷船壳板，最终在中甲板上方撞上了位于弹着点前方44英尺（13.4米）处的100毫米右舷侧甲内面。受撞击影响，10毫米装甲板外移1.5英寸（38.1毫米），同时出现1英寸（25.4毫米）凸起，其硬化表面还出现了若干条长裂缝，部分留挂螺栓被撕毁。爆炸对中甲板造成了较大破坏。

5号：中弹时间不明，炮弹仍由"复仇"号发射，从前烟囱上部距离顶端1米处穿过，但并未爆炸，蒸汽排气管被弹片破坏。

在19时20分之前，该舰还被命中5次。据信，其中有5次是来自"巨人"号的12英寸（304.8毫米）被帽穿甲弹，另1次是由"科林伍德"号战列舰发射的12英寸（304.8毫米）高爆弹。所有炮弹均由"德芙林格"号左舷方向飞来，并发生在19时16分至20分之间

纵视图

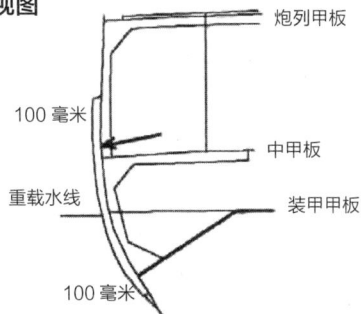

炮列甲板

100 毫米

中甲板

重载水线

装甲甲板

100 毫米

侧视图

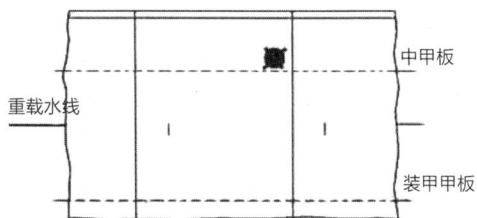

中甲板

重载水线

装甲甲板

▲ "德弗林格"号海战第 4 阶段 4 号中弹示意图。

且彼此之间。

按中弹位置从前向后，由"巨人"号取得的 5 次命中（6 号 ~ 10 号中弹）情况如下。

▲ "科林伍德"号，摄于 1912 年。

6 号：炮弹在上甲板上方 3 英尺（0.914 米）处擦过第 1 主炮塔（A 炮塔）260 毫米基座后部，接触点位于基座纵向中心线位置，装甲板表面擦痕最深处不足 0.5 英寸（12.7 毫米）。炮弹随后在 25 毫米上甲板上距离右舷 13 英尺（3.96 米）处反弹，然后飞出舷外爆炸。上甲板仅在 2.5 米 ×1.5 米范围内出现最深 110 毫米的凹陷，但 A 炮塔内部则感到强烈震撼，部分乘员摔倒，甚至在 A 炮塔深处的底舱甲

侧视图

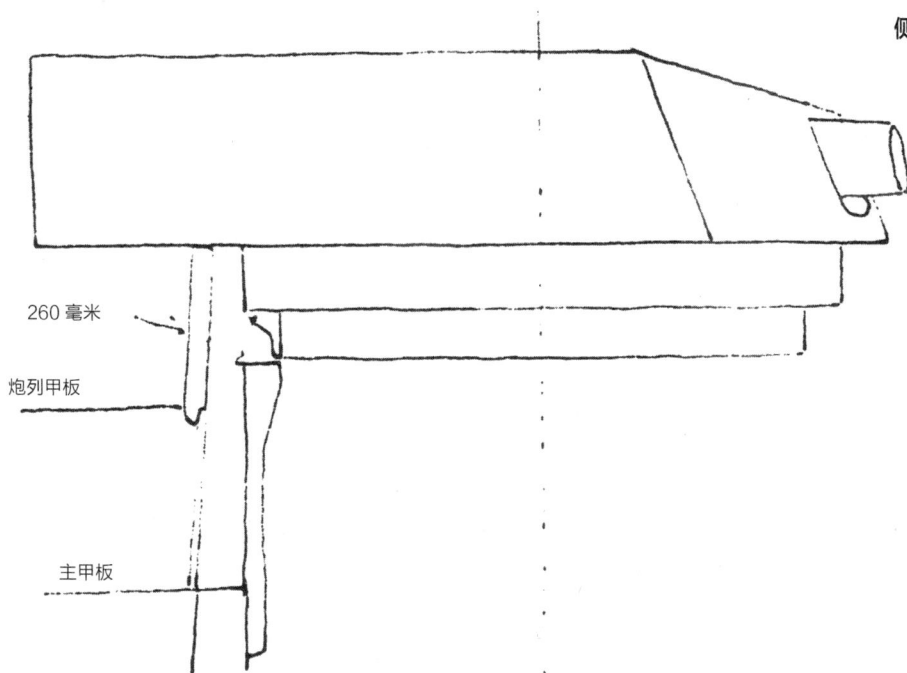

260 毫米

炮列甲板

主甲板

▲ "德弗林格"号海战第 4 阶段 6 号中弹示意图。

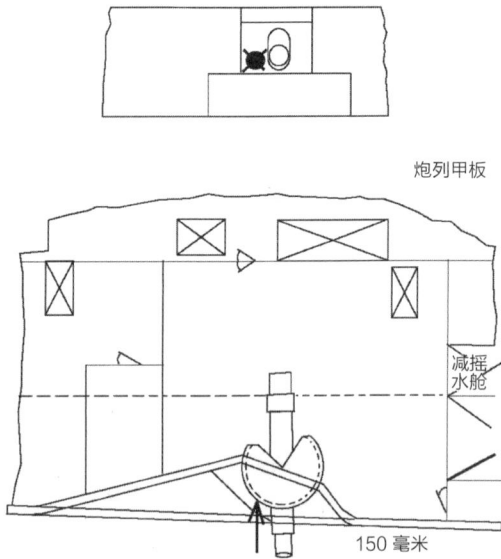

炮列甲板

减摇水舱

150 毫米

▲ "德弗林格"号海战第 4 阶段 7 号中弹示意图。

▲ "德弗林格"号海战第 4 阶段 7 号中弹位置照片。

板处也能感受到剧烈震动。受震动影响，该舰的右舷柴油发电机在 4 分钟内无法运转，A 炮塔的回转马达电力供应一度中断（根据这一故障，此次中弹发生的时间被确定为 19 时 18 分）。另外，该舰左舷柴油发电机明显也曾因船体受剧烈振动而无法运转，但造成这一振动的时间不明，推测也可能是此次中弹造成。

7 号：一枚 12 英寸（304.8 毫米）炮弹命中左舷 3 号 150 毫米炮廓炮（该炮在中弹时已完成装填）；并在其防盾上爆炸，造成该炮彻底损毁；炮管约有 7.5 英尺（2.29 米）长的部分被切断，同时严重拱起。150 毫米炮右侧的 80 毫米左舷防盾发生位移并严重破裂，但未被击穿。一块 150 毫米炮廓装甲则出现了深达 1.25 英寸（31.75 毫米）的裂痕，其位于炮廓内侧及炮眼（被摧毁的 150 毫米炮右侧）附近的紧固件出现断裂和松动。其他受到了直接破坏的设施还有战时信号位和防雷网。此外炮列甲板以及炮廓炮组顶部甲

板均被弹片击伤，一块弹片甚至击穿了弹着点上方的 88 毫米高炮的防盾。和其他装填立德炸药的炮弹一样，此枚炮弹在爆炸时产生了淡黄色的气体。

左舷 1、2、4 号 150 毫米炮廓炮在中弹时也无法运作，但其故障原因并不足够明朗。4 号炮被中弹产生的弹片破坏，炮口在一次炸膛事故中被炸飞。2 号炮的炮管被一片破片撞上，猛地向上抬起，巨大的冲击力造成该炮许多部件扭曲，俯仰和回旋机构扭曲变形，该炮也无法继续射击。1 号炮则只是暂时无法运作，从照片观察除 1 号炮上有一处被弹片击伤的痕迹外，两炮炮管伸出船体的部分并无明显伤痕，而 1 号炮的伤痕可能是由 18 时 25 分（此处来自原文，但前文为 18 时 26 分）那次水下中弹造成的。

8 号：炮弹击中水线标志上方 1 米处、6 号 150 毫米炮廓炮下方 2 块 300 毫米装甲板垂直连接处，当时的实际水线位置可能仅比弹着点稍高。炮弹在命中时破裂或爆炸，装

甲板表面出现破孔但并未发生位移。弹孔为D字形，高 1150 毫米、宽 450 毫米，完全位于两块装甲板中靠后的一块上。除弹孔外，该装甲板表面仅出现少量细微裂痕。靠前的装甲板表面出现碎裂并伴有大量向心裂痕，其最大深度达 4.75 英寸（120.6 毫米）。受此次中弹影响，共有长达 5 米的防雷网被毁。受后效影响，装甲碎片大部分飞进船体内并打在防破片舱壁上。其中一块装甲碎片，破坏了距离弹着点 10 英尺（3.05 米）的纵向防破片舱壁与装甲板倾斜部分连接处。海水经由弹孔涌入该舰的外层煤舱，此外该舰侧甲下方的船体板也出现了 40 毫米的内陷，舷舱有 20 英尺（6.1 米）长部分出现渗水。

9 号：炮弹在两座后炮塔基座连线中点后方约 4 英尺（1.22 米）处，命中左舷两块侧装甲版垂直连接处，中弹部位厚度为 265

毫米，弹着点位于炮列甲板下方 0.5 米处。两块装甲板中，靠前一块的另一侧垂直连接处，在 18 时 30 分已经被命中（海战第三阶段 2 号中弹。注意"德芙林格"号的侧装甲板在装甲带下缘与上甲板之间部分没有水平连接缝），炮弹在该甲板上打出一个大小为 400 毫米 ×620 毫米的弹孔（装甲板内侧测量数据），并造成一块大小为 280 毫米 ×250 毫米的装甲块飞入船体内部，此外其表面还出现了 50～120 毫米深的向心裂缝。该装甲板中弹处发生 50 毫米内移，其上缘则发生 30 毫米内移。后一块装甲板上也有一块 11 英寸 ×6 英寸（279.4 毫米 ×152.4 毫米）的装甲块被撕下。

上述大小为 280 毫米 ×250 毫米的装甲块飞入船体，先后击穿了 16 毫米外侧船体侧板、距离弹着点 9 英尺（2.74 米）处的 30 毫

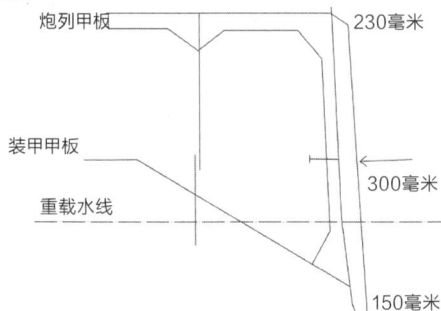

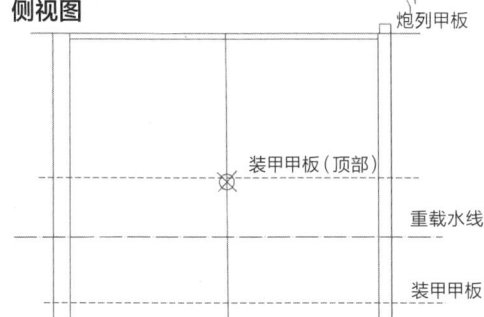

▲ "德弗林格"号海战第 4 阶段 8 号中弹示意图。

▲ "德弗林格"号海战第 4 阶段 8 号中弹位置照片。

米纵向防破片舱壁，接着穿过一间车间，然后击穿 8 毫米侧壁，落在装甲甲板上左舷后引擎舱的通风井内，其总飞行距离为 30 英尺（9.14 米），击穿的钢板总厚度则约为 54 毫米。爆炸产生的毒烟经由通风井上的破孔蔓延至该舰后引擎舱。

10 号：炮弹从左舷方向飞来，击穿船身中部后甲板上距离舰尾 80 英尺（24.4 米）处的一扇天窗，随后在后甲板上犁出一道浅沟，最终在右舷侧军官住舱甲板上爆炸。受此次

中弹影响，该舰后甲板右舷部位出现一个直径约 3 米的破孔。炸点下方的中甲板下陷 16 英寸（406.4 毫米），并被弹片击穿。弹片还击穿了已经内陷的 8 英寸（203.2 毫米）纵向边舱壁。此次中弹还对该舰的住舱造成了一定的破坏，该舰出纳的保险箱亦被击毁。

11 号："科林伍德"号发射的 12 英寸（304.8 毫米）高爆弹从左舷飞来，命中了上甲板（炮廊炮组顶部甲板）上方舰桥位置的

纵视图

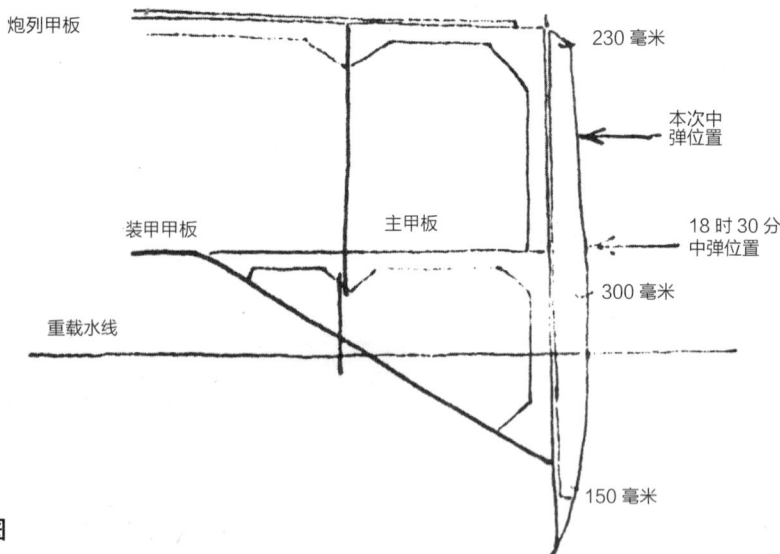

侧视图

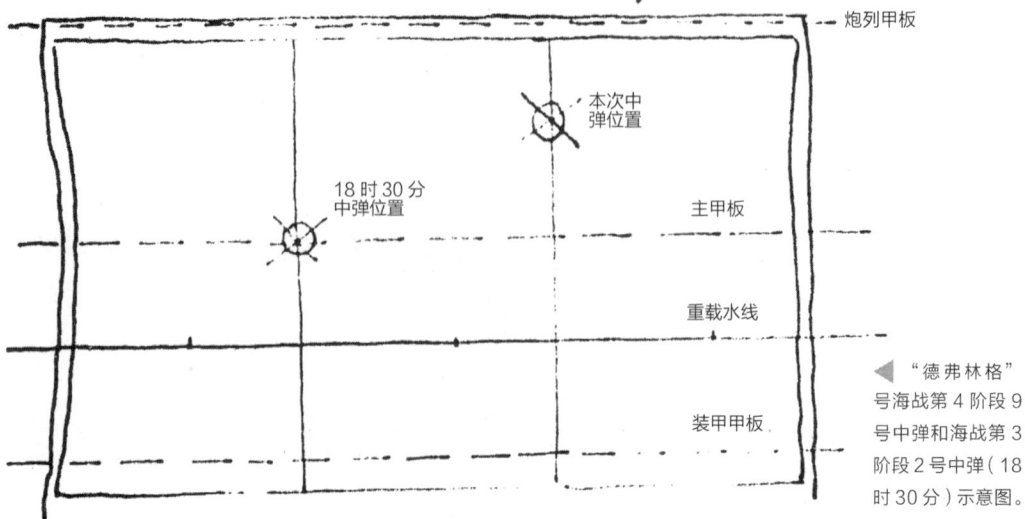

"德弗林格"号海战第 4 阶段 9 号中弹和海战第 3 阶段 2 号中弹（18 时 30 分）示意图。

俯视图

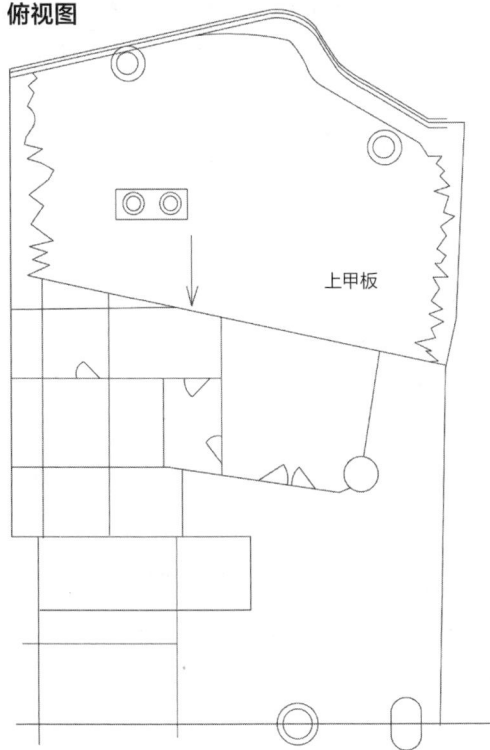

上甲板

"德弗林格"号海战第 4 阶段 11 号中弹示意图。

▲ "德弗林格"号海战第 4 阶段 11 号中弹位置照片

上层建筑上层甲板，该甲板表面出现一个大小约为 2.5 米 ×2.5 米的破孔，并在 20 英尺（6.1 米）长范围内出现轻微弯曲。上层建筑上层甲板以上的上层建筑侧面上，被击出一个大小为 5.6 米 ×2.3 米的破孔。爆炸的冲击波从舰桥上扯下了一大块金属片，该金属片被炸飞后挂在桅杆瞭望台附近，在"德芙林格"号某些摄于海战刚刚结束后的照片中，该金属片仍清晰可见。弹片和甲板碎片还切断了通往夜间识别信号灯及其他信号灯的电缆，破坏了 3 座探照灯及部分前烟囱装甲格栅。两舷 1 号 88 毫米炮位均遭破坏，但火炮本身仍可操作。爆炸产生的有毒气体造成一人中毒。

12 号：中弹时间为 19 时 20 分后不久，来自"皇家橡树"号战列舰。炮弹在探照灯高度击穿了"德芙林格"号的后烟囱但并未爆炸。

13 号：中弹时间为 19 时 20 分后不久，同样为来自"皇家橡树"号战列舰的 15 英寸（381 毫米）弹。炮弹在小艇甲板高度击穿了"德芙林格"号后烟囱的底部结构，同样并未爆炸。

14 号：中弹时间为 19 时 20 分后不久，来自"柏勒罗丰"号战列舰发射的 12 英寸（304.8 毫米）被帽穿甲弹。炮弹从左舷后方

上层建筑侧面，然后在医务室中爆炸。上层建筑侧面出现一个约 18 英尺 ×7.5 英尺（5.49 米 ×2.29 米）的破孔，而在左侧炮廓内侧的 25 毫米上甲板上，出现了大小约为 1.5 米 ×0.7 米的破孔。该甲板在炮廓纵向舱壁和烟囱侧壁之间的部分，出现长达 9 米的下陷，其最深处达 6 英寸（152.4 毫米）。舱壁本身则出现内陷且有部分位置被撕裂，上甲板在炮廓以外的部分（厚 30 毫米）则未出现凹陷。该甲板破孔下方的 8 毫米炮列板则出现轻微弯曲，并由装甲破片造成一个直径约 14 英寸（355.6 毫米）的破孔。炸点上方的上层建筑下层甲板上出现了一个大小约 5 米 ×3.5 米的破孔。该甲板被大量弹片洞穿，该处甲板在其右缘与上层建筑立面之间范围内共有 50 英尺（15.2 米）长部分受损。爆炸甚至波及

飞来，以斜碰方式在上层建筑上层甲板以上约 1.5 英尺（0.457 米）高度（观察缝以下约 1 米处），击中该舰司令塔左侧曲面侧板与尾部侧板连接处前方 8 英寸（203.2 毫米）位置。炮弹破裂或在命中同时爆炸，司令塔的 300 毫米装甲未被击穿，但其硬化表面多处碎裂，碎片最大厚度 50 毫米，此外装甲板连接处出现松动。弹着点下方的上层建筑上层甲板出现大小为 2 米 ×1 米的破孔，上层建筑下层甲板则出现大小为 20 英寸 × 8 英寸（508 毫米 ×203.2 毫米）的破孔。司令塔本身发生剧烈振动，但该舰的火控及操舵均未被影响。爆炸产生的黄色气体经观察缝渗入司令塔及火炮控制塔，部分小型破片经观察缝飞进令塔。另有一块弹片击毁了 B 炮塔测距仪。

该舰的枪炮长哈泽少校当时与中弹处近在咫尺，这次中弹给他留下了深刻的印象：突然我们听到了一声末日般的霹雳声，伴随着震耳欲聋的轰鸣声、巨大的爆炸和随之而来的黑暗，我们所有人都感受到了这一次强烈的冲击。整个司令塔宛如先是被邪恶的巨人扔上半空，然后摇晃着落回原位。这一枚大口径炮弹在我前方约 0.5 米处，命中了我舰的前部司令塔。尽管炮弹爆炸，但厚重的司令塔装甲未被击穿。巨大的振动冲开了一道厚重的装甲舱门，两名成员一再努力试图将这一敞开的舱门关上，但紧紧卡住的舱门岿然不动。此后我们又听到了一次震耳欲聋的巨响，这是一枚 38 厘米炮弹在舰桥下方爆炸（作者注：此次爆炸来源不明，根据该舰的中弹记录，"柏勒罗丰"号的命中是该舰在海战过程中的倒数第二次中弹，最后一次中弹发生在 20 时 28 分，参见该舰海战第 5 阶段的中弹记录，且弹着点距离该舰舰桥有一定距离，不排除此次爆炸是一次近失弹的结

果）。这次爆炸倒是带来了出人意料的结果：卡住的舱门被此次爆炸震动松脱，居然自行关闭了！

除以上损伤外，在这一阶段"德芙林格"号第 2 主炮塔（B 炮塔）内的指挥仪指示机

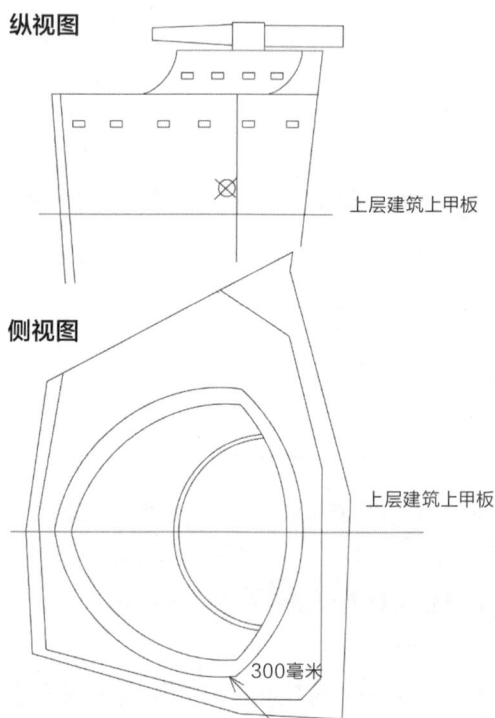

纵视图

上层建筑上甲板

侧视图

上层建筑上甲板

300毫米

▲ "德弗林格"号海战第 4 阶段 14 号中弹示意图。

▲ "德弗林格"号海战第 4 阶段 14 号中弹位置照片。该舰的枪炮长哈泽少校当时与弹着点近在咫尺，被此次中弹惊出了一身冷汗。

纵视图

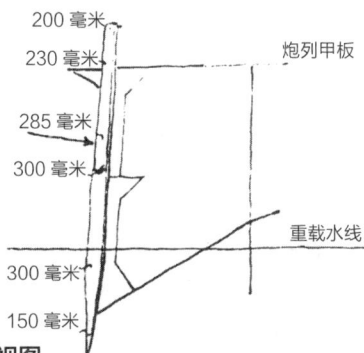

200 毫米
230 毫米
285 毫米
300 毫米

炮列甲板

重载水线

300 毫米
150 毫米

侧视图

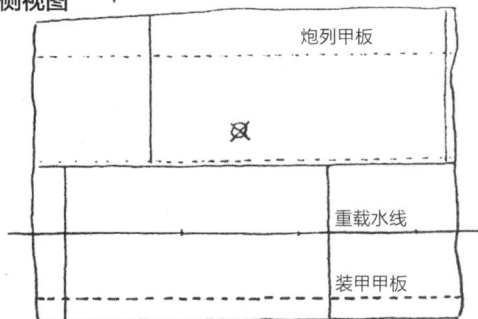

炮列甲板

重载水线

装甲甲板

▲ "塞德利兹"号海战第 4 阶段 2 号中弹示意图。

▲ "塞德利兹"号海战第 4 阶段 2 号中弹位置照片，图中可见上部装甲带未被击穿。

▲ "塞德利兹"号海战第 4 阶段 3 号中弹位置照片，此时弹孔已经被木板覆盖。甲板上是一座蒸汽锅炉以及抽水泵，可见大量弹片造成的明显伤痕。

构发生故障，因此该舰在这一阶段只有第 1 主炮塔可以正常运作。

三、"塞德利兹"号

　　该舰在 19 时 14 分至 20 分之间被 4 枚 12 英寸（304.8 毫米）弹命中，其中 2 枚是"大力神"号战列舰发射的高爆弹，另外 2 枚是"圣文森特"号战列舰发射的被帽穿甲弹。此外该舰还于 19 时 27 分被"皇家橡树"号发射的一枚 15 英寸（381 毫米）弹命中。中弹详情如下：

　　1 号：炮弹由"大力神"号发射，先后击穿后上层探照灯平台，以及相邻的中线通风井右侧上沿之后飞出舷外。此次中弹造成右舷上层探照灯损毁，另外还在主桅楼内发现了 12 块体积较小的弹片，表明炮弹在船体附近爆炸。

　　2 号：炮弹由"大力神"号发射，在左舷 3 号 150 毫米炮廓炮后方炮列甲板上的防雷网储藏架以下 1.5 米处、接近上装甲带位置的防雷网桁上爆炸。285 毫米上装甲带未受损害，但在炸点附近较大范围内的防雷网设施被毁。水线下的船体板有 30 英尺（9.14 米）长的部分出现内陷，最深处位于装甲带下沿以下，其深度达 11.5 英尺（3.5 米）。该处的肋骨弯曲，舱舱则有 40 英尺（12.2 米）长部分被淹。

　　3 号：炮弹由"圣文森特"号发射，可能是一次跳弹。炮弹从 280° 方位飞来，在与舰桥平行位置的舷侧排水沟处击穿了船体板和上甲板，并在击穿后爆炸。炸点下方位置的 25 毫米炮列甲板严重凹陷，并被弹片击穿。炸点附近的医务室彻底被毁，而左舷纵向舱壁仅有部分位置出现凹陷。部分弹片经由观察缝射入司令塔，并造成一人受伤。此次中弹导致海水后来蔓延至左舷前部外侧煤舱，该舱室共有 63 英尺（19.2 米）长的部分被淹。此后进水又从该舱室逐渐蔓延至下方的防护煤舱和司炉浴室。

4 号：炮弹由"圣文森特"号发射，从左舷后方约 30° 方位飞来。炮弹命中了此前于 15 时 57 分已中弹并无法运作的跨越射击式炮塔（该炮塔此时仍指向左舷前方 5° 方

位），弹着点位于该炮塔 210 毫米尾部装甲下沿，炮塔中线右侧 7 英尺（2.13 米）位置，据估计弹线与装甲表面法线之间的夹角不足 15°。炮弹在击穿装甲过程中爆炸，后效主要体现在炮塔内部。此次中弹在炮塔尾部及底板上造成了大小约为 0.4 米 ×0.5 米的弹孔，此外被击中的装甲板表面还出现了大量向心裂痕，炮塔的 50 毫米底板在其边缘出现向外弯曲。一块较大的装甲碎片和若干弹片飞入炮塔，被装甲碎片和弹片摧毁的设施包括该炮塔测距仪、炮弹、弹药筒装填托盘、两部上部提升机、两部手动推弹器以及右侧弹药筒滑道。仍安放在弹药筒装填托盘上的各两

纵视图

（由前向后视角，炮管标志不代表当时炮管指向，仅表示标准状况即指向舰尾）

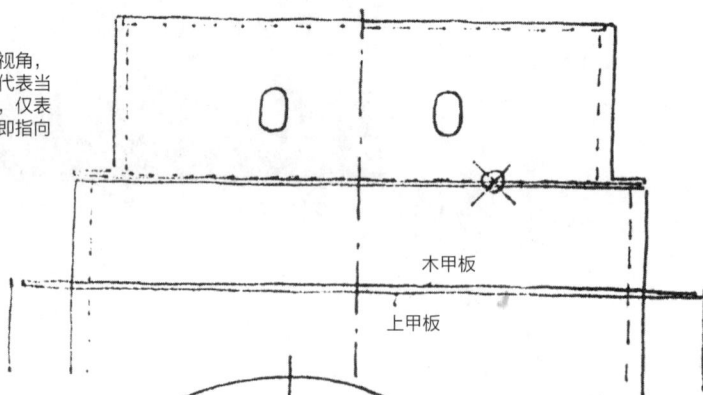

木甲板

上甲板

俯视图

（炮管标志不代表中弹时炮管指向）

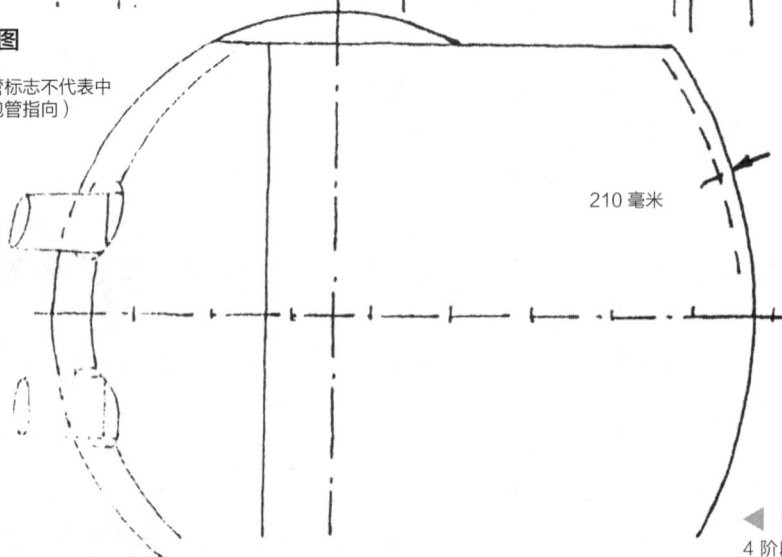

210 毫米

◀ "塞德利兹"号海战第 4 阶段 4 号中弹示意图。

▲ "塞德利兹"号海战第4阶段4号中弹位置照片。

▲ "塞德利兹"号海战第4阶段4号中弹位置照片,此外图中还可见该舰海战第1阶段4号中弹(16时17分,跨越射击式炮塔下方)的弹孔和海战第3阶段中弹(18时34分,水线位置)的弹痕。

份主推进药和前推进药被引燃(注意这两份发射药在15时57分的中弹中并未起火,详见第一阶段该舰的5号中弹),处于待机架上的炮弹被冲击波震飞但并未破碎。炮塔内的垫子以及其他设施继续燃烧,不过火灾在此后战斗的间歇中被扑灭。在炮塔外侧,弹

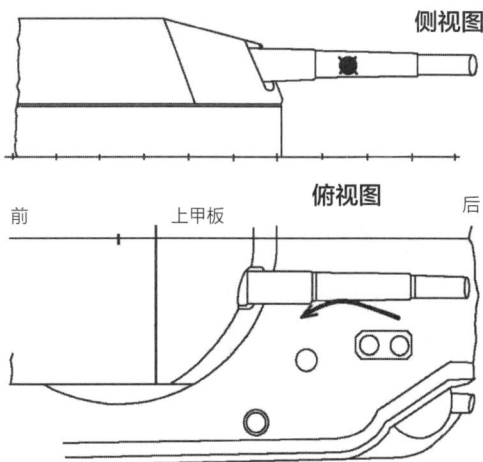

侧视图

俯视图

前　　上甲板　　后

▲ "塞德利兹"号海战第4阶段5号中弹示意图。

片被炮塔反弹,击毁了一道通风井,并在25毫米炮列甲板造成破孔,此外还切断了两座舰尾炮塔主回转机构的主电缆及励磁电缆(两道电缆都在炮列甲板下方绕过该跨越射击式炮塔)。该舰的舰尾炮塔没有手动回转机构,不过其辅助回转引擎仍可运作。该舰的舰艏起锚机亦被摧毁。

5号:炮弹由"皇家橡树"号发射,自左舷后方飞来,从右侧击中左舷舷侧炮塔右炮,弹着点距离炮塔正面7英尺(2.13米)。该炮部分位置严重凹陷,另有部分位置几乎被压平,并向左侧剧烈摆动,摇架受损同时摇架支架也扭曲变形。该炮无法再继续使用,而由于励磁电路保险丝熔断,该炮塔的回转机构也暂时无法运作。虽然该炮塔的左炮并未受损,但由于指挥仪指示机构发生故障,该炮再也无法与其他炮塔一道射击。该15英寸(381毫米)弹此后在上甲板上方8英尺(2.44米)处爆炸,弹片损坏了左舷炮廓炮测距仪,并穿过35毫米上甲板飞进了最末端的炮廓。此外弹片还把左舷5号150毫米炮廓炮的炮口切成了锯齿形。尽管该炮并未报废,但在

中弹后无法运作。此次中弹共造成1人阵亡、1人受伤。此次中弹中被击中的炮管，如今仍陈列在威廉港海军博物馆外。

除上述中弹外，19时至19时20分之间该舰还曾遭遇一次近失弹，炮弹的口径、类型以及方向不详。炮弹在船体附近的水中爆炸，导致主装甲带下缘以下0.5～1.5米内的船体板发生向内位移，同时船肋弯曲，部分铆钉脱落，进而造成一定漏水。

四、"冯·德·坦恩"号

该舰于19时19分被"复仇"号发射的1枚15英寸（381毫米）弹命中。炮弹从右舷方向击中后司令塔尾部并在司令塔后侧的通风井内爆炸，炸点位于船体中线右侧上甲板以上8.5英尺（2.59米）处，稍低于后司令塔底缘。通风井及其周边的上层建筑部分被彻底摧毁，司令塔的支撑结构虽未被摧毁，但多处被弹片洞穿且发生凹陷。上甲板和25毫米炮列甲板多处被弹片击穿。此外弹片还经由观察缝飞入司令塔，造成司令塔内3人当场阵亡，1人重伤并在此后阵亡，剩余3人重伤，不过司令塔的200毫米装甲仅有大小为18英寸×8英寸（457.2毫米×203.2毫米）的区域被弹片擦伤多处，伤痕最深处为1.25英寸（31.75毫米）。为防止意外，该舰对舰艉炮塔的药库实施了注水。当时在司令塔外还有部分乘员正在该舰舰艉炮塔非交战侧进行维修作业，其中1人在此次中弹中阵亡，另有2人重伤。爆炸产生的弹片及冲击波主要沿上甲板和中甲板传播，经由通风道进入右舷引擎舱。飞入该舱室的弹片和破片多数被冷凝器拦下，少部分被装甲格栅挡住。爆炸产生的烟气还渗进引擎舱，部分引擎舱内的成员不得不暂时避入底舱，他们迅速回到

战斗岗位并清理了冷凝器。弹片还造成药房、医务室以及部分住舱被毁。此外19时30分右舷侧炮塔再次出现故障，其火炮无法复位。

该阶段该舰大型天线右舷位置的下部隔离器被击毁，其余天线则被击飞，造成无线电接收装置彻底失效，但具体时间不明。在脱离了与大舰队主力的接触后该舰收起了左舷天线，并对右舷天线进行了维修，这一工程完成后该舰能清晰地接受9号波段的信号。19时36分希佩尔搭乘的G39号驱逐舰靠拢该舰并询问其状况，该舰成员回复该舰的无线电设备大约将在10分钟后修好。

五、"国王"号

该舰于19时18分被"铁公爵"号发射

▲ "冯·德·坦恩"号海战第4阶段中弹位置照片，左侧为该舰舰艉炮塔。

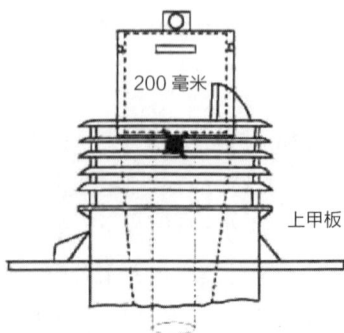
▲ "冯·德·坦恩"号海战第4阶段中弹示意图。

的一枚 13.5 英寸（343 毫米）弹命中，炮弹从"国王"号舰艉左舷 45° 方向飞来，命中7 号 150 毫米炮廓炮下方位置，然后先后击穿了处于收起状态的防雷网、侧装甲带上缘的斜面及炮列甲板，最终在纵向防破片舱壁以外的士官住舱内爆炸。炮弹在侧装甲带上缘 200 毫米装甲斜面上造成了一个宽 18 英寸（457.2 毫米）深 4.75 英寸（120.65 毫米）的凹痕，在炮列甲板上造成大小为 6.5 英寸×2.25 英寸的破孔孔以及 6 英寸（152.4 毫米）的上拱，破孔位于炮列甲板 30 毫米和 20 毫米部分的连接处。距离侧舷约 13 英尺（3.96米）处的 30 毫米纵向防破片舱壁，出现最深达 4.75 英寸的内陷，但并未被击穿。中甲板相当长部分出现最大达 28 英寸（711.2 毫米）的下陷，与纵向防破片舱壁以及部分与纵桁板连接处被撕开。中甲板上的轻结构受损严重，此外弹片还击穿了两道通风井，并击打了该舰的后部跨越射击式炮塔。

六、"大选帝侯"号

该舰在这一阶段共被大口径炮弹命中 7次，全部来自左舷方向。发生在 19 时 18 分至 19 分的 4 次中弹中，至少有 2 次是由 15英寸（381 毫米）弹造成。由于各次中弹的时间顺序并不明确，因此以下按照中弹位置从前向后的顺序进行描述。

1 号：一枚 13.5 英寸（343 毫米）弹发生跳弹后击中了该舰侧装甲带前部 150 毫米装甲部分的上缘，命中位置距离舰艉 72 英尺（21.95 米），此次中弹并未产生明显影响。被击中的装甲板位于 17 时 09 分被击中的装甲板前方（参加海战第二阶段该舰的中弹），两者之间相隔着一块装甲板。

2 号：被 1 号中弹命中的装甲板，此次又被一枚 13.5 英寸（343 毫米）被帽穿甲弹击中后缘，炮弹立即爆炸，两个弹着点之间相距约 5 英尺（1.52 米）。此次弹着点较该舰的水线标志高 3.5 英尺（1.07 米），可能稍

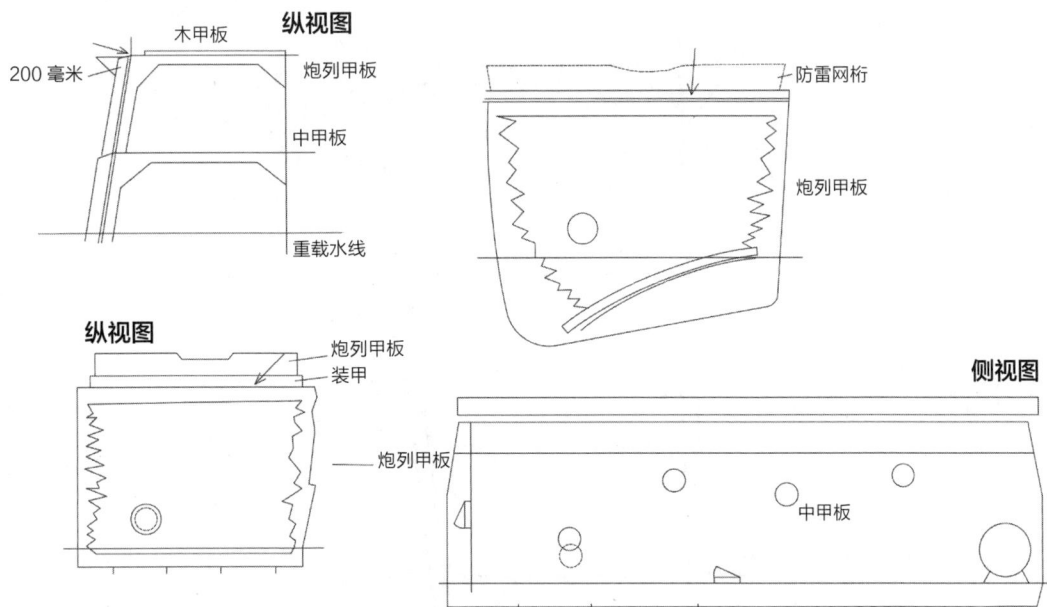

▲ "国王"号海战第 4 阶段中弹示意图，注意右上俯视图角度不明。

低于该舰当时的实际水线位置。爆炸后效主要体现在船体表面，但中弹的装甲板表面也有一个大小为 51 英寸 ×35 英寸（1295.4 毫米 ×889 毫米）的破孔，并伴有最大达 8 英寸（203.2 毫米）的凹陷，此外炮列甲板以下 32 英寸（812.8 毫米）处的上部装甲支撑结构内移 1.5 英寸（38.1 毫米）。冲进船体的装甲破片在船体内部距离弹着点约 10 英寸至 11 英寸（254 ~ 279.4 毫米）的一道 100 毫米纵向舱壁，击出了一个大小为 51 英寸 ×43 英寸（1295.4 毫米 ×1092.2 毫米）的破孔，大部分破片落在该舱壁后方。

该舰水下的船体板在长约 30 英尺（9.14 米）的范围内，出现最大 4.75 英寸（120.65 毫米）的凹陷，凹陷部分最低点位于水线标志以下 8 英尺（2.44 米）处。船体板上铆钉漏水，

侧视图

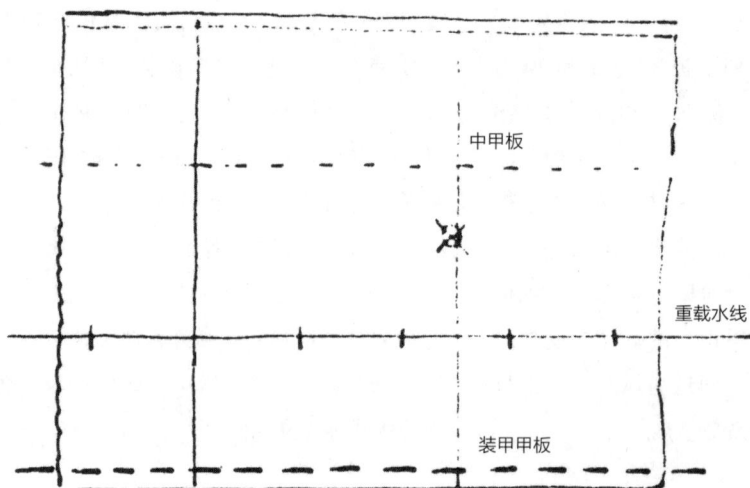

纵视图

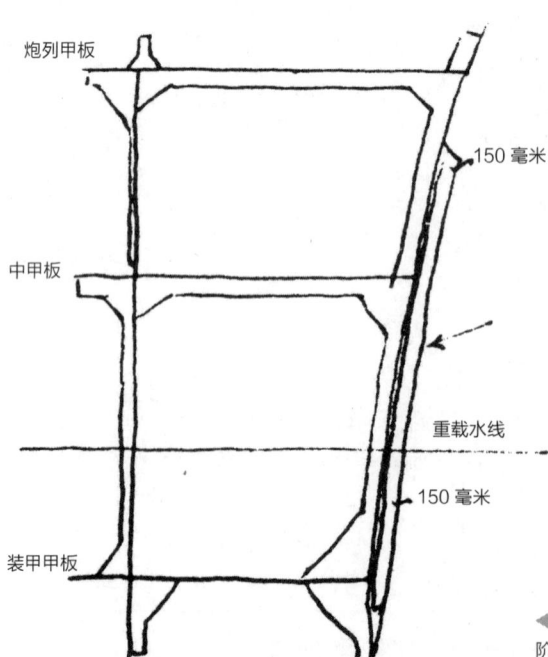

◀ "大选帝侯"号海战第 4 阶段 2 号中弹示意图。

横向靠泊舱壁自舷侧起有 6 英尺（1.83 米）长部分出现弯曲，6 根船肋骨在纵肋处断裂。位于重载水线以下 4.75 英尺（1.45 米）处的装甲甲板，其水平部分未受损伤，但其下方的倾斜钢板弯曲开裂。受此次中弹影响，中甲板及装甲甲板上部分舱室被淹，进水还进一步蔓延至装甲甲板以下的舱室。全舰前部中甲板以下的所有舱室，除水下鱼雷发射平台以及纵倾平衡水柜外，均逐渐被淹。

3 号：一枚 15 英尺（381 毫米）被帽穿甲弹在 A 炮塔基座正横方向击穿上甲板（艏楼甲板）边缘，然后在炮列甲板以上 6 英尺（1.83 米）紧靠一处基座装甲接缝的位置爆炸。300 毫米基座装甲表面出现剥落，30 毫米炮列甲板凹陷并被洞穿，但总体而言，该甲板受损较轻。弹着点附近艏楼甲板厚度变化较大，其边缘处厚度仅为 7.5 毫米，基座附近部分厚度则为 30 毫米，之间部分为 15 毫米。受中弹影响，其靠近船体部分向上皱起，基

部分座附近则被从下方洞穿，该部分有 45 英尺（13.72 米）长部分出现最大 12 英寸（304.8 毫米）的隆起。该舰船体内前上部一定范围内的所有设施被毁，A 炮塔基座前方所有可燃物品均被引燃，并冒出浓烟。由于蒸汽管被毁，该舰的两部前起锚机均无法运作。

4 号：一枚 15 英寸（381 毫米）被帽穿甲弹击中 B 炮塔基座正横位置的 200 毫米上部装甲带，并立即爆炸，弹着点位于一块装甲板下沿（下沿大致位于中甲板高度）以上 1.5 英尺（0.457 米）、后缘以前 3 英尺（0.914 米）处。爆炸后效基本被装甲板挡在船体以外，但装甲板被击出一个大小为 55 英寸 × 43 英寸（1397 毫米 × 1092.2 毫米）的弹孔。槽接的装甲板在此次中弹中仅发生细微位移，而其内侧的船壳板有约 6 英尺（1.83 米）长部分被毁，部分被毁区域从炮列甲板高度一直延伸到中甲板高度。装甲板碎片在舷内 13 英尺（3.96 米）处的 30 毫米纵向防破片舱壁

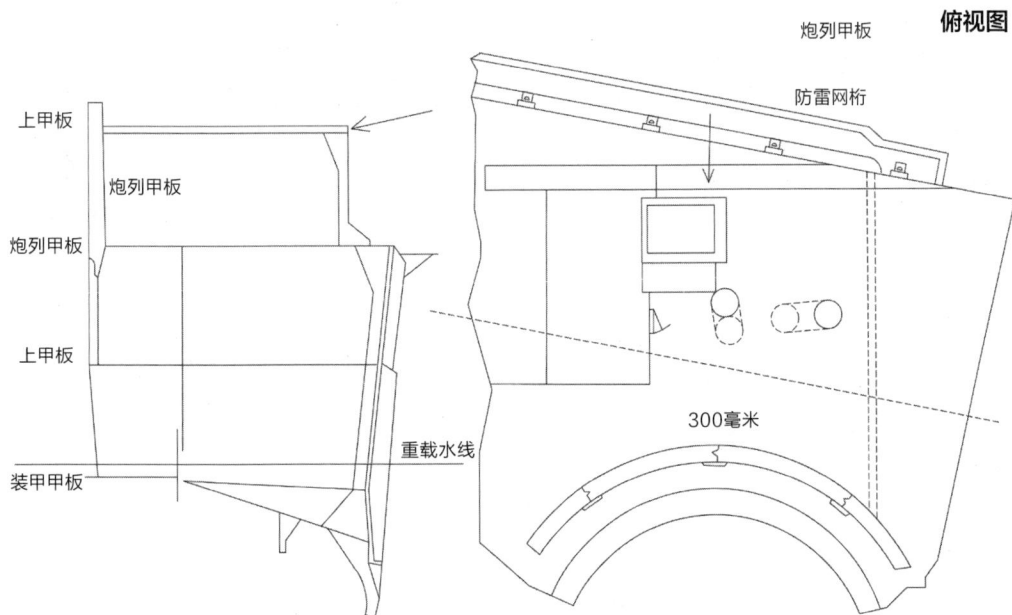

▲ "大选帝侯"号海战第 4 阶段 3 号中弹示意图。

上，击出了一个约 6 英尺 × 3 英尺（1.83 米 × 0.914 米）的弹孔，并对后备急救站造成了较大破坏。此次中弹造成的总体损伤相对较轻，并未造成人员伤亡。6 毫米中甲板仅轻微受损，其在纵向防破片舱壁内侧部分仅出现 2 个小型破孔。防雷网储藏室有约 10 英尺（3.05 米）长的部分被毁，由弹孔涌进的海水在中甲板上造成了进水。

5 号：一枚 15 英寸（381 毫米）被帽穿甲弹，击中左舷 2 号 150 毫米炮廓炮的 170 毫米炮廓装甲，并在击穿过程中爆炸，弹着点位于炮列甲板以上 2 英尺（0.61 米）、2 号炮廓炮炮架轴线之后 12 英尺（3.66 米）处。此次爆炸的效果在装甲内外侧均有体现。炮廓装甲上的弹孔直径为 26 英寸（660.4 毫米），装甲板出现深 2 英寸（50.8 毫米）的内陷，其底缘内移 1.25 英寸（31.75 毫米）。2 号炮廓炮被击毁，但距离该炮最近的弹药【距离弹着点约 26 ~ 30 英尺（7.92 米 ~ 9.14 米）】并未被引燃。距离弹着点 3 英尺（0.914 米）处的 20 毫米炮廓横向舱壁受损较轻，但距离弹着点 19 英尺（5.79 米）处的 15 毫米纵向舱壁，则被击出 3 个较大破孔以及 2 个从炮列甲板一直延伸到艏楼甲板的大破孔。造成这一损伤的弹片及装甲碎片，此后又先后击穿了战时信号站内侧的另一道 15 毫米纵向舱壁、前锅炉加煤台送气井以及前烟囱上风井。舰体内部的炮列甲板本身出现较严重下陷，但仅被击出 2 个小破孔。该甲板在炮廓以内部分厚 20 毫米，炮廓以外、外层煤舱以上部

纵视图

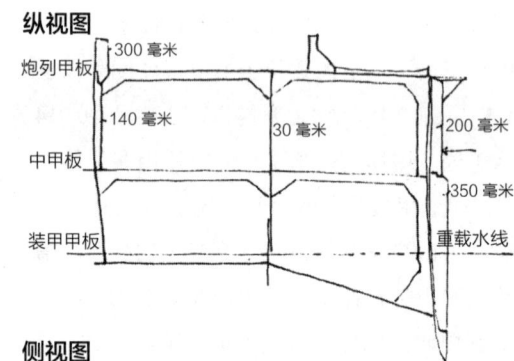

侧视图

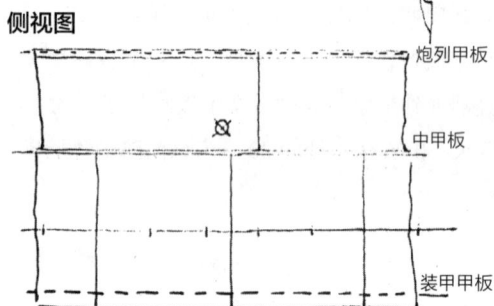

纵视图

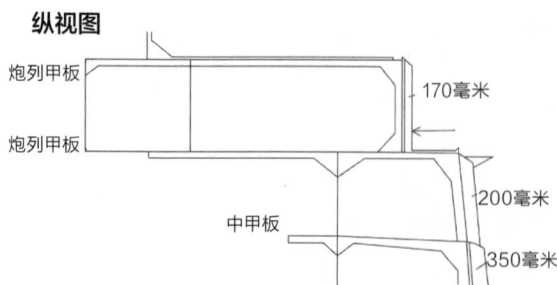

侧视图

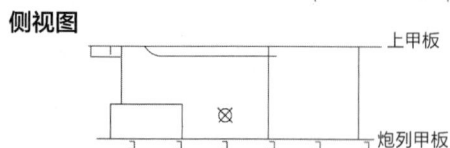

俯视图

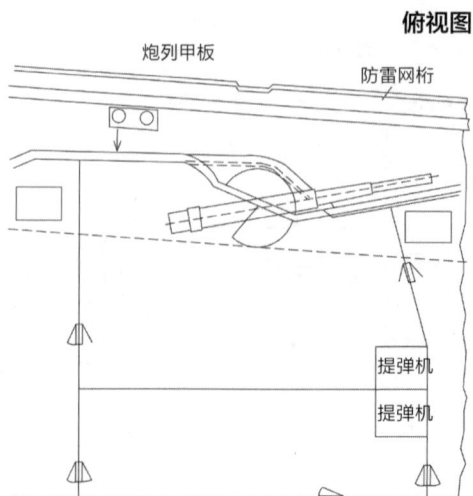

▲ "大选帝侯"号海战第 4 阶段 5 号中弹示意图。

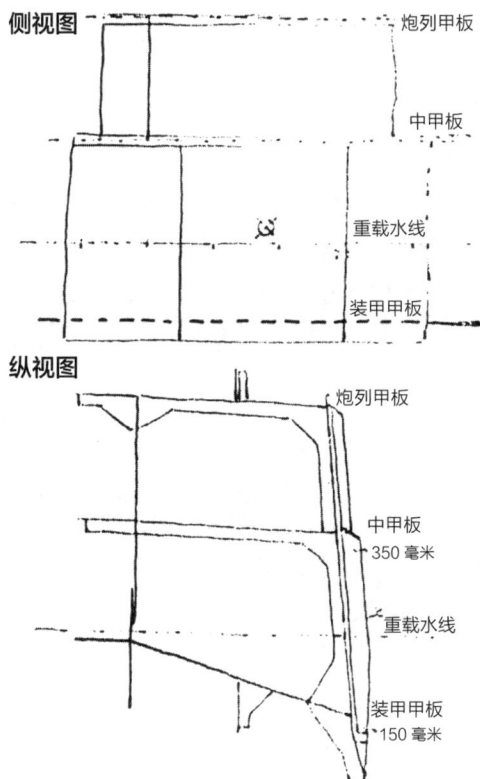

侧视图

炮列甲板

中甲板

重载水线

装甲甲板

纵视图

炮列甲板

中甲板

350 毫米

重载水线

装甲甲板

150 毫米

▲ "大选帝侯"号海战第 4 阶段 6 号中弹示意图。

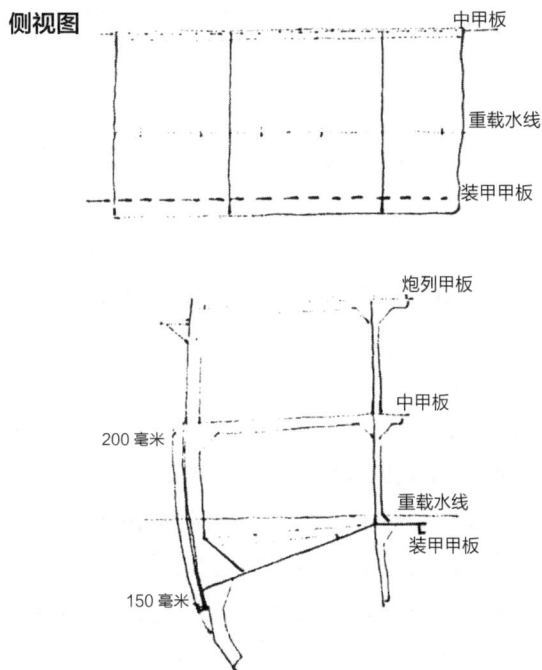

侧视图

中甲板

重载水线

装甲甲板

炮列甲板

中甲板

200 毫米

重载水线

装甲甲板

150 毫米

▲ "大选帝侯"号海战第 4 阶段 8 号中弹示意图。

分则厚 30 毫米。在这一区域靠近炮廓装甲约 4.5 英尺 ×1.25 英尺（1.37 米 ×0.38 米）范围内的炮列甲板被多处洞穿，但并未出现下陷。除以上损害外，炮弹还造成防雷网受损，同时爆炸产生的烟气经由弹片造成的破孔漫入锅炉加煤台，造成了一定危险。

6 号：一枚 15 英寸（381 毫米）弹击中 350 毫米装甲带并立即爆炸，弹着点位于前烟囱以后、水线标识以上 8 英寸（203.2 毫米）处，不过低于该舰当时的实际水线位置，大致位于一块装甲板的中央位置。受冲击力影响，该装甲板在弹着点附近直径约 18 英寸（457.2 毫米）的圆范围内，出现最深 4 英寸（101.6 毫米）的最大内缩，纵向被压弯 1.5 英寸（38.1 毫米），横向被压弯 0.75 英寸（19 毫米），其上缘内移 1.5 英寸（38.1 毫米），175 毫米

厚下缘内移 3.25 英寸（82.55 毫米）。装甲内侧的船壳板被撕裂，装甲甲板两处下陷 3 英寸（76.2 毫米），其倾斜部分在靠近侧舷位置出现向下扭曲。中甲板在 30 英尺（9.14 米）长范围内出现轻微下陷，横向舱壁则出现内陷。水线下的船壳板受损较重，在 13 英尺（3.96 米）长的范围内出现最深 13 英寸（330.2 毫米）的内陷，内移部分最低处位于装甲以下 28 英寸（711.2 毫米）处。受此次内移的影响，舷舱和防护煤舱被淹，此外海水明显还渗入了一处外层煤舱。

7 号：一枚 13.5 英寸（343 毫米）炮弹在距离船体 18 英尺（5.49 米）、与舰尾炮塔平行位置的海水中爆炸。200 毫米（下部为 150 毫米）侧装甲带后段表面被弹片轻微擦伤，一块装甲板出现最大 1.75 英寸（44.45 毫米）的内移，造成两间舷舱少许进水。装甲以下的船体板并未受损。中甲板在船舷附近严重

弯曲，防雷网及其储藏舱室受损。装甲以上的船体板多处被弹片洞穿，舷内的住舱受一定程度的损伤。

上述命中中，3～6号中弹来自"巴勒姆"或"刚勇"号，其余3次则来自"马尔伯勒"号。以上7次中弹导致的进水造成该舰左倾4°，在进行了反向注水操作后，左倾降低到0.75°～1°。在所有漏水处均被堵住之后，该舰船体内部的海水总量约为800吨。在此后的战斗中，尚有大量海水经由2号中弹造成的弹孔进入船体前部，因此6月1日在该舰接近赫尔戈兰时被迫降低航速。战前该舰的吃水深度为前部29.5英尺（9米）、后部28.5英尺（8.69米），战后则变为前部34英尺1英寸（10.39米）、后部29英尺2英寸（8.89米），表明最终该舰船体内部的海水总量超过3000吨。

七、"边疆伯爵"号

该舰于19时14分被一枚从左舷前方飞

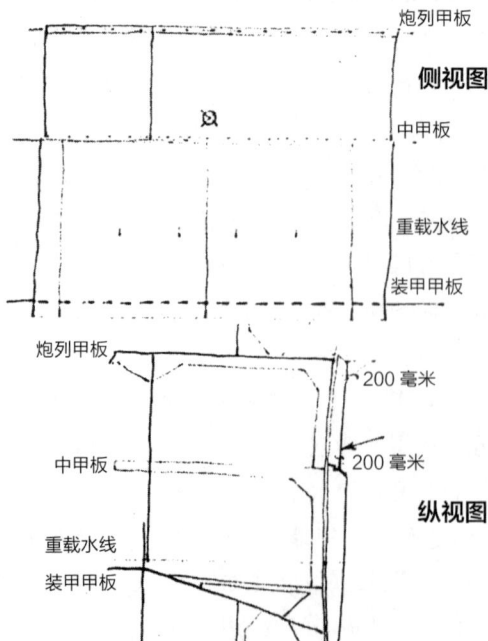

▲ "边疆伯爵"号海战第4阶段中弹示意图。

来的炮弹命中，炮弹击中2座首炮塔基座之间的200毫米上部侧装甲带，弹着点位于中甲板高度的装甲板下缘以上16英寸（406.4毫米）处，两块350毫米主装甲板垂直接缝处正上方。炮弹在装甲板表面破碎，200毫米装甲板本身并未受损，两块350毫米主装甲受则经槽接处传播的压力影响，出现最大1英寸（25.4毫米）的位移。防雷网、防雷网桁以及其储藏舱室受损，中甲板轻微弯曲变形。装甲甲板倾斜部分与水线之间的一间舱室被淹。

此枚炮弹据信来自"阿金库特"号战列舰，因此应为一枚装填TNT炸药的12英寸（304.8毫米）被帽尖端普通弹。

八、"皇帝"号

该舰在19时23分至26分之间，被"阿金库特"号发射的2枚12英寸（304.8毫米）被帽尖端普通弹命中，2枚炮弹均由右舷船尾处飞来。关于其中一次命中现存的记录很少，但可以看出炮弹在船体附近的海水中爆炸，并对船体板、防雷网桁以及后部的住舱造成了轻微破坏。

另一枚炮弹在右舷7号150毫米炮廓炮的炮廓装甲下缘前方，击穿了25毫米炮列甲板，然后在甲板下的吊床储藏间内破裂，其尖端部分留在该舱室中。炮弹虽然裂成若干较大的碎块，但其主体部分基本保持完整。其中长20～24英寸（508～609.6毫米）的碎块首先在7号炮廓炮支撑结构上造成了一个43英寸×20英寸（1092.2毫米×508毫米）的破孔，然后在中甲板上又造成一个43英寸×32英寸（1092.2毫米×812.8毫米）的破孔，最终停在中甲板下方的内层煤舱中。该弹的TNT装药发生平静的燃烧，并未爆炸。25毫米中甲板上的破孔大小约为8英尺×3英尺

纵视图

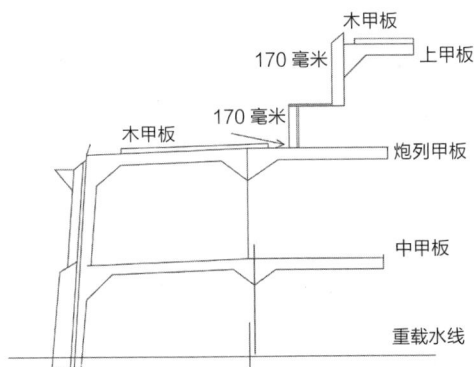

▲ "边疆伯爵"号海战第 4 阶段中弹示意图。

（2.44 米 × 0.914 米），一直延伸到 170 毫米炮廓装甲以下。炮廓装甲下缘被擦伤并轻微内陷，同时伴有向心裂痕。7 号炮廓炮支撑结构本身所受影响不大，保持稳固。吊床储藏间内的起火迅速被扑灭，但救火时经由水管喷出的水造成部分电话交换台被淹。

九、"赫尔戈兰"号

该舰于 19 时 15 分被一枚从左舷舰艉方向飞来的 15 英寸（381 毫米）穿甲弹击中，该弹据信来自"巴勒姆"号或"刚勇"号，后者的可能性更大。弹着点位于重载水线以上 32 英寸（812.8 毫米）处与前部侧舷鱼雷发射管平行的 150 毫米侧装甲带前段上。炮弹在命中时破碎，其装药生成了一团黄绿色烟云，但破碎的炮弹依然贯穿了装甲，其中穿甲弹尾部落入船体内部。150 毫米装甲板上的弹孔较大：宽度为 4.5 英尺（1.37 米），平均高度 21 英寸（533.4 毫米），最大高度达 34 英寸（863.6 毫米）。弹着点距离该装甲板前缘约 32 英寸（812.8 毫米），因此该装甲板之前的一块装甲板出现最大 7 英寸（177.8 毫米）的位移，其后方的一块装甲板则出现

侧视图

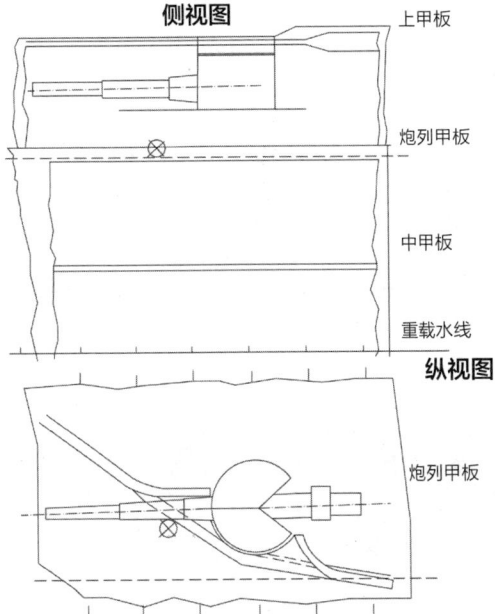

纵视图

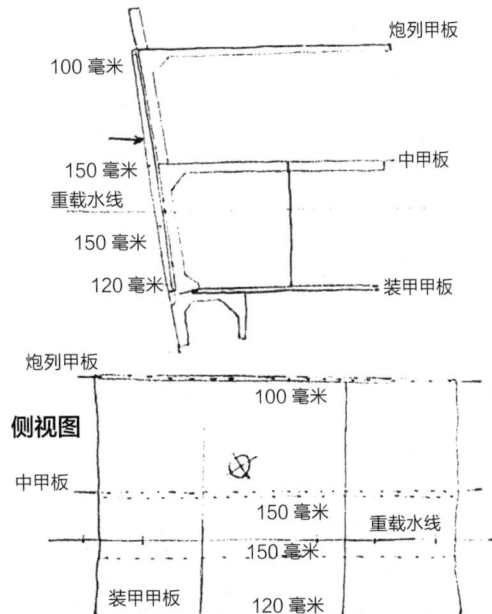

▲ "赫尔戈兰"号海战第 4 阶段中弹示意图。

不到 1 英寸（25.4 毫米）的位移。舱内侧的 7.5 毫米炮列甲板及中甲板出现最大 4 英寸（101.6 毫米）的上拱和下凹，左舷起锚机受损。此

外弹片还对左舷 1 号 150 毫米炮廓炮造成了轻微损伤，但该炮仍可射击。此次中弹共导致约 80 吨海水涌入船体。

除以上主力舰的中弹情况外，"威斯巴登"号还被"马尔伯勒"号命中。尽管和前一阶段类似，无法对"威斯巴登"号的详细中弹情况做出统计，但估计"马尔伯勒"号的 13.5 英寸（343 毫米）主炮共命中"威斯巴登"号 3 次。此外 S35 号驱逐舰也可能被"铁公爵"号发射的 2 枚 13.5 英寸（343 毫米）弹命中。G86 号驱逐舰遭受的一次近失弹也可被认为是一次命中，但此次近失弹的来源不明。

十、小结

公海舰队主力舰在 19 时至 19 时 45 分的中弹情况简要统计如下表：

（1英寸=25.4毫米　1磅≈0.45千克）

炮弹种类 / 舰名	15英寸弹	13.5英寸1400磅重弹	13.5英寸1250磅轻弹	12英寸弹	总计（次）
吕佐夫	0	0	5	0	5
德芙林格	7	0	0	7	14
塞德利兹	1	0	0	4	5
冯·德·坦恩	1	0	0	0	1
国王	0	1	0	0	1
大选帝侯	4	3	0	0	7
边疆伯爵	0	0	0	1	1
皇帝	0	0	0	2	2
赫尔戈兰	1	0	0	0	1
总计	14	4	5	14	37

所有命中均由皇家海军战列舰达成，其中第 5 战列舰战队确定取得 5 次命中。与这一阶段公海舰队取得的 2 次命中相比，可见在这一阶段能见度条件对皇家海军异常有利。尽管如此，"塞德利兹"号的作战报告中仍提到英方战巡虽然成功地完成了抢占德方战巡 T 字横头的机动，但是其炮弹落点却离德方战巡很远，反倒是距离最远的第 5 战列舰中队的射击更为危险。该报告认为在这一阶段德方的机动实际使得第 5 战列舰中队的射击难度更高。报告显示，"塞德利兹"号的舰长对"伊丽莎白女王"级战列舰的速度产生了极为深刻的印象，认为二十四五节的高航速（实战中第 5 战列舰中队的航速达不到这么高）是第 5 战列舰中队摆脱公海舰队第 3 中队的追击，同时又能持续与公海舰队第 1 侦察群交火的重要原因，进而得出结论：即使对战列舰而言高航速也拥有极大的意义。

|第六章|

最后的主力舰交火

海战第5阶段（5月31日19时45分至21时30分）

"我不是总指挥。"

▲ 贝蒂。

费解的"跟我来"

19 时 45 分，贝蒂利用信号灯命令装巡"牛头怪"号向"铁公爵"号转达称：敌战列舰前锋位于 291° 方位，航向约为 212° 。该情报所指似乎应为"吕佐夫"号。这一情报于 19 时 59 分被"铁公爵"号收到，此时大舰队所属的各战列舰战队，除第 6 战队外，航向均为 212° ±5° 范围内，而第 5 战列舰中队的航向则为 180° 。德舰"威斯特法伦"号大致位于这份情报所提到的方位上，但该舰与"狮"号的距离大致为十五六海里。"吕佐夫"号的实际方位为 296° ，且与"狮"号的距离大致为 10 ~ 11 海里。

19 时 50 分左右，舍尔命令公海舰队第 1 中队取 167° 航向。在此后的约 30 分钟内，该中队和"腓特烈大王"号以"威斯特法伦"号为先导以 173° 航向航行，第 3 中队则于 20 时左右重新排成纵队，并在 8 分钟后进行转向，以跟随其他无畏舰。德国公海舰队的无畏舰以倒序（即从前向后依次为第 2、第 1、第 6、第 5 战队，每战队内旗舰位于最后）重新组成战列线。这样在 20 时前后，大舰队实际位于舍尔的航线上，但显然杰里科并不知道这一点。

19 时 45 分至 20 时 15 分之间，杰里科还收到了其他一些关于敌舰队部分单位位置的情报。"南安普顿"号于 19 时 45 分报告，敌方于 19 时 15 分派出一支数量和舰型均不明的分队向 302° 方向航行——令人费解的是如果内容无误的话，这大概是指舍尔 19 时 15 分下令的 180° 转向，所观察到的舰只大约为"腓特烈大王"号。而在收到"牛头怪"号转达的情报后，杰里科于 20 时命令第 3 战列舰战队转向 257° 航向同时提速至 17 节，而第 1 战列舰战队则转向 246° 航向。19 时 45 分至 20 时之间，战巡舰队的航向开始为 209° ，后转为 235° ，最终为 223° 。

贝蒂于 19 时 47 分通过无线电发出的另一份请求，在 19 时 54 分就被"铁公爵"号收到，但由于解码需要一定时间，因此杰里科于 20 时之后才看到这份请求。该请求全文如下：紧急，请求战列线前段跟随战巡行动，这样我们可以切断敌整个战列舰队。

这封电报在战后引发了极大的争议。贝蒂的支持者们指责杰里科没有及时回应贝蒂的请求，而杰里科的支持者则认为贝蒂 19 时 47 分的电报既无意义也无必要，简直是哗众取宠故作姿态并可能误导了杰里科，毕竟当时杰里科的航向比贝蒂更偏西。而且就该电的行文也很过分，即使是一贯和善的杰里科本人事后也认为，从语气上看该电几乎是抗命。

贝蒂自己对该电的解释如下：……在半小时内战巡再次与敌战巡和战列舰交火，而我方的前锋战列舰并未参与这最后的交火机会……我的意图显然是将我方舰队置于敌舰和其基地之间……事实上总指挥官当时采取了我建议的机动（即于 20 时左右转向西，虽然这一机动和贝蒂并无关系），这也证明我发出这一请求的动机完全正当……考虑到当时天色亮度正在迅速变弱，且有必要插入敌

▲ "牛头怪"号，摄于 1909 年至 1910 年间。

方与其基地之间位置……这是唯一在昼间继续与敌方作战的希望。

考虑到当时双方的位置，很难说贝蒂在19时45分前后看到的究竟是什么。"狮"号距离公海舰队战巡12海里，与任何公海舰队战列舰的距离都在13.5海里以上，而与"威斯特法伦"号的距离则达18.5海里。贝蒂的参谋之一解释道：19时47分的电报可能在19时40分之后不久起草。当时发生的事情是这样：在注意到第2战列舰中队航向偏左后，我向贝蒂建议："纳尔逊在这种情况下将会发出'跟我走'的旗号。"贝蒂立即回答："我不能这么做，我不是总指挥官。"于是重新起早了一份较长的信号并立即得到了贝蒂的批准……至于我们不清楚敌人位置的论点，我只能说在起草电报时无论贝蒂还是我，都认为自己很清楚敌战巡和先导战列舰的位置。

上文提及的19时40分前后第2战列舰中队的转向，大概是由于当时杰里科通知该中队自己航向为212°。但如前所述，19时45分第2战列舰中队的两个战队航向分别为235°和241°，和战巡舰队的航向相比更为偏西（战巡舰队在19时40分左右将航向由212°转为209°）。如果如查特菲尔德所宣称的那样，第2战列舰中队的航向较战巡舰队偏东约4个罗经点（45°），那么更有可能的是，此时该中队仍未从为躲避鱼雷而改变的航向上完全修正回来。19时45分至20时之间，第2战列舰中队的旗舰"英王乔治五世"号与"狮"号之间的航向差大致仅为2°。

因此当杰里科收到贝蒂那封电报时，大舰队主力的航向已经比战巡舰队更偏西。杰里科自己回忆当时的情况如下：

贝蒂此前最后一次向我报告的时间为19时30分，给出其航向为西南。因此当我收到他的请求电时，战列线的实际航向比此前战巡舰队的航向偏西约4个罗经点（45°），更靠近敌人可能的方向。这使得我花了几分钟思考何时才适合按照贝蒂的建议，命令先导舰只左转4个罗经点。我于20时通过无线电告知贝蒂我的航向为西，并假设他也会相应调整航向，这样我才能较为安全地命令杰拉姆中将跟随战巡舰队，而不会冒着孤军冲入敌战列舰队的危险。

由于大舰队的战列线已经弯曲，杰里科于20时10分利用信号灯——当时情况下最快捷的方式——命令第2战列舰中队紧跟战巡舰队。对该中队指挥官杰拉姆中将而言，执行这一命令有些困难，因为此时贝蒂的战巡已经超出了他的视野范围，因此中将并不清楚战巡具体位置。也差不多在20时10分前后，"狮"号也丢失了与"英王乔治五世"号的目视联系。贝蒂随即要求位于"狮"号左舷方向3.5海里外的"牛头怪"号汇报"英王乔治五世"号的方位，"牛头怪"号给出的回答是10°方位，距离5海里，但很快"英王乔治五世"号也从第2轻巡中队的视野中消失。20时15分第1战列舰战队转向241°航向，大舰队其他战列舰战队则仍保持257°航向。

查特菲尔德认为杰拉姆如果足够主动并积极寻找战巡舰队的位置，那么第2战列舰中队和战巡舰队本可很快取得目视联系。这一论点也颇为可疑，毕竟第2战列舰中队的最高速度只有20.5节，远低于战巡舰队的最高编队速度（25节左右）。实战中19时45分"狮"号与"英王乔治五世"号之间的距离已经达到约6海里，20时前后距离更是拉大到约8海里。因此除非贝蒂减速，否则第2战列舰中队很难在天黑前真正赶上战巡舰

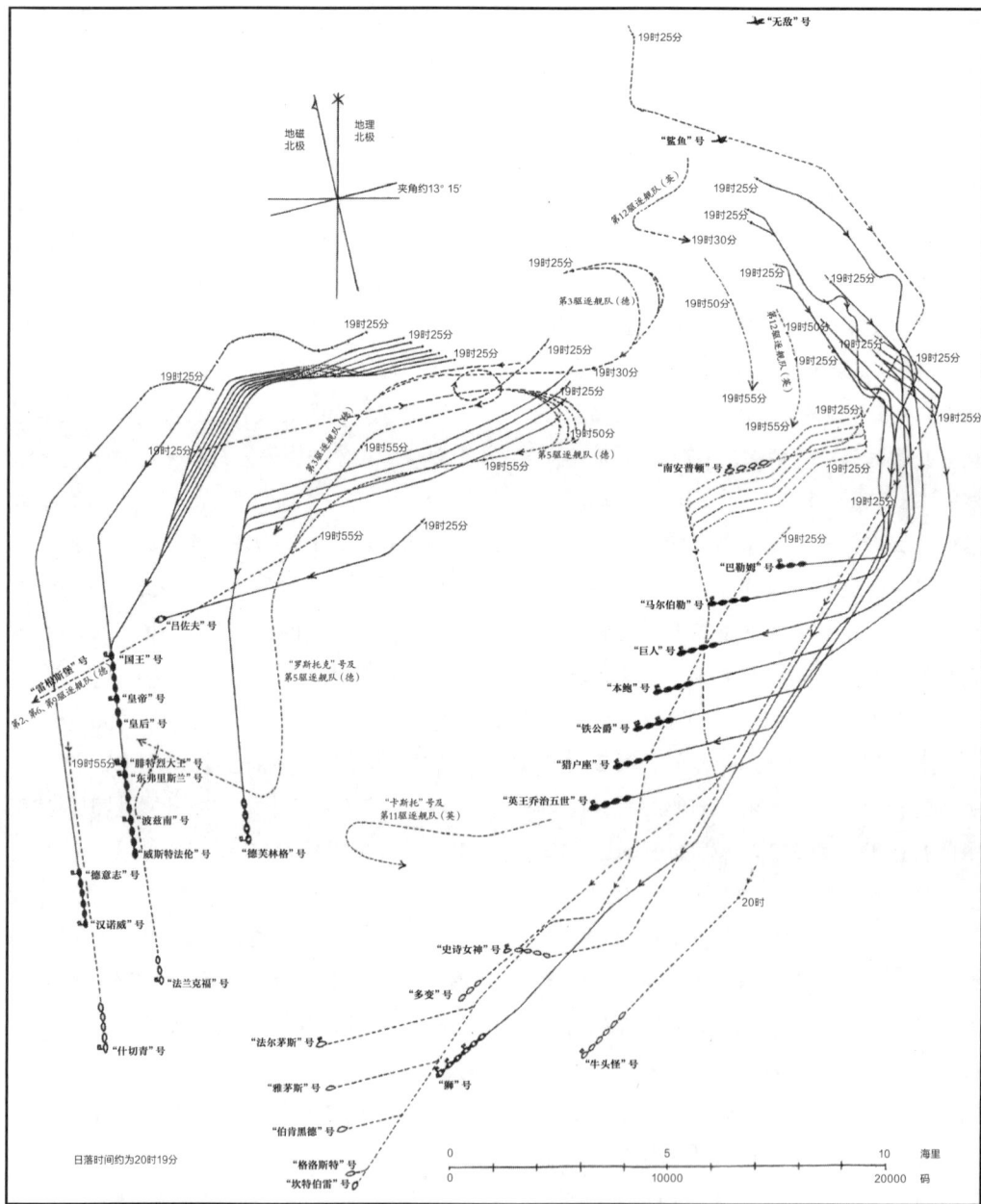

▲ 5月31日20时15分态势。

队。杰里科本人曾评价道："我认为贝蒂显然没有意识到战列舰的速度最高只能达到约20节，而贝蒂此前参加的海战中，其指挥的舰只最高速度至少为25节。"

考虑大舰队战列线的航向和贝蒂的意图，事实上大舰队所实施的机动恰恰应是贝蒂所希望的，甚至比贝蒂所希望的更容易实现截住公海舰队主力的目的。当然，让战列舰赶上战巡这一点是无论如何没法实现的。

最后的主力舰交火

对于舍尔的处境来说，杰里科和贝蒂谁对谁错并无明显影响。他已经知道自己的对手是整个大舰队，而返航的路线也已经被挡住了。他计划，在己方驱逐舰的掩护下抄近路经由荷斯礁返航，但他不打算继续向西，因为越向西便意味着公海舰队此后需要航行更长的距离才能返回基地。出于这一考虑，舍尔于19时50分左右下令将航向转为167°，这样在20时前后，公海舰队的无畏舰形成一条战列线，前无畏舰形成另一条战列线。大舰队的6个战列舰战队和第5战列舰中队构成7列纵队，战巡舰队位于战列舰西南。考虑双方的航向和位置，公海舰队主力正从大舰队前方12海里左右位置横穿大舰队航线，不过从贝蒂的航向和位置来看，战巡舰队倒是可能与公海舰队的先头舰只交汇。

20时贝蒂命令麾下轻巡向西搜索，试图在天黑前找出公海舰队战列线前端。接到这一命令后，第3轻巡中队将队形变为一条各舰之间方位为167°的横列，取257°航向向西进行搜索。20时10分"法尔茅斯"号向贝蒂报告，在336°方位发现敌舰。从位置上看，靠近这一方位的是公海舰队第1侦察群，但很有可能方位有误，因为第3轻巡中队加速靠近并交火的对象是268°方位的公海舰队第4侦察群。

20时17分，公海舰队第2、第4侦察群发现英国轻巡。20时19分，在通过无线电向舍尔报告发现英国轻巡的同时，"法兰克福"号又发现了对方轻巡和远处的英国战巡，其航向约为212°，第2侦察群指挥官博迪克少将随即在报告中增加了这一内容。20时21分，第4侦察群的"什切青"号也通过无线电报告发现4艘敌轻巡。不过这些情报都不

够准确，给出的英国战巡位置偏西，给出的第3轻巡中队位置偏北（"法兰克福"号报告的轻巡位置则偏西）。

在20时20分"皮劳"号成为英国战巡的射击目标之后不久，前者隶属的公海舰队第2侦察群转向拉开距离，但公海舰队第4侦察群继续向南航行。皇家海军第3轻巡中队在"法尔茅斯"号的带领下，取与对手平行的167°航向，并于20时18分在9600码（8778.24码）距离上向第4侦察群开火。虽然第4侦察群各舰的侧影并不清晰，但第3轻巡中队的射击仍较为准确。交火中"慕尼黑"号被命中2次，导致该舰后部4座锅炉发生故障，难以保持蒸汽压力。而第4侦察群由于能见度太差，仅"什切青"号和"慕尼黑"号进行了较长时间的射击。尽管双方距离拉近至6000码（5486.4米），但第4侦察群并未取得命中。20时28分"法尔茅斯"号通过无线电向贝蒂和杰里科报告正在与敌轻巡交火，不过给出的位置却偏北6海里。20时31分，第4侦察群右转90°撤出战斗。第3轻巡中队在几分钟后实施转向，试图追踪对手，但20时38分第4侦察群消失在迷雾中，于是第3轻巡中队回到"狮"号前方。

在听到轻巡之间交火的炮声后，贝蒂先转向西，然后转向西南西接近对手。此时公海舰队第1侦察群完全没有预料到贝蒂会出现在如此南的方位，而希佩尔正试图从G39号驱逐舰登上"毛奇"号。"冯·德·坦恩"号则发现了4艘英国战巡，但身影不清晰，因此推测来者是"铁公爵"级战列舰。此时双方战巡的战斗力都不完整，各舰的火炮情况如下：

英方

"狮"号Q炮塔2门13.5英寸（343毫米）

主炮均无法使用（详见该舰 16 时的中弹），A 炮塔左炮【13.5 英寸（343 毫米）】亦因推弹机故障无法使用（详见海战第三阶段该舰的中弹记录），此外 X 炮塔右炮【13.5 英寸（343 毫米）】的主发射药提弹装置无法使用（详见海战第四阶段该舰的中弹记录）；

"皇家公主"号 X 炮塔 2 门 13.5 英寸（343 毫米）主炮无法使用（详见海战第三阶段该舰 1 号中弹），A 炮塔左炮【13.5 英寸（343 毫米）】发生故障（详见海战第一阶段该舰的中弹记录）；

"虎"号 A 炮塔右炮【13.5 英寸（343 毫米）】因故障无法使用（详见第二阶段该舰的中弹记录），Q 炮塔 2 门 13.5 英寸（343 毫米）主炮射速受限（详见第一阶段该舰 15 时 54 分的中弹），X 炮塔 2 门 13.5 英寸（343 毫米）主炮只能依靠局部控制决定主炮俯仰（详见第一阶段该舰 15 时 54 分的中弹），但能通过指挥仪实施回旋。

"不屈"号 Q 炮塔右炮 12 英寸（305 毫米）发生故障（详见第三阶段该舰的中弹记录），但可以射击。此外该舰并未中弹。

"新西兰"号、"不挠"号基本完好。

德方

"德芙林格"号已被重创，第 3、第 4 主炮塔的 4 门 305 毫米主炮均无法使用（详见第四阶段该舰的 19 时 14 分的 1 号和 19 时 16～17 分的 2 号中弹），此外 B 炮塔 2 门 305 毫米主炮的指挥仪指示机构无法使用（详见第四阶段该舰的中弹记录）。

"塞德利兹"号同样被重创，该舰后部跨越射击炮塔和左舷舷侧炮塔，共计 4 门 280 毫米主炮均无法使用（分别详见第一阶段该舰 15 时 57 分的 5 号中弹和第四阶段 19 时 14 分至 20 分之间的 5 号中弹），此外右舷舷侧炮塔右炮（280 毫米）的指挥仪指示机构无法使用（详见第二阶段该舰 17 时 10 分的 3 号中弹），舰艉炮塔的 2 门 280 毫米主炮则只能使用辅助转向设备（详见第四阶段该舰 19 时 14 分至 20 分之间的 4 号中弹）。

"毛奇"号舰体受损，但火炮未受影响。

"冯·德·坦恩"号舰体受损，舰艏炮塔的 2 门 280 毫米主炮无法使用（详见第一阶段该舰 16 时 20 分的 2 号中弹），舰艉炮塔的 2 门 280 毫米主炮只能手动操作（详见第一阶段该舰 16 时 23 分的 3 号中弹），此外左舷和右舷舷侧炮塔共计 4 门 280 毫米主炮随时可能再次出现故障（参见第一、第二阶段该舰的中弹记录）。

因此就双方剩余的战巡而言，贝蒂的火力优势比第一阶段更为明显，而且此时不仅能见度对德方不利，公海舰队第 1 中队能为本方战巡提供的支援也非常有限。20 时 19 分"皇家公主"号在 12000 码（10972.8 米）距离上率先开火，不过其目标可能是公海舰队第 1 中队，此后将目标转向"塞德利兹"号直至 20 时 28 分后者消失在烟幕中。该舰战后的报告显示上述射击并未受到"狮号"烟气的影响后，测距结果较好。20 时 20 分"狮"号首先向"皮劳"号开火，随后又于 20 时 23 分向"德芙林格"号射击直至后者消失在雾气中，距离在 10850～8700 码（9921.24～7955.28 米）之间。20 时 21 分"虎"号首先向"皮劳"号开火，随后将目标转移至公海舰队第 1 中队，直至 20 时 28 分停火。"新西兰"号 20 时 21 分首先从 11500～13000 码（10515.6～11887.2 米）距离上向公海舰队第 1 中队射击，随后转而向"塞德利兹"号射击直至 20 时 31 分停火，射击距离为 9100 ~ 9600 码（8321 ~ 8778.24 米）。据报，当时"塞德利兹"号前部已经着火，并且正在偏出战线。"不挠"号同样于 20 时 21 分开火，其目标可能为"塞德利兹"号，但由于后者逐渐被烟雾阻挡，加上天色渐晚，因此该舰很快就停止了射击。受前导舰只产生的烟气影响，"不屈"号无法实施测距，但依然向疑为"毛奇"号的目标射击。考虑到"不屈"号在整个海战中一共只消耗了 88 枚主炮弹药，因此该舰在这一阶段的射击次数非常有限。

尽管公海舰队第 1 侦察群的战巡同时使用了主炮和 150 毫米副炮进行还击，但由于能见度不佳，射击没有取得有效的成果。20 时 24 分"德芙林格"号转向 201° 方向，继而转向 257° 方向，其他三艘德国战巡转向更早，转向幅度也更大。公海舰队第 1 中队同样难以还击，"威斯特法伦"号被夹中并被弹片击中，该舰此后率领公海舰队的无畏舰转向西。第 1 中队中仅有"波兹南"号进行了射击，其在 20 时 28 分接近转向点前于 10900 码（9966.96 米）距离上开火。除了命中"皇家公主"号一次之外，"不挠"号所报告的多次被夹中也可能来自该舰。短暂的交火结束之后，英方战巡继续取 212° 航向航行，航向一直保持到 21 时 30 分。期间战巡舰队各舰以及第 2 巡洋舰中队的若干舰只曾感受到一次剧烈的震动，但各舰记录的时间

▲ "波兹南"号。

不一，从 20 时 34 分至 44 分不等。"新西兰"号注意到右舷出现一个巨大的气泡，"不屈"号则注意到右舷出现油迹，而"不挠"号则以为被鱼雷命中了。此次震动可能是此前沉没的"内斯特"号的残骸发生爆炸引起的。

当公海舰队第 1 侦察群转向西时，第 2 中队恰恰赶到了战场，该中队的前无畏舰保持 173° 航向直至 20 时 30 分。尽管"狮"号和"不屈"号并未重新开火，但"皇家公主"号、"虎"号、"新西兰"号和"不挠"号则于 20 时 30 分前后，以远方 3 个飘着烟的烟囱为目标进行射击，不过无法肯定目标是前无畏舰还是"赫尔戈兰"级战列舰。公海舰队第 2 中队随后逐一转向 212°，至 20 时 35 分转向 263°，而贝蒂的战巡则在 20 时 33 分 ~ 39 分之间逐一停火。此次交火也成了第一次世界大战中，主力舰之间的最后一次对抗。而人类海战史上下一次主力舰之间的对决，则要等到 1940 年的卢浮腾岛夜战（Action off Lofoten）。此战中，皇家海军"声望"号（Renown）战列巡洋舰以一敌二，击退德国海军"沙恩霍斯特"（Scharnhorst）号及"格奈森瑙"号（Gneisenau）战列巡洋舰。

失去的机会

另一方面，20 时 07 分前后，皇家海军"卡斯托"号轻巡在西北方向发现德国驱逐舰，皇家海军第 4 轻巡中队的"史诗女神"号、"康斯坦斯"号、"宴乐之神"号、"卡斯托"号和第 11 驱逐舰队随即前出接敌，他们发现的是公海舰队第 5 驱逐舰队。"卡斯托"号于 20 时 14 分利用旗号向"英王乔治五世"号报告发现敌舰，但"铁公爵"号直至 20 时 26 分才收到这一情报。第 4 轻巡中队的 3 艘轻巡于 20 时 18 分首先向公海舰队第 5 驱

逐舰队开火，后者随即转进。4 艘轻巡继续向西北追击，并于 20 时 26 分发现公海舰队战列舰位于 300° 方位大约 8000 码（7315.2米）开外。虽然当时敌舰被判断为"波美拉尼亚"级前无畏舰或"赫尔戈兰"级战列舰，

▲ "卡斯托"号。

▲ "史诗女神"号。

▲ "康斯坦斯"号。

▲ "香农"号。

但实际遇到的是公海舰队第 3 中队。20 时 27分 ~ 30 分公海舰队的无畏舰开始射击，但很快于 20 时 35 分停火。

尽管杰里科的确听到了双方战巡交火的炮声并目击到本方轻巡中弹，但他并没有获得任何有关公海舰队战列舰的详细信息。"铁公爵"号注意到"史诗女神"号中部中弹，但并不确定对手是谁。20 时 38 分杰里科询问"宴乐之神"号是向哪艘敌舰开火，其回复是"257° 方位的敌战列舰"。此前杰里科正逐渐把航向从向西转为西南，20 时 28 分大舰队主力航向大致为 212°。

虽然可以大致看见本方战巡开火的火光，但是大舰队第 2 战列舰中队的杰拉姆中将依然未能确定本方战巡的位置。20 时 40 分，他向贝蒂发电询问位置，由于"狮"号无线电系统损坏，杰拉姆中将直到 21 时 01 分才收到回复，给出的位置是"狮"号 20 时 40 分较实际位置偏西北约 6 海里的不准确位置。不过即使报告了准确的位置，其用处也相当有限，毕竟杰拉姆中将和贝蒂之间的距离太远。由于没有及时收到回复，杰拉姆于 20 时45 分通过无线电向杰里科报告本方战巡不在视野范围内——至少从 20 时 15 分"英王乔治五世"号就无法观察到本方战巡了。此时，第 2 巡洋舰中队的装巡"香农"号注意到，第 2 战列舰中队位于该舰东北北方向 5 海里之外，10 分钟后贝蒂询问第 2 战列舰中队的位置，但是这一信息并未及时给出。

由于遭遇战的影响，公海舰队一度转向西，这显然和舍尔的计划不符。20 时 36 分和52 分，舍尔两次命令转向 167° 航向，仍由"威斯特法伦"号作为先导。第 1 侦察群的战巡大致在 20 时 47 分 ~ 48 分期间转向这一航向，20 时 50 分，由于过于靠近第 1 中队的左舷，

第1侦察群的战巡进一步左转至111°航向，这样实际上他们正航向大舰队主力。21时，第1侦察群又转至257°航向，此时他们与大舰队"猎户座"号战列舰的距离不足4海里。

20时45分前后，大舰队的轻巡再次与公海舰队发生了若干接触。首先是"法尔茅斯"号于20时46分电报发现敌战巡位于347°方位，航向235°。情报给出的第1侦察群位置和航向大致准确，不过给出的自身位置较实际位置偏北5海里。位于"英王乔治五世"号右前方的"卡洛琳"号和"保皇党人"号，于21时前不久发现敌舰正从302°方位缓缓靠近，并将对方估计为前无畏舰。"卡洛琳"号利用闪光灯向杰拉姆报告敌方距离约为8000码（7315.2米），且警告称敌舰可能利用鱼雷攻击，但"英王乔治五世"号似乎并未收到这一情报。实际上，"卡洛琳"号和"保皇党人"号发现的是以"威斯特法伦"号为先导的公海舰队战列线前端。21时后不久，"威斯特法伦"号也发现几艘舰只出现在左舷前方。该舰开始以为这是当时位置尚未明确的公海舰队第4侦察群，利用探照灯盘问口令而未得到期望回复后，"威斯特法伦"号立即右转68°。"拿骚"号和"莱

茵兰"号进行了相同的机动，公海舰队第1中队的其他舰只则右转90°。"威斯特法伦"号和"拿骚"号随即在8100～7700码（7406.64～7040.88米）距离上向"卡洛琳"号和"保皇党人"号开火，后两舰随即转向撤退并很快消失。"威斯特法伦"号于21时10分再次转回167°航向。

尽管可能未收到"卡洛琳"号的情报，但杰拉姆在此后不久也看见了若干舰只正在靠近。21时05分他向杰里科报告称"我方战巡位于280方向，航向212°"。21时06分"卡洛琳"号请求攻击，但杰拉姆没有批准，仍认为来舰是本方战巡。不过"卡洛琳"号仍于21时05分至06分在7600码（6949.44米）距离上发射了2枚鱼雷，"保皇党人"

▲ "保皇党人"号。

▲ "卡洛琳"号。

▲ "拿骚"号和第 1 中队其他战列舰在基尔运河，摄于战前。

▲ "莱茵兰"号。

号则于 21 时 10 分在 8000 码（7315.2 米）距离上发射了一枚鱼雷。"拿骚"号注意到了鱼雷航迹，于 21 时 14 分发射了一枚照明弹。此举本应该清楚地表明该舰就是敌舰（皇家海军主力舰并未配备照明弹），但第 2 战列舰中队和第 11 驱逐舰队以及"卡斯托"号仍未进行攻击。"卡斯托"号给出的理由是天色不够暗，未得到本方战列舰的火力掩护，而敌舰也迅速消失了。该驱逐舰队也因此失去了一次攻击的良机。

杰拉姆坚持认为来舰是本方战巡的理由令人费解。他的航海长此前服役于战巡舰队，同样坚持认为来舰是本方战巡。但"英王乔治五世"号 A 炮塔的炮塔长回忆称当时他曾被询问是否能辨别来舰，对此他立即回答"一定是德国战列舰，我能看到他们的起重机"。这是德制战列舰非常明显的特征，但这一观点并未被采纳。

20 时 40 分，贝蒂曾向杰里科电报发现敌战巡和前无畏位于"狮"号 313° 方位，距

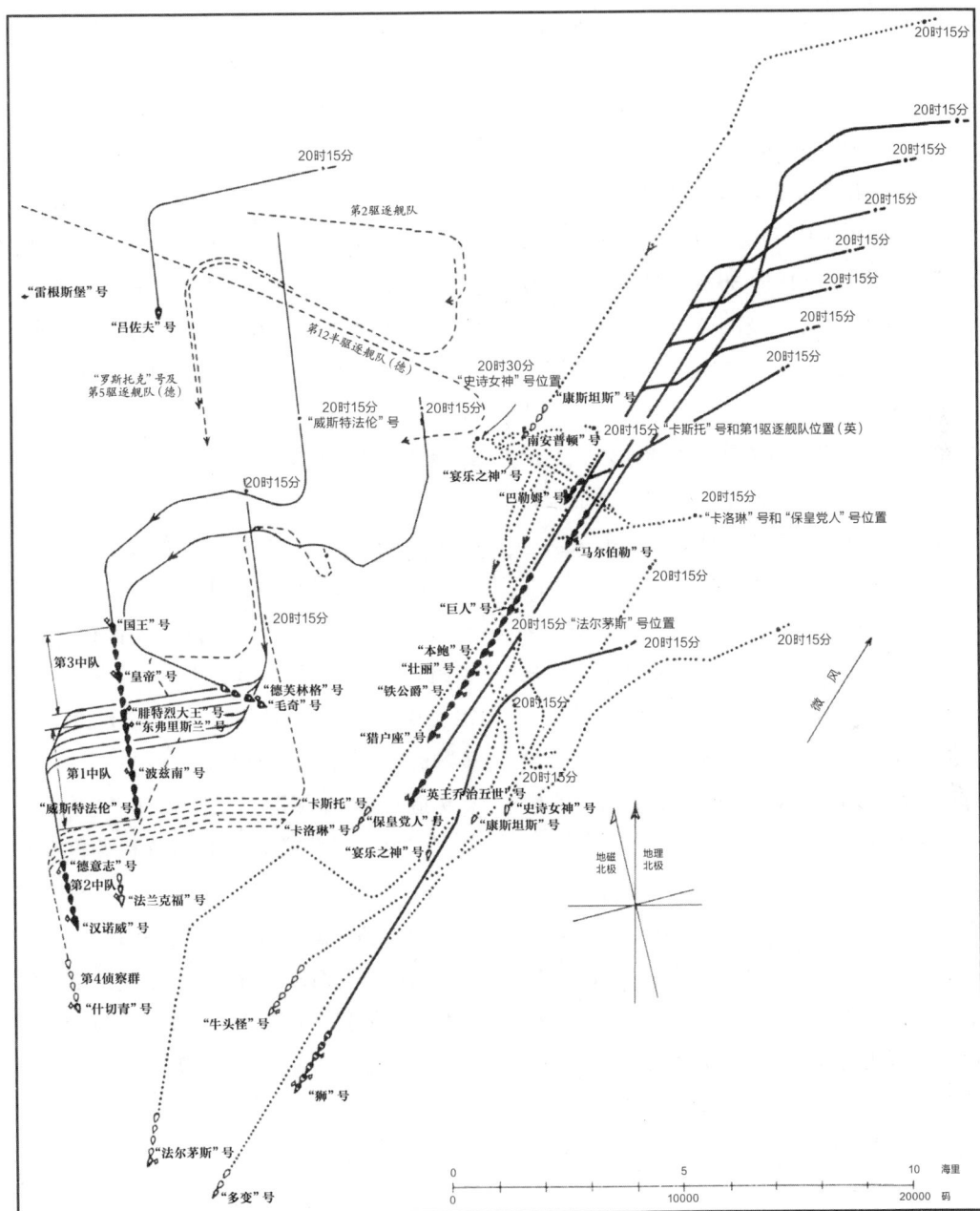

▲ 5月31日21时前后态势。

离"狮"号10海里至11海里，航向212°。
这份电报于21时05分才被"铁公爵"号收到，
而杰里科本人直到21时15分左右才看到，
但是这份迟来的情报也问题多多。首先，20
时40分左右，贝蒂最多只能看到公海舰队的

前无畏舰，且距离大致为六七海里，方位则
为300°。其次，"狮"号给出的自身位置依
然比实际位置偏东北6海里。最后，在该电
给出的方位和距离上出现的恰好是公海舰
队第1中队，该电只能反映公海舰队仍位于

大舰队以西。此后杰里科下令取167°航向，于21时17分下令采用夜间巡航队形，麾下的第1、第2和第4战列舰中队各自组成一条纵队，各纵队彼此平行，相邻纵队之间距离保持1海里，第5战列舰中队则置于左翼。由于"马尔伯勒"号受伤减速，这一部署无法完成，因此至21时30分，仅有第4战列舰中队排成纵队，而第5战列舰中队则位于第5和第6战列舰战队之间。

杰里科显然已经放弃了在当天继续作战的想法。战列舰夜间对决，有着难以控制的巨大偶然性和复杂性，且不可避免地面临鱼雷攻击带来的巨大威胁，因此早在开战前皇家海军就极力避免这种作战。海战结束后（6月7日）杰里科在给妻子的信中遗憾地表示：到现在为止，我们已经位于敌舰队和其基地之间，如果这时仅仅是下午6点天气晴好，而不是完全天黑、雾气重重的，我本来可能赢得一次特拉法尔加式的胜利。这也是大舰队的普遍感受。

至于舍尔此时操心的自然是如何返回威廉港。21时14分，舍尔命令舰队保持142°航向，指向荷斯礁方向，同时将速度设为16节。第2中队的位置将位于战列线尾部，战巡则位于战列线后方。第2侦察群突前，第4侦察群位于战列线右侧。21时29分，舍尔下令采取夜间巡航队形。作为公海舰队先导的"威斯特法伦"号在21时10分之后一直保持167°航向，后于21时43分转至142°航向。

21时30分左右，"汉诺威"号发现前方出现4艘大型舰只排出的烟气以及一盏点亮的桅顶灯，该舰迅速做了报告。被发现的是皇家海军第2巡洋舰中队，而亮灯的是"香农"号，当时该中队位于英方战巡右侧，并于"汉诺威"号前方2.5～3海里处穿越了公海舰队第2中队的航线。德方轻巡所不知道的是，21时30分贝蒂命令战巡舰队转向167°航向，因此实际上已经与公海舰队主力平行航行，而"狮"号与"威斯特法伦"号之间的距离不足6海里。常见文献中认为，21时32分"狮"号向"皇家公主"号询问当天的口令，后者的回复被附近的公海舰队第4中队观察到，公海舰队从而得知大舰队方面的口令。不过从德方的记录看，早在31日下午15时就已经提到知晓大舰队方面的口令。

希佩尔于20时57分（或21时05分）登上"毛奇"号，并决定率领战巡以20节速度前往战列线前方。但"德芙林格"号和"冯·德·坦恩"号只能保持18节速度：前者因为受损较重，后者因为锅炉故障。"塞德利兹"号虽然能达到这一速度，但考虑到该舰的受损状况，其最高速度应限制在18节，以免造成进一步损伤。21时35分"毛奇"号和"塞德利兹"号从左舷超越第3和第1中队，抵达战列线前方。

为了确保撤退顺利，舍尔于21时06分请求飞艇对荷斯礁进行侦查，不过请求并未被收到。尽管公海舰队的驱逐舰受命准备实施夜间攻击，但由于一直不知道大舰队战列线的位置，攻击自然无从发动。20时52分，公海舰队第2驱逐舰队、第12半驱逐舰队与皇家海军第2轻巡中队遭遇。德国驱逐舰并未多做纠缠，施放烟幕后就后撤了，不过S50号驱逐舰仍被击伤。在此次遭遇战中，除了第2轻巡中队外，"本鲍"号也用6英寸（152.4毫米）炮进行了射击并发射了一枚主炮炮弹。"刚勇"号和"巴勒姆"号则以为第2轻巡中队正在向右侧的潜艇开火，因此前者进行了规避，而后者则可能用6英寸（152.4毫米）

炮对假想的潜艇进行了射击。

尽管在白天的战斗中蒙受了巨大的损失（此时杰里科仍不知道"不倦"号和"玛丽女王"号已经沉没），但总体而言大舰队仍在数量和质量上占据着优势。鉴于夜战的混乱本质，而又深知大舰队各舰并未像对手那样早已对夜战这一科目进行过精心演练，杰里科无意与公海舰队主力进行一场夜战。所以更好的选择无疑是拦在公海舰队与威廉港之间，于次日天明后迫使对手再次接战。现在杰里科最关心的是一个问题：舍尔将从哪条路线撤退呢？

中弹记录

本阶段双方主力舰的交火非常短暂，因此中弹次数均较少。双方重点的情况详述如下：

英方

一、"狮"号

该舰约于 20 时 32 分被公海舰队第 1 侦察群发射的一枚 150 毫米炮弹命中，炮弹击穿了该舰搭载的一艘汽艇，并在引擎舱上风井上部爆炸，破片造成了一定损伤，引发了一处小规模的起火。

二、"皇家公主"号

该舰约于 20 时 32 分被"波兹南"号战列舰发射的一枚 280 毫米炮弹命中。炮弹在艏楼甲板以上 20 英尺（6.1 米）处，击中该舰前桅右侧支柱，支柱被割开了接近一半，炮弹随后又击穿了前烟囱，接着又将左支柱切开一半以上。炮弹并未爆炸，在前桅上也未感受到此次命中。此后对指挥仪的测试也表明该设备工作正常，不过左右支柱中的传声管以及辅助指挥仪的电路均被切断。此外

战后报告显示，前烟囱基部严重受损，可能是由此次中弹导致。

德方

一、"德芙林格"号

该舰于 20 时 28 分被"狮"号从左舷后方射来的炮弹命中，弹着点位于 1 号主炮塔基座左侧，横向直径稍前处，距离基座顶部约 1 米。炮弹在基座表面擦过，随后在靠近基座附近上甲板上方 2.5 英尺（0.762 米）处爆炸。受爆炸影响，260 毫米基座装甲表面在 440 毫米 × 270 毫米范围内出现剥落，剥落部分最深处约 8 毫米，并伴有向心裂痕。25 毫米炮列甲板在基座以及舷侧纵向舱壁之间的 3.5 米 × 1.2 米范围内出现多处破孔，周边设

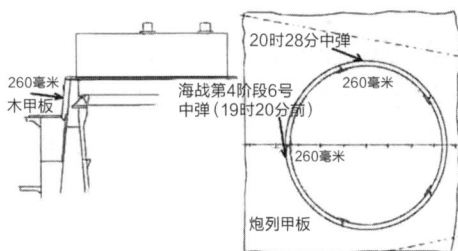

▲ "德弗林格"号海战第 5 阶段的中弹示意图（20 时 28 分）。

▲ "德弗林格"号海战第 5 阶段的中弹位置照片（20 时 28 分），图中甲板上的圆柱体为主发射药容器。

施也遭破坏。中甲板则在 1.2 米 × 0.7 米范围内出现破孔。部分防水包装层被撕开并卡住了炮塔，但故障迅速被炮塔乘员排除。炮塔本身受到较强地震动，导致该炮塔回转马达的电力供应一度中断，此外还有部分较小弹片经由一道观察缝飞入炮塔内部。

二、"塞德利兹"号

该舰在这一阶段共被命中 5 次。

1 号：中弹时间为 20 时 24 分，炮弹由"皇家公主"号发射，从左舷后方约 10° 方位射来，击中左舷 4 号炮廓的 150 毫米装甲，弹着点位于炮列甲板上方 5 英尺（1.52 米）、4 号 150 毫米炮廓炮炮架轴线之后的 12 英尺（3.66 米）处。炮弹在击穿过程中爆炸，爆炸效果主要体现在炮廓内部。装甲上的弹孔大小为 770 毫米 × 750 毫米，在弹孔下方出现多处裂痕，大量弹片飞入炮廓内部。炮组成员除 4 人重伤、1 人轻伤外，全员阵亡。受此次中弹影响，150 毫米炮严重弯曲无法运作，

该炮的指挥设备被毁，一个备便弹药筒被烧毁，但 150 毫米炮药库未受损伤。药库内成员感受到压力变化，随后在提弹井下方开口处放置了一块木盖。弹片及装甲碎片击穿了距离弹着点 18 英尺（4.57 米）处的 20 毫米炮廓纵向舱壁，造成约 10 处破孔，摧毁了大部分左舷 150 毫米炮廓炮火控电缆以及炮廓内侧的工程师车间，还切断了通往主无线电

▲ 两弹孔中较低者为"塞德利兹"号海战第 4 阶段 2 号中弹弹孔，可见未击穿主装甲带；较高者为该舰海战第 5 阶段 1 号中弹（20 时 24 分）弹孔，此次命中的炮弹在碰撞中解体。

纵视图

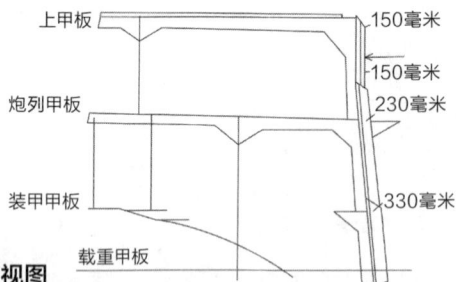

上甲板　150毫米
　　　　150毫米
　　　　230毫米
炮列甲板
装甲甲板　330毫米
载重甲板

侧视图

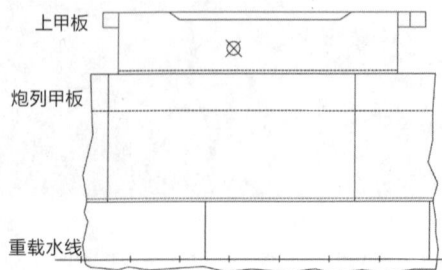

上甲板
炮列甲板
重载水线

俯视图

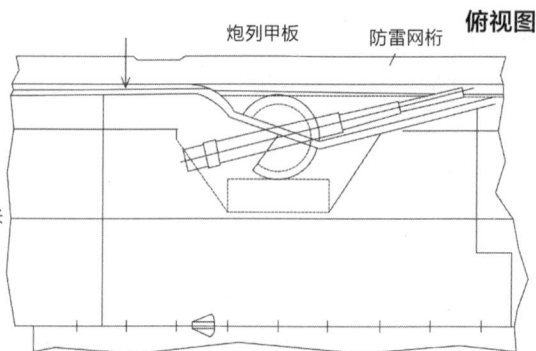

炮列甲板　防雷网桁

▲ "塞德利兹"号海战第 5 阶段 1 号中弹示意图（20 时 24 分）。

发射机的电缆。此外后烟囱套以及锅炉加煤台的通风井也被击穿，两部风扇一度无法运作，使得 2 号锅炉舱的左舷和中央部分被有毒烟气充斥，而相关加煤位因受爆炸产生的烟气影响不得不暂时进行疏散。引擎舱内的成员中 1 人阵亡，3 人因吸入有毒气体或因由破损的压力管道漏出的高温蒸汽而受伤。

炮廓纵向舱壁还出现了最大 8 英寸（203.2毫米）的弯曲，但距离炸点 2 英尺（0.61 米）的 20 毫米横向舱壁未被破坏。炮列甲板被击出多个大孔，弹片飞入了煤舱；其中一片甚至击穿了中甲板，造成了短路并引发了电气火灾。150 毫米炮廓炮和 88 毫米炮提弹机的左舷前部电源在此次中弹中被毁，烤炉及其照明设备亦被摧毁。此外在战斗结束后该炮廓部分已经位于水线以下，海水从而得以涌进 2 号锅炉舱的左舷内侧煤舱。

2 号：中弹时间为 20 时 28 分，炮弹由"皇家公主"号发射，从左舷后方约 20° 方位射来，命中该舰的海军上将海图室，随后在舰桥上方 1.5 米距离司令塔 1 米处爆炸。弹片横扫了右侧舰桥还上层建筑外侧，部分弹片甚至由观察缝飞进司令塔。该舰左舷 2 号探照灯彻底被毁，另有 2 座探照灯轻微受损。此次中弹造成 4 人阵亡，5 人负伤，该舰的海图被死伤者的鲜血覆盖，5 名伤员中包括航海长在内的 3 人当时位于司令塔内部。火炮控制塔发生强烈振动，但其观察缝已经关闭。指挥仪指示机构未受严重损伤，但测距仪则出现较大的俯仰误差。磁罗经中继器和舵角指示器被损坏。

3 号：中弹时间为 20 时 28 分，炮弹由"新西兰"号发射，命中该舰舰尾炮塔的 70毫米顶部装甲，弹着点距离炮塔尾部 8 英尺

侧视图

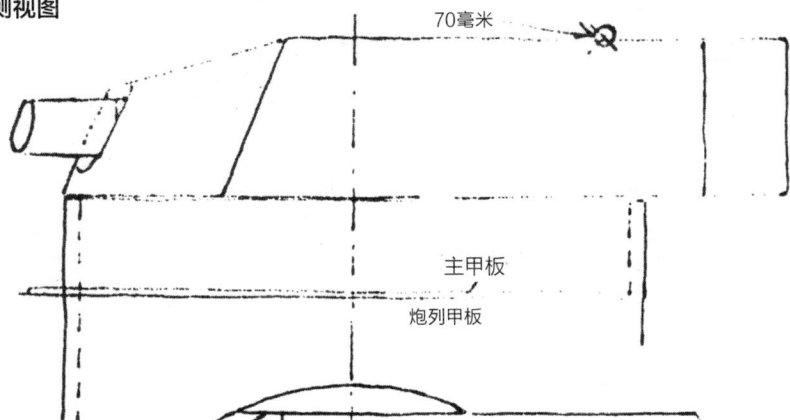

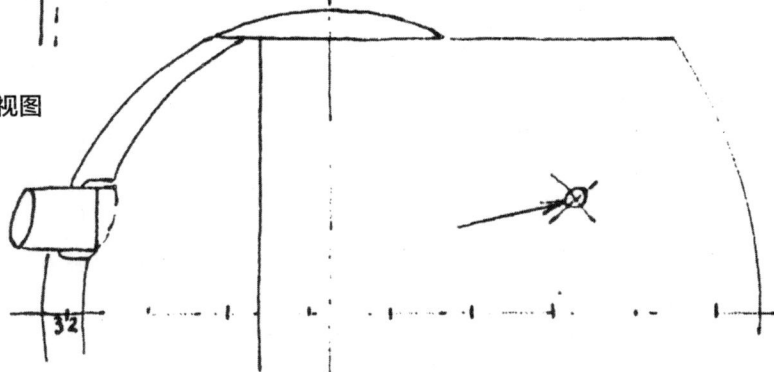

俯视图

"塞德利兹"号海战第 5 阶段 3号中弹示意图（20时 28 分）。

（2.44米），距离炮塔右缘5英尺（1.52米）。炮弹被装甲反弹，然后在距离弹着点约1米处爆炸。顶部装甲表面出现两处撞击痕，数处擦伤，以及许多不足0.5英寸（12.7毫米）深的较小裂痕，并在16英尺×10英尺（4.88米×3.05米）范围内出现最深5.5英寸（139.7毫米）的下陷，此外一道炮塔顶部纵梁及部分结构发生弯曲。由于操作开关所控制的电缆被切断，该炮塔的两部上部提弹机构均无法运作。此外，受弯曲的纵梁影响，该炮塔排烟马达的右侧通风井被撕下，截断了一名船员的上肢，同时马达的启动器电线也被切断。爆炸产生的弹片还击中了该舰的后部跨越射击式炮塔，并在右炮上造成了击出擦痕。注意该舰在19时14分至20分之间的4次中弹中，舰艉炮塔的主回转机构就已无法使用

（详见该舰第4阶段的4号中弹，由"圣文森特"号取得）。

4号：中弹时间约为20时30分，炮弹由"新西兰"号发射，从左舷后方约40°方位射来。炮弹命中左舷6号150毫米炮廓炮后方位置的300毫米主装甲带，弹着点靠近一处300毫米装甲板垂直连接处，同时位于主装甲带和上部装甲带水平连接处以下1.2英尺（0.366米）。炮弹在命中同时破裂或爆炸，大部分弹片被装甲反弹，但被命中的装甲板被击出一个大小为0.4米×0.6米的D字形弹孔，造成的装甲碎片主要来自装甲板内侧。该装甲板后方的300毫米装甲板则仅在边缘位置被切削，两块装甲板均未发生位移。弹片和装甲碎片飞入一间外层煤舱，该煤舱有35英尺（10.67米）长部分逐渐被淹，但储煤仍可使用。

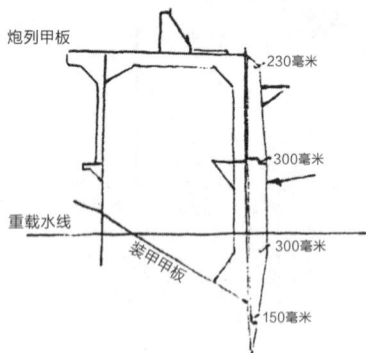

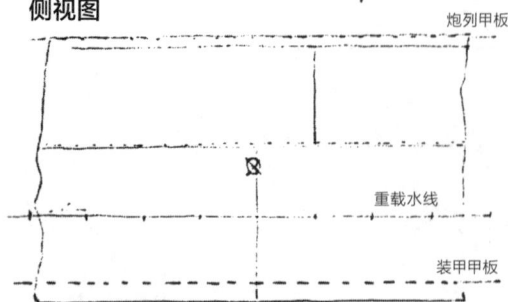

▲ "塞德利兹"号海战第5阶段4号中弹示意图（20时30分）。

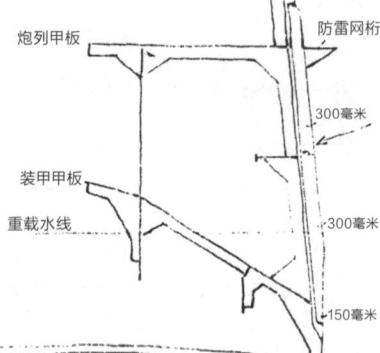

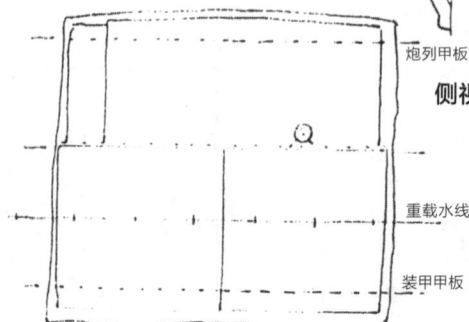

▲ "塞德利兹"号海战第5阶段5号中弹示意图（20时30分）。

5号: 中弹时间约为20时30分, 炮弹由"新西兰"号发射, 从左舷后方约40° 方位射来。炮弹命中一块300毫米上装甲带装甲板, 弹着点位于该装甲板下缘与主装甲带连接处、重载水线以上1.9米处, 同时位于20时24分命中该舰炮弹的弹着点后下方, 两者之间的水平距离约为几英尺。炮弹在装甲板内部紧挨表面的地方爆炸, 造成了一个大小约为4英尺 ×2英尺 (1.22米 ×0.61米) 的弹孔。由此产生的装甲碎片主要来自装甲板内侧上部, 但似乎没有弹片飞入船体内部。300毫米主装甲带装甲板轻微内移, 其表面及边缘在半圆形范围内发生破碎, 并伴有若干裂痕。此次中弹, 对内侧煤舱几乎没有造成破坏。

海水经由此次中弹造成的弹孔涌入船体, 逐渐填满了2号锅炉舱的左舷外侧煤舱, 经由装甲井盖蔓延至其下方的防护煤舱, 煤舱在此次中弹中发生扭曲变形。海水还从这个外侧煤舱经由一处破损的抽气泵管道, 蔓延至2号锅炉舱的左舷加煤位, 但这一进水很快从锅炉加煤台排干。此外海水还通过一道破损的舱壁漫入1号锅炉舱的左舷外侧煤舱, 同时渗入3号锅炉舱的左舷外侧煤舱。此后随着"塞德利兹"号吃水加深, 经由炮廓涌入船体的海水也进入了3号锅炉舱的左舷外侧煤舱, 并逐渐蔓延至3号锅炉舱的防护煤舱, 该防护煤舱中的进水被排入锅炉加煤台然后被泵出。部分进水还通过破损的管道渗入左舷2号锅炉舱, 但进水后来被排出。

三、"波美拉尼亚"号

该舰被"不挠"号击中, 但具体情况不详。

四、"石勒苏益格－荷尔斯泰因"号

该舰于20时32分被"新西兰"号命中,

炮弹从左舷前方20° 方位飞来, 可能为一枚高爆弹。炮弹击穿上层建筑甲板上的一处进气竖井并造成一个直径约为16英寸 (406.4毫米) 的弹孔, 最终在右舷后上甲板170毫米炮廓炮内侧的120毫米装甲上爆炸, 炸点位于上甲板上方5.5英尺 (1.68米), 炮廓尾端3.5英尺 (1.07米)。爆炸效果主要集中在装甲外侧, 破片击中在距离其上缘2英尺 (0.61米) 处的一块装甲板, 并造成一个大小为21英寸 ×17英寸 (533.4毫米 ×431.8毫米) 的弹孔, 其后缘出现最大5英尺 (1.52米) 的内移。上层建筑甲板有15英尺 (4.57米) 长部分被撕毁, 同时位于出现位移的装甲板上方的30毫米上层建筑甲板向上隆起, 而35毫米上甲板则出现凹陷。炸点附近的轻结构受损, 同时在炮廓内部, 由于回转机构和右侧复进弹簧受损, 170毫米炮廓炮也无法使用。该炮后方两个暴露的弹药筒被点燃, 其中一个事

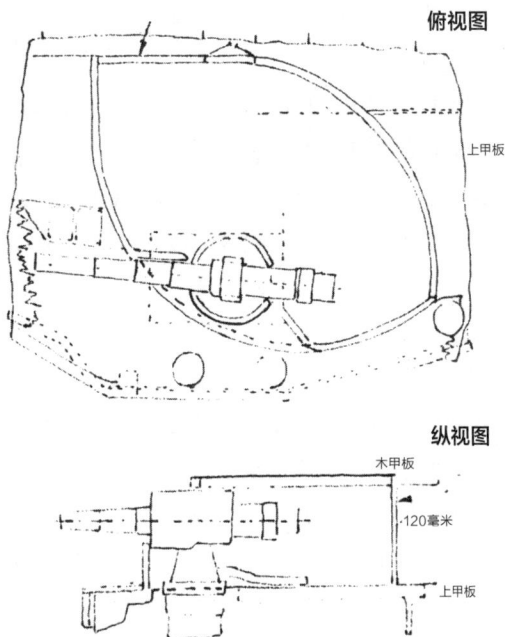

▲ "石勒苏益格－荷尔斯泰因"号海战第5阶段的中弹示意图 (20时32分)。

后被认为发生爆炸，注意在公海舰队中发射药爆炸现象非常罕见。此外，焖烧的残骸产生了大量有毒气体。此次中弹共造成3人阵亡，9人负伤。

除以上命中外，"新西兰"号发射的一枚炮弹还在"西里西亚"号附近的海水中爆炸，产生的弹片中有一块击穿了该舰前桅高处的前桅楼，造成一人阵亡。

五、小结

公海舰队主力舰在这一阶段的中弹情况简要统计如下：

（1英寸=25.4毫米，1磅≈0.45千克）

炮弹种类　　舰名	13.5英寸1250磅轻弹	12英寸弹	总计（次）
德芙林格	1	0	1
塞德利兹	2	3	5
石勒苏益格-荷尔斯泰因	0	1	1
波美拉尼亚	0	1	1
总计	3	5	8

六、"塞德利兹"号的命运

当21时希佩尔登上"毛奇"号之后，"塞德利兹"号便跟在"毛奇"号之后，其速度（22节）超出了该舰前部船体中当时海水总量所能允许的上限。当时该舰船体内的海水总量约为2636吨，前部吃水深度加深8英尺4英寸（2.54米），后部吃水深度则降低4英尺3英寸（1.3米），同时伴有2°5′的右倾。以上情况本身对于该舰来说倒不是十分严重，而该舰的前部280毫米主炮、150毫米副炮的弹药库以及舰艏及侧舷鱼雷平台未发生进水。如果进水不蔓延至该舰前部下方，那么该舰面临的危险并不严重。不过17时06分，命中该舰的15英寸（381毫米）弹对右舷造成的巨大破孔在21时已经位于水线上方不远处，因此该舰的速度越快，进水也就越多。该舰对付进水的手段仅限于封闭已进水舱室

和仍处在水面上的破孔，为此投入了木板、吊床和木楔，但这些材料基本无法抵挡海浪的冲击，很快就从破孔处松动。该舰舷侧鱼雷舱室内的进水，倒是在中央排水系统的持续运转下得到控制。不过进水又经由破损的通风管道，以及被鱼雷命中造成的防鱼雷舱壁与装甲甲板之间的缝隙，蔓延至装甲甲板以下位置，使得舷侧鱼雷舱室内后方、装甲甲板以下位置的舱室逐渐被海水充满，糟糕的是这些舱室并未与中央排水系统相连。

七、"吕佐夫"号的命运

该舰又遇到了新的麻烦——其前部炮塔群弹药库被淹，据推测，进水是经由侧舷鱼雷平台紧急出口，以及非水密的左舷防鱼雷舱壁和舷侧纵向舱壁渗入的。分析显示，A炮塔药库在20时逐渐被海水注满，随后被影响的是

A 炮塔弹库和 B 炮塔药库。由于前部炮塔群弹药库附近舱室进水过多，对弹药库进行排水的尝试并不成功。虽然 B 炮塔药库内的水位在一段时间内仍可控制在一个较低的范围，但 A 炮塔的药库和弹库，只能在将弹药尽可能多的提升至操作室后被放弃。20 时 13 分，该舰舰长收到的报告称船体内的海水总量为 1038 吨。20 时 35 分，该舰试图提速（此前该舰的航速仅为 3 ~ 5 节），但由于海水对舱壁的巨大压力，尝试宣告失败。

由于 A 炮塔火控指令传输设备的电缆在水下短路，同时通往该炮塔的传声管也出现进水，此时已经无法与 A 炮塔交流火控信息。进水还蔓延至该舰的控制室，但该舱室内的水位一直被控制在较低范围，因此该舱室仍维持运作。

21 时 15 分，该舰内船体内的海水总量约为 2395 吨。虽然截至 21 时 30 分，进入"吕佐夫"号船体内的海水总量并无明确统计，但显然该舰的前部吃水仍在不断加深，且进入该舰装甲甲板以上部分的海水很快就会引发严重的问题。

鱼雷之夜和返航

海战第6阶段（5月31日21时30分至6月2日）

"令人难以置信的疏忽。"

▲ "铁公爵"号，摄于1916年6月1日。

航线选择

理论上，一共有4条可以返回威廉港的路线供舍尔选择。最东的一条是经由丹麦日德兰半岛以东的卡特加特海峡进入波罗的海，然后经由基尔运河返回威廉港，这是唯一一条需要使用基尔运河的路线。杰里科并没有就阻止舍尔使用这条路线多作考虑，因为如果舍尔真的走这条路线，6月1日黎明时分大舰队与公海舰队之间的距离将达到约150海里，杰里科在6月1日白天绝无追上舍尔的可能。此外，从地理位置上看，舍尔距离卡特加特海峡入口处的位置也过远，6月1日黎明前也无法抵达卡特加特海峡入口以南的小贝耳特海峡（The Little Belt）。

由于皇家海军频繁地在赫尔戈兰西北方向布雷，在赫尔戈兰湾进行封锁（公海舰队大致知道英国雷场位置），因此另外3条路线或从雷场两翼绕过，或从雷场中穿过。其中最南的一条航向绕过雷场南侧，沿荷兰弗里西亚群岛（Frisian Island）以北，经埃姆斯河口（Ems River）返回威廉港，这条航线（以下简称埃姆斯航线）也是所有航线中最长的一条。

另外两条航向中，最近的一条由荷斯礁西南约15海里处起（荷斯礁以东因水深较浅不适合主力舰运作），经由阿姆鲁姆浅滩（Amrum Bank）以东，沿石勒苏益格－荷尔斯泰因海岸通往赫尔戈兰。

另一条由赫尔戈兰出发，穿过公海舰队在雷场中清扫出的一条通道，从阿姆鲁姆浅滩以西最终抵达荷斯礁西南约30海里位置——5月31日公海舰队正是通过这一条航向出航，但此前公海舰队从未使用这一航向返回赫尔戈兰。

杰里科很清楚，公海舰队一直在清扫皇家海军布置的雷场，但他似乎并不清楚两条经由阿姆鲁姆浅滩两侧的航线的存在，仅大致知晓舍尔有从荷斯礁以南返回的可能。另一方面，杰里科很清楚皇家海军布设的雷场中有一道较大的空隙，因此也考虑了舍尔从那里返回的可能性。不过德国方面似乎并不知晓这一空隙的存在。5月31日晚21时，舍尔的位置距离荷斯礁105海里，距离阿姆鲁姆浅滩以西航线上的雷场边缘110海里，距离雷场空隙处边缘135海里，距离埃姆斯航线附近的雷场边缘约185海里。

摆在杰里科面前的状况类似于打地鼠游戏。杰里科自己推断舍尔最有可能采用埃姆斯航线，他本人给出的理由如下：考虑到21时41分我收到公海舰队的航向为西南西，我方潜艇又频繁地在荷斯礁附近进行巡逻，我认为舍尔可能觉得能避开大舰队机会最大的航线是埃姆斯航线。为此他需要航行约180海里，且其中约90海里需要在夜间完成。

这一理由中给出的航向（235°）当然与舍尔所采用的实际航向（167°）不符，但这并不是杰里科的责任。在20时30分前后，与贝蒂的战巡进行短暂的交火之后，公海舰队的确曾经一度转向西，但这只是为了规避英国战巡的临时转向，而杰里科收到的所谓西南西航向恰恰是指这一临时航向（贝蒂于21时发出，杰里科于21时41分收到）。贝蒂也受到了类似的误导，因此也赞同杰里科对于舍尔可能采用航线的判断。出于谨慎起见，杰里科打算将大舰队布置在一个左右逢源的位置：我在6月1日昼间的位置距离埃姆斯航线入口处约89～90海里，距离我方雷场中的空隙大约40海里，距离可能穿过阿姆鲁姆浅滩西北我方雷场的路线约10～20海里。

整个5月31日～6月1日夜间，杰里科

均采用 167° 航向和 17 节航速航行，贝蒂的战巡位于西方若干海里外，航向近似 167°。如果舍尔真的使用埃姆斯航道的话，那么杰里科的这一航线非常适宜在 6 月 1 日昼间对舍尔进行截杀，但这条航线实际上根本无法顾及荷斯礁附近航线。由于在荷斯礁附近进行巡逻的仅有 3 艘哈里奇舰队的潜艇，实力过于单薄，因此杰里科于 21 时 32 分派布雷舰"阿布迪尔"号前往加强本方潜艇巡逻线以南的雷场。后者于 6 月 1 日 1 时 24 分至 2 时 04 分之间完成了这一任务。

杰里科也没有忽视舍尔可能从大舰队后方穿过的可能性，因此他在舰队后方布置了第 4、第 9、第 10、第 11、第 12 和第 13 驱逐舰队作为后卫。在他的设想中，如果舍尔从大舰队后方穿越，那么必将遭到己方驱逐舰的攻击。如果公海舰队驱逐舰从后方发动攻击，那么己方的驱逐舰可以将其驱离，在这样的战斗中，己方驱逐舰发射的鱼雷也不会威胁到己方战列舰。杰里科正确地估计到"塞德利兹"号、"德芙林格"号和"吕佐夫"号已经基本失去战斗力，但他并不知道"冯·德·坦恩"号同样基本失去战斗力。令人惊讶的是，此时杰里科依然不知道"玛丽女王"号和"不倦"号已经沉没。

在完成了这一切布置之后，杰里科终于暂时松了一口气，并向舰队通告不打算在夜间作战。尽管在 5 月 31 日至 6 月 1 日夜间大舰队绝大多数官兵仍留在战位上，但这一命令多少使得大多数官兵们，在次日昼间再次投入战斗前，享受了几个小时的放松。趁此间隙，各舰的厨房向官兵们供应了三明治、咸牛肉罐头和三文鱼罐头，还提供了皇家海军传统的热可可——整块的巧克力板切片然后加热融化，巧克力的浓稠度很高，甚至汤匙插进去都不会倒。而疲倦的杰里科本人则衣不解带地在"铁公爵"号舰桥后方的一张小床上沉沉睡去。

由于"威斯特法伦"号转向 142° 航向较晚（21 时 43 分），因此舍尔于 21 时 46 分下令转向 137°。但在"威斯特法伦"号上，这一命令被错误地解读为转向 156° 航向，该舰遂于 22 时 08 分前后进行了转向。这一错误的航向一直维持到 22 时 45 分，后来该舰才转向 133° 航向（根据舍尔 22 时 32 分的命令）。23 时 02 分，舍尔下令取 130° 航向前往荷斯礁，"威斯特法伦"号于 23 时 20 分执行了这一命令。此时公海舰队第 2 中队的前无畏舰已经跟在"国王"号之后，而"冯·德坦恩"号和"德芙林格"号受命，继续在前无畏之后进入战位。这样 22 时 30 分，公海舰队所有主力舰排成了一条纵列，从前向后依次是："威斯特法伦"号、"拿骚"号、"莱茵兰"号、"波兹南"号、"奥尔登堡"号、"赫尔戈兰"号、"图林根"号、"东弗里斯兰"号、"腓特烈大王"号、"路易波德摄政王"号、"皇后"号、"皇帝"号、"边疆伯爵"号、"王储"号、"大选帝侯"号、"国王"号、"德意志"号、"波美拉尼亚"号、"西里西亚"号、"石勒苏益格－荷尔斯泰因"号、"黑森"号、"汉诺威"号、"冯·德·坦恩"号和"德芙林格"号。第 2 侦察群担任战列线先导，第 4 侦察群（以及第 2 侦察群的"埃尔宾"号，该舰由于冷凝器故障无法跟上第 2 侦察群）位于战列线左侧。"毛奇"号和"塞德利兹"位于上述战列线以东，两舰一同脱离公海舰队主力单独行动。22 时 30 分"毛奇"号发现 4 艘英国战列舰出现在左舷前方——这是隶属皇家海军第 2 战列舰战队的 4 艘"猎户座"级战列舰。双方都没有开火的意向，虽然英舰"朱庇特"

▲ "奥尔登堡"号。

▲ "汉诺威"号。

▲ "图林根"号。

▲ "西里西亚"号。

▲ "石勒苏益格－荷尔斯泰因"号。

号观察到"毛奇"号的询问口令,但第2战列舰战队更担心暴露战列线的位置,而"毛奇"号则自知不敌转身就跑。"朱庇特"号后方的"博阿迪西亚"号受命发射鱼雷,由于"毛奇"号现身的时间不足30秒,因此根本来不及实施发射。由于导航器材故障和海图污损,当晚"塞德利兹"号动向并不明确。

舍尔的目的毫无疑问。5月31日晚21时10分他曾在战时日记中写道:"……黎明之前我们必须赶到荷斯礁,以免被从南方追踪而来的强敌拦在德国湾以外。敌人可能在得知昼间战事的情况后从英格兰南部出发。夜间突破敌方拦阻的机会要远远高于昼间,因此我方战列线的前端必须使用一切手段避免被迫转向。"

夜战第一阶段

5月31日至6月1日夜间,双方舰只先后发生了7次交火,主要发生在英方驱逐舰与撤退的德国舰队之间,大多数交火短促而激烈。

第一回合交火发生在21时50分前后,公海舰队第7驱逐舰队与大舰队末尾的第4驱逐舰队遭遇,当时后者正奉命向北占据战列线后方5海里位置的战位。公海舰队方面发射了7枚鱼雷,随后向南撤退。7枚鱼雷均未命中,而大舰队方面只有"花环"号发现

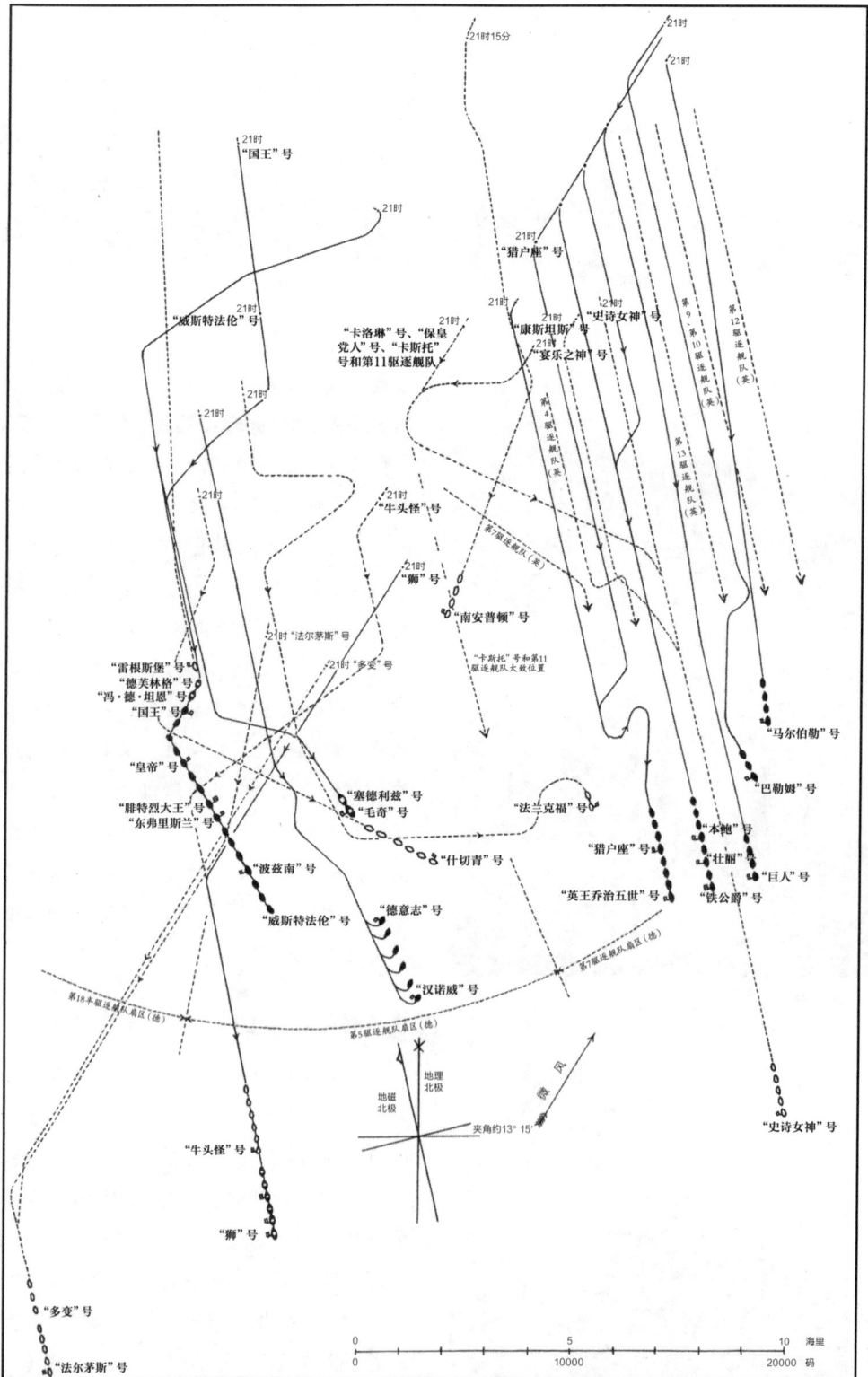

▲ 5月31日22时态势。

了对手并进行了交火，随后报告了对手出现。

第二回合的交火差不多也发生在 21 时 50 分，地点在第一回合交火西南不远处。公海舰队的"法兰克福"号和"皮劳"号发现了由"卡斯托"号带队的大舰队第 11 驱逐舰队，后者当时正向东北方向航行以占据夜间队形的相应位置，但没有发现德国轻巡的靠近。两艘德国轻巡在 1200 码（1097.28 米）距离上发射了鱼雷，然后转身就跑，此次攻击同样未能获得命中。第 11 驱逐舰队就位后便转向南。22 时 15 分，英舰"卡斯托"号发现右舷方向出现 3 艘敌舰，这是公海舰队第 4 侦察群所属的轻巡。德国轻巡使用英国信号盘问口令，"卡斯托"号没有回复，继续接近至 2000 码（1828.8 米）距离。在这个距离上，"汉堡"号和"埃尔宾"号突然打开探照灯并使用 150 毫米炮和 105 毫米炮开火，此外还发射了一枚鱼雷。第 11 驱逐舰队中仅有 2 艘驱逐舰发射了鱼雷，其余舰只未发射的原因或是不确定敌我，或是被"卡斯托"号射击的火光炫目无法确认目标。"卡斯托"号的一名军官回忆到："很多驱逐舰的舰长坚信我们当时遭遇的是友舰，而且在我们回到斯卡帕湾后他们来到我舰上时仍这么认为。直到我们幸运地在舰上的残骸中找到一块带有德国标志的炮弹残片，他们才被说服。"第 11 驱逐舰队指挥官霍克斯利准将于 22 时 50 分报告了此次遭遇，但报告内容极为简略，并没有包括"卡斯托"号自身的位置和航向。在此次遭遇战中，"卡斯托"号共被命中 10 次，其舰桥受损较重，无线电设备和大量传声管受损，并伴有大量伤亡（该舰在整场海战中的伤亡总数为 13 人死、26 人伤），交火时间不超过 5 分钟。

第三回合交火大约爆发于 22 时 30 分，

▲ "汉堡"号。

▲ 海战结束后"卡斯托"号轻巡上留下的巨大弹孔。

当时位于大舰队队形后部的第 2 轻巡中队，发现了重组中的公海舰队第 4 侦察群，双方的航线几乎平行，最近时距离不足 800 码（731.52 米）。开始双方都试图分清敌我，且几乎于同时确认对方是敌舰。22 时 35 分，在古迪纳夫准将下令开火的同时【亦有说法称在 800 码（731.52 米）距离上准将仍未能分清敌我，但他决定打了再说，遂下令开火】，第 4 侦察群也打开了探照灯并向"南安普顿"号和"都柏林"号实施集火，此外参与交火的德国轻巡还包括"汉堡"号、"埃尔宾"号和"罗斯托克"号。双方随即在 800 ~ 2500 码（731.52 ~ 2286 米）距离上展开激战。第 2 轻巡中队仅"南安普顿"号打开探照灯，其余各舰均利用敌舰的探照灯作为瞄准参照物。参战的一名年轻军官回忆道："没亲身经历过的人很难体会探照灯直接照在脸上，与此同时敌舰在极近距离上开火时那种压倒性的心理压力。"

皇家海军的战史中对这一次遭遇战描述道："一瞬间到处都是炮弹飞过和爆炸的巨响，满眼皆是火炮射击的火光，令人眼花缭乱的探照灯光束，双方都频繁转向。此次交火属于旧式的近距离交火，双方都很难脱靶……在15分钟内一切都结束了。"其实实际交火时间可能只有三分半钟，第2轻巡中队此后转向东脱离接触。第2轻巡中队在此次交火中伤痕累累，"南安普顿"号被2枚150毫米炮弹和18枚105毫米炮弹命中，中弹后舰上发生了3起发射药起火事故，但很快被扑灭。舰船虽然受损较重，但人员并未出现重伤或阵亡。该舰仅有一门6英寸（152.4毫米）炮无法运作，但其右舷中部火炮和左舷火炮均因炮手受伤而无法使用。"都柏林"

号被5枚150毫米炮和8枚105毫米炮命中，前弹药舱上方的贮藏甲板起火，舰桥中弹，该舰航海长阵亡，绘图室和无线电设备损毁，中弹后该舰向左偏出阵线。短暂的激战之后，该舰与第2轻巡中队失散，直到6月1日上午10时前后才重新和编队会合。"诺丁汉"号和"伯明翰"号没有中弹。

另一方面，"南安普顿"号发射的鱼雷命中了"弗劳恩洛布"号左舷辅助引擎舱，后者在此后的炮战中倾覆，仅有9人幸存。此外，公海舰队其余参战舰只共被命中7次。考虑到参战舰只中仅"埃尔宾"装备了150毫米炮，可以说该舰的射击非常出色。由于"南安普顿"号的无线电设备被击毁，且该中队各舰一度互相失散，因此直到23时30分"诺丁汉"号才奉命向"铁公爵"号报告此次遭遇战，其内容为"曾于22时15分与西南西方向敌舰交火"。

搭乘"南安普顿"号参加了战斗的史蒂

▲ "都柏林"号。

芬·金－贺（Stephen King-Hall）中尉对这次遭遇战的回忆如下：

一名信号兵突然低声说："我舰舷侧有5艘船！"准将立即转身端详起这几艘不明舰只……从它们模糊的侧影只能判断出这是5艘轻巡洋舰……于是我舰询问口令，来舰则点亮前桅端的彩灯应答。一秒钟后"都柏林"号的一门主炮开火了……我看见炮弹击中了800码（731.52米）处一艘不明舰只的水线以上部位……就在此时来舰点亮了他们的探照灯，而我方也点亮了自己的。在被探照灯的光柱晃瞎之前，我看到一列浅灰色的舰只……战斗持续了三分半钟，先头的4艘德国轻巡向我舰实施了集火……双方距离惊人地近……几乎不可能脱靶……但射击需要人力进行装填，而人体显然是无法承受高爆弹的爆炸的……敌舰的射击稍稍偏高，炮弹恰好在舰桥和后上层建筑附近的上甲板上方爆炸……另一枚炮弹在我们上方的探照灯上爆炸……弹片在2门由海军陆战队操作的6英寸（152.4毫米）主炮的炮盾后横飞，爆炸的炮弹引燃了6份发射药，一时间把炮位照得宛如白昼。我向前望去，只见两条白色的火焰升上半空，一条火柱冲上前桅，另一条直达我舰第2、第3烟囱顶端高度，我感到我们就要完结了……本来中弹了就很不幸，而中弹的后效更是让人惶恐。我舰的中央提弹机就位于这两个烟囱之间，如果殉爆的话会有什么感觉？我们应该怎么做？……火焰摇曳着，渐渐降低了高度……我跑到小艇甲板以便更靠近火焰，但是被绊倒了。我爬了起来，尽力避免踩着软软的东西，最终抵达了小艇甲板，那时火已经熄灭了……起火点附近的一切设施均被熏黑……从黑暗的角落里传来阵阵呻吟。德国人溜走了。这大概是因为我

们的鱼雷中尉发射了一枚21英寸（533毫米）鱼雷。鱼雷以41节速度疾驰，命中了"弗劳恩洛布"号，该舰被炸为两截。（作者注：回忆与上文内容略有出入，可能是由于回忆时的偏差。）

第四回合交火大约发生于23时30分。在此次遭遇战中，皇家海军第4驱逐舰队遭遇了公海舰队战列舰。22时45分公海舰队主力转向133°方向后，便快速接近大舰队方面的驱逐舰。23时30分前不久，第4驱逐舰队在右舷方向发现一系列模糊的船只正在靠近。开始该驱逐舰队以为是友军第11驱逐舰队（其战位应位于该方位，但当时该驱逐舰队实际位置不详），因此"蒂珀雷里"号上前盘问口令。该舰收到的回复是来自德舰"威斯特法伦"号雪亮的探照灯光柱，以及随之而来的150毫米及88毫米炮弹。当时"蒂珀雷里"号位于"威斯特法伦"号左舷正横方向2000码（1828.8米）开外。在第一轮齐射中，"蒂珀雷里"号的前舰桥和首炮便被摧毁，紧跟着"拿骚"号、"罗斯托克"号、"埃尔宾"号、"汉堡"号和S32号先后向"蒂珀雷里"号及第4驱逐舰队的其他驱逐舰开火。"莱茵兰"号则于23时35分在2400～2800码（2194.56～2560.32米）距离上，使用150毫米副炮向位于第4驱逐舰队左舷侧的"黑王子"号装巡开火。开火之后不久，"威斯特法伦"号向右急转90°并提至最高速，以规避英国驱逐舰在交火后发射的鱼雷（"蒂珀雷里"号和另外4艘驱逐舰发射了鱼雷，其他各舰则因仍不明敌我而没有立即发射），跟进的"拿骚"号和"莱茵兰"号也跟着转向。夹在后两舰之间的"罗斯托克"号和S32号平安转向，但"埃尔宾"号在试图从"波兹南"号前方穿过完成转向时，被后者一头撞上右

舷。该舰的引擎舱当即被海水灌满，其舵机和发电机均无法运转，随后失去动力，向右漂离公海舰队编队。"波兹南"号则未受损伤。

位于最前方的"蒂珀雷里"号成了公海舰队的集火目标，该舰的整个前半部都被迅速击毁并引发了大火，同时其舰艏主炮的弹药箱也发生了爆炸。尽管如此，该舰仍继续使用尾炮射击并利用右舷鱼雷发射管发射了鱼雷，随着泄漏的蒸汽阻挡了炮手的视线，该舰逐渐向后漂离。跟在该舰后面的"急性子"号向不足 1000 码（914.4 米）外的目标发射了 2 枚鱼雷，并朝着指向"蒂珀雷里"号的探照灯开火。"花环"号和其他驱逐舰的火炮，也使用了类似的方式进行射击。"急性子"号在发射了鱼雷之后暂时撤出，试图重新装填鱼雷，但由于该舰吊柱被击中，这一操作并未及时完成。该舰此后从前方绕过公海舰队战列线，结果发现对手已经转回了先前航向。此时"急性子"号将公海舰队 3 艘先头战列舰辨认为巡洋舰，而其中距离自己 450 码（411.48 米）的一艘巡洋舰（其实为战列舰"拿骚"号）正直冲过来。两舰的船首左舷狠狠撞在了一起，受其影响，"拿骚"号产生了向右 5°～10° 的侧倾，因此该舰

前主炮塔的 2 门 280 毫米炮以最大俯角发射的 2 枚炮弹，仅穿过了"急性子"号的舰桥屏风以及第二烟囱基座。受撞击和炮口风暴影响，"急性子"号的前部受损严重，但该舰的第 3 舱壁经受住了考验，使得其最终回到了泰恩河（Tyne）。"拿骚"号的上部侧板中有 20 英尺（6.1 米）部分留在了"急性子"号上，且其最高速度一度只能达到 15 节。

跟在"急性子"号后的驱逐舰中有若干发射了鱼雷，但这一轮英国驱逐舰所发射的全部 9 枚鱼雷均未命中。驱逐舰的 4 英寸（101.6 毫米）主炮取得了若干命中，但显然对于公海舰队的战列舰而言，4 英寸（101.6 毫米）主炮造成的损害非常有限，大多数损伤集中在探照灯及其操作人员上。英国驱逐舰仅得到了"黑王子"号装巡的支援，后者的 6 英寸（152.4 毫米）炮命中了"莱茵兰"号。

短促的交火一度停息，第 4 驱逐舰队的若干舰只在"布罗克"号的率领下南撤，而公海舰队的战列舰则重新组成战列线，沿原先航向继续航行。"布罗克"号很快发现一艘大型舰只出现在右舷正横方向，该舰立即盘问口令，回答的是德舰"罗斯托克"号，后者在 1500～1700 码（1371.6～1554.48 米）

▲ 1914 年炮术演练中正在射击的"莱茵兰"号。

▲ 日德兰海战中与"拿骚"号相撞后的"急性子"号驱逐舰。该舰舰桥和烟囱的损伤由"拿骚"号的炮口风暴造成，直到战争结束后才确定该舰撞上了一艘战列舰。

距离上打开了探照灯、不断发射炮弹。"罗斯托克"号之后右转，试图从"威斯特法伦"号和"莱茵兰"号之间穿过，以便两艘战列舰发挥火力，结果被一枚鱼雷击中，其两座锅炉舱当即被海水灌满，导致该舰的主涡轮、舵机和发电机一度停转。该舰随即向后漂离，并从"德意志"号和"波美拉尼亚"号之间穿过了公海舰队第2中队的战线，导致该中队出现了一定混乱。"罗斯托克"号随后恢复部分动力，缓慢地跟在公海舰队主力后方，后又数次因海水进入剩余的锅炉而失去动力并出现5°左倾，其船体内海水总量共约930吨。这一回合中英方的损失同样惨重。由于"罗斯托克"号的射击，"布罗克"号前部受损严重，其舵轮卡住且引擎舱电报机无法使用。受上述故障影响，"布罗克"号不由自主地一头撞上了"食雀鹰"号，导致后者的船舵也被卡死。"食雀鹰"号最终自沉，而"布罗克"号则于6月3日返回泰恩河。命中"罗斯托克"号的鱼雷可能来自"竞争"号或"埋伏"号。6月1日0时10分，"威斯特法伦"号又发现"幸运"号从左舷正横方向逼近，同时第4驱逐舰队也再次发现了公海舰队的前导战列舰。"威斯特法伦"号开火之后迅速转向拉开距离，而"幸运"号在第一轮射击中便起火燃烧，并成为其他德国战列舰的射击目标。"热情"号的舰长回忆道："我们发现4艘大型舰只取与我舰大致平行但稍靠近我舰的航向航行，来舰几次向我舰询问口令，我发现他们询问的方式并不是英式的。不久之后，来舰打开了探照灯，罩住了'幸运'号……'幸运'号很快便被命中了……'幸运'号留给我们的最后印象是在烈火与下沉中仍坚持射击。""幸运"号的还击对"奥尔登堡"号上造成了一定人员伤亡，其最重要的战果

是将后者舰桥上包括舵手和舰长的在内的所有人击伤。一度无人操舵的"奥尔登堡"号，曾面临与"波兹南"号和"赫尔戈兰"号相撞的危险，但该舰舰长及时掌舵稳住了航向。跟在"幸运"号之后的"鼠海豚"号也被击伤。

在英国驱逐舰反复接近公海舰队战列线的同时，"黑王子"号也不知不觉地靠近了公海舰队战列线。德国"图林根"号战列舰发现舰艏左舷方向有一艘不明舰只靠近，随即盘问口令，不明舰只未做回答并转向离开。在"图林根"号的探照灯光下，"黑王子"号的侧影显现出来，于是"图林根"以及其他若干战列舰立即开火。在首轮齐射中，"黑王子"号的舰艉炮塔便被击中，炮塔直接被击飞，同时该舰燃起了大火。此后公海舰队的数轮齐射也取得了命中，几乎将试图脱离的"黑王子"号从后部犁平。在倒数第二轮齐射后，该舰发生了剧烈的殉爆，随即沉没，857名船员全部阵亡。舍尔也注意到了该舰的殉爆，并将其形容为"壮观但可怕的场景"。该舰的命运与"防守"号类似，不过后者在被重创之后殉爆得更快。在这次交火中，"图林根"号在750～1100码（685.8～1005.84米）距离上发射了10枚305毫米炮弹、27枚150毫米炮弹和24枚88毫米炮弹，"东弗里斯兰"号则仅动用150毫米副炮射击，可能"拿骚"的280毫米主炮也在900～1500码（822.96～1371.6米）距离上对该舰进行了射击。"大选帝侯"号则在900～1300码（822.96～1188.72米）距离上用305毫米主炮和150毫米副炮对该舰进行了射击，并注意到46秒后"黑王子"号前部和后部各发生了一次剧烈爆炸，以及随后的沉没。德国官方战史内给出的该舰中弹数与"武士"号相同，均为15枚大口径炮弹和6枚中口径炮弹，

不过显然对该舰的中弹情况无法做出准确的统计，而12枚大口径炮弹以及6枚以上的中口径炮弹命中可能是更准确的数字。另外，战前为"黑王子"的6英寸（152.4毫米）炮提弹机顶部加装钢制防火盖的计划已经获批，不过不确定在日德兰海战时该舰是否已经完成这一改装。根据"东弗里斯兰"号的记录，"黑王子"号在沉没前进行了一两次齐射，但均落在该舰后方。

在此前的战斗中，第4驱逐舰队的"热情"号脱离了与德舰接触后转向南，该舰发现前方出现烟气并以为来自友舰"埋伏"号，便靠了上去，然而这一次依然是"威斯特法伦"号。

尽管"热情"号最终发现了对方并非友舰，但此时距离已经不足900码（822.96米），因此该舰也迅速被"威斯特法伦"号的探照

▲ "黑王子"号。

▲ "热情"号。

灯锁定。在随后的交火中"热情"号前部被毁，最终在锅炉和蒸汽管线爆炸之后沉没。该舰全体乘员中仅有2人于6月1日晨被大舰队主力救起，其中1人为该舰舰长。当晚舰长目睹了许多同在水中的部下在水里渐渐死去："他们看起来都没有经受什么痛苦，就像是翻身睡着了一样。"

"热情"号的舰长回忆道："我发现一艘大型舰只正取与我舰相反的航向行进，我立即发动攻击，并在极近的距离上发射了我舰仅剩的鱼雷。但我还没来得及估计攻击效果，敌舰就打开了探照灯并锁定了我舰……我这才知道我舰面对的是整整一个战队的德国战列舰！……对于这样的对手，我舰主炮毫无用处，而我舰的鱼雷也已耗尽，现在我们能做的只剩等待敌舰的弹雨……我舰一再被击中，速度也逐渐下降直至完全停止……我舰所有灯光都已熄灭，我能感到我舰正在下沉。"

第4驱逐舰队与公海舰队之间血腥的战斗至此基本结束，第4驱逐舰队已经不复存在，幸存的该驱逐舰队各舰均已四散。"威斯特法伦"号在这一阶段的交火中表现异常出色，尤其考虑到该舰并没有装备指挥仪指向设备。同时，公海舰队方面探照灯的使用以及与火炮的配合，要比对手娴熟和高效得多。

根据大舰队作战条令，驱逐舰的首要任务是利用炮火与敌方驱逐舰交战，而非侦察以及保持与敌舰的接触（总体而言，大舰队作战条令中对于驱逐舰的使用偏向防御性，而非进攻性）。因此毫不奇怪"威斯特法伦"号的舰长以及米切尔森准将，均认为第4驱逐舰队虽然展现了足够的勇敢，但夜间鱼雷攻击水平较低了。

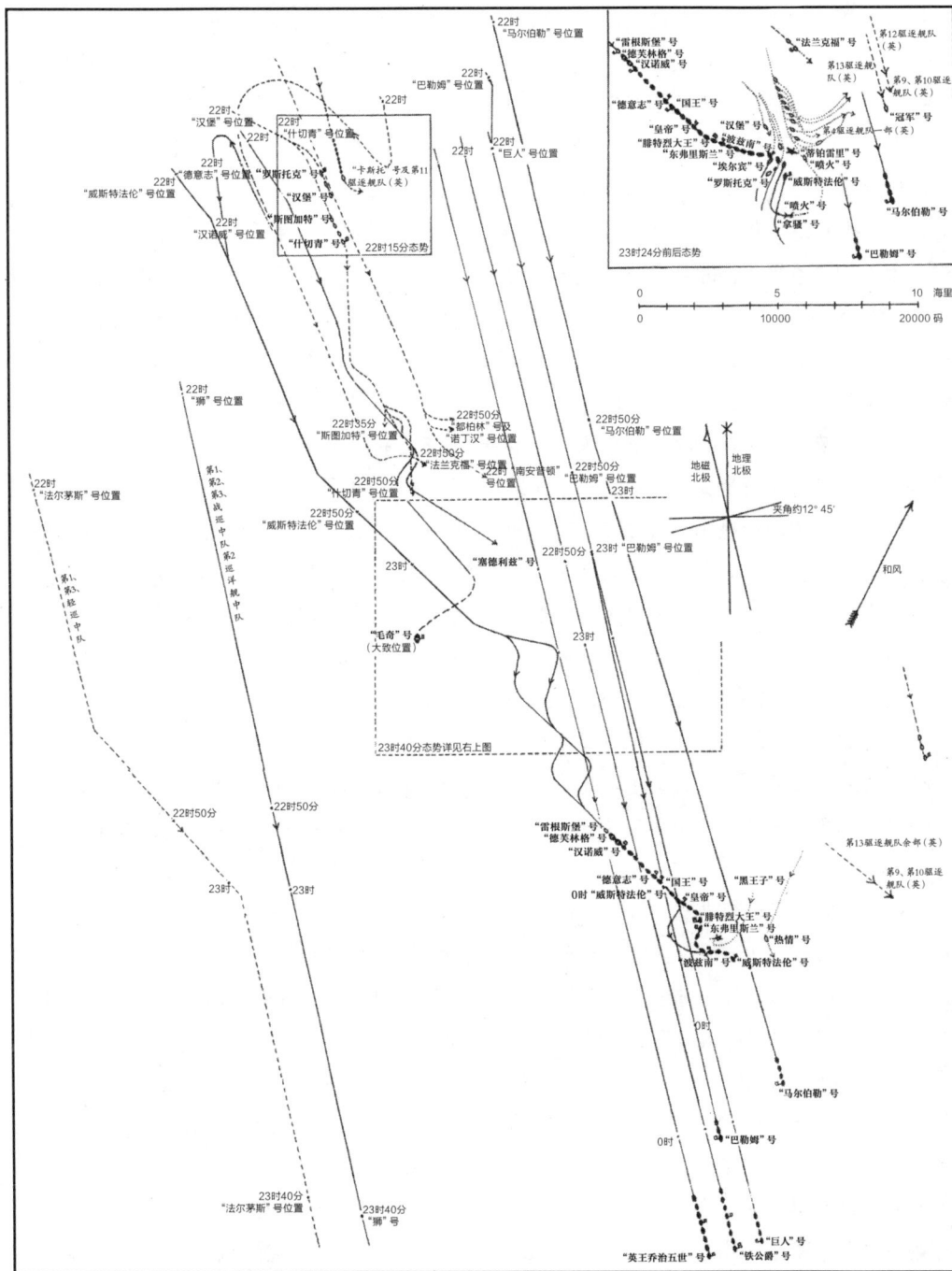

▲ 6月1日0时15分态势。

杰里科将大量驱逐舰置于舰队后方，作为后卫的目的之一便是防止舍尔的公海舰队从大舰队后方穿过。可对于杰里科来说遗憾

的是，麾下的驱逐舰乃至战列舰又一次让他失望了。

第 4 驱逐舰队本身并未报告公海舰队的

接近，虽然各舰在不成比例的战斗中也许的确无暇顾及报告这事，且大概他们也指望领舰进行报告，而该驱逐舰队的领舰"蒂珀雷里"号在交火之初就被重创。还在"蒂珀雷里"号被对手集火时，一艘德国轻巡曾无意间照亮了本方战列线。隶属第13驱逐舰队（未参与交火）的"爆竹"号的舰长和"冠军"号船员，都认出了对手是"赫尔戈兰"级战列舰，但两舰均未向杰里科报告。23时40分前后，位于公海舰队第3中队尾部的"国王"号战列舰曾向右舷方向出现的驱逐舰开火，其目标据估计是第11驱逐舰队（该驱逐舰队所属的"宠臣"号的记录显示，在23时45分前后，曾遭到来自右舷正横方向的攻击）。该驱逐舰队并未试图反击和查明对手，而是转向257°撤退了事。23时40分"马来亚"号曾发现附近在进行激战，但该舰也未报告。

尽管双方都不清楚，但6月1日0时15分，公海舰队的先头舰只已经从皇家海军第5战列舰中队和第6战列舰战队后方穿过了大舰队航线。

双方的第五回合交火发生6月1日凌晨0时35分前后。还在公海舰队前驱与第4驱逐舰队交火时，部分落点过远的炮弹就落在了皇家海军第9驱逐舰队附近，该驱逐舰队的旗舰"利迪亚德"号驱逐舰以为这些炮弹来自本方的大型舰只。0时35分，"威斯特法伦"号发现右舷出现可疑的烟云，而左舷1100码（1005.84米）外则出现两艘驱逐舰。该舰随即冲向两艘驱逐舰，这是临时加入第9驱逐舰队的"爆竹"号和"动荡"号。"爆竹"号在400～500码（365.76～457.2米）距离上发现德舰出现在右舷舰艏方向，当时该舰所有鱼雷均已消耗完毕，于是该舰加速并略向左转以免被撞击，但还是很快被"威

斯特法伦"号的探照灯所笼罩。13枚150毫米炮弹和6枚88毫米炮弹命中"爆竹"号，导致后者航速降至28节，而"威斯特法伦"号则以为"爆竹"号已被击沉。"威斯特法伦"的炮火随即转向左舷的"动荡"号，后者已经转向与"威斯特法伦"号平行的航线以免被撞击，"威斯特法伦"号随即右转11°以便左舷全部炮火进行射击。首轮齐射中，"动荡"的舰尾就被击中，其尾炮也被打飞。根据"威斯特伐利亚"号的报告，"动荡"号于5分钟后锅炉发生爆炸，随后沉没。隶属第13驱逐舰队、临时加入第9驱逐舰队的"纳伯勒"号和"鹈鹕"号也发现了"威斯特法伦"号，后者甚至发现了"拿骚"号，但两舰都以为那是本方的轻巡或装巡。尽管交火就发生在1000码（914.4米）外，这两艘一枚鱼雷都未消耗的战舰并未对交火进行干涉。此次交火中，依然没有舰只向杰里科进行报告。在交火海域以南4海里处，"马尔伯勒"号注意到了此次交火，而该舰当时认为这是敌驱逐舰在攻击本方的第5战列舰中队。

夜战第二阶段

此时拦在"威斯特法伦"号与荷斯礁之间的只有第12驱逐舰队，以及"冠军"号所率领的第13驱逐舰队一部。凌晨1时45分，天色开始变明，"威斯特法伦"号距离荷斯礁灯船只剩28海里。此时"服从"号和"福尔克努"号先后发现右舷舰艉方向有陌生舰只取122°航向（实际航向为133°）航行，两舰迅速确认来舰为"皇帝"级，"福尔克努"号随即取平行航线并提速至25节，同时第12驱逐舰指挥官斯特灵上校命令第1战队（"服从"号、"奇迹"号、"警觉"号和"突击"号）实施攻击。由于目标消失在雾气中，

此次攻击没有实施。在此后的机动中，第12驱逐舰队第2战队的4艘驱逐舰（"猫眼石"号、"威胁"号、"明斯特"号和"玛丽·罗斯"号）与"神射手"号失散，因此未能参与此后的攻击。"警觉"号只有2座锅炉正常运行，因此没有跟随"服从"号行动，而是单独向南。

被发现的公海舰队舰只纵队是"拿骚"号（位于队形倒数第4位置）、第5战队以及第2中队。队形末尾的"西里西亚"号和"石勒苏益格－荷尔斯泰因"号，位于纵队稍左位置。除了"德意志"号之外，第2中队的其余前无畏舰与先导舰只相距较远。"大选帝侯"号的冷凝器发生泄露，因此其中央涡轮在0时03分至1时47分之间停机。此时天气条件对进攻方有利，天色一方面使得探照灯的效果大大降低，另一方面也同迷雾一起掩护了驱逐舰队。2时04分，"大选帝侯"号在左舷前方1500～1700码（1371.6～1554.48米）外，发现6艘四烟囱驱逐舰正排成一列纵队高速接近，该舰立即转向并用150毫米炮和88毫米炮向驱逐舰开火，随后第5战队的其他3艘战列舰以及"德意志"号也相继转向并开火。然而在德国舰只实施转向机动之前，"福尔克努"号、"服从"号、"奇迹"号就已经发射了鱼雷，并在对手转向之后与"突击"号一同实施了第二轮射击。2时10分，"突击"号于2时08分至09分之间发射的一枚鱼雷命中了"波美拉尼亚"号，该舰随即发生了一系列爆炸，船体断为两截，844名船员全部阵亡。2时14分左右，高速脱离中的"突击"号感受到了数次震动，当时该舰乘员认为此次震动是由于舰船在高速航行中从一艘潜艇上方碾过引起，但实际上震动来源于"波美拉尼亚"号残骸发生的若干次爆炸。

"服从"号上的一名军官回忆了"波美拉尼亚"号沉没的过程："在'波美拉尼亚'号船舯部位的水线附近，腾起了一团暗红色火球。火焰以惊人的速度向前后方蔓延，直至前桅和主桅的位置，桅杆处燃起巨大的红色火焰，在两座桅顶之间有浓密的黑烟和耀眼的火光。随后我们看见该舰尾部翘起，推测其船体折断了。"紧跟"波美拉尼亚"的"黑森"号当时认为命中"波美拉尼亚"的鱼雷来自于一艘潜艇，该舰因此于2时12分向右舷方向一艘想象中正在下潜的潜艇开火。

"拿骚"号以及"西里西亚"号和"石勒苏益格－荷尔斯泰因"号则观察到了三四艘驱逐舰的侧影出现在左舷的浓烟和迷雾中，"拿骚"号首先转向左舷并对驱逐舰开火，随后"西里西亚"号和"石勒苏益格－荷尔斯泰因"号相继加入了战斗，"石勒苏益格－荷尔斯泰因"号在1100码（1005.84米）距离上发射的一枚170毫米榴弹命中了"突击"号的舰桥，造成多起伤亡并引发火灾，其中"突击"号的舰长重伤，"突击"号随后消失在德舰视野中。"黑森"号报告观察到在"波美拉尼亚"号上发生了若干次短暂的爆炸，每次爆炸均伴有不同颜色的浓烟。最先产生的是白色、黑色或乳黄色的烟柱，继而深红色的火焰从该舰的右舷升起，随后蔓延至全舰。位于"波美拉尼亚"号左舷后方较远处的"西里西亚"号观测到"波美拉尼亚"号上两道火焰冲天而起，直达桅顶高度以上。随后发生的大爆炸将"波美拉尼亚"号折为两截，并有大量的破片。许多碎片落在"德意志"号附近，其中一块溅起了巨大的水花，据推测该块碎片来自炮塔顶部装甲或上甲板。爆炸发生三四分钟后，"汉诺威"号在约1000码（914.4米）开外右转偏离队列，以避开"波美拉尼亚"号的残骸。根据前者的记录，"波美拉尼亚"号的舰尾部分正逐渐倾覆，其船舵和推进器已经露出水面。根据"西里西亚"号和"冯·德·坦恩"号的记载，两舰分别于2时20分和2时30分左右经过"波美拉尼亚"号沉没的位置，其残骸仍清晰可见。

据推测，"突击"号发射的鱼雷，引爆了"波美拉尼亚"号的部分170毫米副炮炮弹，爆炸随后又造成附近的其他炮弹和发射药殉爆。最终在左舷中雷部分引发的进水蔓延至远端之前，火焰造成了右舷弹药库殉爆。德国主力舰的副炮通常并未设计独立的弹库，副炮炮弹和其发射药一同储藏于170毫米副炮药库内。就"波美拉尼亚"级而言，其280毫米主炮的炮弹和发射药可能储藏于同一舱室，或是分别储藏与同一层甲板上的相邻舱室中。这一设计并未在后继舰只上采用。

第12驱逐舰队第2战队（"女祭司"号、"内萨斯"号、"独角鲸"号和"贵族"号）本应跟在第1战队后立即施放鱼雷，但由于设定失误未能顺利实施攻击。与第4驱逐舰队在零点前后实施的攻击相比，此次攻击的结果要好得多：未损失一艘驱逐舰，同时击沉一艘敌舰。更为重要的是，在攻击前后，该驱逐舰队指挥官斯特灵上校向杰里科报告发现了敌战列舰。第一封电报发送于1时56

◀ "波美拉尼亚"号。

◀ 描绘"波美拉尼亚"号沉没的油画。

分："紧急！优先！发现敌战列舰。我的位置为第 1 战列舰中队后方 10 海里。"第二封发送于 2 时 08 分："紧急！正在进行攻击。"第三封发送于 2 时 13 分，报告敌舰航向为西南南。不幸的是，一方面由于驱逐舰上安装的无线电设备较为原始，另一方面由于德国对无线电持续的干扰，加上天线可能有所损坏，这三封电报都未能被杰里科收到（也有观点认为"福尔克努"号使用的频率不正确）。这也是当夜唯一一艘报告了敌战列舰动向的驱逐舰。无论如何，即使杰里科收到该电，他也来不及拦截公海舰队主力了。

第七回合交火发生在 2 时 15 分前后。位

于第 12 驱逐舰队以东的"冠军"号、第 13 驱逐舰队的"顽固"号和"莫尔兹比"号，在听到第 12 驱逐舰队和公海舰队交火的炮声后，立即赶往战场。随后"神射手"号和"女祭司"号也与三舰会合。2 时 34 分以前，这支小分队曾发现 167° 方位出现可疑舰只。尽管怀疑是德舰，但"冠军"号却选择了向东规避，其余舰只也跟随转向。队形末端的"莫尔兹比"号在转向时发现四艘"德意志"级前无畏舰出现在 4000 码（3657.6 米）外的 257° 方位，并取 122° 航向全速航行，随即向左离开队形并发射了一枚鱼雷。2 时 42 分，"冯·德·坦恩"号发现了这枚鱼雷的航迹

▲ 6 月 1 日凌晨态势。

并进行了规避。

除此之外，载有"吕佐夫"号幸存者的G40号、G38号、V45号和G37号驱逐舰，于2时25分左右发现了"花环"号和"竞争"号，双方在1300～4500码（1188.72～4114.8米）距离上展开了一场短暂的交火，双方均无战果。

3时，公海舰队主力抵达荷斯礁灯船，此时舍尔心里的石头也算是放下了，而空前绝后的日德兰大海战也就此进入了尾声。

2时30分，杰里科和贝蒂转向180°，大舰队的战列舰再次排成单列准备随时投入作战。3时15分，L-11号飞艇出现在大舰队战列线4海里外，该飞艇很快遭到了大舰队各战列舰的射击，但所有射击均严重偏离目标。无论如何，该飞艇的出现让杰里科明白自己的行踪已经暴露。3时55分，一封海军部于3时29分发出的电报抵达"铁公爵"号，并于约4时15分送至杰里科手中。该电显示，2时30分公海舰队已经位于荷斯礁灯船以西16海里处，距离"铁公爵"号东北30海里外，航速16节，航向东南南，直到此时杰里科才终于知晓舍尔的位置和动向。显然舍尔将由荷斯礁附近海域返航，同样明显的是杰里科已经不可能赶上舍尔。4时04分，依然相信公海舰队还位于大舰队以西海域的贝蒂请求杰里科批准实施向西南方向的侦察。他于4时40分被旗舰的回复震惊：敌舰已经返回母港，尝试找到"吕佐夫"号。

大舰队现在还能做的，仅剩下向北扫荡，看看是否能逮住一两艘被重创的敌舰。4时13分，大舰队的战列舰再次排成6列纵队实施搜索。8时52分，大舰队的战列舰首先转向西，与己方战巡汇合后，10时大舰队全体转向西北。

直至9时之后杰里科才得知贝蒂所部的损失详情。9时07分杰里科致电贝蒂："我想确认是否所有曾失去动力的舰只都在航行中。贵部的轻巡和驱逐舰是否已经集结？'新西兰'号和'不倦'号在哪里？"杰里科等来的回复是"玛丽女王"号、"无敌"号和"不倦"号残骸位置。震惊不已的杰里科直至11时04分才再次致电贝蒂："'玛丽女王'号和'不倦'号是什么时候沉没的？"对此贝蒂回复称前一天下午。11时25分，杰里科再次发问："它们是被水雷、鱼雷还是火炮击沉的？"他收到的回复是："鉴于两舰都在被齐射命中后立即爆炸，因此不认为是被鱼雷或水雷击沉。"

10时44分杰里科向海军部报告海战结束，即将返航。6月2日上午，战巡舰队抵达福斯湾，下午大舰队主力进入斯卡帕湾。当晚，杰里科报告大舰队完成燃料补给，并处于4小时备航状态。

中弹记录

英方

皇家海军主力舰在5月31日至6月1日夜间并未进行交火，但"马尔伯勒"号的状况发生了恶化。在昼间战斗中被鱼雷命中后，该舰一直保持17节速度航且在6月1日凌晨1时前一直未发生严重故障。凌晨1时，该舰乘员发现其A锅炉舱的右舷纵向舱壁以及前部横向舱壁的右侧角落逐渐发生内陷。尽管该舰随即对这两部分结构进行了额外加固，但继续保持17节的航速似乎并不安全。此外虽然该舰另外两锅炉舱的锅炉仅由右舷煤舱供煤，但该舰还是保持了7°～8°的侧倾，因此进水仍逐步蔓延至船员难以进入的舱室。此外，A、B两炮塔的射击可能使得加固件断裂，进而导致舱壁破裂。考虑到以上因素，该舰降低了航速。根据伯尼海军中将凌晨 1 时 56 分发给杰里科的电报，该舰航速已降至 12 节，但该舰舰长的记录则为航速首先降至 15 节，然后又降至 13 节。接报后，杰里科命令该舰经多格尔沙洲以西的 M 水道返回泰恩河或罗塞斯，而伯尼中将则电令"无惧"号轻巡洋舰负责将其本人转运至"复仇"号战列舰。中将离舰之后，"马尔伯勒"号转向北方并以 11 节的速度继续航行，直到凌晨 4 时才收到杰里科指示返回泰恩河或罗塞斯的命令。

德方

这一阶段德方主力舰和前无畏舰的损伤，主要由皇家海军驱逐舰的 4 寸（13.33 厘米）炮以及"黑王子"号的 6 英寸（152.4 毫米）炮造成。

一、"威斯特法伦"号

该舰被"蒂珀雷里"号驱逐舰发射的 1 枚 4 英寸（101.6 毫米）弹击中前烟囱，炮弹爆炸后彻底摧毁了该舰的左舷前部上方探照灯，并击碎了左舷前部下方探照灯的反射镜。

二、"莱茵兰"号

在 23 时 35 分与"黑王子"号的交火中，该舰被后者发射的 6 英寸（152.4 毫米）弹命中 2 次。其中一枚在该舰左舷前部上方探照灯的支架支撑结构上爆炸，切断了前部全部探照灯的电缆，并对两座前部下方探照灯以及前烟囱造成了一定破坏。另一枚炮弹击中了该舰船体板，并在前部横向装甲舱壁上爆炸，炸点距离舷侧 4 英尺（1.22 米）、炮列甲板以下 1 英尺（0.305 米），炸点处的横向装甲舱壁厚 160 毫米。该舱壁被击中处明显内陷，同时与炮列甲板的紧固件出现松动。受爆炸影响，炮列甲板大面积向上拱起。此

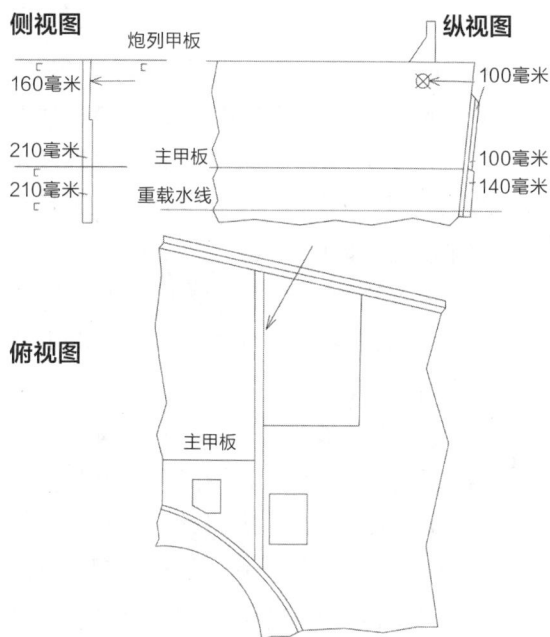

▲ "莱茵兰"号海战第 6 阶段中弹示意图（23 时 35 分）。

外距离炸点 52 英尺（15.85 米）处的右舷船体板被一块弹片击弯，弹着点附近的轻结构及其他装置彻底被毁，同时蒸汽起锚机也无法运作。

三、"奥尔登堡"号

"运气"号驱逐舰在该舰舰尾方向发射的一枚 4 英寸（101.6 毫米）弹取得命中。炮弹在该舰的左舷前部上方探照灯处爆炸，弹片及其他破片击打了舰桥。该舰的左舷 4 号 150 毫米炮廓炮在发射第 11 枚炮弹时发生炸膛，导致该炮及其摇架无法运作。

四、"拿骚"号

由"急性子"号驱逐舰发射的一枚 4 英寸（101.6 毫米）炮弹，在该舰左舷前部探照灯支撑结构上爆炸，导致左舷前部两部探照灯均无法使用。另一枚 4 英寸（101.6 毫米）弹可能在该舰后炮塔平行位置，距离该舰不

远处的海水中爆炸，弹片导致左舷后部上方探照灯无法运作。而与"急性子"号的相撞，对该舰造成了相当的破坏，当时两舰航线之间的夹角为1°，"拿骚"号的速度约为16节，"急性子"号则可能为25节。当时后者舰艉翘起，正在"拿骚"号舷侧行驶，然后一头撞上了"拿骚"号左舷1号150毫米炮廓炮的位置，冲击力在造成该炮后部扭曲的同时还将其炮架从炮列甲板上扯了下来。该炮及其炮架均被破坏。撞击中，"拿骚"号船体所受的损伤主要集中在艉楼甲板附近的较高处，其左舷船体板有长约50英尺（15.2米）的部分被撕开，最深处达11.5英尺（3.35米）。艉楼甲板则在约20英尺×16英尺（6.1米×4.88米）范围内出现向内和向上的弯曲。由于当时海况平静，因此撞击并未使得海水涌入船体，不过破孔在被临时修补前，该舰的航速被限制在15节。

以上命中中，击中"莱茵兰"号前部探照灯或前烟囱的1枚6英寸（152.4毫米）弹以及另外3枚4英寸（101.6毫米）弹，共造成28人阵亡，56人负伤。

五、"西里西亚"号

该舰在夜间从一处残骸上方经过时，推进器传动轴发生轻微弯曲。当晚类似事故并不鲜见，皇家海军的若干舰只也报告撞上了残骸，其中"巨人"号战列舰的右舷螺旋桨在一次碰撞中受损，"马来亚"号水线以下部分在返回母港过程中的一次碰撞中轻微受损。

六、"塞德利兹"号的命运

在抵达荷斯礁之前，该舰的状况似乎并不危险。该舰的速度起初为22节，后降至20节。考虑到该舰前部严重的受损状况，这一速

度实属过快。不断拍上艉楼甲板的海浪和进水，引起该舰纵倾改变，导致操舰越来越困难，因此此后该舰大幅降低了航速（先为15节，后进一步降低为12节）。同时，降速与该舰辅助燃油系统故障也有一定关系。随着炮列甲板上的进水漫过上部装甲带位置的横向舱壁，并进一步造成装甲甲板以上的舱室进水，该舰艉楼内的进水逐渐增加。

七、"吕佐夫"号的命运

22时12分前后，该舰的前部吃水深度约为13米，23时05分吃水进一步加深至15米，此时海水已经淹至第1主炮塔（A炮塔）的炮管。6月1日0时前后，该舰已无法控制左舷柴油发电机室内的积水。随着该舰的泵房进水且艉楼内的管道被毁，前部泵群也无法发挥作用，进水进一步向锅炉舱蔓延。截至6月1日0时45分，该舰仍以不足7节的速度（实际速度可能不足5节）继续向南航行，但种种状况表明该舰已经支撑不了多久了。该舰装甲甲板以下位置的进水进一步蔓延，最终其司令塔以前装甲甲板以下的几乎所有舱室均被淹。至午夜时分，该舰前部的所有电灯全部熄灭，但此时位于该舰上层船舱甲板的左舷交换机室似乎并未被淹，记录表明此时仍有部分船员被困在该舱室。在装甲甲板以上位置，海水通过该舰艉楼甲板上的弹孔漫入上层及下层中甲板，经由通风管道蔓延至装甲甲板上的舱室，导致A炮塔基座以前、装甲甲板以上位置的几乎所有舱室均被淹。虽然该舰曾三次试图封堵艉楼甲板上的弹孔，但随着前部吃水深度的持续增加，海水不断地从艉楼甲板涌入船体，使得一切努力化为徒劳。此外，海水还经由前部150毫米炮廓进入船体并向深处蔓延，最终该舰剩

余的水泵再也无法控制控制室和最前部燃油锅炉舱内的水位，船员也被迫从这两个舱室内撤出。0 时 45 分之后不久，该舰最后一次倒车的努力失败。此时该舰已无法转向，只好迎着海风和逐渐加剧的海浪航行，其艏楼甲板已经部分沉入海面以下，推进器也已经露出了水面，因此在 1 时前试图倒车继续航行的尝试也宣告失败，利用驱逐舰拖曳该舰的尝试也被迫放弃。舰长哈德（Harder）命令锅炉熄火，最终决定弃舰。

该舰的枪炮长帕申少校记录了舰长决定弃舰的经过：我依然坚持着自救的希望，但 1 时前后舰长召集全体高级军官开会。会上相关部门报告了船体内的海水总量约 7500 吨，并估计我舰最迟不会晚于早上 7 时沉没。这个消息对我们无疑是一个沉重的打击，我们美丽的战舰啊！然而理智告诉我们必须做出决定了：艏楼已经位于海面以下 2 米处，海水经由开放的炮廓一直涌入船体，经由开裂的甲板直达中甲板。为了保住乘员的生命，我舰的大型前部燃油锅炉舱也不得不放弃。

实际上，在舰长下令弃舰时，仍有部分船员困在已经被淹没的舰艏中，依靠空气泡维持着最后的生命。该舰的一名见习军官曾回忆道：我经常回想起我舰沉没时仍困在舰上的 6 名可怜的司炉。他们当时位于我舰的前部柴油发电机转换室，情形宛如待在潜水钟里一般，但无法逃脱。他们曾给我打电话，向我报告该舱室内水位正在缓慢上升，但水泵仍大致能控制水位。直到最后他们都依然鼓足了勇气和保持着乐观，尽管他们已经被困住了。

0 时 55 分，为该舰护航的驱逐舰受命在该舰舷侧停靠，有共约 1250 名乘员分别转乘 G40 号、G38 号、V45 号和 G37 号驱逐舰，

其中有 700 人登上了 G37 号。

荣格上尉（Jung）记录了乘员准备离舰时的场景：幸存者们在艉甲板上集中。在我们头上，早已被敌炮击破的战旗仍在高高飘扬。此时人群中已经没有军官和水兵之分，资深士官们负责指挥。夜色依然深沉，仅在东方出现了拂晓的微光。舰长最后的演说非常简短，在结尾的时候，舰长要求我们为"吕佐夫"号以及其成员今天表现出的无私和对祖国的杰出贡献而骄傲，最后我们为我舰和皇帝陛下欢呼了三次。"现在我们登船！"舰长最后的命令触及了我们每个人最深处的感情。

帕申少校回忆了乘员们离舰的经过和"吕佐夫"号的最后时刻：离舰过程堪称典范。伤员首先离舰，其余乘员再安静而有序地离舰。我所乘坐的驱逐舰是最后一艘离开的，我在晨光中观察到"吕佐夫"号的样子：此时它的 A 炮塔已经沉入水面以下，B 炮塔宛如露出水面的孤岛：海水一直淹没至舰桥的上甲板部分，舰艉则比往常高出约 2 米。

哈德舰长最后一个离舰。1 时 45 分，G38 奉命发射鱼雷将该舰击沉。受该舰前部大量进水的影响，其后部吃水深度大幅减少，结果第一枚鱼雷从后部下方穿过。第二枚鱼雷命中该舰中部，其随即开始向右侧倾，并在 2 分钟内沉入水中。德方记录的其沉没位置为北纬 56°15′，东经 5°53′，位于"威斯特法伦"号后方 45 英里处。

"吕佐夫"号损管记录的最后数据显示，该舰装甲甲板以下位置的进水总量为 4209 吨，以上位置的进水总量则为 4142 吨，因此总进水量达 8351 吨。受此影响，该舰的前部吃水深度增加到 28.5 英尺（8.7 米），后部吃水深度则减少 15 英尺（4.57 米）。注意以上数据并未包括该舰控制室以及最前部锅炉

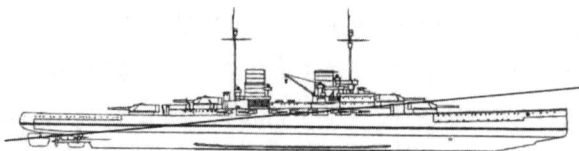

▲ 6月1日1时45分左右"吕佐夫"号的状态。

舱内的进水，且这一数字显然比该舰在沉没前的总进水量要少很多。1时45分前，其实际水线位置已达B炮塔基座上沿位置，表明该舰龙骨前端位置的吃水深度增加了40英尺（12.2米）。这一位置位于舰艏与B炮塔之间，距离舰艏约90英尺（27.4米），距离B炮塔基座前沿约115英尺（35米）。

该舰的记录显示，在决定弃舰前不久，其前部吃水深度已达17米，推进器已经露出水面，这和此前该舰损管部门的计算结果相符。在决定弃舰至1时45分之间，该舰内的进水总量继续大幅增加，导致在1时45分该舰的前部吃水深度约为70英尺（21.3米）。显然，G38号驱逐舰发射的鱼雷并未显著加快该舰的沉没速度。

争议

毫无疑问，阻挡公海舰队返航的努力失败了。这自然引出一个问题：是谁之过欤？

不堪大任的驱逐舰

表面上看，指望驱逐舰阻挡战列舰航线本身就是一种妄想。除了火力处于绝对劣势之外，英国驱逐舰也没有接受过合适的夜战训练。当对手卓有成效地使用探照灯、照明弹配合副炮射击时，英国驱逐舰明显难以应付。同时，皇家海军驱逐舰队编制（18艘）过于庞大，并不适合夜间作战。日德兰海战后，皇家海军每个驱逐舰队缩编为9艘，同时规定在夜战中作为一个单元出战的驱逐舰数目

不超过4艘。此外，皇家海军的驱逐舰也缺乏相应的作战训练。大舰队大量驱逐舰忙于执行诸如在斯卡帕湾和彭特兰湾外实施警戒巡逻、为舰队辅助舰只（偶尔还包括船队）实施护航，以及不计其数的迎来送往之类的任务。尽管大舰队作战条令中的确有不少关于驱逐舰的内容，但一旦大舰队出海，驱逐舰又忙于为舰队提供护航。当大舰队的战列舰进行演练时，驱逐舰仍需要提供护航，因此即使出海大舰队的驱逐舰也没什么时间进行操练。部分驱逐舰甚至连续几个月都没有进行过炮术和鱼雷训练。至于各战队之间的训练就更为难得。尤其考虑到所有驱逐舰队很难得有机会处于满员状态，因此在整场日德兰海战中，英国驱逐舰的表现都不尽如人意。

驱逐舰数量不足的问题，并非直到日德兰海战才体现出来。自从1916年费舍尔爵士再次出任第一海务大臣并提出庞大的造船计划以来，英国造船厂就一直在满负荷运转。尽管驱逐舰是造船计划的重点之一，然而该舰钟的缺口一直难以弥补。在日德兰海战之后长期的反潜作战中，这一问题将更加突出。

另一个导致英国驱逐舰在夜间表现不佳的重要原因，是缺乏有效的敌我识别手段。在5月31日至6月1日夜间，虽然皇家海军的驱逐舰频繁地发现可疑侧影或阴影出现在附近，但在大多数情况下，还未待英方辨明敌我，可疑目标就已经消失在黑暗中。同时，如"急性子"号报告的那样，"（大部分驱逐舰）在对敌舰位置毫不知情的同时，对我方友舰的位置也仅有大致概念"。因此在夜战中，驱逐舰很难判断敌我。雪上加霜的是，由于公海舰队已经知道皇家海军询问口令的方式，

因此德方舰只常常在询问口令的同时开火，这更使得英方驱逐舰在夜战中难以判断敌我或决定是否开火。即使当他们决定开火，往往也已经错过最佳时机。此外，英国驱逐舰大多涂装为黑色，这一颜色在夜间反而比很多颜色更容易分辨。海战结束后，英国驱逐舰迅速改为和德国同行们类似的灰色涂装。

1922 年，海军部训练与参谋委员会编写并公开发行的"海军部报告"中，将"未向驱逐舰通知敌情"的责任直接甩给了杰里科。杰里科本人愤怒地反驳，他并不比他麾下的驱逐舰更清楚敌舰的位置、队形和航向，并反问，难道贝蒂就向当时配属给战巡舰队的第 1 驱逐舰队通报了敌情了吗？（作者注："海军部报告"中对当时已前往新西兰出任总督的杰里科多有指责，而对时任第一海务大臣的贝蒂百般回护。杰里科在阅读了这份报告后勃然大怒，写了 20 多页的修改意见发回伦敦。）尽管这一反驳不无道理，但这只解释了问题的一半，至于问题的另一半：为什么英国驱逐舰连己方舰只的位置都不清楚则完全没有回答。而在海战中，公海舰队一直向其所属驱逐舰通报战列舰的位置以免发生误解。这一问题上，杰里科并非完全无辜。

皇家海军的驱逐舰也没有收到在夜间攻击敌主力舰的明确命令。尽管 1916 年 5 月 1 日，杰里科在一份关于大舰队作战条令的备忘录中明确表示，夜战中驱逐舰应主动发起攻击而非待命，但这一备忘录直到 5 月 30 日大舰队出航时仍未正式发布，因此皇家海军的驱逐舰也并不知道这一条令。

对于皇家海军的驱逐舰来说，稍显安慰的是，如果说他们是错失良机的话，那么公海舰队的驱逐舰在夜战中几乎无所作为，尽管后者对于夜战的准备要比皇家海军充分得多。

作战司的致命疏忽

无论如何，杰里科也不见得指望单靠驱逐舰拦住公海舰队，但是当几乎所有和公海舰队接触的驱逐舰都不报告接敌时，大舰队主力又能做什么呢？

整个夜战期间，杰里科只收到关于敌舰动向非常有限的情报。22 时 50 分，"卡斯托"号经由"肯彭菲尔特"号转告"铁公爵"号，该舰正与敌巡洋舰交战（第二回合交火）。此后。第 2 轻巡中队 23 时 30 分也报告曾和敌巡洋舰交火。尽管这两次交火都被大舰队战列舰观察到，但这两次汇报都不能显示敌战列舰的所在。

在夜战进行的同时，"第 40 室"不断截听和破译公海舰队的无线电通信。按照程序，"第 40 室"并不负责对破译的电报内容进行解读，这一任务由海军部作战司执行并由作战司转告杰里科。当晚作战司的第 1 份情报发送于 5 月 31 日 21 时 05 分（"铁公爵"于 21 时 39 分收到），显示 3 个敌驱逐舰队将在夜间实施攻击。这份情报固然与公海舰队战列舰的动向无关，且实际上，这是舍尔 19 时 16 分于大舰队第 2 次抢占 T 字横头期间向"雷根斯堡"号发出的命令。这份电报也使得杰里科坚信，当晚在大舰队主力后方爆发的战斗仅仅是驱逐舰之间的混战而已。注意，"第 40 室"早在 19 时 40 分就已经向作战司送交了已被破译的该电。作战司的第二份情报发送于 21 时 58 分（"铁公爵"号于 22 时 23 分收到），显示 21 时公海舰队战列线末尾舰只的方位为北纬 56° 39′，东经 5° 30′，航向为 167°。这份情报根据 21 时 03 分"雷根斯堡"号发送给公海舰队第 2 和第 6 驱逐舰队的电报而来，"第 40 室"在破译后于 21

时 25 分送交作战司，该电所报告的位置更靠近"汉诺威"号而非"国王"号的实际位置。第 3 份情报发送于 22 时 41 分（"铁公爵"号于 22 时 48 分收到，也有资料认为"铁公爵"号于 23 时 05 分才收到），显示公海舰队战列舰队已于 21 时 14 分奉命返航，航向 137°，航速 16 节，公海舰队的战巡位于战列舰后方。这份情报综合了舍尔 21 时 14 分、29 分和 46 分的命令，3 份情报在破译后分别在 21 时 55 分至 22 时 10 分送交作战司。

对比舍尔的动向，海军部的第 2、第 3 份情报非常准确，尤其是第 3 份情报，如果结合 21 时公海舰队的大致位置，这份情报实际上清楚地显示了舍尔的目标是荷斯礁。如果杰里科能在 6 月 1 日凌晨 0 时 30 分之前率队杀往荷斯礁，他仍有机会在 6 月 1 日昼间拦住舍尔。遗憾的是，杰里科并没有选择相信这两份情报。

动摇杰里科对作战司情报的信心的原因之一，当然是 5 月 31 日 12 时 30 分海军部电告杰里科上午 11 时 10 分敌旗舰仍在亚德湾；原因之二是海军部第二份情报所显示的敌舰位置与杰里科的推断不符。由于"英王乔治五世"号于 21 时 05 分错误地汇报了己方战巡舰队的位置，杰里科根据贝蒂 20 时 40 分和 21 时发回的情报，以及敌战巡位于战列线前方这一假设（假设是错误的），判断敌战巡 21 时的位置为北纬 56° 47′，东经 5° 24′ 分，航向为 235°。此外，杰里科估计当时公海舰队战列舰队位于"铁公爵"号西北方位，而这情报则显示公海舰队战列线末尾舰只位于"铁公爵"号正西（21 时"铁公爵"号的实际位置为北纬 56° 38′，东经 5° 47′，但杰里科当时认为其位置为北纬 56° 39′，东经 5° 42′ 分）。这样一来，海军部的这份情报看起来就有很大的问题。

在这种情况下，杰里科当然更倾向于接受现地指挥官对于敌情的报告而非此前信用记录不佳的海军部的情报，何况海军部的情报还晚了近 2 小时呢？海军部本有机会加强自己的信用度：舍尔曾于 21 时 06 分发电请求派出飞艇侦查荷斯礁【该电并未被威廉港收到，但斯特拉瑟（Strasser）上校主动在 5 月 31 日至 6 月 1 日夜间派出 5 艘飞艇实施侦查，其中 L17 号前往荷斯礁以西。由于能见度很低，侦查并没有获得有价值的情报】，该电在被破译后于 22 时 10 分送交作战司。如果作战司能向杰里科发出这一情报，那么显然会大大增强第 3 份情报的可信度。

当然，海军部作战司也许觉得加上 21 时 58 分的情报，22 时 41 分的情报已经足以显示舍尔的意图，但他们没有考虑到上午 12 时 30 分的电报，会让别人失去对自己的信任。

23 时 15 分，作战司收到了舍尔 22 时 32 分电的破译稿，该电给出公海舰队的航向为 133°。同时，另一份米切尔森准将电令的部分破译稿表明了准将命令所有驱逐舰于 6 月 1 日凌晨 2 时在荷斯礁集结或前往斯卡角。23 时 50 分，作战司又收到了舍尔 23 时 02 分电令的破译稿，该电给出公海舰队航向为 114°（实际为 130°，破解时解读错误），其中心位置为北纬 56° 15′，东经 5° 42′。午夜之后，作战司收到破译的电报，进一步确定了公海舰队的航向为 133° 或 130°。包括上述情报在内，5 月 31 日 22 时 43 分至 6 月 1 日 1 时期间，"第 40 室"曾先后截获并破译了 7 份显示舍尔的航向或位置的电报，但无一被转送给杰里科。

杰里科在战后反思道：如果海军部能在发送 22 时 41 分电报的同时，告知我他们所掌握的全部信息，我将不会对舍尔实际采用的航线有任何怀疑……舍尔发往飞艇部门的请求电……毫无疑问表明了他的航线，但海军部并未转发给我……即使仅仅转发给我关于飞艇和驱逐舰集结地的情报，我也能从中获得我所需要的全部信息。如果能及时转发给我（作战司当晚获得的）关于敌方位置和航向的情报，那么这些情报将能帮助我确认22时48分（实际为22时41分）情报的内容，同时自然会清除我脑中对于对手是否维持舍尔21时45分电所指示航向的任何疑问，促使我排除'伯明翰'号（应为'诺丁汉'号）23时38分的报告中提及敌舰航向南这一信息的干扰。我实在是难以理解海军部参谋们为何会出现如此致命的疏忽，但公海舰队摆脱于昼间在荷斯礁附近与我方交战的事实应归咎于这一疏忽……自从大战以来海军部的态度就一直令人费解。海军参谋们明知我在夜间的指挥饱受批评，但仍认为不宜让英国民众知道谁才真正应该被指责。

"第40室"在日德兰海战中的表现堪称出色，但如前所述，该部门并无对破译电进行解读的权力。直到1917年，这一情况仍无明显改观，大量的破译电被作战司直接扔到"未使用文件"分类下。这种情况一方面是出于对保密性的过度痴迷，另一方面是由于作战司自身运作情况不佳。海军总参谋长亨利·奥利弗（Herry Oliver，时任少将）固然能力出色，但他事必躬亲的工作习惯使得他在挑选副手时看中的并非是候选人的能力，而仅仅是希望副手能分担日常工作而已。按照正常程序，奥利弗少将决定哪些情报需要发送给大舰队指挥官，但当少将不在时，这一任务由作战司总监承担。如果作战司总监也不在场，决定权则掌握在值班上校手中。奥利弗少将本人的能力倒是毋庸置疑，作战

▲ 亨利－奥利弗少将，时任海军总参谋长。

司总监（当时为杰克逊少将）应该也能正确解读这些情报的价值，但不幸的是当时决定权掌握在一名能力平庸的值班上校手中（皇家海军在战前缺乏经过良好训练的专业参谋人员，设立的相关学校其学员通常资质也并不出众）。据"第40室"成员的回忆，5月31日晚间21时58分的电报发出后，根据已知情报可疑判断显然双方主帅都不追求夜间主力舰对决。在这一情况下奥利弗少将预计当夜不会有什么重要事件需要亲自处理，于是自从大舰队起航之后就一直没合眼的少将便去休息了。作战司总监杰克逊少将可能也因为类似的理由去补充睡眠，暂时接替二人的是值班上校、海军大臣的海军秘书埃弗雷特上校（Everett）。上校显然并不熟悉公海舰队的作战信号和套路，因而也不能意识到电报内容的重要性，"第40室"的成果就这样被归档了事。但即使埃弗雷特上校当班，

按照程序他也必须在和作战司的参谋们讨论
"第40室"发来的破译电内容后才能将其归
档，除非当时没有其他参谋在场——这很难
想象。由于当时值班的作战司参谋并没有留
下对当晚情况的任何记录，因此当晚究竟发
生了什么如今已经不得而知。

缺乏主动性的指挥官

杰里科的批评者们在"海军部报告"中，
对杰里科的另一主要指责是：皇家海军各驱逐
舰队与公海舰队的交战过程本身，就已经提示
了杰里科公海舰队主力正从大舰队后方由东向
西穿过。该报告的作者煽情地写道："炮口的
火光、探照灯的光柱、爆炸的炫光、燃烧的驱
逐舰上的烈焰……这一切都清楚地表明了德国
人的逃跑路线，就如'腓特烈大王'号的罗经
一样明白。"前海军大臣温斯顿·丘吉尔也赞
同这一观点。当然，事后诸葛亮和脑补永远是
比较容易的。实际上，大舰队主力能观察到的
交火只有第4和第5回合的交火，那么这两次
交火是否能给杰里科足够的提示呢？

大舰队第4驱逐舰队与公海舰队先头战
列舰的激战，的确被大舰队战列舰注意到，
部分舰只（如"铁公爵"后第二艘战列舰"壮
丽"号）注意到炮口的火光正逐渐向东移动，
但杰里科认为那依然是轻巡和驱逐舰之间的
混战。在他看来，舍尔的目的是利用轻型舰
只进行火力侦察，判断通向荷斯礁或赫尔戈
兰的航向上是否有大舰队舰只的威胁，这也
是"铁公爵"号舰桥上大部分军官的观点。
该舰的枪炮长当晚大部分时间都待在舰桥上，
他回忆道："我注意到舰队后方发生的战斗，
我们一致认为那是双方的驱逐舰队之间的混
战，我方驱逐舰正试图阻止敌方驱逐舰攻击
我方战列舰队后部。"杰里科并认为此类交

火可能迫使舍尔转向西。

当然，如果接受了海军部22时41分发来
的情报，这一动向的确提示了敌战列舰的位置，
但杰里科也的确有不接受海军22时41分的情
报的理由，而如果追究下去，那就又会回到"为
什么其他情报不也发给我"的罗生门。

杰里科固然没有做出正确的解读，但其
麾下的轻巡和驱逐舰显然也没有帮助他做出
正确的解读。在第4驱逐舰队与公海舰队主
力交火的整个过程中，唯一一份与公海舰队
重型舰只有关的情报，由"马来亚"号附近
的"伯明翰"号于23时30分发出。该电声
称发现不明数量战巡位于32°方位，航向
167°，不确定敌我，可能为敌舰。贝蒂收到
该电时航向被解码为235°，这显然对厘清
当前状况并无帮助。该电给出的敌战巡位置
为"铁公爵"号后方30海里，实际上如果
给出的是相对"马来亚"号的位置，也许会
更有价值。"伯明翰"号当时观察到的究竟
是什么颇为可疑，尽管该舰战后报告中认为
是公海舰队先头的战列舰，后者的确曾一度
转向南规避第4驱逐舰队的鱼雷，但如果"伯
明翰"号真的如通常认为的那样位于"马来亚"
号右舷，那么该电给出的方位又不正确，可
能该舰实际观察到的是"塞德利兹"号或公
海舰队第4侦察群。而在皇家海军第4驱逐
舰队方面，随着战斗的发展，部分驱逐舰——
包括当时尚未受损的"埋伏"号和"花环"
号——逐渐意识到他们的对手并非是开始认
为的"巡洋舰"，而应是公海舰队战列舰。
尽管如此，仍没有任何一艘驱逐舰向"铁公
爵"号进行报告。部分驱逐舰的确可以拿无
线电设备损坏作为理由，但这并非普遍情况。
而位于舰队尾部的若干战列舰的舰长和将官
们同样保持了沉默。

在当夜的第 4 回合交火中，距离战场最近的战列舰为第 5 战列舰中队剩余的 3 艘战列舰。"巴勒姆"号在报告中声称"似乎夜间对方鱼雷艇一直在不同方位发起攻击，开始在西，随后逐渐转向北……"该中队队形末尾的"马来亚"号的舰长则声称 23 时 40 分前后该舰曾注意到在右舷正横方向，"仿佛我方驱逐舰正在攻击于我方航向相同的若干大型敌舰……（在一枚我方发射的鱼雷爆炸的火光中）我舰注意到敌方领舰双桅杆、双烟囱和明显的起重机特征。"考虑参战舰只的外形，上述描述清晰地刻画了"威斯特法伦"级的特征，尤其是起重机——英国战列舰全部使用动臂式起重机。事实上，该舰发现的的确是"威斯特法伦"号。尽管如此，该舰的舰长并没有报告这一发现。杰里科曾在战后遗憾地表示："（如果'马来亚'号向我报告）我本可以得到一条有关舍尔正在从舰队后方穿越的动向的线索。"日后的北约北欧联军（Allied Forces Northern Europe）总司令、海军上将帕特里克·布林德海军上将（Patrick Brind）当时曾以中尉军衔在"马来亚"号服役。在当夜第四回合交火时他正在舰桥上值班。他回忆道当发现公海舰队战列线后，"马来亚"号所有的主炮都指向了敌舰，随后该舰的枪炮长向舰长请求开火。出乎他们意料的是博伊尔舰长（Boyle）否决了这一请求，其理由是伊万-托马斯少将就在 2 艘战列舰之前位置，因此一定能看到"马来亚"号看到的一切，所以必须等待少将的命令！这个理由与阿巴斯诺特少将在公海舰队突袭斯卡伯勒一战中，拒绝"猎户座"号战列舰开火请求的理由几乎如出一辙。

在 5 月 31 日 17 时，第 5 战列舰中队在公海舰队密集的弹雨下转向 180° 时，博伊尔舰长鉴于情况危急，便并没有死板地遵循依次转向的条令，而是提前开始了转向，然而在当夜他却又表现出那样的死板。尽管几分钟后博伊尔舰长的确向伊万-托马斯少将通报了敌情，但他并没有想过越级汇报，自然也不会直接向"铁公爵"号报告。位于"马来亚"号前方的"刚勇"号在 23 时 35 分，曾透过雾气中的一个空隙观察到两艘敌"巡洋舰"，并记录了明显的起重机特征——如上所述，这显然是敌舰。"刚勇"号倒是利用信号灯向"马来亚"号通告了发现巡洋舰，随后由"马来亚"号转达"巴勒姆"号。事实上，站在"巴勒姆"号舰桥上的伊万-托马斯少将也注意到了发生在第 5 战列舰中队后方的交火，不过少将此后解释称他认为那仅仅是公海舰队驱逐舰与己方驱逐舰、轻巡之间的交火。无论如何，少将并没有向杰里科报告敌情。另外，根据"塞德利兹"号的作战记录，该舰于 6 月 1 日 0 时 45 分前后曾在左舷方向 1500 米外发现 3 艘"马来亚"型战列舰（此处来自原文）。该舰遂转向北同时利用截获的英方夜间识别信号迷惑对手，然后施放烟幕掩护逃脱。当时该舰的速度不足 20 节。

除了第 5 战列舰中队所辖各舰之外，"大力神"号、"征服者"号、"巨人"号、"壮丽"号、"朱庇特"号、"鲁莽"号、"柏勒洛丰"号、"前卫"号和"加拿大"号的舰长均在战后报告中声称，在当晚听到炮火声并观察到探照灯光。这些迹象首先发生在西北方向，随后在夜间逐渐沿一道弧线，绕过了大舰队主力编队后方，而上述各舰均未向杰里科报告情况。其中"柏勒洛丰"号的战后报告中记录道："一艘巡洋舰起火……火焰将该舰射出的探照灯光柱都变成了红色……午夜之后，交火不时发生在我舰左后方，除此之外当夜没有其他异常。"当时在"加拿大"号参战的一名海军中尉在45年后依然记得"激烈的交火首先发生在西北方向的黑暗中，随后逐渐绕过我舰后方，最后逐渐消失在东方。显然在距离数海里之外，一些重要的事情正在发生，但让我们惊讶的是（至今我仍感到惊讶），大舰队主力依然继续向南。"

因此，除了"伯明翰"号23时30分含糊的情报外，整个5月31日～6月1日夜间，杰里科没有从麾下各舰那里收到任何关于发现敌主力舰的报告。大舰队相关各舰在当夜的这一疏忽令人震惊，一位参战的驱逐舰军官曾感慨道："那些遍布舰队上下、据称很有能力的军官们，仅仅需要简单的下令用无线电或信号灯报告'敌战列舰！敌战列舰！敌战列舰！'就足以改变历史！"这固然有些夸张，但确实是反映了大家不甘的心情。

公允地说，当晚发生在大舰队战列舰编队后方的交火，并未出乎杰里科的意料之外。本来杰里科就担心公海舰队的驱逐舰会在夜幕的掩护下对己方的战列舰发动攻击，而海军部作战司21时05发来的情报又加强了他的这一设想，因此发生在大舰队战列舰编队后方的交火自然被杰里科及其高级副手们解释为了预期的交战。而且在杰里科的设想中，如果作为己方后卫的轻巡和驱逐舰真的遇上了公海舰队主力，那么它们自然会向自己报告。当然，在不对称的激战中，各驱逐舰舰长及驱逐舰队指挥官的确无暇汇报，但是为什么在战斗的间隙他们也不汇报呢？既然没有收到来自己方后卫的报告，"铁公爵"上的军官们当然不会打扰沉睡中的杰里科。然而杰里科不知道的是，公海舰队的驱逐舰并没有参与当晚的混战。公海舰队所辖的驱逐舰中，10艘一早就脱离了战场，经丹麦以北海域进

入波罗的海并抵达基尔港。其余驱逐舰的确在当晚试图搜寻大舰队主力，然而它们什么都没有找到，自然也与当晚的战斗无关。

处在被批评的风口浪尖上的军官们自然也有一番道理。"巴勒姆"号的舰长就曾经辩解道："显然关于我方战列舰队在先后若干次观察到敌舰后，是否需要报告总指挥官一事值得争议。当晚我一直和我的将军（伊万－托马斯少将）待在舰桥上，而我们得出的结论是总指挥官一定掌握了一切情况，至于驱逐舰的攻击一定是按计划进行的，持续不断地向总指挥官汇报显然是多余且非必要的。大舰队内并不鼓励无节制地使用无线电，毕竟无线电通信会暴露我方自身的位置。这一理由可能也影响了'马尔伯勒'号所在的第6战列舰战队。我们可能做出了错误的判断，但不应被评价为'令人难以置信的疏忽'。无论如何，当晚第5战列舰中队的判断是敌舰正在尾随我方，因此我方无疑处在天亮后继续与敌方作战的最佳位置。即使总指挥官接到了'马来亚'号和'刚勇'号的报告，他也不见得会得出敌舰队正试图前往荷斯礁的结论——毕竟'马来亚'号观察到的结果是敌舰正航向南。考虑到这一点，他也许也会认为没有在天亮前改变航向的必要。何况即使他改变了航向，次日晨他也会面对雾气更浓的天气。6月1日昼间，'铁公爵'号上的视距大约只有三四海里，根据德国公海舰队总指挥官的报告，荷斯礁附近的天气更差，甚至无法完整地看到一个战队。在这一情况下，双方根本无法形成和保持战列线，更别提确定敌舰方位和进行交火而获得胜利了。所谓'日德兰的果实'无论如何，都很难接近，遑论消化。"

以上辩解中关于天气的部分倒的确是事

实。杰里科自己就承认天亮时"天气情况非常不利于发现敌舰并进行交火，雾气甚至比整个夜晚都要浓，视距不足 4 海里（在荷斯礁附近甚至不足 2 海里）。由于缺乏保持联系的巡洋舰和驱逐舰，舰队也缺少了作战必需的'眼睛'。" 这一情况无疑是非常困难的。如果当夜大舰队转向荷斯礁而公海舰队方面保持航线不变的话，那么天亮时大舰队大致将位于公海舰队前方 12 海里，大舰队也可能采取巡航队形即各战队排成彼此平行的纵队齐头并进。对于大舰队方面来说，不幸的是大部分驱逐舰在夜间交战中已经四散，而对手的驱逐舰则已经在黎明前完成了集结。当然，再进一步推测杰里科可能采用的机动意义已经不大了，毕竟这牵涉到太多的变数。

辩解中涉及无线电通信的部分有一定道理，但大舰队早就做出过如下规定："最重要的是，发现敌舰的情报应立即报告总指挥官，为此应使用一切可能的无线电或可视通信手段。"当然，同一文件中也曾就无线电做出过如下规定："无线电应保留给那些需要向将官传达最重要的情报，这样当重要情

报传送时才不会因被次要情报堵塞信道而造成延误。"实践中皇家海军似乎更重视后一条指令，时任第一海务大臣的亨利·杰克逊海军上将（Herrry Jackson）曾在战后对杰里科提及："我们遵循的原则是无必要则不使用移动无线电平台发报，且出海后发报数量应不超过在港时。"

尽管如此，以上辩解仍是事后诸葛亮式的。杰里科固然不会料到天亮后天气会变坏，而伊万-托马斯少将和他的舰长也显然不会料到天亮后天气会如何变化。固然从战事的发展来看，即使"马来亚"号进行了报告，日德兰海战的结果也很难说会有明显改观，但这当然不足以证明少将在夜间做出选择时有多大的合理性。

1934 年杰里科在总结日德兰海战的教训时曾表示："永远不要以为你的总指挥官能看到你看到的一切。" 显然这一教训对他来说印象非常深刻。

过分的谨慎

大舰队遵循的另一条原则是：为了防止敌驱逐舰在夜间的攻击，夜间不应做出任何可能泄露战列舰位置的行动。这个原则也阻止了各舰在夜间使用灯光或无线电进行报告（大舰队方面很清楚德国方面拥有出色的无线电定向技术），还使得夜间开火或盘查口令不够明智。即使盘查口令的结果不令人满意，战列舰也不应开火。总之，夜间防止自身位置泄露，比确定敌舰位置乃至攻击敌舰更为重要。大舰队的指挥官们没有考虑过，发现敌舰的同时，敌舰也同样可能发现己方舰只。因此当"朱庇特"号当晚 22 时 30 分前后发现"毛奇"号时（该舰试图突破至荷斯礁的过程中，第 2 战列舰中队其他各舰也

曾发现该舰）并没有开火——"除非在敌舰明显要进行攻击时，否则不宜暴露我舰位置"。杰里科事后表示"对此我完全不能理解"。

"阿金库特"号在战后报告，夜间曾有一艘疑为驱逐舰的舰只靠近该舰，"我舰并未盘问口令，以免暴露本方位置，对方随后转向离开"。当晚23时45分前后，该舰正通过第2和第5战列舰中队之间不足2海里的区域，且距离第5战列舰不足1600码（1463.04米）。从各舰航线来看，该舰所报告的"驱逐舰"几乎可以肯定是和公海舰队主体失散的"塞德利兹"号。鉴于"塞德利兹"号当时的状况，该舰肯定撑不过几轮齐射。第2战列舰中队的3艘战舰也观察到了该舰，但均未发动攻击。"马尔伯勒"号观察到"来舰不小"号，"复仇"号则认为"来舰看起来像一艘战巡"。"复仇"号倒是下令用6英寸（152.4毫米）副炮向来舰开火，不过当时该舰的所有副炮炮手都在观望不远处第4驱逐舰队的苦战，因此当他们匆匆返回炮位时，"塞德利兹"号已经消失在夜色中。"马尔伯勒"号认为来舰是一艘大型舰只，但并未开火。该舰的枪炮长战后悔恨道："我错过了我一生中仅有的机会。我从高处看到了来舰黯淡的轮廓，然后命令所有主炮都指向来舰，瞄准器上的距离设定为4000码（3657.6米），偏转角设为24°。随后我向司令塔内的舰长请求开火，而他认为来舰是友舰因此拒绝了我的请求。当时我应该毫不犹豫立即开火，把来舰打个稀巴烂然后再表示'抱歉'。""无惧"号驱逐舰也发现了"塞德利兹"号，但既然前面的大家伙们看到了来舰却都没有任何反应，该舰舰长遂认为自己还是啥都别干得好，毕竟自己还承担着引导后续驱逐舰的任务。

就这样，得益于大舰队方面过分的谨慎，公海舰队幸存的舰只中，受伤最重的"塞德利兹"号（该舰的磁罗经损毁，海图污损，仅能依靠人力操舵）竟然平安地穿过了大舰队队形。6月1日0时12分，"塞德利兹"号脱离危险，驶向荷斯礁。

反观公海舰队方面，尽管其主要目标就是脱身，但各舰显然不担心主动开火会暴露自身位置，"图林根"号击沉"黑王子"号的过程就清楚地表明了这一点。

遗憾的是，直到第二次世界大战，皇家海军仍在犯类似的错误。当然，也不应忘记卢弗腾岛夜战、马塔潘恩夜战等战例中，当事指挥官表现出的主动与大胆。

当然，在经历了长时间的激战后，皇家海军的军官和水手都筋疲力尽，这可能在一定程度上影响了当晚大舰队的表现。但公海舰队上下同样也很疲劳，而且在夜间其精神压力可能更大。

如前述，整个5月31日至6月1日夜间，杰里科没有从麾下各舰那里收到任何关于发现敌主力舰的确定报告，因此他也就假定后方的交火是敌驱逐舰试图突破己方驱逐舰的拦阻，对己方战列舰实施攻击。22时50分，"卡斯托"号的报告当然也无助于杰里科改变这一想法——轻巡参战帮助驱逐舰突破阻拦本就是很正常的事情，尽管轻巡同样可能作为公海舰队战列线的侧卫。既然如此，杰里科假定自己仍处于舍尔和其基地之间，且能在昼间再度迫使舍尔交战又有什么值得惊讶的呢？如果说杰里科有过错的话，那只能是在夜间他没有如昼间一般持续向麾下各部询问敌舰动向。

总之，虽然6月1日凌晨2时30分，杰里科和贝蒂转向180°，然而这无疑已经太迟了。

|第八章|

重伤舰只的命运

▲ 日德兰海战后伤痕累累的"塞德利兹"号。

努力挽救"塞德利兹"号

6月1日凌晨3时45分，S24号驱逐舰以及公海舰队第7驱逐舰所辖第13驱逐舰半队的5艘驱逐舰发现了"塞德利兹"号，随即作为其反潜护航编队与该舰一同航行。4时，"塞德利兹"号通过位于荷斯礁的灯船，随后驶向叙尔特岛（Sylt），此后两艘驱逐舰离队。5时40分，"塞德利兹"号与公海舰队主力会合，6时5分，"塞德利兹"号位于公海舰队第2战列舰战队后方位置。此时该舰已经无法保持公海舰队15节的编队速度，其航速首先降至10节，之后又降至7节。

由于"塞德利兹"号的前部已经严重下沉，其进水总量进一步增加。该舰的炮列甲板右舷部分在5月31日16时50分的第一次中弹中受损，导致大量海水经甲板进入装甲甲板上方，涌入位于装甲盒前端以及锅炉舱最前端舱壁之间的舱室。此次中弹还造成了其他损伤，最终造成上述区域内的所有舱室均被海水灌满。此后，海水又灌入A炮塔基座位于中甲板和炮列甲板之间部分，并继续向下蔓延，导致A炮塔的弹库和药库先后被淹。除此之外，A炮塔基座内的进水还经由紧急逃生道蔓延至舷侧鱼雷平台。虽然该平台内的水位仍可控制，但操作人员仍从平台撤出。进水随后又蔓延至鱼雷火控中心，并进入该舰控制室。此前，该舰锅炉舱最前端舱壁就已发生向上述俩舱室的轻微漏水，随着该舰的纵倾不断加剧，进水对该舱壁的压力也不断增大，漏水的情况也随之愈发严重。由于两舱室内均未设置有效的排水设施，因此进水完全无法控制。最终鱼雷火控中心和控制室于6时5分和7时10分被先后放弃。这又导致对引擎舱的指令只能依靠通信员和传声管实施传送，导航作业也因此愈加困难

同时该舰虽然一度试图加速跟在第2中队后方，但航速一旦超过15节海水就会漫过艏楼，因此该舰的速度不得不下降至7节。雪上加霜的是，7时40分前后该舰的两座陀螺罗经又出现故障，由于此前磁罗经已经出现了偏差变化，海图在海战中丧失或污损，这一新故障导致该舰无法自行完成导航作业，被迫向附近的第2侦察群求助以通过阿姆鲁姆浅滩（Amrum Bank）。第2侦察群于8时30分派出"皮劳"号对"塞德利兹"号进行导航，此外威廉港在收到求助信号后也派出了携带一些堵漏材料的抽水船实施救助。"皮劳"号于8时45分就位并以7节的速度领航，此时"塞德利兹"号的前部吃水已达13米。该舰由此面临一个困难的抉择：在这一吃水深度下，该舰几乎不可能从阿姆鲁姆浅滩穿过，但从浅滩以西穿过又过于遥远。该舰最终还是决定碰碰运气从浅滩穿过。9时"塞德利兹"号在叙尔特岛南端的赫尔努姆（Hörnum）附近海域搁浅，经测量该处水深约为13.5米，这也说明了该舰当时的吃水深度。为了尽可能抬高舰艏，该舰对左舷和船舯后部纵倾平衡水柜以及左舷后部舱舱中57英尺（17.4米）长部分进行了反向注水作业，降低了该舰向右舷的侧倾，使得该舰于9时30分（高潮前1小时40分）成功脱离。这次通过浅滩的尝试失败了，迫使该舰决定经由阿姆鲁姆浅滩和1915年9月10日至11日皇家海军布设的雷场以西，前往赫尔戈兰湾。为此公海舰队派出的第1扫雷分队于9时30分前后赶到，该分队所辖的一组扫雷艇在前开路，另一组扫雷艇则取代第7驱逐舰队所辖的4艘驱逐舰担任反潜护航任务，整个编队取10°航向向叙尔特岛以北的深水区航行。10时25分"皮劳"号收到情报，称8时45分在北纬

▲ 挣扎中的"塞德利兹"号。

55°27′，东经6°45′位置，荷斯礁西南西方向20～25英里处发现英战列舰编队，该情报迫使"塞德利兹"编队不得不通过阿姆鲁姆浅滩以东航道返回赫尔戈兰湾。

第1扫雷分队遂在"皮劳"号和"塞德利兹"号之前排成横队，不断进行测深作业并用旗语通报结果，作业还得到了临时奉命赶来的S36号驱逐舰的支援。根据测深结果，"塞德利兹"号选择了最深的水道通行。偶尔发现水深略为不足时，该舰便加快主机转速，强行从海底表面擦过。12时30分编队通过赫尔努姆以西、阿姆鲁姆浅滩水道入口处的隘道，2小时后"塞德利兹"号抵达福尔特拉普（Vortrapp）深水区的钟声浮标，从而完成了穿越阿姆鲁姆浅滩水道的航程。

在此期间该舰进一步缓慢下沉，其前部仅舷侧鱼雷平台仍具有部分浮力，其余装甲甲板以下舱室则全部被海水注满。部分海水可能通过位于装甲甲板以上的鱼雷平放舱口（该舱口不防水）渗入，而搁浅和通过水道时的操作又导致舰艏鱼雷发射管下方的前部纵倾平衡水柜发生漏水。尽管该舰的设计稳心高度约达3.12米，但此时该舰水线面正不断缩小，其稳定性也不断降低。因此虽然该舰航速很低，但在操舵时仍发生了缓慢的侧倾。

海水还通过在炮战中受损的左舷外侧煤舱（可能为海战第三阶段18时34分的中弹导致），经由漏水的隔墙以及舱门逐渐蔓延至其他煤舱。此外尽管该舰试图保持炮廓和放煤槽的水密性，但海水仍通过左舷前部炮廓以及4号炮廓，进入船体并经由放煤槽流入舰体深处。由于此前该舰在赫尔努姆附近海域搁浅时，曾进行反向注水作业以扶正右倾，其前部的进水分布逐渐实现左右均衡，因此通过左舷煤舱进入船体的海水反而造成了该舰左倾，这又进一步加剧了左舷炮廓被淹的危险。起初通过左舷炮廓渗入的进水先被排至生火间，然后再利用此处的水泵排出船体，但由于该处的排水系统负载严重，而在任何情况下都不能冒生火间被淹没的危险，因此只能发动船员利用水桶不断将炮廓内的积水舀出。与此同时，阻止左舷煤舱进水的一切努力均告失败，除为该舰最末锅炉舱供煤的防护煤舱外，全部左舷外侧煤舱和防护煤舱均被海水注满。该舰舰艏铭牌上的三条鱼已经没入水下，从而成了该舰的吃水标志。在此情况下，该舰的左倾迅速增至8°，由于其稳定性持续恶化，已经无法估测该舰剩余的稳定性能否阻止正缓慢而稳定加剧的左倾，此外也不确定对左舷炮廓进行的填缝作业能否阻止海水由此处进一步渗入。

鉴于以上状况，11时"皮劳"号再次向威廉港发报，要求派遣抽水船进行紧急救援。中午12时，舍尔海军中将和希佩尔海军中将得知了"塞德利兹"号的状况。16时前不久，希佩尔致电"塞德利兹"号，指示必要时该舰可在阿姆鲁姆浅滩水道合适位置搁浅，不过这一命令来得太迟了，此时该舰已经位于福尔特拉普深水区钟声浮标以南数英里处的施马尔深水区（Schmal Deep）。此后该舰先取东南航向靠近海岸，然后转向南在约15米深的水域沿海岸线航行。鉴于该舰的严峻情况，舰长已经下令为弃舰做初步准备。此外为了尽可能减轻进水影响，该舰引擎转为倒车状态。一艘扫雷艇曾试图拖曳"塞德利兹"号前进，但动力远远不足。接着"皮劳"号也进行了若干次尝试，由于"塞德利兹"号的船尾缺乏合适的设备以供拖曳缆绳逐步承受拉力，因此几次尝试均以缆绳断裂告终。

"塞德利兹"号因而只能依靠自身动力倒车航行，幸运的是当时海况尚称平静。17时，该舰对右舷后侧舷舱57英尺（17.4米）长的部分进行了反向注水作业，以扶正左倾。此时"塞德利兹"号正面临其整场战斗中最危险的状况，其船体内的进水总量约达5329吨，前部吃水深度为46英尺1英寸（14.05米），后部吃水深度为24英尺4英寸（7.4米）【战前分别为30.5英尺（9.3米）和29英尺8英寸（8.94米）】。注意前部吃水深度测量点为龙骨前端，距离舰艏约65英尺（19.81米）。理论上此时该舰左倾2°56'，但由于稳定性和浮力的损失，其实际左倾为8°。

17时30分，抽水船"北风"号（Boreas）和"克拉夫特"号（Kraft）赶到，并分别在"塞德利兹"号两舷就位。"北风"号负责排除"塞德利兹"号装甲甲板上方，位于装甲盒前端以及锅炉舱最前端舱壁之间舱室的积水；"克拉夫特"号则负责排除A炮塔弹库和药库内的进水；不过后者装备的是离心泵且水管直径过大因此未能实现抽水，所以对"塞德利兹"号而言几乎无用。好在两船都有助于改善该舰的舵效。

6月1日～2日夜间，"塞德利兹"号的状况相对稳定，在此期间若干艘拖船和驳船先后赶到参与救援，并对其舰尾实施拖曳作业，以加快该舰的航速，当夜该舰的航向指向威悉河灯船的平时位置。由于其深达46

英尺（14米）的吃水，该舰当夜曾再次搁浅。6月2日黎明时分天气逐渐恶化，西北风力达8级，海况也逐渐恶化，这一情况对"塞德利兹"号左舷炮廊的水密性造成了更大的考验，该舰也不得不全力对炮廊进行填缝和排水作业。与此同时，"皮劳"号在上风位置提供一定程度的风挡，而"北风"号继续对左舷前部炮廊进行排水作业，"克拉夫特"号则前出至上风面敷设油带。以上措施都阻止了"塞

▲ 在拖船援助下艰难返航的"塞德利兹"号，可见随着海况变差，该舰前部下沉更为严重，照片摄于1916年6月2日。

▲ 日德兰海战后返航途中的"塞德利兹"号。

▲ 返航中的"塞德利兹"号。

德利兹"号的情况继续恶化。

由于担心在赫尔戈兰岛以南遭遇英军潜艇袭击，同时考虑到"塞德利兹"号此时两舷各只有一门高炮可运作，完全无法凭借自身火力驱赶潜艇，在其 3 ~ 5 节的低航速下又无法实施反潜机动，因此反潜任务完全落在了"皮劳"号和扫雷艇肩上。除此之外，"皮劳"号还需引导"塞德利兹"号前往亚德湾。由于"塞德利兹"号航速过缓，而亚德湾入口处的海流又较强，因此该舰只能沿着"皮劳"号的尾迹航行。对于"皮劳"号而言，最艰巨的任务是找出水深 50 英尺（15.24 米）的航线以供"塞德利兹"通过，任务最终顺利完成。7 时 30 分"塞德利兹"号经过亚德湾外灯船，并于 20 分钟后在亚德湾入口处的沙坝附近下锚。出人意料的是，尽管艉楼已经化为一片废墟，但该舰的右锚、锚链和锚链支架仍可运作。在等待涨潮从而返回威廉港（Wilhelmshaven）的过程中，该舰的伤员先行撤下回港，部分阵亡者遗体也从舰上卸下。正午涨潮时，该舰继续以倒车姿态在航海拖轮"信天翁"号（Albatross）的帮助下通过了沙坝。考虑到亚德湾内的水深，此前打算将该舰搁浅在明森沙（Minsener Sand）灯船西北西方向，并进行维修的方案被放弃。"塞德利兹"继续航行，直至 14 时 20 分在威廉港水栅外搁浅，其舰尾则在一股较强的落潮中来回摇摆。19 时 30 分，伴随着涨潮，该舰再度浮起，其船尾指向水栅。"信天翁"号无力改变该舰舰尾朝向，在试图将自身固定在"塞德利兹"号舷侧时，其船壳被后者的右舷外侧螺旋桨击穿。在强烈的涨潮中，"塞德利兹"号几乎无法控制，且长时间无法将其舰艏或舰尾对准水栅入口。当晚 23 时，该舰终于穿过了水栅继续前进，并于 6 月 3 日

3 时 25 分在瓦雷尔（Vareler）深水区下锚。鉴于威廉港的船坞所能承受的最大吃水深度为 10.5 米，因此该舰下锚后潜水员立即投入作业，检视该舰水下部分的损伤，并进行了一些修补作业。"北风"号和船坞提供的各种水泵，还有该舰自身的排水系统，一道对煤舱以及所以注满水的舱室进行排水作业，舷侧鱼雷平台内的水位始终可以控制，所危及的舱壁尤其是锅炉舱最前端舱壁得到加固。为了减重，该舰前部的大量设施被拆除，包括 280 毫米主炮，A 炮塔顶部装甲及部分装甲板。

该舰在低潮时发生坐沉，因此部分水下损伤在这一条件下可以探查，但受较强海流的影响，对水下部分损伤的修补和排水工作难以进行。由于该舰的主锚无法固定该舰位置，因此需要"塞德利兹"号不时启动主机以保持位置。最终决定将该舰移至威廉港第 3 入口的南船闸【该船闸长 853 英尺（260 米），宽 114 英尺 10 英寸（35 米），其外部坝槛平

▲ 日德兰海战后即将进入威廉港 3 号入口的"塞德利兹"号。

▲ 挣扎返回威廉港的"塞德利兹"号。

▲ "塞德利兹"号的艏踵，因该舰舰艏从海底擦过而弯曲变形。

均高潮面深度为45英尺（13.7米），内部坝槛则为36英尺（11米）】并在此完成修补工作，从而使得该舰的吃水深度降低到足以进入船坞的水平。

6月6日14时30分高潮时，"塞德利兹"号在位于其首尾的拖轮的帮助下，倒退着进入了南船闸。此时该舰的前部吃水深度为14米，后部吃水深度为13.25英尺（4.04米），并伴有5°～8°的左倾。此后修补工作进展迅速，装甲甲板上方位于装甲盒前端以及锅炉舱最前端舱壁之间的舱室、煤舱和该舰前部舱室内的积水，依次逐渐被抽干，同时还拆除了该舰舷侧炮塔内的280毫米主炮。至6月13日晨，该舰的前部吃水深度为10.45米，后部吃水深度为8.55米，侧倾基本被扶正。当日5时40分该舰被拖出船闸，并于8时15分进入威廉港的大型浮动船坞。

受伤"东弗里斯兰"号

6月1日凌晨，公海舰队主力以"威斯特法伦"号先导返回威廉港，3时"威斯特法伦"号位于荷斯礁灯船240°方位13英里处。此后公海舰队沿133°航向，航行直至4时改取125°航向。在此期间，各舰曾多次报告发现潜艇踪迹，不过这些报告均属虚构。清晨5时20分，"东弗里斯兰"号右舷发生爆炸。起初各舰推测该舰被潜艇发射的鱼雷命中，但很快该舰便报告称在其后甲板上发现了水雷破片，实际上该舰撞上的是"阿布迪尔"号（Abdiel）于5月4日布设的一枚水雷。这枚水雷并未造成严重破坏，但"东弗里斯兰"号暂时偏出编队，后于5时24分继续以较低航速跟随舰队航行，公海舰队的驱逐舰为其提供护航。至9时40分，该舰航速逐渐增至15节。6时"威斯特法伦"号抵达叙尔特岛北段深水区，进而转向南准备通过阿姆鲁姆浅滩以东的航道。在此过程中，舰队航速大致保持在15节。最终除"塞德利兹"号外，公海舰队的全部主力舰均平安无事地穿过了阿姆鲁姆浅滩以东的航道，但此后"东弗里斯兰"又遇到了新的麻烦。当时该舰由V3和V5号驱逐舰护航，试图从赫尔戈兰以西通过（公海舰队其余主力舰从赫尔戈兰以东通过）。11时30分当"东弗里斯兰"号距离赫尔戈兰5英里（8公里）时，一架为其护航的水上飞机报告发现了一艘英国潜艇（该报告纯属虚构），向其投掷了2枚炸弹并发布了警报。"东弗里斯兰"号随后进行了一次急转，结果此前因水雷爆炸而受损的防鱼雷舱壁进一步开裂，使得更多的海水涌入了船体，迫使该舰减速，并造成其右倾4.75°。13时20分该舰致电威廉港，要求后者派出抽水船提供救援，但13时45分该舰通过了亚德湾外灯船，进水情况也得到控制。该舰也是除"塞德利兹"号外，最后一艘通过该灯船的公海舰队主力舰。17时15分该舰驶入威廉港北船闸。

"东弗里斯兰"号的详细损伤报告已经散失，大量细节不详。命中该舰的水雷装药约为 300 磅（136 千克）湿火棉，其爆炸位置位于该舰右舷前舷侧炮塔下方。一份记录显示，爆炸造成的破孔大小约为 40 英尺 × 16 英尺（12.19 米 × 4.88 米），另一张照片则显示爆炸破坏范围从装甲带下沿一直延伸至了舭龙骨，装甲带本身并未发生变形，靠近装甲带的位置受损最重。该舰右舷的防护煤舱、舷舱以及一系列双层船底舱被淹，位于司令塔稍前位置与中烟囱中线之间的部位发生进水，进水部位长度约为 115 英尺（35 米）。舭内侧 14 ~ 15 英尺（4.27 ~ 4.57 米）处的 30 毫米防鱼雷舱壁仅有一处轻微受损，该处舱壁向内凹进并被撕裂，损伤造成海水进入一处药库。舍尔声称共有 400 吨海水涌进"东弗里斯兰"号船体内。此外，11 时 20 分的急转弯对该舰防鱼雷舱壁造成进一步损伤的详情也未能存留下来。

"马尔伯勒"号和"厌战"号的艰难返航

英国方面，3 时 15 分，鉴于"马尔伯勒"号报告该舰速度最高只能维持在 12 节，杰里科决定让该舰提前返回泰恩河，乘坐该舰的大舰队副指挥官伯尼中将将改乘"复仇"号。返航途中，"马尔伯勒"号的情况一度非常严峻，该舰曾指示为其护航的小型舰只准备靠近并接收该舰船员，不过这最终被证明没有必要。

在返航途中，德国 U46 号潜艇曾对"马尔伯勒"号发射了鱼雷，但鱼雷从 50 码（45.72 米）外掠过了目标。"马尔伯勒"号随即转向，远离袭击者。此后该舰没有遭到进一步的攻击，最终抵达亨伯河。

在距离福斯湾约 100 海里的海域，U-51 号潜艇发现了挣扎着返航中的"厌战"号。尽管海况较差，U51 还是成功地维持在潜望镜深度，抵近至距离"厌战"号 650 码（594.36 米）处，发射了 2 枚鱼雷。就在 U-51 号发射的瞬间，一个大浪打来，导致艇艏下沉，结果只有一枚鱼雷离开了发射管。鱼雷冲出海面，暴露了潜艇的位置。观察到这枚鱼雷后，"厌战"号立即转向加速脱离。两小时后，该舰的一名观察哨报告在前方 100 码（91.44 米）处发现潜望镜。在这么近的距离上，"厌战"号的舰长选择了最有效的反潜方式：直接撞击。被发现的是 U63 号潜艇，该艇此前在福斯河附近巡逻，当时正驱动着故障的引擎返航。该艇紧急下潜，避过了"厌战"号的撞击。6 月 1 日 15 时 30 分，"厌战"号终于抵达罗塞斯，此时该舰吃水深度比正常情况加深了 4.5 英尺（1.37 米）。

|第九章|

荣耀与指责：日德兰的余波

▲ 航行在北海上的大舰队，近处为"猎户座"级战列舰，远处为加入大舰队并组成第 6 战列舰中队的美国战列舰，摄于 1917 年。

浮华

1916年6月1日上午，当公海舰队主力驶入亚德湾时，舍尔在旗舰"腓特烈大王"号的司令塔上打开了香槟。他当然有理由庆祝：面对实力更强大的对手，他不但让对手蒙受了更沉重的损失，而且成功地返回了基地。在最初的报告（6月3日）中，舍尔声称击沉1艘战列舰（"厌战"号，实际为"无敌"号）、3艘战巡、2艘装巡、2艘轻巡和13艘驱逐舰。6月2日中午召开的新闻发布会上，德国海军官方宣布获胜，其战果为击沉"厌战"号、2艘战巡、2艘装巡、1艘轻巡、3艘驱逐领舰、1艘潜艇和大量驱逐舰，同时仅承认损失"波美拉尼亚"号和"威斯巴登"号。此外还宣布"弗劳恩洛布"号以及若干驱逐舰尚未返回，发布会上并未提及"吕佐夫"号、"埃尔宾"号和"罗斯托克"号的情况。此次海战的胜利被称为"斯卡格拉克的胜利"，而舍尔则被称为"斯卡格拉克的胜利者"。奥匈帝国海军武官在给其上级的报告中声称："公海舰队上下弥漫着狂热的情绪，他们正陶醉于一次胜利……他们认为英国人虽然牛皮吹得大，但完全比不上德国舰队，这次胜利一定足以让英国人对公海舰队保持敬意。这种想法被公海舰队上下所有人所接受，大家对今后的交战也是信心十足。"

在柏林，胜利的旗帜一直飘扬了几天，还给学生放假以示庆祝，至于媒体，自吹自擂的报道更是铺天盖地而来。6月5日，威廉二世皇帝来到威廉港，亲自登上舍尔的旗舰，拥抱了舍尔并亲吻了他的双颊，此后免不得又是一次充满着华丽辞藻和过分夸张的演讲。演讲结束后，威廉二世又登上了若干其他舰只，亲吻了舰长们并为官兵授勋。舍尔和希佩尔自然得到了蓝色马克思勋章（德国最高勋章），舍尔晋升为海军上将，希佩尔则被巴伐利亚国王授予骑士爵位。一般认为舍尔拒绝了爵位，虽然巴伐利亚是否向舍尔提出晋爵仍有争议。

在德国人看来，他们取得的胜利是值得庆祝的：他们证明了可以在与皇家海军的对决中取得优势的交换比，他们证明了德制主力舰卓越的性能，他们取得的战果也超出了战前的预期。但是，故事并未就此结束。

当大舰队于6月1日上午开始返航时，失望的情绪就已经在舰队内弥漫。他们梦寐以求的对决的确发生了，但大舰队并没有抓住机会取得一次特拉尔法加式的胜利。官兵们纷纷寻找各种便利的场所打盹，各舰上军医都在不知疲倦地进行手术和救治，尽管伤者普遍较为乐观，通常仅仅索要香烟作为慰藉，但是伤者尤其是烧伤者的恐怖场面给很多军医留下了永生难忘、乃至不愿提及的印象。在"虎"号上，难闻的气味在整舰上蔓延，该舰的官兵不得不用消毒液和药物肥皂进行反复的清洗。尽管如此，被炸飞的人体依然隐藏在该舰的各个角落，例如传声管、电话线、通风井。这一切显然都无助于改善舰队的情绪。

贝蒂在当天下午走进海图室，失望地坐在靠背椅上，忧郁地闭上了双眼。他用疲惫地声调喃喃自语："我们的船有些不对劲。"然后又睁开双眼："我们的系统也有些问题！"随后沉沉睡去。第4轻巡中队上的一名中尉在当天的日记中写道：

我不值一提，贝蒂不值一提，杰里科不值一提，5000名英勇捐躯的同袍也不值一提。我们都会死去，无非是在炮火中升入天堂，或是死在床上而已，然而海军却是另一码事。啊，海军，自从查理五世的帝国崩溃以来战无不胜的海军，帝国和文明世界视为依靠的海军，纳尔逊的海军，德雷克的海军，我们信奉的海军。就是这支海军，她的盛名如今已经成了条顿女屠户们和自大的中立国嘲讽的对象，如今她的名声又比娼妓好得到哪里去呢？而我就目睹了这一切的发生。

当然在写下以上激愤的文字时，这位中尉仅仅知道大舰队方面损失了3艘战巡和3艘装巡，他还并不知道公海舰队的损失。因此两天后，对海战有了更多的了解后，这位中尉又在日记中写道："我开始认为这场把敌人赶回巢穴的海战并不能认为是我方的失败。"但是前一篇激愤的文字反映了大舰队很多官兵6月1日和2日的心理状态。

总体而言，大舰队和海军部对杰里科的信任并没有动摇，6月4日杰里科向大舰队宣布："事实足以让我在此确定地宣布，我们捍卫了继承自一代代英勇水手的光荣传统。"但在内心深处，杰里科对于海战结果并不满意。这种自责在6月4日给海军大臣阿瑟·贝尔福（Arthur Balfour）的信中表露无遗："一旦我的指挥被认为存在错误，我希望立即就针对这些错误进行调查。"

6月24日，在南下前往海军部途中，杰里科在罗塞斯短暂停留，并登上"狮"号与贝蒂会晤。据贝蒂回忆，杰里科当时双手抱头，神情异常沮丧，悲哀地表示："我错失了任何人可能遇到的最大机会。"而贝蒂的心里的想法也与此相似。在回到罗塞斯后，贝蒂找来了"无敌"号的枪炮长丹罗伊特中校，中校回忆到："我和贝蒂在他位于'狮'号的住舱中单独待了一个多小时，在此期间他不停地走来走去，用非常激动的语调谈论着海战过程，并对总指挥官做了非常激烈的批评，尤其是总指挥官未能给予他足够的支

▲ 阿瑟·贝尔福，时任海军大臣。

援令他愤愤不已。我作为一个年轻的中校，这一个小时的批评当时被我认为是生命中最痛苦的一小时。"当然在给杰里科的信中贝蒂则表示了同情、理解与支持。

海军内部怎么看是一回事，舆论和英国普通媒体怎么看就又是另一回事了。随着受伤的舰只逐渐返回东海岸港口，幸存的各舰官兵纷纷第一时间向家人亲友发报保平安，这个举动让英国民众得知不久前刚刚发生了一场激烈的海战。大舰队官兵先后发出了6000份此类电报，而当时的战时审查制度也无意对此类电文多加刁难。与此同时，德国方面早在6月2日就召开了新闻发布会昭告胜利，英国大众由此确认一场大海战已经结束。海军部虽然此时仅能从监听到的大舰队内部无线电通信中大致知道发生了什么，但是情势已经不容许海军部继续保持沉默了。海军部遂要求杰里科起草一份可用于公开场

合的声明。6月2日11时海军部收到了杰里科的回复，根据这一份内容有限的声明，海军部起草了给媒体的声明。当天下午，经过第一海务大臣杰克逊上将和海军总参谋长奥利弗少将的修改，海军大臣贝尔福起草了一份新闻稿并召开了新闻发布会。这份官方稿仅给出了最真实的事实，承认皇家海军已确认损失舰船总数为10艘，但可能升至16艘，其中包括3艘战巡；同时声称德国方面至少损失了1艘战巡，可能损失1艘战列舰和2艘轻巡，此外还有大量驱逐舰。这份简略而无趣的文稿显然不合媒体的口味，在后者看来倒像是承认失败，甚至是一场灾难性的失败。

6月3日的各家报纸的头条毫无意外地给人以皇家海军失败的印象。由于战前英国大众普遍认为在与公海舰队的交锋中，皇家海军肯定会以较小代价将对方打个落花流水，然而现实的反差，自然引起了轰动。诸如《德国获得相当程度的战略胜利》、《必须承认我方在日德兰海战中被击败》之类"听风就是雨"的标题屡见不鲜。费舍尔看到新闻报道时愤恨不已："他们辜负了我，他们辜负了我！我花费了整整30年来为这一天做准备，然而他们辜负了我！"

媒体的"妙笔生花"自然也引起了舰队的愤怒——舰队可以承认没达到英国民众的期待，可以承认打得不够好，但完全无法接受"灾难""失败"之类的描述。对杰里科和贝蒂而言，虽然自己是舰队怪罪的对象，但对海军部的这篇通稿他们也是非常愤怒，甚至专门写信给杰克逊海军上将进行抗议。首相阿斯奎斯（Asquith）也认为海军受到了不公正的待遇。6月3日凌晨1时15分，海军部召开第二次新闻发布会，声称实际损失比并不如此前通稿所显示的那般悬殊。6月4

▲ 阿斯奎斯，时任英国首相。

日傍晚举行的第三次新闻发布会则声称获得了海战胜利，不过此次发布会对大舰队方面的战果就夸大其词了（击沉2艘战列舰、2艘战巡、4艘轻巡、至少9艘驱逐舰和1艘潜艇），这倒也的确扭转了英国民众的情绪。此外，贝尔福也请前海军大臣温斯特·丘吉尔出来救场。在得到了所有相关文件后，丘吉尔起草了一篇有力的评论，有力地指出公海舰队仅仅通过逃跑才避开了覆灭的命运，而北海的制海权依然牢牢地掌握在大舰队手中。的确，在对付媒体这方面，前任海军大臣丘吉尔远比贝尔福要专业得多。从6月5日开始，英国民众开始确信皇家海军获得了一场胜利。

皇家海军内部自然没有这么乐观。大部分军官认为日德兰对于英方来说，最多算是一场不令人满意的小胜利。这从杰里科于1919年4月才晋升舰队上将这一皇家海军最高军衔，便可以看出。这一判断自然也引发"找

▲ 大舰队的轻巡，近处有至少 4 艘"城"级巡洋舰。

出罪魁祸首"的动机，从而也就成了日后海军和海军记者——当然，从一开始就与杰里科气场不和的前海军大臣温斯顿·丘吉尔是不会放过这个热闹的——互相攻讦不休的"贝蒂派"和"杰里科派"的滥觞。[1]

一场特拉法尔加式的胜利固然能让所有人满意，但是这不仅需要一位如纳尔逊的天才，也需要一位不拒绝交战的维尔纳夫作为对手，尽管后者是在拿破仑的压力下被迫出战的。然而在日德兰杰里科面对的却是一个两次主动脱离接触、拒绝主力交战的舍尔，在此情况下又怎能指望特拉法尔加的荣耀重现呢？不仅在 5 月 31 日下午两次被抢占 T 字横头时，即使在 6 月 1 日拂晓时，公海舰队也完全没有继续作战的动机。就战巡而言，6 月 1 日拂晓时仅"毛奇"号尚可一战，而 4 艘"国王"级战列舰中的 3 艘航速也已明显下降。无论如何，舍尔从未考虑过与大舰队全体交战。

自 1916 年 6 月 1 日以来，后人曾针对在日德兰海战中，如果杰里科、舍尔以及两人麾下的指挥官采取与实际中不同的行动，结果又会如何，进行过无数推测，但在 1916 年 5 月 31 日的那个下午，大多数时候交战海域能见度极差这一因素，对海战结果的影响就远远超过了任何一位参战的海军将领。

现实

从舰只战沉比和人员伤亡比来看，公海舰队当然有理由庆祝胜利。然而当日德兰的帷幕落下时，德国人究竟收获了什么呢？

6 月 2 日 21 时 45 分，杰里科报告大舰队完成燃料补给，并处于 4 小时备航状态。此时他麾下仍有 24 艘完好无损和 8 艘受损程度不等的主力舰，实力仍明显超出公海舰队。大部分受损的英国主力舰在 7 月底已经完成

---

[1] 笔者在此无意描述两派彼此之间残酷、无情而漫长的互相攻击，尽管贝蒂和杰里科本人并没有亲自公开参与这样的攻击。不过，在贝蒂出任第一海务大臣之后，他一直利用自己的权力和地位禁止发布不利于战巡舰队或有利于大舰队战列舰表现的报告。

维修, 而公海舰队直到同年 8 月中旬才做好再次出战的准备, 且直到此时"塞德利兹"和"德芙林格"号仍然没有完成维修 (两舰于当年年底才完成维修)。

对于双方舰队来说, 在日德兰大海战中蒙受的损失 对战斗力的影响并不明显。和历史上的众多海战一样, 日德兰海战的结果也没有决定性的意义。从战略上考量, 双方的战略地位没有因此次海战产生一丝一毫的变化。舍尔的原计划是吃掉杰里科的一部分主力舰, 例如大舰队前驱, 但海战结果则是舍尔被赶回了己方基地。舍尔在 5 月 31 日到 6 月 1 日夜间的撤退是成功的, 但正如 24 年后丘吉尔所言, 胜利从来不是靠撤退获得的。贝尔福本人也曾发表类似的评论: "胜利者一般不会逃跑。"而纽约一份报纸则这样评论:

▲ 待修复的"塞德利兹"号, 可见该舰严重的侧倾。

▲ 日德兰海战后返回威廉港的"德芙林格"号, 注意该舰的后甲板被撕开, 两座艉炮塔 (C、D 炮塔) 被烧坏, 其中 C 炮塔带有焦痕。

"德国舰队攻击了它的看守, 但它依然处于被监禁中。"

皇家海军依然牢牢地掌握着制海权, 依然保持着海上交通线, 依然保持着对德国的远距离封锁。

正如《地球报》犀利地指出的那样 (虽然最后一句未免言过其实):

那些大喊大叫、挥舞旗帜的德国人, 会因此获得任何一点铜、橡胶、棉花以及其他德国政府亟须的物资吗? 一磅也不会。柏林的肉类和黄油会因此降价么? 一个芬妮也不会。胜利有且仅有一个标准: 谁在战斗结束时控制着战场?

这不仅仅是英国媒体的辛辣和讽刺。1916 年 9 月, 柏林的屠宰场每周只能屠宰 350 头猪, 而在 1914 年 8 月的数量为每周 2.5 万头。甚至就在 1916 年 6 月——德国举国上下都在庆祝公海舰队取得日德兰海战胜利的时候, "清炖乌鸦"这道菜已经印在了柏林某些餐馆的菜单上。1916 年德国土豆歉收, 当年冬天起, 德国面包的原料是土豆, 随后变成了芜菁。1916 年 9 月鸡蛋的配给量为每人每周两个, 同年 12 月则降至每人每两周一个。除 6 岁以下儿童外, 牛奶只有凭医生处方才可购买。这种饥馑最初仅限于德国平民, 但终究会缓慢而不可逆地影响到德国军队。到了 1918 年, 公海舰队的军官们也不顾体面与自尊地在谈判间隙偷拿谈判对手留在大衣兜内的干酪。

不仅如此, 日德兰海战的结果本身也结束了德国方面利用水面舰艇决战, 获得战争胜利的妄想。"德意志"号的枪炮长在战后曾承认道: 我们已经用尽了一切办法战斗到 1918 年 11 月。我们失败了……因为我们的官兵们意识到这根本是无谓的挣扎。官兵们显然会根据他们看到的一切去思考，而他们的信心早在英国战列舰队在日德兰海战中投入战场的那一刻就已经被严重挫伤。如果日照时间再多一小时，他们的信心也许就直接彻底完蛋了……英国方面的损失肯定比我们大，但我不确定损失上的差距是否足以弥补我方官兵士气上的低落……我不认为如果让官兵们知道他们将再次出海面对英国战列舰队，官兵们会让战舰出海，除非我们能以某种方式重新唤起他们的士气，而这恰恰是我们直到战争结束时一直苦苦追求而不得的。

比相对缥缈的士气，更现实而冰冷的是双方舰只的数量。从日德兰返航之后，就在皇家海军受伤的各舰接受维修的同时，"伊丽莎白女王"号、"印度皇帝"号战列舰和"澳大利亚"号战巡完成修理归队，此外"皇权"号战列舰训练完成。不仅如此，"皇权"号的姊妹舰"决心"号（Resolution）也于1916年12月7日加入大舰队，而两艘装备15英寸（381毫米）主炮的战巡"反击"号（Repulse）和"声望"号（Renown）分别于1916年9月21日和1917年1月正式服役。由于设计缺陷导致的结构强度不足，两艘战巡在建成后又接受了较大规模的改造，因此形成战斗力所需时间较久。

在此后的岁月中，"皇权"级战列舰的最后一艘"拉米雷斯"号（Ramillies），两艘以"大型轻巡洋舰"为名建造的最后一级传统英式战巡"光荣"号（Glorious）和"勇敢"号（Courageours），也将加入皇家海军。两舰由于设计原因，并不适合参与舰队对决，而更适合用于执行对岸炮轰任务。反观公海舰队方面，尽管"阿尔伯特国王"号在日德兰海战后完成修理，"巴伐利亚"号完成训练，但是直至战争结束，公海舰队一共只得

到了两艘新主力舰："巴伐利亚"级战列舰二号舰"巴登"号（Baden）和"兴登堡"号（Hindenburg）战巡。随着时间的推移，皇家海军的数量优势更为明显。

1918年11月18日，一位知名德国作者在《柏林日报》上指出："尽管幸运之神曾向我们微笑，但是我方舰队的损失是惨重的。任何稍有常识的人都很清楚1916年6月1日的这场海战，将是战争中唯一一次这样的海战，即使官方内部也公开承认这一点。"这里他所说的"官方内部"指的显然是威廉二世本人和舍尔。在7月4日给威廉二世的秘密报告中的"海战的最终影响"部分，舍尔表示虽然对海战结果非常满意，但他认为在未来实施类似的战斗根本不可能获得最终的胜利：

……除了"德芙林格"号和"塞德利兹"号之外，公海舰队将于8月中旬做好再次出海攻击敌人的准备。

如果今后这些作战结果均对我方有利，我们就能给敌方造成相当大的损失。然而，即使根据这一假设，在舰队决战中取得对我方最有利的结果，也不能迫使英国求和。我国相对英国在军事地理上的明显劣势以及敌方在物资上明显的优势，都使得我公海舰队不可能取得突破敌封锁或击败英国的结果，即使让潜艇全部参与纯军事行动也不能达到这一目的（威廉二世批注：正确）。

要想在可以接受的时间内胜利结束战争，只能依靠从经济上击败英国实现，换言之即利用潜艇打击英国的贸易。基于这一点，我觉得有义务再次强烈建议陛下不要采用任何三心二意或者不彻底的办法（作者注：这里舍尔建议实施无限制潜艇战）。这不仅仅是因为三心二意或不彻底的决心都与武器本身的

▲ 作为领舰的"塞德利兹"号和其他德国战巡一道驶向斯卡帕湾接受监禁。

属性不合，因此自然也不可能产生任何本应得到的结果，还考虑到美国在英国水域有巨大利益，因此无论我方指挥官如何小心谨慎，也不可能完全防止意外的发生。除非我们一心一意，否则此类意外只能使得我们蒙羞。

日德兰海战证明了德国无法仅依靠公海舰队在海上获得决定性的胜利，而与此同时皇家海军在士气上较公海舰队的优势也更为明显。在德国海军高层眼里，舰队决战这一思路和发疯无异，他们的思维不可扭转地转向了无限制潜艇战。尽管 1916 年 8 月和 10 月公海舰队进行了两次出击，但此后一直到 1918 年春公海舰队主力舰都再无行动，这也不可避免地使得士气衰落。

在最初的疑虑散去后，皇家海军上下依然确信大舰队不可战胜，而制海权依然牢牢地掌握在大舰队手中。当然，大舰队的一场确定性的胜利不但有利于提升英国的民心士气，也有利于改善英国的战略处境。但是从战略上看，在 1916 年 6 月 1 日英国又有何损失呢？

未来

作为人类历史上第二大规模的海战（仅次于莱特湾大海战）和最大规模的战列舰对战，日德兰海战对此后二十余年的世界海军发展有着深刻的影响。在第二次大战爆发前，列强海军无不以大舰巨炮作为海军建设的核心，其最终代表便是排水量高达 70500 吨的日本海军"大和"级战列舰。尽管美国海军从 1941 年战争开始时，便以航空母舰作为舰队作战的核心，但那更多的是一种无奈之举——美国海军的战列舰编队在 1941 年 12 月 7 日的那个早上灰飞烟灭。对于列强海军而言不幸的是，大舰巨炮政策通过日德兰海战所确立的核心地位，最终在实战中被海军航空兵赶下神坛。随着"大和"号和姊妹舰"武藏"号战列舰，先后在冲绳海战和锡布延海海战中被舰载机送入海底，战列舰作为海军主力的日子终于走到了终点。

当然，技术的飞速发展并不是 1916 年的海军将领和决策者们可以预见的。海军航空兵的崛起固然得益于技术的发展，但在日德兰海战之后的 20 多年中，超高压高温锅炉、火控雷达、重点防护、重弹、焊接装甲、防雷系统、倾斜装甲……这一切技术的发展，也极大地提高了战列舰的战斗力和生存能力，使得 20 世纪 40 年代标准的战列舰，有能力完成那些参加日德兰海战的前辈们难以完成的任务。

尽管如此，日德兰海战的一些教训仍然是值得商榷的。

首先，主力舰之间的大规模对战是否足以决定一场战争的结果？从日德兰海战来看，海战固然产生一定的战略影响（虽然这种影响并不如 1916 年 8 月 19 日公海舰队出击造成的影响深远），但这种影响无论如何不是立竿见影的。德国最终死于皇家海军的远距离封锁战略引发的窒息和营养不良，但是这两种效应都需要相当长的时间才能体现出明显的效果。如 1905 年对马海战（Battle of Tsushima）那样，立即产生显著结果的海战在此后整整一个多世纪中都未能重现。对于那次海战的参与者——日本海军而言，不幸的是，包括日德兰海战在内的一战历次海战，都未能打破日本海军对重演马海战这种具有战略决定意义的海战的迷信，这种迷信一直延续到太平洋战争。和第一次世界大战类似，在太平洋战争中拥有绝对的资源优势的一方，总能很快地弥补在战斗中损失的每一艘战舰、每一名水兵、每一架战机、每一名飞行员，甚至还有余力扩张舰队的规模，而日本海军则在长期的战争和反复的消耗中逐渐精华尽失、形销骨立，直至在对手洪水般的攻势面前，在太平洋这个广阔的熔炉中流尽最后一滴鲜血。不同的是，太平洋战争中的消耗战更残酷，更血腥，也更直接。

其次，以战列舰为主力的舰队能迫使另一支以战列舰为主力的舰队接受决战吗？日德兰海战的经过明确地给出了否定的答案。无论大舰队上下如何训练有素，无论杰里科如何精心谋划，海战中舍尔的两次 180° 转向机动，都使得皇家海军梦想中的特拉法尔

▲ 在斯卡帕湾自沉的"巴登"号。

加式的战斗化为泡影。当然，日德兰海战的经过表明，即使对于战列舰而言较高的航速也具有很高的战术价值，这一结论促进了日后战列舰和战巡两种舰种的融合。在技术发展的支持下，快速战列舰最终走上历史舞台，并成了战列舰发展的终极产物，其杰出代表便是最高航速高达 33 节的美国海军"依阿华"级战列舰（Iowa）。尽管如此，在 20 世纪 30 年代的战列舰设计过程中，以下问题依然悬而未决：多大的航速优势才能迫使对手接受交战，并能保证通过机动保持战术优势？无论如何，三四节的微小优势并不足够。

除此之外，具体到战列舰设计问题上，日德兰海战也给后世留下了宝贵的经验教训。本书的下一章将对此做出详细的分析。

|第十章|

总结与思考

▲ 射击中的"厌战"号，摄于1919年。

损失比

在双方损失的舰只中（详见总表1），1916年3月才正式加入公海舰队第1侦察群的"吕佐夫"号无疑是最强大的一艘。三艘英国装巡和V4号驱逐舰（该舰在6月1日凌晨2时15分发生爆炸，推测撞上了一枚漂雷）早已不是一线作战舰只，而"波美拉尼亚"号和轻巡洋舰"弗劳恩洛布"号则可谓过时。人员损失方面，大舰队共有6094人阵亡，674人负伤，177人被俘，而公海舰队则

▲ 日德兰海战后返航中的"狮"号，可见损伤的 Q 炮塔，摄于 1916 年 6 月 1 日。

有 2251 人阵亡，507 负伤（详见总表2、总表3）。

总表1 日德兰海战双方舰只损失一览表

	英	德
战巡	玛丽女王、不倦、无敌	吕佐夫
前无畏	–	波美拉尼亚
装巡	防守、武士、黑王子	–
轻巡洋舰	–	威斯巴登、埃尔宾、罗斯托克、弗劳恩洛布*
驱逐领舰	蒂珀雷里**	–
驱逐舰	内斯特、游牧民、动荡、热情、运气、鲨鱼、食雀鹰***	V48、S35、V29、V27、V4****

注：该表内所有前文未提及沉没过程的舰只，其详情参见附录1。

总表2 大舰队沉没舰只上人员损失一览表

殉爆舰只				
舰名	阵亡（人）	负伤（人）	被俘（人）	合计（人）
玛丽女王	1266	6	2	1274
不倦	1017	0	2	1019
无敌	1026	1	0	1027
防守	903	0	0	903
黑王子	857	0	0	857
合计	5069	7	4	5080

续表

其他沉没舰只			
武士	71	36	0	107
蒂珀雷里	185	4	8	197
内斯特	6	8	80	94
游牧民	8	4	72	84
骚乱	96	0	13	109
热情	78	1	0	79
运气	67	2	0	69
鲨鱼	86	3	0	89
食雀鹰	6	0	0	6
合计	603	58	173	834
总计	5672	65	177	5914

注：由于部分幸存者在被救起后因伤势过重死亡，因此本表部分数字与附录2记录的5月31日到6月1日救起的幸存者数字不符。

总表3 公海舰队沉没舰只上人员损失一览表

殉爆舰只			
舰名	阵亡（人）	负伤（人）	被俘（人）	合计（人）
波美拉尼亚	844	0	0	844
其他沉没舰只			
吕佐夫	115	50	0	165
威斯巴登	589	0	0	589
埃尔宾	4	12	0	16
罗斯托克	14	6	0	20
弗劳恩洛布	320	1	0	321
V48	90	0	0	90
S35	88	0	0	88
V29	33	4	0	37

续表

V27	0	3	0	3
V4	18	4	0	22
合计	1271	80	0	1351
总计	2115	80	0	2195

　　除以上统计外，其他未被击沉的战舰上也出现了伤亡。这方面大舰队的数字为422人阵亡，609人负伤，共计损失1031人；公海舰队则为436人阵亡，427人负伤，共计损失863人（详见总表4、总表5）。

▲ "鲨鱼"号。

总表4 大舰队幸存舰只人员损失一览表

战列舰			
舰名	阵亡（人）	负伤（人）	合计（人）
马尔伯勒	2	2	4
巨人	0	9	9
巴勒姆	26	46	72
刚勇	0	1	1
厌战	14	32	46
马来亚	63	68	131
战列舰合计	105	158	263
战巡			
狮	99	51	150
皇家公主	22	81	103
虎	24	46	70
战巡合计	145	178	323
轻巡			
南安普顿	29	60	89

续表

都柏林	3	27	30
史诗女神	10	29	39
卡洛琳	2	0	2
切斯特	29	49	78
卡斯托	13	26	39
轻巡合计	86	191	277
驱逐舰合计	86	82	168
总计	422	609	1031

总表5 公海舰队幸存舰只人员损失一览表

战列舰			
舰名	阵亡（人）	负伤（人）	合计（人）
东弗里斯兰	1	10	11
奥尔登堡	8	14	22
莱茵兰	10	20	30
拿骚	11	16	27
威斯特法伦	2	8	10
国王	45	27	72
大选帝侯	15	10	25
边疆伯爵	11	13	24
皇帝	0	1	1
路易波德摄政王	0	11	11
西里西亚	1	0	1
石勒苏益格-荷尔斯泰因	3	9	12
战列舰合计	107	139	246

续表

战巡			
德芙林格	157	26	183
塞德利兹	98	55	153
毛奇	17	23	40
冯·德·坦恩	11	35	46
战巡合计	283	139	422
轻巡			
法兰克福	3	18	21
皮劳	4	19	23
什切青	8	28	36
慕尼黑	8	20	28
汉堡	14	25	39
轻巡合计	37	110	147
驱逐舰			
G40	1	2	3
S32	3	1	4
B98	2	11	13
G41	0	5	5
G87	1	5	6
G86	1	7	8
S36	0	4	4
S51	0	3	3
S52	1	1	2
驱逐舰合计	9	39	48
总计	436	427	863

火炮

总表 6 列出了日德兰海战中双方主力舰主炮的主要数据。作为比较，"巴伐利亚"级的 380 毫米主炮也一同列出。注意 1916 年时，英方炮口初速是在 80° F 条件下测得，而德方则是在 59° F 条件下测得，公允起见，比较时应将德方炮口初速数据加上每秒 30 英尺（9.144 米）。该表中英方发射药为 MD 柯达无烟药，德方发射药则为 RPC/12。此外德制 280 毫米火炮实际膛径为 283 毫米，双方各主炮的装备情况参见总表 7。德制主炮身管是由在衬管外加以箍管的方式制成，而英制主炮则在此基础上采用丝紧工艺以求加强径向强度。德制主炮采用克虏伯滑楔式炮尾闩，而英制主炮则采用韦林式隔螺炮尾闩。相对而言，德制主炮的药室体积要比英制主炮小得多。德制发射药为管状颗粒，通常储存于黄铜盒中，而英制发射药则为绳索状颗粒，由丝绸包裹。就精度而言，英制 12 英寸（304.8 毫米）炮精度较差，但更大口径主炮的精度则至少不弱于德制主炮。

▲ "巴伐利亚"号。

总表6 日德兰海战中双方主力舰主炮的主要数据

（1英寸=25.4毫米，1磅≈0.45千克）

英方						
型号	倍径	炮重（吨）★	弹重（磅）	发射药重（磅）	炮口初速（英尺/秒）★★	最大射程及仰角
15英寸 Mk.I	42	100	1920	428	2472	24400@20°
14英寸 Mk.I	45	84.7	1586	344	2507	24400@20°
13.5英寸 Mk.VI	45	76.6	1400	265	2445	23100@20°
13.5英寸 Mk.V	45	76.1	1400	297	2491	23740@20°
			1250	293	2582	23820@20°

续表

12英寸 Mk. XI, XII	50	66.7	850	307	2852	21200@15°
12英寸 Mk. XI*	50	67.7	850	307	2852	21200@15°
12英寸 Mk. X	45	57.7	850	258	2725	18850@13.5°
12英寸 Mk. XIII	45	60.7	850	258	2725	18850@13.5°

德方						
型号	倍径	炮重 （吨）★	弹重 （磅）	发射药重 （磅）	炮口初速 （英尺/秒）★★	最大射程及仰角
305毫米 SKL/50	47.4	51	893	277	2805	20500@13.5° 22400@16
280毫米 SKL/50	47.4	40.8	666	231	2887	19500@13.5° 21000@16°
280毫米 SKL/45	42.4	39.2	666	231	2805	22000@20°
280毫米 SKL/40	36.8	44.6	529	146	2690	20600@30°
380毫米 SKL/45	42.4	76.6	1653	403	2625	22200@16°

★：含炮尾，1吨=2204磅。
★★：新炮条件下。

总表7 日德兰海战中双方主力舰主炮装备情况　　　　　（1英寸=25.4毫米，1磅≈0.45千克）

型号	装备舰只
15英寸Mk.I	巴勒姆、马来亚、刚勇、厌战、皇家橡树、复仇
14英寸Mk.I	加拿大
13.5英寸Mk.VI	爱尔兰
13.5英寸Mk.V，1400磅弹	英王乔治五世、阿贾克斯、百夫长、铁公爵、本博、马尔伯勒、玛丽女王、虎
13.5英寸Mk.V，1250磅弹	猎户座、君王、征服者、朱庇特、狮、皇家公主
12英寸Mk. XI, XI*, XII	圣文森特、科林伍德、前卫、巨人、大力神、海王星
12英寸Mk. X	柏勒罗丰、壮丽、鲁莽、无敌、不屈、不挠、不倦、新西兰

12英寸Mk. XIII	阿金库特
305毫米 SKL/50，16° 仰角	路易波德摄政王
305毫米 SKL/50，13.5° 仰角	国王、大选帝侯、边疆伯爵、王储、皇帝、皇后、腓特烈大王、东弗里斯兰、吕佐夫、德芙林格
280毫米 SKL/50，16° 仰角	塞德利兹
280毫米 SKL/50，13.5° 仰角	毛奇
280毫米 SKL/45	图林根、赫尔戈兰、奥尔登堡、波兹南、莱茵兰、拿骚、威斯特法伦、冯·德·坦恩
280毫米 SKL/40	德意志、波美拉尼亚、西里西亚、石勒苏益格-荷尔斯泰因、黑森、汉诺威

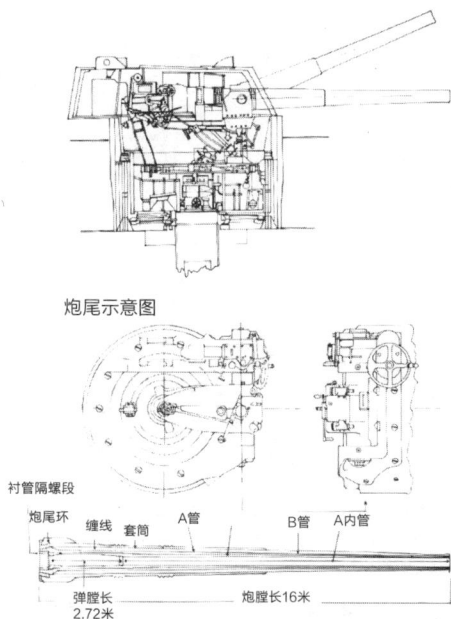

▲ 15 英寸（381 毫米）炮炮塔（"皇权"级、"伊丽莎白女王"级）。

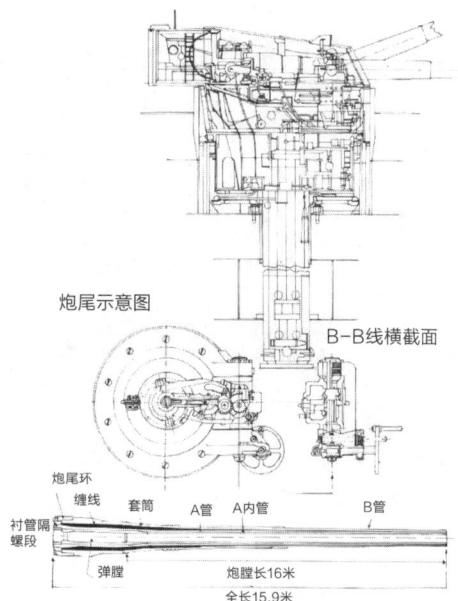

▲ 13.5 英寸（342.9 毫米）炮炮塔（"狮"号）。

◀ 英制 13.5 英寸（342.9 毫米）主炮炮尾特写，可能摄于"猎户座"号。

▶ 英制 15 英寸（381 毫米）炮炮闩。

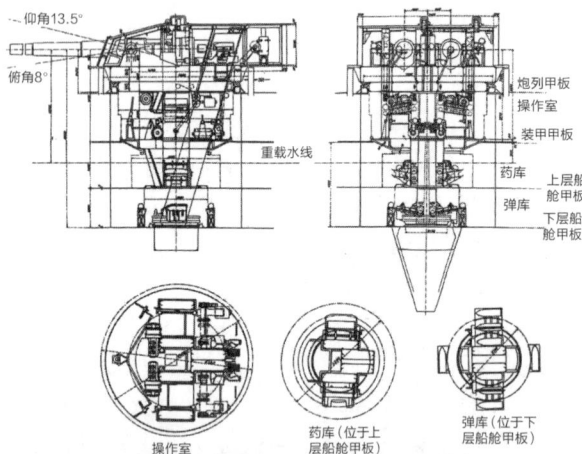

▲ "德芙林格"号 D 炮塔（舰炮塔）炮塔截面图，下方依次为操作间、药库和弹库。

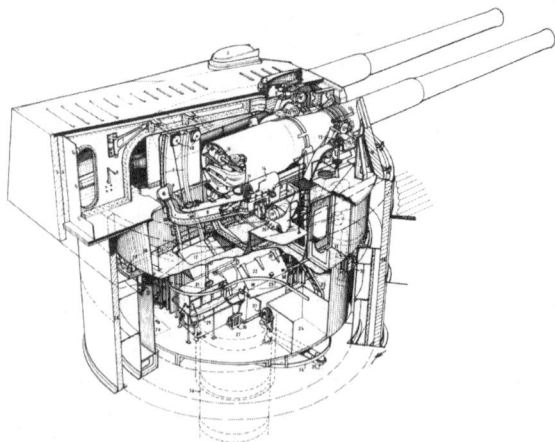

▲ 12 英寸（304.8 毫米）炮炮塔（"无敌"级）。

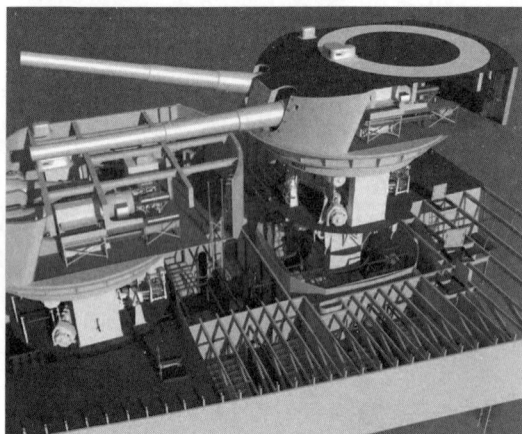

▲ "塞德利兹"号两座舰炮塔立体截面图。

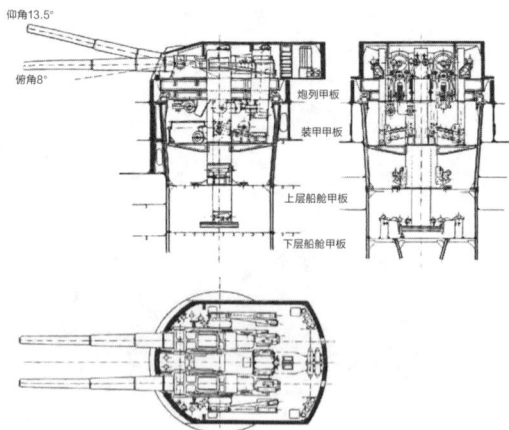

▲ 280 毫米炮炮塔，"毛奇"号（舰炮塔）。

　　日德兰海战交战双方的主炮，均以双联形式安装在炮塔中，不过同时期三联装炮塔已在意大利、奥地利、俄国和美国海军中采用，而法国则开工建造了装备四联装炮塔的战舰。在英制主力舰上，火炮的俯仰与复进机构、提弹机、炮尾及推弹器，均通过输送至各炮塔的蒸汽及其驱动的液压泵产生的液压进行操作。"无敌"号最初安装了试验性的电力驱动炮塔，但由于该电力系统故障不断，因此最终仍换回了成熟的液压动力炮塔。除"阿金库特"号之外，各英舰的链式推弹机均安装火炮滑套边缘，因此理论上所有英舰均可以任意仰角进行装填。不过，实际上部分早期英制战列舰和战巡液压动力不足，火炮在最大仰角下需要 11 秒才能完成复位，相对而言较快的方式是在较小的仰角下完成复位和装填，然后再重新将火炮升至正确的仰角。

　　德制主力舰各舰炮塔驱动方式之间的差别比英制主力舰大得多，但所有主炮均利用压缩空气进行复进，且装填必须在某一固定仰角进行。所有 280 毫米舰炮的炮尾和推弹器均为手动。除以上系统外，280 毫米 SKL/40 舰炮主要由液力驱动，而 280 毫米 SKL/45 舰炮则主要由电力驱动。280 毫米 SKL/50 舰炮的情况更为复杂，其俯仰由液力驱动，但炮塔则由电力驱动。所有 305 毫米舰炮的情况与 280 毫米 SKL/50 舰炮相似，不过其炮尾和推弹器均由液力驱动。与 305 毫米舰炮相比，380 毫米 SKL/45 舰炮的弹药提升也由液力驱动。

从最高射速而言，公海舰队主力舰上的德制 280 毫米炮和 305 毫米炮均能达到每炮每分钟 3 发的速度，而英制舰炮由于其提弹速度较慢，其最高射速均在每炮每分钟 2 发以下。不过在日德兰海战中，双方在齐射中射速都几乎没有超过每炮每分钟 1 发，因此讨论最高射速并没有什么意义。

炮弹

英制主力舰通常每炮均配有 100 枚炮弹，而德制主力舰则仅有 80 ~ 90 枚。英舰的主要弹种为被帽穿甲弹、被帽尖端普通弹和配备弹头引信的高爆弹。日德兰海战时，大多数英舰均带有上述 3 种炮弹，但装备 15 英寸（381 毫米）炮的各舰均未携带高爆弹，"加拿大"号未携带被帽尖端普通弹，"阿金库特"号则仅携带被帽穿甲弹和装填 TNT 炸药的被帽尖端普通弹。装备 13.5 英寸（343 毫米）炮和 15 英寸（381 毫米）炮的各舰，携带的弹药 60% 为被帽穿甲弹，对装备 12 英寸（304.8 毫米）炮的舰船来说，这个比例还要低得多。

德舰的主要弹种为被帽穿甲弹和配备弹底引信的高爆弹，后者的实际效力大致相当于无被帽的半穿甲弹，而装备 280 毫米主炮的各舰均未携带该弹种。装备 305 毫米主炮的各舰，携带弹药的 70% 为被帽穿甲弹。

日德兰海战时双方所使用的炮弹虽然弹头形制各不相同，但总体而言其弹头蛋形部曲率半径基本均为 4 倍口径，唯一的例外是公海舰队前无畏舰所使用的炮弹，其弹头蛋

▲ "厌战"号船体后部的弹孔。

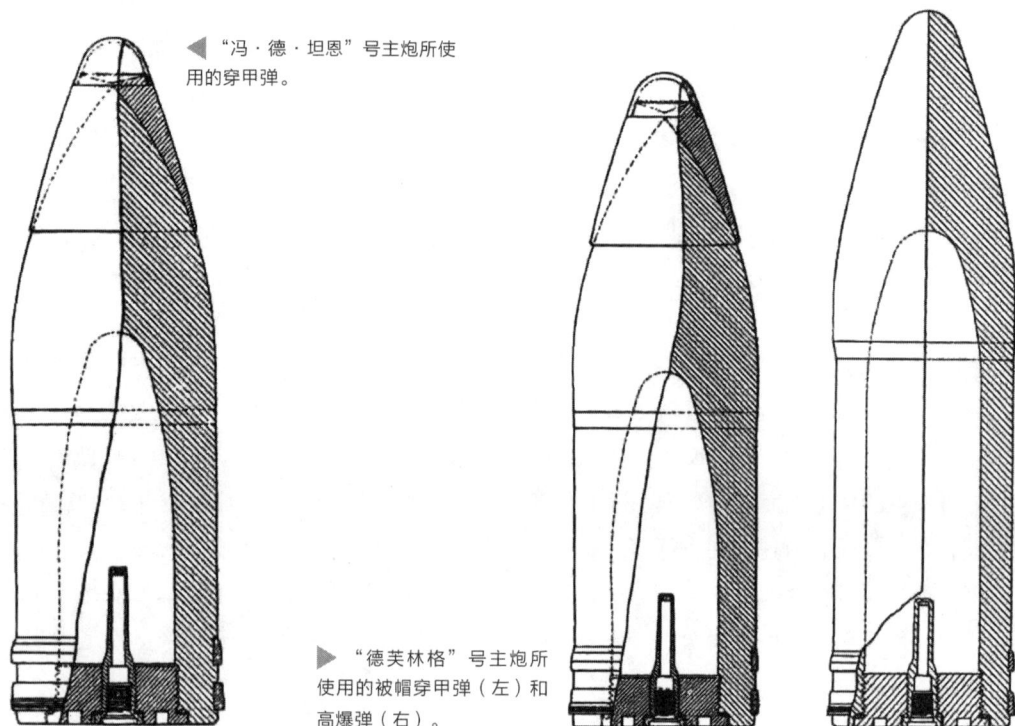

◀ "冯·德·坦恩"号主炮所使用的穿甲弹。

▶ "德芙林格"号主炮所使用的被帽穿甲弹（左）和高爆弹（右）。

形部曲率半径约为 2 倍口径。双方所使用的穿甲弹主要材料类似，均由含碳 0.7%、镍 3% 和铬 2.5% 的钢材制成。穿甲弹的弹头都经过硬化处理，并附有低碳钢制成的被帽。大多数穿甲弹中装填的炸药重量约为弹重的 3%。相对而言，英制穿甲弹弹头的硬化程度要比德制炮弹大，因此实战中前者更为易碎。德制穿甲弹以加入蜂蜡脱敏的 TNT 炸药为装药，并配有衬套及延时引信，装药容器的尖端由一木塞填充。英制穿甲弹以立德炸药（苦味酸）为装药，没有配备衬套和延时引信。总体而言，英制穿甲弹在日德兰的表现令人失望。

英制被帽尖端普通弹配有硬化的尖端和低碳钢制成的被帽，其装药为块状和微粒状黑火药混合物，装药重量约占炮弹总重的 6.75% ~ 9.5%，这一比例在 15 英寸（381 毫米）弹上最低。德制半穿甲弹的装药为 TNT 炸药，其重量约占炮弹总重的 6.5%。英制高爆弹主

要装填立德炸药（少量为 TNT 炸药），其重量约占炮弹总重的 13% 或 14%。20 世纪初至日德兰海战时，英制主力舰主炮炮弹发展历程的详情可参见附录 5。

根据大舰队作战条例，大舰队主力舰在开始射击时使用普通弹，只有在获得夹中之后才换为穿甲弹。而公海舰队主力舰则始终使用穿甲弹射击。这一差异也限制了大舰队

▲ "德芙林格"号舰上浴室在战斗中被毁。

获得的命中所造成的破坏。

命中与损伤——大口径舰炮

总表8和总表9给出了双方主力舰消耗的主炮弹药数目。尽管按惯例两表中的数字可能存在一定误差，但表中数字可认为已经尽可能精确。注意总表8中大舰队第1战列舰战队的弹药消耗量异常的低。

总表8 大舰队各主力舰主炮弹药消耗量

(1英寸=24.5毫米，1磅≈0.45千克)

炮弹种类 / 舰名	15英寸	14英寸	13.5英寸/1400磅	13.5英寸/1250磅	12英寸	消耗量总计（枚）
第1战队						
英王乔治五世	0	0	9	0	0	
阿贾克斯	0	0	6	0	0	
百夫长	0	0	19	0	0	34
爱尔兰	0	0	0	0	0	
合计	0	0	34	0	0	
第2战队						
猎户座	0	0	0	51	0	
君王	0	0	0	53	0	
征服者	0	0	0	57	0	198
朱庇特	0	0	0	37	0	
合计	0	0	0	198	0	
第3战队						
铁公爵	0	0	90	0	0	
皇家橡树	38	0	0	0	0	
壮丽	0	0	0	0	54	224
加拿大	0	42	0	0	0	
合计	38	42	90	0	54	

续表

第4战队						
本博	0	0	40	0	0	
柏勒						
罗丰	0	0	0	0	62	
鲁莽	0	0	0	0	72	254
前卫	0	0	0	0	80	
合计	0	0	40	0	214	
第5战队						
巨人	0	0	0	0	93	
科林						
伍德	0	0	0	0	84	
海王星	0	0	0	0	48	323
圣文						
森特	0	0	0	0	98	
合计	0	0	0	0	323	
第6分战队						
马尔伯勒	0	0	162	0	0	
复仇	102	0	0	0	0	
大力神	0	0	0	0	98	
阿金	0	0	0	0	98	506
库特	0	0	0	0	144	
合计	102	0	162	0	242	
第1、第2、第4中队合计	140	42	326	198	833	1539
第5中队						
巴勒姆	337	0	0	0	0	
刚勇	288	0	0	0	0	1099

续表

舰名						
厌战	259	0	0	0	0	
马来亚	215	0	0	0	0	1099
合计	1099	0	0	0	0	
第1、第2战巡中队						
狮	0	0	0	326	0	
皇家公主	0	0	0	230	0	
玛丽女王	0	0	约150	0	0	
虎	0	0	303	0	0	约1469
新西兰	0	0	0	0	420	
不倦	0	0	0	0	约40	
合计	0	0	约453	556	约460	
第3战巡中队						
无敌	0	0	0	0	约110	
不屈	0	0	0	0	88	约373
不挠	0	0	0	0	175	
合计	0	0	0	0	约373	
大舰队总计	1239	42	约779	754	约1666	约4480

总表9 公海舰队各主力舰主炮弹药消耗量

（1磅≈0.45千克）

舰名 炮弹种类	305毫米 （枚）	280毫米/666 磅（枚）	280毫米/529 磅（枚）	炮弹消耗量 总计（枚）
第5战队				
国王	167	0	0	
大选帝侯	135	0	0	
边疆伯爵	254	0	0	700
王储	144	0	0	
合计	700	0	0	

续表

第6战队				
皇帝	224	0	0	
路易波德摄政王	169	0	0	553
皇后	160	0	0	
合计	553	0	0	
旗舰及第1战队				
腓特烈大王	72	0	0	
东弗里斯兰	111	0	0	
图林根	107	0	0	406
赫尔戈兰	63	0	0	
奥尔登堡	53	0	0	
合计	406	0	0	
第2战队				
波兹南	0	53	0	
莱茵兰	0	35	0	
拿骚	0	106	0	245
威斯特法伦	0	51	0	
合计	0	245	0	
旗舰、第1及第3中队	1659	245	0	1904
第1侦察群				
吕佐夫	约380	0	0	
德芙林格	385	0	0	
塞德利兹	0	376	0	约1670
毛奇	0	359	0	
冯·德·坦恩	0	170	0	
合计	约765	905	0	

续表

| 第2中队 | 0 | 0 | 23 | 23 |
| 公海舰队总计 | 约2424 | 1150 | 23 | 约3597 |

　　总表10列出了大舰队已知的各主力舰各弹种的消耗情况。尽管12英寸（304.8毫米）高爆弹对射击重甲防护的德制主力舰效果很差，但装备12英寸（304.8毫米）炮的各舰依然发射了大量的高爆弹。另一方面，虽然装备13.5英寸（343毫米）炮的各舰也携带了高爆弹，但"皇家公主"号、"虎"号和"玛丽女王"号均不太可能发射该弹种。

总表10 大舰队各主力舰各弹种消耗情况

舰名炮弹种类	被帽穿甲弹（枚）	被帽尖端普通弹（枚）	高爆弹（枚）
复仇	102	0	0
巴勒姆	136	201	0
刚勇	278	10	0
加拿大	42	0	0
英王乔治五世	0	9	0
阿贾克斯	0	6	0
百夫长	19	0	0
铁公爵	0	90	0
本博	40	0	0
马尔伯勒	138	24	0
猎户座	51	0	0
君王	53	0	0
征服者	16	41	0
朱庇特	0	37	0
狮	326	0	0
壮丽	0	16	38
柏勒罗丰	41	21	0
鲁莽	0	0	72

续表

前卫	0	15	65
巨人	81	12	0
科林伍德	52	0	32
海王星	0	27	21
圣文森特	90	8	0
大力神	4	12	82
阿金库特	0	144*	0
新西兰	172	76	172
不屈	10	59	19
不挠	99	10	66

★：全部为装填TNT的被帽尖端普通弹。

公海舰队各主力舰发射的约3597枚主炮炮弹中，3160枚为被帽穿甲弹，其余437枚为半穿甲弹。装备305毫米炮的主力舰中，仅部分舰只弹种消耗情况保留至今。"吕佐夫"号消耗了全部200枚半穿甲弹中的绝大部分，"王储"号也消耗了一定数量的半穿甲弹，但具体数目不详。其余各舰现存的半穿甲弹消耗情况如下："德芙林格"号87枚，

"边疆伯爵"号20枚，"路易波德摄政王"号10枚、"皇后"号2枚、"奥尔登堡"号和"赫尔戈兰"号未消耗。

总表11和总表12总结了双方主力舰的中弹情况。注意，如果按照德国标准进行统计，部分大舰队主力舰的中弹次数可能低于实际次数。

总表11 大舰队主力舰中弹情况

舰名	第一阶段	第二阶段	第三阶段	第四阶段	第五阶段	合计（次）	总计（次）
狮	A×9	A×4	0	0	0	A×13	13
皇家公主	A×6	0	A×2		B×1	A×8 B×1	9
玛丽女王	约A×3 B×4	–	–	–	–	约A×3 B×4	约7
虎	B×11	B×1	0	0	0	B×15	15

续表

新西兰	B×1	0	0	0	0	B×1	1
不倦	约B×5	–	–	–	–	约B×5	约5
无敌	–	–	约A×5	–	–	约A×5	约5
巴勒姆	A×1 B×1	A×4	0	0	0	A×5 B×1	6
厌战	0	B×2	A×13	–	–	A×13 B×2	15
马来亚	0	A×7	0	0	0	A×7	7
巨人	0	0	0	B×2	0	B×2	2
总计	A×19 B×25	A×15 B×3	A×20	B×2	B×1	A×54 B×31	约85

注：A为305毫米弹，B为280毫米重弹。

"吕佐夫"号的中弹情况无法做出准确的统计，最初的估计结果是24发大口径炮弹和1发中口径炮弹。此后调研的统计结果是31次命中，其中击中右侧推进器轴套的是一块弹片，因此实际结果为30次。不过由于部分中口径炮弹和小口径炮弹造成的命中可能也被当作了大口径炮弹命中，因此这一结果很可能偏高，总表12因而继续采用24次这一数据。另外6次可能由中小口径炮弹造成的命中详情如下：

1号：炮弹由左舷飞来，弹着点位于B炮塔基座附近的炮廓炮组顶部甲板——此次命中可能由一枚6英寸（152.4毫米）弹造成，亦可能由约18时19分"狮"号命中该舰的炮弹（第二阶段"吕佐夫"号的2号中弹）造成，炮弹在B炮塔后方爆炸，其破片可能造成这一损伤。

2号：炮弹由左舷飞来，弹着点位于2号150毫米炮廓炮附近——此次命中可能由一枚6英寸（152.4毫米）弹造成，"吕佐夫"号自身关于150毫米炮廓炮故障的记录中未提到此次命中。

3号：炮弹由右舷飞来，弹着点位于A、B炮塔附近的侧甲上——可能与19时15分前后命中B炮塔下方的炮弹混淆（第四阶段该舰的3号中弹）。

4号：炮弹从右舷方向飞来，弹着点明显位于B炮塔附近的艏楼甲板——可能由一枚4英寸（101.6毫米）弹造成。

5号：炮弹从右舷方向飞来，弹着点位于该舰尾炮塔（D炮塔）基座附近——可能与16时15分命中该舰装甲带的炮弹混淆。

6号：炮弹从右舷方向飞来，弹着点位于3号150毫米炮廓炮附近——可能与19时15分前后命中4号150毫米炮廓炮装甲的炮弹混淆（第四阶段该舰的5号中弹）。

总表12 公海舰队主力舰中弹情况

舰名	第一阶段	第二阶段	第三阶段	第四阶段	第五阶段	合计（次）	总计（次）
吕佐夫	C×4	A×4 C×1	C×2 D×8	C×5	–	A×4 C×12 D×8	24
德芙林格	0	A×3	D×3	A×7 D×7	C×1	A×10 C×1 D×10	21
塞德利兹	约A×3 B×4	A×6	D×1	A×1 D×1	C×2 D×3	A×8 B×4 C×2 D×8	22
毛奇	A×1 B×4	0	0	0	0	A×4 B×1	5
冯·德·坦恩	A×4 B×1	0	0	A×1	0	A×2 B×2	4
国王	–	A×1	B×7 C×1	B×1	0	A×1 B×8 C×1	10
大选帝侯	–	A×1	0	A×4 B×3	0	A×5 B×3	8
边疆伯爵	–	A×3	C×1	D×1	0	A×3 C×1 D×1	5
赫尔戈兰	–	0	0	A×1	0	A×1	1
波美拉尼亚	–	0	0	0	D×1	D×1	1
石勒苏益格-荷尔斯泰因	–	–	–	–	D×1	D×1	1
总计	A×6 B×7 C×4	A×15 C×1	B×7 C×4 D×12	A×14 B×4 C×5 D×12	C×3 D×5	A×38 B×18 C×17 D×31	104

注：A为15英寸（381毫米）弹，B为13.5英寸（343毫米）重弹，C为13.5英寸（343毫米）轻弹，D为12英寸（304.8毫米）弹。

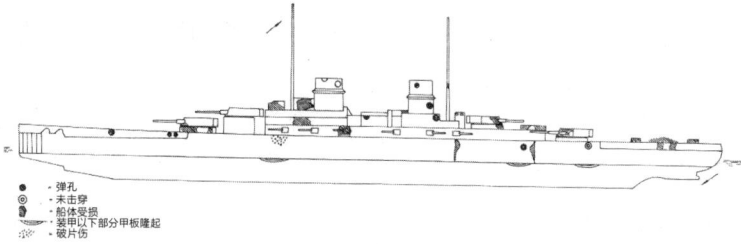

- · 弹孔
- ⊗ · 未击穿
- ◎ · 船体受损
- · 装甲以下部分甲板隆起
- · 破片伤

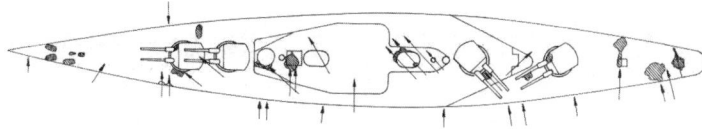

"德芙林格"号中弹示意图。

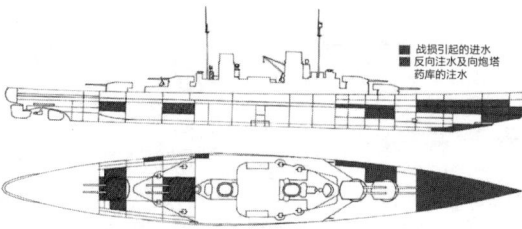

■ 战损引起的进水
■ 反向注水及向炮塔药库的注水

"德芙林格"号进水位置示意图。

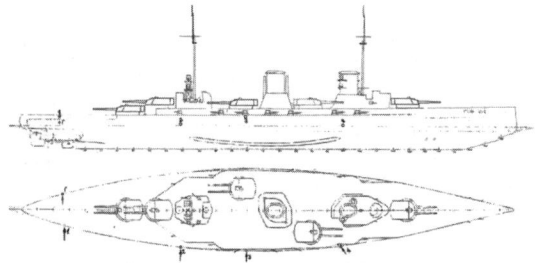

德国官方记录中"毛奇"号在日德兰海战中历次中弹位置示意图。

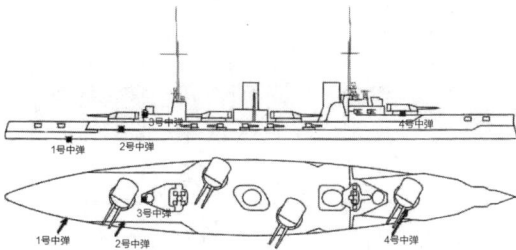

时间	序号	来源
1555	6	玛丽女王
1557	20	玛丽女王
1610	10	玛丽女王
1617	18	玛丽女王
1650	4	第5战列舰中队
1657	a	动落/增订
1706	1	第5战列舰中队
1708	2	第5战列舰中队
1710	11	第5战列舰中队

时间	序号	来源
1755	5	第5战列舰中队
1755	16	第5战列舰中队
1755	9	第5战列舰中队
1834	22	不详
1900/20	12	不明
1914/20	13	大力神
1914/20	19	大力神

时间	序号	来源
1914/20	7	圣文森特
1914/21	21	圣文森特
1927	16	皇家橡树
2024	14	皇家公主
2028	23	新西兰
2028	8	皇家公主
2030	15	新西兰
2030	17	新西兰

德国官方记录中"冯·德·坦恩"号在日德兰海战中历次中弹位置示意图。

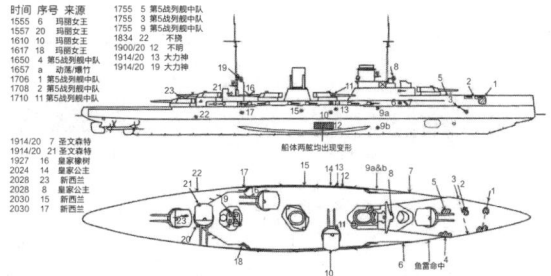

德国官方记录中"塞德利兹"号在日德兰海战中历次中弹位置示意图。

德国官方记录中"吕佐夫"号在日德兰海战中历次中弹位置示意图。

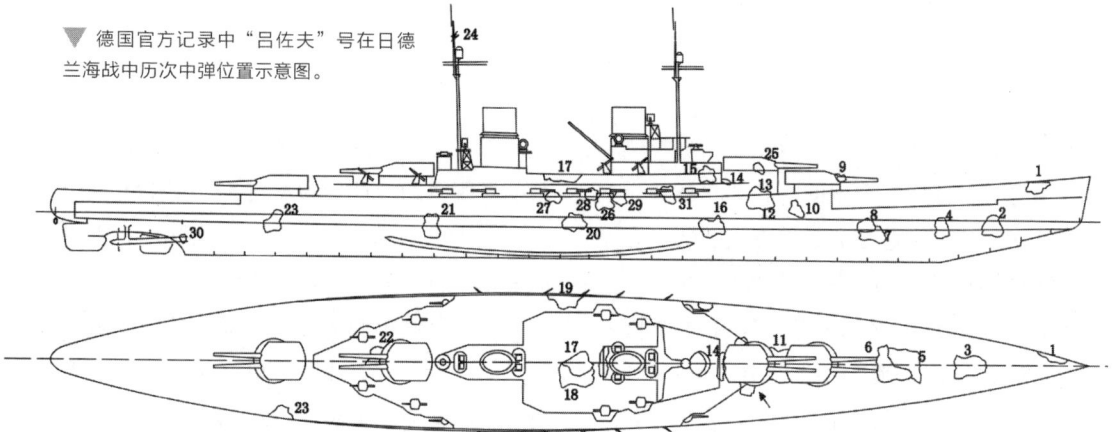

为计算双方命中率，还需考虑向巡洋舰和驱逐舰射击的炮弹数量及相应的命中数。由于双方射向巡洋舰及驱逐舰的炮弹数目都

没有可靠的统计，因此只能考虑以上舰种的中弹数目，不过部分此类舰种的中弹数目可能误差较大，参见总表13。

总表13 双方巡洋舰及驱逐舰被大口径炮弹命中次数

英方		
舰种	舰名	命中数（次）
巡洋舰	防守	约7
	武士	15
	黑王子	约12
	南安普顿	1
驱逐舰	奇迹（Marvel）	1
	守卫者	1
总计		约37

德方		
	舰名	命中数（次）
巡洋舰	威斯巴登	约15
	皮劳	1
驱逐舰	G86	1
	S35	2
总计		约19

总表13未计入"急性子"号在与"拿骚"号相撞时，被后者命中的一枚280毫米弹。参考总表13的数字进行计算，大舰队主力舰共发射4480枚主炮炮弹，获得123次命中，命中率为2.75%；公海舰队共发射3597枚主炮炮弹，取得122次命中，命中率为3.39%。由于"黑王子"号的命中对德方过于有利，

因此可考虑将该舰的中弹次数除去。这样一来公海舰队的统计变为发射3570枚命中110次，命中率为3.08%。虽然很多舰只单独的命中率均可计算，但由于各舰的具体设计条件不同，因此单舰命中率的统计对比并无实际意义。然而，以战队为单位的命中率统计仍有一定意义。具体结果参见总表14、15。

总表14 公海舰队主力舰命中次数一览

中弹舰只	命中（次）	
	来自第1侦察群	来自战列舰
狮	13	0
皇家公主	6	3
玛丽女王	7	0
虎	15	0
新西兰	1	0
不倦	5	0
无敌	5	0
巴勒姆	6	0
厌战	2	13
马来亚	0	7
巨人	2	0
防守	3	4
武士	0	15
黑王子	0	12
南安普顿	0	1
奇迹	0	1
守卫者	0	1
总计	65	57

单位	射击（次）	命中（次）	命中率
第1侦察群	1670	65	3.89%
战列舰	1927	57	2.96%
前无畏舰★	约1900	45	2.37%

★：除去向"黑王子"号的射击。

总表15 大舰队主力舰命中次数一览表

中弹舰只	命中（次）			
	来自第1、第2战巡中队	来自第3战巡中队	来自第5战列舰中队	来自第1、第2、第4战列舰中队
吕佐夫	7	8	4	5
德芙林格	1	3	3	14
塞德利兹	9	1	7	5
毛奇	1	0	4	0
冯·德·坦恩	2	0	1	1
国王	0	0	1	9
大选帝侯	0	0	5	3
边疆伯爵	0	0	3	2
皇帝	0	0	0	2
赫尔戈兰	0	0	1	0
波美拉尼亚	0	1	0	0
石勒苏益格–荷尔斯泰因	1	0	0	0
威斯巴登	0	2	0	13
皮劳	0	1	0	0
G86	0	0	0	1
S35	0	0	0	2
总计	21	16	29	57

单位	射击（次）	命中（次）	命中率
第1、第2战巡中队	1469	21	1.43%
第3战巡中队	373	16	4.29%
第5战列舰中队	1099	29	2.64%
第1、第2、第4战列舰中队	1593	57	3.7%

在考虑命中率时以下几点值得注意：

1. 公海舰队第 1 侦察群极高的命中率，是在能见度总体而言更好下取得的；

2. 大舰队第 1、第 2 战巡中队的命中率明显低于第 5 战列舰中队，而两者的能见度水平相当；

3. 大舰队部分舰只在短时间内取得了极佳的命中率，这是由于在这些舰只有限的开火时间内目标舰只的形象较为清晰。以"铁公爵"号号为例，该舰在 12600 码（11521.44 米）距离上向"国王"号发射了 43 枚炮弹，取得了 7 次命中（海战第 3 阶段）。就长时间射击结果而言，大舰队中成绩最好的当属"巴勒姆"号和"刚勇"号。尽管两舰各自的射击及命中次数不详，但两舰在海战中共发射了 625 枚炮弹，取得了 23 或 24 次命中，分别为命中"吕佐夫"号 4 次，命中"德芙林格"号 3 次，命中"塞德利兹"号 6 或 7 次，命中"毛奇"号 4 次，命中"冯·德·坦恩"号 1 次，命中"大选帝侯"号 4 次，命中"赫尔戈兰"号 1 次，总命中率为 3.68% 或 3.84%；

4. 公海舰队阵中成绩最好的则是"吕佐夫"号。该舰共发射了 380 枚炮弹，估计取得了 19 次命中，分别为命中"狮"号 13 次，命中"巴勒姆"号 1 次，估计命中"无敌"号 2 次，估计命中"防守"号 3 次，总命中率为 5%。不过应考虑到该舰射击时，其能见度条件在大部分时间内优于"巴勒姆"号和"刚勇"号。就短时间射击成绩而言，"毛奇"号在战斗最初阶段的射击堪称优秀。

综上所述，德国官方史书所总结，并被许多非德裔作者所采信的"德方炮术显然更优越"的结论并不准确。尽管从德方的数据来看这一传统论断理所当然：公海舰队共发射 3597 枚大口径炮弹，获得 122 次命中，命

中率 3.33%；皇家海军共发射 4598 枚大口径炮弹，获得 100 次命中，命中率 2.17%。但如对以上数据进行详细分析，便可发现公海舰队有超过四分之一的命中发生在皇家海军的装巡上【"武士"号 15 次、"防守"号 7 次、"黑王子"号 12 次）。以上 3 艘装巡均是在非常近的距离上被击中，且几乎没有进行有效的反击（"武士"号和"防守"号均是在不足 7000 码（6400.8 米）的距离上被打得失去战斗力，而"黑王子"号则在不到 1000 码（914.4 米）的距离上被反复命中】。与此同时，德方也没有计算皇家海军对轻巡洋舰"威斯巴登"号取得的命中——据统计皇家海军共对该舰发射了约 200 枚各种口径炮弹。此外，在德方的记录中，"德芙林格"号 9 次被中小口径炮弹命中——由于整个海战过程中皇家海军仅使用主炮对该舰进行过射击，说明这一统计显然不够准确。总体来说，德方的实际命中率要低于 3.33%，而英方的应高于 2.17%，但具体数字则均无法准确统计。（本节数字出自德国官方战史，与上列总表数字的来源不同，因此在某些数字上存在差异。有兴趣的读者可根据上列若干总表数字进行计算，但基本结论不变。）

命中及消耗——中小口径舰炮

在整场海战中，公海舰队主力舰消耗的副炮弹药要比大舰队主力舰多得多，且公海舰队主力舰部分的副炮大量用于向对方主力舰射击，而大舰队方面所有 12 艘装备 6 寸（152.4 毫米）副炮的主力舰以及"虎"号均未用副炮向对方主力舰进行射击。"威斯特法伦"号在 5 月 31 日到 6 月 1 日夜间的混战中承担了公海舰队大部分的作战，但其 150 毫米炮弹药消耗量在公海舰队主力舰中仅排第 7。大舰队

▲ 日德兰海战中伤痕累累的"切斯特"号轻巡洋舰。

方面并没有各主力舰被中口径炮弹命中次数的完整记录，仅"虎"号记录了被中口径炮弹命中3次。不过根据现有资料，除一枚命中"厌战"号的中口径炮弹导致该舰一门主炮无法运作外（参见第三阶段"厌战"号的中弹记录），其他中口径炮弹命中并没有对大舰队主力舰造成显著影响。双方中小口径炮弹的命中情况参见总表16、17，注意可能有部分150毫米炮弹命中未被计入总表16。大舰队方面除"武士"号外，沉没舰只的具体中弹次数无法估算；公海舰队方面则除"埃尔宾"号、"罗斯托克"号和V27号外，沉没舰只的具体中弹次数也无法估算。"威斯巴登"号被9.2英寸（233.7毫米）弹和7.5英寸（190.5毫米）弹击中的次数同样无法准确估算，但一般认为两种口径炮弹共命中该舰6次。双方巡洋舰及驱逐舰的主炮情况参见附录3。

总表16 公海舰队中小口径炮弹命中数一览表：

炮弹种类 舰名	按炮弹口径				按敌舰类型		
	170 毫米	150 毫米	105 毫米	88 毫米	来自主力 舰副炮	来自 轻巡	来自驱 逐舰
厌战	–	5	–	–	5	–	–
狮	–	1	–	–	1	–	–
虎	–	3	–	–	3	–	–
武士	–	约6	–	–	约4	约2	–
史诗女神	–	5	–	–	5	–	–
坎特伯雷	–	–	1	–	–	1	–
卡斯托	–	? 3	? 7	–	–	约10	–
切斯特	–	约17	–	–	–	约17	–
都柏林	–	5	8	–	–	13	–
法尔茅斯	–	1	–	–	1	–	–
加拉提亚	–	1	–	–	–	1	–

续表

南安普顿	–	2	约18	–	–	约20	0
阿卡斯塔	–	2	–	–	2	–	–
布罗克	–	？2	？5	2	？2	？5	2
花环	–	1	–	–	1	–	–
马恩	–	–	1	–	–	1	–
莫尔森	–	1	–	–	1	–	–
内萨斯	–	1	–	–	1	–	–
顽固	–	–	2	–	–	？2	–
突击	1	–	–	–	1	–	–
昂斯洛	–	3	2	–	3	2	–
爆竹	–	？3	–	？1	4	–	–
鼠海豚	–	1	–	？1	2	–	–
急性子	–	？1	–	–	？1	–	–
合计	1	约64	约44	约4	约37	约74	2
总计	约113				约113		

注：由于沉没舰只的中弹情况存疑，因此以问号标记。

总表17 大舰队中小口径炮弹命中数一览表 （1英寸=25.4毫米）

炮弹种类 / 舰名	按炮弹口径			按敌舰类型			
	6英寸弹	5.5英寸弹	4英寸弹	来自主力舰副炮	来自装巡副炮	来自轻巡	来自驱逐舰
国王	4	–	–	–	–	4	–
拿骚	–	–	2	–	–	–	2
奥尔登堡	–	–	1	–	–	–	1
莱茵兰	2	–	–	–	2	–	–
威斯特法伦	–	–	1	–	–	–	1
德芙林格	2	–	7	–	–	2	7

续表

塞德利兹	–	？1	1	–	–	1	1
埃尔宾	1	–	–	–	–	1	–
法兰克福	2	–	2	–	–	4	–
汉堡	4	–	–	–	–	4	–
慕尼黑	5	–	–	–	–	5	–
罗斯托克	–	–	3	–	–	–	3
什切青	2	–	–	–	–	2	–
B98	–	–	1	–	–	–	1
G40	1	–	–	–	–	1	–
G87	1	–	–	1	–	–	–
S32	–	–	3	–	–	–	3
S50	1	–	–	–	–	1	–
S51	1	–	–	1	–	–	–
V27	–	–	2	–	–	–	2
V28	1	–	–	1	–	–	–
合计	28	1	23	4	2	25	21
总计	52			52			

注：由于沉没舰只的中弹情况存疑，因此以问号标记。

双方参战主力舰的副炮均采用人力操作，大舰队主力舰副炮均安装在台座上，公海舰队主力舰除"黑森"号的副炮使用单装炮塔、电力驱动回旋和俯仰作业外，其余均采用中轴支架。双方的 6 英寸（152.4 毫米）炮和 150 毫米炮最高射速都能达到每炮每分钟 7 发以上。德制战舰通常为每门 150 毫米炮配备独立的提弹机，因此能长期保持较高射速。而英制战舰通常没有配备这么多的提弹机，或提弹机的提升速度较慢，因此在备便弹药消耗完后，副炮

通常仅能维持每炮每分钟 3 发的射击速度。唯一例外是"加拿大"号，该舰副炮的最大射击速度能达到每炮每分钟 5.5 发。双方参战主力舰每门副炮的备弹均大致在 150 发上下，但上下限则可达到 200 发和 100 发。

英制战舰的 6 英寸（152.4 毫米）和 4 英寸（101.6 毫米）副炮通常配有装备弹头引信的高爆弹和普通弹，不过"阿金库特"号理论上仅配有普通弹，而"加拿大"号则配有装填 TNT 的半穿甲弹。德制 170 毫米副炮配有穿甲

弹和装备弹头引信的高爆弹，而 150 毫米副炮则配有装备弹头引信和弹底引信的两种高爆弹。注意 170 毫米炮的实际口径约为 172.6 毫米，而 150 毫米炮的实际口径则约为 149 毫米。

双方主力舰的副炮弹药消耗量参见总表 18、19，未列入总表 16 中的大舰队主力舰未用副炮进行射击。总表 17 中的数据则包含了照明弹，括号中的数字为各舰该弹种的消耗量。

总表18 英国大舰队各主力舰副炮弹药消耗量

舰名 ＼ 炮弹种类	152.4毫米弹（枚）	101.6毫米弹（枚）
爱尔兰	6	–
铁公爵	50	–
皇家橡树	84	–
加拿大	109	–
本博	60	–
柏勒罗丰	–	14
鲁莽	–	50
前卫	–	10
巨人	–	16
科林伍德	–	35
猎户座	–	48
马尔伯勒	60	–
复仇	87	–
大力神	–	15
阿金库特	111	–
巴勒姆	25	–
刚勇	91	–
马来亚	31	–
虎	136	–
不挠	–	4
总计	850	192

总表19 德国公海舰队各主力舰副炮弹药消耗量

炮弹种类 舰名	170毫米弹（枚）	150毫米弹（枚）	88毫米弹（枚）
国王	–	约137	–
大选帝侯	–	216	2
边疆伯爵	–	214	–
王储	–	–	–
皇帝	–	41	–
路易波德摄政王	–	106	–
皇后	–	135	–
腓特烈大王	–	151	–
东弗里斯兰	–	101	1（1）★
图林根	–	115	32（2）★
赫尔戈兰	–	61	–
奥尔登堡	–	88	30
波兹南	–	64	32（3）★
莱茵兰	–	26	–
拿骚	–	75（1）★	–
威斯特法伦	–	176	106
吕佐夫	–	约400	–
德芙林格	–	235	–
塞德利兹	–	450	–
毛奇	–	246	–
冯·德·坦恩	–	98	–
德意志	–	–	5
波美拉尼亚	–	–	–
西里西亚	20	–	6

续表

石勒苏益格-荷尔斯泰因	20	–	–
黑森	34	–	24
汉诺威	21	–	44
总计	95	约3135	282

★：括号中为照明弹的数量。

由总表 19 可见"威斯特法伦"号消耗了大量的 88 毫米炮弹，表明这种小口径反驱逐舰炮在夜战中仍能发挥一定用途。另一方面，实战表明英制 4 英寸（101.6 毫米）炮在昼间战斗中几乎无用，这实际否定了费舍尔上将"主力舰副炮口径不应超过 4 英寸"的论断。根据公海舰队的经验，实战中使用弹头引信的 150 毫米高爆弹对燃油驱逐舰的攻击效果基本令人满意，不过"赫尔戈兰"号的记录则显示该舰在 5 月 31 日到 6 月 1 日夜间的战斗中，交替使用了装备弹头引信和弹底引信的高爆弹攻击防护较好的舰只。

另外，仅有 4 艘公海舰队主力舰副炮的高爆弹弹种消耗情况可考，如总表 20 所示。此外"石勒苏益格－荷尔斯泰因"所发射的 170 毫米弹全部为穿甲弹。

大舰队方面各主力舰副炮的弹种情况同样不完整，参见总表 21：

总表20 公海舰队主力舰副炮弹种消耗情况

舰名	装备弹头引信的高爆弹（枚）	装备弹底引信的高爆弹（枚）
边疆伯爵	128	86
皇后	21	114
德芙林格	118	117
毛奇	171	75

总表21 大舰队主力舰副炮弹种消耗情况

舰名	高爆弹（枚）	被帽尖端普通弹（枚）	普通弹（枚）
马尔伯勒	55	5	–
刚勇	83	8	–
阿金库特	–	111	–
前卫	5	–	5

日德兰海战时防空炮的作用微乎其微。大多数公海舰队主力舰以及第2侦察群的轻巡装备2或4门88毫米防空炮，该炮所使用的炮弹重22磅，炮口初速为每秒2460英尺（749.8米）。大多数大舰队主力舰和旧式轻巡则装备一门3英寸（76.2毫米）高炮，该炮所用炮弹重12.5磅（5.67千克），炮口初速为每秒2600码（2377.44米）。大多数大舰队主力舰和轻巡的6英寸（152.4毫米）炮和4英寸（101.6毫米）炮，还携带有部分装备延时引信的榴霰弹。

主力舰火炮故障

在前文的中弹记录中已经详述了参战各主力舰的主炮损伤，此外前文还记录了时间明确的重大故障。除此之外，"前卫"号一门采用霍姆斯托姆式炮闩的12英寸（304.8毫米）炮炮尾发生故障，"新西兰"号的一门12英寸（304.8毫米）炮其蘑菇头结构发生偏移，导致其底火孔严重阻塞。"虎"号B炮塔右炮扬弹机筒的柯达发射药的防火门被钉死，该炮塔内还发生了炮弹向前滑动的事故，导致右待机位置的防火门脱落。

发生在"塞德利兹"号A炮塔内的一起

▶ "塞德利兹"号跨越式炮塔立体截面图。

回火事故中，火焰沿提弹机向下蔓延至该炮塔操作室，导致2人轻微烧伤，另有3人吸入有毒气体。该舰战后报告中有一条用铅笔添加的附注，提到此前的回火事故从未造成如此后果。由于电气故障，该炮塔的一部下部提弹机无法运作，但通过由另一部下部提弹机在操作室进行转运的办法为该炮塔继续供弹。此外，中弹造成的震动还导致提升机内多具引信爆炸。在"毛奇"号上，则发生了多起炮塔成员因发射药产生的气体而短时间中毒的事故。对德制战舰而言，由于弹药筒容器在炮塔内打开，因此发射药烟气一直是个老问题。不过具体到"毛奇"号，这一问题尤为严重的原因可能是该舰的抽烟装置不够强劲，以及其并未设计明确的废弃弹药筒容器排放路线。

在5月31日昼间战斗结束时，幸存的各艘大舰队主力舰共有8门主炮无法运作，其中"厌战"号的1门、"狮"号的2门、"皇家公主"号的2门均因中弹而无法运作，"马尔伯勒"号的1门因炸膛无法使用，"皇家公主"号的1门因炮尾机构故障，"虎"号的1门因阀门以及活塞断裂而无法运作。后三起故障中，"皇家公主"号的故障在6月1日晨排除，此时"虎"号的故障可能也已经排除。

在5月31日昼间战斗结束时，幸存的各艘公海舰队主力舰共有10门主炮无法运作，其中"德芙林格"号和"塞德利兹"号各有4门，"冯·德·坦恩"号有2门，"吕佐夫"号有2门，全部12门火炮均因被命中而无法运作。除此之外，"冯·德·坦恩"号还有4门曾在较长时间内因无法正常复进而无法运作，由于中弹的影响，该舰剩余的2门主炮只能依靠人力实施回旋。"塞德利兹"号的一座炮塔（后跨越射击式炮塔）在开战不久后就发生了电力故障，此后该炮塔便因中弹（15时57分）而无法运作。由于铺设装甲甲板以上的电线被切断，当天夜间"塞德利兹"号和"吕佐夫"号的舰尾炮塔的回旋机构均无法运作。"塞德利兹"号的首炮塔则因电线浸入水下，导致回旋机构断电而在8小时内无法运作。

火控

一般认为，大舰队主力舰的射速要比公海舰队的主力舰慢，这一陈述可能对部分舰只来说是正确的，但根据已知的材料，"狮"号在海战的最初2.5分钟内便完成了5次齐射，而"吕佐夫"号则花费了3分钟才完成了同样数量。不过另一方面，"吕佐夫"号在19分钟内完成了最初的31次齐射，平均间隔为38秒，同时这31次齐射命中了"狮"号6次。而"狮"号则花费14.5分钟完成其最初20次齐射，平均间隔为46秒，仅取得2次命中。"毛奇"号并未记录这一阶段的齐射次数，但此后"德芙林格"号在2分25秒内对"玛丽女王"号进行了6次齐射，平均

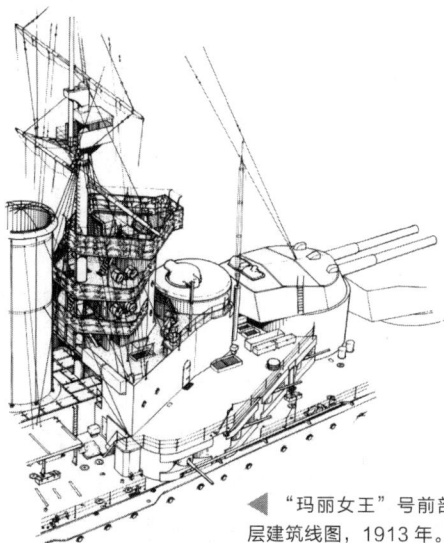

▲ "玛丽女王"号前部上层建筑线图，1913年。

间隔为29秒。战列舰方面，"马尔伯勒"号在6分钟内对"大选帝侯"进行了14次齐射，"铁公爵"号在4分50秒内对"国王"号进行了9次齐射，平均间隔分别为28秒和36秒，分别对目标取得了3次和7次命中。在5月31日晚20时20分的战斗中，"狮"号也达到过"马尔伯勒"号的射速，但射击距离较短，命中数也较低。

与"德芙林格"号和"吕佐夫"号的记录相比，"马尔伯勒"号和"铁公爵"号获得上述射速时射击距离较短，因此炮弹飞行时间也较短。具体数字如下："马尔伯勒"号15秒；"铁公爵"号17～18秒；"德芙林格"号21秒；"吕佐夫"号21～29秒。因此总体而言，"马尔伯勒"号和"铁公爵"号更容易获得较高的射速。

大舰队主力舰的火控系统比公海舰队较为先进。在英制主力舰上，通常安装在前桅桅顶的火控指挥仪将其指向和仰角数据以电信号传输至各炮塔的操作员，操作员再通过拨号盘驱动炮塔及火炮滑套回旋，因此指挥仪可以从同一位置指挥所有主炮的指向、俯仰和发射。一战开战时，大舰队仅有少数主力舰装备中央火控设备，但得益于费舍尔海军上将在他第二次任职第一海务大臣时的强力推动，在日德兰海战时大部分主力舰都已配备这一系统。

德制火控指挥仪指示机构通常设于火控塔上，并以与英式火控系统类似的方式向各炮给出正确的旋转角，但各炮的俯仰和发射均独立进行。"德芙林格"号的舰长在战后报告中认为，英制战列舰可以实现在使用艏炮塔群与公海舰队战巡交战的同时，也使用舰炮塔群与公海舰队第3中队交战（这是指第5战列舰中队在"向北狂奔"阶段的表现，

这一阶段该中队的确同时向公海舰队的战巡和战列舰射击，但考虑到"伊丽莎白女王"级战列舰仅装备一台德雷尔火控台，因此显然不可能利用火控台指挥各炮塔的同时射击两个目标）。

另外，德制战舰上并无绘图桌等测距设备，而英制战舰则采用德雷尔火控台。这种模拟计算机利用一台距离时计驱动铅笔在移动的纸上绘图，该系统同时采用尽可能多的测距仪的测距结果进行绘制，因此距离时计可以持续记录目标在目视范围内的平均距离。除此之外，还可利用变距率盘以及目标的初始方位和速度解算目标距离变化率，或根据此前射击结果对此前使用的目标距离变化率进行迭代修正，从而得出供火炮射击的目标距离变化率。在德制火控系统中，测量目标距离变化率的方式是上述后两种手段的结合，此外再结合测距仪读数进行估算。

实战中英制主炮火控仪证明了其价值，如无这一设备，大舰队主力舰几乎不可能实现精确射击。参战主力舰中仅"爱尔兰"号和"阿金库特"号未配备中央火控指挥仪，前者在战斗中一炮未发，后者虽发射了144枚炮弹，但其命中率在大舰队中却很平庸。

一度取得较高命中率的"不挠"号在实战中利用火控指挥仪控制炮塔转向，但该舰更倾向于像德制战舰那样各炮独立计算俯仰。"铁公爵"号的指挥仪配有早期型亨德森陀螺仪，该设备使得舰只在横摇条件下能在正确的时间进行发射。但在海战当天，用于调节陀螺仪的螺旋在该舰开火前发生故障，此外配备的望远镜光学性能也不够理想，因此实战中并没有使用陀螺仪。装备15英寸（381毫米）炮的舰船及"加拿大"号各装备两座指挥仪，其中一座安装在桅顶，另一座安装

在司令塔顶部的装甲护罩中。战斗中"巴勒姆"号桅顶的指挥仪一直使用到因自身火炮发射产生的震动而出现故障为止，这一故障显然发生在海战第一阶段。该舰的战后报告中认为，在这一阶段所谓"向南狂奔"的战斗中，由于在舰只发生微小运动时该舰的装甲指挥仪无法快速指挥射击，所以应使用旧式的瞄准手自行射击方式作战。"马来亚"号起初使用装甲指挥仪进行射击，但由于该指挥仪并未配置超高仰角设备，因此当需要使用该设备时，该舰只能启用桅顶指挥仪进行射击。

多艘大舰队主力舰在其测距仪解算出距离前就已开火。尽管"铁公爵"号依然取得了不错的命中率，但总体而言英制9英尺（2.73米）测距仪在日德兰时已嫌过时。15英尺（4.57米）测距仪在海战时仅安装在装备15英寸（381毫米）炮的各舰以及"猎户座"号上，其表现较好。"刚勇"号报告称在战斗初期测距结果非常精确，但在开战半小时后仅能获得部分独立的距离数据组。"巴勒姆"号在战斗第二阶段所谓"向北狂奔"的战斗中也曾获得过较准的测距读数，尽管该舰无法观察到弹着点。总体而言，实战环境对德雷尔火控台的运作不利，因此英制火控系统的效力不如预期——该系统应在能见度良好、针对单一目标、射击间隔较长的条件下运作。尽管"狮"号和"新西兰"号都得出距离测绘图，前者还得出了方位测绘图，但这一结果并未体现在两舰的命中率上。

就火控指挥军官战位，应位于前桅桅顶还是火控塔上这一问题，各舰在战后报告中根据实战经验得出的结论各不相同。"刚勇"号的报告认为火控塔上的条件更好，这一结论也得到了"铁公爵"号的报告的支持。但"本博"号报告中的观点则截然不同，该舰

在报告中抱怨，尽管装备了校射望远镜指示器，但是实战中指挥仪俯仰操作员在定位正确目标，以及在试图将校射员和指挥仪俯仰操作员的目标统一的这两个过程中，遇到了很多麻烦。"刚勇"号的报告中也注意到了上述困难。该舰还报告称，实战表明亟须某种方法实现指挥仪俯仰操作员和火控军官观测用望远镜之间的直接联系。日德兰海战发生前不久，"前卫"号上安装了一台将校射用望远镜以机械方式与指挥仪连接的基尔罗伊（Kilroy）校射员辅助设备，实验表明该设备具有很高的实战价值，但战斗中该舰并未对公海舰队主力舰进行射击。"新西兰"号则报告称，由安装在司令塔上的方位接收器和安装在校射用望远镜上的方位弧构成的校射员辅助设备，在实战中获得了不错的效果，不过该舰的命中率几乎是大舰队各主力舰中最差的。

实战中一般较难估测目标的相对航向，且一般认为夹叉试射法要比梯级试射法获得准确射距的速度要慢。在日德兰海战中皇家海军仍采用夹叉试射法，即根据上一次试射的结果对上一次试射采用的距离加减固定的修正量作为下一次试射的距离，直到连续两次试射落点分别在目标两侧，然后将修正量减半继续重复试射过程，直到获得夹中为止，皇家海军通常采用的修正量为 400 码（365.76 米）。而公海舰队则使用梯级试射法，即在接战之初进行连续三次快速齐射，其射距设定分别为测距仪读数及根据这一读数加上和减少一固定值。在此后的试射过程中，则以两次射差已知的连续快速试射作为校射对象，直到偏转和射距均被确定为止。皇家海军在日德兰之后吸取了实战经验教训，改用了梯级试射法（注意就公海舰队实际采用的

试射方式仍有争议，部分资料显示在交火的最初阶段公海舰队战巡齐射之间的间隔与皇家海军战巡舰队相当，而"德芙林格"号舰长的回忆也说明公海舰队所采用的试射方式与皇家海军类似。无论如何，公海舰队的战巡总能更快地确定距离，从而更快地进行快速效力射）。

公海舰队多艘舰只在战后报告中提到，大舰队第 5 战列舰中队的 15 英寸（381 毫米）炮齐射散布很小，G38 号驱逐舰也报告称"猎户座"号的齐射散布也很小。

另一方面，公海舰队认为原始的火控系统在实战中虽表现良好，但总体而言仍不如英制火控系统。而如果没有采用指挥仪指示设备，公海舰队取得的战果将会相当有限。不过，对该设备的不满主要集中于公海舰队仍广泛使用的旧式望远镜上，实战表明这种望远镜已远不能满足需要。装备新式望远镜的"德芙林格"号就取得了相当不错的战绩，但在每次前主炮射击后，都需用麂皮对安装在前火控塔上的该望远镜物镜进行擦拭，这在实战中造成了相当的不便。"德芙林格"号的报告也认为，回旋望远镜在远距离上性能不足。"塞德利兹"号在报告中指出，该系统的缺陷还包括供火控军官使用的辅助目镜数量不足，亟须为指挥仪配备电力发报机。而加装简单的陀螺仪设备，可使得舰只在高速转向时（尤其在烟幕后实施这一机动后）迅速重新锁定目标。另外，"威斯特法伦"号、"莱茵兰"号和前无畏舰未配备指挥仪指示设备。

在日德兰海战的自然条件下，德制立体镜测距仪可能比英制双象重合测距仪表现更好。当英国战巡因目标被烟气阻挡而无法使用双象重合测距仪时，德制立体镜测距仪仍

能较好地工作。另一方面，更长的基线长度【如10英尺（3.05米）】依然对取得更好的测距结果更为有益。在16000码（14630.4米）距离上，英制9英尺（2.74米）基线测距仪的精度下降很可能比德制测距仪更为明显。不过根据"皇家公主"号在最初接敌时的测距结果，英制9英尺（2.74米）基线测距仪在能见度较好且自身航速不过高时，仍可能取得较为准确的结果。

公海舰队主力舰并没有使用距离测绘技术。此外至少在"塞德利兹"号上，距离钟仅在战斗最初阶段体现出价值。在之后的战斗中，齐射所使用的射距由火控塔上的测距仪提供。公海舰队认为需要加设相关设备，以实现主火控站与不同测距仪之间的通信，此外还需在前桅桅顶加设测距仪，尽管这意味着需对前桅进行一定程度的改造。此外，"德芙林格"号战后报告中提出，距离分划筒上的最大刻度大于火炮最大射程也有利于实战中的射击。

在德制战舰上，火控通常由前部火控塔实施，但当该火控塔的能见度不佳时，火控则由后火控塔实施，"吕佐夫"号击沉"无敌"号就是使用的后火控塔。实战中，各主力舰前桅桅顶的校射员在锁定正确目标时遇到了一些麻烦。"塞德利兹"号在报告中提到，旋转台座应与指挥仪实现相互连接，而火控塔利用耳机或由火控中心的传声管，配合距离与估测值指示器实施火控操作。"德芙林格"号战后的报告中对这两种方式均表示满意。理论上说，火控军官可以利用辅助目镜检查指挥仪的目标，但由于火控军官均要自行操作指挥仪指示设备，因此在实战中"塞德利兹"号很少使用这一检查手段。"德芙林格"号前桅桅顶的观察员望远镜通过"跟随指向器"的方式与指挥仪相连，该舰的战后报告中认为这一手段极为有效，尤其在敌舰被近失弹造成的水柱遮挡的情况下。但这是一种单向连接，信息无法通过这一渠道从观察员传达至指挥仪。在海战后期，从该舰的桅顶位置可以观察到大舰队各舰的船体，而从火控塔位置则只能看到敌舰射击时的火光，但此时桅顶与火控塔之间的联络渠道已经被弹片切断。从这一战例可以看出，有必要对桅顶与火控塔之间的联络渠道提供更好的防护，此外也需要在指挥仪与辅助观察位置之间建立交互传输。

当然，最理想的方式就是像英制主力舰那样使用三脚桅，并将指挥仪设于桅顶（"德芙林格"号的舰长在战后报告中推测，英制主力舰的指挥仪设在桅顶位置，并建议采用三角桅）。此外，鉴于"德芙林格"号的火控中心在战斗中曾因有毒气体通过破损的传声管渗入而暂时关闭，因此该舰在战后报告中建议，对火控中心内的所有传声管加装气密盖，以防类似事件重演。

德制炮弹飞行时间表在实战中显得不够可靠。"吕佐夫"号在海战前不久安装了佩特拉维克（Petravik）陀螺瞄准系统的3个单元，但全部在该舰射击时被震坏，该系统此前并未经过实战考验。

大体来说，海战中公海舰队的炮术表现堪称出色，尤其在双方交火的最初阶段，公海舰队的射击更有效率。但是另一方面，参战的皇家海军枪炮官一致认为尽管在最初阶段弹本方着点距离目标较远，但随着海战的进行，本方的射击逐渐变得准确。而与此相反，公海舰队的射击虽然在最初阶段更为准确，但随着时间推移其准确率反而有所下降。第1轻巡洋舰中队指挥官亚历山大·辛克莱尔准将就曾在一封信中写道:"他们一开始打得很准,射速也很快,但是好像难以保持这一水准。事实上,我们觉得在一切顺利的条件下他们训练得很好,但在海战中很快就会陷入一定程度的混乱。"英方一般认为,造成这一现象的原因是立体镜测距在一定程度上依赖操作者的主观判断,因此一旦操作者在因战斗而亢奋或产生情绪波动,测距结果就容易出现错误,不过这一观点并未得到严格证明。同时也需要注意,在海战的最初阶段,公海舰队出色的炮术表现还得益于当时更优越的能见度条件。而在当晚 18 时 30 分之后(第三阶段)光线条件变得对大舰队有利时,公海舰队的射击效率也出现了明显的下降。帕斯特菲尔德(Pastfield)在《日德兰的新线索》(New Light on Jutland)一书中就提到了以下有趣的事实:"……截至 5 时 40 分双方都在 19000 码(17373.6 米)的距离上取得了命中……17 时 40 分后没有任何一艘皇家海军主力舰在 10500 码(9601.2 米)以上距离上被命中……17 时 40 分之后公海舰队的主力舰则不断在远达 17000 码(15544.8 米)的距离上被反复命中。"总体来说,海战过程表明,皇家海军的火控以及指挥设备,除测距仪外,均优于公海舰队。

另一方面,公海舰队主力舰和轻巡的 150 毫米炮使用了指挥仪指示设备,因此其火控水平远比没有使用指挥仪的大舰队主力舰及轻巡的 6 英寸(152.4 毫米)炮先进。不过对大舰队驱逐舰造成最大破坏的,偏偏是并没有装备任何指挥仪指示设备的"威斯特法伦"号。大舰队的其他劣势还表现在探照灯操作水平远不如公海舰队,完全没有像公海舰队那样配备照明弹,缺乏与公海舰队匹敌的夜间敌我识别系统(公海舰队使用有色灯光进

行识别,大舰队使用信号灯进行口令问答),缺乏有效的人工烟雾生成手段。利用燃油排放的烟气布设烟幕是个不错的人工烟雾生成手段,但并未被广泛采用。皇家海军所使用的制式罗斯双筒望远镜质量也远不如公海舰队所使用的福伦达–蔡司望远镜,这一劣势在夜间尤其明显。可以发现,上述劣势在昼间作战条件下不明显,而在夜间作战条件下较为突出且重要。考虑到杰里科在下达的大舰队作战条令中极力避免夜战——由于夜战的结果极端不确定,因此占优势的大舰队并不愿意冒在夜战中被对手以较小代价获得较大战果的风险。第二次世界大战中,日美双方围绕瓜达尔卡纳岛和所罗门群岛展开的历次海战,就生动地说明了夜战的偶然性和不确定性——造成上述劣势的原因也是可以理解的。公海舰队战巡的军官战后对其装备的方向指示器尤其是该设备的潜望镜大加赞赏。"德芙林格"号的舰长报告和"冯·德·坦恩"

▲ 德制 1.1 米探照灯。

号枪炮长的回忆都提到，通过该设备，远距离上敌舰的一举一动都清晰可见。不过在"吕佐夫"号舰长错误百出的战后报告中，"伊丽莎白女王"级战列舰在"向北狂奔"阶段便被认作"英王乔治五世"级战列舰，而其理由是清晰地观察到了舰上共有5个炮塔。

公海舰队各战巡对齐射方式的偏好并不一致。"德芙林格"号推荐使用各炮塔的一炮进行齐射（即半齐射）的方式，理由是从观察落点偏角的角度出发，4枚炮弹的弹着点比2个双炮弹群的弹着点更容易观测。"吕佐夫"号则更偏好前后炮塔群轮流使用全部火炮实施齐射的方式。虽然全舷齐射（英方即采用这一方式）最为理想，但考虑到载弹量（"德芙林格"级每门主炮配备65枚穿甲弹和25枚高爆弹），两舰均未使用这一射击方式，"德芙林格"号的战后报告中便强烈建议至少增加20%的载弹量。此外，这一射击方式显然也意味着各炮塔内处在传输状态中的发射药数目增加，意味着增大了发射药起火的概率。当然，由于前部炮塔射击时产生的炮口烟雾，有时会导致后部炮塔方向指示器配属的望远镜不能正确地指向目标，因此"德芙林格"号实施半齐射的过程中，有时也需要稍许提前命令后部炮塔开火。

殉爆和发射药起火

前文中已经根据迄今已知的材料，详述了日德兰海战中因殉爆沉没的5艘大舰队舰只的沉没详情。"无敌"号的7英寸（177.8毫米）炮塔装甲可以轻易地被德制305毫米被帽穿甲弹在约10500码（9601.2米）的距离上击穿。即使不考虑其他装甲分布上的弱点，"防守"号的7英寸（177.8毫米）或8英寸（203.2毫米）装甲在更近距离上显然也

▲ "无敌"号的残骸，摄于该舰殉爆后约半小时。

不会有更好的防护效果，而装备7.5～6英寸（190.5～152.4毫米）装甲的"黑王子"号在750～1500码（685.8～1371.6米）距离上，面对公海舰队主力舰的主炮时完全就相当于无防护。就"不倦"号而言，"冯·德·坦恩"号在约15500～16000码（14173.2～14630.4米）距离上发射的一枚280毫米炮弹，击穿了该舰上甲板下方的0.4375英寸（11.11毫米）侧船体板后，很可能继续击穿1英寸（25.4毫米）主甲板以及几乎延伸到主甲板高度的X炮塔3英寸（76.2毫米）基座装甲。"冯·德·坦恩"号的主炮可能在上述距离上无法击穿"不倦"号主甲板和上甲板之间的7英寸（177.8毫米）炮塔基座装甲，但炮弹仍可能在基座装甲上造成破孔，并造成灼热的装甲碎片飞入基座内部，进而导致殉爆。

"玛丽女王"号则在14400码（13167.36米）距离上被击沉。德舰发射的305毫米被帽穿甲弹可以在约16000码（14630.4米）距离上击穿该舰的9英寸（228.6毫米）装甲带，或在约17000码（15544.8米）距离上击穿该舰的炮塔正面装甲（在此情况下弹道与装甲之间的夹角更接近垂直）。对一次能造成A炮塔或B炮塔药库殉爆的命中而言，炮弹最便捷的路线就是击穿任一炮塔的正面装甲，或击穿艏楼甲板和上甲板之间的0.625英寸（15.875毫米）或0.75英寸（19.05毫米）侧板，然后先后击穿1英寸（25.4毫米）上甲

板和上甲板与主甲板之间的 3 英寸（76.2 毫米）炮塔基座装甲。由于 A 炮塔基座更靠近舷侧【在上甲板高度基座边缘距离舷侧仅 16 英尺（4.88 米）】，因此该炮塔基座被击穿的概率更高。当然，除了炮弹从炮门射入或炮弹未能击穿但造成了灼热的装甲碎片飞入药库的可能性之外，仍有不少其他可能的炮弹击穿路径。

尽管从上述简介来看，殉爆是由于装甲厚度不足造成的，但对已经完工的舰只来说，除加厚炮塔顶部装甲以及在要害部位加装水平钢板外，弥补这一缺陷的手段不多。此外还应注意到，所有英制战列舰在炮塔或其基座装甲被洞穿时，都可能发生类似的灾难。在大舰队参战的全部 4 个战列舰中队的共计 136 个基座中，仅"巨人"号和"大力神"号的舷侧炮塔基座装甲最大厚度超过了 10 英寸（254 毫米）——这一厚度可被德制 305 毫米炮弹在 14000 码（12801.6 米）距离上击穿。此外，仅装备 15 英寸（381 毫米）炮的 6 艘战列舰舰和"阿金库特"号的炮塔正面装甲厚度超过了 11 英寸（279.4 毫米）。从这些来看，不应将殉爆的原因简单地归结于防护不足。日德兰海战后，大舰队曾认为药库上方的甲板必须得到额外的加强，以阻止炮弹或者弹片进入药库。1916 年 6 月 25 日，杰里科和贝蒂出席的海军部会议接受了大舰队的观点。但这一观点遭到了海军建造总监尤斯塔斯·坦尼森－戴恩科特（Eustace Tennyson-d'Eynocourt）的强烈反对。他对各战巡的作战报告以及幸存者的证词进行了分析，得出的结论是海战中没有一枚德国炮弹击穿甲板进入弹药库【"马来亚"号第二阶段的 4 号中弹中部分弹片飞进 6 英寸（152.4 毫米）炮药库是仅有的例外】。作为旁证，他指出海

战中英国战巡的引擎舱和锅炉舱也没有被炮弹从顶部击穿的记录，而这两部分舱室的甲板防护水平并不比药库强。由此他认为英国战巡在设计上并无问题，导致战舰殉爆的罪魁祸首是先天不足的柯达无烟药。他还认为，德国炮弹从垂直方向进入船体要害部分的观点，将使得今后装甲防护的设计增加相当的重量，进而导致后续舰只排水量加大。尽管第三海务大臣都铎（Tudor）也赞成海军建造总监的观点，即关于战巡殉爆原因的分析和现有资料均不足以证明需要增加装甲防护，但最终大舰队的主流观点占了上风。

现在一般认为，真正导致殉爆的罪魁祸首是与英制发射药的特性，以及当时预防发射药燃烧产生的火焰进入药库的措施不足有关。如果日德兰海战时大舰队采用德制发射药，几艘战舰可能就不会发生殉爆。

早在 1914 年之前，海军就意识到两种危险可能导致殉爆。第一种是硝化纤维分解可能引发自爆；另一种是敌方炮弹、鱼雷或水雷可能导致殉爆。针对前一种危险，药库和药库中存放发射药的容器，应能在发射药燃烧造成的压力累积到危险程度前实现排气。针对后一种危险，药库应设计足够的防护使得敌方武器无法破坏。有证据表明，1914 年前海军就已经意识到第一种危险造成药库爆炸的概率要远大于第二种危险，而避免这一危险的最好办法就是严格限制发射药的服役期限，同时避免将发射药暴露在高温潮湿环境下。此外，在生产发射药时，严加注意避免杂质，尤其是痕量硫酸盐成分杂质（由煤烟和煤渣中常见的硫化铁成分导致）混入硝化纤维。

战前英德海军的安全记录都较好。尽管在皇家海军中前无畏舰"复仇"号于 1899

年、"狐狸"号二级防护巡洋舰于1906年、德国海军中巡洋舰"维内塔"号（Vineta）于1903年都发生过发射药自爆事故，但均未对舰只本身造成灾难性后果。德国海军从"维内塔"号事故中获益良多，因此至1914年，德已经研发出远比英国先进的发射药，而皇家海军则认为他们所采用的柯达无烟发射药不会导致灾难性的药库爆炸。

其实列强海军均曾因发射药自爆蒙受过巨大损失，1914年前导致舰只损毁的事故包括1898年美国"缅因"（Maine）号事故、1905年日本"三笠"号事故、1906年巴西"阿奎达班"号（Aquidaban）事故、1907年法国"莉娜"号（Iĕna）事故、1908年日本"松岛"号事故和1911年法国"自由"号（Liberté）事故。

在1914年至日德兰海战前还发生了其他因殉爆导致的灾难性事件。皇家海军方面，1914年11月，前无畏舰"壁垒"号在麦德威河被炸成碎片。不过在此次事故中，对暴露的6英寸（152.4毫米）炮发射药以及安装了引信的高爆弹的疏忽操作，似乎才是造成事故的主因。1915年12月，装巡"纳塔尔"号（Natal）在克罗默蒂沉没，当时该舰载有大量不可靠的柯达发射药。公海舰队方面，1914年11月轻巡洋舰"卡尔斯鲁厄"号（Karlsruhe）在特立尼达以东350英里处因内部爆炸而沉没。考虑到该舰上的温度记录一度高达76摄氏度，该舰的情况对于此处关于发射药自爆的讨论来说并不合适。德国官方战史中将此次爆炸归因于将用石油稀释的润滑油作为燃料。

在此期间的其他各国海军中，智利的旧式战列舰"普拉特上校"号（Capitan Prat）也发生过爆炸。当时该舰的药库内装有若干

质量很差的柯达无烟药，由于爆炸产生的烟气轻易地排出舰外，此次爆炸未造成灾难性结果。而意大利前无畏舰"贝内代托·布林"号（Benedetto Brin）据称是由置于该舰后药库的一枚炸弹爆炸而沉没。

根据1904–1905年日俄战争的经验来看，敌方炮弹引发殉爆的可能性不高。对马海战中，俄国前无畏舰"博罗季诺"号在历经了一系列弹药起火后，才最终因药库殉爆而沉没。海战中该舰最严重的一次弹药起火发生在殉爆前10分钟，由2枚12英寸（304.8毫米）弹命中该舰主桅附近导致；殉爆前不久，另一枚12英寸（304.8毫米）弹命中该舰最前部152毫米炮炮塔附近。也是在对马海战中，前无畏舰"苏沃洛夫公爵"号（Kniaz Suvarov）、"奥瑞尔"号（Orel）和"伟大的西索伊"号（Sisoi Veliki）均发生过弹药起火或爆炸，但药库并未受影响。在此前的战斗中，另一艘俄国前无畏舰"波尔塔瓦"号（Poltava）被由旅顺港内发射的一枚280毫米榴弹命中，使得该舰6寸炮药库内燃起大火。此次火灾显然波及了部分305毫米炮发射药，并导致了该舰在中弹半小时后发生药库殉爆而沉没。但在这一战例中，如果该舰的药库注水系统完好，则完全可能在殉爆发生前对药库实施注水作业，从而避免殉爆发生。

日本方面，蔚山海战中，日本装巡"岩手"号的6英寸（152.4毫米）炮廓炮装甲被一枚203毫米弹击穿。命中引发的火焰蔓延至提弹机但并未进一步蔓延，因而也未对药库造成影响。在对马海战中，前无畏舰"富士"号被一枚305毫米弹击穿后部露炮台的炮罩，并在露炮台内部爆炸，导致3份12英寸（304.8毫米）炮发射药起火，该炮采用英式发射药。

这一战例中，炮罩的大部分结构被炮弹爆炸的冲击波击飞，同时一部推弹机的液压管道被切断，大量液压水喷出，极大地便利了该舰的灭火作业。从中可以看出，高压水源与大气之间的自由通气在发射药起火时有着巨大作用，虽然这两个因素均是幸运地由命中弹爆炸造成的。"岩手"号的6英寸（152.4毫米）炮同样使用英式发射药，不过发射药安置在黄铜弹药筒中，这可能对发射药起火的蔓延起到了一定限制。

对马海战中，俄制战舰上的火灾和爆炸事件的很多有关信息至今仍不够明朗，不过"苏沃洛夫公爵"号、"奥瑞尔"号和"伟大的西索伊"号上的事故可能是与152毫米炮弹药有关。以上三艘战舰以及"波尔塔瓦"号上的152毫米炮采用硝化纤维发射药，并保存于黄铜弹药筒中。

1914年后，英制主力舰主炮的供弹方式看似较为安全，但实际上并未配合当时主力舰所使用炮塔进行大规模实验，这一严重遗漏无疑应受谴责。在所有舰只上，药库都置于弹库上方，而在大多数无畏舰上，药库顶部位于装甲甲板下第一层甲板；"皇权"级的药库则位于装甲甲板以下第二层甲板，不过该级舰上装甲甲板位于主甲板高度。在所有战巡上，仅装备13.5英寸（343毫米）炮战巡的Q炮塔药库顶部位于装甲甲板下第一层甲板，其他各炮塔药库其顶部甲板均位于装甲甲板且稍高于重载水线位置。

药库与输弹舱之间设有药库舱门，发射药在输弹舱被装上设在提弹井内与炮塔旋转部分相连的下部提弹机上。炮弹和发射药被提弹机提升至操作室内，并在此转运至相应上部提弹机的扬弹机筒内。操作室内和输弹舱内各设有可安置两份发射药的待机位，因

此实战中在主炮与药库之间的空间内共存有8份发射药。提弹井以及提弹机的机筒内均设有防火门，发射药在从输弹舱至扬弹机筒内的过程中基本处于密封空间中。

不幸的是，在日德兰海战前皇家海军既没有意识到，其采用的发射药在炮塔起火时会发生多么剧烈的燃烧，也没有意识到防火门并不足够安全。药库舱门本身在较高气压下并不防火。火焰经由炮塔旋转和固定部分之间，以及其他路径蔓延至操作室的过程中不会受到任何阻碍。在药库中也没有设置小舱口用于输送发射药。事实上，实战交火过程中，药库舱门通常一直维持开启状态以获得高射速，同时从药库容器中取出或置于开启容器内的发射药数目通常也远高于操作标准。福克兰群岛海战后，"无敌"号的报告中就提到过，由于发射药偶尔会卡在提弹机扬弹机筒内，因此为便于排除这一故障，P炮塔提弹机扬弹机筒的防火门就被拆除了。当然如果英制发射药拥有德制发射药的安全性，以上缺陷并不会造成致命的后果。

德国主力舰各舰之间供弹方式差别很大，甚至同一舰只不同炮塔的供弹方式也不相同。在装备305毫米主炮的无畏舰上，药库被设于弹库下方，"威斯特法伦"号和"拿骚"号的中线炮塔也采取这一布置。但后两舰的舷侧炮塔以及"莱茵兰"号和"波兹南"号的药库均设于弹库上方。"塞德利兹"号和"毛奇"号的全部炮塔，"冯·德·坦恩"号4个炮塔中的3个，"德芙林格"号和"吕佐夫"号舰尾炮塔的药库也都设于弹库上方。"德芙林格"号和"吕佐夫"号的其余炮塔，"冯·德·坦恩"号舰尾炮塔的药库，则位于弹库下方。德制主力的弹药库顶部通常位于装甲甲板，但"拿骚"级4舰、"塞德利兹"号、

"毛奇"号、"冯·德·坦恩"号的舷侧炮塔，以及"毛奇"号首炮塔的弹药库顶部则位于装甲甲板以下第一层甲板。

通常而言，德制主力舰的主炮输弹舱要比英制主力舰的主炮输弹舱大得多，部分舰只的输弹舱甚至成为药库储藏空间的一部分。在此情况下，药库与输弹舱之间并未设置防火门。多数主力舰的炮塔均设有可旋转的提弹井，且下部提弹机直接通往操作室，但各炮均设有独立的上部炮弹提升机和弹药筒提升机。当炮弹提升机将弹头提升至两炮后方、位于两炮之间位置的输弹槽时，弹药筒提升机则将发射药提升至两炮外侧火炮摇架的炮耳位置，发射药随后经开放的滑槽滑至输弹槽。"德芙林格"号和"吕佐夫"号的尾炮塔的炮弹提升机则不在操作室停留，炮弹被直接送往炮室。不过，两舰上述炮塔的弹药筒提升机的运作则和大部分主力舰一样。

"拿骚"号和"威斯特法伦"号的全部炮塔以及"莱茵兰"号和"波兹南"号的舷侧炮塔，则设有固定的提弹机。炮弹和发射药先由各炮的上部提弹机从操作室提升至两炮后方位于两炮之间位置的待机架，然后再被送至输弹槽。在装备 280 毫米炮的前无畏舰上，管状推杆提弹则交替地将炮弹及发射药从弹药输送室直接运往各炮。

在德国的最后一艘装备 305 毫米炮的战巡"兴登堡"号（Hindenburg）上，全部四座炮塔均采用与"德芙林格"号、"吕佐夫"号的尾炮塔相同的设置。在"巴伐利亚"级战列舰上，各炮塔的药库均位于弹库上方且药库顶部位于装甲甲板。各炮独立的提升机从炮室直接延伸至弹库及弹库输弹舱，炮室内则设有一横穿炮室的轨道供两部弹药车使用。炮弹和发射药首先被提升至两炮之间，然后再转送至左右弹药车上，并通过弹药车完成装弹。

可以看出，大体而言，德制主力舰比英制主力舰更不注重发射药的安全，尤其是前者并未设计任何值得一提的防火设施。1914年，公海舰队的操作习惯是在炮室和操作室内直接储藏备便发射药。

一战爆发后至日德兰海战之间，公海舰队仅在多佛尔沙洲之战中经历过由中弹引发的主炮弹药起火事故。此战中，"塞德利兹"号发生了剧烈的火灾。注意此战中"虎"号和"狮"号各有一个炮塔被命中，但两舰均未发生弹药起火事故。当时一枚 13.5 英寸（343毫米）弹命中"塞德利兹"号舰尾炮塔基座，在击穿 9 英寸（228.6 毫米）装甲的过程中爆炸，红热的装甲碎片飞入炮塔基座内，引燃了操作室传送轨上的 280 毫米炮前发射药和主发射药。火焰一方面窜入上方的炮室并引燃了炮室内的发射药，另一方面向下蔓延至下部提弹机并引燃了其中的发射药，随后又引燃了输弹舱和药库内的部分发射药。起初发射药的燃烧速度相对较慢，当燃烧产生的烟气从操作室漫至位于其下方相隔一层甲板的输弹舱时，输弹舱内的乘员迅速打开向舰尾方向开启的隔舱门，以便向后跨越射击式炮塔输弹舱逃生。

此时输弹舱内的发射药也被点燃，与后跨越射击式炮塔输弹舱相连的舱门（该舱门向舰艏方向开启）也被吹开，火焰由此进入后跨越射击式炮塔，引燃了该炮塔输弹舱内以及药库内的部分发射药，随后又蔓延至操作室和炮室。除部分仍安放在未开启的药库容器内的发射药外，两炮塔操作室内堆放的全部前发射药和主发射药均被引燃。两药库内处于输送状态的前发射药也被点燃，尽管药库内部分主发射药药库的容器已处于开启状态，但幸运的是主发射药未被点燃。此次事故中，被毁的前发射药和主发射药共计 62 份，重约 6 吨。事后推测，燃烧放出的大量热量是此次事故中最主要的危险。部分锌制药库容器在火灾中熔化，熔化的锌可能流入药库下方的弹库并引发弹库内的炮弹爆炸。一旦弹药爆炸，药库也会被波及。但完全可以通过对弹药库实施注水作业避免这一切发生并控制火势。

很多相关研究错误地认为，是"塞德利兹"号的此次事故使得公海舰队在日德兰海战前引入了防火措施。事实上，此次事故后，公海舰队采取的最重要的改进措施是限制了炮塔内从容器内取出或置于打开容器内的发射药数量。不过在日德兰海战中，"德芙林格"号起火的两座炮塔内仍存有许多从容器内取出或置于打开容器内的发射药。尽管"吕佐夫"号安装了一些防火门，但"塞德利兹"号和"德芙林格"号均未安装防火门，起火蔓延到了两舰输弹室。如果参照英国标准，两舰药库舱口的铰翻型舱口盖并不防火。"德芙林格"号的战后报告中对发射药起火事故进行了反思，提出了三条建议：一是在发射药提升过程的每一阶段均引入金属盖以实现紧密闭合，二是在提弹系统中装备向上开启的翻门，使得提弹系统仅在装填或卸载弹药时开启，三是进一步压缩提弹系统中处于运输状态的发射药，实现在主炮完成装填时，下一份发射药仍位于下部提弹机顶端。值得注意的是，按照英国标准，战争结束时德制 380 毫米炮塔仍不防火。如果"塞德利兹"号在多格尔沙洲之战中使用的是英制发射药，该舰毫无疑问将殉爆沉没。

1914 年至日德兰海战期间，相对于装甲防护舰只主炮发射药的安全性，皇家海军的注意力更多地集中在此类舰只的中口径火炮发射药上。英制装巡装备了 9.2 英寸（233.7 毫米）炮和 7.5 英寸（190.5 毫米）炮，其炮塔结构内并未设置操作室，弹药筒提升机直接通向各炮。在装巡的中部炮塔上，发射药首先经弹药运输道送至各提弹机。在部分舰只如"虎"号和"黑王子"级装巡上，每门 6 英寸（152.4 毫米）炮均配有一部通往弹药运输道的提弹机，但在其他舰只包括"伊丽莎白女王"级和"皇权"级战列舰上，4 座提弹机则是由药库和弹库直接通往炮廓，"加拿大"号的 6 英寸（152.4 毫米）炮则设有 6 座连接炮廓、弹库及药库的提弹机。考虑到日德兰海战中的殉爆事故，"伊丽莎白女王"级的副炮的供弹设置最值一提。该级舰的 6 英寸（152.4 毫米）炮药库及弹库位于 B 炮塔药库、弹库与最前端锅炉舱之间，4 座提弹机从药库直接通往炮列甲板（上甲板），发射药则从开启的舱门中由药库向下送至弹库。

大舰队主力舰通常每门副炮均配有 12 份备便发射药，储存于 3 个药库容器中。但在多格尔沙洲之战中，"虎"号的每门 6 英寸（152.4 毫米）炮配有 20 份备便发射药，均储存于药库容器中，此外每门炮另有 20 分发射药堆放在弹药运输道中。这些弹药的数量在整个战斗过程中仅略为减少，海战中该舰共发射了 268 枚 6 英寸（152.4 毫米）弹。公海舰队主力舰的每门 150 毫米炮廓炮则均配有独立的提弹机，各炮均配有独立的弹药库，同时储存炮弹和发射药。少数情况下，一间弹药库可能同时为两座 150 毫米炮及其提弹机供弹。150 毫米炮的弹药库通常位于舰舯防鱼雷舱壁内侧并占据两层甲板高度，弹药库没有设计任何防火措施，每炮的 16 份备便发射药储存于各自炮廓中。

在使用黄铜弹药筒的前提下，英制战舰的6英寸（152.4毫米）炮供弹方式并不危险，但使用丝绸包裹的发射药另当别论。

在科罗内尔海战中，装巡"好望"号（Good Hope）和"蒙默思郡"号（Monmouth）均发生了弹药起火爆炸事故。虽然两舰并没有幸存者，但据信"好望"号最终被炸为了两截。在福克兰群岛海战中，装巡"肯特郡"号（Kent）侥幸躲过殉爆。当时一枚105毫米炮弹击中该舰的一门6英寸（152.4毫米）炮廓炮的炮门，并在炮门外爆炸，火焰和小块装甲飞入炮廓内，引燃了两三份发射药，发射药起火造成的火焰经提弹机向下蔓延至弹药运输道。若非皇家海军陆战队轻步兵军士梅耶斯（Mayes）迅速而勇敢的行动，运输道中的发射药很可能也会被引燃，火势可能进而蔓延至药库并最终导致殉爆。

受此次事故影响，1915年初大舰队命令各舰提议防止炮组、炮廓及弹药运输道内的发射药起火燃烧的有效方法。但只有部分舰只意识到了潜在的危险，尤其是第3战列舰中队的"英王爱德华七世"号（King Edward VII）前无畏舰。如果该舰发生发射药起火事故，火焰可能从药库蔓延至该舰的前6英寸（152.4毫米）炮提弹机。当时该舰的6英寸（152.4毫米）炮炮廓内的所有提弹机均在顶端加装了钢制防火盖，此后"黑王子"级也被批准接受同一改装。战列舰"印度皇帝"号（Emperor of India）提出的改进建议被第4战列舰战队指挥官斯特迪中将（Sturdee）否决。"防守"号装巡提交的评论如下："本舰弹药运输道的安全性较高，因发射药起火而造成危险的可能要比其他舰只低得多。考虑到经运输道供弹的火炮数量，最好容忍此类危

险而非减缓供弹速度。为了保持较高的供弹速度，任何可行的方式都应采用。"该舰的10门7.5英寸（190.5毫米）炮均由弹药运输道供弹。对比该舰在日德兰海战中的遭遇，这一评论实在是有点黑色幽默。

1914年至日德兰海战之前，德制战舰上曾发生过若干次严重的中口径火炮弹药起火事故。1914年11月与俄国黑海舰队的战斗中，战巡"戈本"号（Goeben）150毫米的炮廓装甲被一枚305毫米弹击中。炮弹在装甲表面或击穿过程中爆炸。大块的装甲碎片引爆了3枚高爆弹，击碎了2枚穿甲弹，造成16份150毫米炮廓炮备便发射药起火。火焰蔓延至中弹炮廓及其相邻炮廓的药库，但并未引燃药库中的发射药。

装巡"布吕歇尔"号（Blücher）在多格尔沙洲之战中经历了更为严重的火灾。该舰的12门210毫米炮分装在6座炮塔中，炮塔的设计与"拿骚"级的主炮相似，其中4座炮塔由位于炮塔下方、同时储存炮弹和发射药的弹药库供弹。但其前两部舷侧炮塔则并未设有独立的弹药库，这两炮塔由该舰后两部舷侧炮塔的弹药库，通过纵向的弹药输送轨供弹。战斗中，一枚13.5英寸（343毫米）炮弹击穿了该舰的装甲甲板，导致弹药输送轨上存放的35~40份210毫米炮发射药【每份重77.5磅（35.15千克）】相继起火。火焰经由提弹机进入前两部舷侧炮塔，点燃了操作室以及其他位置的发射药，造成了巨大的破坏。尽管此后该舰的首炮塔也发生了弹药起火事故，但是依然难以被舰炮击沉，最终英方发射的鱼雷终结了"布吕歇尔"号的劫难。如果使用英式发射药，该舰几乎肯定会发生殉爆。

"布吕歇尔"号并没有姊妹舰，但受"戈本"号事故的影响，德制战舰的150毫米炮提弹机顶端均加装了防火翻门，并限制了炮

廓内储存的备便弹药数量，部分舰只的提弹机还接受了进一步的改进。

日德兰海战中，双方的战例都表明了改进药库注水系统设计的必要性。实战中，"国王"号、"塞德利兹"号和"虎"号均出现向某一药库注水作业导致其他药库或弹库进水，甚至全部被淹的现象。"厌战"号主甲板上的药库注水作业操作间在战斗中被毁（详见海战第三阶段该舰的 3 号和 11 号中弹），该操作间在平时被认为无用。该舰战后的报告中提出注水作业的首选操作位置应在输弹舱中。"冯·德·坦恩"号舰尾弹药库的注水阀被埋在残骸下。双方主力舰的风雨甲板均未设有通向注水阀的通道。

大舰队主力舰的注水作业速度较慢，一般在 30 分钟内完成即视为达标，且没有任何一艘主力舰能在 15 分钟内完成注水。与此相比，公海舰队装备的喷水设备效率更高。尽管维克斯公司此前已为 1906 年下水的俄国装巡"留里克"号（Rurik）的药库和弹库安装了与公海舰队类似的注水设备，但日德兰海战时大舰队主力舰均未安装这一设备。不过，很难说这一设备是否能够拯救日德兰海战中殉爆的舰只。

在经历了日德兰海战中舰船殉爆的灾难后，大舰队各舰采取了一定措施，以确保药库不会被在炮塔结构中任意位置起火的柯达无烟药波及，各舰的副炮也采取了相应的预防措施。这些措施的具体内容超出了本文范畴，但应注意到，由于缺乏德制发射药样本以及对有效成分溶入发射药的具体方式的忽略，在 1920 年以前，英方从未对英德双方发射药的不同特性进行比较研究。

日德兰海战时，大舰队使用的是 MD 柯达无烟药，其成分为 30% 的硝基甘油，65% 的硝化纤维（含氮量约 13%），5% 的凡士林（关于柯达无烟药的发展史及战前对该发射药的研究参见附录 4）。发射药被制成圆柱形绳索状，主力舰主炮发射药的颗粒直径为 0.34 英寸（8.64 毫米）。

开战之初大部分德国战舰均使用 RPC/06 发射药，其典型成分为 23.5% 的硝化甘油，70.5% 的硝化纤维，5% 的凡士林和 1% 的小苏打。日德兰海战时该发射药基本被 RPC/12 发射药取代，为长管状颗粒。这是世界上首种所谓的"非溶解"发射药，即在生产过程中不需要去除此前添加的硝化甘油溶剂，因此其尺寸可以被生产得更为精确，稳定性也足够高。较小口径火炮所使用的发射药成分中，硝化甘油的比例更高，硝化甘油和硝化纤维（含氮量为 11.7% ~ 12.1%）的比例则介于 1：2.2 与 1：2.7 之间。此外，该发射药成分中还含有 4% ~ 7% 的中定剂（对二苯二乙基尿素）、0.25% 的稳定剂和 0.25% 氧化镁。305 毫米炮所用发射药其管状颗粒外径为 18 毫米，内径为 8 毫米。因此根据单位重量发射药的初始面积这一参数，德制发射药要比 0.34 英寸（8.64 毫米）直径的英制绳索状发射药小。从交火中舰只的安全性来说，双方发射药最重要的区别如下：

大部分德制主炮发射药均储存在矮胖的黄铜弹药筒容器中，发射药基部以及几乎上部的整个侧面均被容器包裹，发射药的侧面其余部分以及顶部部分则由较薄的黄铜盖覆盖。在发射过程中，黄铜盖或挥发或被吹出炮管。含有 7 盎司（198.45 克）粗粒火药的点火剂则位于发射药基部，受弹药筒容器的良好保护。305 毫米 SKL/50 舰炮、280 毫米 SKL/45 舰炮和 280 毫米 SKL/50 舰炮 75% 的发射药，以及 280 毫米 SKL/40 舰炮的全部发射药，均采用这种方式储藏。其中 305 毫米舰炮的黄铜弹药筒容器和黄铜盖，分别重 119 磅（53.98 千克）和 2.65 磅（1.2 千克）。

305 毫米 SKL/50 舰炮、280 毫米 SKL/45 舰炮和 280 毫米 SKL/50 舰炮的其余发射药被称为前发射药，该种发射药未配有点火剂，并由内外两层丝绸包裹容纳，包裹顶端缝在黄铜制的盖子上。这一黄铜制盖子以及丝绸包裹中其他用于加强包裹强度的黄铜制部件，在发射过程中的表现与主发射药的黄铜盖类似。

德制 150 毫米炮的发射药配有与德制大口径火炮类似的黄铜弹药筒容器，并配有 1.75 盎司（49.6 克）重的点火剂。

与公海舰队的做法相反，英制 12～15 英寸（304.8～381 毫米）炮的发射药被分为 4 等份，每份均置于单层丝绸包裹中，且配有含 16 盎司（453.6 克）细颗粒黑火药的点火剂。点火剂被置于斜纹里子布包裹中，毫无疑问在操作过程中部分火药尘埃会泄露到发射药上。另外，日德兰海战期间，在利用电力进行装填时，用于保护点火剂的麻丝板在输弹舱内被拆除，这无疑加大了危险性。英制 9.2 英寸（233.7 毫米）炮和 7.5 英寸（190.5 毫米）炮的发射药被分为了两等份，除点火剂含 8 盎司细颗粒黑火药外，其余设计与大口径火炮发射药相同。英制 6 英寸（152.4 毫米）炮发射药为一整份，其两端各有一份 2 盎司（56.7 克）重的点火剂。

在从容器中取出的状态下，德制发射药完全谈不上耐火，但其着火较慢且发射药本身的燃烧也较为缓慢。当若干发射药在极短时间内剧烈起火时，也不会导致压力上升到警戒数值，而这在英制发射药上经常发生。因此在多格尔沙洲之战中，尽管"塞德利兹"

号的两座后炮塔中共有 62 份 280 毫米炮发射药起火，但并没有发生爆炸。

毫无疑问，在日德兰海战中，英国战舰暴露在容器外的发射药过多，但这最多是导致殉爆这一灾难性后果的次要原因。在"狮"号的 Q 炮塔的药库和炮管之间共有 8 份发射药起火，这 8 份发射药全部位于升降机筒内或被批准的待机位置上。如果 Q 炮塔药库没有被及时关闭，这 8 份发射药的起火很可能会导致殉爆。同时还应注意到，如果没有及时对该药库实施注水作业，即使该药库及时关闭，殉爆仍有可能发生。而此次事故中起火的发射药总量，仅为"塞德利兹"号在多格尔沙洲之战中起火的发射药总量的六分之一。

"波美拉尼亚"号在被鱼雷命中后爆炸的经过，与 1915 年 10 月装巡"阿达尔贝亲王"号（Prinz Adalbert）在波罗的海中的经历类似。后者当时被 E8 号潜艇发射的一枚 18 英寸（457.2 毫米）鱼雷命中，推测此次命中造成该舰的中部 150 毫米炮弹药库爆炸，并进而造成该舰殉爆。这次爆炸要比"波美拉尼亚"号的更为剧烈。

前无畏时代，德制装甲舰只均未设置防鱼雷舱壁，其水下防护水平远逊于德制无畏舰和战巡。尽管德国海军很清楚这类舰只很容易发生类似的灾难性爆炸，但并未对这类舰只的副炮弹药储存及供应系统实施大规模改造，仅用木材填塞药库外侧空间，这一措施仅能提供微弱的额外保护。

事实上，鱼雷或水雷爆炸很少引发剧烈的药库爆炸。在日俄战争以及日德兰海战之前的一战海战中，能与"阿达尔贝亲王"号的经历相提并论的，仅有 1914 年 10 月俄国装巡"帕拉达"号（Pallada）被 U26 号潜艇命中后发生的爆炸。在更大的时间范围里，有三四艘前无畏舰曾因撞上水雷而发生药库爆炸事故，分别是日俄战争中的"彼得罗巴浦洛夫斯克"号（Petropavlovsk）和"初濑"号、达达尼尔海峡之战中的"布韦"号（Bouvet，1915 年 3 月该舰可能因撞上水雷而发生爆炸）和"拉塞尔"号（Russell，1916 年 4 月，马耳他附近海域）。尽管 4 艘前无畏舰最终均沉没，但 4 次爆炸都难称非常剧烈。这可能是因为水雷爆炸导致大量海水通过破孔涌入船体反而降低了爆炸发生的可能性。

中弹位置及其影响分析

考察日德兰海战幸存主力舰的中弹情况，以下命中发生在大舰队主力舰的炮塔或其基座：

炮塔正面：1 次（"狮"号 Q 炮塔，详见海战第一阶段该舰 16 时正的中弹，也即该舰在整场海战中遭受的最严重的一次中弹）；

▲ 从"德芙林格"号上拆除的一块受损装甲板。

炮塔顶部：2 次（"马来亚"号的 X 炮塔，详见海战第二阶段该舰 2 号中弹；"虎"号的 Q 炮塔，详见海战第一阶段该舰 15 时 54 分的中弹）；

炮塔基座船体以上部位：3 次（"皇家公主"号的 X 炮塔，详见海战第三阶段该舰 18 时 22 分的中弹；"虎"号的 X 炮塔，详见海战第一阶段该舰 15 时 54 分的中弹；"新西兰"号的 X 炮塔，详见海战第一阶段该舰 16 时 26 分的中弹）；

炮塔基座艏楼甲板与上甲板之间部分：1 次（"虎"号的 A 炮塔，详见海战第一阶段该舰 4 号中弹）；

除以上 7 次中弹外，还已知"玛丽女王"号在殉爆前 5 分钟左右其 Q 炮塔被命中，弹着点位于炮塔正面或其侧面前半部。

在以上 7 次中弹中装甲均被击穿或发生位移，但仅有两次炮弹进入了炮塔结构内部（"狮"号的 Q 炮塔和"虎"号的 X 炮塔），其中只有在"狮"号 Q 炮塔的中弹中炮弹最终发生正常爆炸。这也是海战中唯一一次导致炮塔中弹药起火的命中，尽管中弹并未迅速导致起火，且如果该舰的消防人员能及时将爆炸造成的起火彻底扑灭，或药库与炮室之间的发射药被及时送回药库，弹药的起火均可以被避免。

"皇家公主"号 X 炮塔和"虎"号 X 炮塔的中弹，均导致炮塔基座下部较薄的装甲遭到破坏。"虎"号 A 炮塔的中弹对该炮塔基座下部的装甲造成了轻微破坏。"巴勒姆"号 B 炮塔（参见海战第二阶段该舰 4 号中弹）和"厌战"号 X 炮塔曾被破片或装甲碎片击中（参见海战第三阶段该舰的 10 号中弹），但均未造成严重后果。

各主力舰的炮管共被炮弹击中 2 次，分

别是"皇家公主"号 Q 炮塔的右炮（参见海战第一阶段该舰的 4 号中弹）和"厌战"号 Y 炮塔左炮（被 150 毫米炮弹命中，参见海战第三阶段该舰的中弹详情），但两次中弹并未损害炮塔。

考察日德兰海战幸存主力舰以及"吕佐夫"号的中弹情况，以下命中发生在公海舰队主力舰的炮塔或其基座。为方便起见，此处采用英式炮塔命名规则：

炮塔正面：2 次（"国王"号的 A 炮塔，详见海战第三阶段该舰的 2 号中弹；"塞德利兹"号的右舷侧炮塔，详见海战第二阶段该舰的 3 号中弹）；

炮塔侧面：1 次（"吕佐夫"号的 B 炮塔，详见海战第四阶段该舰的 4 号中弹）；

炮塔尾部：1 次（"塞德利兹"号的 X 炮塔，详见海战第四阶段该舰的 4 号中弹）；

炮塔顶部：2 次（"德芙林格"号的 Y 炮塔，详见海战第四阶段该舰的 1 号中弹；"塞德利兹"号的 Y 炮塔，详见海战第五阶段该舰的 3 号中弹）；

炮塔基座船体以上部位：5 次（"德芙林格"号的 A 炮塔 2 次，详见该舰海战第四阶段的 6 号中弹和海战第五阶段的中弹；"德芙林格"号的 X 炮塔，详见海战第 4 阶段的 2 号中弹；"塞德利兹"号的 X 炮塔，详见海战第一阶段的 5 号中弹；"冯·德·坦恩"号的 A 炮塔，详见海战第一阶段的 2 号中弹）；

炮塔基座�楼甲板与炮列甲板之间部分：1 次（"大选帝侯"号 A 炮塔，炮弹在击中基座前于基座附近爆炸，详见海战第四阶段该舰的 3 号中弹）；

在"德芙林格"号 A 炮塔的两次中弹和"国王"号 A 炮塔的中弹中，炮弹均为斜碰，装甲仅轻微受损。"大选帝侯"号 A 炮塔的 3

号中弹对装甲也只造成轻微的损伤。"塞德利兹"号 Y 炮塔顶部下凹。除以上 4 次中弹外，另外 7 次中弹装甲均被洞穿，但仅"德芙林格"号 X 炮塔和 Y 炮塔的中弹中炮弹击穿了装甲并进入炮塔结构内部，这两次炮弹均最终爆炸并造成了严重的发射药起火。至少在该舰 Y 炮塔的中弹中，药库和火炮之间处于运输状态的发射药过多是火势猛烈的主要原因。这两次中弹使得该舰舰长在战后报告中提出，该舰炮塔顶部装甲不足，建议至少将炮塔顶部倾斜装甲的厚度加倍（原厚度为 110 毫米）。"塞德利兹"号 X 炮塔的两次中弹和"吕佐夫"号 B 炮塔的中弹均引发了起火，但火势并不如"德芙林格"号那般猛烈。"德芙林格"号和"塞德利兹"号并未设有特殊的防火装置，但显然在"吕佐夫"号 B 炮塔中弹时，由于防火门的限制，仅有一份前发射药起火。

"冯·德·坦恩"号 X 炮塔较薄的基座装甲曾被严重破坏（详见海战第一阶段该舰的 3 号中弹），但此次中弹并没有导致发射药起火，仅储存在炮塔下方的练习靶被引燃。

各主力舰的炮管共被炮弹击中 2 次，分别为"塞德利兹"号的左舷侧炮塔右炮（详见海战第四阶段该舰的 5 号中弹）、"吕佐夫"号的 A 炮塔右炮（详见海战第四阶段该舰的 1 号中弹）。"塞德利兹"号的中弹中，震动对炮塔造成了一定损伤；而在"吕佐夫"号的中弹中，破片对炮塔造成了一定损伤。

如果公海舰队各舰使用英制发射药，那么"德芙林格"号将发生殉爆，"塞德利兹"号很可能发生殉爆，"冯·德·坦恩"号有一定可能发生殉爆。

此外，在副炮弹药起火事故中，"马来亚"号右舷炮组内的火灾几乎导致该舰沉没（详见海战第二阶段该舰的 4 号中弹），"巴勒姆"

号（详见海战第二阶段该舰的 1 号中弹）、"厌战"号（详见海战第三阶段该舰的 7 号中弹）、"虎"号（详见海战第一阶段该舰的 9 号中弹）、"巨人"号（详见海战第四阶段该舰的中弹）、"狮"号（详见海战第二阶段该舰的 1 号中弹）和"皇家公主"号（详见海战第三阶段该舰的 2 号中弹）也曾发生过不那么剧烈的火灾。"国王"号的三次中弹（详见海战第三阶段该舰的 4、5、6 号中弹）曾导致这类火灾发生。在"塞德利兹"号（详见海战第五阶段该舰的 2 号中弹）、"毛奇"号（详见海战第一阶段该舰的 2 号中弹）和"石勒苏益格 – 荷尔斯泰因"号（详见海战第五阶段该舰的中弹）上也发生了类似事故。其中，海战第四阶段"国王"号的 5 号中弹发生在水线以下，彻底摧毁了一座 150 毫米炮弹药库并损坏了另一座 150 毫米炮弹药库；如果该舰使用的是英制发射药，此次中弹可能导致殉爆。

总之，与公海舰队主力舰相比，幸存的大舰队主力舰其船体所受的损伤要轻得多，其中仅有 3 艘水密性受较大影响，分别是"马尔伯勒"号（被鱼雷命中，详见海战第三阶段该舰的受损情况）、"厌战"号（被 4 枚炮弹命中，其中 1 枚击穿主装甲带上缘，详见海战第 3 阶段该舰的 8 号中弹，另外 3 枚中弹位置在此次中弹之后，详见海战第 3 阶段该舰的 10 号、11 号和 13 号中弹）和"马来亚"号（3 次水线下位置中弹，详见海战第二阶段该舰的 1 号、5 号和 6 号中弹）。而公海舰队方面，若仅考虑首炮塔基座至舰尾的船体部分，则有"东弗里斯兰"号撞上水雷（详见尾声部分该舰相关内容）、"塞德利兹"号被鱼雷命中（详见海战第一阶段该舰的受损情况）、"国王"号水线下被命中 1 次（详见海战第三阶段该舰的 5 号中弹），

"大选帝侯"号侧装甲被命中 2 次（详见海战第四阶段该舰的 2 号和 6 号中弹）、"毛奇"号的 3 次中弹（装甲从内侧被击中 1 次，详见海战第一阶段该舰的 3 号中弹；主装甲带被命中 2 次，详见海战第一阶段该舰的 4 号和 5 号中弹）、"冯·德·坦恩"号后部的一次中弹（详见海战第一阶段该舰的 1 号中弹）。

对公海舰队主力舰造成严重损伤的中弹均发生首炮塔基座以前部位。在设计后日德兰主力舰时，德国设计师将重型侧甲几乎延伸到了船体两端，同时取消了前部侧舷鱼雷平台。

公海舰队幸存的无畏舰和战巡共遭受了 78 次大口径炮弹的命中，其中十五六次中弹的效果主要体现在 A 炮塔座圈之前部分船体上。在"吕佐夫"号的全部 24 次中弹中，有 8 次的效果主要体现在 A 炮塔座圈之前部分船体上。而大舰队幸存无畏舰和战巡上遭受的共 68 次大口径炮弹命中，其中 7 次中弹的效果主要体现在 A 炮塔座圈之前部分船体上，但这 7 次中弹无一产生严重后果。

另外，在"吕佐夫"号侧舷鱼雷平台内及其附近爆炸的 2 枚炮弹（详见海战第三阶段该舰的 3、4 号中弹）是造成该舰沉没的主要原因，这两次中弹的后果被另外两次命中该舰水线下部分的炮弹放大了（详见海战第三阶段该舰的 5、6 号中弹）。随着该舰吃水加深，4 次命中该舰上层建筑甲板或侧船板上部的炮弹（详见海战第一阶段该舰的受损情况、海战第 3 阶段该舰的 7 号中弹、海战第 4 阶段该舰的 3 号中弹，考虑到其中 3 次发生在艏楼甲板而非上层建筑甲板，以上统计可能有出入），进一步恶化了该舰的进水情况。

"塞德利兹"号的麻烦则主要由该舰艏

楼甲板的4次中弹（详见海战第一阶段该舰的1号中弹，海战第二阶段该舰的1、2、5号中弹）以及前部侧甲上缘的一次中弹（详见海战第二阶段该舰的4号中弹）造成，随着该舰吃水加深，进水情况愈加严重。命中"大选帝侯"号侧甲前部的一枚炮弹也引发了严重的进水（详见海战第四阶段该舰的2号中弹），此外"德芙林格"号也因该舰舰艉附近侧甲的2次中弹（详见海战第二阶段该舰的2、3号中弹）和艉楼侧板的一次中弹（详见海战第二阶段该舰的1号中弹）引发了严重的进水。

双方幸存主力舰上船艏部分的损伤，显示了防鱼雷舱壁的重要性（"马尔伯勒"号的舱壁结构并未从A炮塔基座前端一直延伸至X炮塔基座后端）。海战中仅"国王"号的该结构被炮弹严重损伤（详见海战第三阶段该舰的5号中弹），此外"东弗里斯兰"号上该结构因触雷和急转弯而严重损伤（详见第8章该舰相关内容）。这一部位的损伤还显示了良好的内部划分以及大功率水泵的重要性，全厚度装甲带应向上延伸至主甲板高度，并向水下延伸至尽可能深处。对于战舰前部，除非如德国海军1916–1918年设计的主力舰那样，有足够的排水量使得重型侧甲可以延伸至舰只两端，否则通常只能通过对装甲甲板以上和以下部分进行更彻底的内部划分，并安装更有效的排水和抽水系统来降低该部分中弹的危险性。日德兰海战时公海舰队各舰都带有防雷网，这一设备一旦破损便可能有一部分垂入海水里，进而可能缠住推进器，因此实战中是一个潜在的危险。海战时"狮"号和"皇家公主"号均携带有防雷网，据信"玛丽女王"号也携带了这一设备，但并没有由该设备引发的故障记录。

由于"吕佐夫"号设有贯穿整个舰宽的大型侧舷鱼雷平台，战后德国海军认为这一平台应被分为两段，而平台的通风设备并没有必要，反而可能对舰只构成危险。此外该平台前部的水密门设计不足且形制危险。该舰装甲甲板以下的其他水密门和舱盖均应更牢地固定。其他反思还包括通风管道不应从重要横向舱壁上穿过，前部装甲甲板以上的舱室应用水密隔舱和水密门进一步进行内部划分，前部的通风管道应设计为水密。所有水密舱无论大小均应由设在舱壁上而非舱室内的阀提供保护，传声管在穿过舱壁处应设有龙头且应无缝化。日德兰海战后德国海军认为"吕佐夫"号前部的水密设计有缺陷，在后日德兰主力舰的设计中，舷侧鱼雷管被安置在船艏部水线以上位置，不然就干脆取消这一设施。

其他改进则在"塞德利兹"号的报告中被提及，几乎涉及全部德国舰只。"塞德利兹"号的报告认为舱壁应无隔断地向上延伸至炮列甲板高度，尤其是在舰只前部，每17道舱壁构成的部分（此处来自原文）应设有独立的通风管道。舰只需配备极度安全的固定和移动水泵，并为装甲甲板以上所有舱室以及该甲板以下的小舱室（如控制室、火控中心以及交换机室）配备足够的抽排水装置。在机械舱内，蒸汽管线及电线既不应延防鱼雷舱壁布设，也不应设在该舱壁附近。此外应留意炮廓的水密性，并为炮廓提供足够的抽排水装置。炮廓内的放煤槽舱口在战斗中会频繁开启且煤尘会导致形变，所以应更牢靠地固定。"塞德利兹"号最重要的缺陷应属装甲甲板以上舱室内的抽排水装置不足。

大舰队的战后报告细节较少，但仍强调了实战中通风井可能造成的危险以及恰当地固定水密门的重要性，所有甲板尤其是中甲板应保持水密。报告还注明了 90% 的问题发生在中甲板与主甲板之间，设计时应将实战水线较重载水线高约 6 英尺（1.83 米），并在设计过程中据此进行相应考量。

尽管双方几乎全部主力舰的水平防护能力都较弱，但在幸存舰只上没有任何一起炮弹完全击穿装甲甲板的记录。此外，仅在部分中弹实例中，爆炸造成的破片和装甲碎片击穿了装甲甲板。发生此类情况的有"巴勒姆"号（详见海战第二阶段该舰的 1 号中弹）、"厌战"号（详见海战第三阶段该舰的 11 号中弹）、"虎"号（详见海战第一阶段该舰的 9 号中弹）、"冯·德·坦恩"号（详见海战第一阶段该舰的 3 号中弹）各一次以及"吕佐夫"号一两次（详见海战第二阶段该舰的 4 号中

弹、海战第四阶段该舰的 2 号中弹）。"巴勒姆"号的装甲甲板位于中甲板高度，战例中一块弹片在穿过该甲板之后又击穿了下甲板，飞进了前部 6 英寸（152.4 毫米）炮药库，但并未造成严重后果。在"虎"号的战例中，炮弹基部击穿了主蒸汽管线网。

动力系统故障

实战中，装甲格栅成功地阻止了破片、残片飞入锅炉舱和引擎舱。"狮"号引擎舱的装甲格栅得到了炉条和铁丝网的额外加强。"马尔伯勒"号的一个锅炉舱则因该舰被鱼雷命中而无法使用（详见海战第三阶段该舰的受损情况）。"马来亚"号因一次水下中弹导致燃油逐渐泄露，最终造成该舰的一个锅炉舱在 6 月 1 日晚无法使用（详见海战第

▲ 无畏舰上的主机操作面板，可能摄于"猎户座"号，图中仪表和设备为溢流阀和压力计。

二阶段该舰的 5、6 号中弹）。"厌战"号的左舷锅炉给水槽被一发击穿主装甲带上缘的炮弹击毁（参见海战第三阶段该舰的 8 号中弹），导致相当数量的海水经由风扇平台涌入该舰左舷舷侧引擎舱，冲上主甲板的海水也经由类似的路线进入中央引擎舱，风扇平台和引擎舱之间巨大的开口应该关闭并保持水密。

在"吕佐夫"号沉没前，该舰的控制室和最前部燃油锅炉舱已经被迫放弃，但"塞德利兹"号的前锅炉舱则一直维持运转，尽管控制室最终仍被放弃。一枚炮弹命中"国王"号的炮廓并爆炸，产生的烟雾对供气系统造成破坏，严重影响了三座燃油锅炉的运转（详见海战第三阶段该舰的 6 号中弹）。爆炸引起的烟气还导致"塞德利兹"号的乘员不得不暂时从该舰的低马力涡轮舱撤离（详见海战第一阶段该舰的 4 号中弹）。双方舰队中其他部分主力舰的机械舱也不同程度地受到烟气的影响。"德芙林格"号的乘员依靠防毒面具才勉强继续作业（详见第四阶段该舰的 2 号中弹）；"边疆伯爵"号的左舷引擎因推进器主轴弯曲导致的轴承过热而被迫停机，此次事故可能是由一枚近失弹导致的（详见海战第三阶段该舰的损伤情况）。"皇后"号的中央引擎因冷凝器泄露而在一小时内无法运转；类似故障造成"大选帝侯"号的中央引擎在 1 小时 45 分钟内无法运转。公海舰队使用的燃煤质量不如大舰队所使用的燃煤，"冯·德·坦恩"号受多石质燃煤影响最重，该舰一度因燃煤杂质过多而只能保持 18 节速度。德国后日德兰主力舰设计中尤其强调了高航速。

"厌战"号转向机构的故障完全可能导致该舰沉没，此外双方的主力舰还发生过若

干起转向机构故障。"无敌"号的舵轮一度卡住，"狮"号的舵手则曾误解了命令，海战第三阶段该舰的电罗经还曾出现过故障。公海舰队方面"塞德利兹"号和"冯·德·坦恩"号上都曾出现过转向故障，后者的两个舵机室均曾因烟气弥漫造成乘员被迫撤出 20 分钟（第四阶段 1 号中弹）。

炮弹质量

整场海战中大舰队主力舰仅有"巴勒姆"号主装甲带的重装甲被命中（详见海战第一阶段该舰的中弹情况），炮弹来自"冯·德·坦恩"号。"巴勒姆"号的主装甲带厚度为 8 ~ 13 英寸（203.2 ~ 330.2 毫米），中弹部位的厚度不明。可以确定的是弹着点位于水线以下，中弹装甲仅发生轻微内移。考虑到当时两舰距离约为 17000 码（15544.8 米），在这一距离上，"冯·德·坦恩"号的 280 毫米炮甚至无法击穿 8 英寸（203.2 毫米）装甲。

从大舰队幸存舰只的中弹记录来看，共有 4 枚炮弹命中 9 英寸（228.6 毫米）装甲，其中命中"虎"号装甲带的 1 枚 280 毫米弹并没有产生什么结果（详见海战第一阶段该

▲ 日德兰海战中在海水中发生跳弹后落在"守卫者"号的一枚 305 毫米炮弹。

舰的 11 号中弹），可能是因为距离太远炮弹无法击穿。一枚 305 毫米弹斜碰上"皇家公主"号 X 炮塔基座的 9 英寸（228.6 毫米）装甲，造成一大块 9 英寸（228.6 毫米）装甲脱落并飞入炮室（详见海战第三阶段该舰的 1 号中弹）。炮弹随后击穿 1 英寸（25.4 毫米）上甲板并在距离弹着点 8 英尺（2.44 米）处爆炸。此次中弹射击距离约为 13000 码（11887.2 米），炮弹表现很出色。类似的，"毛奇"号发射的一枚 280 毫米弹击穿"虎"号 X 炮塔基座的 9 英寸（228.6 毫米）装甲，尽管该弹的弹着点位于 9 英寸（228.6 毫米）装甲边缘且并未正常爆炸（详见海战第一阶段"虎"号 15 时 54 分的 II 号中弹），但总体而言此枚炮弹的表现也很出色。此次中弹射击距离约为 13500 码（12344.4 米），理论上几乎是该炮弹击穿 9 英寸（228.6 毫米）装甲的极限距离。

乍看之下，德制 305 毫米半穿甲弹能在约 16500 码（15087.6 米）距离上击穿"狮"号 Q 炮塔 9 英寸（228.6 毫米）正面装甲（详见海战第一阶段该舰 Q 炮塔中弹情况），似乎是一项很了不起的成就，但实际上被命中部分只有约一半面积是 9 英寸（228.6 毫米）装甲板，其余面积则由 3.25 英寸（82.55 毫米）炮塔顶部装甲板边缘或炮门占据。

在所有的幸存主力舰上，除命中"马来亚"号水下部分的一枚炮弹（详见海战第二阶段该舰的 1 号中弹），以及命中"皇家公主"号 6 英寸（152.4 毫米）装甲和 9 英寸（228.6 毫米）装甲结合部的一枚炮弹（可能为跳弹，详见海战第一阶段该舰的 6 号中弹）外，7 ~ 8 英寸（117.8 ~ 203.2 毫米）装甲被 305 毫米炮弹击穿一次，被 280 毫米炮弹造成破孔一次但炮弹本身并未穿过装甲，一枚 280 毫米

炮弹命中但并未造成明显后果，6 英寸（152.4 毫米）装甲被 305 毫米炮弹和 280 毫米炮弹分别击穿 4 次和 2 次。另有 3 次 305 毫米炮弹（其中一次为半穿甲弹）命中和一次 280 毫米炮弹命中，均未造成严重后果。

在更薄的装甲上，最值得注意的是两枚 305 毫米弹击穿了"皇家公主"号的 6 英寸（152.4 毫米）侧甲。其中一枚约在 13000 码（11887.2 米）距离上发射，炮线与装甲板法线之间的夹角估计为 15° ~ 20°，炮弹最终在距离命中部位 52 英尺（15.85 米）处爆炸（详见海战第三阶段该舰 18 时 22 分的 II 号中弹）。另一枚约在 15500 码（14173.2 米）距离上发射，炮弹与装甲板法线之间的夹角估计为 25° ~ 30°。炮弹在击穿装甲板之后继续飞行了 5 英尺（1.52 米），然后在煤舱中爆炸（详见海战第一阶段该舰的 1 号中弹）。

从以上结果看，德制被帽穿甲弹的穿甲能力足够出色。从"狮"号 Q 炮塔的中弹和 16 时 58 分"巴勒姆"号的中弹来看，德制半穿甲弹的质量也不错（"巴勒姆"号的中弹可能由一枚半穿甲弹造成）。

与此相对，海战中提供了相当多可供考察英制炮弹质量的材料。不考虑跳弹，公海舰队幸存各舰的 250 毫米及以上厚度装甲共被命中 17 次，230 ~ 150 毫米装甲也被命中 17 次。早在战前，皇家海军就很清楚其使用的装填立德炸药的被帽穿甲弹很难击穿重型装甲，即使在即炮弹以近乎垂直的角度击中装甲时，最理想的状况也不过是炮弹在击穿过程中爆炸，并对装甲板背面造成"相当的"破坏。皇家海军也很清楚当炮线与装甲板法线之间的夹角约为 30° 时，即使 6 ~ 8 英寸（152.4 ~ 203.2 毫米）装甲也可能导致被帽穿甲弹破裂。皇家海军此前可能并不了解的

事实是，该弹种在以小于30°的角度斜碰上重装甲时也可能发生破裂并爆炸。在此情况下，可能在装甲板内部距离表面很短距离处，立德炸药即发生冲击型爆炸，这样一来虽然装甲可能出现破孔，但弹片并不会进入船体内部。战前试射还说明，装填立德炸药的被帽穿甲弹和装填黑火药的被帽尖端普通弹，在命中装甲时产生的效果没有多大区别，而后者至少可能对重型装甲造成破坏性效果（战前英制炮塔发展史及试射情况参见附录5）。

以上英制被帽穿甲弹的缺陷一方面由立德炸药导致，该炸药的爆炸特性并不适合作为装药，另一方面也由于炮弹过脆。此外英制引信没有延时机能，其表现不令人满意。最后伍尔维奇兵工厂（Woolwich Arsenal）生产的炮弹也较为粗制滥造，当然这也和皇家海军的炮弹验收机制有关。曾于1941–1945年间担任海军部军械委员会主席的弗朗西斯·普瑞德汉海军中将（Francis Pridham）这样描述皇家海军的炮弹验收系统：

验收体系在一定程度上为炮弹生产商所把持。就军械委员会看来，只有一个前提能让这套体系显得可靠，那就是炮弹基本全合格，只有极少数质量不佳且瑕疵多半也是"吹毛求疵"的结果。

炮弹按"批"生产，每批400枚，每批均分成4个各100枚的小批。当生产商将一"批"炮弹送交验收时，首先从第1小批中随机抽取2枚炮弹，利用规定厚度的装甲板，在规定速度和接触角条件下进行测试。如果第1枚炮弹测试通过，那么就认为整批炮弹中剩余的399枚均通过验收进入现役。如果第1枚炮弹没有通过测试，那么再用第2枚炮弹进行试射。如果第2枚炮弹测试通过，那么该批剩余的398枚炮弹均通过验收。如果两枚炮弹均未通过测试，那么该小批被判为"需重测"，生产商则可选择取消整批炮弹的验收，或继续对剩余的3小批300枚炮弹进行验收。他们几乎总会选第二项，验收随后利用第2小批进行，其过程与第1小批相同。

假设每小批中有50%的哑弹，那么连续两枚炮弹未通过测试的概率显然只有25%！数学推导显示理论上通过上述测试体系的一批炮弹中可能含有71% ~ 84%的哑弹。

军械委员会的统计学教授此后收到了舰队内部试射的统计数据，并估计有30% ~ 70%可能是哑弹，但试射的数据不足以让他得出更准确的统计。

遗憾的事，这套系统直到1944年之前都没有什么改变，由此大量不合格的炮弹就进入了现役。事实上，那些没有通过验收的炮弹最后也被皇家海军接收，同时这些炮弹也没有做出任何标记。而在多佛尔沙洲之战后，大舰队内部就对炮弹质量有所怀疑，但显然也仅限于怀疑。甚至在日德兰海战之前，大舰队内部仍认为英国炮弹质量卓越。

在对重型装甲的17次命中中，1次由配备弹头引信的高爆弹获得，另外3次炮弹从装甲表面擦过，因此以上4次命中未列入总表22中，其他13次命中的详情参见总表22。该表"结果"一栏中，"效果"指炮弹爆炸或破裂造成的效果，装甲破片通常都飞入船体内部。据信该表中的所有12英寸（304.8毫米）弹均为被帽穿甲弹，但不确定击中"大选帝侯"号和"毛奇"号的15英寸（381毫米）弹是被帽穿甲弹还是被帽尖端普通弹。击穿"德芙林格"号炮塔基座的显然是一枚被帽穿甲弹，命中"塞德利兹"号的15英寸（381毫米）弹也很可能是一枚被帽穿甲弹。

总表22 公海舰队重型装甲中弹一览表

（1英寸=25.4毫米，1码≈0.91米）

舰名	装甲类型	炮弹种类	距离（码）	结果	备注
大选帝侯	350毫米装甲带	15英寸	13000	装甲未被洞穿，炮弹在装甲表面爆炸	海战第四阶段该舰的6号中弹
德芙林格	300毫米侧甲	12英寸/45倍径	10000	装甲未被洞穿；炮弹命中装甲板结合部并在装甲表面爆炸	海战第三阶段该舰的2号中弹
	300毫米侧甲	12英寸/50倍径	8500	装甲被洞穿；炮弹击中装甲板结合部并破裂或爆炸；效果主要体现在装甲外表面	海战第四阶段该舰的8号中弹
	300毫米司令塔	12英寸/45倍径	12500	装甲未被洞穿；弹着点距离装甲板结合部8英寸，弹线与装甲表面法线夹角约为30°；炮弹破裂或爆炸	海战第四阶段该舰的14号中弹
	265毫米侧甲	12英寸/50倍径	8500	装甲被洞穿，炮弹击中装甲结合部并破裂，效果主要体现在装甲外表面	海战第四阶段该舰的9号中弹
	260毫米侧甲	12英寸/45倍径	10000	装甲未被洞穿；炮弹在装甲表面爆炸	海战第三阶段该舰的3号中弹
	260毫米炮塔基座装甲	15英寸	9000	击穿，弹线与装甲表面法线夹角约为10°，炮弹在炮塔结构内爆炸	海战第四阶段该舰的2号中弹
塞德利兹	250毫米炮塔装甲	15英寸	19000	装甲被洞穿，炮弹爆炸，效果主要体现在装甲外表面	海战第二阶段该舰的3号中弹
	300毫米侧甲	12英寸/45倍径	11000	装甲未被洞穿，弹线与装甲表面法线夹角约为60°；炮弹破裂	海战第三阶段该舰的中弹
	300毫米侧甲	12英寸/45倍径	9500	装甲被洞穿，弹着点靠近装甲板结合部，弹线与装甲表面法线夹角约为40°，炮弹破裂或爆炸，效果主要体现在装甲外表面	海战第五阶段该舰的4号中弹
	300毫米上部装甲带	12英寸/45倍径	9500	装甲被洞穿；弹着点靠近装甲板结合部，弹线与装甲表面法线夹角约为40°；炮弹在装甲板内部距离表面很短距离处爆炸，效果主要体现在装甲外表面	海战第五阶段该舰的5号中弹
毛奇	270毫米装甲带	15英寸	16500	装甲未被洞穿，炮弹在装甲表面爆炸	海战第一阶段该舰的4号或5号中弹
	270毫米装甲带	15英寸	15500	装甲未被洞穿，炮弹在装甲表面爆炸	海战第一阶段该舰的4号或5号中弹

由上表可见，全部13次命中中仅有1次炮弹击穿了装甲然后爆炸；5次装甲被洞穿，但炮弹爆炸或破裂，并未对船体内部产生明显影响；另外7次装甲未被洞穿。所有4次造成装甲洞穿的12寸弹（304.8毫米），均命中装甲板结合部或其附近。

两枚弹线与装甲表面法线夹角约为40°的12英寸（304.8毫米）45倍径弹洞穿了"塞德利兹"号的300毫米装甲，由于装甲板在结合部附近强度较低，炮弹的表现较为出色。两枚12英寸（304.8毫米）45倍径弹在11000~12500码（10058.4~11430米）距离上击中300毫米装甲，即使不考虑斜碰，该弹在这一距离上本来就不太可能造成多少破坏。此外，不确定命中"大选帝侯"号和"塞德利兹"号的15英寸（381毫米）弹是否是被帽穿甲弹。其他5次命中说明英制被帽穿甲弹穿甲能力不足，正如1914年前历次试射的结果一样。

英制炮弹的缺点在命中9~6英寸（228.6~152.4毫米）装甲时表现得最明显。一枚13.5英寸（343毫米）1400磅（635千克）被帽尖端普通弹在命中装甲后被反弹，另一枚装填TNT炸药的12英寸（304.8毫米）被帽尖端普通弹在发生斜碰后破裂。其他15次命中中，2枚13.5英寸（343毫米）1400磅（635千克）被帽尖端普通弹和1枚15英寸（381毫米）被帽穿甲弹击穿目标装甲后爆炸，另外12枚炮弹中11枚确定为被帽穿甲弹，最后1枚可能为被帽穿甲弹或被帽尖端普通弹。12次命中均造成装甲被洞穿，其中1次15英寸（381毫米）弹以很大的角度斜碰上装甲并破裂，炮弹5次【15英寸（381毫米）弹2次，13.5英寸（343毫米）1400磅（635千克）弹2次，13.5英寸（343毫米）1250磅（567千克）弹1次】在装甲表面或装甲板内部距离表面很短距离处爆炸，爆炸效果主要在装甲板外侧，炮弹6次在击穿过程中爆炸，其中3次【15英寸（381毫米）、13.5英寸（343毫米）1400磅（635千克）弹、13.5英寸（343毫米）1250磅（567千克）弹各1次】爆炸的效果在装甲板内外侧造成一定程度的破坏，

另外3次【13.5英寸（343毫米）1400磅（635千克）弹、13.5英寸（343毫米）1250磅（567千克）弹、12英寸（304.8毫米）弹各1次】爆炸效果主要集中在装甲内侧。

与以上被帽穿甲弹的表现相反，一枚15英寸（381毫米）被帽穿甲弹在约18000码（16459.2米）距离上，击穿了"毛奇"号的8英寸（203.2毫米）上部侧装甲带，并在击穿后爆炸（详见海战第一阶段该舰的2号中弹），该弹的表现令人满意。此次命中，中弹线与装甲表面法线夹角约为20°。

另外，两枚击穿目标装甲的13.5英寸（343毫米）1400磅（635千克）被帽尖端普通弹均击中了"国王"号，两弹均由"铁公爵"号在约12600码（11521.44米）距离上发射。其中一枚命中水线下方175毫米装甲带下沿，因此弹孔仅有一半位于装甲上（详见海战第三阶段该舰的5号中弹），另一枚命中随后在距离目标下缘8~14英寸（203.2~355.6毫米）处击中了170毫米炮组舱壁，其弹线与装甲表面法线之间夹角约为45°（详见海战第三阶段该舰的4号中弹）。这两次命中说明在其穿甲能力范围内，被帽尖端普通弹表现出色。

幸存舰只中仅有一例炮弹击穿炮塔或司令塔顶端，此次中弹发生在"德芙林格"号上，一枚15英寸（381毫米）弹击中该舰尾炮塔110毫米倾斜装甲和80毫米水平装甲结合部，并在炮塔内部右侧弹药筒提升机附近爆炸（详见海战第四阶段该舰的1号中弹）。此次命中的射击距离约为9500~10000码（8686.8~9144米），落单角约为6.5°~7°，炮弹与装甲板法线之间的夹角约为22°。

此外，"虎"号的Q炮塔3.25英寸（82.5毫米）顶部装甲被一枚280毫米炮弹命中并出现破孔（详见海战第一阶段该舰15时54分

的 I 号中弹）。"马来亚"号的 X 炮塔 4.25 英寸（108 毫米）顶部装甲被一枚 305 毫米炮弹命中，并造成很小的破孔（详见海战第二阶段该舰的 2 号中弹）。"塞德利兹"号尾炮塔的 70 毫米顶部装甲被一枚 12 英寸（304.8 毫米）弹击中，并出现下陷（详见海战第五阶段该舰的 3 号中弹）。另有一枚 13.5 英寸（343 毫米）弹在"国王"号 170 毫米司令塔顶部弹飞（详见海战第三阶段该舰的 7 号中弹）。

上述历次命中以及其他装甲舰只上中弹的详情，已在此前海战各阶段的中弹情况中详述。轻巡洋舰和驱逐舰的中弹情况参见附录 6 和附录 7。

从海战经过看，德制主力舰比英制主力舰更难以被击沉。除了炮弹质量外，另一主要原因自然是德制主力舰的防护更强。通常来说，德制主力舰的装甲带、甲板和炮塔的装甲都比同时期英制主力舰厚，装甲布置的密度也更高。"德芙林格"级战巡的防护几乎与"铁公爵"号相当，远超"虎"号，这体现了双方战舰设计理念的差异。同等排水量条件下英国设计师更倾向于把重量花在火力上，而德国设计师则更愿意把重量分配在防护上。值得注意的是，战后对公海舰队"巴登"号战列舰（Baden）进行的试射表明，德制装甲的质量不如英制装甲。在水下防护方面，总体而言德制主力舰的防护水平比英制主力舰高，"伊丽莎白女王"级战列舰是唯一的例外。除了防鱼雷舱壁的设计之外，德制主力舰的分舱比英制主力舰更细，因而也更容易阻止进水的蔓延。

杰里科在战前就阴郁地认为，对英制主力舰分舱设计的最大制约就是英国船坞的宽度较德国的窄，而海军想扩建现有船坞或新建大型船坞的预算很难在国会通过。不过，

德制主力舰并不需要进行长距离航行，因此也无需对乘员舒适度作更多地考虑，这也有利于更细的分舱设计。

鱼雷

尽管大舰队可能比公海舰队更担心水雷和由水面舰艇发射的鱼雷，但日德兰海战中公海舰队因这两种武器蒙受的损失要比大舰队大得多。"东弗里斯兰"号撞上水雷，鱼雷则击伤"塞德利兹"号，并击沉"波美拉尼亚"号、"罗斯托克"号、"弗劳恩洛布"号和 V29 号。"威斯巴登"号的沉没也与鱼雷有关。V4 号沉没的具体原因不详，但很可能该舰撞上了一枚漂雷。大舰队方面仅"鲨鱼"号被鱼雷击沉，"马尔伯勒"号被鱼雷击伤。此外"动荡"号最终被鱼雷击沉。

日德兰海战中大舰队方面装备的最新式鱼雷为 21 英寸（533.4）毫米 Mk II**** 型，该型鱼雷当速度设定在 44 节或 45 节时，其射程为 4200 码（3840.48 米），速度设定在 28 节到 29 节时其射程为 10750 码，其装药为 400 磅 TNT 炸药或阿马托炸药。早期的 Mk II 型在上述航速设定下射程分别少 450 码和 750 码。大舰队试图在各主力舰以及装备水下鱼

▲ 描绘"马尔伯勒"号返航场景的油画。

雷发射管的轻巡上均进行改装，使得各舰均备有两套鱼雷发射设备，以供发射采用所谓"极限射程"设定【即在18节时速设定下射程达17000码（15544.8米）】的鱼雷，但并不确定在日德兰海战时多少艘舰只完成了改装。"加拿大"号、"爱尔兰"号、"阿金库特"号、"布罗克"号的全部鱼雷，以及"切斯特"号、"伯肯黑德"号携带的部分鱼雷是与标准 Mk II 型相比表现稍差及/或战斗部较小的鱼雷。此外，部分主力舰和轻巡装备了标准 Mk II 型鱼雷，其战斗部装药也许仍为旧式的280磅（127千克）湿火棉，但这类鱼雷的具体数目不详。

德制鱼雷中，600毫米鱼雷的装药为540磅（244.94千克）六硝基二苯胺 TNT 炸药（Hexanite TNT），当速度设定在36节时其射程为6550码（5989.32米），速度设定在28节时其射程约为15000码（13716米）。日德兰海战时德制最新式鱼雷为500毫米 G7** 型鱼雷，其装药为440磅（199.58千克）六硝基二苯胺 TNT 炸药，当速度设定在35节时其射程为5450码（4983.48米），速度设定在28节到28.5节时其射程约为10950码（10012.68米）。G7系列鱼雷的早期型号在35节和28节到28.5节航速设定下，射程分别为4050码（3703.32米）和9850码（9006.84米）。不确定德方参战舰只是否携有旧式的500毫米G6D鱼雷，该鱼雷在上述航速设定下，射程分别为3800码（3474.72米）和7650码（6995.16米）。但是可以确定，V6号向V4号发射了一枚 G6* 鱼雷以帮助后者自沉。日德兰海战时，双方的18寸（457毫米）鱼雷的射程都不超过7000码（6400.8米）。

通常认为英制鱼雷的航迹不如德制鱼雷明显。

在5月31日昼间的战斗中，大舰队共发射了约54枚鱼雷，具体参见总表23，发射目标及数量参见总表24。

总表23 5月31日昼间大舰队鱼雷发射一览表

舰型	舰名	发射数量（枚）	总计（枚）
战列舰	马尔伯勒	2	5
	复仇	1	
	刚勇	1	
	马来亚	1	
战巡	狮	7	8
	皇家公主	1	
轻巡	诺丁汉	1	8
	法尔茅斯	2	
	雅茅斯	1	

续表

轻巡	史诗女神	1	8
	卡洛琳	2	
	保皇党人	1	
第4 驱逐舰队	鲨鱼	2	4
	阿卡斯塔	1	
	奥菲利娅	1	
第10 驱逐舰队	莫尔森	4	7
	动荡	3	
第13 驱逐舰队	内斯特	4	22
	游牧民	4	
	尼卡特	3	
	爆竹	4	
	尼莉莎	2	
	昂斯洛	4	
	莫尔兹比	1	

总表24 5月31日昼间大舰队鱼雷射击目标及数量

射击目标	射击数量（枚）
第3中队	17
第1中队	3
第3或第1中队 （但更可能为第1中队）	5
第2中队	1
第1侦察群	21
第2侦察群	2
威斯巴登（已失去动力）	4
第9驱逐舰队	1

▲ "运气"号。

这一阶段大舰队发射的鱼雷共计命中 3 次，分别击中"塞德利兹"号（来自"爆竹"号或"动荡"号）、"威斯巴登"号（来自"昂斯洛"号）、V29 号（来自"爆竹"号），因此第 10、第 13 驱逐舰队取得了 10.3% 的命中率。据称一枚鱼雷航迹从"拿骚"号下

方掠过，另一枚鱼雷航迹从 S33 号下方掠过。但应考虑到鱼雷的实际位置要比其航迹位置靠前，两者之间的距离同时取决于航速及深度。例如一枚航速和深度分别设定为 29 节和 20 英尺（6.1 米）的鱼雷，其实际位置在其航迹前方 150 码（137.16 米）处，因此这两起战例中均不能认为鱼雷本身从舰只下方掠过。所有鱼雷直径均为 21 英寸（533.4 毫米），其中 1 枚采用高速设定（命中 V29 号）、4 枚采用"极限射程"设定，其余均采用远程设定。

与此同时公海舰队方面共消耗 90 枚鱼雷，具体参见总表 25；发射目标及数量参见总表 26。

总表25 5月31日昼间公海舰队鱼雷发射一览表

舰型	舰名	发射数量	总计
战列舰	国王	1	1
战巡	吕佐夫	2	7
	德芙林格	1	
	毛奇	4	
轻巡	法兰克福	1	? 6
	埃尔宾	1	
	威斯巴登	? 4	
第1驱逐舰队	S32	5	5
第2驱逐舰队	G104	1	1
第3驱逐舰队	V73	2	? 15
	G88	5	
	S54	3	
	V48	? 5	

续表

第6驱逐舰队	G41	5	26
	V44	5	
	G87	5	
	G86	4	
	V69	2	
	V45	1	
	S50	1	
	G37	3	
第9驱逐舰队	V28	5	？31
	V27	1	
	V26	4	
	S36	2	
	S51	4	
	S52	6	
	S34	1	
	S33	2	
	V29	4	
	S35	？2	

注：由于沉没舰只的发射细节情况存疑，因此以问号标记。

总表26 5月31日昼间公海舰队鱼雷射击目标及数量

射击目标	射击数量（枚）
大舰队战列线（含第5战列舰中队）	34
第1、第2战巡中队战列线	7
第5战列舰中队或第1、第2战巡中队	7
第1、第2战巡中队	19
第3战巡中队	10

续表

第1巡洋舰中队	2
第1或第3轻巡中队	2
第4驱逐舰队	6
第12驱逐舰队	1
第13驱逐舰队	1
自沉V27	1（脱靶）

这一阶段公海舰队的鱼雷共计命中2次，分别击中"马尔伯勒"号（来自"威斯巴登"号）和"鲨鱼"号（来自S54号）。除去明显虚构的报告之外，"马尔伯勒"号、"不屈"号、"不挠"号和"游牧民"号均报告称发现鱼雷航迹从舰只下方掠过（"游牧民"号报告2枚鱼雷航迹从舰只下方掠过）。据信鱼雷实际从"马尔伯勒"号和"游牧民"号下方掠过。所有鱼雷中，两枚为600毫米直径，另两枚为500毫米直径。各鱼雷的设定不明，但最多5枚采用短程设定。

在从5月31日傍晚起海战其他时间内，大舰队共发射了40枚鱼雷，参见总表27；发射目标及数量参见总表28。

总表27 5月31日至6月1日夜间大舰队鱼雷发射一览表

舰型	舰名	发射数量	总计（枚）
轻巡	南安普顿	1	2
	卡斯托	1	
第4驱逐舰队	蒂珀雷里*	2	17
	布罗克	1	
	急性子	2	
	花环	2	
	埋伏	3	
	热情	2	
	食雀鹰	1	
	竞争	2	
	运气	2	

续表

第11驱逐舰队	魔术	2	3
	马恩	1	
第12驱逐舰队	福尔克努	2	17
	服从	2	
	奇迹	4	
	突击	4	
	女祭司	3	
	独角鲸	2	
第13驱逐舰队	莫尔兹比	1	1

★：该舰发射的最后2枚鱼雷是为防止爆炸，因此该表中删去了这2枚鱼雷。

总表28 5月31日至6月1日夜间大舰队鱼雷射击目标及数量

射击目标	射击数量（枚）
第3战队	？9
第1战队及为期护航的轻巡	17（据信7枚瞄准轻巡）
第2战队（及"拿骚"号）	？8
第1侦察群	1
第2侦察群	2
第4侦察群以及加强的轻巡	3

注：由于沉没舰只的发射细节情况存疑，因此以问号标记。

◀ 舰艏触雷的"魔术"号驱逐舰（此次受创并非发生在日德兰海战其间）。

这一阶段大舰队的鱼雷共计命中3次，分别击中"波美拉尼亚"号（来自"突击"号）、"罗斯托克"号（来自"埋伏"号或"竞争"号）和"弗劳恩洛布"号（来自"南安普顿"号），命中率7.5%。在此期间"边疆伯爵"号和"埃尔宾"号报告鱼雷航迹从舰只下方掠过，鱼雷可能实际从"埃尔宾"下方掠过。所有鱼雷直径均为21英寸（533.4毫米）（"布罗克"号发射的1枚为韦茅斯生产），21枚采用高速设定，14枚采用远程设定，另有5枚不详。第4驱逐舰队可能以冷射方式发射了部分鱼雷，以减少鱼雷的初始潜入深度。

另一方面，在5月31日至6月1日夜间，公海舰队方面共消耗22枚鱼雷，参见总表29；发射目标及数量参见总表30。

V71号发射的鱼雷可能命中"动荡"号，此外"布罗克"号、"动荡"号和"吕佐夫"号报告观察到鱼雷从其下方掠过，3舰当时均处于停船状态。除1枚鱼雷直径为457毫米外，其余鱼雷直径均为500毫米。各鱼雷设定不详，可能所有驱逐舰发射的鱼雷均采用高航速设定。

总表29 5月31日至6月1日夜间公海舰队鱼雷发射一览表

舰型	舰名	发射数量（枚）	总计（枚）
轻巡	法兰克福	1	3
	皮劳	1	
	慕尼黑	1	
第1驱逐舰队	G40	1	3
	G38	2	
第3驱逐舰队	S53	1	7
	V71	4	
	V73	1	
	G88	1	
第5驱逐舰队	V6	1	1
第6驱逐舰队	V45	3	3
第7驱逐舰队	S24	2	5
	S15	1	
	S16	1	
	S18	1	

总表30 5月31日至6月1日夜间公海舰队鱼雷射击目标及数量

射击目标	射击数量（枚）
第2轻巡中队	1
第11驱逐舰队及"卡斯托"号	2
"冠军"号及驱逐舰	3
第4驱逐舰队	8
动荡	2
自沉"吕佐夫"号	2（1枚脱靶）
自沉"罗斯托克"号	3
自沉V4号	1

整场海战中大舰队共发射94枚鱼雷并命中6次，公海舰队则共对敌舰发射105枚鱼雷但仅取得二三次命中。尽管很难解释差异，但是海战中观察到部分德制鱼雷的定向和定深均存在一定缺陷。此外，公海舰队也没有对大舰队战列线发动夜间攻击。应注意到，海战中双方主力舰以及大舰队轻巡消耗的鱼雷数量较少。考虑到上述舰只均携带了大量鱼雷，它们本应发射更多的鱼雷。

双方潜艇均未正式参战，但双方均猜测对方投入了潜艇并因此格外小心。5月31日15时35分~22时整之间，大舰队各舰共报告疑似发现敌潜艇30次。在6月1日返航途中，公海舰队各舰也数次报告疑似发现敌潜艇。在海战前后双方潜艇发挥了一定作用，但均远低于预期。

另外，公海舰队更倚重飞艇进行侦查，但除L11号飞艇在6月1日晨出动以及岸基水上飞机的反潜巡逻外，双方各种航空器对日德兰海战的贡献都非常有限。L24号飞艇的情报甚至带有误导性。

总之，日德兰海战在很大程度上仍是一场传统的二维海战，也是最后一场可被如此归类的大规模舰队对战。

1914年"胡德"号的鱼雷实验

"胡德"号是一艘1891年下水的"皇权"级前无畏舰。在时任第一海务大臣的阿瑟·胡德上将（Arthur Hood）的坚持下，该舰采用了低干舷和装甲炮塔的过时设计，导致其航海性能远不如同级其他7艘采用高干舷露炮台设计的姊妹舰，因此该舰在其服役生涯的大部分时间都在风浪较小的地中海服役。随着以"无畏"号开创的无畏舰时代的到来，"皇权"级前无畏舰迅速过时，而其中性能较差的"胡德"号也更早地失去了作战价值。

1914年为进行一系列鱼雷防护能力实验，该舰在朴次茅斯接受了大规模改造，在其动力舱部位加装了长达120英尺（36.6米）的纵向舱壁。在原有的0.425英尺（10.8毫米）引擎舱侧舱壁以外7英尺（2.13米）处，又加装了一道2英寸（50.8毫米）舱壁，这与"伊丽莎白女王"级该部位的布置类似。在锅炉舱部分的两道舱壁中，其内侧舱壁厚度为2英寸（50.8毫米），外侧舱壁相对较薄。此次改造中，该舰原有的双层船底得以保留。

第一次实验于1914年2月9日在博利厄河（Beaulieu River）进行，一枚战斗部装药为280磅（127千克）湿火棉的鱼雷在水面以下12英尺（3.66米）引擎舱的中间位置爆炸。当时爆点前方的两个水密舱为空舱状态，其后方的水密舱则注满海水，此外双层船底舱也为空舱状态。爆炸造成的破孔大小为30英尺（9.14米）长、18英尺（5.49米）高[①]，对空舱造成的破坏尤为严重。构成双层船底内侧的0.375英寸（9.53毫米）舱壁被炸飞，碎片被外层的厚舱壁所阻挡，厚舱壁本身则严重凹陷。

在空舱中，厚舱壁被爆炸造成的大量船壳板碎片击穿。最内侧的0.4375英寸（11.1毫米）舱壁轻微扭曲，其铆接处漏水，但进水在水泵的处理能力之内。分析显示，船体中连接舱壁的水平支柱将冲击波导向了最内侧舱壁。根据这一分析，相关人员决定在第二次试验前，应将上述水平支柱切断并重新连接，以使该结构仅承受拉伸载荷。船壳板碎片在此次试验中的威力说明，防雷系统的最外层空间应注水以减小其破坏力。

---

① 这个破孔较通常情况下装备此战斗部的鱼雷能造成的破孔大，不过这可能是因为该舰当时配备的钢板和铆钉较脆。

第二次实验于同年5月7日在斯皮特黑德（Spithead）进行。根据上次实验的结果，此次试验中该舰的双层船底和防雷系统的最外层空间都注满了海水，而在2英寸（50.8毫米）舱壁外侧的空间则保持空舱状态。此次实验中，280磅（127千克）鱼雷战斗部造成了一个稍小的破孔，但爆炸产生的冲击力经注水舱室扩散，扩大了结构损伤。新设的厚舱壁本身仅轻微凹陷，造成的进水仍在水泵处理能力以内。两次实验的主要结论如下：

1. 在厚舱壁内侧应设置一层薄舱壁，用于阻止前者受鱼雷爆炸影响引发的轻微漏水。在鱼雷或水雷爆炸条件下，类似漏水难以避免；

2. 舱壁之间应通过在被压缩时强度变弱的连系材进行连接，而非支柱状结构；

3. 足够坚固的厚舱壁可阻止进水蔓延至主要舱室。

1914年9月，在朴次茅斯进行的会议讨论了此前历次水下防护实验的结果。与会者注意到截至会议召开时，仍不清楚为降低水下爆炸的破坏，防雷系统中哪些空间应保持空舱，而哪些则应注水，仅明确爆点所在的舱室应为空舱以阻止填塞效应。与会者还认为厚舱壁外的空间应注水，以降低破片的飞行速度。会议还为今后的进一步试验提出了若干方案，如优化舱室布置、设计重型舱壁以及优化通风系统的价值。但随着战争的爆发，以上提案无法继续进行。"胡德"号也于1914年11月4日作为阻塞船在波特兰港南口自沉，其船体至今在天气晴好时仍清晰可见。

该舰也是一代名舰"胡德"号战列巡洋舰之前最后一艘以此命名的战舰。

值得一提的是，1914年时皇家海军所使用的21英寸（533.4毫米）鱼雷其战斗部装药为225磅，因此"胡德"号在试验中所使用的280磅（127千克）战斗部很具有代表性。但此后不久，英德双方的鱼雷战斗部装药都翻了一番以上【英制21英寸（533.4毫米）MK IV和MK IV*鱼雷战斗部装药515磅（233.6千克），德制600毫米鱼雷则为550磅（249.47千克）】。通常而言，鱼雷的破坏半径大致与装药量的平方根成正比。此外，距离炸点D英尺处的横向舱壁被爆炸撕裂的概率也大致与装药量的平方根成正比。因此此次试验的结果和经验很快便落伍了。

第十章总表1中
其他各舰的沉没过程

"埃尔宾"号：在5月31日23时30分左右，皇家海军第4驱逐舰队对公海舰队主力发动的攻击中，该舰在试图从"波兹南"号前方穿过时被后者撞上右舷。该舰的引擎舱当即被海水灌满，其舵机和发电机均无法运转，随后失去动力，向右漂离公海舰队编队。6月1日0时53分，"雷根斯堡"号轻巡洋舰派出S53号、S54号和G88号驱逐舰探查出现在其左舷正在燃烧的舰只。其中S53号驱逐舰在救起"蒂珀雷里"号的9名幸存者后发现了"埃尔宾"号，后者随即请求S53号靠近以便搭救其船员，S53号于1时05分抵达"埃尔宾"号舷侧。绝大部分"埃尔宾"号的船员均转乘S53号，但包括除舰长（Madlung）在内的一小群船员外仍留在舰上。此后"埃尔宾"号试图升帆利用风力前往最近的海岸，2时前后发现了英国驱逐舰出现在南方，舰长立即下令自沉。该舰的剩余乘员搭乘携带的小艇逃生，在此过程中还救起了"蒂珀雷里"号的一名幸存者。此后这部分船员点亮信号灯以求引起周围船只注意，5小时后，小艇被一艘荷兰拖网渔船发现，全体乘员均被救起。

"罗斯托克"号：在5月31日23时30分左右，皇家海军第4驱逐舰队对公海舰队主力发动的攻击中，该舰在右转试图从"威斯特法伦"号和"莱茵兰"号之间穿过时被一枚鱼雷命中左舷，中弹部位位于该舰最前两座锅炉舱之间舱壁后侧，导致两座锅炉舱当即被海水灌满，并使得主涡轮、舵机和发电机一度停转。该舰随即向后漂离，并从"德意志"号和"波美拉尼亚"号之间穿过了公海舰队第2战队的战线。此后该舰恢复部分动力，缓慢地跟在公海舰队主力后方，后又数次因海水进入剩余的锅炉而失去动力，并出现5°左倾，共计约有930吨海水进入船体。被"雷根斯堡"号轻巡洋舰派出的S54号驱逐舰在途中被"罗斯托克"号发现，并被后者船员的呼喊声所吸引。随后S54号便拖曳着"罗斯托克"号南行并试图避开英国舰只，其速度一度达到10节。在此过程中"罗斯托克"号锅炉内的盐分一直无法清除，其来源不明。此后V71号和V73号驱逐舰也赶到为该舰提供护航。3时55分，该编队发现"都柏林"号轻巡洋舰，并将其误认为两艘"伯明翰"级轻巡洋舰或一艘装巡以及2艘驱逐舰。"罗斯托克"号编队估计双方距离为四五英里（6.44～8.05千米）。与此同时，

L11 号飞艇报告称 12 艘英国战列舰正取 10°航向逼近，而"罗斯托克"号则错误地估计这些英国战列舰与自己之间的距离仅约 20 英里（32.19 千米）。在此情况下，"罗斯托克"号考虑弃舰。S54 号、V71 号和 V73 号一方面停靠在"罗斯托克"号舷侧搭救后者船员，另一方面不断地迷惑"都柏林"号使得后者无法判断敌我。4 时 5 分，S54 号脱离"罗斯托克"号并向东航行，途中再次迷惑了"都柏林"号。同时，V71 号和 V73 号分别向"罗斯托克"号发射了 2 枚和 1 枚鱼雷，4 时 25分"罗斯托克"号沉没。

"蒂珀雷里"号：在 5 月 31 日 23 时 30分左右皇家海军第 4 驱逐舰队对公海舰队主力发动的攻击中，该舰被"威斯特法伦"号及其他德国舰只（包括战列舰"拿骚"号、轻巡洋舰"罗斯托克"号、"埃尔宾"号、"汉堡"号以及驱逐舰 S32 号等舰只）重创。尽管该舰前部迅速被击毁并燃起大火，但其尾炮仍在射击，同时还从右舷发射了 2 枚鱼雷，此后泄露的蒸汽阻挡了该舰炮手的视线。伴着熊熊烈焰以及首炮弹药筒的爆炸，该舰失去动力向后漂离。6 月 1 日 0 时 53 分，"雷根斯堡"号轻巡洋舰派出了 S53 号、S54 号和 G88 号驱逐舰探查位于其左舷方向正在燃烧的舰只，这正是"蒂珀雷里"号的残骸。S53号驱逐舰救起了救生筏上的 9 名该舰幸存者，S53 号和 G88 号驱逐舰离开后，"蒂珀雷里"号仍未沉没，其剩余船员在德舰离开后弃舰，大部分被"食雀鹰"号救起。

"内斯特"号：该舰参与了 5 月 31 日16 时 30 分双方驱逐舰之间持续了 10 ～ 15分钟的交火，并向敌方战巡发射了鱼雷。在 16时 32 时，发现公海舰队战列舰出现之后，贝蒂逐渐开始转向，并于 16 时 43 分和 16 时 50

分先后命令所辖驱逐舰脱离战斗，向战巡编队靠拢并在编队前方就位。由于这一命令仅通过信号旗下达，因此部分驱逐舰并未收到。这些驱逐舰英勇地再次向敌方战巡发起了攻击，"内斯特"号就是其中之一。该舰在发射了鱼雷之后迅速脱离，未被"吕佐夫"号、"德芙林格"号以及公海舰队先头的两三艘战列舰的副炮击伤。但"雷根斯堡"号的炮弹最终两次命中了该舰的锅炉舱，导致该舰失去动力。此后鉴于紧张的战场态势，该舰还拒绝了"爆竹"号的拖曳。当德国公海舰队主力靠近时，该舰发射了一枚鱼雷但并未命中。随后该舰遭到了 8 艘德国战列舰 150 毫米副炮的攻击，包括"路易波德摄政王"号、"东弗里斯兰"号、"图林根"号、"赫尔戈兰"号、"奥尔登堡"号、"波兹南"号、"莱茵兰"号和"拿骚"号，其中"图林根"号和"赫尔戈兰"号还用主炮进行了射击，此外"奥尔登堡"号和"波兹南"号的主炮也可能参与了射击。在经历了 12 分钟的弹雨后，该舰于 17 时 35 分发生爆炸并立即沉没，命中该舰的炮弹很可能无一来自各舰主炮。该舰及"游牧民"号的大部分幸存船员被公海舰队G9、G10、G11、S16 和 S17 号驱逐舰救起。

"游牧民"号：该舰因主轴承故障速度而减速，在 5 月 31 日 16 时 30 分双方驱逐舰持续 10 ～ 15 分钟的交火过程中，该舰被至少命中一次。此后另一枚炮弹命中该舰引擎舱，导致该舰失去动力。当德国公海舰队主力靠近时，该舰发射了 4 枚鱼雷但无一命中。随后该舰遭到了"腓特烈大王"号、"路易波德摄政王"号、"皇帝"号和"皇后"号150 毫米副炮的射击，并迅速起火。前弹药库被击中后，该舰于 17 时 28 分发生殉爆并于2 分钟后沉没。

"动荡"号：在 6 月 1 日凌晨 0 时 35 分左右发生的遭遇战中，"威斯特法伦"号对该舰进行的首轮射击便命中了其舰尾，并将尾炮击飞。根据"威斯特法伦"号的报告，在短暂的交火中该舰共对"动荡"号发射了 29 枚 150 毫米炮弹和 16 枚 88 毫米炮弹，开火 5 分钟后"动荡"号锅炉爆炸然后沉没。实际上虽然"动荡"号后部起火，不过该舰仍可航行。然而很快该舰又被"图林根"号和"东弗里斯兰"号发现，后者未采取行动，但前者发射了一枚 88 毫米照明弹，将"动荡"号误认为一艘"伯肯黑德"级轻巡洋舰（Birkenhead）并于 0 时 47 分开火。"动荡"号再次被对手的首轮射击命中，前部也燃起了大火。在这一次交火中，"图林根"号在 2400 ～ 2600 码（2194.56 ～ 2377.44 千米）距离上共发射了 18（或 28）枚 150 毫米炮弹和 6 枚 88 毫米炮弹。在"图林根"号发射的第二枚照明弹放出的光芒下，其船员观察到"动荡"号正明显向右倾覆，但它并未立即沉没。1 时，V71 号和 V73 驱逐舰发现燃烧中的"动荡"号，两舰迅速靠近并从海中救起了 13 名幸存者。随后 V71 号对"动荡"号

发射了鱼雷，"动荡"号随即发生了爆炸，但不确定是由鱼雷命中或是由其弹药殉爆引起。考虑到大舰队舰只正在接近，两艘德国驱逐舰随即撤离，而"动荡"号也于此后不久最终沉没。公海舰队 G86 号驱逐舰从 0 时 58 分起观测到，该舰在短时间内连续发生了 10 次爆炸。

"热情"号：在 5 月 31 日 23 时 30 分左右，皇家海军第 4 驱逐舰队对公海舰队主力发动的攻击中，该舰完成了一次攻击，随后脱离并向南航行。此后该舰观测到由其他舰只烟囱飘出的煤烟出现在前方，并以为是友舰"埋伏"号，遂决定向其靠拢。在发现煤烟实际来自公海舰队先头舰只之后，该舰发射了一枚鱼雷并试图脱离，但"威斯特法伦"号的探照灯已经在 900 码（822.96 米）距离上将其锁定。0 时 25 分"威斯特法伦"号对其开火，在此后的 4 分 10 秒中，"威斯特法伦"号共对该舰发射了 22 枚 150 毫米炮弹和 18 枚 88 毫米炮弹。同时"波兹南"号也在 1100 ～ 1300 码（1005.84 ～ 1188.72 米）距离上对该舰进行了射击，并声称取得了一次命中。此外"莱茵兰"号和"奥尔登堡"号

▲ "伯肯黑德"号轻巡洋舰。

也可能参与了射击。在此期间"赫尔戈兰"号的150毫米炮曾在2200码（2011.68米）距离上，对一艘三烟囱驱逐舰（"热情"号为2烟囱）进行射击。交火中"热情"号的前部首先被毁，接着伴随着锅炉和蒸汽管道的爆炸，该舰最终沉没。4时30分~5时30分期间，该舰的3名幸存者被己方驱逐舰救起。

"运气"号：在参与了5月31日23时30分左右，皇家海军第4驱逐舰队对公海舰队主力发动的攻击后，该舰随第4驱逐舰队脱离，编队在向东行驶了3英里之后又转向南下。6月1日凌晨0点10分左右，在发现"运气"号正从左舷后方10°方位接近时，"威斯特法伦"号先询问了口令，随后用探照灯锁定了目标并开火，同时以最高速度转向脱离。"威斯特法伦"号150毫米炮的首轮齐射便击中了"运气"号的舰桥，并将其击倒。在28秒内，"威斯特法伦"号发射了7枚150毫米炮弹和8枚88毫米炮弹，此后鉴于"运气"号已经起火燃烧，且公海舰队其余各舰正在向"运气"号射击，"威斯特法伦"号便停止了射击。在此期间，"莱茵兰"号曾向一艘被"威斯特法伦"号的探照灯点亮的三烟囱驱逐舰射击，这可能就是"运气"号。"莱茵兰"号声称取得2次命中，但目标此后转向高速脱离并消失在该舰的视野中。此外"波兹南"号、"奥尔登堡"号和"赫尔戈兰"号也参与了射击。根据"波兹南"号的报告，"运气"号被重创后便落在英方驱逐舰编队后方，然后沉没。6月1日凌晨4时30分~5时30分期间，该舰的17名幸存者被己方驱逐舰救起。

"鲨鱼"号：5月31日17时58分，希佩尔下令所属驱逐舰向贝蒂发动鱼雷攻击，但此时他麾下驱逐舰的前锋正在和皇家海军

胡德少将所部缠斗。"鲨鱼"号率领伴随大舰队第3战巡中队的4艘驱逐舰参与了这一战斗，结果在18时不久后便成了公海舰队第2侦察群的主要目标。该舰英勇作战，但敌我实力对比悬殊。战斗中，该舰的燃油管道引线和转向系统被击毁，也因此动弹不得，此外其备用鱼雷也被击毁。"阿卡斯塔"号赶来试图提供帮助，但"鲨鱼"号舰长洛夫特斯·琼斯（Loftus Jones）中校表示"看好你们自己，别跟我们一起沉了"。两舰于18时15分被"法兰克福"号发现，并被该舰在12400码（11338.56米）距离上夹中数次。尽管失去动力，但"鲨鱼"号并未立即沉没，仍用剩余的一门炮继续作战。18时37分左右，公海舰队第3驱逐舰队和第1半驱逐舰队奉命向大舰队战列线发动攻击。此次攻击虽然在不久之后被叫停，但在冲击和返回途中，若干公海舰队驱逐舰向"鲨鱼"号进行了射击。后者进行了英勇的还击并取得了若干次命中，其中一次命中导致V48号被迫停船。在这一系列交战中"鲨鱼"号的乘员伤亡惨重，琼斯舰长本人的右腿从膝盖以上的位置也被横飞的弹片切断。鉴于该舰的受损情况，琼斯舰长下令弃船。德国S54号驱逐舰在约4500码（4114.8米）距离上采用浅定深设定向"鲨鱼"号发射了2枚鱼雷，其中一枚命中后者后烟囱位置，导致其于19时02分沉没，而琼斯舰长差不多也于此时登上一艘救生筏，迎来了生命的最后一刻。该舰仅有6名船员当晚被一艘荷兰籍轮船救起并幸存。战后琼斯舰长被追授维多利亚十字勋章。

"食雀鹰"号：该舰参与了5月31日23时30分左右皇家海军第4驱逐舰队对公海舰队主力发动的攻击。战斗中，"布罗克"号的前部被"罗斯托克"号重创，前者的舵

轮卡住且引擎舱电报机无法使用。受上述故障影响，"布罗克"号不由自主地一头撞上了"食雀鹰"号的舰桥前部，"食雀鹰"号直接被切为两截。当两舰纠缠在一起时，"竞争"号又一头撞上了"食雀鹰"号后部，切断了后者舰尾部分5英尺长的船体并导致船舵卡住，"食雀鹰"号从此动弹不得。6月1日0时53分，"雷根斯堡"号轻巡洋舰派出的S53号发现了"食雀鹰"号，但前者并未对后者多加注意。而"食雀鹰"号在后面的时间里目睹了"埃尔宾"号的沉没。5时10分前后"蒂珀雷里"的幸存者乘救生筏抵达"食雀鹰"号附近，并被后者救起。23名幸存者中3人已经身亡，5人在被救起后因伤势过重而亡。6时前后，"神射手"号驱逐舰奉命赶来救援"食雀鹰"号，该舰起初试图拖曳"食雀鹰"号但未成功。8时45分，大舰队副司

▲ 伯尼中将肖像，时任第1战列舰中队指挥官，大舰队副司令官。

令伯尼中将在路过时下令让"神射手"号将"食雀鹰"号击沉。

V27：5月31日16时20分，贝蒂麾下的驱逐舰前锋群从希佩尔的战巡航线前方经过，16时26分公海舰队第9驱逐舰队也向贝蒂所部发起攻击，一场激战遂在双方驱逐舰之间发生。混战中，V27号前引擎舱2次中弹，此后其主蒸汽管线被毁，导致该舰失去动力。V26号在接收了V27号的船员后，对该舰发射鱼雷试图将其击沉，但鱼雷发生偏航未能命中目标，V26号遂用舰炮将其击沉。

V29：5月31日16时20分，贝蒂麾下的驱逐舰前锋群从希佩尔的战巡航线前方经过，16时26分公海舰队第9驱逐舰队也向贝蒂所部发起攻击。一场激战遂在双方驱逐舰之间发生。混战中，"爆竹"号在2000码（1828.8米）距离上发射的一枚鱼雷【高速设定，定深6英尺（1.83米）】命中V29号船体后部，该舰的舰尾很快沉入水下，其舰艏则继续漂浮了约30分钟。该舰幸存者大部分被V26号救起，其余均被S35号救起。

V48：5月31日18时37分左右，公海舰队第3驱逐舰队和第1半驱逐舰队奉命向大舰队战列线发动攻击。此次攻击虽然不久后就被叫停，但在冲击和返回途中，若干公海舰队驱逐舰均向"鲨鱼"号进行了射击。后者进行了英勇的还击并取得了若干次命中，其中一次命中V48号船舯部位舰炮附近。此次命中或另一次命中损坏了该舰的机械设备，导致该舰此后不久被迫停船。G42号试图对V48号实施拖曳，但由于大舰队方面火力太凶猛，这一尝试被迫放弃，此后企图救下V48号的乘员也未成功。该舰此后曾向大舰队战列线发射4枚鱼雷，迫使大舰队第6战列舰战队于19时后实施了规避。19时35分，

"刚勇"号战列舰向 V48 号开火，此后 19 时 50 分左右"福尔克努"号驱逐舰也加入了射击。在此期间，该舰还遭到了大舰队第 2 轻巡中队的射击。隶属大舰队第 12 驱逐舰队的"服从"号、"警觉"号、"奇迹"号和"突击"号随后向 V48 号发动了攻击，并用火炮将其击沉。8 小时后，3 名 V48 号的幸存者被一艘瑞典轮船救起。

S35：5 月 31 日 19 时 15 分，海因里希海军准将下令公海舰队第 6 驱逐舰队和第 9 驱逐舰队一部向大舰队战列线发动攻击。攻击中，第 9 驱逐舰起初得到了己方烟幕的掩护，但很快就遭到了大舰队主力舰主炮和副炮劈头盖脸的射击。隶属第 9 驱逐舰队的 S35 号据信在约 7500 码（6858 米）距离上发射了 2 枚鱼雷，随后便被一轮齐射命中舯部。该舰随即断为两截，当即沉没，全体船员以及 V29 号的幸存者全部阵亡。

V4：6 月 1 日凌晨 2 时 15 分，在随公海舰队主力一道返航途中，该舰艏楼下方发生了一起剧烈爆炸。该舰的幸存者被 V2 号和 V6 号救起，后者首先发射了 35 枚 88 毫米炮弹试图击沉 V4 号但未能成功，而"德意志"号又拒绝了撞沉 V4 号的申请，最终 V2 号用一枚鱼雷将 V4 号的残骸送入海底。V4 号可能撞上了一颗漂雷，但爆炸的具体原因无法确定。

| 附录3 |

巡洋舰及驱逐舰的弹药消耗

大舰队巡洋舰上的 6 英寸（152.4 毫米）炮及更小口径的舰炮均安装在基座上，公海舰队则采用中轴支架。双方绝大多数中小口径舰炮其余均由人力操作，仅"法尔茅斯"级在 1914 年 3 月预定安装独立的液力回旋和俯仰机构，不过不确定在日德兰海战时该机构是否已经安装。公海舰队方面曾考虑为后续的主力舰提供安装在电力炮架上的 150 毫米副炮，但实验显示该炮架无法精确地维持每秒 0.03125° 的最低转速。大舰队方面的 9.2 英寸（233.7 毫米）炮和 7.5 英寸（190.5 毫米）炮则安装在炮塔中，其中"防守"级装巡采用双联装 9.2 英寸（233.7 毫米）炮炮塔，其他装巡则采用单装炮塔。9.2 英寸（233.7 毫米）炮与 7.5 英寸（190.5 毫米）炮均采用液力完成回旋和俯仰，在双联装 9.2 英寸（233.7 毫米）炮炮塔中还采用了液力推弹机。

在轻巡洋舰上无法为每门舰炮提供独立的提弹装置，因此除备便弹药外，双方的 6 英寸（152.4 毫米）炮和 150 毫米炮供弹速度大约为每炮每分钟 3 ~ 5 枚，而实战供弹速度通常为较低值。德制轻巡上每门 150 炮

备弹 128 发，每门 105 炮备弹 150 发。英制巡洋舰上每门 6 英寸（152.4 毫米）炮备弹 150 ~ 200 发，每门 4 英寸（101.6 毫米）炮备弹 150 ~ 250 发。每门 9.2 英寸（233.7 毫米）炮备弹 125 发，每门 7.5 英寸（190.5 毫米）炮备弹 125 ~ 180 发。

英制装巡的 9.2 英寸（233.7 毫米）炮、7.5 英寸（190.5 毫米）炮和 6 英寸（152.4 毫米）炮，通常配备穿甲弹、普通弹和装备弹头引信的高爆弹，但英制轻巡并不配备穿甲弹。德制巡洋舰的 150 毫米炮配备了分别装备弹头引信和弹底引信的两款高爆弹，105 毫米炮则配备分别装备内部引信、弹头引信和触发引信的三种高爆弹。

附表 1 和附表 2 列出了海战中双方轻巡的弹药消耗量。装巡"牛头怪"号、"科克兰"号和"香农"号未发射 9.2 英寸（233.7 毫米）及 7.5 英寸（190.5 毫米）弹，除"爱丁堡"号记录发射了 20 枚 9.2 英寸（233.7 毫米）弹外，其余装巡的弹药消耗量不详。"威斯巴登"号和"弗劳恩洛布"的弹药消耗量自然也无从考察。

附表1 大舰队轻巡弹药消耗量　　　　　　　　　　　（1英寸=25.4毫米）

弹药种类 舰名	6英寸（枚）	5.5英寸（枚）	4英寸（枚）
加拉提亚	13	–	15
费顿	11	–	–
多变	7	–	2
科迪莉亚	12	–	3
南安普顿	155	–	–
伯明翰	110	–	–
诺丁汉	136	–	–
都柏林	117	–	–
法尔茅斯	175	–	–
雅茅斯	160	–	–
伯肯黑德	–	70	–
格洛斯特	13	–	24
史诗女神	11	–	66
康斯坦斯	–	–	7
宴乐之神	6	–	17
卡洛琳	3	–	9
保皇党人	2	–	9
切斯特	–	56	–
坎特伯雷	46	–	51
卡斯托	26	–	32
冠军	8	–	15
无惧	–	–	3
积极	–	–	8
博阿迪西亚	0	0	0

续表

布兰奇	0	0	0
司战女神	0	0	0
总计	1011	126	261

附表2 公海舰队轻巡弹药消耗量

弹药种类 舰名	150毫米（枚）	105毫米（枚）	88毫米（枚）
法兰克福	379	–	2
皮劳	113	–	4
埃尔宾	230	–	–
什切青	–	81	–
慕尼黑	–	161★	–
斯图加特	–	64	–
汉堡	–	92	–
罗斯托克	–	约500	–
雷根斯堡	–	372	–
总计	722	约1270	6

注：本表没有计入"威斯巴登"号和"弗劳恩洛布"的弹药消耗量。
★：包括2枚105毫米照明弹。

由上表可看出，9艘德国轻巡射击的炮弹总数超过了26艘英国轻巡，这可能表明后者中相当部分在海战中并未被充分使用。参考英方在日德兰海战所采用的大舰队作战条

▲ "积极"号轻巡。

▲ "斯图加特"号轻巡。

▲ "格洛斯特"号轻巡。

▲ "坎特伯雷"号轻巡。

▲ "科克兰"号轻巡。

令中对轻巡和驱逐舰的定位，这一结论并不意外。

只有少数巡洋舰按弹种对消耗炮弹进行了统计。根据"法兰克福"号的统计，该舰所消耗的379枚炮弹中，96枚为穿甲弹，283枚为高爆弹，不过一般认为这两个数字应分别是装备弹头引信和弹底引信的两种高爆弹的消耗量。"慕尼黑"号三种装备内部引信、弹头引信和触发引信的105毫米高爆弹的消耗量分别为91枚、57枚和11枚，"汉堡"号的消耗量则分别为49枚、37枚和6枚。"坎特伯雷"号和"保皇党人"号的6英寸（152.4毫米）炮和4英寸（101.6毫米）炮仅发射了高爆弹，而"宴乐之神"号则仅发射了普通弹。

大舰队驱逐舰每炮通常备弹120发，弹种为普通弹和装备弹头引信的高爆弹。公海舰队驱逐舰每门105毫米炮备弹80发，每门88毫米炮备弹100发，两种炮均配备装备内部引信和弹头引信的高爆弹。

通常认为，海战中大舰队驱逐舰共发射了1700枚炮弹，公海舰队驱逐舰则共发射了2400枚。

柯达无烟药及药库安全

1886 年，法国的维埃耶公司（Vieille）和德国的杜滕霍夫公司（Duttenhoffer）研发了一种基于胶状硝化纤维的发射药。两年后，诺贝尔发明了所谓的"巴里斯太火药"（Ballistite），其成分中 40% ~ 50% 为起溶剂作用的硝基甘油，其余为硝化纤维。1889年伍尔维奇兵工厂（Woolwich Arsenal）的弗雷德里克·艾贝尔（Frederick Abel）和乔治·杜瓦（George Dewar）制造了一种成分类似的发射药，被称为柯达无烟药。由于柯达无烟药的成分与巴里斯太火药非常接近，因此诺贝尔对英国政府提出了控告，结果这场官司一直打到了1895年。受这场官司以及设在沃尔瑟姆修道院（Waltham Abbey）的硝基甘油工厂发生的爆炸的影响，柯达发射药直到1893年才引入皇家海军。

柯达无烟药 Mk 1 的成分为58%的硝基甘油，37%的硝化纤维（含氮量为13.1%的火棉）以及5%的凡士林。其中凡士林起着润滑剂的作用，但由于其成分中的不饱和碳氢化合物能吸收除纯净的硝化纤维外的其他成分的分解产物，它同时也在一定程度上发挥了稳定剂的作用。Mk 1产生的气体温度非常高，腐蚀性极强，因此对炮管的烧蚀作用非常显著。为了弥补这些缺点，1901年第一批 MD 柯达无烟药进入皇家海军现役。该发射药原为大口径火炮所设计，其成分为30%的硝基甘油，65%的硝化纤维（含氮量为13.1%的火棉）以及5%的凡士林。与柯达无烟药 Mk 1 相比，每克 MD 柯达无烟药产生的热量从1270卡路里降到了1020卡路里。当时大家只是怀疑柯达无烟药 Mk 1 会缓慢变质并变得不稳定，但没有意识到这一现象对舰只的潜在危险。在 MD 柯达无烟药投入现役后，柯达无烟药 Mk 1 至少以小口径火炮的发射药的身份，继续生产了一段时间。直到1916年霍尔顿·希斯（Holton Heath）公司仍在生产该种火药。

一战之前的测试和事故

早在风帆时代，各国海军便采取了大量预防措施以保证药库的安全。随着更强力的柯达无烟发射药的引入，皇家海军进行了一系列关于安全储藏的实验。1891–1892年，皇家海军在"杰出"号炮艇（HMS Excellent）【原名"汉迪"号（HMS Handy），1882年下水】，用于炮术实验。1891年更名为"杰出"号作为炮术训练船，1916年和1917年又先后更名为"加尔各答"号（HMS Calcutta）、"鲷鱼"号（HMS Sanpper），并在其上进行了一系列实验，以测试炮弹在提弹井内爆炸的效果。其中一次实验中，一枚 4.7 英寸（119.8 毫米）炮弹，两个 4.7 英寸（119.8 毫米）弹药筒和其下方 2.5 英尺（0.762 米）处的另一枚 4.7 英寸（119.8 毫米）炮弹，一起在提弹井中爆炸。在另一次测试中，一枚 6 英寸（152.4 毫米）炮弹在 3 个弹药筒上方爆炸，另一炮弹导致了 2 个弹药筒爆炸。此后还在提弹井中进行了引爆一列弹药筒的试验，实验中，顶端弹药筒通过电流引爆。实验结果显示，对 4.7 英寸（119.8 毫米）弹药筒而言，当弹药筒之间的距离仅为 2.5 英尺（0.762 米）时，装填火药或柯达无烟药的弹药筒仍未被引燃，但对装填火药的 6 英寸（152.4 毫）米弹药筒而言，安全距离则不低于 8.5 英尺（2.59 米）。药库大门则可能被在距离其 9.5 英尺（2.9 米）处爆炸的一枚 6 英寸（152.4 毫米）弹药筒彻底摧毁。以上实验表明，提弹井不应与药库直接连接，且提弹井与弹药筒之间的距离至少应为 12 英尺（3.66 米）。

1899 年，前无畏舰"复仇"号的 6 英寸（152.4 毫米）药库发生了爆炸。爆炸中一个 6 英寸（152.4 毫米）速射炮弹药筒发生自爆，导致同一容器中的另外二个弹药筒也发生爆炸。1906 年在"狐狸"号二级防护巡洋舰上也发生了类似的事故，不过此次事故中容器内的 4 个弹药筒中只有 3 个发生爆炸。随后在岸上进行的实验表明，容器内一个弹药筒发生爆炸并不一定会导致容器内其他所有弹药筒爆炸，同时也不会对相邻容器内的弹药筒产生影响。安放在 100 磅（45.36 千克）密闭容器内的柯达无烟药仅发生燃烧，容器盖子被炸飞，发射药本身则在 3 秒内燃尽。

以上实验和两次事故，使得皇家海军相信柯达发射药不会导致灾难性的药库爆炸。由于当时海军更担心装填立德炸药的弹药的安全，因此药库通常被设计在弹库上方。之后海军慢慢意识到硝化纤维会逐渐分解并导致自爆，而当其成分中含有杂质时，分解就更容易发生。鉴于高温会加快分解速度，因此皇家海军加强了药库冷却机械的性能，并规定药库温度需按时记录在案。

日俄战争的经验似乎验证了海军的观点。在对马海战中，俄国战列舰"博罗季诺"号在药库殉爆（该舰使用硝化纤维发射药）后沉没，但此次爆炸的详情不明（根据部分幸存者的回忆，这可能是一次低速爆炸）。在 1904 年 8 月 14 日的蔚山海战中，日本装巡"岩手"号的上层甲板炮廓内首先发生了爆炸，此次爆炸又导致了其下方和后方炮廓的爆炸。"岩手"号的 6 英寸（152.4 毫米）弹药筒收纳于黄铜容器中，这可能限制了爆炸的范围。在对马海战中，一枚 305 毫米炮弹在战列舰"富士"号的后部露炮台中爆炸，导致三份 12 英寸（304.8 毫米）炮发射药起火。幸运的是，炮塔一部分天花板在爆炸中被炸飞，由此形成了通气路线防止了压力集聚，而破裂的水管造成的喷水又对扑灭火灾起了一定作用，因此此次爆炸并未造成进一步影响。

海军部认为，可以通过采取一些程序以大幅减少小规模爆炸发生的概率，从而防止灾难性爆炸的发生。为此进行的一两次实验已经揭示了可能发生的危险。在其中一次实验中，两堆 12R 容器直立叠放，随后引燃其下层容器中的柯达无烟药。第一堆容器中的柯达无烟药处于散放状态，该列容器发生爆炸，在地面形成了一个宽 26 英尺（7.92 米）深 9 英尺（2.74 米）的弹坑（注意此堆容器中的柯达无烟药仅被容器限制）。第二堆容器中柯达无烟药则放置于12英尺（3.66米）弹药筒中，此列容器中仅有被点燃的容器烧毁，其他容器则被气流扔到一边。此次实验可能是海勒姆·马克西姆爵士（Sir Hiram Maxim）在1911年1月17日与美国海军部长的通信中所提到的那次：

尽管高级军官声称英制柯达无烟药不会爆炸，我仍坚持认为如果量足够大，该发射药仍会发生爆炸。我曾把250磅（113.4千克）的该发射药置于薄铁皮制成的容器中，并用雷汞引爆。该发射药发生了和硝化纤维

同样状况的爆炸，并在地上造成了一个深坑。此后，政府专门组织专家进行了另一次实验以反驳我的论断。实验中，他们在普林斯迪（Plumstead）的沼泽地上堆放了约2吨柯达无烟药，然后简单地从顶端点燃。起初发射药像北美脂松的刨花一样燃烧，随后发出嘶嘶声，接着火势骤然变大。当约0.5吨柯达无烟药烧完时，剩余的发射药发生了和硝甘炸药同样情况的爆炸，在沼泽的软土上造成了一个直径24英尺（7.32米）、深15英尺（4.57米）的坑，并对周围的房屋造成了巨大的破坏。

一战前发生的其他发射药事故

舰名	国籍	时间（年）	发射药成分	备注
缅因	美国	1898	火药	当时认为是西班牙人的破坏导致
三笠	日本	1905	柯达无烟药	可能是由船员造成的事故引起
阿奎达班	巴西	1906	柯达无烟药	
莉娜	法国	1907	BN硝化纤维	
松岛	日本	1908	柯达无烟药	原因不明
自由	法国	1911	硝化纤维	

除上表所记录的事故外，日本装巡"日进"号也曾发生过爆炸。此次爆炸最初被认为是一次意外，但随后被认为是蓄意破坏造成——不过这一事件颇为可疑。美国战列舰"奇尔沙治"号（Keearsage）和"密苏里"号（Missouri）在1904年也曾发生过爆炸，但原因不明。BN（即布兰奇·努维勒，Blanche Nouvelle）发射药其成分仅为硝化纤维，该发射药为法国、俄国和美国海军所使用。"耶拿"号和"自由"号的事故似乎说明了皇家海军认为柯达

发射药更安全的观点。

海军部内部曾对发射药安全性进行了实验、对爆炸事故的解读以及外国的实战经验进行过详细研究，其范围较为全面。战时经验显示以上实验较准确地预言了爆炸的破坏效果。不过战前的历次实验仍有两大缺陷：

1. 未在封闭的较小空间内进行引燃大量柯达无烟药的测试。就这一方面而言，普林斯迪实验的结果本应具有一定的警示性，虽然此次实验使用的可能是柯达无烟药Mk 1。

2. 没有在完整的炮塔 - 提弹井 - 药库体系内进行实验，尽管此类试验本可利用 1914 年拆解的"皇权"级前无畏舰"声望"号（Renown）以及"老人星"级前无畏舰（Canopus）中的一艘进行。就当时情况而言，利用后者进行实验的可能性更高。

显然，对如此多的英国战舰发生爆炸的原因难以给出一个全面的解释，造成药库爆炸的原因很可能是多方面的。首先，英国战舰的炮塔及基座装甲可能不足以提供足够的保护，设计上的缺陷又导致炮塔天花板及其支撑件易被攻击。一战中除"防守"号外，未出现其他因侧装甲带被击穿而导致战舰沉没的战例。一旦炮塔或基座被击穿，发射药就将暴露在火焰以及炽热的破片之下。在最初的起火过程中，英德两国发射药的表现并无明显区别。一份燃烧的发射药可能引燃相邻的发射药，但是"塞德利兹"号在多格尔沙洲之战、"德芙林格"在日德兰海战中的经历说明，在这一情况下德国发射药可能并不会发生爆炸。

暴露的发火药可能是导致英国战舰药库爆炸的原因之一。但在"狮"号的战例中，8 份完整发射药（含 32 份发火药）都起火燃烧但并未爆炸，"马来亚"号的战例中牵涉到的发火药数目可能更多。发生在德方舰只上的发射药起火事件则显示，德国使用的黄铜容器并未如通常认为那般起到保护作用。英国驱逐舰备便弹药柜的爆炸事故也说明黄铜容器对爆炸没有什么影响。

1917 年在"复仇"号（Vengeance）前无畏舰上进行的实验表明，防火门即使在良好状态下也不足以经受较大的压力。战后对德国战舰进行的检查显示，1918 年公海舰队的防火标准仅仅与皇家海军 1916 年的标准相当。

此外还有证据显示，两国海军都曾为了提高射速而保持防火门打开或干脆拆除防火门。

总之，可能导致英国战舰药库爆炸的因素包括：

1. 柯达无烟药生产商在制造过程中对产品质量把控不严；

2. 不稳定的过期材料。"狮"号的首席炮手格兰特在上任之后更换了该舰的发射药，此举可能拯救了该舰；

3. 暴露的发火药（不过"狮"号的战例说明这一因素可能影响不大）。

形成爆炸需要火源——火苗或炽热的弹片——以及封闭在一定空间中的大量发射药。在"狮"号上，气体通过被炸飞的炮塔顶部装甲排出，但是在"无敌"号上气体本应也可从 Q 炮塔被炸飞的顶部装甲排出。

战例显示，大量发射药起火造成的压力上升是导致灾难性爆炸主要因素之一。过期的柯达无烟药更可能造成这一现象。

除此之外，炮弹内装填的苦味酸也是历次事故的一大共同点。柯达无烟药起火可能导致部分装填立德炸药的炮弹爆炸，进而导致药库爆炸。在日德兰海战中，"狮"号和"马来亚"号上装填立德炸药的炮弹并未爆炸。受这一结论影响，在日德兰海战后装填立德炸药和弹头引信的高爆弹退出了皇家海军现役。

战前炮弹

20世纪初，大口径炮弹大部分是配备弹头引信并填有粒状火药的普通弹，此弹种对击穿仅有轻型防护（如厚度较薄的装甲或舱壁）的结构极为有效。用于击穿厚装甲的穿甲弹则通常并未填装炸药。尽管锻钢制造的穿甲弹已经出现，但由于其价格高昂，因此帕理泽淬火钢穿甲弹仍被广泛运用，虽然实验证明后者对渗碳装甲几乎无能为力。

这一时期皇家海军一直试图制造一种真正的穿甲弹，这种炮弹应能击穿装甲后在目标舰只内部爆炸。研制过程中遭遇的主要困难在于这种穿甲弹只能使用弹底引信，考虑到弹底引信可能会由发射时产生的震动而非弹头碰撞的震动激活，因此该种引信存在着过早引爆的危险。除此之外，鉴于实验表明填装立德炸药（Lyddite）的炮弹较容易发生过早引爆，因此很多年里皇家海军一直禁止在8英寸（203.2毫米）以上的炮弹上使用立德炸药。

1900-1909年之间，炮弹本身的研发有了较大的发展，其中在杰里科和培根（Beacon）先后两位海军军械局局长（DNO, Director of Naval Ordnance）任上（任期分别为1905-1907年和1907-1909年）以及杰里科的第

三海务大臣、海军审计长任上（Controller, 1908-1910年），军械局就炮弹问题进行了一定的研究并取得了成果。

1903年，托马斯·弗斯（Thomas Firth）测试了"可撕裂"穿甲弹（Rendable AP shell），这也是被帽穿甲弹的原型。该弹可在较近距离上击穿厚度与其口径相同的装甲，然后爆炸，但其装药量较小（总重量的2.5%），因此爆炸的破坏力较为有限。此外由于该弹弹底引信相对来说不够敏感，因此炮弹常常在命中无防护结构的地方时不发生爆炸。但是由于该弹与同时期其他弹种相比具有一定先进性，因此仍获得了小批订货。1906年，英国对增加了装药量（增至总重量的5.3%）的"可撕裂"穿甲弹进行了试射。尽管试射结果相对成功，但其主要问题是爆炸产生的破片太小，与当时使用的标准被帽穿甲弹相比其破片的飞行距离较小。

鉴于该弹种的试射结果，海军决定不再继续改进该弹种，转而尝试改善尖端普通弹的穿甲能力。

尖端普通弹于1901年问世，主要用于攻击中型或轻型装甲，其穿甲能力大约是同口径穿甲弹的60%。与传统普通弹相比，尖端

普通弹体型较小，且配有弹底引信而非弹头引信，这增强了其穿甲能力。不过由于当时皇家海军并没有弹底延时引信也没有将其引入的打算，因此尖端普通弹的效能未能充分发挥（海军在日德兰海战之后才开始引进弹底延时引信）。由于12英寸（304.8毫米）普通弹的装药量高达80磅（36.29千克），因此对轻装甲或无防护区域的破坏能力要比穿甲弹高得多。此外当普通弹在装甲板表面或击穿过程中爆炸时，对装甲板也能造成一定的破裂效果。

当时日俄战争的结论还并不明确，一般认为对马海战中大部分破坏是由装填了立德炸药高爆弹造成的——如今则一般认为日本海军使用的是装有粒状火药的弹药，战斗中双方的炮弹都未能击穿对方的装甲。在引进"全主炮"的无畏舰的同时，费舍尔和他的顾问们普遍认为填有粒状火药的普通弹和高爆弹将是未来的主力弹种，少量穿甲弹则将用于在近距离上击沉敌舰（这也可能解释了穿甲弹只在正碰条件下进行测试的原因）。

被帽炮弹

1906年，哈德菲尔德（Hadfield）公司对"赫克隆"（Heclon）被帽穿甲弹进行了测试。在该弹的命中过程中，其较软的钢质被帽首先压在目标装甲板上，然后其硬化过的尖端再接触装甲板。据称，12英寸（304.8毫米）被帽穿甲弹可在10000码（9144.4米）距离上击穿230毫米的克虏伯硬化装甲，在6000码（5486.4米）距离上可击穿300毫米的同种装甲。一年后该公司又生产了"艾伦"（Eron）被帽尖头普通弹。这两种被帽弹都是由"艾拉"（Era）铬镍钢锻造而成，并配有伍尔维奇兵工厂以许可证方式生产的克虏伯15号引信。

从1908年起，皇家海军逐渐淘汰了老式弹种，并以装有粒状火药的被帽穿甲弹和被帽尖头普通弹代之。理论上，被帽尖头普通弹的穿甲能力为同口径被帽穿甲弹的75%。

与传统普通弹相比，被帽尖端普通弹的造价较高。以12英寸（304.8毫米）弹为例，普通弹的造价为每枚14英镑10先令，被帽尖端普通弹为每枚24英镑10先令，而被帽穿甲弹则高达30英镑以上。从形状上说，被帽尖端普通弹要比此前的弹种更尖，其弹头蛋形部曲率半径为4倍口径（此前弹种为2倍），这使得该弹在飞行过程中面临较小的风阻，从而一定程度地延长了其射程，并能更好地存速。因此在相同距离上，该弹能获得更高的冲击速度，从而也能获得更大的击穿深度，同时也增加了对目标舰只而言的危险范围。

1908年，这一外形改进也在被帽穿甲弹上实施，不过值得注意的是弹头蛋形部曲率半径的增加仅限于被帽部分，被帽后的炮弹其弹头蛋形部曲率半径仍为两倍口径。

除以上两种弹种外，1908年皇家海军还引进了一种新的装备弹头引信的普通弹，其装药为立德炸药而非此前的火药。12英寸（304.8毫米）高爆弹的装药为112磅（50.8千克）立德炸药，该弹种一般被称为立德普通弹或高爆弹，因其外壳较薄，仅足以承受发射时的压力，所以主要用于对付轻装甲或无防护目标。击中重装甲目标时，炮弹会在碰撞时爆炸，造成中弹装甲板发生一定程度的破裂。该弹种在船体内部的爆炸效应相当明显，会对炸点附近的甲板和舱壁造成严重破坏。此外立德炸药在爆炸时还会产生大量浓烟，从而遮挡目标舰只炮塔的视线及火控，并对目标舰只的乘员造成较大杀伤。

炮弹击中渗碳装甲的详细过程非常复杂，对被帽弹和非被帽弹而言其过程也不相同。当一枚非被帽弹【或速度在每秒 1750 英尺（478.54 米）以下的慢速被帽弹】击中装甲板表面时，炮弹的碰撞部位以及装甲板上被碰撞部位的周边部分均被压缩，并以对顶锥的形式后退。这可能导致炮弹在接触点位置折断，并由此阻止炮弹的后效。装甲板的下陷范围其半径约为炮弹直径的 3 倍，沿冲击力扩散的方向延展。装甲的硬化表面将出现脱落现象，但由于炮弹已被折断，因此装甲实际经受的是未充分发展的破片而非击穿机制的考验。如装甲板被击穿，则装甲板上将会被击出一个圆台形的破孔，其顶端直径大致与炮弹直径相当，底部直径则大致为炮弹直径的三倍。

对于被帽弹而言，碰撞的冲击将扩散至整个弹头。尽管被帽本身较软，但被帽仍会向装甲表面施压，因此当真正的尖端接触装甲板时，后者就难以阻挡。弹尖在击穿装甲板的硬化表面后将继续在装甲板较软但较坚韧的背面钻孔，最终造成一个首尾直径均相当于炮弹直径的弹孔。与非被帽弹的冲压过程相比，被帽弹在穿甲过程中所需的能量较低。因此对同口径炮弹而言，被帽弹的穿甲厚度比非被帽弹高约 20%，参见附表 3【射击距离为 3000 码（2743.2 米）】。

被帽穿甲弹的早期测试是在正碰条件下进行的，在此条件下被帽和炮弹本身工作良好。但随着火控技术的进步，舰炮射击距离急剧扩大，斜碰的情况几乎不可避免，皇家海军很快发现在斜碰条件下炮弹更容易碎裂。1910 年前后的实验表明，对于被帽穿甲弹而言，当其以 30° 或更大的角度击中厚度与其口径相当的目标时，炮弹就会发生碎裂。对厚度为其口径一半的目标而言，当炮弹与目标表面法线夹角为 30° 时，即使仅以盐装填的炮弹也会发生碎裂。对这一现象的解释是，

附表3　不同口径穿被帽弹和非被帽弹的穿甲能力

（1英尺≈0.3米，1英寸=25.4毫米）

炮弹数据		穿甲（英寸）	
口径（英寸）	炮口速度（英尺/秒）	被帽弹	非被帽弹
12	2500	18	16*
12	2600	16	14**
12	2400	13.5	12***
9.2	2800	11.5	10**
6	2600	4.5	4.5
法国	1911	硝化纤维	

★：前无畏舰"印度斯坦"号（Hindustan）测试结果。
★★：前无畏舰"英王爱德华七世"号测试结果。
★★★：前无畏舰"庄严"号（Majestic）。

炮弹外壳过硬且较脆的肩部在碰撞时易破碎。实验表明在炮弹以下表速度贯 100 毫米克虏伯硬化装甲板时，便可能发生"尾部效果"（effect in rear）：

（ 1英尺≈0.3米，1英寸=25.4毫米）

口径（英寸）	冲击速度（英尺/秒）
12	1700
9.2	1850
7.5	2000

1915 年的德国手册指出，即使薄钢板也能有效降低填装立德炸药的被帽穿甲弹的威力。虽然12 英寸（304.8 毫米）和9.2 英寸（233.7毫米）被帽穿甲弹可以在以 30° 角击穿 0.5 英寸（12.7 毫米）钢板后爆炸，但是 13.5 英寸（343 毫米）和7.5 英寸（190.5 毫米）被帽穿甲弹的表现就没这么稳定。如下表所示，通常装填粒状火药的被帽尖头普通弹在斜碰条件下拥有更为出色的穿甲性能。

（1英尺≈0.3米，1英寸=25.4毫米）

口径（英寸）	型号	接触速度（英尺/秒）	穿深（英寸）
12	Mk.8	1719	8.8
	Mk.9	1907	9.7
9.2	Mk.10	1826	6.5
	Mk.11	1928	7.0
7.5	Mk.1	1640	4.5
	Mk.2	1683	4.5
6	Mk.7	1321	2.0
	Mk.9（弹头蛋形部曲率半径为口径2倍）	1502	3.0
	Mk.9（弹头蛋形部曲率半径为口径4倍）	1746	3.5

注意，以上均是由填装盐的被帽尖头普通弹在5000码（4572米）距离上，以30°角斜碰条件下能够击穿的克虏伯硬化装甲厚度。

实验中，一枚13.5英寸（343毫米）轻被帽尖头普通弹击中250毫米克虏伯硬化装甲，弹着速度为每秒1760码（1609.344米），着弹角度为20°，炮弹在击穿过程中爆炸，对装甲板的前面和背面均造成较大破坏。6英寸（152.4毫米）被帽尖头普通弹以每秒1570英尺（478.54米）的速度在正碰条件下击中95毫米克虏伯硬化装甲时，其爆炸效果全部集中在装甲板背部。而同种炮弹在以每秒1600码（1463.04米）的弹着速度和20°着弹角斜碰击中100毫米克虏伯硬化装甲时，炮弹直接在装甲板表面爆炸。

根据1910年进行的大量试射的结果，时任第三海务大臣的杰里科于当年10月18日，指示海军军械局研制一种可在斜碰条件下击穿装甲，并在装甲后方舱室内爆炸的弹药。两个月后，杰里科调任为大西洋舰队指挥官，海军部内就再无人关注这一项目的进展。1912年12月，杰里科回到海军部担任第二海务大臣，但是按照海军部内部的分工，他也不再管辖军备相关事宜。继任的第三位海务大臣查尔斯·布里格斯上将（Charles Briggs）则是一个软弱而不称职的军官，因此随着杰里科的卸任，皇家海军也停止了对现有弹种的改进和研发。

装药

尽管被帽穿甲弹潜力很大，但在很多年里出现的若干问题限制了其表现。该弹问世之后，其装药很快就改为了爆炸力更为强大的立德炸药，但由于此种炸药过于敏感，使得炮弹容易在击穿厚度与其口径相同的装甲

板过的程中爆炸，虽然在此情况下爆炸仍会对装甲板后方区域造成较大破坏。这种现象说明该弹装备的克虏伯引信经常不能正常工作。通常情况下被帽穿甲弹会在击穿薄装甲后继续飞行一段时间，然后再发生爆炸，例如13.5英寸（343毫米）被帽穿甲弹通常会在击穿100毫米克虏伯硬化装甲后继续飞行5～18英尺（1.52～5.49米）再发生爆炸。

在布尔战争期间曾组建过一个由知名科学家组成的爆炸物委员会（Explosives Committee），其目的在于为炮弹寻找安全而强大的装药。该委员会测试了包括TNT炸药在内的若干种立德炸药替代品。当时曾认为德国海军使用的便是TNT炸药作为装药。尽管立德炸药的威力仅稍弱于TNT炸药，但TNT炸药的惰性要明显得多，因此看起来作为穿甲弹装药的潜力更大。1908年后，军械委员会（Ordnance Board）用填装TNT炸药的炮弹进行了若干次试射，其结果令人满意。但由于克虏伯不愿意泄露相关引信（用于保证该种炮弹有效爆炸）的设计细节，使得该种炮弹无法快速在皇家海军内广泛使用。1910年，该委员会决定在合适的引信投产前不使用TNT作为炮弹装药。该委员会还建议利用旧式战列舰对装填立德炸药的高爆弹进行试射，这便是1909–1910年对旧式战列舰"爱丁堡"号（Edinburgh）进行的试射。从试射结果来看，装填大量立德炸药的大口径炮弹的破坏力非常巨大。炮弹产生的破片虽然较小【平均重量通常为0.5盎司（14.2克）】，但由于数量巨大且在击中船体结构时易发生反弹，因此这些破片更容易通过转角。破片能摧毁飞行路线上的一切设施，切断电缆和传声管，同时造成大量人员伤亡。但另一方面由于破片太小，它们也难以击穿船体结构。

试射中委员会注意到尽管爆炸对普通结构的破坏力非常大，但有证据显示部分较强的结构就能很好地抵挡该弹的爆炸。另一方面，普通弹产生的弹片大得多，因此更容易在较大范围内击穿甲板和舱壁，此外在炮弹飞行过程中也不易发生反弹。根据这一结果，装填立德炸药的13.5英寸（343毫米）被帽穿甲弹获准投入使用。试验中委员会还注意到如果炮弹在命中时破裂，那么立德装药在此时的破坏力并不比普通火药大。

　　1914年开战时，皇家海军装备的主要是以下三类炮弹：1. 装填粒状火药并配备弹底引信的被帽尖头普通弹，对无保护或仅装备轻装甲的结构非常有效；2. 装填立德炸药的13.5英寸（343毫米）被帽穿甲弹，按设计要求，该弹种应在击穿装甲后爆炸，但由于立德炸药非常敏感，因此在实战中该弹种经常在击穿过程中就爆炸或碎裂；3. 装填立德炸药的高爆弹，主要用于对岸火力支援，但其效果似乎并不理想。战争中，英制炮弹在斜碰条件下命中德国装甲时，表现很差。很多战例

中显示，炮弹于这种条件下或是直接在碰撞中断裂，或是在装甲表面炸出一个洞，很少有炮弹能够成功地击穿装甲并在后方舱室内爆炸。1917年出任海军军械局长的弗雷德里克·德雷尔上将在回忆录中写道："我们在丧失了大口径火炮和重弹带来的火力优势的同时，又因装备大口径火炮带来的较弱的防护水平而受害。"在上将看来，如果大舰队在日德兰海战中能够使用有效的炮弹，那么在19时~19时30分的战斗中，应至少有3艘德国战巡和四五艘德国战列舰被击沉。

　　战争结束之后，对投降的德国主力舰进行的试射表明，1918年皇家海军装备的新弹种【即因弹体涂色而被称为"绿男孩"（Green Boy）的炮弹】足以击穿德国舰船当时使用的侧装甲带和甲板，并能可靠地在击穿后继续飞行数英尺爆炸。当时的被帽穿甲弹装填苦味酸混合炸药（Shellite，其成分为立德炸药和二硝基酚的混合物），被帽尖头普通弹则装填三硝基甲苯。

日德兰海战中的轻巡中弹情况

英方

一、"史诗女神"号

该舰于 5 月 31 日 20 时 30 分前后被"边疆伯爵"号发射的 150 毫米炮命中 5 次，其中 3 次命中部位如下：

1 号：炮弹在左舷后侧 4 英寸（101.6 毫米）炮炮尾爆炸，摧毁了火炮及炮座；

2 号：炮弹在舰桥下方的右舷 2 号 4 英寸（101.6 毫米）炮处爆炸，导致该炮无法运作；

3 号：炮弹击穿上甲板并在设于下甲板上的后部急救站内爆炸。

该舰的另外 2 次中弹位置不详。

二、"坎特伯雷"号

该舰在 5 月 31 日 18 时 10 分～15 分，被"雷根斯堡"号发射的一枚 105 毫米炮弹命中，这枚配备了内部引信的高爆弹命中了该舰后方船体板，击穿了两道舱壁以及下甲板，最终停在淡水槽内且并未爆炸。

三、"卡斯托"号

该舰在 5 月 31 日 22 时 15 分前后被 10 枚炮弹击中，炮弹分别来自"埃尔宾"号的 150 毫米炮、"汉堡"号和"罗斯托克"号的

105 毫米炮，详情如下：

1 号：150 毫米弹命中该舰右舷 2 号 4 英寸（101.6 毫米）炮下方的侧板并在舷内爆炸，在侧板上造成一个 4 英尺 ×4.5 英尺（1.22 米 ×1.37 米）的破孔，通往 4 英寸（101.6 毫米）炮的消防水管、通风管以及传声管均被毁；

2 号：炮弹击中上甲板上方的右舷前部侧板并横穿船体，在击穿左舷侧板的过程中爆炸；

3 号：炮弹在艏楼爆炸，造成轻微损伤；

4 号、5 号、6 号：炮弹命中舰桥，造成舰桥严重受损，所有电路均被切断；

7 号、8 号、9 号：炮弹在装甲侧板【1 英寸（25.4 毫米）板上覆 2 英寸（50.8 毫米板）或 0.5 英寸（12.7 毫米）板上覆 1.5 英寸（38.1 毫米）板】上爆炸，破片对后部 4 英寸（101.6 毫米）炮以及后部控制室造成破坏；

10 号：炮弹命中摩托艇，造成该艇彻底损毁并起火，进而导致该舰被照亮。

四、"切斯特"号

该舰在 5 月 31 日 17 时 40 分～50 分之间被公海舰队第 2 侦察群命中 17 次，均为 150 毫米弹，其中 11 次中弹位置已知。

1号：炮弹在左舷司令塔与舰桥之间的位置的装甲侧板【0.75英寸（19.05毫米）板上覆1.75英寸（44.45毫米）板】上爆炸，炸点比水线高约3英尺（0.914米）。侧板出现破孔，船肋骨受损，除此之外此次中弹造成的破坏不大。爆炸发生在船体外，大部分弹片均未进入船体。船员通过应急手段堵上了破孔，但当海况变差后，该舰的航速被限制在22节；

2号：炮弹击中左舷1号炮下方的装甲侧板【1英寸（25.4毫米）板上覆2英寸（50.8毫米）板】上沿，装甲上方的侧板出现破孔，装甲本身几乎未受影响；

3号：炮弹击穿第3烟囱以前、上甲板稍下方的侧板；

4号：炮弹在左舷3号炮后方的装甲侧板【1英寸（25.4毫米）板上覆2英寸（50.8毫米）板】上爆炸，侧板出现破孔，船肋骨受损，除此之外此次中弹造成的破坏不大。爆炸发生在船体外，大部分弹片均未进入船体；

5号：炮弹在主桅后方高炮下方的右舷装甲侧板【0.75英寸（19.05毫米）板上覆1.25英寸（31.75毫米）板】上两块装甲结合部爆炸。此次中弹的效果与4号中弹类似；

6号：炮弹命中舰桥右侧；

7号：炮弹直接命中左舷1号5.5英寸（139.7毫米）炮；

8号：炮弹命中前烟囱左侧并在烟囱内部爆炸，在烟囱右侧造成一个约6英尺×8英尺（1.83米×2.44米）的破孔。弹片对两部锅炉的管道造成了轻微损坏；

9号：炮弹在后控制室内爆炸，造成该舱室彻底损毁；

10号：炮弹在左舷冷凝室的格栅舱口上方爆炸，机械舱未受损；

11号：炮弹击中右舷4号5.5英寸（139.7毫米）炮炮盾，并造成炮盾弯曲。

该舰的其他中弹基本集中于艏楼甲板和上甲板，两甲板的最大厚度均为0.75英寸（19.05毫米）。两甲板均出现多处破孔和开裂，设于甲板上的设备也基本被毁，此外引擎舱通风井也被毁。该舰左舷以及右舷后侧两门炮的炮组成员大量伤亡，艏楼甲板下的射击传声管被切断。弹片造成右舷1号5.5英寸（139.7毫米）炮严重受损，2号5.5英寸（139.7毫米）炮炮尾受损。一门3英寸（76.2毫米）高炮无法运作，此外还发生了多起局部柯达发射药起火事故。熔化的金属或由提弹机中落下的起火发射药，在弹药运输道内引发了两起发射药起火，但均被及时扑灭。

战后在该舰上发现一枚未爆炸的高爆弹，该弹配备弹头引信。

五、"都柏林"号

该舰在5月31日22时35分前后，被"埃尔宾"号发射的5枚150毫米炮弹、"斯图加特"号以及可能由"弗劳恩洛布"号发射的8枚105毫米炮弹命中，详情如下：

150毫米炮弹命中：

1号：炮弹击穿前桅位置上甲板以上部分的侧板，并在距离弹着点20英尺（6.1米）处的上甲板上爆炸，造成了一个3英尺×4英尺（0.914米×1.22米）的破孔，在位上甲板和下甲板上前弹药库上方位置处引发火灾；

2号：炮弹在1号中弹处的附近击穿侧板，然后沿该舰纵向飞行，击穿了4道舱壁后在距离弹着点80英尺（24.4米）处爆炸，摧毁了水手厕所；

3号、4号：炮弹由右舷舰艉方向飞来，

其中一枚在艉楼甲板末端的舱壁上爆炸，另一枚在无线电围井上爆炸。弹片击穿了距离弹着点90英尺（27.4米）处的住舱舱壁和送煤槽；

5号：炮弹在蒸汽小艇吊索定位板上爆炸，并对炸点周边造成了严重破坏；

105毫米炮弹命中：

1号：炮弹击弯了该舰前部的装甲侧板【0.75英寸（19.05毫米）板上覆1.75英寸（44.45毫米）板】后弹飞；

2号：炮弹击穿了该舰前部6英寸（152.4毫）炮的防闪屏，但未爆炸也未造成其他破坏；

3号：炮弹击穿该舰侧部的侧板和两道舱壁，但并未爆炸；

4号：炮弹在击穿海图室后爆炸，海图室被毁；

5号：炮弹击穿前桅后方位置的侧板，于距离弹着点10英尺（3.05米）处爆炸，在艉楼甲板和上甲板上造成多处破孔；

6号：炮弹击穿船舯部位的装甲侧板【1英寸（25.4毫米）板上覆2英寸（50.8毫米）板】上两块装甲板连接处，最终停在煤舱内，但并未爆炸；

7号、8号：炮弹在小艇吊艇柱上爆炸，破片仅在局部造成破坏。

六、"法尔茅斯"号

该舰于5月31日18时30分前后被"吕佐夫"号发射的一枚150毫米炮弹命中前桅。炮弹未爆炸，该舰通往桅顶的传声管被切断。

七、"加拉提亚"号

该舰于5月31日14时36分前后被"埃尔宾"号发射的一枚150毫米炮弹命中舰桥下方。炮弹先后击穿艉楼甲板和上甲板，最终造成远端的装甲侧板【0.75英寸（19.05毫米）板上覆1.5英寸（38.1毫米）板】在水线上的位置突出，导致一定程度的漏水。此枚炮弹并未爆炸。

当天下午18时15分前后，一块弹片击碎了该舰左舷后方压力抽风机的叶轮，导致后部锅炉舱无法运作，该舰的航速也一度被限制在18节。经过临时维修，该舰航速上限达到24节，不过在此速度下会产生大量燃油烟气。

八、"南安普顿"号

该舰于5月31日16时50分不久，被一枚大口径炮弹命中，这可能是来自"拿骚"号的一枚280毫米炮弹。此外在当晚22时35分前后，还被"埃尔宾"号发射的2枚150毫米炮弹，"什切青"号、"慕尼黑"号、"罗斯托克"号以及可能由"弗劳恩洛布"号和"汉堡"号发射的共计18枚105毫米炮弹命中。280毫米弹由左舷射来，其余均由右舷射来。其中15次中弹位置如下：

280毫米炮弹：

炮弹斜碰上主桅后方的装甲侧板【0.75英寸（19.05毫米）板上覆1.25英寸（31.75毫米）板】，在约4英尺（1.2192米）范围内造成装甲侧板凹陷，最深处达9英寸（228.6毫米）。受此次中弹影响，侧板沿一列铆钉开裂，进而引发进水。

150毫米炮弹：

1号：炮弹在舰桥前方的装甲侧板【0.75英寸（19.05毫米）板上覆1.75英寸（44.45毫米）板】上爆炸，装甲侧板上出现破孔，但中弹位置的舱内部分几乎未受破坏；

2号：炮弹在主桅位置的侧板上爆炸，该侧板上出现破孔，舱内的住舱和舱壁受损。

105毫米炮弹：

1号：炮弹击穿1号和2号烟囱之间的侧板，并在距离弹着点6英尺（1.83米）处爆炸，但几乎没有造成破坏；

2号：炮弹击弯了2号烟囱后方的装甲侧板【1英寸（25.4毫米）板上覆2英寸（50.8毫米）板】；

3号：炮弹击弯了3号烟囱前方、重载水线上方位置的装甲侧板【1英寸（25.4毫米）板上覆2英寸（50.8毫米）板】；

4号：炮弹击弯了4号烟囱处的装甲侧板【1英寸（25.4毫米）板上覆2英寸（50.8毫米）板】，并在命中时爆炸；

5号：炮弹击穿了4号烟囱后方的侧板，随后在一间住舱中爆炸，对周围轻结构造成了一定破坏；

6号：炮弹击中4号烟囱后方的装甲侧板【1英寸（25.4毫米）板上覆2英寸（50.8毫米）板】，并在命中时爆炸。受爆炸影响，装甲侧板出现破孔及最深9英寸（228.6毫米）的下陷；

7号：炮弹击弯了6号中弹位置后方不远的装甲侧板【1英寸（25.4毫米）板上覆2英寸（50.8毫米）板】上缘部分；

8号：炮弹击穿了高炮位置的侧板并在一间住舱内爆炸，造成了局部破坏；

9号：炮弹击穿了后部探照灯位置的装甲侧板【0.75英寸（19.05毫米）板上覆1.25英寸（31.75毫米）板】并在一间住舱内爆炸，造成轻微破坏；

10号、11号：两枚炮弹弹着点接近，均位于9号中弹后方。其中一枚从舷窗盖飞入船体并在一间住舱内爆炸，炸点距离弹着点6英尺（1.83米）。另一枚炮弹击穿侧板后，在军官室平台内爆炸。受爆炸影响，0.75英寸（19.05毫米）上甲板向上隆起约5英寸（127毫米），一块弹片在后部提弹道上造成破孔。爆炸还对轻结构造成相当破坏；

12号：炮弹击穿准将后部住舱后方的侧板，并在该住舱内爆炸。

除以上命中外，另有约6枚105毫米炮弹在舰桥至主桅后方区域内，击中该舰的艉楼甲板以及上甲板【两甲板最大厚度均为0.75英寸（19.05毫米）】。这一系列中弹造成了大量伤亡，并对甲板设施和结构造成了大面积破坏。

武备方面该舰仅有1门6英寸（152.4毫米）炮和1门3英寸（76.2毫米）高炮受损，但炮组成员的伤亡使得该舰右舷3门6英寸（152.4毫米）炮均无法运作，左舷1号和2号6英寸（152.4毫米）炮的大部分炮组成员也非死即伤。该舰上共发生3起柯达无烟药起火事故，共有12份发射药受影响。其中一次事故中，火焰沿通往弹药运输道的船艕提弹机向下蔓延，但并未进一步蔓延。该舰的两部后部探照灯均被击毁，右舷前部探照灯也因受损或操作员伤亡而无法运作。

总体而言，英制轻巡很好地经受了150毫米弹头引信高爆弹以及105毫米炮弹的考验，并未出现严重损伤。但"切斯特"号和"南安普顿"号乘员的惨重伤亡，说明后方敞开式的炮盾对炮组成员提供的保护非常有限。除去"南安普顿"号的280毫米中弹、"切斯特"号的2号中弹和"加拉提亚"号的中弹外，各舰的装甲侧板共被4枚150毫米炮弹、8枚105毫米炮弹和3枚150毫米或105毫米炮弹击中。其中仅有2枚105毫米炮弹击穿，4枚150毫米炮弹和1枚105毫米炮弹在装甲侧板上造成了破孔但未能击穿，其余炮弹均被装甲侧板挡住。最厚的装甲侧板【1英寸

（25.4 毫米）板上覆 2 英寸（50.8 毫米）板】共被命中 7 次，其中仅有 1 枚 105 毫米炮弹击穿，1 枚 150 毫米炮弹和 1 枚 105 毫米炮弹在装甲侧板上造成了破孔但未能击穿，另外 4 枚 105 毫米炮弹则被装甲侧板挡住。

德方

一、"埃尔宾"号

该舰于 5 月 31 日 22 时 35 分左右被大舰队第 2 轻巡中队发射的一枚 6 英寸（152.4 毫米）弹命中无线电发报室。

该舰左舷引擎此前曾因冷凝器故障而无法运转，因此在当日 19 时 15 分至 23 时 09 分期间其航速限制在 20 节。该舰的沉没应完全归结于当夜 23 时 32 分左右与"波兹南"号的相撞。根据"波兹南"号当时的估计，"埃尔宾"号与"波兹南"号之间的夹角约为 20°～25°，因此此次相撞并不剧烈。尽管如此，此次碰撞仍导致"埃尔宾"号右舷后方出现破孔。该舰的右舷引擎舱迅速被淹，其侧倾达到 18°，进水从而蔓延至左舷引擎舱。同时蒸汽在通往舵机和发电机的管道中凝结，导致转向助力装置和照明系统均无法使用。随着进水的蔓延，该舰的侧倾倒是在一定程度上被扶正。尽管该舰当时并没有沉没的危险，但由于该舰的引擎完全无法运转，因此 6 月 1 日 2 时该舰被迫自沉。

二、"法兰克福"号

该舰于 5 月 31 日 18 时 26 分～29 分被"坎特伯雷"号发射的 2 枚 6 英寸（152.4 毫米）弹和 2 枚 4 英寸（101.6 毫米）弹命中。2 枚 6 英寸（152.4 毫米）弹击中该舰上层建筑侧板，1 枚 4 英寸（101.6 毫米）弹命中上层建筑甲板，3 次中弹均发生在主桅附近或与主桅平齐的位置。主桅上出现破孔，且该舰引擎舱的通风井受损较重。一枚 4 英寸（101.6 毫米）弹在该舰前部水线以上较高处击穿了船体板，另有一枚 4 英寸（101.6 毫米）弹在该舰舰尾附近的水下爆炸，并对两具推进器造成了轻微破坏。

三、"弗劳恩洛布"号

该舰于 22 时 35 分前后被大舰队第 2 轻巡中队发射的 6 英寸（152.4 毫米）弹命中，随后该舰上发生了火灾，波及后弹药库。根据"慕尼黑"号的报告，这一起火迅速被扑灭了。

"南安普顿"号发射的一枚鱼雷击中的该舰左舷辅助引擎舱，该舰随后在几分钟内倾覆。

四、"汉堡"号

该舰于 5 月 31 日 22 时 15 分前后被"卡斯托"号发射的 3 枚 6 英寸（152.4 毫米）弹命中，此后又于 22 时 35 分前后被大舰队第 2 轻巡中队发射的 1 枚 6 英寸（152.4 毫米）弹命中。详情如下：

来自"卡斯托"号：

1. 炮弹击穿该舰船体板并在左舷舷侧煤仓内爆炸，弹着点与该舰的第二烟囱平行，位于重载水线以上约 6 英尺（1.83 米）处；

2. 炮弹击穿该舰的后烟囱但并未爆炸；

3. 炮弹在左舷引擎甲板灯处爆炸，该舰左舷 3 号炮炮组成员全部受伤，弹片还击穿了上甲板；

来自第 2 轻巡中队的 6 英寸（152.4 毫米）弹在该舰前烟囱上的后备信号桁上爆炸，弹片对信号桥楼甲板、舰桥以及艉楼造成了一定破坏，对在这三处的乘员造成了伤亡。该舰的 3 米测距仪和舰桥的大部分设施均无法使用，前烟囱上出现多处破孔。

五、"慕尼黑"号

该舰在5月31日20时20分～25分期间被大舰队第3轻巡中队发射的2枚6英寸（152.4毫米）弹命中，此后又于当晚22时35分左右被大舰队第2轻巡中队发射的3枚6英寸（152.4毫米）弹命中。详情如下：

来自第3轻巡中队：

1号：炮弹在后烟囱内部爆炸，炸点位于烟囱上部。爆炸造成的气压撕下和压弯了该舰后锅炉舱内锅炉周围的护套，护套内共设有4座大型锅炉。受此影响，该舰很难提供保持全速航行所需的蒸汽，但经过20分钟的临时维修后，该舰可以保持30毫米水位表气压（正常情况下为60毫米）；

2号：炮弹在左舷快艇处爆炸，弹片对上甲板造成了一定破坏。

来自第2轻巡中队：

1号：炮弹可能在该舰附近的水中爆炸。一块弹片飞进了司令塔，另一块则使得一部探照灯无法运作；

2号：炮弹击穿了该舰的第二烟囱并在一根烟囱支索上爆炸，弹片击毁了右舷测距仪；

3号：炮弹在该舰附近的水中爆炸，该舰艏部的侧板被弹片击穿了16处。

在战斗结束时，该舰司令塔中的舵轮几乎无法转动，船员花了2.5小时才查明故障原因是该舰的一根曲轴弯曲了，这可能是由1号中弹产生的破片造成，在此期间该舰仅能从转向机构舱内实施转向。

六、"皮劳"号

该舰于17时58分被"不屈"号发射的一枚12英寸（304.8毫米）弹命中。炮弹从左舷前方16°方位飞来，并在海图室下方的军官瞭望台上爆炸。爆炸产生的破片大部分飞出舷外，但海图室被毁，舰桥以及艏楼末端严重受损。弹片还击穿了该舰上甲板以及右舷侧板。该舰前烟囱下部发生凹陷并出现破孔，前锅炉舱的烟囱上风井以及通向第二锅炉舱的右舷送风井受损并被撕裂。火焰经由这些送风井蔓延至第二锅炉舱。该舰的全部6座燃煤锅炉一度停止运转，但依靠4座燃油锅炉仍能维持24节的航速。当晚19时该舰第三锅炉舱内的两部锅炉再次运转，半小时后前锅炉舱内的左舷侧锅炉也恢复了运转，其航速遂能达到26节。该舰的其他3座燃煤锅炉一直无法运转。

除在第二锅炉舱内造成的破坏外，此次中弹对该舰装甲甲板以下部分造成的破坏没有在该舰附近的水中爆炸的近失弹造成的破坏显著。该舰的电力照明系统以及指令传送设备一直完好无损，距离炸点约20英尺（6.1米）处的司令塔也几乎未受影响。

七、"罗斯托克"号

该舰于5月31日23时45分～50分，被"布罗克"号或第4驱逐舰队其他舰只发射的3枚4英寸（101.6毫米）弹命中。其中两枚炮弹击中该舰艏部的侧板，导致部分海水渗入上部煤舱，另一枚炮弹则破坏了后探照灯平台。

当晚23时50分前后，该舰被"竞争"号或"埋伏"号发射的一枚鱼雷命中，鱼雷在海面上行进，命中该舰左舷部与最前面的两座锅炉舱之间的舱壁位置。2座锅炉舱均迅速被海水灌满，导致2座燃油锅炉和2座燃煤锅炉无法运转，但2锅炉舱首尾的舱壁仍维持水密。2 座锅炉舱以及第 3 锅炉舱左侧的舷侧及上部煤舱均被海水灌满。

此次鱼雷命中共造成 930 吨海水涌入该舰船体，导致该舰的前部吃水加深 4.75 英尺（1.45 米），后部吃水减少 8 英寸（203.2 毫米），并伴有 5° 的左倾，此时该舰还没有沉没的危险。尽管该舰的主机、舵机和发电机均一度停转，但该舰在一段时间内仍能保持 13 节的航速。随着海水渗入剩余的锅炉，因此该舰只能保持更低的速度。尽管有 S54 号驱逐舰拖曳，至 6 月 1 日 3 时 55 分前后，该舰在中雷后的总航程不超过 20 ~ 25 英里。此时船员发现"都柏林"号就在附近，于是决定对该舰实施自沉。

八、"什切青"号

该舰于 5 月 31 日夜间 22 时 35 分前后被大舰队第 2 轻巡中队发射的 2 枚 6 英寸（152.4 毫米）弹命中，详情如下：

1 号：炮弹击穿该舰左舷前部 105 毫米炮之后位置的船体板，并在飞入舷内约 10 英尺（3.05 米）后爆炸。弹片破坏了一台信号灯以及通往汽笛的蒸汽管；

2 号：炮弹命中该舰左舷 4 号 105 毫米炮的炮盾，导致该炮无法运转。该炮的 50 毫米炮盾严重内陷并伴有位移，此外炮盾上还出现一个小孔。炮弹没有彻底爆炸，但还是造成了不少破片。

九、"威斯巴登"号

无法准确估计该舰的中弹总数，但一般认为该舰被 15 枚大口径舰炮（3 枚来自第 3 战巡中队，其他 13 枚来自战列舰）、6 枚 9.2 英寸（233.7 毫米）或 7.5 英寸（190.5 毫米）弹（来自"防守"号或"武士"号），来自第 2、第 3 轻巡中队和"昂斯洛"号的若干 6 英寸（152.4 毫米）弹、4 英寸（101.6 毫米）弹命中。5 月 31 日下午 18 时 15 分，"昂斯洛"号发射的一枚鱼雷命中该舰后部。

当日下午 18 时左右，该舰被来自第 3 战巡中队的一枚炮弹击中，导致该舰的两座引擎均无法运转，但该舰此后历经了数次被大口径炮弹命中以及"昂斯洛"号的鱼雷命中后，仍能发射鱼雷，至 6 月 1 日 1 时 45 分该舰仍未沉没。

该舰的唯一幸存者领班司炉曾纳（Zenne），在 5 月 31 日夜间对该舰他仍能抵达的部位进行了探查，战后他回忆到了许多丰富的细节，令人惊讶。"威斯巴登"号的船体被分为 16 段，按照德国海军的习惯从舰尾向舰艏编号。其中第 5 段至第 12 段由主桅附近延伸至司令塔，这 8 段船体中仅包含最前锅炉舱的第 10 段未严重受损，第 13 段至第 16 段有一定程度的损坏和进水。尽管第 4 段几乎未受损，但该舰的舰尾部位全毁，这可能是命中第 2 段的鱼雷所导致的。命中该舰的第一枚炮弹（即导致该舰的两座引擎无法运转的中弹）命中了第 6 段，导致大量蒸汽逸出，进而造成该段船体起火。

该舰的一座首炮曾继续射击过一段时间，但左舷 2 号、3 号炮因甲板被撕毁而发生位移，右舷 2 号炮炮口开裂。第 12 段船体内的水下鱼雷平台被淹，但部分鱼雷仍可发射。该舰的第二和第三烟囱在 19 时 05 分前后被"马尔伯勒"号击飞，舰桥被毁，但该舰的桅杆依然矗立、主桅附近的所有设施，均完好无损。

该舰向迎敌的右舷发生侧倾，其侧倾角度逐渐加大，最终突然沉没，未发生爆炸。

日德兰海战中的驱逐舰中弹情况

英方

沉没的驱逐舰的中弹数量无法估计。可以确定的是"蒂珀雷里"号、"动荡"号、"热情"号和"运气"号，均被"威斯特法伦"号和其他战列舰的150毫米炮击毁，但它们也可能被其他口径更小的火炮命中。"蒂珀雷里"号和"动荡"号曾在水面上漂浮了一段时间，在此期间两舰都频繁发生了弹药爆炸事故。"动荡"号可能最终被V71号发射的鱼雷击沉，但当时该舰已经处于沉没过程中。

"游牧民"号因被一枚105毫米炮弹或88毫米炮弹击中引擎舱而失去动力，"内斯特"号则因被两枚105毫米炮弹击中锅炉而失去动力，但两舰最终均被战列舰的150毫米炮击沉。沉没前，"游牧民"号的前弹药库中弹并发生殉爆。"内斯特"号则遭到不少大口径炮弹的射击，但是这些射击是否达成命中则很难说。

"鲨鱼"号被"雷根斯堡"号、公海舰队第2驱逐舰队发射的105毫米炮弹和其他驱逐舰发射的88毫米炮弹命中，该舰遂失去动力，但一般认为没有150毫米炮弹命中该舰。该舰失去动力后继续作战，直至被S54号发射的鱼雷击沉。"食雀鹰"号没有被德方炮弹命中，但因与"布罗克"号和"竞争"号的碰撞而失去动力，最终自沉。

其余幸存英方驱逐舰的中弹情况如下：

1. "阿卡斯塔"号：该舰于5月31日下午18时20分左右被"吕佐夫"号或"德芙林格"号发射的2枚150毫米炮弹命中后部的引擎舱，导致若干蒸汽管道破损，舵机被毁。该舰在此后的约6小时内无法动弹，由"无双"号拖曳回港。31日下午18时10分左右，该舰前后部也被洞穿，但细节不详，也不确定损伤是否由弹片造成。

2. "布罗克"号：该舰至少被9枚炮弹命中，且其舰艏在5月31日23时50分左右与"食雀鹰"号相撞时损毁。中弹主要发生在当晚23时45分~50分期间，绝大多数中弹是由"雷根斯堡"号发射的105毫米弹造成。这一时间段内的另外两次中弹则来自"威斯特法伦"号发射的150毫米炮弹。6月1日凌晨0时10分左右，S53号和G88号发射的2枚88毫米弹命中该舰艏部，但并未造成明显破坏。上述中弹中除最后两次外，其余中弹均发生在该舰前烟囱之前部位。该舰舰桥严重受损，此外1枚炮弹在该舰前烟囱基部爆炸，导致其最前的3座锅炉全部无法运转。海水渗入该舰的前锅炉舱。战后，该舰仅能维持 7 节航速。

3. "竞争"号：该舰未被命中，但其舰艉在 5 月 31 日 23 时 50 分左右与"食雀鹰"号相撞时受损，其航速因而也限制在 20 节。

4. "守卫者"号：该舰于 5 月 31 日下午 18 时 30 分前后被公海舰队第 3 战队发射的一枚 305 毫米弹命中，是一次跳弹。炮弹命中该舰侧板并进入前锅炉舱，最终停在 1 号锅炉的灰坑内并未爆炸。由于燃油起火，该锅炉舱无法使用，航速也下降至 15 节。此后该锅炉舱的 2 号锅炉重新投入运转。

5. "花环"号：该舰在 5 月 31 日 ~ 6 月 1 日夜间与公海舰队第 4 驱逐舰队的战斗中被一枚 150 毫米炮弹命中。

6. "马恩"号：该舰于 5 月 31 日 22 时 15 分左右被"汉堡"号或"罗斯托克"号发射的一枚 105 毫米弹命中。炮弹击中该舰上甲板后方但并未爆炸，仅造成轻微破坏。

7. "奇迹"号：该舰于 5 月 31 日 18 时 15 分左右被公海舰队第 3 战队发射的一枚 305 毫米弹命中，炮弹击中该舰前部右侧但并未爆炸，仅造成轻微损伤。

8. "莫尔森"号：该舰于 5 月 31 日 17 时 0 分 ~ 05 分期间被"国王"号或"大选帝侯"号发射的一枚 150 毫米炮弹命中。炮弹在该舰后部的一间住舱内爆炸，对油槽造成一定破坏，导致部分燃油损失。

9. "内萨斯"号：该舰于 6 月 1 日凌晨 2 时 5 分左右被"大选帝侯"发射的一枚 105 毫米炮弹命中，导致一座锅炉无法运转。

10. "顽固"号：该舰于 5 月 31 日 16 时 40 分左右被可能来自"雷根斯堡"号的 2 枚 105 毫米命中，此次中弹仅造成轻微损伤。6 月 1 日凌晨 3 时 30 分左右，该舰艉楼的 4 英寸（101.6 毫米）炮在射击时爆炸。

11. "突击"号：该舰于 6 月 1 日凌晨 2 时 13 分被"石勒苏益格－荷尔斯泰因"号发射的一枚 170 毫米高爆弹命中，爆炸造成该舰舰桥全毁，一箱 4 英寸（101.6 毫米）速射炮发射药起火。

12. "昂斯洛"号：该舰于 5 月 31 日下午 18 时 15 分左右被"吕佐夫"号发射的 3 枚 150 毫米炮弹命中，后又于当天 18 时 30 分左右被"罗斯托克"号发射的 2 枚 105 毫米炮弹命中。该舰没有记录被 105 毫米炮弹命中造成的破坏，而记录显示 150 毫米炮弹击穿该舰侧板，其中 2 枚在 2 号锅炉舱内爆炸并对锅炉主给水槽造成了严重破坏，第 3 枚 150 毫米炮弹在后部的一间住舱内爆炸。战后该舰由"守卫者"号拖曳回港，途中由于海况变差，2 号锅炉舱以及后部住舱被淹。

13. "爆竹"号：该舰在 6 月 1 日凌晨 0 时 35 分前后被"威斯特法伦"号发射的 4 枚 150 毫米炮弹或 88 毫米炮弹命中，导致该舰速度下降至 28 节。详情如下：

（1）炮弹命中该舰后甲板左侧，造成该舰后部 4 英寸（101.6 毫米）炮炮组成员死伤并无法继续作战；

（2）炮弹命中该舰后部侧板，摧毁若干住舱；

（3）炮弹命中该舰 2 号锅炉舱上方的上甲板，飞进了生火间，导致从被切断的压力计管道中漏出的燃油起火，火势较大；

（4）爆炸在该舰前两部烟囱附近的海中爆炸，大量弹片掠过该区域。

14. "鼠海豚"号：该舰于 6 月 1 日凌晨 0 时 15 分左右至少 2 枚来自"波兹南"号或"奥尔登堡"号的 150 毫米炮弹或 88 毫米炮弹命中。一枚 150 毫米炮弹击中该舰后烟囱基部，并引爆一枚备用鱼雷的气囊，此次中弹造成上甲板隆起，并造成主蒸汽管道破孔。由于锅炉给水流失，该舰4座锅炉中仅有2座可用。另一枚炮弹命中舰桥或其附近，对该舰转向系统造成破坏。

15."急性子"号：5月31日23时35分，该舰与"拿骚"号相撞并被一枚280毫米弹命中。此前，该舰还被不明舰只发射的一枚较小口径炮弹击中。该舰舰桥损毁，桅杆和前烟囱倒伏（可能由"拿骚"号280毫米主炮的炮口风暴造成）。碰撞中，该舰左舷船体板一直被撕裂至舰桥位置，但在水线附近受损较轻。该舰的第3舱壁未被破坏，3座锅炉仍可使用。280毫米炮弹贯穿第2烟囱基部，擦伤锅炉顶部但并未爆炸。较小口径炮弹命中该舰鱼雷吊柱或其附近。

德方

在沉没的德方驱逐舰中，V48号被"鲨鱼"号发射的一两枚4英寸（101.6毫米）弹命中，其主机无法运转。此后该舰又被大舰队第2轻巡中队的6英寸（152.4毫米）炮和"刚勇"号的15英寸（381毫米）炮命中，最终被大舰队第12驱逐舰队的4英寸（101.6毫米）炮击沉。V48号的具体中弹数量无法准确估计。S35号估计被"铁公爵"号发射的2枚13.5英寸（343毫米）弹击沉；V27号则被大舰队第13驱逐舰队发射的2枚4英寸（101.6毫米）弹命中前部引擎舱，失去动力并最终自沉；V29号被"爆竹"号发射的鱼雷击沉。V4号在经受了一次水下爆炸（可能由水雷引发）后自沉。

其余幸存德方驱逐舰中弹情况如下：

1.B98号：该舰于5月31日18时07分被"鲨鱼"号发射的一枚4英寸（101.6毫米）弹击中该舰后部双联鱼雷发射管，该发射管因此无法使用。此外炮弹还造成该舰主桅倒伏。

2.G40号：该舰于6月1日凌晨3时30分左右被"冠军"号发射的一枚6英寸（152.4毫米）弹命中右舷侧板，弹着点位于水线上方不远处。炮弹造成一个直径约为5英尺（1.52米）的破孔，对后涡轮造成了破坏，导致大量蒸汽逸出，因此该舰最终只能被其他舰只拖曳。

3.G41号：该舰于5月31日19时20分左右被一枚来自战列舰的6英寸（152.4毫米）弹命中，炮弹在该舰艏楼爆炸，弹片造成了一定破坏与人员伤亡，它的航速因此明显下降。

4.G42号：该舰在海战中未被命中，但"巨人"号以及可能其他舰只发射的大口径炮弹，于5月31日19时05分~10分期间对该舰造成了剧烈震撼，导致该舰冷凝器逐渐泄漏。由于战前新安装的输油泵故障，该舰在海战时最大航速仅为25节。随着冷凝器泄露故障，该舰航速逐渐降至15节。

5.G86号：5月31日19时25分前后，一枚来自战列舰的炮弹在该舰右舷前方非常靠近该舰的水域中爆炸，产生的大量弹片冲刷了该舰。弹片击穿该舰船体板以及前部油槽，此外还击中了舰桥、操舵房以及无线电室，并造成一枚鱼雷无法使用，弹片造成的损伤进而引起一定进水。由于该舰的前锅炉一度无法运作，其速度一度降至25节，后提升至27节到28节。

6.G87号：该舰于19时25分左右被一枚来自战列舰的6英寸（152.4毫米）弹命中，炮弹在舰桥下方穿过船体但并未爆炸。

7.S32号：该舰被3枚4英寸（101.6毫米）

弹命中，第 1 枚来自"鲨鱼"号，中弹时间约为 5 月 31 日下午 18 时 45 分左右；另 2 枚来自大舰队第 4 驱逐舰队，中弹时间约为当晚 23 时 35 分左右。其详情如下：

（1）炮弹从艉楼穿过，仅造成轻微破坏；

（2）炮弹命中舰桥下方；

（3）炮弹命中该舰后锅炉舱，导致主蒸汽管线多处破孔，该舰也因此不得不停船，最终该舰带着涌入的海水挣扎地行驶到丹麦海岸。

8. S36 号：该舰在海战中未被命中。但 5 月 31 日 16 时 35 分 ~ 40 分期间，由驱逐舰发射的一枚炮弹造成的弹片，切断了该舰的控制设备，破坏了该舰舯部火炮的炮口，并造成一座锅炉在约 20 分钟内无法运作。

9. S50 号：该舰于 5 月 31 日 20 时 55 分左右被大舰队第 2 轻巡中队发射的一枚 6 英寸（152.4 毫米）弹命中，次日凌晨 2 时 5 分左右又被公海舰队第 3 战队发射的一枚炮弹命中。6 英寸（152.4 毫米）弹击穿了该舰油槽并飞入了前锅炉舱，破坏了这里的主蒸汽管线和输油管，最终停在生火间舱底且并未爆炸；这次中弹导致该舰的前部锅炉熄火，其航速也降至 25 节。来自己方的炮弹则从换气设备顶端穿过，但未造成其他破坏。

10. S51 号：该舰于 5 月 31 日 19 时 30 分前后被一枚来自战列舰的 6 英寸（152.4 毫米）弹命中，造成该舰前部生火间被淹，一座锅炉以及前部舵机因此无法运作，航速降至 21 节。

11. S52 号：该舰于 5 月 31 日 19 时 30 分左右被战列舰主炮弹片击中数次，但仅轻微受损。

12. V28 号：该舰于 5 月 31 日 19 时 25 分左右被一枚来自战列舰的 6 英寸（152.4 毫米）炮命中，弹着点位于前部水线部位，引起大量漏水。该舰的前部弹药库因此无法使用，其航速也降至 17 ~ 19 节。

以上对双方驱逐舰的中弹统计表明双方此类舰只的蒸汽动力设备非常容易受损。

维修

英方

在海战中受损的皇家海军主力舰都在英国东北海岸尽快完成了维修。此时罗塞斯的船坞虽未完工，但已可以使用。

各舰的详细情况如下：

"厌战"号于6月1日直接驶入了罗塞斯1号干船坞，并于4日出坞。此后该舰继续进行维修，到6月20日才完工。6月22日该舰离开罗塞斯前往斯卡帕湾与第5战列舰中队会合。

"虎"号于6月3日~7月1日一直停留在罗塞斯2号干船坞中进行维修，该工程于7月1日完成。

"狮"号于6月5日~26日期间停泊在

▲ 日德兰海战后的"狮"号，注意此时Q炮塔已经被拆除。

罗塞斯港池，并在初期保持4小时备航状态。6月27日~7月8日该舰前往泰恩河的阿姆斯特朗造船厂，在那里拆除了Q炮塔并修理了装甲。该舰7月8日~20日进入罗塞斯1号船坞继续进行修理，至7月20日，除Q炮塔缺失外，其他损伤均修理完毕。9月6日，该舰再次前往阿姆斯特朗造船厂安装Q炮塔，至23日该工程完工。

"皇家公主"号先停泊于罗塞斯，6月10日前往了朴次茅斯，并于6月13日~7月15在此进行维修。该舰于6月15日~7月10日期间停留在朴次茅斯14号干船坞中。7月21日，该舰返回了罗塞斯。

"马来亚"号于6月4日进入因弗戈登（Invergordon）浮动船坞。该舰24日出坞时据称其维修工作已全部完成，但该舰直至7月11日才正式加入第5战列舰中队。

"马尔伯勒"号于6月6日由伊明赫姆（Immingham）进入泰恩河，并在贾罗（Jarrow）的海军部浮动船坞中由阿姆斯特朗造船厂进行维修。8月2日该舰完成维修，于8月5日抵达克罗默蒂（Cromarty）。

"巴勒姆"号于6月5日~7月4日在德文波特8号干船坞中进行维修，并于7月

5 日离开德文波特。7月6日该舰在比特海峡（Sound of Bute）进行了全速试航以测试在日德兰海战时该级舰的最大航速，然后于7月8日抵达斯卡帕湾。

"巨人"号和"新西兰"号均未入坞修理。

德方

由于威廉港以及基尔都没有足以容纳"德芙林格"号或"塞德利兹"号的干船坞，而基尔也没有足以容纳"毛奇"号或"国王"级的干船坞，因此公海舰队的维修主要依靠浮动船坞进行。

"塞德利兹"号于6月13日进入威廉港的大型浮动船坞，此次入坞一直持续到7月30日，此后该舰进入威廉港的泊位继续接受维修。9月该舰先后在造船船坞和浮动船坞中接受维修和改造，这一工程直至10月2日

才最终完成。

"东弗里斯兰"号的维修工作在威廉港的干船坞中进行，于7月26日完成。

"冯·德·坦恩"号船体的维修工作首先在威廉港的建造港区进行。7月30日该舰驶往威廉港10号泊位装载弹药至8月2日，并于当日进入浮动船坞继续修理、调整火炮。该舰的维修进度似乎受其舰艉炮塔的影响而延迟，该炮塔在射击时易发生故障。"莱茵兰"号的一个炮塔（似为艉炮塔）被拆解，用于修理"冯·德·坦恩"号的舰艉炮塔。8月3日夜，该舰前往基尔港，6日在基尔港对其艉炮塔进行了彻底检查。此后该舰前往波罗的海进行训练，训练于8月9日结束。

"毛奇"号首先在威廉港的干船坞中短暂停留，随后于6月6日晚间前往汉堡的布洛姆福斯造船厂（Blohm & Voss）并进入那里

▲ 停泊中的"塞德利兹"号，摄于日德兰海战后，可见该舰后部跨越射击式炮塔上的混凝土补丁。

▲ 停泊中的"塞德利兹"号，摄于日德兰海战后，该舰右舷炮塔上的混凝土补丁清晰可见。

▲ "冯·德·坦恩"，摄于1916年6月1日。

▲ 日德兰海战后返回威廉港的"毛奇"号，摄于1916年6月1日，可见该舰因进水而后部下沉。

的浮动船坞进行维修，维修工程于 7 月 30 日完工。

"边疆伯爵"号进入汉堡的浮动船坞，由布洛姆福斯造船厂于 7 月 20 日完成维修。

"大选帝侯"号进入汉堡的浮动船坞，由伏尔康造船厂（Vulkan）于 7 月 16 日完成维修。

"国王"号于 6 月 4 日～18 日期间进入基尔的浮动船坞进行维修，此后由霍瓦尔特造船厂（Howaldt）接手继续维修并于 7 月 21 日完成维修；

"德芙林格"号 6 月 2 日在威廉港的浮动船坞中进行初步维修（该船坞后被用于维修"塞德利兹"号），6 月 6 日该舰出坞；6 月 7 日～9 日该舰进行了清理，拆除了防雷网并卸下了部分弹药。该舰 6 月 10 日经易北河前往基尔，在帝国船坞中进行维修。6 月 22 日～7 月 15 日期间，该舰又在基尔的浮动船坞中进行维修（基尔港仅有一个浮动船坞可容纳"德芙林格"号和"国王"级战列舰，因此"德芙林格"号需等待"国王"出坞后才可继续维修）。此后该舰进入基尔的船坞中继续维修，工程于 10 月 15 日完成，此次维修拆除了该舰原有前桅并加装了三脚桅，三脚桅上设有测距仪和火控相关位置。

其余受损较轻的主力舰大部分均在威廉港完成维修，仅"赫尔戈兰"号需进入干船坞进行维修。部分主力舰并未在回港后立即接受维修。"皇帝"号和"奥尔登堡"号完成维修的日期不明，其他舰只完成维修的日期如下：

"赫尔戈兰"号：6 月 16 日；

"拿骚"号：7 月 10 日；

"莱茵兰"号：6 月 10 日；

"威斯特法伦"号：6 月 17 日。

▲ 日德兰海战后驶入威廉港的"德芙林格"号，注意该舰后烟囱被击穿，左舷 3 号炮廓炮以及前上层建筑被击中的痕迹非常明显，垂下的防雷网可能对推进器造成损坏。

▲ 日德兰海战后进入威廉港浮动船坞的"德芙林格"号。

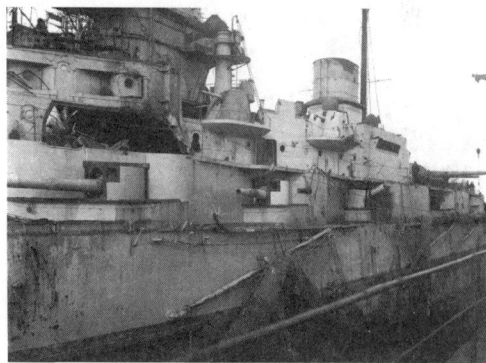
▲ 日德兰海战后进入威廉港浮动船坞的"德芙林格"号，可见该舰左舷伤痕累累。

▲ 日德兰海战后修理完成的"德芙林格"号鸟瞰图，该舰后甲板上的维修痕迹非常明显。

日德兰海战后大舰队主力舰防护和火控相关改装

大体来说，日德兰海战后大舰队的主力舰大多在防护性能上得到了不同程度的加强，同时也加强了防火性能。不过较旧的战列舰得到的加强较少，例如"柏勒罗丰"级单舰加装的装甲总重仅23吨，而"英王乔治五世"级则约为80吨。

▲ "不屈"号，摄于战后。

▲ "不挠"号，摄于1918年。

▲ "不挠"号（前）和"不屈"号，摄于1918年。

一、"无敌"级

1917–1918年间，该级幸存两舰弹药库和炮塔顶部装甲得到了加强，提弹道的防护也得到了一定的加强。不过这些加强都非常有限，单舰增加的装甲总重可能不超过100吨。同时期，两舰火控桅楼加大，前火控桅楼正面和后上层建筑末端加装了距离钟，A炮塔和Y炮塔涂装偏转角示意图样。

"不屈"号和"不挠"号均于1921年12月1日被出售并拆解。

二、"柏勒罗丰"级

该级舰弹药库上方位置的中甲板和主甲板都得到加强，单舰加装装甲厚度为0.75 ~ 1英寸（19.05 ~ 25.4毫米），总计23吨。"柏勒罗丰"号和"壮丽"号于1917–1918年间在前火控桅楼加装了距离钟，"鲁莽"号则加装在舰桥正面。1917年在艏炮塔和艉炮塔上涂装偏转角示意图样，1919–1920年期间该图样去除。

"柏勒罗丰"号、"壮丽"号和"鲁莽"号分别于1921年11月8日、1922年12月、1921年下半年被出售并拆解。

▲ "鲁莽"号，1917 年 8 月 25 日摄于罗塞斯。

▲ "壮丽"号，摄于 1918 年。

▲ "圣文森特"号，摄于 1917 年晚期。

▲ "科林伍德"号，摄于 1917 年。

▲ "海王星"号，摄于 1917 年 8 月 25 日。

▲ "大力神"号，摄于 1917 年 7 月。

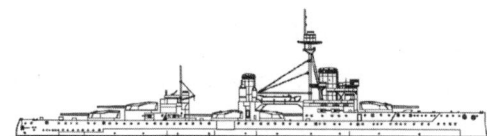

▲ "大力神"号线图，1918 年。

"圣文森特"号和"科林伍德"号分别于 1921 年 12 月 1 日和 1922 年 12 月被出售并拆解。

三、"圣文森特"级

该级舰药库和弹库附近的甲板被加厚，单舰加装的装甲总重约 50 吨，1917–1918 年在前火控桅楼加装距离钟。1918 年"圣文森特"号和"科林伍德"号前火控桅楼加大，并加装了对空测距仪。两舰前桅顶桅拆除，改装桅顶测距仪。

1917 年 7 月 5 日"前卫"号意外爆炸沉没，804 人在此次事故中丧生，海军部调查的结果显示这是一起德国间谍实施的人为爆炸。

四、"不倦"级

"新西兰"号和"澳大利亚"号在药库和弹库附近加强了装甲防护，单舰增加的装甲总重约 80 吨。1917 年间两舰火控桅楼接受了改造，面积加大，此后在前火控桅楼顶部加装了对空测距仪。A 炮塔和 Y 炮塔涂装偏转角示意图样。1918 年，两舰拆除了火控桅楼后部的测距仪。

"新西兰"号于 1922 年 12 月 19 日被出售并拆解，1924 年 4 月 12 日"澳大利亚"号被拆解。

五、"海王星"号

该舰加强了防护，增加的装甲总重 50 吨。1917–1918 年间该舰火控桅楼加大，后火控楼因烟气影响拆除。A 炮塔和 Y 炮塔涂装偏转角示意图样。1918 年，前桅火控桅楼加装对空测距仪。

"海王星"号于 1922 年 9 月被出售并拆解。

▲ "狮"号，摄于 1918 年。

六、"巨人"级

该级舰加强了防护，单舰增加的装甲总重约 50 吨。1917–1918 年间"巨人"号在后部上层建筑尾部加装距离钟，A 炮塔和 X 炮塔涂装偏转角示意图样。1918 年"巨人"号和"大力神"号在火控桅楼加装了对空测距仪。

"巨人"号和"大力神"号分别于 1928 年 8 月（曾被改装为训练舰，因而较晚）和 1921 年 11 月被出售并拆解。

▲ "皇家公主"号，摄于 1917 年，背景为"狮"号。

七、"猎户座"级

该级舰在日德兰海战后在药库附近甲板加装了阻火装甲板，但其细节不详。此外还加装了特制的防火设施，并改进了排水系统。1917–1918 年间该级舰火控桅楼加大，并在火控桅楼或其上方以及后上层建筑尾部加装了距离钟。A 炮塔和 X 炮塔或 B 炮塔和 Y 炮塔上涂装偏转角示意图样，后于 1919–1920 年间去除。1922–1923 年间距离钟拆除。

▲ "皇家公主"号，摄于 1918 年。

"猎户座"号、"朱庇特"号和"征服者"号分别于 1921 年 12 月 19 日、1926 年 11 月（曾被改装为训练舰，因而较晚）和 1922 年 12 月 19 日被出售并拆解。"君王"号于 1925 年 1 月 20 日被用于炮弹测试，经历了 9 个小时的测试后被击沉。

八、"狮"级

该级舰似乎未加强装甲。1917–1918 年期间该级舰火控桅楼加大，并在火控桅楼正面或上方以及后部上层建筑加装了距离钟。

▲ 演习中的"阿贾克斯"号，摄于 1917–1918 年。

此外该级舰 B 炮塔和 Y 炮塔还涂装了偏转角示意图样。1918–1919 年两舰火控桅楼上均加装了对空测距仪。

"狮"号和"皇家公主"号分别于 1924 年 1 月 31 日和 1922 年 3 月被出售并拆解。

▲ "百夫长"号,摄于一战结束前夕。

九、"英王乔治五世"级

该级舰加强了防火性能,对药库附近的部分甲板进行了加强,但官方资料中并未显示加强详情,应该是加装了阻火装甲板,单舰增加的装甲总重约为 80 吨。1917–1918 年,原有的圆形火控桅楼被改建为面积更大的方形火控桅楼,此外 A、B、X、Y 炮塔均涂装了偏转角示意图样。该级幸存的全部 3 艘舰船均在火控桅楼下加装了距离钟,"百夫长"号和"英王乔治五世"号也在后部上层建筑上安装了这一设施。

▲ "马尔伯勒"号,摄于 1918 年。

"英王乔治五世"号、"阿贾克斯"号都于 1926 年 12 月被出售拆解。"百夫长"号则于 1926 年被改装为遥控靶船,此后于 1939–1940 年间被改为维修舰只。1944 年 6 月 6 日,因需要为已经抵达诺曼底滩头的"桑树"号人工港构筑防波堤,该舰自沉。

▲ 非武装化后的"铁公爵"号,摄于 1935 年。

十、"铁公爵"级

该级舰加强了甲板装甲,主要集中在药库附近,炮塔顶部装甲增强至 4.5 ~ 5.5 英寸(114.3 ~ 139.7 毫米),单舰增加的装甲总重约为 100 吨。"马尔伯勒"号率先于 1916 年 7 月完成改装,"本鲍"号、"铁公爵"号于 7 月至 8 月间完成改装,"印度皇帝"号于 10 月至 12 月间完成改装。1917–1918 年,各舰的 B 炮塔和 X 炮塔(或 Y 炮塔)涂装了偏转角示意图样(1919 年取消),并在火控桅顶正面以及后上层建筑尾部加装了距离钟。

▲ "本鲍"号、"马尔伯勒"号和"铁公爵"号(从前向后),摄于 1918 年冬。

此外海军还为该级舰的 6 英寸(152.4 毫米)火炮供弹设备加强了防火设施,但时间不详。1920–1921 年该级舰后部上层建筑的鱼雷控制塔上方加装了 12 英尺（3.66 米）测距仪。1922-1923 年在该级舰的 X 炮塔尾部加装了长基线测距仪。1924-1926 年先后拆除了火控桅楼上的距离钟，而后上层建筑上的距离钟则在 1929 年被拆除。1928-1929 年"铁公爵"号改装期间，海军在该舰大大提升的后上层建筑平台上加装了短基线测距仪。

"印度皇帝"号于 1931 年 1 月后作为靶船，1932 年 2 月被出售并拆解。"马尔伯勒"在 1931 年七八月被用于弹药库通风测试，在这些舱室中进行了不同强度的爆炸试验，随后在 1932 年春被用于空投炸弹实验靶船，1932 年 5 月被出售并拆解。"本鲍"号于 1931 年 3 月被出售并拆解。"铁公爵"号于 1931 年 11 月 ~ 1932 年接受了非作战化改装，于 1932 年 10 月 ~ 1939 年 9 月，作为炮术训练舰。此后该舰在斯卡帕湾作为防空和仓储舰只直至 1946 年 3 月，最后于 1946 年被拆解。

十一、"虎"号

该舰在药库上方的甲板上加装了 179 吨装甲，在炮塔顶端加装了 77 吨装甲，在主机舱上方甲板加装了 24 吨装甲，在 6 英寸（152.4 毫米）炮的舱壁加装了 15 吨装甲。该舰司令塔上的短基线测距仪于 1917-1918 年被拆除，在此期间该舰 B 炮塔和 Y 炮塔上涂装了偏转角示意图样（1919 年取消），此外鱼雷控制塔上方的短基线测距仪被中基线测距仪取代。1918 年再次加大了该舰火控桅楼，并在司令塔上加装了中基线测距仪，还在探照灯塔尾部加装了距离钟。该舰的火控桅楼上加装了带有护罩的对空测距仪，其位置大大高出火控桅楼。1919 年在 A 炮塔尾部加装了长基线测距仪并在鱼雷控制桅楼上加装了距离钟。

1922-1924 年间在 Q 炮塔和 Y 炮塔尾部加装了长基线测距仪，同时拆除了 Y 炮塔的中基线测距仪。1925-1926 年间拆除了鱼雷控制塔上的距离钟。

该舰于 1932 年 2 月被出售并拆解。

十二、"爱尔兰"号

1917-1918 年该舰的 B 炮塔和 X 炮塔上涂装了偏转角示意图样（1920 年取消），并

▲ "虎"号，摄于 1917 年，背景为"狮"号。

▲ 航行中的"虎"号，摄于 1917-1918 年，背景为"声望"号。

▲ "虎"号，1918 年摄于罗塞斯，背景为一艘美国战列舰。

▲ "爱尔兰"号，摄于 1917 年 4 月。

在主指挥仪平台下方和后上层建筑尾部加装了距离钟，1918年在火控桅楼上加装了对空测距仪。该舰于1922年12月19日被出售并拆解。

十三、"加拿大"号

1917-1918年间该舰扩大了火控桅楼，鱼雷控制塔上原有的短基线测距仪被中基线测距仪取代，A炮塔和Y炮塔上涂装了偏转角示意图样（1919年取消），并在位于后部上层建筑的鱼雷控制平台两侧加装了距离钟。1918年该舰在火控桅楼上加装了距离钟，其前校射桅楼接受了封闭化改装，周围还加装了窗户。1920年该舰交还智利。

十四、"阿金库特"号

该舰的防火和排水系统得到加强，并在主甲板的药库上方用了约70吨的高强度钢板进行加强。1917-1918年，该舰在原先的前桅的探照灯平台上加装了9英尺（2.74米）测距仪，并在B炮塔和Y炮塔上涂装了偏转

角示意图样，还在前火控桅楼尾部加装了距离钟，1918年前火控桅楼上加装了对空测距仪。该舰于1922年12月19日被出售并拆解。

十五、"伊丽莎白女王"级

该级舰一直服役到二战结束后，因此这里仅讨论至20年代末期该级舰各舰先后开始的大规模改造前为止。

▲ "巴勒姆"号，摄于1918年。

▲ 高速航行中的"厌战"号，摄于1917年。

单位：英寸，1英寸=25.4毫米

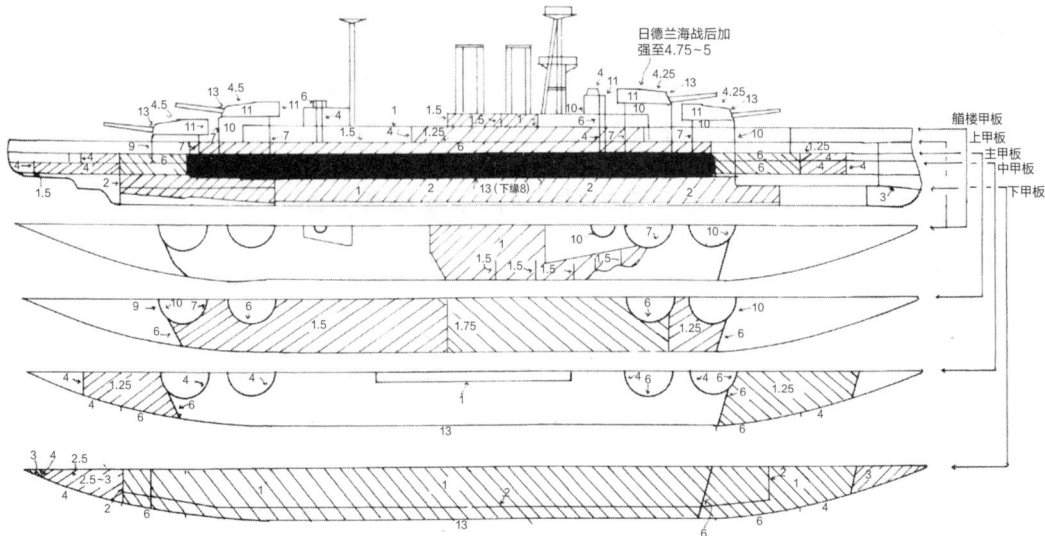
▲ "伊丽莎白女王"级装甲分布图（1919年）。

该级舰药库附近位置的中甲板与药库舱壁都得到 1 英寸（25.4 毫米）钢板的加强；炮塔顶部装甲则增至 4.75 ~ 5 英寸（120.6 ~ 127 毫米）；药库和弹库接受了改造，实现了更好的隔离；给水管和排水系统都加装了阀门。1917–1918 年该级舰的 A 炮塔和 X 炮塔或 B 炮塔和 Y 炮塔上，涂装了偏转角示意图样（1919 年取消）。1919 年"伊丽莎白女王"号和"厌战"号的前火控桅楼扩大，以上两舰和"马来亚"号的 B 炮塔、X 炮塔尾部都加装了长基线测距仪。1921–1922 年间"巴勒姆"号和"刚勇"号 B 炮塔和 X 炮塔尾部也加装了长基线测距仪。"刚勇"号和"厌战"号的 X 炮塔上加装了距离钟，"刚勇"号鱼雷控制塔上原有的短基线测距仪被中等长度基线测距仪取代。1924–1926 年，"巴勒姆"号、"伊丽莎白女王"号和"刚勇"号的后火控桅楼被拆除，"刚勇"号司令塔上原有的短基线测距仪移至该舰舰桥上。除"巴勒姆"号和"厌战"号 X 炮塔上的距离钟之外，其余所有距离钟均被拆除。

十六、"皇权"级

该级舰在日德兰海战时未全部服役，且部分一直服役到二战结束后，因此这里仅讨论至 20 年代末期该级舰各舰先后开始大规模改造前为止。

该级舰炮塔顶部装甲增至 4.75 ~ 5 英寸（120.6 ~ 127 毫米），药库上方位置的甲板得到加强，但具体情况不详。1917–1918 年间各舰的火控桅楼扩大，A 炮塔和 Y 炮塔或 B 炮塔和 X 炮塔涂装了偏转角示意图样（1919 年取消），并在火控桅顶正面或其短杆上以及主桅侧面的探照灯塔尾部加装了距离钟，此外在火控桅楼顶部加装了对空测距仪。"决心"号（Resolution）和"拉米雷斯"号（Ramillies）

▲ "复仇"号，1918 年 4 月摄于斯卡帕湾。

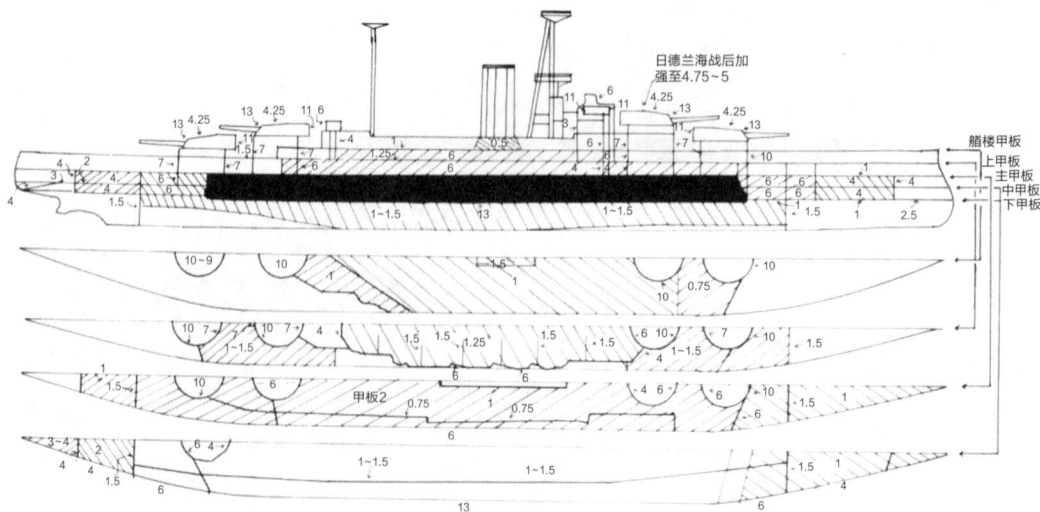

▲ "皇权"号装甲分布图（1919 年）。

号上甲板上的 6 英寸（152.4 毫米）炮加装了装甲炮廓。1918 年，在"复仇"号的 B 炮塔和 X 炮塔、"拉米雷斯"号和"决心"号的 B 炮塔尾部都加装了长基线测距仪。"皇权"号后烟囱探照灯塔之间加装了短基线测距仪，不过该测距仪主要用于在双舰集火射击时检查与后继舰只之间的距离。"决心"号鱼雷控制塔原有的测距仪被中等长度基线鱼雷测距仪所取代。1919-1921 年，"决心"号、"皇家橡树"号和"拉米雷斯"号各自的 B 炮塔尾部都加装了长基线测距仪，"皇权"号 X 炮塔尾部也加装了类似的测距仪。"复仇"号和"皇家橡树"号则在烟囱上的后部探照灯对之间加装了两座短基线测距仪，"决心"号在同一位置加装了一座短基线测距仪。

十七、"声望"级

该级舰在日德兰海战时尚未完工，这里仅讨论在建造及加入大舰队不久后实施的改造。

日德兰海战后该级舰在完工时加强了药库装甲，具体为在药库上方的主甲板位置加装了 1 英寸（25.4 毫米）高强度钢板。1916 年 9 月加入大舰队后，杰里科立刻写信给海军建造总监，要求加强该级舰药库顶部装甲，同时表示无法加强两舰的垂直装甲实乃一大遗憾。"反击"号（Repulse）于 1916 年 11 月 10 日～1917 年 1 月 29 日，"声望"号于 1917 年 2 月 1 日～3 月中旬，先后接受了改装。此次改装中，两舰主机舱上方的主甲板厚度增至 3 英寸（76.2 毫米），药库上方的下甲板厚度增至 2 英寸（50.8 毫米），转向机构上方的下甲板厚度增至 3.5 英寸（88.9 毫米）。两舰各自增加的装甲总重约 504 吨，尽管如此，该级舰仍被认为防护不足。

十八、"胡德"号

该舰在日德兰海战发生时仅完成设计，尚未开工，这里仅讨论日德兰海战后对该舰设计的改动。

该舰原先的防护水平与"虎"号相当，但在日德兰海战后立即对防护进行了加强，这可通过加深吃水和略为降低航速实现。1916 年 9 月完成的修改设计稿比原先的设计增加了约 5000 吨装甲，主要包括：

1. 主装甲带最大厚度从 8 英寸（203.2 毫米）增至 12 英寸（304.8 毫米）；

2. X 炮塔和 Y 炮塔的药库顶部装甲厚度从 1 英寸（25.4 毫米）增至 2 英寸（50.8 毫米）。通过增加相应位置甲板厚度，该舰前部弹药库上方的甲板总厚度达 6.5 英寸（164.7 毫米），后部弹药库上方的甲板总厚度达 7 英寸（177.8 毫米）；

3. 炮塔基座装甲最大厚度从 9 英寸（228.6 毫米）增至 12 英寸（304.8 毫米）；

4. 药库和弹药提升机设有特殊的防火设施，改进了药库隔离及注水系统的设计。

此外，在修改稿中还首次引入了倾斜的侧装甲带设计，从而进一步提高了该舰的防护水平。其炮塔经过重新设计，顶部保持平整，与此前皇家海军主力舰使用的炮塔前部前倾不同，且厚度【5 英寸（127 毫米）】也比此前任何一级战巡都厚。与此同时，该舰【15 英寸（381 毫米）】的炮塔正面装甲厚度甚至超过了"伊丽莎白女王"级和"皇权"级【13 英寸（330.2 毫米）】，炮塔侧面装甲大部分区域厚度为 11 英寸（279.4 毫米），部分区域为 12 英寸（304.8 毫米），而"伊丽莎白女王"级和"皇权"级的炮塔侧面则均为 11 英寸（279.4 毫米）。与"伊丽莎白女王"级相比，该舰的舯楼甲板和主甲板最大厚度均为 1 英寸（25.4 毫米），但该舰无中甲板或装甲甲板设计。完工时，该舰装甲总重占排水量的 33.5%，甚至超过了"伊丽莎白女王"级（31.5%）。

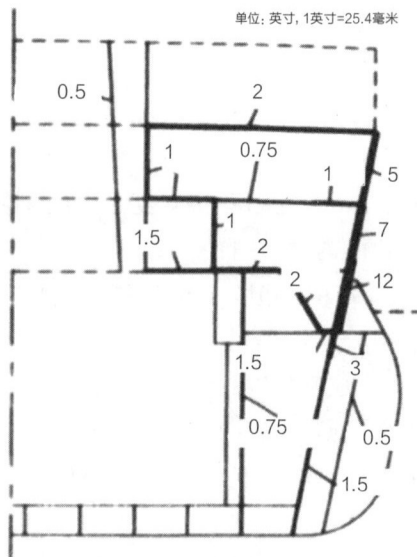

单位: 英寸, 1英寸=25.4毫米

▲ "胡德"号横截面装甲布置图。

单位: 英寸, 1英寸=25.4毫米

排水量43500吨

火炮为8门16英寸主炮，14门6英寸副炮

动力为150000匹轴马力

主装甲带厚7英寸，其下缘厚5英寸
防鱼雷舱壁厚度为0.75~0.625英寸
主甲板厚度为2~1.5英寸

"列克星敦"号

排水量51750吨

动力为180000匹轴马力

火炮为9门16英寸主炮、6门6英寸和5门4.5英寸副炮

主装甲带厚度12英寸
甲板水平部分厚7英寸，倾斜部分厚8英寸
防鱼雷舱壁厚1.75英寸
内部内壁厚0.75英寸
外侧船壳板厚度2~1.375英寸

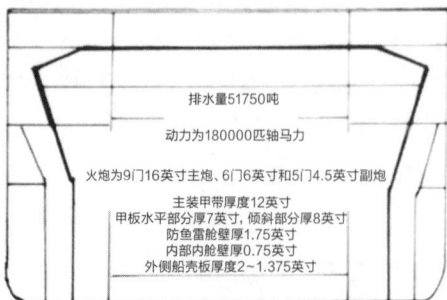

"13"级战列舰巡洋舰（英）

▲ 一战后期英美战巡装甲设计比较。

十九、G3 级战巡及"纳尔逊"级战列舰

G3 级为英国设计的第一级"后日德兰"主力舰。1921 年 8 月 12 日设计稿确定，该级战巡的防护能力异常出色。除了继承"胡德"号倾斜装甲带的设计之外，该级舰的上甲板厚度厚达 8 英寸（203.2 毫米），下甲板前部厚度为 8 ~ 7 英寸（203.2 ~ 177.8 毫米），后部厚度为 5 ~ 3 英寸（127 ~ 76.2 毫米）。在此基础上发展而成的"纳尔逊"级战列舰基本继承了 G3 级的装甲带射击，其装甲甲板位于中甲板高度，总厚度为 6.75 英寸（171.45 毫米）。1948 年 6 月 ~ 9 月，对"纳尔逊"号进行 1000 磅（453.59 千克）和 2000 磅（907.18 千克）炸弹轰炸测试，结果显示即使是 2000 磅（907.18 千克）穿甲弹也需要在 5000 英尺（1524 米）以上高度才能有效击穿其装甲甲板。

德国战巡的设计受日德兰海战的影响并不显著。根据海战的经验教训，"德弗林格"号在战后维修过程中安装了三脚桅，这一结构也纳入了后续舰只的设计中。但直至在斯卡帕湾自沉时为止，"塞德利兹"号、"毛奇"号和"冯·德·坦恩"号均未安装这一结构。

"马肯森"级（Mackensen）的设计在海战前已经完成，首舰"马肯森"号于 1915 年 1 月 30 日开始铺设龙骨，但由于船坞工人人手不足，该舰的建造进程缓慢。该级舰的 2 号舰"格拉芙·斯比"号（Graf Spee）的设计细节与"马肯森"号略有区别，但其区别也在海战爆发前确定。该舰于 1915 年 11 月 30 日开始铺设龙骨。3 号舰"艾特尔·弗雷德里希亲王"号（Prinz Eitel Friedrich）和 4 号舰"弗雷德里希·卡尔"号替代舰（Ersatz Friedrich Carl）【实际命名可能为"俾斯麦侯爵"号（Fürst Bismarck）】，两舰设计与"格拉芙·斯比"号相当，分别于 1915 年 5 月 1

▲ 前往斯卡帕湾途中的"塞德利兹"号。

▲ 被拘禁在斯卡帕湾中的"毛奇"号,摄于1919年。

▲ 停泊在威廉港的"冯·德·坦恩"号,摄于1918年9月6日。

日和11月3日开始铺设龙骨。

原定为"马肯森"级5～7号舰的三艘战巡"约克"号代舰(Ersatz Yorck)、"沙恩霍斯特"号代舰(Ersatz Scharnhost)和"格奈森瑙"号代舰(Ersatz Gneisenau)倒是较"马肯森"号有了较大的改进,其中最为显著的便是主炮口径由"马肯森"级的350毫米提

升至380毫米,但这一结果与日德兰海战并无关系,只是由于1916年3月16日提尔比茨辞去海军大臣职务后德国海军内就再无人阻止在战巡上采用380毫米主炮。尽管在该级舰的设计过程中征询了舍尔的意见,而舍尔也要求更大的口径、更厚的装甲和更高的航速,但考虑到日德兰海战时公海舰队仅两艘"德芙林格"级战巡("德芙林格"号、"吕佐夫"号)装备305毫米主炮,其他各战巡则仅装备280毫米主炮,因此舍尔关于主炮的要求对该级舰的设计并无明显影响。

由于"约克"号代舰的设计基于"马肯森"级,而当时该舰的建造材料已经备齐,因此德国设计人员的修改空间非常有限,最终"约克"号代舰的防护与"马肯森"级相同(前者甲板防护水平稍弱),因此与"德芙林格"号也类似,而航速则比"马肯森"级低约0.5节。"约克"号代舰的设计排水量为33500吨,差不多比"胡德"号低了8000吨("胡德"号排水量为41200吨),其主装甲带的防护能力也不如"胡德"号,因此并不适合与"胡德"号的最终建造形态相比。在日德兰海战前,德国海军部又提出了"马肯森"级的进一步发展型,即GK1、GK2和GK3方案,均装备380毫米主炮,但并未继续进行具体设计。日德兰海战后德国海军部内甚至有使用400毫米乃至430毫米主炮的设想,但在实际建造中却从未超出"设想"的程度。

附录10

火控基本知识及一战时的
皇家海军火控设备

问题的引入

随着舰炮技术的发展，至第一次世界大战前，主力舰交火的距离已经较 19 世纪末有明显的增长。当时，主力舰的开火距离已经超过 10000 码（9144 米），这一趋势在皇家海军每年一度的演习中也有所体现。1907 年炮术演练的射击距离尚为 6000 码（5486.4 米），但在战前最后几年，射击距离已经接近 10000 码（9144 米）。

当射击距离提升至这个程度时，炮弹的飞行时间也随之变长。在实战中，由于重力影响，炮弹的飞行路线为一条弧线，其长度自然也高于两舰之间的连线距离。此外，由于空气阻力的影响，炮弹在飞行过程中速度也会不断下降。因此在远距离射击时，敌舰在炮弹飞行期间内的位置变化也较在中近距离上更加显著，这就有必要在实施射击时加入适当的提前量从而取得命中。

实战中影响这一提前量的变量较多。炮弹飞行时间、敌我距离固然是一个因素，敌我两舰各自速度和航向、炮弹自身在飞行过程中的偏转、风力风向均可能影响这一提前量的具体值，后两个影响因素甚至造成炮弹的飞行路线并不处于与海面垂直的平面上。所以为了计算这一提前量，引出了火控的概念。

距离－时间曲线、距离变化率和转向

射击时的一般情况可参见本页"理想条件下舰炮射击示意图"。图中 A 为己舰位置，B 为敌舰位置，α 为敌我两舰连线与己舰航向之间夹角，β 为敌我两舰连线与敌舰航向之间夹角或简称为交角（inclination）；V_A 与 V_B 分别为己舰和敌舰的速度矢量。D 为敌我两舰之间距离。利用解析几何可以得出，理

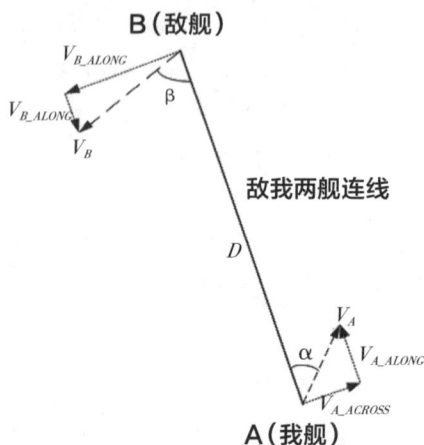

▲ 理想条件下舰炮射击示意图。

论上距离－时间曲线在一般情况下应为一条双曲线。

因此在假定双方均保持匀速直线运动的前提下，要预测敌我两舰在某一时刻的距离，理论上需要知道8个未知数，即己舰航向、航速，敌舰航向、航速，敌舰初始位置（2个未知数），己舰初始位置（2个未知数）。实际操作中可简化为敌舰相对己舰初始位置（2个未知数），敌舰相对己舰航向、航速。在实战中，己舰航向、航速自然是已知数，而敌舰相对己舰的距离和方位则可通过不断测量得出，因此理论上仅需解算敌舰相对己舰的航向航速。实战中，通过迭代法不断进行调整，使得利用估测值进行预测得到的敌舰距离与实测的距离相等。

实战中敌舰相对己舰的矢量速度可分解为两个分量，即与敌我两舰连线垂直方向的速度和与沿敌我两舰连线方向的速度。前者可用于估测炮弹发射时所装定的距离，后者则用于估测射击时所需考虑的射击偏转角。垂直方向的速度被称为切向速度（speed-across），连线方向的速度被称为径向速度（speed along）。在绝大多数情况下，径向速度／切向速度也是一个瞬时值而非固定值。此外还可分析得出，在两舰距离已知时，切向速度与距离对时间的二阶导数之间可以很方便地实施转化。

理论上，切向速度和径向速度均会对敌我之间距离造成影响，然而当距离很大时，切向速度对于距离的影响可以忽略不计。

径向速度与切向速度仅与敌我两舰航向航速以及两舰的相对位置有关，而与两舰之间的距离无关。当然，实战中在设定提前量时需要将切向速度由线速度除以两舰距离，转化为角速度，进而得出火炮射击时应取的

偏角（deflection）。径向速度对于偏角的影响一般可忽略。

实战中，由相关仪器获得的径向速度与切向速度一般仅用于预测下一次测距或试射时敌舰的距离和方位，通常而言两次试射之间的间隔约为50秒。

实战中双方舰只在接近过程中经常会实施转向。为简单起见，假设敌舰进行匀速圆周运动（实际上实施转向机动时舰只通常会损失一定的速度，极端条件下例如以最高的速度实施满舵转向，速度损失甚至可能高达60%，不过一般而言当转向幅度不大时速度损失可能仅为两三节）而己舰进行匀速直线运动。通常情况下敌舰转向不足一周（360°或32个罗经点），因此可分析得出该情况下时间－距离曲线可能为某种圆锥曲线。在极特殊的情况下也可能为恒等式。

对于较小角度的敌舰转向，在确切知道敌舰在初始时的相对方位、航向、速度，己舰航向、速度时，可以大致估测敌我俩舰未来的距离，而预测敌舰方位则需要再加上敌舰的转向半径或角速度。

对于己舰以匀速圆周运动实施转向，而敌舰保持匀速直线运动的情况，显然也有类似结论。由于己舰的转向半径已知，因此此时预测敌舰的方位和距离会更加容易，至于敌我两舰同时均以匀速圆周运动实施转向的情况就更为复杂。

虽然转向这一机动未必会加大距离变化率的绝对值，但是由于转向半径这个参数的引入，这一机动无疑会加大预测敌舰方位和距离的难度。因此即使在理论上，转向也不利于火控参数的解算。而在实战中，由于测距这一操作不可能连续而实时，加之测距本身的误差，转向半径这一参数对火控参数解

算造成的困难将大大增加。对于弱势方或避战一方而言，转向自然对其有利，求战一方则需要在开火前进行时间足够长的匀速直线航行以便获得满意的解算结果。由于实战中仅能准确且及时得知己舰的机动，因此己舰转向对于火控参数解算造成的困难相对较低。理论上，在仅己舰转向的情况下，可对距离实施持续估算，当然也可在己舰转向过程中停止推算，直至转向完成后以新的参数进行推算。这两种选择恰恰是亚尔古火控台和德雷尔火控台在原理上的重要区别。

火控相关仪器发展

上文笔者对理想条件下火控参数的解算进行了定性分析。然而，从理论建立到实际运用之间终究存在一道巨大的鸿沟。在实践中，需要适当利用仪器完成相关参数的测算，需要某种程度的计算机完成复杂的解算，需要合适的联络手段完成测量仪器、火控中心与火控台和火炮之间的即时数据传输。自然，也需要相应的仪器去弥补理论上忽略的一些误差，例如不同高度火炮所需火控参数之间的微妙区别，舰只偏航、横摇、纵摆的影响，两舰之间距离与炮弹实际飞行距离之间的差别等。这意味着火控系统需要建立在一系列重要的相关分系统之上。这里将按时间顺序，对其中的一些重要组成部分做简单介绍。

火控理论与仪器的发展大致可追溯到1903年，当时的皇家海军中仅少数舰只装备了短基线测距仪，大部分为望远镜式瞄准器。当1907年初"无畏"号战列舰开始进行一系列炮术实验巡航时，第一代远距离火控设备中的大部分已经在该舰上安装完毕。到了1914年，皇家海军最新式的主力舰已经装备了德雷尔火控台和指挥仪。尽管如此，

1914年皇家海军中的许多主力舰仍装备着较为落后的手动火控设备，其中颇有不少设备在1904年之前就已发明问世。

测距仪

随着19世纪80年代火炮相关技术的发展，海军部提出需要一种在3000码（2743.2米）距离上误差不超过3%的测距仪。1888年阿奇博尔德·巴教授（Archibald Barr）和威廉·斯特劳德（William Stroud）发明了双象重合测距仪。1892年4月，在"林仙"号（HMS Arethusa）防护巡洋舰上进行的测距仪评比中，两人设计的4.5英尺（1.37米）基线测距仪表现出色，国内外订单随之纷至沓来，两人也得以在格拉斯哥开办公司专门生产测距仪。至1898年3月，该公司已经出售了150架以上的测距仪。

1901年巴和斯特劳德公司生产的改进型测距仪已经在皇家海军中广泛使用。从1899年起，海军部即已开始寻求性能更好的测距仪。1903年巴和斯特劳德公司推出FA3型4.5英尺（1.37米）基线测距仪，几乎将测距准确率提高了一倍。据报告，该测距仪的最大有效测距距离可达8000码（7315.2米），不过其性能仍不能让海军部满意。1904年海军部再次招标。次年，包括巴和斯特劳德公司在内的若干公司参与投标。1906年7月，海军部认为巴和斯特劳德公司生产的9英尺（2.74米）基线测距仪表现最好，随后向该公司订购了两套，该公司也由此一度成了皇家海军测距仪的唯一供应商。当时该测距仪的报价为每套325英镑。

瞄准镜

海军部从1900年起大量购置望远镜，其

中也包括巴和斯特劳德公司的产品。最初更为轻便的手动火炮比炮塔/露炮台火炮拥有更高的望远镜安装优先权，但海军部的报告显示，至1903年底，几乎所有的12磅（5.44千克）或以上级别的火炮【即3英寸（76.2毫米）以上口径的火炮】均已配备望远镜式瞄准器。同时，海军部还计划在1904–1905年预算中，为所有现存的6英寸（152.4毫米）火炮配备第二具望远镜式瞄准器。

不过，为老式瞄准器配备望远镜，更多地暴露了瞄准器的机械缺陷。海军为"纳尔逊勋爵"级前无畏舰（Lord Nelson）装备的双联9.2英寸（234毫米）和12英寸（304.8毫米）火炮设计了新的直接联动式瞄准镜，新瞄准镜直接安装在炮耳上，避免了机械传动带来的反冲影响。不过实际上最先装备这一设备的是"无畏"号战列舰。进一步提高瞄准镜的精度需要对瞄准镜以及不同火炮进行调试，这一调试的标准至1907年建立完成。

电力火控仪器

19世纪末，皇家海军依然依靠传声管通告距离和其他指令。1894年，巴和斯特劳德公司开始研发电力火控仪器，以实现相应指令的传输。该公司这一产品的首个顾客是日本海军（1898年），皇家海军则于一年后订购了首套产品。测试后，皇家海军认为该产品"复杂且笨重"，并准备尝试其他厂家的同类产品。几乎在测试报告出炉的同时，巴和斯特劳德公司就向海军部提出了新的双标度盘设计，该设计可以25码（22.86米）的间隔显示0～12000码（0米～10972.8米）以内的距离。在当时，这一改进已经足以维持海军部的订货。1905年2月，即将离职的海军军械局局长杰里科报告，已经抓紧购入

了大量巴和斯特劳德公司生产的距离与指令传输仪器。不过杰里科仍认为该设备较为笨重，并不完全符合预期。

同期也有其他供应商生产类似仪器。早在1902年，海军部即已考虑安装产自美国的类似仪器，该仪器当时已在"伊利诺斯"号前无畏舰（USS BB-7 Illinois）上安装。此外，安睿公司（Eversheds）的产品以及格伦费尔上校（Grenfell）的设计也被海军部列入了候选名单。1905年海军部对多家公司的产品进行了测试，但没有一款产品令海军部满意。同年，维克斯公司开始试验新的步进式设备。由于技术上的优势，维克斯公司的这一产品最终取代了巴和斯特劳德公司的产品。最终，共有42艘舰船使用了维克斯公司的产品，其中最早的一艘便是"无畏"号。而装备在"光辉"号前无畏舰（HMS Illustrious，"庄严"级）上的设备报价1242英镑。

杜莫瑞克变距率盘（Dumaresq）

杜莫瑞克变距率盘由杜莫瑞克中尉发明，其最初问世时间约在1902年，但1904年5月该仪器完成测试后，中尉仍在对其进行改进。

变距率盘包括一个固定的纵向条，其方向为己舰首尾方向。纵向条下的转盘可进行

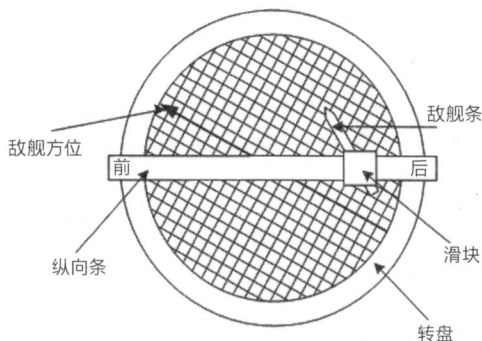

▲ 杜莫瑞克变距率盘原理图。

旋转，其上刻有一个指示敌舰方位的箭头。转盘上刻有纵横的刻度，其中与箭头平行方向的刻度代表切向速度，与箭头垂直方向的刻度代表径向速度。纵向条上刻有刻度，代表己舰航速，并附有一滑块。滑块上有一敌舰条，该敌舰条可绕滑块中心转动，且刻有代表敌舰速度的刻度。前文已经说明了敌舰的径向与切向速度仅由敌舰方位、敌我两舰航向、敌我两舰速度确定，这五个变量即为杜莫瑞克变距率盘的输入参数。理论上变距率盘的操作员可以根据敌我两舰动向持续调整转盘角度、滑块位置和敌舰条设置，从而实现对敌舰径向与切向速度的持续追踪。

最初投入使用的杜莫瑞克变距率盘（编号为马克Ⅰ型）以及若干后续型号，由艾略特兄弟公司（Elliott Brother）生产，并由该公司于1904年8月出资申请专利。该公司也凭借这一产品逐渐成为皇家海军火控仪器的主要供应商之一。1906年中，海军部决定在转盘上增加小型瞄准具，同时放大杜莫瑞克变距率盘的体积。尽管在1907年"无畏"号进行首次试验巡航时，还来不及实施以上改进，但报告显示至1907年中所有电力火控舰只均装备2～6具改进后的杜莫瑞克变距率盘，其中约一半为小型的马克Ⅰ型，另一半为较大型的马克Ⅱ型。

值得注意的是，斯科特本人对于杜莫瑞克变距率盘并不感兴趣。他认为该仪器在计算远距离目标的距离变化率时，非常依赖对敌舰相对航向、航速的估测结果，而这种估测结果显然不够可靠。他的建议是，利用计时器和测距仪得出距离变化率，或干脆猜测得出距离变化率。1906年，利用测距仪和计时得出距离变化率的方法在皇家海军中被广泛接受，且被认为是精确维持距离变化率的

方法之一，但受限于当时皇家海军使用的4.5英尺（1.37米）基线测距仪在远距离上的测距精度，此种方法所提供的距离变化率也未见得比杜莫瑞克变距率盘精准多少。

维克斯距离钟（Vickers Clock）

有了距离变化率之后，下一步自然就是估测着弹时敌舰的距离，这一估测可以利用维克斯距离钟实现。1903年12月，珀西·斯科特在一次讲座中就已经提到了距离钟的基本原理。1904年4月，斯科特在维克斯公司的助手提出专利申请。皇家海军在1905年进行炮术演练时，已有若干套最初版本的维克斯距离钟可供使用，至1906年中，第一批246套该设备完成生产并可以大量供应。当"无畏"号开始试验性巡航时，据推测其火控中心内装有3部维克斯距离钟，因此该舰的部分炮塔在必要时可以实施独立控制。

维克斯距离钟的主要用途是根据测距仪的读数和杜莫瑞克变距率盘的结果预测敌舰的距离，从而使得即使在测距操作受烟雾、

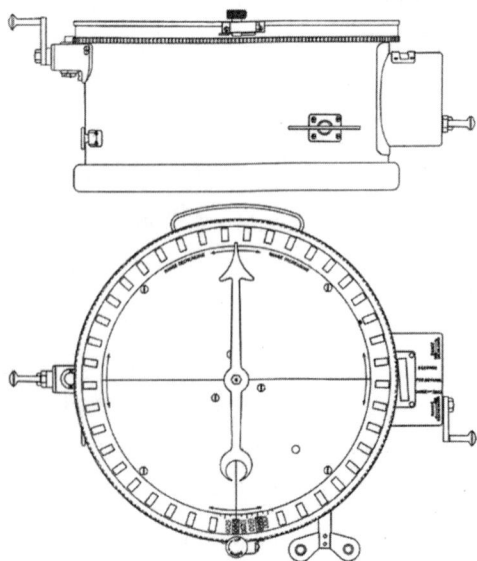

▲ 马克Ⅱ型维克斯钟（侧视图和俯视图）。

能见度、敌火等因素影响不能频繁进行时（即使在良好条件下测距操作大致一分钟也仅能完成4次），能较为准确地预计敌我两舰之间的距离，当然也可以根据校射结果对该仪器输入修正值从而缩小预测距离的误差。理论上，维克斯距离钟相当于一个机械式积分器，将变距率盘提供的距离导数积分为距离变化。不过在实际中，由于变距率盘不可能持续提供切向与径向速度数据，因此维克斯表的读数与实际距离总存在一定的误差。如不考虑变距率盘本身的输出结果可能存在的误差，提高变距率盘提供切向与径向速度的数据更新频率，理论上可以提高维克斯距离钟的输出精度。

杜莫瑞克变距率盘和维克斯距离钟的引入，大大简化了校射的过程。在皇家海军的习惯中，利用试射结果调节维克斯距离钟的设定时，通常同时调节距离和距离变化率，且后者的调节数值为前者的一半。这一思路斯科特早已提出，但他并未同时提出如何修改距离变化率，也没提出如何在不利用变距率盘的前提下，解算开火时应采取的偏角。

"无畏"号的实验

1905年起，皇家海军年度炮术演练设定统一的目标和规则，并逐步提高了开火距离以适应技术发展。

1906年"无畏"号下水时，上述大部分火控仪器的设计均已完成。根据在"爱丁堡公爵"号装巡上进行实验的结果，海军决定将距离钟以及通向各炮塔的距离与偏角数据发送端移至火控中心内，该中心设在桅杆基部并有装甲防护。火控中心通过大口径传声管与桅顶相连，测距仪和杜莫瑞克变距率盘仍设在桅顶。初始距离、校射结果和偏角通

过传声管由桅顶传往火控中心，距离变化率则利用特殊的电力发报器传往火控中心。在试验性巡航时，"无畏"号的火控中心设于装甲甲板上，且仅依靠传声管与桅顶联系。除新的距离变化率仪器外，该舰安装了此前已经发明的所有火控仪器。

但同年，"无畏"号的炮术训练报告提到，该舰的主炮俯仰无法抵消横摇的影响，而炮塔的旋转机构也不足以支持瞄准具在己舰航行时持续跟踪一移动目标。这意味着在己舰移动时难以实现齐射所需的连续瞄准。

俯仰与回旋

早在"无畏"号开始建造前，时任海军军械局局长的杰里科就已经意识到，只有齐射才能提供有效的火力输出。为了实施有效的齐射，杰里科便提出改进火炮液压俯仰机构以及回旋机构，从而使得炮塔可以实现持续瞄准。1907年，费舍尔宣称："在动力驱动火炮的控制机械方面取得了巨大的进步。"并在1908-1909年的预算中列入了为所有现役液压驱动炮塔安装改进装置的开销。1909年底，培根在向摩尔（Moore）交接海军军械局局长一职时，声称火炮俯仰速度已经提高至每秒3°，为此需要将控制手轮旋转3圈。新的13.5英寸（343毫米）主炮在"猎户座"级战列舰和"狮"级战巡上首次安装时，火炮的俯仰速度甚至稍有增加。1912年5月，摩尔报告称1911-1912年预算中的主力舰（"铁公爵"级战列舰和"虎"号战巡）其火炮俯仰速度可达到每秒5°，且仅需旋转控制手轮1圈。

"无畏"号的炮塔回旋机构一般被认为较为笨拙，此后朴次茅斯船坞提出了改进方案。1909年，"无畏"号和"不屈"号即据

此对炮塔实施了改装。

为了提供更高的转向力矩，1906 年埃尔斯维克公司（Elswick）设计了一种六气缸旋转引擎，该引擎首先为日本前无畏舰"鹿岛"号采用。针对这一引擎，朴次茅斯船坞再次设计了一种由单个飞轮驱动的控制阀，并首先在"不挠"号战巡和"柏勒罗丰"级战列舰上使用。在 1908 年炮术演练中，该系统表现出色。此后埃尔斯维克公司又设计了挡板引擎，对回旋的控制更加灵便。该种引擎首先在"巨人"级和"大力神"号战列舰上采用。至 1912 年，"猎户座"级战列舰上的所有火炮俯仰操作员都能轻松地排除 12° 横摇的影响，部分操作员甚至能排除 16° ～ 18° 横摇的影响（横摇角度为左右幅度总计）。至此，除恶劣海况外，皇家海军已经实现能连续瞄准。

火控仪器和瞄具

尽管巴和斯特劳德公司的第一代火控仪器并不成功，但在 1907 年中巴和斯特劳德公司的这项产品再度领先。在性能并不逊色的前提下，该公司的马克 II 型产品在功耗方面较维克斯公司的产品大幅降低（仅为后者的三分之一），且接收端不需要换向器。马克 II 型设备首先在"无敌"级战巡上安装，随后其改进型马克 II* 型安装在了"柏勒罗丰"级和"圣文森特"级战列舰上。从 1909 年底至 1912 年，所有此前安装的马克 I 型火控仪器均被马克 II 型所替代。

在早期无畏舰上的火控中心内，每当距离变化 25 码（22.86 米）及整 100 码（91.44 米）时，距离钟操作员都会进行一次报告。火控中心内的发报员（每炮塔均分配有一名发报员）则会相应地旋转发报机的手柄，以 25 码（22.86

米）为间隔显示距离的变化。在各炮塔内，各炮的瞄准镜设置员在收报机上读出距离和偏角，然后相应地设置瞄准镜参数。1909 年，瞄准镜设置员配备了耳机，可以直接收听到火控中心内的报数。不过当距离变化率很高时，距离钟操作员的报数会极为频繁，收发两端可能都难以及时更新数据。在火控中心内，利用机械将几台发报机连在一起，同时进行操作的思路在一定程度上有助于减轻这一困难。自从 1908 年对这个思路进行了试验后，所有的前无畏舰和"海王星"级以前的无畏舰均使用了类似交叉互联的设置。

相对而言，更大的困难在于如何实现接收端瞄准镜参数设置的自动更新。解决这一问题的尝试最迟始于 1904 年，但直至 1907 年仍未获得满意的结果。不过 1907 年维克斯公司提出了一个比较取巧的解决办法，即人力操控的"随指示器"式设定。

"圣文森特"级炮塔的瞄准器进行了两个重要改进。首先，瞄准器利用凸轮和转子而非此前设在炮耳上的齿条决定俯仰角。其次，潜望镜取代了望远镜作为瞄准镜的主要结构。"大力神"号首先使用了维克斯公司的"随指示器"式装置，随后该装置也被"巨人"级战列舰和"不倦"号战巡所采用，并从此成为英制主力舰的标准配置。1916 年，皇家海军内部已经认为战前最重要的改进当属凸轮系统的应用和"随指示器"式装置的引入。

另外值得一提的是一种陀螺稳定式的射击机械，不过由于射击时的震动、航速及航向的变化均会造成陀螺仪失效，因此其表现令人失望。

指挥仪

维克斯公司"随指示器"技术也促进了

指挥仪的诞生，即设置在桅顶用于指挥各炮瞄准的主火炮瞄准具。指挥仪内含有一个"随指示器"接收端，用于接收火控中心得出的火炮射距（即炮弹实际飞行距离）和偏角数据，并在据此解算出火炮仰角和转角后发往各炮。在炮塔内，各炮的俯仰操作员和回旋操作员根据接收端的数据调节液压控制柄。

指挥仪的概念最早由珀西·斯科特于1905年2月提出，当时希望借此将所有火炮的仰角统一在一个固定值。斯特克设计的指挥仪由维克斯公司生产，于1907年安装在"非洲"号前无畏舰（HMS Africa）上进行了测试。在由培根接任前，杰里科强烈建议继续对指挥仪原型进行进一步测试，并安排了相应的器材，以便斯科特可以在其旗舰"好望"号装巡上安装临时性的指挥仪继续进行测试。在1909年，皇家海军年度炮术演练以及此后的实验中，这套指挥仪表现良好。在此期间，朴次茅斯船坞也研发了另一款固定仰角指挥仪，不过这一款产品的设计和生产颇费周折。该设备首先安装在"无畏"号上，随后改装在"柏勒罗丰"号上。最终该设备于1910年进行测试，但当时还是上校军衔的伊万-托马斯根据测试结果否决了该设备的采用。

在摩尔继任之后，海军部安排斯科特与维克斯公司合作，研发可以同时控制炮塔俯仰和回旋且不限于特定角度的指挥仪。新设备首先安装在"海王星"号上，并于1911年第一季度进行了测试。根据测试结果，摩尔建议海军部从"猎户座"级战列舰和"狮"级战巡起，所有主力舰均应敷设电线以供指挥仪所用。尽管如此，摩尔仍认为"海王星"号上安装的指挥仪性能不尽如人意。在进行了多处改进之后，第二版指挥仪原型安装在了"朱庇特"号上。1912年11月，在该舰与"猎户座"号

进行的射击竞赛中，改进后的指挥仪原型发挥了巨大作用。1913年，摩尔在升任第三海务大臣后向维克斯下达了大宗指挥仪的订单，首先安装量产型指挥仪的是"阿贾克斯"号战列舰。至1914年8月，共有7艘战舰安装了指挥仪，而至日德兰海战前，仅"爱尔兰"号和"阿金库尔"号没有装备指挥仪。

开战时，大舰队中仅有少数的战列舰装备了指挥仪，但此事是否足以说明海军部不愿接纳新技术则有争论。斯科特本人在回忆录中声称，培根接任海军军械局局长一职后便不再支持指挥仪控制射击，虽然"海王星"号的测试结果使得杰里科建议采用此种方式实施射击，但由于摩尔的反对这一建议未被采纳。不过这一观点未得到其他来源证实。培根可能的确反对继续对固定俯仰式指挥仪进行研究，但可以同时控制炮塔俯仰和回旋且不限于特定角度的指挥仪，则恰恰是在其任上由斯科特和维克斯公司开始合作研发。摩尔无疑反对采用安装在"海王星"号上的指挥仪原型，但在接受了大量改进的第二版指挥仪原型诞生后，时任第三海务大臣的摩尔应对授予维克斯公司的大宗订单负责。当然，指挥仪的大规模安装是在开战后费舍尔第二次任职第一海务大臣时。

目标方位

1910年初，在继费舍尔出任第一海务大臣的威尔逊海军（Wilson）舰队上将的推荐下，海军从巴和斯特劳德公司订购了用于向各炮传送目标方位的设备。最初型号的设备（马克I型）传输目标的绝对方位（即以正北为0°，读数沿顺时针方向增加），很快该公司又推出了传输目标相对方位（即以己舰舰艏为0°，左舷或右舷为参照的读数）的后继

型号（马克 II 型）。两种设计均使用步进式计转器，其最小读数为 0.25°。

1907 年，安睿和维尼奥莱公司（Evershed & Vignolles）向海军部提交了一种基于平衡电桥原理的距离、指令和偏角传送仪器。1910 年 1 月，安睿和维尼奥莱公司的产品原型生产完毕，并安装在"壮丽"号上以供测试。进一步完善的设备于 1912 年 12 月才安装在"柏勒罗丰"号进行测试。

安睿和维尼奥莱公司生产的设备，其发送端与一光学目标指示器相连，其接收端可以安装在炮塔回旋操作员所使用的望远镜上，以便操作员将目标纳入望远镜的视野。至战争开始前不久，除"海王星"号、"澳大利亚"号和"新西兰"号外，所有 12 英寸（304.8 毫米）炮战列舰、战巡均配备了这一设备。在 13.5 英寸（343 毫米）炮的战列舰、战巡中，仅"狮"号、"皇家公主"号、"猎户座"号、"英王乔治五世"号和"百夫长"号装备了这一设备。战争开始后，15 英寸（381 毫米）炮战列舰（即"伊丽莎白女王"级和"皇权"级）获得了优先装备权，因此在日德兰海战前的早期战列舰中仅"征服者"号于 1915 年 2 月装备了这一设备。没有装备安睿和维尼奥莱公司产品或指挥仪的舰只，只能依靠巴和斯特劳德公司生产的马克 II 型方位接收器实现类似功能。

测距仪及其基座

当 9 英尺（2.74 米）基线测距仪最初安装在"无畏"号上时，一名操作员不但要负责控制测距仪的俯仰和回旋，还要负责计算测距结果。1909 年底，海军对测距仪基座进行了改进，其回旋由一套独立的装置控制，不过控制测距仪俯仰的操作员仍负责计算测距结果。这种基座安装在"圣文森特"级以

及后续舰只上，而已建成舰只则继续安装较早版本基座的测距仪。1912 年，亚尔古公司的陀螺稳定式测距仪基座逐步进入海军。在"狮"级战巡和"英王乔治五世"级战列舰上，测距仪基座被安装在位于司令塔顶部的可回旋装甲罩下方，这一装甲罩也由此被称为"亚尔古塔"。除"大力神"号外，较早的主力舰上的亚尔古测距仪基座均安装在桅顶，这也要求各舰改装面积较大的桅顶。

1908 年，培根领导下的海军军械局开始研究如何在炮塔内安装测距仪。1909 年，培根还认识到，安装有测距仪的炮塔也可加装适当的装备从而作为后备火控中心。1910 年，海军着手在从"无畏"号至"猎户座"级的所有主力舰上，均选择一炮塔加装 9 英尺（2.74 米）基线测距仪，该测距仪上置有装甲护罩。"狮"号和"皇家公主"号则各有两炮塔以这一方式安装测距仪。此后海军部的思路转向实现各炮塔的独立火控，这就要求各炮塔均配备测距仪。海军部于 1912 年年中批准在"英王乔治五世"级战列舰、"玛丽女王"号战巡以及后续主力舰上为每个炮塔都配备了测距仪，此后又于 1913 年批准在所有的主力舰上实施这一改装。不过各舰的实际改装在战争开始后才匆忙实施。

杰里科在其海军军械局局长任期内，鼓励巴和斯特劳德公司继续研发有效距离更远、

▲ 亚尔古测距仪基座。

精度更高的测距仪。培根继任后，于1908年
1月安排了对该公司的15英尺（4.57米）基
线测距仪进行测试。在报告中，培根表示测
试结果令人满意。不过在摩尔任职海军军械
局局长时，测距仪的发展似乎停滞了。造成
这一结果的原因之一是当时认为亚尔古测距
仪基座可以将9英尺（2.74米）基线测距仪
的有效距离提高到12000码（10972.8米）或
13000码（11887.2米），另一原因是巴和斯
特劳德公司未能及时纠正此前测试中发现的
缺陷。1912年5月，摩尔对继任者都铎提到，
巴和斯特劳德公司在1910年左右进行测试的
15英尺（4.57米）基线测距仪精度未达预期，
不过海军已经订购了另一部接受重大改进后
的15英尺（4.57米）基线测距仪，并计划将
其安装在"阿贾克斯"号的B炮塔上。后者
可能是此后于1913年投产的FT型测距仪，
该款测距仪后来成了巴和斯特劳德公司的标
准型15英尺（4.57米）基线测距仪。从1913
年起，该公司常年为外国客户提供12英尺
（3.66米）和15英尺（4.57米）基线测距仪，
甚至曾出售过一座33英尺（10米）基线测
距仪。遗憾的是，在1912年5月～1914年8
月摩尔任第三海务大臣时，海军部也没有试
图在主力舰上安装精度更高的15英尺（4.57
米）基线测距仪。除了用于测试的那座15英
尺（4.57米）基线测距仪外（该测距仪后来
移至"猎户座"号），FT24型15英尺（4.57
米）基线测距仪仅被用于"伊丽莎白女王"
级战列舰。

杰里科及其先后两位继任者还曾邀请其
他公司提交各自的测距仪设计用于测试，这
个举动的主要动机之一是试图引入巴和斯特
劳德公司的竞争者。库克公司生产的10英尺
（3.05米）基线测距仪表现良好，但遗憾的

是其价格过于昂贵。在比较了两家公司的12
英尺（3.66米）基线测距仪后，摩尔总结称
库克公司的产品聚光能力更好，这可能是该
公司产品精度更高的原因。

毫无疑问库克－坡伦公司（库克公司已
被坡伦（Pollen）的亚尔古公司收购，坡伦即
亚尔古火控台的发明者）的产品性能卓越但
同时价格高昂。沙俄海军就更喜欢该公司的
产品，虽然其价格是巴和斯特劳德公司同类
产品价格的三倍。然而英国海军部的政策是
为每艘战舰配备尽可能多的测距仪，这本身
就不适合选择库克公司的产品。另一方面，
至1913年，坡伦本人和海军部的关系已经非
常糟糕，这不但是亚尔古火控台不被海军部
接受的原因之一，也对库克公司的测距仪产
生了影响。直至1918年3月，海军部才向该
公司订购了30套测距仪，但由于生产力不足，
该公司在停战前只能交付了10套。

日德兰海战时，所有英制战巡均装备巴
和斯特劳德公司生产的FQ2型9英尺（2.74米）
基线测距仪。理论上而言，该测距仪在10000
码（9144米）距离上的误差为45码（41.15米），
在15000码（13716米）距离上则为190码

▲ 杜莫瑞克变距率盘。

（173.74 米），但实际操作中误差要大得多。在实战中，测距误差高达 1000 码（914.4 米）的情况并不鲜见。

杜莫瑞克变距率盘

在海军军官和工业界的通力合作下，杜莫瑞克变距率盘在战前持续接受着改进。1908年根据德雷尔的建议，艾略特兄弟公司在机械上大致实现了"交角在转向过程中恒定"这一功能。尽管拥有该功能的变距率盘并未生产，但这一原理在此后被使用在其他设备上。

1909 年，英国人对变距率盘实施了一次改进，即在变距率盘上加装两个罗经圈，用以指示敌我罗经航向。这一改进被马克 II* 型和马克 III 型杜莫瑞克变距率盘所吸收，在新型号的变距率盘上，转盘上的读数单位改为码 / 分钟，并增加了新的刻度线以便在切向速度和方位变化率之间实施转换。

马克 IV 型杜莫瑞克变距率盘于 1910 年研发，用于在炮塔内实施独立火控，该产品于同年 10 月由艾略特公司定型。实战中，利用该设备对敌舰转向完成后新航向的估计误差在几度上下。尽管马克 IV 型杜莫瑞克变距率盘依然不能实现在任何情况下都准确指示敌舰的切向 / 径向速度，但仍足以给出较为准确的近似值。

至 1913 年 1 月 6 日，艾略特公司共向皇家海军提供了 1042 件变距率盘，总售价 9539磅。某些简化版本，例如用在炮塔内的马克 IV 型，售价仅为 4 磅 10 先令。变距率盘的演化并未止步于此，其后续型号构成了德雷尔火控台的核心组件。

维克斯距离钟

截至 1907 年年中，装备电力火控设备的各舰都装备了至少 2 台距离钟。对距离钟的改进包括加装了一个与原有指针同轴的指针，用于指示测距仪读数，这一改进至迟 1913 年才引入。1909 年，距离变化率的单位改为码 / 分钟。除变距率盘外，巴和斯特劳德公司生产的马克 II 型火控仪器其接收端和发送端也使用了这一单位。

在早期的型号中，杜莫瑞克变距率盘的读数由手动输入维克斯距离钟，因此实际上两仪器之间不能实现连续对接。当距离变化率本身的变化较大时，杜莫瑞克变距率盘读数的输入频率越高，维克斯距离钟的结果越精确。一般来说，最高频率为每分钟 4 次。

如果按距离变化率每变化 100 码 / 分钟（每分钟 91.44 米）进行一次调整，那么每分钟内维克斯距离钟输出的距离变化与实际距离变化之差不超过 50 码（45.72 米）。因此在习惯上，皇家海军通常步进式地调整维克斯距离钟的输入。

在实际操作中，维克斯距离钟的无级变速机构较易出现故障，不能平滑地实现变速。尽管如此，一战前的维克斯距离钟其精度已经大致足以满足实战中的需要。

其他火控仪器

1908 年，日后德雷尔火控发明者的哥哥约翰·德雷尔（John Dreyer）向海军部提交了一份距离修正器的设计。该设计的输入参数为两舰距离、空气密度、风速以及距离变化率，其输出值则为两舰距离和炮弹实际飞行距离之差（这一差值后被称为跨射修正参数）。该参数可以随时归零以便修改输入参数或根据校射结果进行调整。

1909 年，皇家海军又引入了纸板式圆形计算器，用于根据切向速度和风速计读数计算偏角修正值。

1909 年，麦克纳马拉式（Macnamara）炮弹飞行时间计首次在文献中被提及。虽然这一仪器当年并没有发放，但至 1913 年，它已被认为对集火射击而言不可或缺，并提倡在各舰主火控室和各炮塔独立火控室内均装备这一仪器。

1909 年起，艾略特兄弟公司开始向海军部供应风力计，用于计算视风的风速风向及其分量。同年，该公司还生产了福布斯（Forbes）航速记录器。至 1912 年，所有主力舰均装备了航速记录器，以便杜莫瑞克变距率盘操作员正确设置本舰航速。

1912 年之后重要的发明和设备包括：安睿公司在目标指示技术方面的突破，第一款专门为瞄准操作而设计的望远镜，约翰·德雷尔发明的自纠错式凸轮瞄准镜（该设备被认为极为重要，因此专门由伍尔维奇兵工厂生产以保护军用技术机密），对炮塔液压俯仰和回旋控制方式的改进。

测绘法

由于距离变化率、切向速度、径向速度、敌舰方位变化率的计算异常复杂，因此无法用于实战。杜莫瑞克变距率盘和维克斯距离钟可以看作用于实施此类计算的机械式计算器，但为提高计算准确率起见，仍需要引进另一种方式进行相关的计算，从而实现不同算法的结果之间的交互对照，以便相应地调整机械式计算器的输入参数，测绘法由此应运而生。由于距离变化率是一个瞬时值，因此在计算切线斜率时也应利用最近几次测量得出的结果进行计算。

为反映敌我两舰动向，在一张图上同时绘制敌我两舰在若干时刻的位置无疑最为有利。但在实际操作上这种绘图技术难度很高，即使手动绘图也难以完成。亚尔古火控台在其完整形式中即利用机械自动绘制敌舰的绝对航线，但正因为这一绘图难度很高，因此绘制敌舰的绝对航线的仪器长期失败，在很大程度上影响了亚尔古火控台的问世。这一延误对坡伦本人和海军部已经的紧张关系显然毫无益处，并进而造成亚尔古火控台未被皇家海军采用。

较为简单一些的办法是，在同一张图上绘制若干时刻敌舰相对己舰的相对位置。坡伦最初设计的自动绘图仪即基于这一方法。

最为简单的办法是同时绘制两张图，其中一张仅绘制不同时间点敌舰与己舰的距离，而另一张则绘制不同时间点敌舰相对己舰的方位。这一绘图法的直观程度最低，但给出的参数对于火控来说最为直接——两张图的变化率分别为距离变化率和方位变化率，可直接输入维克斯距离钟，或在简单变换之后与杜莫瑞克变距率盘的结果相比较，从而修正后者的输入参数。从技术上来说，该绘图法的任一张图仅关心一个变量。由于位置实际由两个变量（距离、方位）决定，因此该绘图法通过分离这两个变量，简化了绘图难度。德雷尔火控台即基于这一绘图法。

虽然技术上实现难度不一，但技术的难度与测绘结果的精度并无直接联系。鉴于亚尔古火控台最终实现了测绘绝对航线，因此该设备可能在技术上较同时期的德雷尔火控台更为先进。但应注意到，亚尔古火控台直至绝对航线测绘仪完成，才实现了德雷尔火控台在老式款式中已经实现的功能。因此在比较两种火控台时，应注意以同时期两种火控台的表现进行比较。

自动测绘固然理想，但是其技术难度也

较大。1907 年坡伦最初版的自动绘图仪设计完成并提交海军部，这一设备连同相应的测距仪基座、数据传输设备一起被安装在"阿里阿德涅"号防护巡洋舰（Ariadne）上，并于 1908 年 1 月 11 日和 13 日在托贝（Torbay）进行测试。负责评估此次测试的是 1907 年退休的威尔逊海军舰队上将。尽管坡伦本人声称测试完全成功，并且以 5 次测试中有 4 次其系统误差都不超过 70 码（64 米）作为佐证，但海军部仍持有不同看法。首先，这 5 次测试中实际只有 2 次误差不超过 70 码（64 米）；其次，这 2 次距离也是由测绘图得出，而非经由杜莫瑞克变距率盘和维克斯距离钟得出。1 月 15 日"阿里阿德涅"号出海进行测试，此次测试中距离保持恒定，因此理论上说该系统给出的是较为准确的结果。尽管威尔逊的报告已经难以寻获，但他显然对坡伦的发明并不满意。其主要原因如下：

（1）当己舰航向改变时，整套设备表现完全失常。操作员只能暂时停止陀螺仪的运转，直至己舰稳定在新航向上；

（2）陀螺仪本身出现蠕变；

……

（3）整套系统不可靠。

应该说第一点并不意外，虽然坡伦此后公开反驳称"转向完成后陀螺仪能自动选择并保持新航向"，但实际上坡伦自己也知道被测试的设备并不完善。1909 年，在给海军部秘书的信中，他便承认整套设备"并未在所有方面都达到其预期"，绘图仪有缺陷。无论如何，1908 年时坡伦的发明还远不完整。

受此次测试的影响，1908 年 5 月海军内部发行的一本关于名为"火控"（Fire Control）的小册子中，德雷尔建议采用人工绘图法测定敌舰的相对航向和航速，当时预计这种便宜的绘图方法可以取代坡伦昂贵的发明。然而实践中发现，由于方位测量结果的误差太大，即使方位变化率较低，也难以准确测绘敌舰的相对航向。为此需同时绘制时间－距离曲线。根据德雷尔的回忆，直至"阿里阿德涅"号上的测试完成之后，他才得以测试其时间－距离曲线测绘法。在这本小册子中，德雷尔还建议在绘制时间－距离曲线的同时绘制时间－距离变化率曲线，并希望由后者得出平均距离变化率。除此之外，1908 年海军尚缺乏可靠的测方位手段。鉴于理论上切向速度可以很方便地通过距离对时间的二阶导数获得，因此绘制时间－距离变化率并求得曲线切线斜率可以得出切向速度，并进而设定杜莫瑞克变距率盘。在德雷尔的建议中，方位变化率直接由不同时间的方位得出，而非利用时间－方位曲线。在 1908 年的年度炮术演练中，各舰采用了不同的测绘方式，其结果如下表：

测绘方式	采用舰只总数（艘）	得出满意结果舰只数（艘）	信息不明舰只数（艘）
敌舰绝对航线	33	18	4
敌舰相对航线	8	3	4
距离-时间曲线	13	5	4

当年炮术演练中，成绩位列本土舰队1、4位的"不挠"号和"无敌"号可能均测绘了敌舰相对航线，但这一结果不能说明任何问题。而德雷尔心仪的时间－距离变化率曲线并没有受到广泛的欢迎，毕竟这一测绘法方法无法直接预测敌舰位置。

1909年的年度炮术演练前，海军部下发了大量器材以便实施手动测绘。海军部和坡伦各自也提出制造绘制己舰绝对航线的绘图机，但两者在原理上都难以实现。当年几乎所有参加年度炮术演练的舰只都尝试了测绘敌舰相对航线的绘图法，不过似乎这一绘图法此后便被抛弃，而测绘敌舰绝对航线的绘图法占了上风。在39艘舰只中，11艘测绘的航向误差小于0.5个罗经点（5.625°），16艘误差小于1个罗经点（11.25°），完成测绘的平均时间为5.2分钟。实践表明，同时读取敌舰距离和方位在实战条件下难以实现，且在开火后读数误差也会显著增大。这说明至1909年测绘技术仍无法满足实战中火控的需要。海军部内部认为今后亟须发展的三个方向分别是更为稳定的测距仪基座、更准确的敌舰方位测定法以及更准确地记录己舰航速。与此同时，时间－距离变化率曲线帮助了不少舰只较快地取得敌舰方位。当年的经验除促使海军部于1910年春向亚尔古公司下达了测距仪基座的订单外，还促进了新老舰只的俯仰和回旋机构的改进，使得"海王星"号成为最后一艘未装有维克斯公司"随指示器"式瞄准镜的主力舰，而福布斯航速记录器则即将进行实装。

1910年的战术演练中，人工绘图法的弱点进一步暴露。在较差能见度条件下，实战中根本无法等到测绘完成后再开火；而当能见度条件度较好时，双方频繁的战术机动又很可能导致无法得到有效的测绘结果。在这一演练过程中，时间－距离变化率曲线已经被广泛测绘，且通过该曲线调整杜莫瑞克变距率盘和维克斯距离钟的方式总能比人工绘图法更快地解算出火控参数。至1910年，包括相对航线测绘在内的所有人工绘图法都已被放弃。

1910年，坡伦改进了其设计中的火控系统，系统的各部分逐一安装在"纳塔尔"号装巡（Natal）上以供测试。新的系统包括用于测绘敌舰绝对航线的绘图仪，原理上该绘图仪可实现传输敌舰的相对方位（即相对己舰舰艏的方位）。虽然理论上陀螺仪仍可使得绘图仪不受偏航影响，但是在转向时绘图的精度则在很大程度上取决于测距仪操作员的技术。1910年2月，亚尔古射钟（马克I型）完工并安装在"纳塔尔"号上，该射钟用于计算敌舰的相对方向和航速。

1910年6月16日～29日间，安装亚尔古火控系统的"纳塔尔"号进行了测试，其目的在于与绘制敌舰相对航线的"非洲"号、绘制时间－距离曲线的"壮丽"号进行对比。在这一系列测试中，"壮丽"号拔得头筹，而"纳塔尔"号上的亚尔古系统则表现得既不可靠也不适合航海要求，且对操作员技术水平的要求更高。相对而言，亚尔古射钟的机械可靠性较高，但其表现也未达预期，并在转向时无法连续工作。

1910年的年度炮术演练前，海军部没有对绘图形式做任何推荐。由射击训练巡视员亲自检查的61艘参加演练的舰只中，有43艘仍绘制敌舰的航线，10艘选择绘制时间－距离曲线，有8艘则同时绘制时间－距离曲线和时间－方位曲线（即双重变化率测绘）。双重变化率测绘法的设想首先由"傲慢"号二等防护巡洋舰（HMS Arrogant）上的诺曼中尉（Norman）于 1908 年提出。1909 年，该舰在其参与的两次年度炮术演练中均采用了双重变化率测绘法，亚尔古式测距仪基座的发明使得测距仪得出的距离和方位，可由传输器材直接发往火控中心。在"纳塔尔"号上，亚尔古式绘图仪也被用于测绘时间－距离曲线和时间－距离变化率曲线。同年 11 月，坡伦表示在使用亚尔古式测距仪基座的前提下，使用双重变化率测绘法预测距离是个不错的替代办法。

鉴于时间－距离曲线测绘法的成功，1911 年初海军部的相关报告中已经建议利用该测绘法预计敌舰距离，并和测距仪配合连续调整距离钟输入参数，从而使得距离钟的输出结果与测距仪测距结果相符。当可靠而精确的方位计投入现役后，海军部建议同时测绘时间－距离曲线和时间－方位曲线两张图，并据此设定杜莫瑞克变距率盘的输入参数。

手动火控系统

至一战爆发前，大部分装备 12 英寸（304.8 毫米）主炮的主力舰均未装备火控台（仅"海王星"号装备原型指挥仪，"大力神"号装备早期型德雷尔火控台）。在这些舰只上，火控系统各部分之间的数据传输依然依靠人力。尽管如此，通过手动火控系统仍可窥见火控系统的工作原理。

传输

火控主要由前桅桅顶进行，但在主桅桅顶以及两座炮塔（例如"圣文森特"级的 A 炮塔和 Y 炮塔）也设有火控设备，以备在必要时实施火控操作。每个火控点均设有 9 英尺（2.74 米）基线测距仪（其中设在前桅桅顶的测距仪装有亚尔古基座）、杜莫瑞克变距率盘以及相应设备以供发送距离、目标方位，以及距离变化率至前、后火控中心。火控点也可通过传声管或电话直接与火控中心交流。每个火控中心均设有维克斯距离钟、杜莫瑞克变距率盘和相应设备，以供向各炮塔发送数据。通过转换开关，各炮塔经由火控仪器或电话从火控中心接收炮弹飞行距离、偏角以及其他指令。当各炮塔实施独立火控时，炮塔瞄准镜接收端也可与炮塔内的发送端相连。安睿公司生产的火控仪器使得任一火控点均可将目标方位直接送往各炮塔回旋操作员所使用的接收端。

解算

在火控中心内，己舰的航速显示在福布斯航速记录器的接收端，航速的任何变化都会发送至桅顶，以便后者相应地更改杜莫瑞克变距率盘的设定。此外，桅顶还装有风速计。

当敌舰进入桅顶视野后，桅顶内的安睿火控仪器发送端、测距仪、变距率盘和风速计的风向标，均立即指向敌舰方位。随后安睿火控仪器向各炮塔发送目标方位，同时由杜莫瑞克变距率盘上读取的目标方位被发送至火控中心，火控中心据此设定该舱室内的变距率盘。桅顶上的距离变化率计算员首先估测敌舰的航向和航速，并设定变距率盘，从而得到初始的径向速度和切向速度。与此同时，两舰距离的第一个读数由测距仪或估算得出。桅顶火控点随后将其得出射击诸元发往火控中心，后者则将已知所有数据输入距离修正器，并得出实际距离和炮弹飞行距离之差的估计值，从而设定维克斯距离钟。维克斯距离钟进而得出基于距离变化率估计值的炮弹飞行距离，并发往各炮塔。理论上此时各炮就已经可以开炮了。如果敌舰方位不断变化，杜莫瑞克变距率盘得出的径向和切向速度也会相应变化，而输入维克斯距离钟的距离变化率也应相应调整。偏角的变化则直接发送至各炮。

在火控中心内，绘图员根据各测距仪的读数绘制时间－距离曲线并据此得出距离变化率，这一结果与杜莫瑞克变距率盘得出的结果对比验证并进行相应调整。与此同时，亚尔古测距仪基座传来的敌舰方位（注意这一方位已经排除了偏航的影响）则用于绘制时间－方位曲线，供调整方位变化率和径向速度所用。测绘结果反馈给桅顶的距离变化率计算员，后者则根据测绘结果及其对敌舰的观测结果，决定如何调整杜莫瑞克变距率盘的输入参数。

射击

由于经费所限，在炮术演练时皇家海军各舰通常只用单炮试射。但在1911年炮术手册则要求在情况许可时应至少使用3炮实施试射。麦克纳马拉式炮弹飞行时间计也出预计炮弹飞行时间，而校射指令则经传声管由桅顶发往火控中心。试射首先用于调整偏角以及变距率盘上的切向速度，然后利用夹叉试射法【距离间隔不小于400码（365.76米）】直至夹中目标。任何对距离的修正首先施于维克斯距离钟，然后发往各炮。在可能条件下，各次齐射之间应继续进行测距和测绘，以检查距离钟给出的预测距离。如果距离钟的结果与测距仪测距结果的平均值有明显差距，负责操作距离钟的军官将下令进行修正，并将修正指令告知火控点。如果修正指令与观测结果相矛盾，火控点有权通过传声管取消部分或全部取正命令。一旦距离确定，战舰

应立即以最快射速实施效力射击。这样一来敌舰将陷入炮火之中，难以实施观测或回击。

在实际中，以何种方式射击才能尽快对敌舰造成最大破坏仍是一个未知数。最高射速只有在各炮塔以收到的炮弹飞行距离独立决定射击时机时才能达到，但由于烟雾以及冲击波对瞄准和观测的影响，校射在这一情况下异常困难。1915年，皇家海军认为在实施理想的快速射时，不应待观察到本次齐射的炮弹落点后才进行下一次齐射。无论如何，当天气恶劣或烟雾影响明显时，各炮独立射击仍是不可避免的——即使在取得夹中之前。

在初始距离不正确但误差不大的情况下，跨射仍有可能达成，不过在此情况下，累计的误差很快就会导致己舰不能再达成跨射。类似的，即使敌舰已被跨射甚至已被命中，它仍可以通过转向实现改变距离变化率，从而使己舰不再能形成跨射。重新获得正确距离的办法是观测距离变化率，并在校射时同时调整距离和距离变化率。

通过马克VI型杜莫瑞克变距率盘与福布斯航速记录器的配合，上述系统在己舰转向过程中也能较精确地解算距离变化率。尽管在转向过程中齐射落点将不可避免地偏离目标，但在己舰航向稳定后，通过试射将比较快捷地按偏角、距离和距离变化率的顺序修正上述参数的误差。

亚尔古火控台 VS 德雷尔火控台

与亚尔古火控台相比，德雷尔火控台有相当多的部分暴露在外，因此在外观上无疑要简陋得多。从机械设计角度来说，亚尔古火控台也更为精巧，但是这并不足以成为评价两者优劣的标准。另一方面，开放式的德雷尔火控台便于各舰的枪炮官试验各种战时

改进，因而也便于德雷尔火控台的进一步发展。公允地说，亚尔古火控台并没有能获得这样的机会。

从性能上来说，1913 年对于德雷尔火控台和亚尔古火控台都是一个关键的节点。这一年马克 III 型德雷尔火控台和马克 IV 型亚尔古射钟均已量产，马克 IV 型亚尔古自动绘图仪则完成样品制造。双方都有各自的缺陷，马克 III 型德雷尔火控台不够自动化，马克 IV 型亚尔古射钟则不能排除己舰转向的影响，至于马克 IV 型亚尔古自动绘图仪则有较多缺陷。海军的实践表明，马克 III 型德雷尔火控台的手动操作部分对火控的影响并不明显，但马克 IV 型亚尔古射钟不能排除己舰转向影响的这一缺陷，对作战中持续火控不利。

对于亚尔古公司来说更为不幸的是，亚尔古系统中的绝对航线测绘仪在 1913 年后进一步影响了该公司在海军部的竞争力。1913 年，皇家海军已经在尝试利用多台测距仪的输出距离实施测绘。这一操作通过德雷尔火控台简单明了的双重速率测绘法很容易实现，而在亚尔古式绝对航线测绘仪上则很难实现。此外，双重速率测绘法本身在原理上就足够简洁，而德雷尔火控台将测绘和预测功能整合在单独闭环中的系统设计，比亚尔古系统中独立的绝对航向测绘仪和射钟的组合在实战条件下更为实用。实战中在能见度不佳的条件下，舰只会在发现敌舰后极短时间内根据估计的距离或至多若干测距仪测距结果的平均值迅速开火，考虑到德雷尔火控台解算平均距离、平均距离变化率、平均偏角、敌舰航向和航速均比亚尔古自动绘图仪更快，显然在这种情况下德雷尔火控台比亚尔古火控台更为实用。因此虽然 1914 年亚尔古火控台也排除了己舰转向的影响，但德雷尔火控台依然更符合海军的实战需要和技术要求。当然，尽管德雷尔火控台能够排除己舰转向的影响，但是仍需正确解算敌舰航向航速等参数，在完成上述参数解算之前，火控台自然不能发挥全部效力。在这一点上，亚尔古火控台并不见得会表现得更好。

此外，德雷尔火控台也比亚尔古火控台更为廉价。由于亚尔古公司总体经营情况不佳，因此海军部常常认为该公司出于弥补亏损的心理，为其产品的定价超出了合理的利润范围。当时皇家海军一方面需要迅速提高自身战斗力以应对公海舰队的挑战，另一方面又面临国会削减预算的巨大压力。1904 年，费舍尔出任第一海务大臣后的一大目标便是更经济地规划预算，从而实现节省预算。虽然其引入无畏舰这一概念的举动在一定程度上刺激了英德海军竞赛的开展，但他的其他政策依然明确地指向节约这一目标。即使在 1909 年"海军恐慌"时期，海军每年的预算也在经过反复讨论后才提交国会审议。这种避免高额预算的心态甚至使得 1914 年开战时，大舰队的主要基地斯卡帕湾基本处于不设防状态。在这种情况下，价格和迅速装备的要求在决策中的权重可能比性能上一定的缺陷更为重要。更何况，如文中所述，德雷尔火控台在性能上更符合海军的需要呢？

再者，坡伦、亚尔古公司与海军部关系的恶化也是阻碍海军部采用亚尔古火控台的原因。由于坡伦本人和海军上层人物关系较为密切，因此在海军部和坡伦与亚尔古公司的早期合作中常常出现不合常理的商业合作，在这种情况下，坡伦与亚尔古公司已经较通常情况获得了较多的利润。当海军部决定结束这种不正常的合作时，亚尔古公司必然不能获得以往的利润。由于此时亚尔古公司的经营业绩不佳，因此亚尔古公司并不希望结束这种合作关系。而由于坡伦本人与海军部就价格问题纠缠不休，双方关系迅速恶化，这显然无益于亚尔古火控台的竞争力。

火控视角下的"向南狂奔"（15时48分～16时27分）

从接敌到开火

1916年5月31日下午15时22分，"塞德利兹"号首先发现了英国战巡的桅杆，2分钟后皇家海军第2战巡中队发现了对手。尽管14时35分"加拉提亚"号发回的情报中所描述的敌舰实际上并非希佩尔的战巡，但贝蒂在14时35分至15时25分之间也没有采取任何措施集结麾下各中队。伊万-托马斯的第5战列舰中队没看到信号，贝蒂在此期间也没有命令3海里外距离对手更近的第2战巡中队向旗舰"狮"号靠拢以便构成战列线。由于第2战巡中队的"新西兰"号和"不倦"号装甲和火力都比第1战巡中队各舰薄弱，因此交火时该中队的理想位置应是战列线尾部。贝蒂本可以在接敌前就命令第2战巡中队机动至第1战巡中队后方，但他并没有下达这一命令。双方互相发现时相互距离仅约23000码（21031.2米），留给贝蒂调整阵型的时间已经不多。

贝蒂于15时30分下令转向东77°、取25节航速接敌。这一命令再次没有被及时传达到第5战列舰中队，好在这次延误不算严重，15时35分伊万-托马斯接到了经由信号灯传来的命令。无论如何，贝蒂此时给第5战列舰中队的命令依然是取平行航向而非向自己靠拢。这可能是出于贝蒂自己的私心：何必把功劳让给外人呢？

在如何处理第2战巡中队的问题上，贝

蒂的表现更加犹豫。15时29分，贝蒂通过旗号指示该中队的战位位于战列线前段，但此后并未表示执行这一命令。15时34分，贝蒂决定命令该中队在战列线尾部进入战位。这意味着该中队的2艘战巡必须先进行一次大幅度右转，再进行一次大幅度左转才能进入战位——换言之，实战中该中队划出了一个巨大的S形航迹。如果仅考虑战巡的阵型，这一命令无可厚非，但是在实战中，这意味着双方开火时该中队仍在机动过程中，尚未加入战列线——贝蒂就这样彻底放弃了本就微弱的数量优势。

贝蒂的麻烦还不止于此，风向也影响了英方战巡的阵型选择。一般来说，战列线的最简单形态自然是各舰排成与航向同向的一条直线。在这种阵型下，如果敌舰与风源位于战列线同侧（交战侧），即风从敌舰吹向己舰，那么我方各舰排出的烟气以及硝烟都将被风吹向非交战侧，自然不会影响我方的后续射击。如果敌舰与风源位于战列线异侧，即风从己舰吹向敌舰，或风向与己舰航向平行，那么己舰排出的烟气和硝烟或被吹向战列线中的

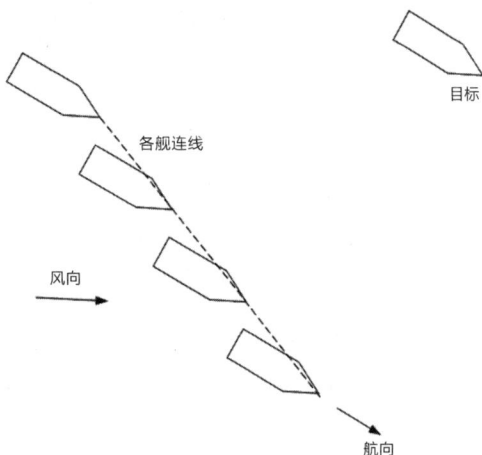

▲ 风向不利时战列线的展开方式（原理图，不代表实际角度和方位）。

后续舰只，或被吹至敌我之间，从而影响我方的后续射击。在这一情况下各舰应组成一条偏向敌舰的斜线，如风向不利时战列线的展开方式的原理图所示，斜线的具体角度通常由领舰按罗经方位指示。这样一来我方战列线中前方舰只排出的烟气都将被吹至后续舰只的非交战侧，从而削弱烟气对己舰后续射击的影响。

考虑到双方的位置关系，又鉴于风向为西北西，因此贝蒂在决定阵型时仍需考虑风向的影响。"狮"号在15时43分和46分分别进行两次小幅度右转，命令各舰组成斜线的信号旗则于15时45分降下，各舰遂开始执行。15时48分德国战巡首先开火，"狮"号则立即下令还击，此时距离贝蒂分配麾下各舰目标（15时47分）的时间仅有1分钟。此外，在此期间"狮"号还命令转向东南东方向，不过这一命令下达的时间并不十分确定（英方的通讯记录显示为15时45分，贝蒂自己的正式报告则声称该命令与开火命令同时发布）。实战中英方战巡在收到命令后于"狮"号左后方依次展开，排成一条沿西北方向（302°方位）展开的战列线，同时各舰的航向则几乎为正东，整个机动大约耗时7分钟。如果"狮"号继续保持15时45分的航向（77°），那么位于英方战线末端的战巡为完成这一机动几乎将直冲向德国战巡战线——这不但意味着这些战巡只能使用首炮塔和部分舷侧炮塔射击，还意味着它们将面临极高的目标距离变化率。不过由于"狮"号的右转，跟在"狮"号后方的各舰或是选择各自以不同的幅度右转（第1战巡中队的选择），或是选择继续保持向东然后进行大范围的右转（第2战巡中队的选择）。因此上述"狮"号指示各舰转向东南东方向的命令在时间上的矛盾，也许可以解释为"狮"

号发现后续舰只没有执行后又进行了重申。无论如何，贝蒂选择的战列线展开方式在当时都太过缓慢，导致双方开始交火时最多只有"皇家公主"号完成了机动。在执行这一机动的同时，双方的距离仍在迅速拉近，而贝蒂的机动显然无助于降低这一距离的拉近速度。固然"狮"号向右转过2个罗经点（22.5°），但由于希佩尔也同时转向南东南方向，因此"狮"号的这一机动并无助于降低双方距离拉近的速度。据战后推算，15时48分双方开始射击时，双方旗舰之间的距离变化率高达每分钟-570码（-521.2米）。

综上所述，在双方开火前的最后时刻，贝蒂的指挥显然不利于英方及时展开，而"狮"号糟糕的信号组织无疑又加剧了英方在展开过程中的混乱，这种混乱的直接结果便是各舰无法实现同时开火。"狮"号和"皇家公主"号均于15时48分30秒开火，"虎"号则在约1分钟后才开始射击，而"玛丽女王"号的第一次射击则还要晚2分钟，位于战列线倒数第二位的"新西兰"号则于15时51分开火。作为对比，位于德方战列线末端的"冯·德·坦恩"仅比旗舰晚了1分钟开火。一般认为开火时双方的实际距离在16000码（14630.4米）上下，但此战中除"皇家公主"号外，英国战巡的首次射击距离普遍设定为18000码（16459.2米）左右，在测距上出现了较大误差。除了开火时间上的差距外，由于未完成展开，各舰的射击条件也不尽相同。"狮"号和"皇家公主"号记录敌舰位于左舷前方42°方位，因此两舰从一开始便可实施全舷齐射，发挥最大火力。"玛丽女王"号的一位幸存者则回忆称，该舰在首轮射击时仅能以舰艏的A、B两炮塔射击。第2战巡中队的两舰在开火时可能取向东航向

（77°），因此显然也不能使用舰炮塔射击，"虎"号的情况可能也类似。

贝蒂在战后的简报中声称，在此过程中能见度总体来说良好，主要的影响来自于己方舰只排出的烟气。但简报和正式报告在具体时间点上出现了矛盾，因此有人怀疑贝蒂在撰写正式报告时故意篡改了经过，以防战后对其指挥的质疑。鉴于海战结果，这一质疑是难以避免。

即使不考虑时间问题，贝蒂选择的展开也并非无懈可击。除了贝蒂在自己的正式报告中声称交火前风向为东南风外，几乎所有其他资料都显示当时的风向为西风且风力为微风。因此在英方战巡转向东南东方向并形成西北向的战列线后，前方舰只排出的烟气和硝烟将被风吹向后续舰只的交战侧，这显然不利于射击。位于战列线最前端的"狮"号和紧随其后的"皇家公主"号在实战中并未受到烟气影响，而后者在这一阶段得出的距离变化率【每秒400码（365.76米）】也是双方舰只中最精确的。不过，其他舰只就没有这么出色的表现了。位于战线第4位的"虎"号的观测结果就非常糟糕，该舰的枪炮记录中最早的一栏甚至迟至15时44分，而且此后的记录也较零散如下表：

（1码≈0.91米）

时间	距离（码）	目标	备注
15时44分	–	–	"狮"号报告敌舰在望
15时45分	–	–	发现3艘敌战巡，分别为"德芙林格"号、"塞德利兹"号和"毛奇"号
15时48分	–	–	敌舰开始射击
15时50分	–	–	"狮"号开火
15时51分	18500	右起第4艘，"塞德利兹"级	自己方驱逐舰排出的烟气造成了较为严重的干扰

显然该舰很晚才发现德国战巡，且最初并未能观察到全部5艘德国战巡。即使在开火后，该舰的舰长和枪炮长也回忆称桅顶报告称由于战列线前方的己方战巡排出的烟气影响，观测范围严重受限。

殉爆的"玛丽女王"号存留的信息较为有限。从现存的信息来看，该舰开火比"虎"号更晚，首次射击采用的距离较实际距离高约1000码（914.4米）。由于"狮"号和"皇家公主"号的目标均为"吕佐夫"号，而"玛丽女王"号的射击目标为"塞德利兹"号，

因此"德芙林格"号并没有遭到英方射击。根据大舰队作战条令中着重强调了在数量允许的情况下应对敌方领舰进行集火，这也符合贝蒂对各舰目标的分配以及"皇家公主"号的目标选择。根据"虎"号的记录，该舰在开火时已经发现选择了错误的目标，但显然由于本方战巡和驱逐舰排出的烟气影响，该舰已经来不及转换目标。由此可以推断由于贝蒂未能及时完成本方战列线展开以削弱烟气的影响，导致"虎"号和"玛丽女王"号的观瞄受到了较为严重的影响。更为严重

的是，两舰迟至敌舰开火前几分钟（"虎"号为 3 分钟）才开始进行测绘，且在开火后仍未能及时排除烟气对观瞄的影响，因此两舰首次射击采用的距离与实际距离误差较大也就不足为奇了。贝蒂派固然可以辩解称，根据战巡舰队作战条令两舰应采取更主动的机动以削弱烟气的影响，但条令明确指出各舰自主转向时，其幅度与命令所规定的转向幅度差应小于一个罗经点（11.25°），且这种转向不应影响其他舰只的机动。在当时的情况下，1 个罗经点的幅度差很可能并不足以排除烟气的影响，且由于第 2 战巡中队正试图从左后方进入战列线，因此即使两舰实施这种自主机动也会对第 2 战巡中队的机动造成影响。

"新西兰"号的舰长回忆称接敌阶段烟气只有轻微的影响，因此该舰以及第 2 战巡中队当时显然位于"虎"号的左后方。遗憾的是，这也意味着该中队此后需要进行大幅度的转向。由此引发的侧倾、震动和大幅度的方位变化导致两舰根本无法实施测距，"新西兰"号直至 15 时 45 分才对右起第 4 艘敌舰实施测距。由于第 1 战巡中队此时的航速高达 24 节，因此第 2 战巡中队在转向完成后仍须维持高速航行以弥补转向过程中因速度下降而与第 1 战巡中队落下的距离。根据"新西兰"号的记录，该舰在开火时主机转速超过了 300 转，这一速度甚至超过了该舰在多格尔沙洲之战中的记录。在据估计接近 27 节的高航速下，该舰的振动将会严重影响测距。

如果说位于英方战巡战列线后方的 4 艘战巡（依次为"玛丽女王"号、"虎"号、"新西兰"号和"不倦"号）较为严重的测距误差均由种种客观条件限制所致，那么"狮"号显然不受上述客观条件影响。尽管如此，

"狮"号的测距结果也远不如"皇家公主"号准确。在"狮"号火控中心的记录中，该舰在接敌阶段仅得到了 2 个测距结果，分别是记录于 15 时 43 分的 20000 码（18288 米）和记录于 15 时 47 分的 18500 码（16916.4 米）。根据战后复盘的结果，这两个距离分别比实际距离高 900 码（822.96 米）和 1600 码（1463.04米）。如前文所述，当时的实际距离变化率约为每分钟 –570 码（–521.2 米），因此该舰两次测距结果得出的距离变化率【每分钟 –375码（–326.44 米）】已经远小于实际值，而令人惊讶的是该舰的火控中心甚至不接受根据测距结果得出的距离变化率：该舰在开火时所使用的距离变化率仅为每分钟 –150 码（–521.2 米）。同样令人惊讶的是，该舰于 15 时 48 分 30 秒开火时所使用的距离竟然仍为 18500 码（16916.4 米），即火控中心竟然认为在 2 分半钟的时间内敌我距离无变化！由该记录中的其他数据推测，该舰在接敌过程中对敌舰航向的估测误差高达 4 个罗经点（45°）。由此看来，日德兰海战时"狮"号的火控水平与 1915 年下半年演习中表现的水平相比并没有明显提高，至于此前贝蒂向杰里科保证的进步看来也是一句空话。

根据贝蒂 15 时 46 分发给杰里科的无线电报内容，贝蒂本人当时对敌舰航向的估计倒是误差不大（与 15 时 45 分德国战巡的实际航向误差约为 3°）。不过考虑到贝蒂并不是炮术或鱼雷专业出身（在当时的皇家海军高级军官中贝蒂这种背景算是一个异类），他也许并不清楚误差对火控可能造成的影响。实战中，当贝蒂遇到火控方面的问题时，他通常会参考"狮"号舰长查特菲尔德的意见，然而在开火前几分钟的关键时刻，查特菲尔德的意见却没有及时传达给贝蒂。接敌时，

查特菲尔德在"狮"号的罗经平台上观察敌情,他已经意识到双方正在快速接近,因此希望贝蒂直接来罗经平台指挥。为此他让贝蒂的信号官向贝蒂转告他的建议,即鉴于双方快速接近的情况最好立即开火。遗憾的是,贝蒂据称当时正忙于起草给杰里科的电文,根本无暇考虑这一建议。15时47分前后,在得知双方距离仅有18500码(16916.4米)【测距结果,如前所述实际距离略低于17000码(15544.8米)】后,查特菲尔德主动让"狮"号的枪炮长随时准备开火。

虽然贝蒂未及时意识到自己的指挥失误,但是他的对手希佩尔显然及时发现了英方的失误。在海战后不久(6月10日)给舍尔的报告中,希佩尔指出英方战巡可能由于不理想的光照条件或组成战列线过晚,因此未能在适当的距离上及时开火。对此希佩尔当然乐见其成,他一直等到英舰进入德舰的有效射距内才下令开火。希佩尔认为延迟开火也延长了英舰处于德舰有效射距内的时间,因此大大有利于德方获得炮术优势。

最初的交锋

双方交火之后,希佩尔继续保持南东南航向(145°),双方距离继续接近至13000码(11887.2米)左右。15时55分起希佩尔率队暂时转向东南方向(122°),此后16时又转至133°方向。德舰稳定的航向无疑有利于其对火控参数的解算。反观英方,从15时50分起,"狮"号就开始进行一系列右转,而其并未通报转向的具体幅度(注意"狮"号的首次中弹发生在15时51分),这一机动给后续舰只维持战列线造成了极大的困难,非常不利于解算火控参数,"狮"号本身的解算也受到了极大的影响。转向机动造成该

舰明显偏航,因此该舰的指挥仪俯仰操作员遇到了极大的困难。15时57分,"狮"号的航向终于稳定在了164°航向上,这样双方之间的距离逐渐拉开,距离变化率约为每分钟430码(393.19米)。

由于"狮"号并未通告其转向幅度,因此后续的英方战巡只能依靠各自的自主判断跟上旗舰的机动。在此过程中"皇家公主"号可能还受到了"狮"号排出的烟气影响,加之一直遭到"德芙林格"号的射击,"皇家公主"号无法保持最初较为准确的射击和测距。15时58分,命中"德芙林格"号的一枚炮弹造成其亚尔古火控塔严重受损,使得其火控作业更加困难。"玛丽女王"号在15时55分和15时57分两次命中"塞德利兹"号,因此推测这一阶段前方舰只排出的烟气对该舰的影响较小,这也许是因为该舰的转向幅度大于"皇家公主"号。"虎"号也许想通过进行一次较大幅度转向以削弱烟气的影响,所以其航迹比第1战巡中队其余各舰都更靠近德舰,这也使得它成为该阶段中弹次数最多的英国战巡。与第1战巡中队各舰相比,第2战巡中队转向更晚。该中队直到开火后的15时54分才开始幅度为6个罗经点(67.5°)的转向,不过这也使得该中队几乎没有受到右前方第1战巡中队排出的烟气影响。15时54分的转向使得该中队与目标之间的距离变化率从每分钟-800码(-731.52米)变为每分钟300码(274.32米),由此该中队的艉炮塔也可以投入射击,但如此大规模的转向也对两舰的测距和瞄准造成了相当的困难。

16时"狮"号和"吕佐夫"号各自命中对方。意识到双方距离正在拉近后,"狮"号舰长下令右转,但由于命令在传达上的失

误，该舰猛地向右进行了一次大幅度的转向，以致后续舰只以为该舰 Q 炮塔的中弹导致其失去控制。16 时后不久，"冯·德·坦恩"号与英舰之间的距离一度拉近至 13450 码（12298.68 米），该舰遂同时使用 280 毫米主炮和 150 毫米炮廓炮对"不倦"号进行射击，并导致了后者的殉爆（16 时 05 分）。

这样一来在 16 时 05 分贝蒂麾下的英方战巡状况极为糟糕："不倦"号已经沉没，英方因此暂时失去了数量优势；由于操作失误，"狮"号暂时脱离战列线；其余舰只也未能形成一条严谨的战列线。这一结果以及双方不成比例的命中次数（约为 6∶21）固然受若干客观因素的影响，但贝蒂并非毫无责任。24 节的高速接敌机动固然使得贝蒂所部插入希佩尔所部及其基地之间，并迫使希佩尔交战，但也造成了接敌过程中留给英方的时间较为有限，无法实现以下目标：及时让第 2 战巡中队加入战列线；及时构成适当的斜线以削弱烟气的影响；分配各舰目标；让各舰不受干扰地完成测距和测绘，进而实施对火控参数的解算，以及控制交战距离发挥己方主炮的射程优势【主要指装备 13.5 英寸（343 毫米）主炮各舰】。当然，考虑到"狮"号测距上巨大的误差，可能贝蒂并未意识到留给他的时间是多么有限——虽然对于海军将官来说这个失误委实令人惊讶。因此在双方开火时，英国战巡已经位于对手的有效射程内，且此时他们仍在试图构成战列线，同时排除友舰排出的烟气的影响，而"狮"号在开火前的屡次转向加剧了构成战列线的困难。在英方战列线后方，第 2 战巡中队仍在努力试图进入战位。在复杂的机动和烟气的影响下，各舰的测距遇到了不同程度的困难，据称甚至超过了敌舰射击带来的困难。由于

未能及时展开战列线，因此部分舰只无法发挥最大火力。在开火后除"狮"号外，各舰被迫实施的转向也影响了测距和瞄准，虽然理论上在此情况下德雷尔火控台的表现应优于亚尔古火控台。

挽回颜面的第 5 战列舰中队

希佩尔 16 时 04 分的转向并未阻止双方距离的继续拉大。16 时 08 分"德芙林格"号记录目标距离为 20775 码（18996.66 米），受此影响德国战巡不得不暂时停火。16 时 11 分，希佩尔所部转向至 178° 航向并提速至 23 节。此时"狮"号仍未摆脱 16 时后大幅度右转的影响，尚处在"皇家公主"号的右侧而未回到战位。"皇家公主"号后方依次是"玛丽女王"号、"虎"号和"新西兰"号。尽管"狮"号和"玛丽女王"号均受到己方驱逐舰排出的烟气影响，两舰仍继续射击，而"新西兰"号则正在与"冯·德·坦恩"号交火。"虎"号虽然试图向"毛奇"号射击，但由于该舰的 B 炮塔和 X 炮塔已经中弹受损（15 时 54 分），其测距仪可能也有故障，因此该舰的射击时断时续。由于"虎"号既没有装备安睿公司生产的火控仪器，其火控塔内也没有安装马克 7* 型杜莫瑞克变距率盘，因此一旦该舰的指挥仪不能正常运作，该舰就难以确保各炮指向同一目标。"皇家公主"号的记录中，在 15 时 55 分 15 秒至 16 时 15 分 28 秒期间只记录了一次距离【19100 码（17465 米），16 时 06 分 50 秒】，也没有显示该舰变换射击目标。不过根据"德芙林格"号的记录，"皇家公主"号在"不倦"号沉没之前就已经转而射击"德芙林格"号。无论如何，很难想象直至 16 时 15 分，"皇家公主"号仍没有注意"德芙林格"号未遭到英舰射击。

"不倦"号沉没之后不久，第5战列舰中队终于风尘仆仆地赶到战场，在接近19000码（17373.6米）的距离上开始了射击。位于德方战巡战列线末尾的"冯·德·坦恩"号首当其冲，首先成了4艘"伊丽莎白女王"级战列舰的目标。根据"冯·德·坦恩"号舰长的回忆，起初他以为赶上来的是"英王乔治五世"级战列舰，然而很快他便意识到对手的强大。该舰和"毛奇"号先后被击中。受此鼓舞，贝蒂于16时11分和16时14分先后将航向转至145°和122°方位，从而拉近与对手的距离。16时12分，"狮"号与"吕佐夫"号之间的距离变化率约为每分钟–700码（–640.08米）。虽然"狮"号没有发出命令，不过"皇家公主"上第1战巡中队的指挥官布洛克少将还是敏锐地注意到了"狮"号的动向并做出了相应的机动，因此16时19分"狮"号终于回到了战位并转至145°航向引领战列线。由于希佩尔在16时20分转至169°航向，因此双方的距离变化率降至每分钟–250码（–228.6米）左右。在双方再次靠近的过程中，英方战巡一度处于对手的有效射程之外，这使得英方的射击没有遭到对手有效的干扰，因此也一度取得了不错的战绩："吕佐夫"号和"塞德利兹"号先后被命中。但随着距离逐渐拉近至德国战巡的有效射程内，后者密集的炮火再次覆盖了"狮"号，包括此前中弹在内的数次中弹造成的浓烟使得"狮"号一度消失在"吕佐夫"号后方德国战巡的视野内。根据"德芙林格"号舰长的回忆，由于"狮"号尚未回到战位，因此他将"玛丽女王"号误认为"皇家公主"号，从而无意中实现了与"毛奇"号的集火。此时能见度对英方战巡更加不利，不过应该注意第5战列舰中队此时的能见度也没有好到

哪里去，何况后者与目标的距离更远。

在16时12分之后"狮"号再次接近对手的过程中，该舰的火控参数解算作业较接敌阶段并没有明显的提高。该舰记录显示16时12分和16时16分两次测距的结果分别为23000码（21031.2米）和21000码（19202.4米），虽然数值本身可能存在一定的误差，但由此计算出的距离变化率【每分钟–500码（–457.2米）】与战后复盘时推测的结果差距不大。令人惊讶的是，该舰的火控中心在16时19分前后所采用的距离变化率竟然仅为每分钟–200码（–182.88米）和每分钟–150码（–137.16米），再次远低于测距结果推算值。虽然该舰的火控中心在16时19分后可能已经意识到低估了距离变化率，但显然尚未进行足够的修正。贝蒂麾下其他各舰的表现也没好到哪里去，各舰的记录均显示当时所采用的距离变化率明显低于实际值。因此16时12分至16时48分期间，贝蒂麾下的战巡一共只取得了5次命中，其中命中"冯·德·坦恩"号的2枚炮弹尚有争议（有观点认为来自第5战列舰中队）。在此期间"皇家公主"号并未遭到德舰射击，但这并未阻止"玛丽女王"号在对手的集火之下殉爆（16时26分）。

16时25分，贝蒂通过无线电下令各舰避开烟气，而"皇家公主"号的记录显示，该舰在16时25分后的6分钟内没有进行射击，据此估计这段时间内该舰可能再次受到了"狮"号排出的烟气的影响，这也可能是该舰一度转向东南的原因。这一机动使得该舰与"德芙林格"号的距离进一步拉近，从而导致该舰被后者命中。

"玛丽女王"号殉爆后，"虎"号左转，渐渐避开前者的残骸，随后将目标转向"塞德利兹"号，但其自身也成了"毛奇"号和

"塞德利兹"号的集火目标。如前所述，"虎"号的 B 炮塔和 X 炮塔在此前的战斗中已经中弹受损，因此其射击效力颇为可疑，该舰很快又遭到三次命中。该舰的记录显示 16 时 33 分 30 秒的测距结果为 11800 码（10789.92 米），这个结果显然过低，不过也许可以说明此时该舰仍是距离德方最近的战巡。在绕过"玛丽女王"号的残骸前，"新西兰"号与"毛奇"号之间的距离没有明显下降，但其射击纪录中有明显的间歇，这可能是由于部分英方驱逐舰仍在其右舷侧活动，排出的烟气影响了该舰的观瞄。该舰在这一阶段仍没有获得命中。

与此同时，位于德国战巡战列线末端的"冯·德·坦恩"号和"毛奇"号仍然遭到第 5 战列舰中队的持续射击。"冯·德·坦恩"号的艏艉炮塔均被击伤无法运转，因此该舰只能用右舷侧炮塔对"新西兰"号射击并取得了一次命中（16 时 26 分）。第 5 战列舰中队带来的巨大压力以及英方驱逐舰展开的突击，迫使希佩尔持续左转拉开距离，而贝蒂则带领麾下继续追击，这一机动自然将英国战巡引向了公海舰队主力，不过贝蒂当时并不清楚公海舰队主力早已离开威廉港。

在这一阶段的战斗中，第 5 战列舰中队在远距离上对"毛奇"号和"冯·德·坦恩"号取得了 5 次命中，英方战巡的命中数与此相当，但均发生在贝蒂再次拉近与对手的距离之初，而德方战巡则达成了对英方战巡的 12 次命中和对"巴勒姆"号的 2 次命中。就英方战巡而言，"狮"号使用了过低的距离变化率，因此该舰使用的射击距离很快便偏出实际距离，进而导致该舰无法实现持续命中。"皇家公主"号在 16 时 25 分后可能曾测得较为准确的距离，但由于种种原因该舰

没有开火。"虎"号由于炮塔损伤无法实现有效的射击。"新西兰"号则同样可能受到烟气影响，火控记录显示英方战巡中仅有该舰较为准确地测出了希佩尔的撤退速度。

"狮"号 16 时 12 分记录的测距结果【23000 码（21031.2 米）】无疑过高。该舰 16 时 11 分和 16 时 14 分的转向，一方面使得其与"吕佐夫"号之间的距离急剧拉近（该舰的火控中心并没有意识到这一点），同时这两次没有通报的转向也使得英方的后续战巡进行相应机动，从而造成它们与敌手的距离也迅速拉近。当"狮"号回到战位时，该舰又进入了德方战巡的有效射程——从该舰的测距结果来看，显然该舰并没有预料到这一结果。此外，从贝蒂的指挥来看，在这一阶段他依然没有试图组成适当的战列线以削弱己方各舰烟气的影响。

理论上说，将交战距离拉开至对方有效射程外，可以有效地阻止对方继续保持火控方面的优势，在重新接近的过程中己方也可以避免再次落入火控方面的劣势。但是贝蒂这一阶段的指挥并没有适当地利用距离拉开后的喘息之机，反而使得己方再次面临不得不在敌方炮火下构筑战列线的窘境。

总体来说，在双方战巡的前哨战中，贝蒂始终没有能削弱烟气对己方的影响，也未能维持较为稳定的航向——而稳定的航向恰恰对取得准确的射击极为重要，尤其是对测距和瞄准作业而言。当然，风向和能见度因素并不在贝蒂的控制范围内，这两个因素造成贝蒂在指挥上面临的难度比希佩尔更高，而测距仪器及其操作人员素质上的差距也提高了希佩尔的优势。

指文图书®
ZVEN BOOKS

海洋文库

世界舰艇、海战研究名家名著

"谁控制了海洋，谁就控制了世界。"
——古罗马哲学家西塞罗
英、美、日、俄、德、法等国海战史及
舰艇设计、发展史研究前沿

我们只做军事

指文图书®
ZVEN BOOKS

战争艺术

—— 国外古战研究名家名著 ——

战争是一种令人恐怖、充满激情的艺术，
战争艺术诞生于少数伟大统帅头脑中
谁掌握了战争艺术，谁就掌握了胜利！

骑兵论

战略

战斗研究

1870年
普法战争

皇帝的利刀

战术
Taktiká

汉尼拔大战史

古斯塔夫大战史

恺撒战史

亚历山大战

亚历山大战史
从战争艺术的起源和发展至公元前331年伊苏斯之战
[英] 西奥多·道奇 著
李宏宇 译

中世纪
战争艺术史
（第一卷）
A HISTORY OF THE
ART OF WAR IN THE
MIDDLE AGES
从罗马帝国衰落
至十字军东征
[英] 查尔斯·威廉·欧曼 著
王子午 译

我们只做军事